SOMMAIRE

LE CONCEPT DE COMMUNICATION

Le monde extérieur, la nature dans sa variété, mais aussi les multiples individus, les autres et parfois nous-mêmes, émettent des signaux, à la cantonade ou dans notre propre direction. Il nous arrive de recueillir, de recevoir ou de capter ces signaux et de leur donner, par leur référence à des expériences ou constructions antérieures, valeur de signes : nous devenons alors récepteurs d'informations que nous avons saisies au passage, même si elles ne nous étaient pas directement destinées.

SIGNAUX ET INFORMATIONS

Mais la transformation de signaux captés en signes qui nous alertent (et nous renseignent) sur des possibilités ou des menaces qui sont à notre portée, requiert leur interprétation par leur mise en rapport avec un code adéquat, préalablement exercé et choisi.

Pour être mis en jonction avec un code adéquat, il a fallu que le signal ait dépassé un certain seuil d'intensité et qu'il ait pu être discerné et trié malgré l'interférence d'autres signaux créant autour de lui du bruit.

Mais il a également fallu que l'indication que nous décidons d'en retirer en tant que *décodeur* ait acquis, au travers du tri opéré en relation avec le code, une valeur de probabilité suffisante pour étayer en nous quelque certitude.

Toutefois, il importe que l'impact des signaux et de leur décodage n'ait pas provoqué de choc et de surprise trop vive : lesquels auraient provoqué des processus émotionnels de défense qui auraient altéré la chance d'une indication utile à notre gouverne. Le stress ne nous guide pas, même et parce qu'il nous alarme.

L'information provient de signaux qui ne sont pas nécessairement orientés. Mais il est possible qu'ils le soient. Une information intentionnellement dirigée devient un message. Celui-ci suppose l'existence d'un destinataire ou receveur et pas seulement d'un récepteur ou capteur : il implique aussi l'existence d'un émetteur ou destinateur, mais également d'un encodeur et pas seulement d'un décodeur[1].

INFORMATIONS ET MESSAGES

Tout message suppose l'émission d'une information, par signaux codés, mais en direction d'une cible déterminée, plus habituellement un interlocuteur, sans retour nécessaire. Et cela est vrai du monde végétal et animal. Toutefois cette émission s'effectue, s'il s'agit de personnes, (voir document 1) dans un environnement d'objectifs et de rôles, suivant un codage utilisé avec des distorsions possibles.

Celles-ci peuvent provenir de discordances d'attitudes et de conceptions (prévues ou non) entre l'émetteur et le récepteur, mais aussi de différences notables dans les registres langagiers utilisés, mais elles proviennent souvent des conditions imparfaites ou de perturbations matérielles qui peuvent affecter la transmission des signaux autant que leur réception.

1. On trouve bien tous ces termes dans les *Essais de Linguistique générale* de Jakobson, Points, Seuil, 1970, p. 32 : « *Je pense que la réalité fondamentale à laquelle le linguiste a affaire, c'est l'interlocution. L'échange de messages entre émetteur et receveur, destinateur et destinataire, encodeur et décodeur.* »
   Cf. également, p. 95 : « *Mc Kay nous met en garde contre la confusion entre l'échange de messages verbaux et l'extraction d'information du monde physique, deux choses qui ont été abusivement unifiées sous l'étiquette de* communication. »

Les attitudes des interlocuteurs peuvent en effet être sujettes à des ambivalences ou des hésitations qui peuvent se traduire par des ambiguïtés sur la formulation ou l'interprétation des messages. Les représentations que les interlocuteurs peuvent avoir les uns des autres ou de leurs rôles réciproques risquent également de fausser l'interprétation des messages en perturbant la clarté ou la stabilité des identifications. Il est fréquent que chaque personne puisse aussi fermer, par inertie ou par impatience, les chances d'une interprétation plus conforme à l'émission initiale.

Au surplus aucun terme n'est aisément univoque. Toute forme de langage joue sur une polysémie qui peut faire énigme ou erreur dans les significations attribuées. Et aucun message ne peut être correctement et définitivement formulé ou reçu d'un seul coup : il aurait besoin de tâtonnements et de mises au point progressives, en vue d'éclaircir, dans le système foisonnant des indications qu'il porte, le sens qu'il transporte.

Par nature, tout message est incomplet, quoique pluriel. Par inertie, il ne peut être fait maîtrise de son incomplétude : car le message ne suppose pas de retour d'information par le destinataire vers le destinateur, ni d'échange entre eux. S'il y a retour d'information, on entre dans le domaine de la communication, par la possibilité des redondances demandées.

La communication

La communication suppose la réversibilité des messages dans la relation qui, alors, réunit deux entités, même si les messages ne sont pas de même ordre. Et elle implique la création de sens, selon des boucles incessantes entre nos facultés de perception de signaux, notre richesse de vocabulaire pour les décoder, notre imagination pour les interpréter, ainsi que notre mémoire pour nous maintenir en cohérence quand nous devenons à notre tour émetteur pour adresser des messages-retour.

Ces messages-retour peuvent être : en *feed back* ou *rétro-action*, des reformulations selon nos codes de langage général et de langages techniques (intégrés à nous) et qui forment notre vocabulaire propre ; ou bien des réponses personnalisées à ce que nous avons cru stabiliser comme signification des

DOCUMENT 1

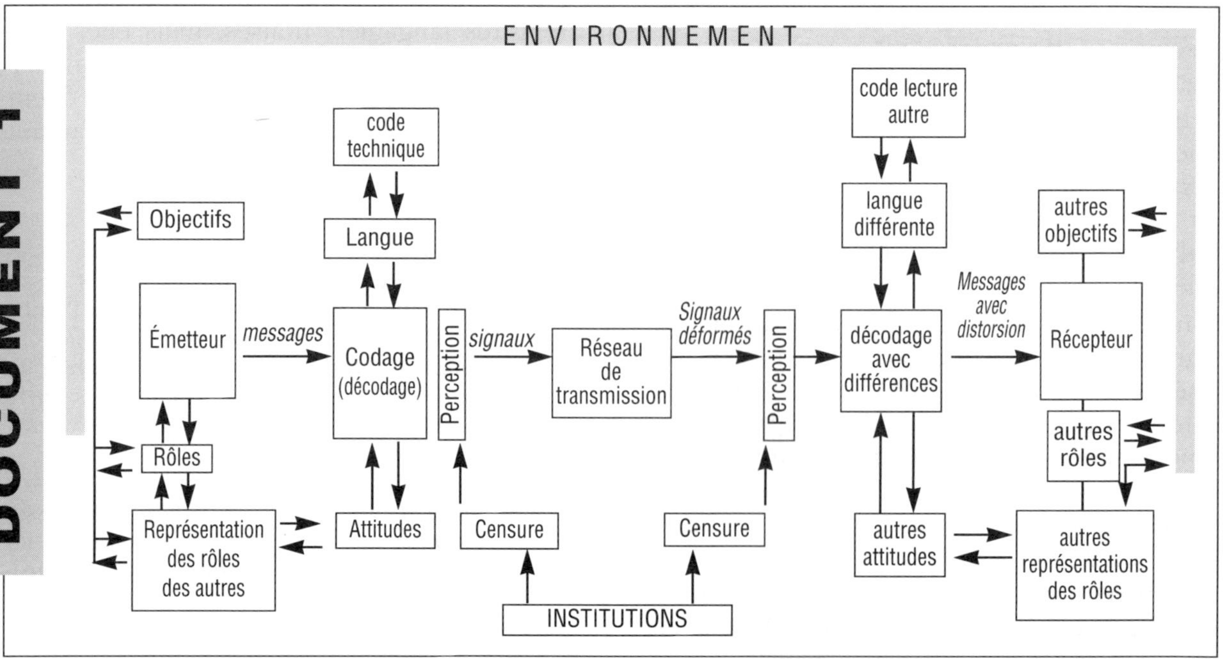

DOCUMENT 2

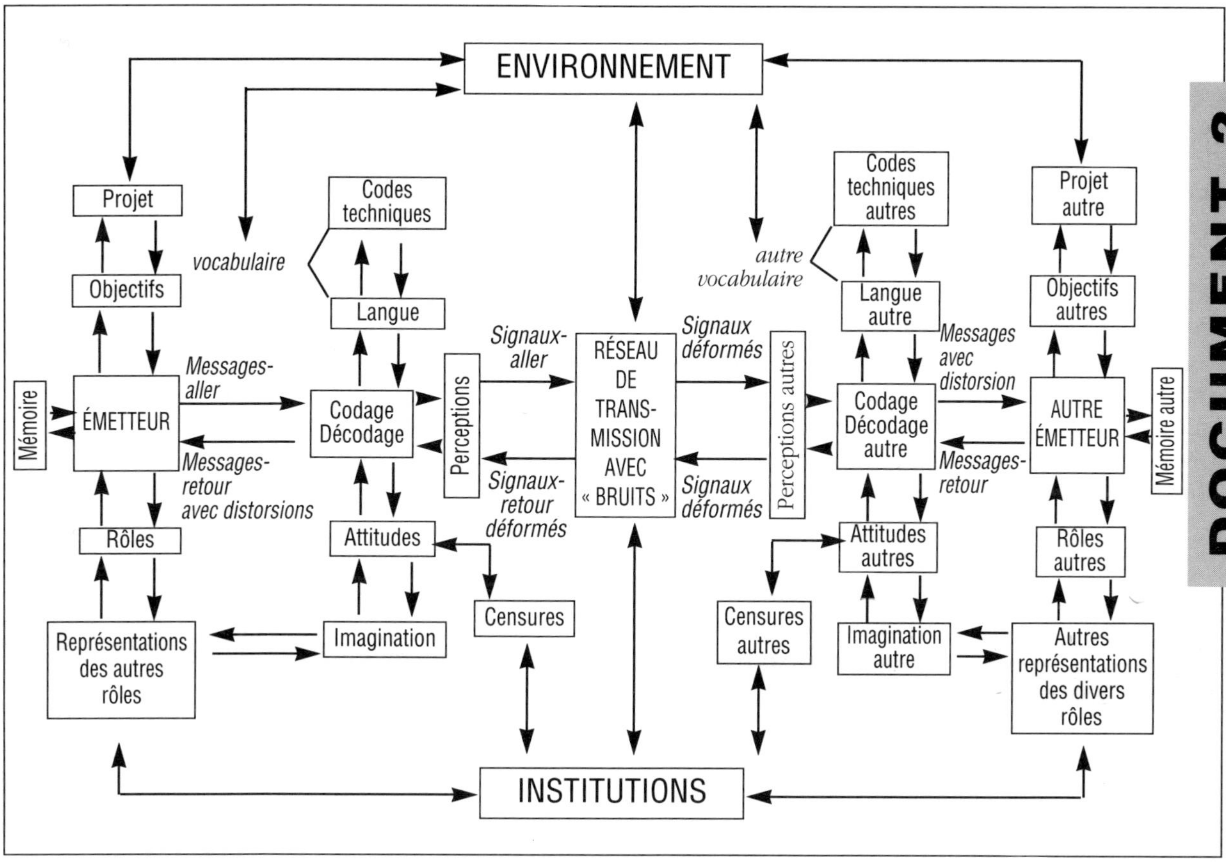

messages-aller reçus. Dans tous les cas, la communication met en relation oscillante des champs et des dimensions multiples de nos fonctionnements mentaux et physiologiques autant que sociaux. Et ces champs et dimensions n'ont aucune raison d'être complètement identiques, ni même, parfois, compatibles.

Il en résulte que toute communication s'effectue par une suite de mises au point, réalisés en réciprocité, entre les mémoires, les vocabulaires, les imaginations et les perceptions respectives. Elle s'établit et crée du sens par une suite de boucles qui permettent de stabiliser les rapports de contraste ou d'opposition entre les objectifs, les rôles, les attitudes et les censures propres à chacun et qui, par leurs projets différents, se relient à l'environnement (comme ils sont également plus ou moins dépendants des institutions).

LA COMMUNICATION AVEC LES ANIMAUX ?

La communication serait-elle un processus seulement humain. Que non pas ! Avec les éthologues, Boris Cyrulnik nous rappelle que le « monde des animaux » est déjà transi de sens, même si ce sens n'est pas le nôtre (...). Dès qu'il perçoit, l'« *animal confère du sens aux choses qui constituent son monde*[1] ». Et il propose de parler d'intelligence perceptuelle « *pour désigner cette*

1. B. Cyrulnik, *La Naissance du sens*, Hachette, Paris, 1991, p. 27 Cf. p.47 : « *Dès qu'il répond à une stimulation, l'animal, si peu que ce soit, échappe aux strictes contraintes du monde extérieur : un minimum de* sens *se manifeste, lequel peut se présenter, dans certains cas, comme déjà très élaboré.* »

activité de sélection et d'interprétation qui marque déjà la réception des stimulations effectuées par des animaux[1].»

Les animaux communiquent entre eux, chaque espèce avec son langage propre. Traitant des goélands, Cyrulnik note que « *la perception du goéland ne correspond pas à l'idée d'une pure réception d'information, elle apparaît finement structurée et activement structurante. Elle manifeste l'existence d'une véritable sémiotique où s'articulent aux signaux sonores et visuels des signaux gestuels et spatiaux*[2]. »

Et comme « *ce qui différencie l'homme des non-hommes... c'est surtout sa folle aptitude à sémiotiser. Dès lors tout peut faire signe*[3] », on comprend que l'être humain, même sans anthropomorphisme ou anthropocentrisme, puisse communiquer avec des animaux, c'est-à-dire échanger en réciprocité des signes et créer un codage commun, un langage opératoire et affectif. Les animaux familiers de l'homme (plus encore ceux qui ont été soumis à un patient dressage, chevaux, chiens, ou éléphants, lions) en font témoignage et démonstration : on ne peut omettre, *a fortiori*, les expérimentations de Conrad Lorenz avec les oies cendrées, celles de Cyrulnik avec les goélands, ou les essais californiens de langage sifflé avec les dauphins (en utilisant les compétences de tels langages chez les bergers pyrénéens), non plus que les essais d'éducation *protestante* de jeunes gorilles avec des langages gestuels (inspirés par les codes de communication entre non-entendants).

LA COMMUNICATION AVEC LA NATURE

Ainsi la communication homme-animal, sous la réserve d'un apprentissage par des contraintes répétées, est possible et même fréquente, souvent pratique et même sentimentale. Mais la communication avec la nature (comme avec des objets, ainsi que le notait Winnicott, les définissant transitionnels) ne peut être occultée. « *Le ruisseau, la rivière, la cascade, ont un parler que comprennent naturellement les hommes* », constate Gaston Bachelard[4].

Ce philosophe du *Nouvel Esprit scientifique* et d'une *Contribution à une psychanalyse de la connaissance objective*, a évoqué « *le plus extrême* » de ses paradoxes : « *Il consistera à prouver que les voix de l'eau sont à peine métaphoriques, que le langage des eaux est une réalité poétique directe*[5]. » Plus généralement, « *nous croyons possible de fixer dans le règne de l'imagination* », assure-t-il, *une loi des quatre éléments qui classe les différentes imaginations matérielles suivant qu'elle s'attachent au feu, à l'air, à l'eau ou à la terre*[6]. »

Un *parler* ou un langage, une aide à l'imagination qu'elle structure et différencie suivant les éléments, un modelage de nos perceptions, voilà autant d'atouts qui rendent possible un dialogue avec la nature et la matière (« schème de nos rêves indéfinis[7] ») : tant il est vrai que la communication demande, non seulement un aller et retour entre des entités, mais aussi cet échange incessant entre les modalités de perception et d'imagination, médiatisé par des constructions sémantiques. Et il est sûr que l'eau, par exemple, « *en groupant les images, en dissolvant les substances, aide l'imagination dans sa tâche de désobjectivation, dans sa tâche d'assimilation*[8]. »

LES COMMUNICATIONS ET LES CONTRAINTES INTERPERSONNELLES

Il n'est pas sûr que nous consentions à *écouter* la nature, ni à entrer en communion avec elle : tant sont excessives les informa-

1. *Ibid.*, p. 32.
2. *Ibid.*, p. 29.
3. *Ibid.*, p. 116.
4. Gaston Bachelard, *L'Eau et les Rêves*, Corti, Paris, 1942, p. 260.
5. *Ibid.*, p. 22.
6. *Ibid.*, p. 4.
7. *Ibid.*, p. 154.
8. *Ibid.*, p. 17.

tions et les messages qu'elle diffuse autour de nous et vers nous, et tant nos tris sont réducteurs. Il n'est pas fréquent, non plus, que nous nous appliquions à communiquer avec les animaux, en dehors de quelques professions liées à leur élevage, à leur dressage ou à leur conduite.

Mais il est, la plupart du temps, indispensable, obligatoire, que nous puissions entrer en communications avec nos congénères, les humains. Dans ce cas, (outre un partage des codes nécessaire) l'élasticité naturelle de la signification ou définition des termes échangés[1], l'afflux des connotations possibles, les flottements aléatoires de notre attention aux personnes multiples et à leurs intentionnalités, obligent à renforcer ou à rajouter des contraintes focalisantes et limitatives dans nos expressions et nos écoutes interpersonnelles.

Au niveau expérimental, les travaux mis en chantier par l'équipe de Kurt Lewin, sous le titre de *Dynamique des groupes*, ont montré, en effet, que si l'on diminuait les contraintes structurelles, (ni rôles marqués, ni tâches prescrites, ni méthode imposée, ni réseau d'échanges rationalisé, ni objectifs accentués, ni niveau d'échanges convenu), les rapports entre les différents membres d'un groupe devenaient difficiles, incertains, avec de fortes oscillations émotionnelles, ou bien évasifs et triviaux.

Dès lors que des individus sont réunis de façon impromptue, sans organisation prévue, chacun d'entre eux peut en effet ressentir une grande difficulté pour se situer. Car le caractère vague de sa position vis-à-vis de celle des autres suscite de multiples possibilités dans le choix de ses attitudes et dans la mise en œuvre de ses forces et de ses idées. Son incertitude entre nécessairement en résonance avec celle des autres personnes, en même temps que croissent vertigineusement, à défaut de normes, les combinaisons possibles et prévisibles d'accord ou de désaccord, d'alliances ou de rejets, de bienveillance ou de comportements défensifs. Une insécurité, une angoisse, peuvent se développer, surtout si les autres individus se manifestent eux-mêmes plus incertains et plus imprévisibles dans leurs motivations et dans leurs expressions ou dans les dominantes de leur imagination.

LES STRUCTURATIONS DE GROUPES FRUSTES

Sans doute, l'absence de structure contraignante est-elle inexorablement compensée par l'émergence de structurations frustes que l'anglais Bion a su décrire. À défaut d'être situés en position de travail *(working group)*, les individus se placent, en effet, les uns les autres, suivant des assomptions de base : soit celle de dépendance affective et pratique de tous à un seul *(dependancy group)*, soit celle de couplage, deux à deux, ou en deux sous-groupes s'opposant *(pairing-group)*, soit celle d'une succession d'affrontements et de dérobades *(fight-flight-group)*[2]. Il n'en demeure pas moins que l'oscillation entre ces structurations n'accorde guère de chance à une quelconque performance, ni à un équilibre affectif entre les personnes : leur anxiété réciproque peut croître dangereusement.

---

1. Pierre Bourdieu et *al.*, *Le Métier de sociologue*, Paris, Mouton-Bordas, 1968, p. 28 : *« L'obéissance inconditionnelle à un organon de règles logiques tend à produire un effet de* fermeture prématurée *en faisant disparaître, pour parler comme Freud,* l'élasticité dans les définitions *ou, comme dit Carl Hempel,* la disponibilité sémantique des concepts, *qui, au moins à certaines phases de l'histoire d'une science ou du déroulement d'une recherche, constitue une des conditions de l'invention. »*

2. Bion, *Experiences in groups*, Tavis Tock Publications, 1961. Cf. *ibid.*, p.146 : *« L'activité du work-group est entravée, déviée et, à l'occasion, assistée, par certaines autres activités psychiques qui ont en commun la qualité de poussées émotionnelles puissantes. »*

Or, comme le remarquait Eric Berne, les êtres humains ont un appétit de structure (*structure hunger*[1]), et le besoin d'armatures sociales grâce auxquelles ils peuvent réduire leur « anxiété paranoïde », teintée d'agressivité à l'égard des autres : afin de pouvoir coexister et œuvrer au coude à coude, c'est-à-dire se déplacer en groupe vers un programme spécifique et des buts communs[2]. On peut donc concevoir qu'une structure définie par l'imposition d'une technique, imposant des contraintes (en termes de normes, valeurs, rôles, tâches, méthodes, niveaux et buts) puisse permettre à des individus de maîtriser leur dynamique de groupe potentielle et toujours sous-jacente en évitant le jeu du flottement tous azimuts des articulations sociales[3].

LES PROCESSUS DE STRUCTURATION

Les contraintes selon lesquelles vont alors se construire, autour des individus, par des échanges définis d'énergie et d'information, des armatures de sécurisation et des articulations de relation peuvent être classées suivant les processus qu'elles mettent en jeu. Ceux-ci peuvent être d'extériorisation, ou plus précisément, de projection et de clivage ; ou bien d'intériorisation, c'est-à-dire d'introjection ou de censure.

C'est ainsi que, dans une situation de groupement ou réunion qui les met en interaction et qui les stimule, les individus ont intérêt à mettre en commun, par ***projection***, les représentations des façons de percevoir relativement accordées, en vue d'éviter un isolement ou un émiettement excessif : ils édifient, de la sorte, *une sous-culture commune de groupe* qui les rassemble informationnellement dans un *nous* distinctif. Cette *sous-culture* est conditionnée par la culture sociale régissant généralement les rapports aux êtres et aux choses dans l'environnement de ce groupe. Mais, tout en activant, entre les individus de celui-ci, l'influence de *valeurs* et la pression des *normes* habituelles, elle peut leur ajouter des particularités d'allégement ou de renforcement ou des modifications spécifiques. Une certaine cohésion sera obtenue par l'effort que mettent les individus à actualiser leurs références communes dans leurs conduites singulières ; ils œuvrent ainsi à rendre apparente l'armature des dites valeurs et des normes.

Mais en ayant renforcé leur relative identité distinctive par rapport à l'environnement et aux gens de l'extérieur, les membres du groupe en formation sont portés à intérioriser leurs *« inégalités de situations »*, comme l'explicite W. J. H. Sprott. Sous leur commune particularité, ils ont besoin de localiser leurs différences[4] et leurs originalités singulières, en s'inspirant des formes de rapport réciproque déjà en service dans leur environnement. Ils se placent dans une situation de *rôles* complémentaires, (sinon antagonistes), en accommodant à leur façon, par ***introjection***, des *modèles* de comportement (convenant à leurs rôles respectifs et justifiant leurs actes) de nature à réduire les incertitudes de leur relation complexe et à permettre des prévisions rassurantes. Ils peuvent en retirer, selon les cas, des distinc-

---

1. E. Berne, *The Structure and Dynamic of Organizations and Groups*, Ballantine, New York, 1983, p. 215.
2. Cf. Elliot Jaques, « Des systèmes sociaux comme défense contre l'anxiété dépressive et l'anxiété de persécution », in André Lévy, *Textes fondamentaux de Psychologie sociale*, Dunod, Paris, 1965, pp. 546 et 547 : *« On peut penser des individus qu'ils projettent à l'extérieur les pulsions et les objets internes qui, sinon, seraient la source d'anxiétés psychotiques et qu'ils les mettent en commun dans la vie des institutions sociales où ils s'associent. »*
3. Pour une réflexion plus approfondie, on pourra consulter *Risques et chances de la vie collective*, Epi, 1971 ; *Du changement à l'inertie*, Dunod, 1981 ; *L'Administration, phénomène humain*, Berger-Levrault, Paris-Nancy, 1968.
4. W. J. H. Sprott, *Psychologie sociale*, Payot, Paris, p.14.

tions de *statut*, qui aident à différencier leurs diverses représentations personnelles. Les armatures des rôles introjetés dans le groupe, assortis de leur échelonnement de statuts et supportés par les modèles de comportement, peuvent en conséquence stabiliser l'équilibre oscillant des inégalités et des différences de situation ou de caractéristiques entre les individus, instituant une possibilité de « moral » pour le groupe.

En même temps que s'établit la répartition des rôles et que se complète ou s'affirme la sous-culture commune, un dispositif approprié des communications est appelé à se construire, en forme de *réseau* sélectif. Celui-ci introduit, par des consignes ou des dispositifs, une discrimination entre des communications utiles et des échanges sans intérêt ou perturbateurs. Une **censure** vient, de la sorte, aider à trier la multiplicité foisonnante des informations et des messages ou des interactions ; elle marque également l'attribution sélective des *secteurs* et des *moyens* d'action qui sont confiés aux individus autant que possible en fonction de leurs rôles ; elle se manifeste enfin par un sous-système de *sanctions*, positives et négatives, qui viennent renforcer l'armature de différenciations intériorisés dans le groupe : en vue d'assurer une dynamique équilibrée des échanges et des contributions. Cette dynamique s'accommode donc d'une organisation des communications et des relations grâce à des dispositifs de sous-groupements diversement articulés.

Les armatures précédentes ont rendu possible une économie des énergies individuelles. Au lieu d'être placées, par incertitude et instabilité, en mouvement brownien, celles-ci peuvent donc être appliquées, par **clivage**, à des *tâches* extérieures, plus ou moins distinctives, avec les moyens et selon les rôles et les secteurs attribués à chacun. Mais, afin d'éviter une dislocation des efforts sur l'environnement et une confusion des visées, un lieu de convergence des poussées individuelles est établi par l'armature d'un but commun ou d'un nœud d'*objectifs* clivé sur le monde extérieur et auquel peuvent se relier les diverses visées et activités individuelles : du moins si la distinction de communes *méthodes* de procédure est suffisamment réalisée, en vue d'éviter les phénomènes de déviance qui menaceraient l'unité cohésive du groupe.

La sphère des interactions et structurations

On voit, sur ces considérations rapides, comment le groupe peut fonctionner en intégrant les personnalités individuelles, avec leurs mobiles distincts et leurs images originales, dans le treillis systémique de circulation des énergies établie sur ses armatures : imprégnées par la sous-culture, nanties du poids de rôles, organisées en réseau et lancées à la poursuite des objectifs désignés, les personnes peuvent potentialiser et actualiser leurs énergies d'une façon particulière par rapport à d'autres groupes.
L'ensemble des armatures (et articulations) peut être schématisé sur une sphère des interactions et des structurations[1]. Le document 3 (page suivante) rappelle l'interdépendance généralisée de chacune de ces armatures et des pôles de structuration et information qu'elles édifient : selon les cinq méridiens des relations (et règles), des supports (et points d'appui), des motivations (et différences), des consignes (et dispositifs), ainsi que des productions (et résultats) ; et suivant trois niveaux de latitudes, aux parallèles de comportements et de caractérisations, comme à l'équateur des conduites où celles-ci interfèrent.
On peut concevoir que, toutes les fois qu'on privilégie des dispositions particulières sur l'un des quatre *méridiens* et l'un des trois *parallèles* de structuration, des échanges de densité d'énergie s'effectueront d'un pôle à un autre et qu'il pourra en résulter des formes d'équilibre induites : lesquelles

1. On trouvera, p. 117 de *Organiser des formations*, Hachette Éducation, 1991, une sphère analogue, avec quelques modifications.

DOCUMENT 3

Sphère des interactions et des structurations

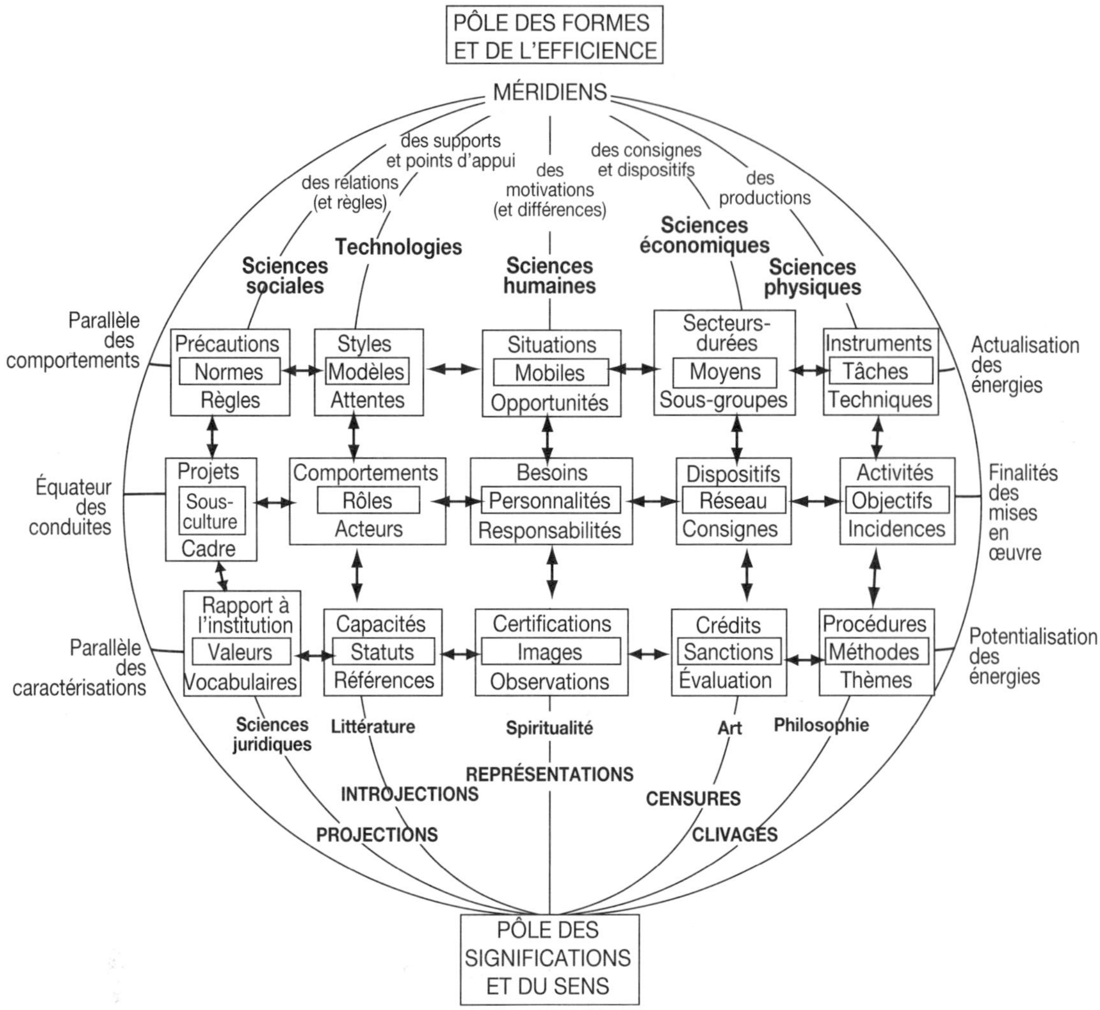

permettent de révéler certains aspects, qui ne seraient pas perceptibles dans une situation plus globale, tout en occultant d'autres. On peut faire l'hypothèse qu'une succession de situations caractérisées par des consignes variées permettent : d'une part de traiter des problèmes déterminés et différents ; d'autre part d'aider les individus à se découvrir et à se développer sur certaines dimensions de personnalité. Moreno nous avait jadis rappelé que celle-ci émerge d'une série de rôles essayés et joués au cours d'une série de situations et de projets successifs.

TECHNIQUES ET POTENTIALISATIONS

Plus précisément, par rapport à ces armatures et articulations, chaque technique, en ces conditions, peut permettre, dans sa spécification interactive, de mettre en acte certaines potentialités disponibles dans le groupe.

Par les contraintes distinctives qu'elle infère, elle peut avoir pour effet, sur le méridien des relations, d'accroître la cohésion du groupe et d'assurer une participation aussi personnelle et consensuelle de chacun des membres. Elle peut inciter à dépasser l'usage de la langue de bois et le laisser-aller à des banalisations hors valeurs.

Elle peut faire assigner à certains individus des rôles facilitateurs, et aux styles plus ou moins habituels, pour le traitement des données et des idées, suivant des modèles opératoires et selon des références mises en accentuation, sur le méridien des supports.

Elle peut, sur le méridien des productions, déterminer des buts et des exigences, imposer la mise en œuvre de techniques et d'instruments, faire pratiquer des procédures définies, ou mettre à l'étude des thèmes variés ou non, prescrits ou découverts.

Elle peut enfin, en revenant au méridien des consignes, proposer des réseaux sélectifs de communication, ne serait-ce que par la répartition du groupe en sous-groupes diversement situés et dotés de moyens identiques ou différents ; elle peut aussi établir des modalités et des exigences d'évaluation particulières, inattendues ou habituelles ; elle peut assurer la coordination des sous-groupes, ou des individus, par des types variés de rapports ; elle peut rythmer les échanges et la mise en œuvre des moyens selon des durées définies.

TECHNIQUES ET MAINTENANCE DES GROUPES

Dans ses rapports aux diverses armatures et articulations, chaque technique, dûment expérimentée et validée, a pour fonction essentielle d'empêcher le groupe de tomber, par inertie, et donc de dégénérer dans le vague d'une dynamique sans régulation et sans redressement. Elle peut, par suite, éviter que les individus ne soient pris dans aucune des structurations frustes ou *assomptions* dégagées par Bion.

Par les précautions ou limitations restrictives que les techniques introduisent dans le jeu des interférences entre les individus et les armatures, elles réduisent nécessairement, en effet, les pesanteurs qui portent, dans un groupe, par implosion : à faire s'établir un *leadership*, abusif et monopoliseur, d'un de ses membres (auquel tous s'en remettraient, par abandon, pour les décisions et même l'expression des idées ou la conformité des sentiments, non sans des ressacs affectifs, plus ou moins imprévisibles) ; ou bien à développer un antagonisme dénué de sens entre deux parts du groupe (s'affrontant selon un couplage quasi sexuel) ; ou encore à précipiter une compétition généralisée où des luttes et des fuites, plus ou moins nettes, apparaissent sans ordre et servent à éviter les problèmes réels, à repousser la communication profonde entre les personnes et à se dérober aux tâches utiles ou même nécessaires.

Tous ces risques de dégradation des relations humaines sont inhérentes à l'absence de techniques imposant des consignes organisatrices et régulatrices. Car celles-ci protègent des dérives, conversationnelles ou triviales, les échanges entre individus : on ne le sait que trop dans la vie courante ou dans les réunions d'enseignants ! Elles permettent également de déjouer des oppositions factices, créées par une déviation de l'esprit critique, aussi bien que l'imbroglio de réactionnalités orgueilleuses et sans fin. Elles rendent possibles les décisions et les actions opportunes.

L'*homo faber* a dû sa survie au développement persévérant d'outils et de techniques appliqués au monde matériel pour en tirer des ressources. L'*homo sapiens* ne peut se détacher de l'*homo faber* : il a besoin d'instruments et de techniques applicables au monde humain pour rendre cohérente la mise en œuvre des énergies individuelles et des connaissances multiples.

LIMITES ET OPPORTUNE VARIÉTÉ

Toutefois, par les accentuations sélectives et les limitations qu'elle met en cause, chaque technique ne peut prétendre avoir une efficacité ou même une convenance universelles pour tout groupe et en toute situation. Chacune a ses indications, et ses contre-indications ; sa sphère de fécondité et sa sphère de stérilité ; sa force et sa faiblesse. Même dans sa meilleure application, elle ne peut convenir adéquatement qu'à une fraction du groupe et non pas à sa totalité, elle peut assurer une part de la progression vers des objectifs sans qu'il soit possible de tout en attendre.

La sagesse n'est donc pas de rechercher ou d'imposer une technique parfaite et universelle, mais bien de chercher à disposer d'une gamme, suffisamment étendue, de techniques. Seul, un usage varié, en effet, peut préserver des risques d'usure par répétition ou de satisfaction partielle des individus, voire de résultats incomplets. C'est la recherche de variété, en conformité avec la loi d'Ashby (ou loi de la variété requise[1]) qui nous a conduits à proposer le large clavier de techniques réunis dans cet ouvrage. La pluralité des possibles que ce clavier comprend permet, au surplus, à chaque utilisateur des choix et donc une personnalisation de ses propositions ou compositions, s'il est formateur ou enseignant.
Il nous est toutefois judicieux de séparer les techniques qui sont utilisables dans des situations multiples de techniques qui semblent plus appropriées à des moments de formation : nous avons alors marqué cette différence en enveloppant les consignes et les contraintes qui définissent celles-ci sous le terme d'exercices.

Dans les gammes de techniques, on trouvera, dès lors, un ensemble de déterminations visant à répartir les individus d'un groupe dans des sous-groupes, distincts, mais diversement articulés. En symétrie, des techniques peuvent assurer, en réunion plénière d'un groupe, des interactions délimitées par des proximités organisées.

S'il importe, d'autre part, que certaines consignes conduisent à se replacer dans le cadre du réel, d'autres consignes doivent inciter à opérer de façon imaginative, en créativité, à distance du réel.

En ce qui concerne les exercices destinés à entraîner les individus à mieux organiser leurs communications, on pourra, selon les besoins, recourir à des gammes qui traitent de la communication et du développement personnel, ainsi que de la communication et des maîtrises d'expression, mais aussi de la communication et des prises de décision, ainsi que de la communication en situation d'affrontement.

En ce qui concerne le rapport au réel, on aura l'opportunité d'utiliser des exercices développant des capacités de conduite d'entretien. Pour le recours à l'imagination, on trouvera l'utilité d'exercices de simulation et, également, dans la créativité.

UNE INGÉNIERIE EN DÉVELOPPPEMENT

Pour nous résumer, dans tous les cas d'animation de groupes ou dans la conduite de formations, les responsables, institutionnels ou non, ont la charge d'assurer avec compétence des communications qui demeurent denses et qui soient préservées des dissipations ou des « bruits » inutiles. Il leur revient, d'autre part, de canaliser les échanges entre les individus, de façon avisée, afin qu'ils aboutissent à des réalisations recherchées : que celles-ci soient de l'ordre de productions concrètes ou de celui du développement ou perfectionnement des individus.
Mais la facilitation ou la régulation des

1. On peut formuler la loi d'Ashby de façon simple : un système (ou encore un groupe, une équipe, une classe) dans lequel foisonne une certaine variété (ou hétérogénéité) ne peut être régulé (et stabilisé dans la dynamique des échanges entre ses multiples éléments) que par un sous-système régulateur – un ou plusieurs formateurs ; des responsables – qui dispose d'une variété au moins égale. À défaut de cette variété nécessaire, le sous-système deviendra réducteur.

communications aussi bien que les concrétisations opératoires ou les épanouissements personnels requièrent alors une richesse suffisante de pratiques (en procédures techniques ou en exercices d'entraînement) : si l'on entend non seulement éviter des monotonies réductrices que permettre des choix personnalisés.

À défaut d'une ingénierie suffisamment développée, en effet, les responsables ou les formateurs seraient en risque permanent d'improvisation tâtonnante sinon de bricolages plus ou moins hasardeux ou d'élitisme factice. Depuis nombre d'années, un souci de mettre au service de tous des pratiques et des instruments éprouvés s'est donc manifesté à juste titre. Nous avons cherché à nous associer au mouvement qu'il anime et qui répond à une logique de communication sur la communication. Nous espérons que les contenus qui suivent cette introduction pourront servir aux collègues qui accepteront de les consulter, de les mettre en application, ou de les transformer en de nouvelles pratiques. Leur multiplicité répond à la conception explicitée par Belaval à propos de la philosophie (et *« théodicée »*) de Leibniz : selon laquelle « *le meilleur des mondes "possibles"* [serait] *celui dont la variété dans l'unité est la plus grande* [1]. »

1. Y. Belaval, *Histoire de la Philosophie*, tome II, La Pléiade, Gallimard, 1973, p. 544.

PREMIÈRE partie

GAMMES DE TECHNIQUES DE GROUPE

L'introduction générale a montré la signification d'un recours à des techniques : maîtriser les risques d'incertitude et de dissipation d'énergie dans les rapports entre les individus, aux fins d'assurer une stabilisation de la structure et de l'activité d'un organisme ou d'un groupe.

Comme nous l'avons annoncé, on trouvera, dans cette première partie, des fiches concernant des techniques appropriées à l'organisation d'un groupe en sous-groupes, comme à la mise en interaction des individus en situation plénière de groupe (que celui-ci soit de taille moyenne ou de plus grande taille). On trouvera, d'autre part, des pratiques visant le rapport au réel ainsi que des techniques de créativité.

Une introduction permettra également de situer les consignes telles qu'elles se précisent : tout d'abord, sur le plan de l'espace ou celui du temps ; au niveau des phénomènes, affectifs et émotionnels, rationnels, ainsi qu'imaginatifs ; ou enfin suivant des formes pluralistes d'échanges ; en second lieu, dans la répartition des sous-groupes, soit par l'attribution de fonctions identiques ou différenciées, soit enfin par l'attribution des moyens.

Rappelons encore que chaque technique, si générale d'application soit-elle, permet par la signification des consignes qu'elle institue, d'atteindre certains objectifs définis : aucune cependant ne permet de répondre à toutes les visées que peut légitimement avoir un formateur (ou un enseignant) en vue d'organiser des communications ou d'étayer des développements personnels.

CHAPITRE 1

Les techniques et leur usage

Les gammes de techniques de groupe, qui sont répertoriées dans cette première partie, ont été distribuées, pour faciliter leur repérage, en quatre chapitres : d'organisation en sous-groupes ; d'interaction en situation plénière ; de rapport au réel ; ou, enfin, de créativité.
Mais il est possible de distinguer la variété des consignes qui les différencient selon qu'elles instituent des modalités multiples : de rapports entre les personnes dans un groupe ou dans une équipe, ainsi que de formes de travail appropriées à certains objectifs.
Les contraintes que définissent de telles consignes peuvent alors s'établir, en premier lieu, topologiquement :
– sur le plan de l'espace
– dans la perspective du temps
– au niveau des phénomènes affectifs et émotionnels
– dans le cadre des considérations rationnelles
– selon les voies de l'imagination
– selon des voies pluralistes d'échange.
Elles peuvent se traduire, en second lieu, structurellement par la répartition :
– à des sous-groupes de fonctions égales ou différenciées,
– mais aussi, à des individus, de rôles égaux ou différenciés,
– outre l'attribution de moyens identiques ou distincts.

LES CONSIGNES

On trouvera des exemples de cette variété de consignes en vue d'organiser de nouveaux exercices et d'enrichir, par suite, l'ingénierie de formation, en fonction des besoins. Nous avons parfois amorcé de tels comportements.

SUR LE PLAN DE L'ESPACE

Des invitations à des activités de rapprochement ou d'éloignement, d'exploration de lieux réels ou de situations virtuelles, peuvent être imparties à des groupes ou à des classes : pour définir (et différencier) des exercices de mise en contact des individus assurant accueil et présentation réciproques, ou bien pour entraîner aux relations sociales ou à l'expression corporelle et à l'équilibre personnel.

En ce qui concerne les lieux réels, on peut trouver des consignes du genre : « *Nous allons former un cercle (ou un triangle ou un carré), assis ou debout, entourant ou entouré par un autre cercle de participants, en bougeant ou non les meubles et objets, en tournant ou non dans un certain sens, puis en nous éloignant ou non.* » Dans certains cas, on demande que les gens se placent épaule contre épaule, ou se déplacent en se fixant regard par regard, au hasard des rencontres. On peut aussi demander une exploration tactile des lieux, murs ou objets, silencieux ou non, donnant lieu à des explications des sentiments vécus, en raison de telles consignes. 0u encore on peut proposer que des individus se lancent ou reçoivent un ballon en prononçant un mot.

L'espace virtuel offre des possibilités d'exploration projective : par des études de cas, des « jeux d'entreprise », des jeux de rôles, des psychodrames, des jeux de décision, des situations d'incident à traiter, des scénarios à établir dans des pays imaginaires pour lesquels des données fictives sont imposées, et, plus généralement, des exercices de simulation par lesquels s'entraîner à quelque utopie.

DANS LA PERSPECTIVE DU TEMPS

De telles consignes peuvent diriger les échanges vers l'évocation ou la référence au passé, au présent ou à l'avenir.

Le retour au **passé** peut s'effectuer dans des exercices de bilan sur des variables, d'intérêt, de difficulté ou d'échec ; il peut donner lieu à des échanges de régulation à propos d'interférence ou de conflit de rôles qui concernent les membres d'une équipe. Il peut s'agir également d'exercices d'échanges professionnels : on trouve, par exemple, dans les fiches, la technique du Groupe d'approfondissement professionnel ou GAP (p. 91) suivant laquelle un narrateur est appuyé, dans l'autoanalyse d'un cas personnel qui le préoccupe, par des questions non judicatives que les membres de son groupe de pairs sont invités, par des consignes, imaginativement, à lui proposer. Cette technique est inspirée du groupe Balint, conduit par les psychanalystes pour des groupes de médecins ou d'infirmières.

L'évocation au **présent** est imposée dans des exercices invitant les participants d'un groupe à se centrer sur l'*ici et maintenant* de leur vécu réciproque, explicitant leurs représentations immédiates d'eux-mêmes et de leurs perceptions directes des autres ; ou désignant l'émergence de phénomènes de pouvoir ou de résistance évidents à celui-ci ; dénonçant éventuellement les pressions de conformisme en train de se constituer dans le groupe. Les consignes délimitant de la sorte l'expression des individus définissent certaines formes de « dynamique de groupe », notamment le *training group* (ou *T-group*) mis au point et développé aux USA par Kurt Lewin et les *National Training Laboratories*, mais aussi, en France, le « Groupe centré sur le groupe ». Ces formes demandent des animateurs, ou analystes particulièrement bien formés.

Le rapport à **l'avenir** peut être stimulé par des consignes appelant à imaginer celui-ci pour un organisme, une situation sociale, une institution : à perspective de dix ans, vingt ans, ou pour le troisième millénaire ; en sautant sur les viscosités et frottements ou obstacles présents ; de façon à dégager des possibilités de réorganisation ou de réorientation. On trouvera des consignes de ce type dans des groupes ou techniques de prospective (p. 108), ainsi que dans des procédures d'*analyse de la valeur* utilisée par les grandes entreprises.

Les consignes fondées sur le temps et la durée peuvent naturellement être rédigées de façon plus ou moins concises, sous une forme plus ou moins originale et inattendue : exerçant à une gamme d'*uchronie*.

SUR L'AFFECTIVITÉ

Une variété de consignes a été formulée en vue de limiter à des expressions affectives la nature des interactions s'établissant dans un groupe d'échange, de formation ou de thérapie : toute dissertation ou intellectualisation, voire toute demande de théorisation y étant interdite ou demeurant sans réponse.

Les expressions peuvent être langagières (notamment dans les groupes de diagnostic), elles peuvent être seulement orales (comme dans le *cri primal*) ; elles peuvent être gestuelles et silencieuses, symboliques ou démonstratives. Le mutisme, plus ou moins délibéré de l'animateur (s'alignant sur le silence distancié de l'analyste dans la cure analytique) peut être une conduite pour provoquer les participants à s'exposer affectivement, transférentiellement, aux autres ou à lui.

Les consignes peuvent dépasser souvent le niveau affectif pour aborder franchement le niveau émotionnel. Elles poussent alors à des manifestations physiques d'agressivité ou de colère, d'angoisse ou de peur, dans la surexcitation, comme dans des groupes *Marathon* ou des exercices de *bioénergie* ou dans le *cri primal* (technique préconisée par Schultz). Elles peuvent conduire à se dévêtir et à se masquer. Elles peuvent s'approprier les rites de mise en transe.

DANS LE CADRE DE CONSIDÉRATIONS RATIONNELLES

Des normes inverses peuvent contraindre à renforcer la rationalité, excluant toute modulation sentimentale et tout *passage à l'acte*, réel ou mimé.

Les consignes délimitent alors des formes variées de travail en réunion, d'exercices en groupe, d'études de concepts, de théorisation de pratiques, d'analyse de textes, de protocoles d'entretien, d'analyse institutionnelle, de définition de concepts ou de projets. On trouvera diverses techniques ou des exercices variés utilisant de telles consignes (voir notamment p. 66).

Il faut aussi noter, dans cette catégorie, les consignes définissant des tâches de réflexion et des activités de production (de matériel technique ou pédagogique) dans le cadre d'ateliers, imposant des normes de précision et de qualité ou de clarté.

De telles consignes nous sont plus habituelles. Mais leur variété est souvent mal connue ou insuffisamment développée.

SELON LES VOIES DE L'IMAGINATION

En contrepoint des invitations à la rationalité, ce sont souvent les recours à l'imaginaire et au fantastique, sinon à l'absurde, qui sont recommandés, en excluant, avant un certain terme, toute opération critique ou toute protestation au nom du principe de réalité.

Les consignes à la base du *brainstorming* sont largement connues : « *Vous exprimez avec vivacité tout ce qui vient spontanément à l'esprit de chacun de vous ; énoncez même les "idées folles" ; pillez les idées proposées par les autres ; ne faites aucune critique.* »

De même l'invitation à écrire des **contes** en se servant d'un matériel déterminé (ainsi des tarots présentant des personnages ou des animaux et des situations) peut être appuyée sur des consignes diversifiées. Il est aussi possible de demander qu'à des photographies précises les participants rédigent individuellement, puis collectivement, des légendes appropriées (voir p. 228). Parfois l'imagination est mise à contribution pour placer dans un cadre défini (par exemple

« L'immeuble », comme dans une technique créative mise au point par Francis Debyser, Hachette, 1986) des personnages, des objets et des interactions à inventer.

À partir d'une pratique d'enseignement présenté par un narrateur, on peut aussi demander aux membres d'un groupe de se réunir en petite équipe pour s'entraider à transposer imaginativement les diverses dimensions ou certaines des caractéristiques déterminant cette pratique : en accroissement ou changement d'échelle de rapport ; en réduction ou remplacement ; en modification ou déformation. On trouvera un exemple dans le *Jeu méthodologique de transposition* (voir p. 114).

SUR DES FORMES PLURALISTES D'ÉCHANGE

On peut concevoir des consignes qui, au lieu de restreindre, dans certaines limites ou directions, les activités qu'elles appellent, au contraire incitent à la plus grande variété des formes d'échange, d'expression et d'analyse ; il en est ainsi pour des activités interdisciplinaires et interculturelles.

C'est ce que l'on trouve aussi dans la pratique des groupes de rencontre, mise en œuvre par Carl Rogers et ses associés. Il peut être dit ou laissé à entendre que chacun peut se placer ou se situer à tous les niveaux qui lui conviendront : affectif, émotionnel, imaginatif, symbolique, gestuel, groupal ou institutionnel, singulier ou interpersonnel. Les échanges, par suite, et les interventions régulatrices des facilitateurs pourront se situer ou passer d'un niveau à l'autre, librement, selon les modalités qui s'avéreraient les plus propices.

Des consignes ouvertes peuvent également contribuer à libérer les individus ou les groupes d'une répétition inerte de consignes implicites ou explicites, fermées ou soupçonneuses, antérieurement appliquées ou subies : les individus et leurs rencontres sont orientés, alors, vers leur authenticité, en se départissant des raideurs acquises, de défenses rigides ou de tics, ainsi que d'un usage inerte des “langues de bois” ou des langages sophistiqués repris à des experts ou à des formateurs.

Ce type de consignes ouvertes correspond à la recommandation qu'avait faite Paul Fraisse comme président du XXIe congrès international de psychologie, à Paris, en 1976 : *« L'avenir appartient aujourd'hui à ceux qui feront appel à des tâches ouvertes et non pas fermées, à des situations ambiguës à solutions multiples, où le plan expérimental prendra en compte la recherche des processus d'élaboration et la fixation des solutions. »*

D'ORGANISATION EN GROUPES ET SOUS-GROUPES

Il va de soi que la pluralité des consignes précédemment décrite peut se joindre à d'autres contraintes impliquant la répartition des individus dans des groupes et des sous-groupes de tailles variées et à durées modulables, dont le chapitre 2 peut indiquer la variété potentielle.

Mais les modalités de structuration des rapports entre les personnes entraînent, de nouveau, des modes particuliers de travail, d'échanges, d'exercices et de production : selon la répartition des fonctions entre les individus ou les sous-groupes ; suivant la distinction éventuelle (ou la non-distinction) de rôles confiés aux individus ; en raison des consignes de durée et d'objectifs ; mais aussi par le recours ou non à tels moyens écrits, oraux, audiovisuels, informatiques et, plus généralement, technologiques.

Il peut être utile d'observer la multiplicité des modes de travail en groupe qui peuvent en résulter, aussi bien avant ou après la consultation des fiches rassemblées dans le présent ouvrage et leur mise en application, en vue d'éclairer les choix faits et de leur apporter des choix complémentaires.

LEURS FONCTIONS

La typologie présentée ici est illustrée par quelques exemples en vue de distinguer dans un groupe des sous-groupes à fonctions égales ou différenciées, à rôles égaux ou différenciés, avec ou sans moyens et supports.

À FONCTIONS ÉGALES

Mêmes tâches, mêmes thèmes, mêmes consignes (objectifs de production et durée variables).

■ Avec rôles égaux

• en *élaboration progressive* : pendant m minutes, travail par sous-groupe de 2 ; puis pendant m' minutes, travail en sous-groupe de 4 ou 6 personnes par regroupement des précédents, sur d'autres consignes, etc.

• en *élaboration dégressive* : les sous-groupes initiaux se morcellent en petits groupes à un temps dit, sur des consignes spécifiques.

• en *consultation sur place* : par sous-groupes de personnes réunies pendant n minutes au sein du groupe sur une consigne brève (par exemple : le *phillips 6x6*, « 6 personnes en 6 minutes »).

• en *minicas* : chaque personne rédige en 5 minutes un problème ou une situation vécue. Ces minicas anonymes sont lus publiquement, puis étudiés tour à tour par choix entre 3 formules : soit tous rédigent un commentaire sur un minicas, soit des minicas sont répartis, et chacun écrit un commentaire sur le minicas attribué, puis le transmet à un autre qui commente à son tour, etc. ; soit les minicas produits par chaque sous-groupe sont confiés à un autre sous-groupe qui les étudie suivant l'une des deux formules précédentes, les minicas pouvant porter sur des difficultés ou des réussites.

• *en intergroupes* : chacun des intergroupes comprend un (ou plusieurs) représentant(s) de plusieurs groupes qui ont travaillé séparément, en vue de communiquer, de façon intime, le produit des échanges de chaque groupe.

• *en cartons verts et jaunes* : deux sous-groupes (de nombre de participants égal) se questionnent, individu par individu, sur leurs attentes (placées sur des cartons verts) et leurs craintes (cartons jaunes) ; les cartons sont réunis couleur par couleur et offrent l'objet de réflexions approfondies en groupe.

■ Avec rôles différenciés

• en *communication rotative* : les sous-groupes travaillent sur une durée délimitée ; puis un messager part de chaque groupe et est inséré dans un autre groupe, après présentation pour une nouvelle durée ; un messager part à nouveau vers un autre sous-groupe et ainsi de suite. Les messagers successifs peuvent être des individus différents ou des *pivots mobiles*.

• en *triades* : par répartition tournante des rôles, tels que interviewer, interviewé, observateur ; ou facilitateur, chercheur et secrétaire, etc. Ce peut être des *tétrades*...

• en *technique de voisinage* : chacun se compte *un* ou *deux* ; chaque *deux* interroge son voisin *un* de gauche et transmet son message (attentes ; idées ; questions ; etc.) à son voisin *un* de droite. Puis tous les *uns* vont inscrire sur des panneaux les messages reçus qui sont ensuite reclassés.

• en *débatteurs assistés* : le groupe est fragmenté en un sous-groupe de débatteurs, chacun assisté par un consultant (et éventuellement en observateur). L'étude s'effectue par une série de phases de débats de vingt minutes, suivies de courtes phrases de consultation pour chaque débatteur avec son consultant (devant l'observateur, s'il en est un). À un temps donné, les rôles sont échangés. Il est utile de confier des rôles de secrétariat pour noter les arguments énoncés au cours des différentes phases.

• en *tortue* : chaque sous-groupe communique avec les autres par deux porte-parole auprès des quels ses membres restent attentifs aux échanges et avec lesquels ils communiquent (la « tortue » rentre sa tête dans sa carapace).

• en *interpellation gestuelle* : un sous-groupe interpelle les membres d'un groupe par les questions qui les distribuent progressivement en sous-groupes à fonctions différenciées.

■ Avec moyens et supports développés

• en *photolangage* : chaque individu du groupe propose des reproductions photographiques ou bien fait un choix sur un jeu de photos ; il s'explique sur ce que signifie son choix ; il est ou non interrogé sur la signification de ses préférences, en référence à un thème ou une problématique.

• *en études de cas* : des individus ont à travailler avec des dossiers approfondis (écrits, enregistrements ; films ou cas filmés ; ou mixtes), pour analyser des situations concrètes, dégager les problèmes et proposer des solutions.

• en *vidéo* : des phases de travail sont filmées en circuit fermé et utilisées soit en autoscopie, soit en examen par sous-groupes antagonistes sur des consignes déterminées.

• en *production* : il peut s'agir de réaliser des prises de photos, des photomontages, des graphismes sur diapositives, des dessins collectifs, des bandes dessinées, une édition d'imprimés, des bandes dessinées, des films, ballons et autres supports où l'on place des dessins ou des mots importants, comme représentations de souvenirs, indications de qualité, difficultés, rencontres, réussites, projets d'avenir, souhaits, etc.

• en *blason*

• en *construction avec des objets* (cubes, légos, gobelets en plastique, etc.) : de la représentation d'une institution, de l'évaluation d'une séquence de formation, ou d'une activité, interprétée symboliquement, en appliquant des règles (imposées ou décidées) pour le placement des objets.

À FONCTIONS DIFFÉRENCIÉES

■ Avec rôles égaux

• en *observations réciproques* : chaque sous-groupe est alternativement acteur d'une tâche et observateur d'un autre sous-groupe attaché à une tâche pareille ou autre.

• en *argumentation* : deux petits groupes s'opposent sur un thème, sous le contrôle d'un petit groupe d'animation, pendant que les autres participants se déplacent avec la consigne d'aller se placer derrière un sous-groupe chaque fois qu'il a énoncé un argument digne d'être discuté ou réfuté (même si on est hostile à cet argument ou à la thèse qu'il est censé appuyer).

• en *pour, contre, neutre* : un sous-groupe *neutre* reçoit après concertations internes des sous-groupes *pour* et *contre*, alternativement un partisan du *pour* et un partisan du *contre* jusqu'à épuisement des sous-groupes. Chacun a une minute pour présenter son argument. Le sous-groupe *neutre* indique son évaluation. Les trois sous-groupes peuvent avoir un volume équivalent ou non.

• en *panel-discussion* : un sous-groupe *échantillon* discute devant le groupe où chacun note ses observations et les communique par écrit à un sous-groupe d'animation. Celui-ci réintroduit les messages soit à temps fixe (toutes les vingt minutes, par exemple), soit en fonction de leur opportunité.

• en *méthode* Delphi : les projets élaborés par des sous-groupes sont adressés à des experts pour avis. Leurs propositions leur sont retournées avec mission d'indiquer des synthèses possibles, sans que les experts sachent qui d'autre que chacun d'eux est consulté.

• en *commandes réciproques* : un sous-groupe G1 définit en vingt minutes un thème ou une méthode de travail pour un autre sous-groupe G2 qui l'étudiera en quarante minutes pendant qu'un troisième sous-groupe G3 observe les diverses phases d'échange et d'étude et communique ses réactions et propositions à un quatrième sous-groupe G4 qui classe ces messages et assure l'examen final de productions faites et de leurs vécus.

AVEC RÔLES DIFFÉRENTS

• en *étude des risques* (obstacles ou difficultés) : chacun est d'abord incité par un animateur à énoncer des risques (ou obstacles, difficultés) qui menacent un projet, une activité ou une étude.

Tout ce qui est dit est écrit sur un tableau (ou panneau de papier). Une classification de tous les risques est alors faite : les individus se répartissent en sous-groupes qui choisissent une catégorie de risques pour essayer de décrire les voies de réduction de chacun des risques de cette catégorie repris sur le tableau. Il y a ensuite mise en commun.

• en *études d'incidents* : un incident est présenté ; le groupe se partage par votes en sous-groupes opposés sur les solutions envisageables. Une suite d'études en sous-groupe puis de phases de négociation est ensuite arbitrée par sous-groupe d'animation.

• en *mise sur la sellette* : un sous-groupe est mis au centre du *questionnement* des autres sous-groupes, à propos d'un objet, d'une problématique ou d'une production. Un sous-groupe de modérateurs veille à ce que cette mise sur la sellette reste mesurée et chaleureuse.

• en *groupe d'approfondissement professionnel* (GAP) : un narrateur est aidé à explorer un problème concret qui le touche par la proposition de questions venant des membres d'un groupe, avec le soutien d'un modérateur avec lequel il s'isole pour étudier les réactions du groupe.

• en *soutenance* : chaque groupe expose ses résultats ou ses positions devant un *jury*, par le fait d'un rapporteur ou élu.

• en *complémentarité* : chaque sous-groupe est chargé de la responsabilité d'une tâche distincte au service des autres sous-groupes et sous la direction d'un de ses membres (désigné, tiré au sort ou élu).

AVEC MOYENS PROJECTIFS

• en *brainstorming croisé* : chaque sous-groupe peut étudier rationnellement, en analyse de système ou pour extractions d'idées, la production imaginative (énoncée sans critique et avec stimulation) qui lui est transmise d'un autre sous-groupe. Il peut avoir lui-même transmis à un autre sous-groupe sa propre production créatrice.

• en *exercice de prospective* : des petits groupes ont à imaginer séparément ce que pourraient être des institutions diverses (l'école, une université, une entreprise, etc.) dans un avenir lointain (dans dix ans, en l'an 2010, etc.). Il faut entraîner les individus à laisser leur imagination se débrider en utilisant des procédures de créativité. Il est possible de finir en décidant des 10 % qui seraient immédiatement réalisables parmi les dispositions imaginées. On peut agir ainsi en rétrospective.

• en *jeu méthodologique de transposition* : un *présentateur* décrit une procédure ou démarche. De petits groupes essaient de transposer celle-ci originalement en déformant créativement tous ses éléments dans une entraide d'imagination.

• en *recherche d'innovation* : dans une situation de *simulation* avec documents, données chiffrées, images ou films proposant des *scénarios* différents.

• en *communication ou évaluation par expression graphique* : par sous-groupe, en silence, dessinant et coloriant suivant des références obligées à des symboliques différentes (selon l'un des quatre éléments) et sur des thèmes distincts.

• en *jeux d'entreprise* : divers sous-groupes, ayant des organisations et des missions différentes, sont placés en situation de marché, à partir d'un modèle économique et social, qui permet d'établir les conséquences des mesures décidées par chacun d'eux.

CHAPITRE 2

S'organiser en sous-groupes

Il est habituel que des personnes constituant un auditoire ou un groupe aient envie de rester ensemble : même si les responsables ou formateurs ressentent l'opportunité d'une organisation en petits groupes œuvrant séparément. Pour équilibrer la tendance à l'inertie groupale, ceux-ci ont donc besoin de disposer d'un potentiel de techniques susceptibles de préparer et d'assurer la partition souhaitée, par des voies multiples et qui ne soient pas uniquement de scissiparité.
Après un rappel des dispositions imposables, laissant plus ou moins de choix aux individus, on trouvera ci-après des modalités d'investigation ou d'invitation permettant :
– soit de faire apparaître des sous-groupements plus ou moins naturels ;
– soit d'établir des consultations aboutissant à des décisions de répartition suivant des sous-groupes distincts ;
– soit de constituer des groupements successifs ;
– soit de construire des sous-groupes nouveaux ;
– soit enfin d'organiser des rapports entre différents sous-groupes à l'issue d'un temps de tâches séparées.
La diversité des modalités rappelées par les fiches qui suivent peut également aider les formateurs et responsables à se dégager des tentations manipulatoires ou autoritaires. Elle peut faciliter un choix approprié de la gamme des structurations proposée à des groupes et celle-ci peut donner lieu ou non à un débat constructif.
De toutes façons, la sélection des techniques réunies dans ce chapitre mérite d'être complétée par des formes nouvelles, élaborées par les uns et les autres, et qui gagneraient à être diffusées pour affermir l'ingénierie collective.

RÉPARTIR UN GROUPE EN SOUS-GROUPES

AU HASARD

Les individus sont répartis sur invitation d'un formateur :

– en voisinage suivant les sièges et les tables,

– par fragmentation du groupe, sur place, à des coins différents d'une salle,

– par tirage au sort (chacun des participants ayant tiré une lettre dans une boîte et les mêmes lettres se rassemblent ; ou encore les participants se comptant de 1 à n (3 ou 4 ou 5 ou plus) et se groupant, soit s'ils ont le même numéro, soit en sous-ensemble de n,

– en raison de critères explicites, de rôles imposés, d'hétérogénéité, etc.,

– par *dispatching* dans des locaux différents à leur arrivée au stage.

PAR DÉSIGNATION

Les membres de chaque sous-groupe sont désignés à l'avance sur une liste ou bien sur le champ en plénière ; oralement ou par écrit, selon des critères explicités ou pas, soit :

– par un informateur,

– par l'équipe des formateurs,

– par un petit groupe de participants tirés au sort ou volontaires (chacun d'eux étant invité à choisir dans le groupe, un par un, à tour de rôle, les membres de son sous-groupe),

– par des personnes extérieures au groupe (invitées ou observateurs),

– par des responsables institutionnels.

LE VOLONTARIAT

Les individus se disposent :

– par entrée libre dans une des salles ou lieux disponibles ou par préférence pour des moyens utilisables ou non (audiovisuels, graphiques, etc.),

– par choix d'affinités ou de connaissance antérieure,

– par inscription sur des listes affichées (mentionnant ou non le nom d'un formateur ou d'un participant qui propose une activité),

– en choisissant un des thèmes ou une des méthodes proposés par les formateurs ou dégagés par le groupe,

– par la conséquence de leurs votes sur des projets présentés au tableau ou oralement par un formateur,

– par participation à un laboratoire d'expérimentation de techniques,

– par participation à un atelier de fabrication (d'exercices, d'instruments, de notices, de fiches techniques, de bibliographies, etc.).

LA SÉLECTION

Les participants sont répartis en fonction de :

– critères explicites (d'origine géographique, de disciplines, de fonctions),

– tests (suivant les résultats obtenus à ceux-ci),

– sociogrammes (selon l'équilibre des choix et rejets entre les individus),

– de souhaits exprimés à l'avance.

Il est possible de compléter les indications de ce premier inventaire en consultant le tableau suivant un peu plus détaillé ou en se référant au précédent ouvrage de la collection, *Organiser des formations*, p. 214 et *sq.* dont ce tableau est tiré.

On pourra aussi se référer aux fiches détaillant certaines des techniques ultérieures notamment celles d'élaboration progressive et d'intergroupes.

Variétés de mise en sous-groupes

La répartition des individus d'un groupe en des sous-groupes ou équipes peut être effectuée :

AU HASARD PAR :
séparation géographique
sur place (par distinction arbitraire de cercles de voisins)
en mouvement (par indication de lieux variés, désignés à chacun)
en dispatching (par localisation des personnes au fur et à mesure de leur arrivée)
tirage au sort
sur liste alphabétique des participants (les P premiers de la liste d'ensemble puis les P suivants, etc. ou les nèmes de la liste ensemble, etc.)
sur attribution de numéros (par comptage à haute voix de chaque individu, puis sous-groupements de tous les mêmes numéros, ou des multiples, etc.
sur tirage de badges (papiers dans une boîte portant au hasard une lettre ou une figure)
Critères de caractérisation
d'âges
de sexes
d'origines (de lieux, d'écoles, de disciplines, etc.)
de niveaux (intellectuels, culturels, physique, etc.)
d'hétérogénéité

SUR DÉSIGNATION FAITE PAR :
les responsables, professeurs ou formateurs
un seul d'entre eux, par consensus
un seul à son initiative
chacun à son tour de rôle
chacun de façon non ordonnée
des membres du groupe
désignés par les responsables
désignés par les participants
tirés au sort
remarqués pour une compétence
volontaires
des personnes extérieures au groupe
une personne de l'extérieur, invitée spécialement
une personne en impromptu
plusieurs personnes invitées
plusieurs personnes en impromptu
un mixte des catégories précédentes
sans ordonnance
par accueil de propositions en vrac

EN VOLONTARIAT PAR :
affinités
entre participants
autour d'animateurs
autour de participants
en mixte
inscription libre sur des listes affichées
portant des lieux de travail
portant des noms
vides
mixtes
choix des travaux distincts sur :
thèmes différents
méthodes ou processus divers
moyens diversifiés (audiovisuels, graphiques, etc.)
mixtes
votes
à main levée, pour sondage
à main levée, pour décision
en se levant, pour décision
par écrit, pour décision
entrée dans des locaux affectés à des programmes
proposés par des responsables
demandés par des participants
proposés par des participants
mixte des propositions des responsables et de participants

EN STRUCTURATION PROGRESSIVE PAR :
élaboration progressive par groupements successifs de sous-groupes (voir document 8)
des sous-groupes de 2 personnes (se connaissant le moins possible) échangent puis au bout de 10 à 20 mn se regroupent par 2 (soit 4 personnes)
des sous-groupes de 2 personnes se regroupent par 3 (6 personnes), id.
de 3, id.
de 4, id.
intergroupes, constitués en prenant dans des sous-groupes antérieurs (voir document 10)
un individu seulement
deux individus seulement
autant de fois un individu que chaque sous-groupe en comporte
id. *deux individus,* id.
une fraction de chaque sous-groupe

SUIVANT SÉLECTION PAR :
tests
intellectuels
techniques
physiques
sportifs
d'expérience professionnelle
sociogrammes
en choix et rejets pour coopération sur les tâches
à distance sur des souhaits de proximité ou d'éloignement

EN MIXTE GÉNÉRAL OU EN HYBRIDATION SUCCESSIVE DE DIVERSES VARIÉTÉS

INTERPELLATION GESTUELLE (OU MICROSOCIOLOGIE)

Il s'agit de faire apparaître, dans un groupe, des catégories distinctes de personnes en raison de caractéristiques énoncées à haute voix et auxquelles les individus répondent par des gestes selon un code défini. Le groupe sera ensuite réparti en sous-groupes selon les catégories distinguées.

Nombre de participants : de douze à cent personnes.

Durée : une demi-heure à une heure.

DOCUMENT 5

Interpellation gestuelle

Le formateur a préparé une série d'interrogations qu'il proposera une par une au groupe. On trouvera diverses séries ou registres d'interpellations possibles ci-après. Il sera possible au formateur de demander si, dans le groupe, certaines personnes peuvent suggérer des interrogations qui pourraient compléter la série préparée à l'avance ou la remplacer.

Avant d'articuler les interrogations, le formateur indique les codes de réponses gestuelles qui pourront être utilisés par les membres du groupe. On peut en envisager une gamme de façon simple (et à choisir selon les groupes et les interrogations) :

Les réponses

positives : debout ; **négatives** : assis.

affirmatives :

- Les réponses affirmatives avec indication de grande intensité

– ou forte fréquence : bras droit levé en l'air (comme pour dire fort ou souvent)

- Les réponses affirmatives avec moindre intensité et fréquence : bras droit horizontal (comme pour dire : *moyen* ou *parfois*)
- Les réponses évasives : bras croisés.

Il est possible d'utiliser les deux codes pour graduer davantage les réponses.

– Debout, bras droit levé : *très fort* et *très souvent* ; debout : *fort* et *souvent* ; assis, bras levé : *moyen*,

– assis, bras horizontal : *quelquefois* ; assis : *faible, rarement.*

– bras croisés : *jamais.*

On pourrait imaginer d'autres codes *sémaphoriques.*

En toute hypothèse, il conviendra que soient prévus, volontaires ou désignés, des *participants compteurs* qui auront à dénombrer les signes gestuels, s'il en est besoin, et à marquer au tableau leurs quantités.

Il peut être intéressant de coder les caractéristiques d'une manière originale, par référence à des personnages ou à des métaphores ou fabliaux (par exemple, on pourrait distinguer, si le groupe l'admet, les citadins comme *rats des villes* et les ruraux comme *rats des champs*). L'interpellation doit être rapide, *enlevée*, soutenue par de la bonne humeur ou de l'humour prudent. Il faut éviter, bien sûr, les questions qui pourraient paraître discriminantes ou méprisantes.

Il est enfin possible que la gamme des interpellations porte sur des registres de caractéristiques ou variables : d'origine ; d'habitation ; de comportements ; d'expérience professionnelle ; de préférences culturelles ; d'appartenance ;

Registre d'origine

– pays ? villes ? régions ? bourgs ? (énoncés par le formateur ou par les participants)

– écoles ? collèges ? lycées ? universités ? grandes écoles ? autres instituts de formation ?

– élevé en enfant unique ? en famille nombreuse ? en famille moyenne ?

– domicile familial stable dans la jeunesse ? fréquents changements d'habitation ? séjours à l'étranger dans la jeunesse ? mariés ? non mariés ? enfants ?

– gens du terroir ? étrangers ? conjoint du pays ? visiteurs ?

– milieux de formation ou tendance : scientifique ? littéraire ? artistique ? artisanale ? administrative ? psychologique ? langue étrangère ? mathématique ? informatique ? historique ? économique ? médias ? politique ? etc.

Registre d'habitation

– en centre ville ? en périphérie ? en zone rurale ? en zone industrielle ?

– en immeuble ? en maison particulière ? en domicile isolé ? en *tours* ?

– en logis neufs ? en logis anciens ? en logis réhabilités ? en logis construits par soi ?

– en location ? en logement de fonction ? en propriété ?

– meublés : en ancien ? en moderne ? en rustique ? en classique ?

– domicile éloigné du lieu de travail ? proche ? déplacements en voiture ? par transports en commun ?

Registre de comportement

– non sportifs ? sportifs ? supporters ? sportifs pratiquants ? spectateurs ? gymnastique ?

– vacances d'été plutôt dans l'hexagone ? dans la région ? à l'étranger ? à la mer ? à la montagne ? à la campagne ? chez soi ? en résidence secondaire ?

– activités sédentaires ? voyageuses ? nomades ? à circulation départementale ? à circulation nationale ? en missions à l'étranger ?

– non-lecteurs ? lecteurs moyens ? lecteurs passionnés ? polars ? romans ? revues ? journaux ?

– cinéphiles ? téléphiles ? auditeurs de radio ? instrumentistes ? choristes ?

– fumeurs ? non-fumeurs ? petits fumeurs ? gourmands ? dégustateurs ? sobres ? écologistes ?

Registres d'expérience professionnelle

Il est possible d'avoir des caractéristiques et, pour chaque profession, un registre spécifique :

– *activités* : en ateliers ? en chantiers ? en bureaux ? en tournées ? en loisirs ?

– *responsabilités* : de direction ? d'administration ? de gestion ? de recherche ? de spécialité technique ? d'informatique ? de formation ? de restauration ? de sécurité ? d'écologie ?

– *ancienneté dans le poste* : récente ? moyenne ? ancienne ? renouvelée ?

– *formation continue* en : séminaires dans l'entreprise ou l'organisme ? séminaire interne ? autodidaxie ? volontariat ? obligation ? alternance ?

– *fonction remplie* : isolément ? en équipe pluridisciplinaire ? en équipe pluricatégorielle ? en équipe homogène ? alternativement seul et en équipe ?

– *statut* : sans subordonnés ? avec quelque subordonnés ? avec une division ?

Dans le cas de l'enseignement, on peut envisager un registre d'expérience pédagogique ou méthodologique en :

– *référence de méthode* : Freinet ? Piaget ? Wallon ? Lozanov ? Decroly ? Alain ? Dewey ? Skinners ? Rogers ? La Garanderie ?

– *pédagogie différenciée* : durées variées des cours ? attribution de responsabilités et de rôles aux élèves ? Emplois du temps souples ? Pluralité de techniques de travail en groupes et sous-groupes ? Décloisonnement des classes ? Regroupement de classes ? Activités interdisciplinaires ? Organisation de la classe en équipes ? Modalités interculturelles d'enseignement ? Pédagogie par objectifs ? avec référentiels ?

– *aide et soutien* : entraide pédagogique entre élèves ? tutorat ? conseil méthodologique ? modules ? formation à la recherche documentaire ? aide personnalisée ?

– *instruments et processus multiples d'évaluation*

– formative (*check-lists* ? groupes ? consultation ? Q-Sorts ? situations ? prospectifs ?) en autocorrection ? en co-évaluation ?

– sommative (épreuve trimestrielle ? contrôles fréquents ? examen blanc après révision organisée ? QCM ?)

– *animation* : envoi de messages entre élèves ? utilisation de moyens audiovisuels ? accompagnement de musique

sur certaines phases du cours ? récitations collectives ? utilisation de jeux de rôles ? de mimes ? utilisation de métaphores ? recours à des anecdotes ?
– *activités extrascolaires* : voyages avec élèves ? visites ? PAE ? journal d'établissement ? émissions de radios locales ? compétitions sportives ? concours intellectuels?

Registre de préférences culturelles

– *musique* : classique ? jazz ? rock ? reggae ? rap ?

– *peinture* : figurative ? non figurative ? classique ? baroque ? impressionniste ? expressionniste ? cubiste ?

– *monuments* : châteaux forts ? châteaux de la Renaissance ? châteaux du XVIIe siècle ? du XVIIIe siècle ? du XIXe siècle ? gratte-ciel ? palaces ?

– *pays d'art* : Italie ? Espagne ? Autriche ? Allemagne ? Portugal ? Hongrie ? Tchécoslovaquie ? Brésil ? Russie ? États-Unis ? Chine ? Inde ?

– *littératures* : classique ? moderne ? étrangère ? fiction ? vulgarisation scientifique ? poésie ?

– *gastronomiques* : cuisine à l'ancienne ? cuisine moderne ? cuisine chinoise ? japonaise ? orientale ? arabe ? africaine ? mexicaine ? américaine ? nordique ?

Registre d'appartenance

– *corps d'appartenance* : instituteurs ? professeurs de collège ? professeurs de lycée ? inspecteurs ? intendants ? ingénieurs ? administrateurs ? enseignants-chercheurs ? journalistes ? cadres ? docteurs ? commerçants ? etc.

– *associations* : amicales ? culturelles ? centres de vacances ? caritatives ? écologiques ? mutualistes ? éducatives ? pédagogiques ? disciplinaires ? statistiques ? informatiques ? sociétés savantes ? de loisirs ? d'archéologie ? de collectionneurs ? de créativité ? de bibliothèque ? de théâtre ? chorales ? orchestres ?

– *clubs sportifs* : voile ? planche à voile ? pêche ? ski ? escalade ? ascension ? aviron ? foot ? rugby ? volley-ball ? basket-ball ? pétanque ? ping-pong ? judo ? natation ? marche ?

– *générations* : jeunes ? maturité ? « quadras » ? quinquagénaires ? les sages ? 3e âge ? retraités ? grands-parents ?

– *tempéraments* : natifs de l'été ? de l'automne ? de l'hiver ? du printemps ? un des douze signes zodiacaux ? une des douze années chinoises ?

– *rôles* : présidence ? inspection ? organisation ? audit ? animation ? finances ? expertises ? secrétariat ? délégation ? représentation ? conseil ? enquêteur ?

REMARQUES

1. Il va de soi que la pluralité, détaillée dans la fiche précédente ci-dessus, des interpellations imaginables n'est pas présentée pour pousser les animateurs à une surcomplication dans la mise en œuvre de la technique, mais, au contraire, à faire des choix non routiniers par des habitudes non restrictives. En général, dix à quinze interpellations bien choisies et formulées avec humour suffisent ; elles peuvent permettre de placer en sous-groupes les individus en fonction des caractéristiques qui les apparentent. Et elles peuvent avoir été prises sur un seul registre ou sur plusieurs.

2. Malgré leur aspect pointilliste, nos registres sont loin d'être exhaustifs et suffisants. Ils peuvent inviter à trouver d'autres critères, plus originaux ou plus adaptés au public, à la région et à ses traditions, s'il en est.

3. En toute hypothèse, le fait d'avoir, par des interrogations successives et les réponses gestuelles qu'elles suscitent, permis qu'apparaissent des différences et des ressemblances dans un sous-groupe, est fortement bénéfique pour le climat de celui-ci. Il y a moins d'énigmes en germe au sein des rapports tâtonnants, moins de risques de préventions et de projections indues. Cette microsociologie réduit le foisonnement des incertitudes et des doutes réciproques, elle explicite des liens qui seraient restés sous-jacents.

VOTES DIFFÉRENCIÉS

Le principe de cette gamme de techniques est de faire procéder aux précautions d'une variété de procédures de vote. Il s'ensuit une analyse des changements de prises de position qui s'effectuent d'un vote à l'autre, en raison des modalités diverses de définitions des contraintes, de proposition des questions posées, d'influence des résultats constatés ainsi que des analyses et des négociations successives.

Cette technique fournit d'autre part l'occasion de faire se manifester certains rapports latents dans le groupe et d'observer leur influence sur les choix. Elle permet à chacun d'analyser ses attitudes à l'égard des problèmes évoqués par les questions sur lesquelles on vote, comme à l'égard des sous-groupes plus ou moins stables qui vont en résulter.

DISPOSITIF

Nombre de participants : de quinze à trente par groupe.

Il peut y avoir des observateurs en plus. Au-delà, le compte des votes peut être fastidieux et l'observation est moins aisée.

Durée : une demi-heure à deux heures et demie y compris les phases d'analyse qui peuvent être conduites en sous-groupes.

OBJECTIFS

1. Explorer les conséquences différentes de procédures variées de vote, avec leurs avantages et leurs risques respectifs, selon la formulation des consignes et des questions.

2. Analyser les phénomènes afférents aux diverses procédures et à leur enchaînement : influences des résultats successifs, stabilité ou fluctuation des prises de position, critères de choix, etc.

3. Analyser les rapports entre les sous-groupes qui se constituent (antagonismes, connivences, craintes ou tentatives de manipulation, interférences de situations antérieures, etc.).

4. Éventuellement, et avec prudence, analyser les attitudes des personnes dans leurs rapports avec le groupe et les sous-groupes.

5. Attirer l'attention sur les précautions à établir pour assurer la clarté et la finalité d'une décision par vote.

DOCUMENT 6

Votes différenciés

Dans un ensemble d'activités de stage, la responsabilité de déterminer le thème d'une activité ultérieure (conduite de réunion, projet d'enquête, jeu de rôles, débat public, séance en blanc, etc.) ou bien de décider entre plusieurs thèses ou hypothèses, est proposée aux participants par l'exercice de votes successifs.

– Ces votes peuvent s'effectuer à main levée, la plupart du temps, avec une grande souplesse de procédure.

– On peut, dans certains cas, utiliser le vote par assis-debout, voire le vote par inscription de choix sur une liste affichée (chacun mettant une étoile en face du thème qui lui convient, avec un mouvement vivant du groupe).

– Enfin, le vote écrit, par bulletin secret, peut aussi être utilisé dans quelques cas ou à quelque moment.

Phase préliminaire

Dans un premier temps, il faut disposer d'un éventail de choix possibles.

– L'animateur peut proposer un certain nombre de thèmes ou de thèses en fonction des préoccupations du groupe.

– Ou bien il peut recueillir les propositions des participants et les afficher au tableau.

– Ou encore, il peut organiser un *brainstorming* pour recueillir des suggestions et des idées multiples.

Dans tous les cas, on dispose alors de propositions par rapport auxquelles s'effectueront les votes successifs.

Première phase

Les votes demandés dans la première phase doivent être purement indicatifs ; leurs résultats sont affichés au fur et à mesure ; ils n'entraînent aucune décision, c'est-à-dire aucun engagement définitif de chaque participant. Ils ont donc un caractère de sondage, apportant des indications sur les premières tendances et on aura intérêt à les effectuer selon des consignes différentes de choix de choix ou de rejet, voire de regret.

– « *Vous votez autant de fois que vous voulez, en faveur de tous les thèmes qui vous paraissent mériter d'être pris en considération.* »

Cette consigne peut être reprise aussitôt après les premiers résultats affichés à la suite de son application, pour vérifier la stabilité de certains votes, plus irréfléchis que sincères.

– « *Vous votez maintenant deux fois seulement en faveur des deux thèmes qui vous semblent les plus utiles, ou les plus attrayants.* »

– « *Vous votez deux fois, pour indiquer les thèmes que vous écartez résolument, ou... que vous préféreriez voir écarter.* »

– « *Vous votez une seule fois, en faveur du thème que vous regretteriez le plus de voir écarter.* »

– « *Vous votez une seule fois, pour le thème essentiel à vos yeux.* »

– etc.

On prendra soin de modifier l'ordre dans lequel les différents thèmes sont soumis aux votes successifs pour éviter qu'un ordre constant n'influence les résultats. On n'omettra pas non plus la possibilité de varier les procédures.

Deuxième phase

Après quatre à cinq votes, parfois plus, les idées se décantent, des tendances se dessinent, des convergences ou des contradictions apparaissent, des stabilités ou des variations surprenantes sont mises en évidence. Pour chaque thème, on peut faire le compte des choix de sondage, des choix de préférence ou de regret, moins les choix de rejet.

De multiples formules d'étude des choix peuvent être mises au point. Des regroupements peuvent être envisagés, des éclaircissements peuvent être demandés, des thèmes ou thèses peuvent être éliminés par accord collectif sur un plancher minimum.

Les observateurs peuvent donner aux participants certains éléments. L'animateur laisse se développer un moment d'analyse et de négociation, à la suite duquel il invite à reprendre une série de votes sur la liste des thèmes, modifiés par suppression ou reformulation, avec accord du groupe.

Troisième phase

Les votes doivent aboutir à des choix ou à des décisions : on convient de retenir ou d'éliminer les propositions suivant qu'elles obtiennent l'unanimité ou bien une majorité qualifiée de voix favorables (diminuée éventuellement des voix hostiles), ou bien un poids maximum (par combinaison des choix successifs).

Lorsqu'une difficulté apparaît, lorsque par exemple un thème, ou sa formulation, est à la fois formellement retenu par un groupe important et rejeté par un autre, ou dans d'autres circonstances, l'animateur peut, au choix ou tour à tour, proposer un nouveau vote sur les bases antérieures en modifiant légèrement les consignes ou la formulation des thèmes, ou conduire une phase d'analyse et de négociation. Les phases de vote et d'analyse-négociation se succèdent ainsi, suivant les besoins et le temps dont on dispose.

Dernière phase de vote

Les derniers votes, de préférence positifs, permettent de retenir, à l'unanimité ou à la majorité qu'on juge nécessaire (option de l'animateur ou décision du groupe, suivant les délais), une ou plusieurs propositions selon les besoins, dans une formulation précise, et à condition de référer les résultats à l'utilisation qui en résultera : ce qui oblige parfois à des votes en sous-groupes[1].

1. Par exemple, pour une étude, les sous-groupes s'organiseront à partir des thèses de leurs propres choix. De même pour les groupes auxquels sont confiées des tâches alternées d'exécution, chacun des sous-groupes pourra choisir le thème qui lui convient pour la discussion ou la réunion qu'il doit tenir et les participants se répartissent dans les sous-groupes en fonction du thème qu'ils préfèrent et pour lequel ils ont voté.

ANALYSE DE L'EXERCICE

Avec l'apport d'observateurs, les participants font, enfin, l'analyse de l'exercice, sous la conduire de l'animateur, en fonction des objectifs envisagés précédemment, dans un esprit de compréhension réciproque profonde.

On pourra proposer un exposé sur la problématique du vote et sur les phénomènes d'entraînement, d'inhibition, d'approximations successives, de halo et d'éclairement progressif qu'elle comporte pour les individus, les sous-groupes et les groupes.

Il sera possible également de se référer à une théorie des décisions et du vote et de faire allusion à l'*effet Condorcet*, selon lequel des votes successifs peuvent se détruire.

La décision collective est sujette à de nombreuses difficultés, ne serait-ce qu'à cet effet Condorcet, remarqué jadis par l'illustre homme d'état : si plusieurs choix doivent être effectués par diverses personnes, il n'est pas toujours possible d'ordonner ces choix de telle sorte que les options de chacun soient respectées ; il n'y a pas de transitivité des préférences pour les classements effectués. Ainsi M. Girault[1] propose-t-il l'exemple de 15 personnes qui ont à se prononcer sur 3 candidats (ou politiques) A, B, C. Les choix individuels se présentent selon le tableau :

A est préféré à B et B est préféré à C par *2 électeurs*
A est préféré à C et C est préféré à B par *4 électeurs*
B est préféré à A et A est préféré à C par *3 électeurs*
B est préféré à C et C est préféré à A par *2 électeurs*
C est préféré à B et B est préféré à A par *4 électeurs*

Il en résulte que B est préféré à A par 9 électeurs sur 15 (majorité absolue), A est préféré à C par 9 électeurs sur 15 (majorité absolue) et malheureusement C est préféré à B par 8 électeurs sur 15 (majorité absolue).

On sait que les modes de scrutin ont pour objet de pallier l'indétermination qui résulte de cet *effet Condorcet.* Il serait intéressant que les voies de réflexion ouvertes par l'illustre politique soient reprises.

Il reste qu'un groupe décideur peut effectuer une résorption des indéterminations en fonctionnant de façon organismique. mais l'étude d'efficacité nous induit à aborder le problème des réunions[2].

1. M. Girault, « Quelques modèles de décision », in *Méthodologie : vers une science de l'action,* Gauthier-Villars, 1964, p. 359.
2. Cf. extrait de André de Peretti, *L'administration, phénomène humain,* Berger-Levrault, 1968, pp. 234-236.

DOCUMENT 7

Étude quantitative de choix

Les votes successifs n'aboutissent pas toujours à des conclusions claires et nettement différenciées. Il peut être intéressant de suggérer des procédures qui permettent de comparer les votes exprimés sur des thèmes différents.

Prenons un exemple :

	Consignes de vote	Résultats obtenus pour le thème 4	Résultats obtenus pour le thème 5
Vote 1	Vous votez autant de fois que vous voulez en faveur de tous les thèmes qui vous intéressent.	15	13
Vote 2	Vous votez autant de fois que vous voulez en faveur de tous les thèmes qui vous intéressent.	12	11
Vote 3	Vous votez deux fois en faveur des deux thèmes qui vous intéressent le plus.	5	6
Vote 4	Vous votez deux fois en indiquant les thèmes que vous écartez résolument.	3	1
Vote 5	Vous votez une fois en indiquant le thème que vous regretteriez le plus de voir écarter.	2	3

Pour donner à chacun de ces votes leur poids relatif, on leur attribuera un coefficient en fonction des consignes de vote.

Par exemple :

– aux votes 1 et 2 : coefficient 1,

– au vote 3 : coefficient 2 parce que le nombre de votes émis était limité,

– aux votes 4 et 5 : coefficient 3 parce que dans le cas du vote 4, un rejet est important, et que dans le cas du vote 5, le regret exprimé sur un seul vote est très important.

On peut alors additionner les votes favorables avec leur coefficient, retrancher les votes hostiles avec leur coefficient, et diviser le total par le nombre de votes émis.

On obtient un poids préférentiel relatif pour chaque thème.

Ici, ce poids serait pour le thème 4 :

$$\frac{15 + 12 + (5x2) - (3x3) + (2x3) = 34/5 \approx 7}{5}$$

et pour le thème 5 :

$$13 + 11 + (6x2) - (1x3) + (3x3) = 42/5 \approx 8$$

On met ainsi en évidence que le poids relatif du thème 5 peut être plus fort que celui du thème 4, ce qui n'apparaissait pas à première vue.

Cela ne constitue qu'une probabilité, une indication sur laquelle les participants ont à réfléchir et n'entraîne pas encore la décision.

ÉLABORATION PROGRESSIVE

Le processus de mise en communication des individus et leur présentation réciproque, puis leur étude de thèmes énoncés par des consignes successives se développe en plusieurs étapes de sous-groupement et de groupement. Les participants sont invités à se réunir d'abord par deux ou par trois, puis, successivement à se regrouper dans des sous-groupes de volume croissant, par fusion de sous-groupes antérieurs, sur des durées de plus en plus longues, jusqu'à se retrouver en séance plénière.
Nombre des participants : variable, de 12 à 30 ou 60 personnes et plus.
Durée : variable (voir les exemples de constitution de groupes dans la grille annexe).

OBJECTIFS

Ce processus de grande simplicité, permet l'organisation d'un grand groupe en sous-groupes de tailles convenables. En second lieu, il vise l'amélioration des qualités d'une présentation ou des interrelations dans un groupe. Il permet donc de se donner les objectifs :

1. Établir un processus efficace de *présentation approfondie* des personnes dans un groupe, en évitant des silences ou des monologues au départ d'une réunion.

2. Créer une *ambiance de communication* par la prise de contact de tous les participants dans un groupe.

3. Faciliter une *démarche de rapprochement* en aidant les personnes à se connaître de façon plus personnelle.

4. Assurer la *formation de sous-groupes* hétérogènes unis au sein d'un groupe.

5. Réaliser d'emblée *la participation personnelle* de chacun à un travail collectif de réflexion, par des communications faciles dans des groupes de volume croissant.

6. Faire *explorer progressivement un thème* en profondeur par la confrontation tranquille des diverses positions et leur décantation progressive.

DOCUMENT 8

Élaboration progressive

Organisation initiale

Le responsable, formateur ou enseignant, indique l'objectif de prise de contact ou bien le thème à étudier. Il invite les participants à échanger entre eux, sur place ou dans des salles variées, dans des sous-groupes de volume croissant : il précise à cet effet des consignes d'objectifs et de temps pour chaque étape. Il n'intervient pas, ensuite, dans la constitution des sous-groupes initiaux ou ultérieurs. Il marque seulement à haute voix les temps de regroupement, de façon ferme (et rappelle avec prudence les consignes successives d'objectifs ou d'étude).

Le processus se déroule ensuite de lui-même en plusieurs phases, en général deux ou trois, mais on peut aller à quatre ou cinq. Chaque étape se divise en trois parts : la constitution des sous-groupes, la présentation des membres de chaque sous-groupe, enfin les échanges à propos de l'objectif ou des thèmes impartis.

Constitution des sous-groupes

• Dans la première phase : le responsable choisit le module de départ (deux ou trois personnes) et il invite les personnes à se réunir librement par sous-groupes de deux (ou trois).

Il est plus intéressant que les sous-groupes soient constitués de façon hétérogène (différences de sexe, d'origine, de fonction, de niveau hiérarchique, etc.) surtout au début. La consigne initiale peut donc être : « Vous allez vous mettre en petits groupes de deux (*ou* trois) individus, chacun essayant de rencontrer au sein du groupe le (*ou* les) personne(s) qu'il ne connaît pas ou qu'il connaît le moins. »

• Dans les phases suivantes : le responsable, aux temps indiqués, marque la contrainte de regroupement des sous-groupes sur un coefficient de regroupement annoncé à l'avance (trois sous-groupes fusionnant ou bien deux sous-groupes, voire plus). Il rappelle à chaque regroupement les consignes de présentation réciproque et d'étude.

Premier exemple : pour un groupe de 19 personnes

– phase initiale : 8 sous-groupes de 2, et 1 sous-groupe de 3 ; durée, 10 minutes

– deuxième phase : 2 sous-groupes de 6, et 1 sous-groupe de 7 ; durée, 20 minutes

– troisième phase : le groupe de 19 ; 40 minutes de mise en présentation généralisée et d'échange.

Deuxième exemple : pour un groupe de 25 personnes

– phase initiale : 7 sous-groupes de 3, et 1 sous-groupe de 4 ; durée, 15 minutes

– deuxième phase : 3 sous-groupes de 6, et 1 sous-groupe de 7 ; durée, 25 minutes

– troisième phase plénière : 20 à 40 minutes.

Troisième exemple : pour un groupe de 32 personnes

– phase initiale : 16 sous-groupes de 2 ; durée, 7 minutes

– deuxième phase : 8 sous-groupes de 4 ; durée, 15 minutes

– troisième phase : 4 sous-groupes de 8 ; durée, 30 minutes

– quatrième phase plénière : 18 minutes à 1 heure.

Et ainsi de suite.

La constitution des groupes se réalise de manière libre et très souple. Toutefois, il importe que les principes de déroulement (horaire et nombre de participants) définis au départ soient respectés par la suite.

Il faut prévoir des ajustements lorsqu'il n'est pas possible d'avoir, à une étape donnée (pour des raisons arithmétiques) le même nombre de participants dans tous les groupes. Il peut y avoir des sous-groupes plus petits ou plus grands d'une unité. Le(s) responsable(s) peut (ou peuvent) aussi se placer dans des sous-groupements donnés, pour faciliter la répartition : ils peuvent rester dans le processus ou s'en extraire quand le volume du sous-groupe est suffisant.

Il faut prévoir des ajustements lorsqu'il n'est pas possible d'avoir, à une étape donnée (pour des raisons arithmétiques) le même nombre de participants dans tous les groupes. Il peut y avoir des sous-groupes plus petits ou plus grands d'une unité. Le (*ou* les) responsable(s) peut (*ou* peuvent) aussi se placer dans des sous-groupements donnés, pour faciliter la répartition : il(s) peut (*ou* peuvent) rester dans le processus ou s'en extraire quand le volume du sous-groupe est suffisant.

Présentation dans les sous-groupes

– Pour la phase initiale : présentation de chaque participant à l'autre (ou aux autres).

– Pour les phases suivantes : éventuellement, présentation réciproque par un autre ; puis résumé des idées, demandes et questions énoncées à la phase précédente dans les petits sous-groupes successifs.

Les participants peuvent se présenter en tant que personnes, en se localisant d'une certaine manière. Ils peuvent également exposer les préoccupations et les idées qui leur sont apparues ou qui se sont échangées dans leur sous-groupe, à une phase précédente.

Dès que le volume des sous-groupes dépasse six personnes, il est bon de demander la prise de certains rôles (facilitateur, porte-parole, animateur, rapporteur, secrétaire, observateur) dans les sous-groupes. Dès la deuxième ou troisième phase, par exemple, l'un des membres de chaque sous-groupe précédent peut présenter les autres, ces derniers pouvant corriger, éventuellement, certains points (et lui-même étant présenté par un autre).

Il faut éviter le fléchissement de la présentation (qui change avec le volume), mais tend à se réduire par usure ou par impression que cela va être plus difficile). Il faut insister sur le souci d'objectivité et l'attention de chacun en vue d'un accueil précis des choses. De même, certains participants peuvent être chargés d'un résumé de la discussion, à chaque séquence, ou d'un rapport sur la façon dont les phases successives ont été vécues.

Échanges dans les sous-groupes

– Pour la phase initiale : l'amorce des échanges peut s'effectuer sur une consigne du type : « *Qu'attendez-vous de cette rencontre (ou réunion ; ou stage) ?* », ou bien « *Quelles questions souhaitez-vous voir étudier ?* » ou encore « *Quelles sont vos préoccupations, vos attentes pour ce début d'échange ?* », etc.

La discussion d'un thème peut, d'autre part, se produire sur une consigne d'étude donnée.

Par exemple : « *Quelles sont vos opinions (ou premières impressions sur...* » : ou bien « *Pouvez-vous donner des exemples concrets relatifs à...* » ; ou encore « *Connaissez-vous des références (littéraires, scientifiques, écrites ou filmiques...) de nature à éclairer l'étude...* », etc.

– Pour les phases suivantes : l'élaboration progressive de la discussion se produit sur des consignes différenciées ou non, et en fonction de ce qui a été dit auparavant.

Les durées ont de l'importance. Le temps doit augmenter à chaque étape mais pas nécessairement de façon proportionnelle. Tout dépend de la durée totale dont on dispose. Il est possible pour une classe de développer le processus des deux ou trois premières phases dans une heure, puis de réserver la mise en commun plénière à une autre heure de cours.

Séance plénière

Il est possible, au cours d'une séance plénière, d'entendre les comptes rendus des derniers sous-groupes constitués sur le fond des échanges et des discussions. La synthèse de ces comptes rendus peut être établie avant ou après la mise en commun des réactions ou observations sur le vécu des différentes phases, notamment à propos :

– des réactions aux consignes de durée ;

– des sentiments des participants lorsqu'ils ont passé d'un sous-groupe à un autre ;

– des difficultés de communication rencontrées au début ou à la fin de chaque phase ;

– des méthodes utilisées pour l'étude ou l'information mutuelle ;

– des rôles tenus par les participants ;

– des conflits observés entre les sous-groupes dans leur réunion ;

– des progressions, arrêts, régressions à la suite des apports de chaque sous-groupe partiel :

– etc.

Remarque

Pour l'équipe de responsables, enseignants, formateurs ou animateurs, ce processus fournit des indications précieuses sur les attentes, les besoins, les préoccupations, les conduites des divers participants. Ces indications permettent de mieux ajuster la suite d'un cours ou d'un stage aux tempéraments individuels et à la physionomie propre à un groupe donné.

VARIANTES

■ Inversion du processus

Au lieu d'une séance plénière (ou après celle-ci), le processus peut se conduire normalement mais se terminer par une phase finale qui soit un retour à des sous-groupes de quatre, trois ou deux personnes, en précisant que ceux-ci réunissent des individus qui n'ont pas été en contact direct dans les précédents sous-groupes successifs.

■ Élaboration progressive coordonnée

Les participants sont répartis en plusieurs groupes auxquels on propose un sujet identique. L'exercice d'élaboration progressive se déroule ensuite normalement dans chacun des groupes séparés.

À la fin, les divers groupes se réunissent en séance plénière pour mettre en commun leurs rapports et en faire une étude comparative sur le contenu et les vécus.

■ Élaboration progressive et comparée sur objectifs ou thèmes différents

Même processus que ci-dessus mais au cours de la plénière réunissant le groupe, la comparaison s'effectue sur les vécus puisque les contenus sont différents.

■ Exercice d'évocation progressive

Dans chacune des phases, les participants n'ont pas de sujet imposé. Ils choisissent dans chaque sous-groupe successif leurs thèmes de réflexion.

Les responsables veillent à la régulation des divers sous-groupes et les incitent à inscrire au tableau les différents thèmes évoqués (puis ceux qui ont été étudiés éventuellement) avant chaque regroupement. Cette précaution a pour objet d'éviter de laisser des sentiments de frustration chez les participants dont le thème n'a pas été approfondi. Les conflits pourront être arbitrés.

■ Élaboration régressive

Le groupe peut se scinder d'abord pour une phase initiale en deux ou trois sous-groupes. Puis, après une certaine durée, ceux-ci se scindent en sous-groupes plus petits, et ainsi de suite dans un processus inverse de celui de l'élaboration progressive, jusqu'à parvenir au module de deux ou trois personnes.

Exemple :

– phase initiale : (quatrième de l'élaboration progressive) : un groupe de seize ; discussion plénière sur vingt minutes ou une demiheure .

– deuxième phase (troisième de l'élaboration progressive) : deux groupes de huit ; retours sur la discussion antérieure en quinze ou vingt minutes.

– troisième phase (deuxième de l'élaboration progressive) : quatre groupes de quatre ; échanges de propositions en dix ou quinze minutes.

– quatrième phase (initiale de l'élaboration progressive) : huit groupes de deux ; appréciations et évaluation du processus et de ses résultats en sept ou quinze minutes.

■ *Hybridation* avec d'autres modes de sous-groupement

Il est possible, lorsqu'on le désire, d'arrêter l'élaboration progressive, à partir d'une certaine phase. Par exemple, après être arrivé aux sous-groupes de six, huit, ou neuf personnes, on peut demander que les sous-groupes ainsi formés restent permanents. Ou bien, on hybride sur le processus amorcé un processus différent : par exemple, celui d'une *communication rotative* (c'est-à-dire qu'un message part à un moment donné de chaque sous-groupe pour aller s'établir dans un autre et ainsi de suite). Ou bien les sous-groupes se concertent et se confrontent en dispositif de *tortue* (chaque sous-groupe restant en arrière (mais en communication permanente) de leurs porte-parole) ; ou encore en dispositif de *panel-discussion* autour d'un petit groupe réunissant des émissaires de chaque sous-groupe permanent ; etc.

DÉBATTEURS ASSISTÉS

Des participants sont invités à choisir un coéquipier comme consultant ou assistant. Alternativement, ils joueront l'un et l'autre le rôle de débatteur et d'assistant comme consultant ou assistant tout au long d'une discussion sur un thème préalablement choisi. Deux sous-groupes sont ainsi constitués, selon le schéma suivant :

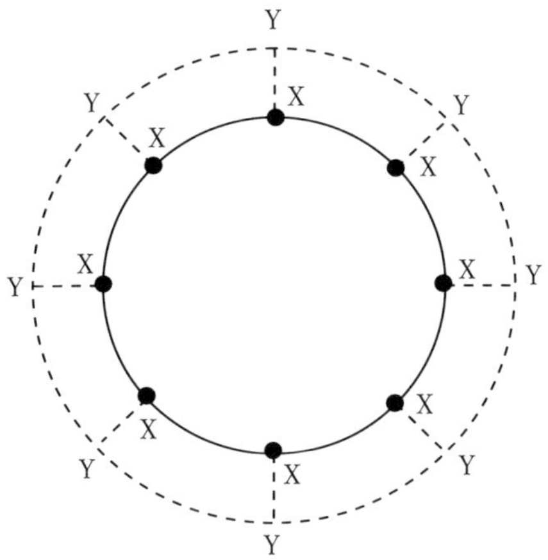

X : Débatteurs
Y : Assistants

Nombre de participants (adultes et/ou élèves) : entre cinq et huit débatteurs, entre cinq et huit assistants.

Durée : 2 heures 30, environ.

Si le nombre des participants est supérieur, il est possible, suivant les cas, de procéder :

– soit au dédoublement du groupe en deux sous-ensembles qui travailleront séparément ;

– soit à la désignation d'observateurs et éventuellement de secrétaires ou de rapporteurs désignés par Z (en ce cas voir schéma ci-dessous).

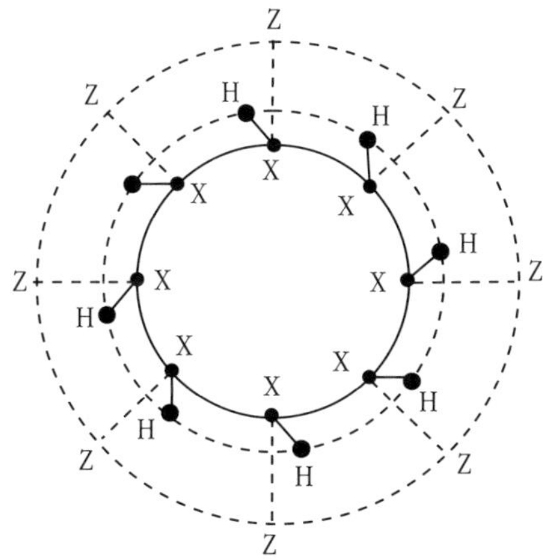

OBJECTIFS

1. Permettre pour chacun, au cours d'une étude, de prendre conscience de son propre mode de fonctionnement grâce au relais de son consultant.

2. Disposer de temps pour comprendre les phénomènes de groupe et leur dynamique.

3. Mettre en évidence que les comportements de soutien favorisent le fonctionnement efficace d'un groupe et accroissent la dimension des échanges.

4. Soutenir les tempéraments les moins loquaces ou les plus timides.

DOCUMENT 9

Débatteurs assistés

Première phase

S'il n'a pas déjà été choisi, faire faire un choix du thème : quinze minutes environ.

Deuxième phase

Ce thème est ensuite proposé en une lecture lente : parmi ceux qui ont le plus soutenu ce thème, un sous-groupe de débatteurs est constitué (volontariat ou désignation par le formateur). Chaque débatteur choisit un assistant.

Troisième phase

Sur l'indication du formateur, la discussion entre les débatteurs entrecoupée de consultation (quarante-cinq minutes à une heure, par exemple) s'effectue.

1. Pendant dix à quinze minutes, les débatteurs s'entretiennent sur le thème. Les assistants placés légèrement en retrait n'interviennent pas dans le débat ; ils observent les interventions de leurs débatteurs et ils essaient de voir comment ils gèrent leurs rapports dans le groupe.

2. L'animateur (formateur, enseignant, etc.) arrête le débat et demande à chacun de consulter, pendant cinq minutes, son assistant sur la manière la plus adaptée pour s'exprimer ou bien pour favoriser son fonctionnement aussi bien sur le fond du débat que sur la prise en compte de la situation du groupe et son évolution.

3. L'échange reprend pendant dix à quinze minutes du point où il a été interrompu. Les débatteurs peuvent tenir compte des conseils qui leur ont été donnés sans toutefois avoir besoin de s'y référer explicitement.

4. Une nouvelle consultation de cinq minutes.

5. Un échange final de dix minutes.

6. Une dernière consultation évaluative en binômes débatteurs-assistants pendant cinq minutes.

À la fin de la troisième phase, les rôles sont inversés : les débatteurs assistent et les assistants débattent soit avec leur partenaire d'origine soit, de préférence, avec un autre partenaire. Le débat reprend soit sur le même thème soit sur un thème nouveau.

Quatrième phase

Discussions entre les nouveaux débatteurs (ex assistants) pendant dix à quinze minutes, entrecoupées d'une consultation de cinq minutes (quarante-cinq minutes à une heure, voir la deuxième phase).

Cinquième phase

Le groupe plénier échange librement pendant trente minutes, avec l'aide des observateurs ou de secrétaires et rapporteurs si ces derniers ont été prévus.

Variante

Le groupe s'est d'abord partagé en débatteurs et assistants. Puis les débatteurs ont choisi eux-mêmes un thème de discussion.

TECHNIQUES D'INTERGROUPES

Un groupe de personnes étant réparti en sous-groupes (dits primaires), un intergroupe est un sous-groupe secondaire qui est constitué en extrayant un ou plusieurs membres de plusieurs des sous-groupes primaires. On peut placer dans des sous-groupes tous les membres de certains ou de tous les sous-groupes. On appellera intergroupe complet, celui dans lequel tous les groupes primaires sont représentés ; intergroupe partiel, celui dans lequel les groupes primaires ne sont pas tous représentés.

On peut avoir un seul intergroupe (chargé d'une mission d'information et de coordination), plusieurs, ou à l'autre extrémité une formule d'intergroupes généralisés selon laquelle tous les individus auront été répartis en intergroupes.

Les groupes primaires peuvent se reconstituer après les réunions d'intergroupes.

OBJECTIFS

L'objectif principal de ce dispositif est d'accroître l'intercommunication entre des sous-groupes institués dans un groupe ainsi que la souplesse dans la progression du travail des sous-groupes.

Il offre une économie sur les temps de mise en commun des travaux effectués par les sous groupes primaires : car, par les intergroupes, les personnes de différents sous-groupes se mettent au courant de façon proche et rapide, à propos des orientations de leurs travaux et de vécu personnel dans leurs sous-groupes respectifs.

Les intergroupes peuvent donc permettre de faire l'économie d'une séance plénière, souvent difficile et insatisfaisante au niveau de l'information mutuelle des personnes. Libérant de l'appareil et des longueurs qu'entraîne une séance plénière, ils permettent d'échapper à la pression que le rapporteur, l'enseignant, l'animateur ou des personnalités peuvent exercer sur le travail et la progression des sous-groupes primaires, si ceux-ci doivent se prolonger.

En revanche, ils diffèrent la mise en évidence de conclusions communes à l'ensemble du groupe. Il est possible toutefois d'envisager des rapports écrits ou bien une séance plénière à la suite de leurs réunions. Ils peuvent servir à l'élaboration de bilans, ou à des opérations d'évaluation.

Techniques d'intergroupe

DOCUMENT 10

Au temps voulu, le formateur (ou l'enseignant) demande la prise du dispositif d'intergroupe : il précise la consigne (un élément de chaque sous-groupe primaire, ou deux ou trois...ou, au plus, la moitié).

La mise en intergroupes des membres des sous-groupes peut se faire soit par répartition au hasard, en volontariat, soit par désignation, orale ou écrite, des personnes (stagiaires, élèves...) soit par décision autonome des sous-groupes en application de la consigne expliquée par les formateurs. Des locaux ou emplacements pourront être affectés aux différents intergroupes. Ceux-ci s'organisent à leur gré. Ils peuvent se donner des facilitateurs, des secrétaires. En général, ils fonctionnent souplement sans rôles définis. Des comptes rendus écrits ou oraux, peuvent ou non être demandés aux intergroupes.

La durée des intergroupes peut aller de dix minutes à une ou deux heures (voire plus). Les formateurs participent aux intergroupes. Il peuvent aussi constituer un intergroupe spécifique.

Exemples

1. Supposons l'organisation initiale d'un groupe de soixante participants en six sous-groupes de dix personnes, par exemple. On peut passer, dans un deuxième temps, à une organisation en dix intergroupes de six individus ou bien en cinq intergroupes de douze, enfin de deux intergroupes de trente. Dans ce cas, le sous-groupe initial de dix verra ou devra répartir ses membres un par un, ou deux par deux, ou cinq par cinq, dans les divers intergroupes prévus.

2. Si l'on suppose trente participants répartis d'abord en cinq sous-groupes de six, pour un autre exemple, on pourra constituer six intergroupes de cinq également, ou trois intergroupes de dix, ou deux intergroupes de quinze. Des combinaisons intermédiaires sont possibles, quand les sous-groupes ou les intergroupes ne sont pas égaux, ou si la représentation des sous-groupes primaires n'est pas égale dans les intergroupes.

Modalités et variantes

On peut, à tout moment, **faire travailler en parallèle des groupes primaire**s (le cas échéant partiellement reconstitués) **et un ou deux intergroupes** complets ou partiels, en mission de coordination.

On peut prévoir de **constituer des intergroupes homogènes** à partir de groupes primaires hétérogènes, selon un ou plusieurs critères définis en fonction des objectifs ; ou l'inverse.

On peut choisir de **conserver des intergroupes stables**, au long d'une formation si les groupes primaires le sont aussi ; on mesure s'il y a lieu à formation de groupes secondaires, en fonction de la composition des uns et des autres et des objectifs du stage.

On peut tenir, à la suite d'une organisation de sous-groupes, puis d'intergroupes, **une réunion plénière**, en adoptant pour cette réunion plénière un dispositif comme celui de la tortue ou de la panel-discussion, du scintillement ou de l'expression spontanée des participants selon leur motivation, stimulée par les intergroupes.

Conclusion

Les dispositifs multiples d'intergroupes facilitent la généralisation des communications. Ils introduisent de la souplesse dans la progression des travaux. Leur organisation gagne à avoir été prévue à l'avance et à s'exprimer grâce à des consignes simples données à temps utile aux groupes primaires.

COMMUNICATION ROTATIVE

Cette technique a pour objet d'établir une communication régulière entre plusieurs sous-groupes qui fonctionnent en parallèle au cours d'un travail de réflexion ou d'élaboration.

L'exercice se déroule en plusieurs phases d'égales durées. À l'issue de chaque phase, une personne de chaque sous-groupe se rend dans un autre sous-groupe, suivant un plan précisé, mais de telle sorte que chaque participant change, une fois et une fois seulement, de sous-groupe. Toutefois un ou deux secrétaires pivots ne bougent pas afin d'assurer une permanence à l'intérieur de chaque sous-groupe.

Nombre de participants : Le nombre de participants est très variable. Dans le schéma théorique, chaque sous-groupe contient autant de membres qu'il y a de sous-groupes : quatre sous-groupes de quatre personnes ; dix sous-groupes de dix personnes. Mais on peut également avoir six groupes de quatre personnes, ce qui conduit à interrompre la rotation après deux ou trois mouvements. On peut, dans tous les cas, arrêter la succession des mouvements ou aller jusqu'au bout de leur logique. Enfin, si les sous-groupes sont inégaux, le pivot peut comprendre plusieurs personnes.

Durée : Quarante minutes à deux heures ou plus, par phases de dix à vingt minutes, avec à la limite autant de phases que de sous-groupes.

Il est utile, pour certaines études, d'allonger notablement ces durées, jusqu'à une heure trente au besoin pour chaque phase.

OBJECTIFS

1. Assurer la cohésion d'un groupe et la cohérence d'une étude.

2. Faciliter les relations entre des sous-groupes dans un groupe, en évitant qu'ils se ferment en féodalités.

3. Favoriser la communication des personnes à l'intérieur d'un groupe par une symbolique d'ouverture.

4. Faire vivre une forme dynamique de sous-groupement, en conjuguant stabilisation et renouvellement.

5. Obtenir des chances de meilleure communication par le hasard de renouvellement d'un sous-groupe (telle personne gênait telle autre, mais elle est partie ; telle personne est ressentie positivement par telle autre et elle vient d'arriver).

6. Développer la faculté d'accueil et celle d'adaptation.

DOCUMENT 11

Communication rotative

Phase d'organisation

Le formateur ou l'animateur indique l'objet de la discussion[1]. Les participants forment, par exemple, cinq sous-groupes relativement égaux et comptant au maximum six personnes, regroupées soit au hasard, soit selon une spécialisation (professionnelle, de sexe, d'âge, de catégorie, etc.).

Les ajustements concernant le nombre, la composition des sous-groupes et les temps seront précisés au départ dans le groupe.

Chaque sous-groupe désigne un ou deux secrétaires pivots qui auront un rôle stable et resteront les mêmes tout au long de l'exercice. (Ce ou ces pivots auront pu être désignés préalablement). On peut aussi établir la liste des messagers qui quitteront successivement le sous-groupe, mais il est également possible de laisser les individus libre de choisir s'ils restent ou s'ils font mouvement.

Première phase d'étude (dix à trente minutes)

Les (cinq) sous-groupes discutent sur l'objet indiqué par l'animateur.

Deuxième phase (dix à trente minutes)

Sur une indication donnée par le formateur ou un animateur, dans chaque sous-groupe un participant quitte le sous-groupe pour passer dans un autre, suivant un schéma de rotation indiqué à l'avance. On se déplace d'un sous-groupe à l'autre dans le sens des aiguilles d'une montre, ou en sens inverse ; ou bien tel sous-groupe doit adresser un messager à tel autre sous groupe.

Dans chaque sous-groupe, le secrétaire accueille le nouvel arrivant. Il l'informe de ce qui s'est fait dans le sous-groupe où il arrive et il lui demande d'apporter des informations sur le travail effectué dans le sous-groupe d'où il vient.

La discussion (ou l'étude) reprend ensuite dans les sous-groupes pendant dix à quinze minutes.

Troisième phase

Un second membre de chaque sous-groupe s'en va rejoindre un sous-groupe différent de celui qui a accueilli le premier messager.

Quatrième phase

Un troisième membre de chaque sous-groupe s'en va pour rejoindre un sous-groupe différent de ceux qui ont accueilli les deux premiers et ainsi de suite...

Si les mouvements ont été jusqu'au bout des possibilités, chaque sous-groupe a donc envoyé l'un de ses membres dans chacun des autres sous-groupes et reçu de chacun d'eux un participant, à des moments différents.

Dans chaque sous-groupe, le (ou les) secrétaire(s) pivot(s) assure(nt) la *permanence*, les autres participants représentent l'*évanescence*.

Commentaires

Cette technique s'effectue généralement avec bonne humeur et assure une efficacité certaine. Elle permet d'éviter des enfermements dans des clans.

Toutefois, afin qu'un sous-groupe ne reçoive pas à des moments différents des messagers d'un même sous-groupe d'origine, il est sage de donner des indications précises de déplacement. On peut donner des numéros (ou des lettres) aux sous-groupes et annoncer clairement les transferts de personnes.

Par exemple : dans le cas précédent de cinq sous-groupes de cinq à six personnes, à la fin de la première phase, un participant passe du premier au deuxième sous-groupe, du deuxième au troisième et ainsi de suite... À la fin de la deuxième phase, un participant passe du premier au cinquième sous-groupe, du cinquième au quatrième et ainsi de suite... À la fin de la troisième phase, un participant passe du premier au troisième sous-groupe, du deuxième au quatrième, etc. À la fin de la quatrième phase, un participant passe du premier au quatrième, du deuxième au cinquième, du troisième au premier, etc.

Ces déplacements se résument dans le schéma ci-après. Il est souvent souhaitable que l'animateur indique, à chaque mouvement, oralement ou par écrit au tableau (ou messages aux sous-groupes), le sens du déplacement et/ou dans quel sous-groupe chacun doit aller.

1. Par exemple, une présentation des personnes, une évaluation d'un stage, un thème d'actualité, une correction de devoir, une étude de texte, etc.

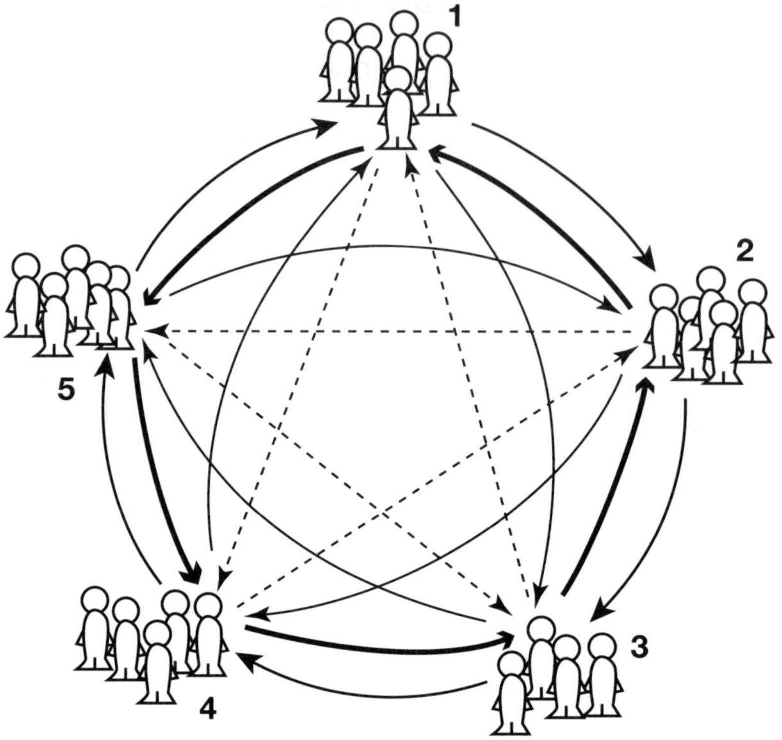

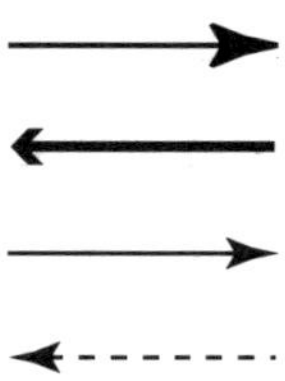

Variante

Dispositif de relation ou d'information successive

Dans un groupe de vingt-cinq à trente participants répartis en trois, quatre ou plus sous-groupes, parallèles ou différenciés, travaillant sur un même objet, on peut éprouver le besoin de recueillir ou de transmettre des informations sur des aspects précis et délimités de ce qui fait l'objet du travail du groupe. Chacun de ces aspects délimités peut être pris en charge par une personne (animateur, expert, intervieweur, responsable d'accueil ou de formation, etc.). Ces personnes interviennent alors dans les sous-groupes, au cours de leur travail. Et ce sont elles qui bougent, par rotation, d'un sous-groupe à l'autre, selon un plan et un horaire déterminés.

Déroulement

À une phase de leur travail, les sous-groupes (ou seulement deux d'entre eux), reçoivent pour un temps donné, par exemple dix à cinquante minutes, la visite d'une personne chargée de donner ou de recueillir de l'information. Chaque visiteur intervient dans un domaine précis et différent. Il présente, par exemple, une expérimentation ou une recherche à laquelle il a participé.

Pour une rotation harmonieuse, le nombre des personnes qui interviennent doit être égal au nombre de sous-groupes et leurs interventions successives, par rotation d'un sous-groupe à un autre, doivent avoir rigoureusement la même durée.

Par exemple, quatre interventions successives de quatre personnes différentes dans quatre sous-groupes, prennent globalement quarante minutes, si elles sont limitées chacune à dix minutes. Leur ordre d'intervention est évidemment différent d'un groupe à l'autre. Le formateur ou un animateur doit scander les visites. Après celles-ci, les différents sous-groupes reprennent leur travail.

Objectifs

1. Donner ou recueillir à temps utile des informations qui intéressent l'ensemble du groupe, en bénéficiant des avantages de communication qu'offrent les petits groupes.

2. Relancer l'intérêt d'une étude par l'apport de cas ou d'informations fragmentées et personnalisées.

Indications d'utilisation

Ce dispositif très efficace peut être utilisé, par exemple, pour :

– faire donner des informations par des experts à des sous-groupes de travail ;

– rappeler des orientations générales et attirer l'attention sur la façon dont elles peuvent se matérialiser dans une action précise en cours d'élaboration ;

– analyser les attentes ou les tendances qui se manifestent dans un groupe sur des aspects définis ;

– évaluer un travail ou un stage par secteurs ;

– déterminer avec un groupe de formateurs ou de stagiaires, les grandes lignes d'un stage ;

– etc.

ÉMISSION D'INTERGROUPE « EN DIRECT »

Les membres de plusieurs groupes parallèles sont invités à préparer une émission réalisée par chaque groupe à l'intention des autres

Chaque groupe, après avoir préparé sa communication, disposera de dix minutes d'antenne pour communiquer de la façon la plus suggestive (pantomime, sketches, jeu radiophonique, interview, etc.) ce qu'il désire partager concernant l'évolution générale ou une situation particulièrement intéressante de son travail ou du séminaire.

OBJECTIFS

1. Entraîner à la communication d'expériences de petits à grands groupes.

2. Exercer à la communication d'expériences vécues, à d'autres qui n'y ont pas participé.

3. Exercer à la créativité dans la communication.

– Dans les variantes ci-dessous, assurer l'expression et la clarification des motivations.

Accessoires : aucun n'est à prévoir ; ce que les participants trouvent eux-mêmes est admis.
Ou bien procurer des magnétophones et des cassettes ou des tableaux.
Nombres : 16, 24 à 72, 96, répartis en sous-groupes de 8 à 12 membres.
Total global : une heure et demie (pour trois sous-groupes) ; deux heures (s'il y a plus de trois groupes) ; trois heures (pour les variantes ci-dessus).

DOCUMENT 12

Émission d'intergroupe « en direct »

Les groupes préparent leur émission dans des locaux séparés pendant une demi-heure.

Tous les groupes à nouveau réunis se relaient sur scène, soit d'un côté, soit au centre de la salle.

On procède, collectivement, à l'évaluation de l'ensemble des messages, de leur intelligibilité, de leur originalité, etc.

Variantes

On ajoute les mouvements suivants :

Dans le grand groupe, on fait voter à main levée quel message emporte la faveur de chaque membre individuel.

Ceux qui ont voté pour les mêmes messages se réunissent en intergroupes. Éventuellement ils sont divisés en deux ou trois intergroupes s'ils dépassent la dizaine. Chaque intergroupe a pour tâche d'établir une brève motivation de son choix en n'omettant pas les points faibles.

Chaque intergroupe exprime par un délégué ses motivations.

Précisions

– Bien mettre en évidence l'élément de créativité dans la réalisation de l'émission. Si les groupes sont nombreux (6, 7 ou 8), on réduit le temps d'émission à sept ou cinq minutes.

– Plus les groupes sont nombreux, moins l'évaluation globale (quatrième mouvement) sera à prolonger : une demi-heure pour un grand groupe suffit amplement.

– Il est important que l'émission porte sur une communication suggestive et non pas sur une communication exhaustive.

– Si on ajoute les variantes ci-dessus, on renforce l'élément d'émulation intergroupe. Il entraîne parfois, si un ou plusieurs groupes ne reçoivent aucune voix préférentielle, un blocage difficile à surmonter et à expliciter.

COMMUNICATION ENTRE GROUPES OU ÉQUIPES

Il est fréquent que des groupes soient soucieux de communiquer entre eux. Une gamme de possibilités peut être offerte : les échanges peuvent se dérouler à fonctions égales ou différenciées, avec des facilitateurs ou non, en groupements nouveaux ou non, selon des supports multiples (identiques ou non), avec des responsabilités égales ou hiérarchisées.

Nombre de participants : de deux à trente groupes.

Durée : d'une demi-heure à trois heures.

OBJECTIFS

1. Fournir des procédures variées pour assurer les relations entre les groupes et leurs membres.

2. Présenter les procédures sur un tableau suffisamment panoptique afin de faciliter des choix successifs.

DOCUMENT 13

Communication entre groupes ou équipes

LA COMMUNICATION À FONCTIONS ÉGALES ENTRE GROUPES

Le déroulement s'effectue après le choix d'une des formes définies ci-dessous, décidée par les formateurs ou par les représentants de groupes. Nous avons classé ces formes selon qu'elles attribuent des fonctions égales ou différenciées aux groupes, puis des réorganisations ou des choix de supports spécifiques, et selon qu'elles laissent à distance ou réunissent en assemblée, les groupes.

En petits groupes nouveaux

La mise en commun des échanges ou des travaux réalisés dans les groupes se fait à l'intérieur de nouveaux petits groupes où se réunissent des membres des divers groupes. Ces réunions peuvent être organisées par répartition systématique ou, plus simplement, au hasard.

- Intergroupes (voir page 44)

La mise en intergroupes suppose le souci d'une mise en commun généralisée, à part égale, entre les groupes. Chaque intergroupe comprend un ou deux, ou trois... membres de chaque groupe.

Cette nouvelle répartition des individus peut se faire au hasard, selon le gré de chacun, ou par liste rédigée par un responsable.

Les intergroupes échangent souplement.

Avec facilitateur

Sans facilitateur

Sur questionnaire rédigé par les responsables.

- Groupes de consultation au hasard

Les individus se rassemblent pour se consulter réciproquement en dehors de leurs groupes.

Sur invitation de certains

Par localisation en des lieux définis par les responsables

Par rassemblement dans un hall ou dans une grande salle, debout ou assis

En sous-groupes séparés

Les groupes restent dans leur formation de travail, mais ils communiquent entre eux par des supports variés (écrits, oraux, auditifs, visuels, audiovisuels, mixtes...) selon les formes suivantes :

• Étude de messages écrits, rédigés par un ou des groupes et circulant de groupe en groupe

En communication organisée, sur des horaires définis, mais sans commentaires

En communication avec inscription, dans chaque groupe, de commentaires aux messages

En circulation à volonté

• Accueil de messages oraux exprimés par un porte-parole d'un groupe

Reçu dans un groupe

Reçu dans plusieurs autres groupes

Reçu successivement dans tous les groupes avec réciprocité pour les autres porte-parole

• Écoute d'émissions radio, émises par chaque groupe (voir document 12)

Chaque groupe a fait au magnétophone une émission de cinq à dix minutes destinée aux autres groupes, et reçoit leurs émissions en cassettes.

Chaque groupe a délégué un porte-parole qui participe à une émission collective, qui est adressée en direct à tous les groupes par haut-parleur.

On fait se suivre les deux formes décrites.

• Examen-discussion de panneaux d'exposition

Un groupe (ou chaque groupe) a préparé les conclusions ou les propositions résultant de son travail sous forme de panneaux avec photos, collages, titres, objets, etc.

Visite non guidée

Les membres des autres groupes circulent autour des panneaux et prennent connaissance des messages qu'ils portent à leur gré et directement.

Visite guidée

Les membres des autres groupes sont pris en charge par un ou plusieurs membres du groupe exposant, proposant des commentaires ou répondant à des questions.

• Réception de messages audiovisuels

Les groupes communiquent par voie de film ou de vidéo.

Le travail d'un groupe est diffusé par circuit fermé, en direct, à d'autres groupes.

Les enregistrements sur cassettes sont échangés successivement entre les groupes.

Un groupe s'exprime en direct aux autres groupes puis un autre groupe prend la suite, réagit et s'exprime ; et ainsi de suite.

• Mixte de supports

Chaque groupe communique avec les autres par le relais d'un support différent qui peut être écrit, oral, auditif, visuel ou audiovisuel.

En plénière

Les groupes sont assemblés dans leur ensemble ou en sous-ensembles. Leur mise en commun se fait sous forme de rapports ou comptes rendus, messages brefs ou interviews rapides.

• Audition des rapports de groupes en assemblée

Les rapporteurs des groupes font à tour de rôle un compte rendu des travaux effectués. Cette forme est classique ; elle est lassante s'il y a plus de trois rapports.

Les comptes rendus des rapporteurs se font à des moments différents de la réunion plénière, séparés par des périodes d'échanges, des pauses, des activités, ou des divertissements variés.

Chaque groupe dispose spécifiquement, pour présenter son compte rendu, d'une réunion plénière complète.

• Observations d'observateur de chaque groupe

Chaque observateur fait part des événements qui ont marqué la démarche de son groupe puis une discussion générale se développe.

Après l'exposé de chaque observateur, le groupe fait des mises au point devant les autres participants.

Chaque observateur dirige l'analyse de son groupe sur la démarche faite.

• Mise en commun par scintillements (voir p. 62)

Un responsable ou un facilitateur demande successivement un premier message bref, scintillant (une à trois minutes) à chaque groupe. Il réitère ensuite plusieurs fois cette demande.

Scintillement avec discussion entre chaque série de messages brefs des groupes.

Scintillement en continu, sans pause entre les séries de messages brefs, et sans discussion

Scintillement en continu, mais suivi d'une discussion

• Tortue (voir document 19)

Deux rapporteurs ou facilitateurs par groupe discutent avec les autres rapporteurs ou facilitateurs. Chaque couple de rapporteur-facilitateur a tout son groupe ramassé derrière au autour de lui et communique avec lui à tout moment.

Tortue, en continu, les groupes communicant à tout instant avec un de leur rapporteur ou animateur.

Échanges des couples rapporteur-facilitateur interrompus par des concertations définies dans le temps avec leurs groupes respectifs.

À tour de rôle, un membre d'un groupe remplace un des porte-parole.

• Interviews de porte-parole ou d'observateurs

Un responsable ou un facilitateur interroge à tour de rôle, en interview, les porte-parole, et/ou les observateurs.

Interview de tous les porte-parole

Interview de tous les observateurs

Interviews simultanés de chaque couple de porte-parole et observateur

Interview de quelques-uns seulement

• Sondage de l'ensemble des groupes sur certaines questions

Un responsable, professeur ou facilitateur, pose des questions centrales ou d'évaluation rapide aux groupes réunis.

Les groupes répondent à tour de rôle.

Les groupes répondent quand ils le veulent.

Au lieu de questions, le responsable peut proposer des bouts de phrases à compléter *(« Notre travail a... ; Nos résultats sont... » ;* etc.*)*.

Les questions posées ont pu être rédigées sous forme de proposition par chaque groupe pour eux et tous les autres.

De même, pour les bouts de phrases à compléter.

• Évaluation en entretiens simultanés de sept minutes (groupes mélangés)

Chacun avec son voisin de droite, puis son voisin de gauche[1].

Chacun interroge son voisin de droite sur ce qu'il a trouvé dans le travail de groupe et sur ce qu'il attend dans la suite, puis il est interviewé à son tour par son voisin de gauche.

Chacun interviewe son voisin à droite, puis rend compte de ce qu'il a compris à son voisin de gauche puis rédige une note d'évaluation. Ces notes sont communiquées aux intéressés ou lues aux groupes et discutées.

Scénario comme plus haut, mais évaluation globale ensuite au sein de chaque groupe sur ce qui s'est dit et ce qui s'est passé.

1. Cf. Hostie, *Les Séminaires de formation aux relations de groupe*, Épi, 1975, p. 70.

LA COMMUNICATION À FONCTIONS DIFFÉRENCIÉES

Gamme de soutenance

Les études élaborées au cours du travail de chaque groupe sont présentées et défendues devant l'assemblée des autres groupes.

• Un groupe fait fonction spécialisée de jury pour les autres groupes qui exposent les résultats de leurs échanges ou travaux.

La soutenance se fait successivement pour chaque groupe, en une seule séance plénière.

La soutenance se fait en simultané, par controverse entre les groupes, arbitrée par le jury.

La soutenance devant le jury se fait par une suite de plénières consacrée chacune à un seul groupe, en présence des autres.

• Les groupes font fonction de grand jury pour chacun des groupes, tour à tour.

Chaque groupe expose son point de vue mais sort pendant la délibération des autres groupes relative à l'évaluation de son point de vue.

Les rapports des groupes sont étudiés avant la réunion plénière et, au cours de celle-ci, ils font l'objet de questions aux membres des groupes concernés.

À la fois l'exposé, la discussion et le questionnement de chaque groupe se font en plénière.

• Le jury est composé d'un représentant de chaque groupe.

Chaque groupe expose son travail ou son point de vue devant le jury et en présence des autres groupes. Le jury réagit directement.

Chaque représentant expose devant tous les membres des groupes le travail de son groupe et discute avec les autres membres du jury, puis le jury interpelle chaque groupe pour des compléments ; enfin le jury se retire pour délibérer afin d'en rendre compte en une séance finale.

Le jury a reçu séparément chaque groupe puis il délibère seul et enfin réunit en plénière tous les groupes.

• Le jury est mixte (et paritaire) : un représentant de chaque groupe ainsi que des personnalités extérieures.

Le jury va visiter chaque groupe. Après délibération, il expose ses évaluations en réunion plénière des groupes.

Chaque représentant a exposé au sein du seul jury, le *travail de son groupe. Le jury invite chaque groupe, en plénière, à compléter sa soutenance avant délibération.*

La soutenance se fait successivement pour chaque groupe devant les autres.

Gamme de réactions

Au lieu de présenter des résumés objectifs ou des synthèses à propos des échanges effectués dans les groupes, des individus proposent des réactions ou des interrogations subjectives sur certaines des idées originales suggérées par les échanges, devant l'assemblée des groupes.

• Une commission de réacteurs subjectifs désignés d'avance s'exprime subjectivement sur le travail de chaque groupe auquel chacun d'eux a assisté.

Les réacteurs subjectifs s'expriment en discutant devant tous les groupes.

Les réacteurs s'expriment à tour de rôle, puis l'ensemble discute.

Les réacteurs discutent, puis écoutent l'assemblée des groupes et reprennent leurs évocations.

• Une commission d'interpellateurs suscite des réactions dans la plénière et fait rebondir le travail des groupes sur place.

L'interpellation est à la cantonade et les réactions sont celles d'individus.

Les groupes sont interpellés comme tels.

L'interpellation est tantôt à la cantonade, tantôt spécifiée à un groupe.

Les interpellateurs émanent de chaque groupe et fonctionnent pour celui dont ils proviennent.

• Les individus s'expriment comme ils veulent et quand ils veulent au sein de l'assemblée des groupes.

Un temps est réservé à chaque groupe.

La parole est complètement libre.

Gamme des panels-discussions

La panel-discussion est une forme bien connue. Son fonctionnement est décrit dans le document 18. Le panel est un petit groupe échantillon qui peut être composé d'experts, de rapporteurs, d'animateurs ou de facilitateurs émanant des groupes.

• Discussion d'un panel d'experts sur les thèmes étudiés par les groupes

Le panel discute sans interruption au milieu de l'assemblée.

Le panel discute par tranches de vingt minutes, puis écoute les interventions, orales et écrites, d'individus de l'assemblée, et reprend ses échanges.

Le panel échange mais reçoit en continu des messages écrits de l'assemblée.

• Discussion d'un panel de rapporteurs des groupes *(id.)*

Chaque rapporteur fait un court exposé, puis la discussion générale s'engage.

Une discussion de l'assemblée s'effectue après chaque rapport.

Un rapporteur fait un compte rendu discuté ensuite par les autres rapporteurs devant l'assemblée.

• Discussion du panel des animateurs ou facilitateurs des groupes *(id.)*

Le panel discute sur la forme du travail.

Le panel discute sur le fond et sur les obstacles rencontrés.

Le panel discute sur la suite à donner.

• Échange d'un panel d'autorités ou de responsables

Les rapporteurs exposent leurs comptes rendus devant le panel et l'assemblée, puis le panel discute sur ce qui vient d'être dit.

Le panel échange ; puis les rapporteurs exposent et le panel rediscute.

id. suivi des interventions de l'assemblée plénière.

Gamme d'interviews

Les interviews d'individus ou de petits groupements peuvent permettre d'exprimer ce que certains ont retenu des travaux des divers groupes. Ces interviews peuvent être écoutés de façon directe ou en différé.

• Écoute d'interviews individuels de certains membres des groupes.

Interviews individuels de certains membres des groupes enregistrés au magnétoscope.

Interviews individuels de certains membres des groupes écoutés individuellement, sur demande.

• Observation collective directe d'un petit groupe sous caméra vidéo.

Le petit groupe est composé de volontaires.

Le petit groupe est composé de représentants de chaque groupe.

Le petit groupe est tiré au sort.

• Observation en différé d'un petit groupe sous caméra.

Observation en différé d'un petit groupe composé de volontaires.

Observation en différé d'un petit groupe composé de représentants.
Observation en différé d'un petit groupe tiré au sort.
Observation en différé d'un petit groupe composé de volontaires, puis de représentants.

- Observation-réaction en direct (sur circuit intérieur), d'un groupe au hasard ou volontaire ou représentatif et des réactions immédiates qu'il suscite.

Réactions des volontaires à la discussion de volontaires ou représentatifs, au hasard.

Réactions de représentants sur la discussion de volontaires ou de personnes tirées au sort.

Réactions de volontaires sur la discussion des représentatifs ou d'individus tirés au sort.

TROMBINOSCOPE

Au fur et à mesure qu'ils arrivent à une rencontre (réunion, séminaire, colloque ou stage), les individus sont photographiés ou filmés en vidéo. Les photos sont réunies sur un panneau ; la vidéo est projetée à un moment déterminé de la rencontre.
Nombre de participants : de huit à cinquante personnes (ou même plus).
Matériel nécessaire : un appareil de photographie instantanée (Polaroïd) ou camescope ainsi qu'un panneau d'affichage ou un téléviseur ; éventuellement un lot de reproductions et d'illustrations ou encore, un lot de citations.
Durée : une demi-heure de prise de vue et une demi-heure de présentation par panneau ou par projection en télévision.

OBJECTIFS

1. Accueillir les personnes de façon neuve.

2. Recueillir les premières impressions ou déclarations des participants.

3. Faciliter les connaissances réciproques entre les gens.

4. Induire une cohésion de groupe entre les personnes.

5. Établir une surface de repérage des positions de départ individuelles.

DOCUMENT 14

Trombinoscope

Première phase

Dès l'arrivée des participants, une équipe d'animateurs les photographie ou les filme, ou encore fait les deux opérations.

Les photos sont affichées sur un panneau avec son nom sous la photo et chacun met une petite phrase ou des indications sur lui-même, à son choix ou en réponse à des questions d'interview, ou enfin met une citation tirée d'un lot de citations, comme une devise.

Le film en camescope (vidéo) est amorcé par une ou plusieurs questions, posée(s) identiquement ou différentiellement à chaque personne.

Deuxième phase

Le panneau des photographies est présenté à un moment utile, devant le groupe, avec la lecture des phrases rédigées par chacun ; des questions sont alors posées aux uns et aux autres par les animateurs ou les participants. Éventuellement, chacun explique l'illustration qu'il a jointe à sa photo ou la citation-devise choisie.

Le film des interviews individuelles est projeté, à défaut de panneau ou en adjonction à celui-ci : à un moment choisi pour ponctuer la rencontre, indiquer les évolutions dans les attentes et enclencher des échanges ou une évaluation des étapes parcourues.

Remarques

1. Parmi les questions posées au cours des prises de vues, on peut noter, en forme brusque ou plus tempérée, entre autres :

– Que venez-vous faire en participant à cette rencontre ?

– Qu'attendez-vous en venant ?

– Quelles sont vos attentes pour cette rencontre ?

– Quels sont vos objectifs ?

– Qu'attendez-vous de vos animateurs ? des participants ?

– Y a-t-il quelque thème ou exercice que vous ne souhaiteriez pas avoir à travailler ici ?

– Quel plaisir espérez-vous trouver dans cette rencontre ?

– Quelle image aimeriez-vous donner de vous-même ?

– Quelles qualités espérez-vous mettre en œuvre dans les échanges ?

– Citez trois qualités que vous aimeriez mettre en œuvre pendant la rencontre.

– Quelles sont vos impressions immédiates ?

– Quels souvenirs vous évoque la présente rencontre ?

– Quelle phrase aimeriez-vous adresser aux participants ? etc.

2. Le psychologue américain Carl Rogers aimait beaucoup faire de la photographie. Au cours d'un séminaire (ou *workshop*) à Madrid et à l'Escurial, il a tenu à photographier lui-même les cent soixante-dix participants et « facilitateurs » européens et américains, se présentant modestement à ceux qui ne le connaissait pas : « *I am Carl Rogers* ». C'était en 1977.

CHAPITRE 3

Interagir en situation plénière

En s'adressant à un auditoire, une équipe de responsables ou de formateurs a besoin de conduire une régulation des interactions entre les participants ainsi qu'entre ceux-ci et elle-même.

Il importe, en effet, d'ajuster les activités qui seront mises en œuvre, durant le temps de la réunion aux attentes effectives des uns et des autres. Il convient d'autre part, d'assurer l'expression, aussi égale et soutenue que possible, de chacun par rapport aux autres.

On trouvera donc, dans cet ensemble de techniques, des dispositifs de consultation et de sondage sur place des membres d'un ensemble. Ces dispositifs peuvent permettre, suivant les cas :

– une présentation réciproque des personnes ;
– une explicitation de leurs présentations ou de leurs besoins ;
– une suite d'avis à propos d'un thème à l'étude (ou d'un concept) ;
– une mise en complémentarité ou en compatibilité de points de vue différents et opposés ;
– des structurations progressives de positions.

La spécificité de ces techniques est de pouvoir être utilisées dans une réunion plénière, sans qu'il soit besoin pour certains de sortir de la salle d'échanges communs. Leur utilisation suppose une claire gestion des temps : en maîtrisant des moments de durée brève, pour des réflexions individuelles ou au sein même de petits groupes siégeant sur place, et des moments plus longs d'échanges pléniers.

Et il importe peu que la salle où se situe l'assemblée (ou le groupe) soit de plain-pied ou en gradins, qu'elle soit plutôt large ou plutôt longue, que les sièges soient fixés au sol ou mobiles : l'application des techniques reste toujours possible, avec des ajustements éventuels, si les responsables ont le propos délibéré de les mettre en œuvre.

TECHNIQUES DU VOISINAGE

On prendra intérêt à utiliser cette technique efficace et souple. Dans un premier temps, les participants sont invités à se compter, à la suite les uns des autres, de façon circulaire, un ou deux, en contiguïté. Les personnes ayant un n° *deux* interviennent après celles ayant un n° *un*. Les messages émanant de celles-ci seront retransmis à d'autres numéros *un* qui les transcriront sur des tableaux.

Nombre de participants : de huit à soixante ou plus.

Durée : une demi-heure à deux heures.

OBJECTIFS

1. Établir un contact réel entre des voisins qui auraient tendance à communiquer uniquement de façon frontale, en vue de rendre plus communicant et moins oppositionnel par inertie, le cercle des personnes réunies.

2. Dégager de façon organisée un corpus des attentes, besoins, problèmes ou points de vue des participants, suffisamment riche pour assurer une exploitation en profondeur.

3. Créer dans le groupe une dissymétrie de rôles entraînant une dynamique de relation.

4. Éventuellement, exercer à des rôles multiples d'écoute, de questionnement et de transmission.

DOCUMENT 15

Techniques du voisinage

Au cours d'une première phase (de cinq minutes), le formateur présente les consignes : les participants se comptent successivement *un* ou *deux*, le formateur pointant du doigt l'ordre et le mouvement simple de succession et rectifiant le chiffre énoncé s'il est inadéquat (par étourderie).

Dans une seconde phase, chaque numéro *deux* est invité à interviewer le numéro *un* qui est à sa droite ; les interviews portent sur une consigne donnée de présentation, d'expression des attentes, d'explicitation des difficultés, de formulation des points de vue, d'évaluation d'un travail antérieur, etc. La durée peut être de dix à trente minutes.

Dans une troisième phase, chaque numéro *deux* est appelé, sur indication du formateur, à transmettre les messages qu'il a recueillis du numéro *un* à sa droite vers le numéro *un* immédiatement à sa gauche. La durée varie de cinq à quinze minutes.

À la quatrième phase, les messages transmis sont à tour de rôle transcrits sur un tableau, à des emplacements que le formateur aura délimités (ou bien écrits sur des tableaux de papier). La durée peut être de cinq à dix minutes.

Enfin, l'examen des messages peut se faire par circulation autour du ou des tableaux, en discussion collective : celle-ci pouvant porter sur l'organisation raisonnée du corpus, sur l'étude des contrastes qu'il révèle, ou sur les objectifs à déduire de son contenu, ou encore sur le processus suivi.

Durée : quinze minutes à une heure.

Commentaires

Comme on le voit, il y a dans cette technique, une articulation de rôles multiples. Les *deux* sont d'abord interviewers, puis transmetteurs des informations reçues ; les *uns* sont, tour à tour, interviewés, récepteurs et enfin transcripteurs.

La dissymétrie réalisée peut quelquefois frustrer les numéros *deux* : il suffit que le formateur prévoit de leur donner une occasion d'expliciter leurs points de vue propres. Habituellement, la richesse des propos récoltés couvre assez largement les points de vue de l'ensemble du groupe et les communications latérales, réalisées entre voisins, créent une ambiance de coopération.

Les hasards du comptage évitent tout risque de manipulation sur les personnes de la part du formateur ou d'un membre du groupe.

Il va de soi qu'à chaque phase la mémorisation peut être facilitée par une prise de notes.

Variantes

• Au lieu de compter de *un* à *deux*, surtout si le groupe est grand, on peut faire compter de *un* à *cinq* : dans ce cas, le numéro *trois* aura le rôle d'interviewer le petit groupe de ses voisins *un*, *deux*, *quatre* et *cinq*. La transcription des produits de l'interview peut être assurée par un volontaire de ce petit groupe, au tableau ou oralement en plénière.

• Il est possible de compter de *un* à *sept* : dans cet autre cas, le numéro trois assure encore le rôle d'intervieweur des numéros *un*, *deux*, *quatre* et *cinq*, le numéro *six* jouant le rôle de secrétaire (ensuite transcripteur) et le numéro *sept*, le rôle d'observateur de la communication durant l'interview. Dans ce cas, il est possible, pendant que les numéros six transcrivent les éléments du corpus, que les observateurs explicitent ce qu'ils ont pensé observer.

• On peut dépasser le chiffre de *sept*, mais en prenant soin de définir des rôles à confier aux numéros supérieurs à *sept* : on peut, par exemple, avoir deux observateurs et deux secrétaires-transcripteurs ; ou encore, on peut avoir des messagers qui iront faire un premier compte rendu bref des échanges qui se seraient effectués dans leur petit groupe. Il n'y a pas intérêt à ce que les interviewés soient plus de quatre ou à la rigueur cinq.

DISPOSITIF

PHILLIPS 6 X 6 OU *PM*

Cette technique (*Phillips 6 x 6* ou *p* personnes pendant *m* minutes) permet de fractionner rapidement un groupe important en sous-groupes hétérogènes pour le consulter sur des dispositions ou pour discuter brièvement sur un sujet donné.

Les porte-parole de ces sous-groupes donnent ensuite, en séance plénière, de façon concise, les opinions ou propositions émises dans chacun d'eux.

Nombre de participants : six personnes en sous-groupe (pour des groupes d'environ trente à cent cinquante personnes en tout).

Durée : quatre minutes d'organisation, six minutes en sous-groupes, deux minutes de compte rendu par porte-parole de chaque sous-groupe, soit une demi-heure pour soixante personnes.

On peut étendre ce dispositif à des groupes plus grands.

Il y a souvent intérêt à réitérer cette technique comme on le rappellera ci-après.

OBJECTIFS

1. Brusquer les incertitudes réciproques des individus et les inerties groupales.

2. Aborder plusieurs aspects d'une question dans un temps limité, par la participation naturelle des réflexions spontanées entre les sous-groupes.

3. Faciliter la communication et l'expression entre plus de quinze personnes à la fois.

4. Permettre un style de prise de décision représentatif des diverses tendances qui se font jour au sein d'un ensemble, dans un délai minimum de temps.

5. Favoriser la confrontation des perceptions individuelles et la créativité propres au travail de groupe grâce à la complémentarité de ces perceptions.

DOCUMENT 16

Dispositif Phillips 6 x 6 ou pm

Organisation de l'exercice

L'animateur explique avec concision l'opportunité, le sens et le déroulement de l'exercice, puis expose ou rappelle, de façon très claire, le sujet retenu qui peut porter, selon les objectifs et les phases du stage, sur :

– la répartition des positions des personnes d'un grand groupe par rapport à une étude ou une discussion en cours ;

– l'organisation du programme de travail d'un groupe ;

– le choix de thèmes d'étude ;

– les grandes lignes d'un problème ;

– le bilan d'un stage ou d'un travail plus limité, etc.

Ce dispositif peut être utilisé aussi pour susciter des questions à la suite d'un exposé, pour relancer une discussion qui s'enlise, etc. (voir l'introduction générale p. 13).

Discussions en petits groupes

Les participants se constituent sur place et très vite, en sous-groupes de six qui peuvent être hétérogènes... Chaque sous-groupe nomme ou non un coordonnateur, pour contrôler la répartition des temps de parole et permettre que chaque membre du sous-groupe s'exprime, et nomme aussi un porte-parole.

Les sous-groupes échangent pendant six minutes, évoquant à leur gré leurs sentiments ou leurs idées sur le thème proposé. Le spectacle du grand groupe avec ses divers sous-groupes en activité est très dynamique.

Présentation des rapports

À l'appel de l'animateur (qui a pu indiquer auparavant qu'il ne reste plus qu'une minute), les sous-groupes se remettent en place pour la séance plénière. Les porte-parole peuvent rester dans leur sous-groupe ou être invités à se réunir autour d'une table de discussion, le reste de l'assemblée s'installant alors en demi-cercle autour d'eux (voir le dispositif de panel-discussion).

Chaque porte-parole rend compte, à tour de rôle, brièvement, des points abordés dans son sous-groupe. Il intervient le moins possible dans l'organisation de son propos. Il reprend les éléments les plus significatifs de ce qui a été dit. L'animateur demande, quand chaque porte-parole a terminé, si une personne du sous-groupe a quelque chose à rectifier ou à ajouter.

Synthèse des comptes rendus

Suivant l'utilisation qui a été faite de l'exercice, la synthèse peut se faire sous diverses formes.

• Discussion des porte-parole

Dans cette variante, les porte-parole discutent entre eux, avec les éléments dont tout le monde dispose alors, et envisagent, si besoin est, les solutions possibles.

Au cours de cette discussion, les autres participants peuvent transmettre des messages écrits aux différents porte-parole.

Toute l'assemblée suit l'élaboration finale que les porte-parole choisissent en tenant compte de l'avis de la majorité.

Cette discussion peut être conduite suivant le dispositif proposé dans le document n° 19, « la tortue »).

• Synthèse par l'animateur

Dans d'autres cas, l'animateur se contentera de faire un résumé ou une classification des différentes propositions ou réflexions.

Si l'exercice a été mis en œuvre à la suite d'un exposé, cette méthode permet au conférencier de répondre de façon ordonnée, après un délai de réflexion, aux différentes questions et réflexions soulevées dans l'auditoire.

Variantes

• Le dispositif 6 x 6 peut être transformé en dispositif *pm*

Durant *m* minutes, *p* personnes dans un grand groupe, travaillent en sous-groupes. Par exemple, 4 – 15 veut dire qu'on demandera à un groupe de se scinder en sous-groupes de quatre personnes pour une durée d'étude en sous-groupes de quinze minutes. Toutefois, il faut remarquer que plus des sous-groupes travaillent longtemps, plus ils s'écartent les uns des autres, aux dépens de l'unité du grand groupe ; plus aussi les mises en commun deviennent laborieuses. Il convient donc que *p* et *m* ne soient pas trop grands.

• 6 x 6 ou *pm* réitéré

Après une première consultation du grand groupe (en *6 x 6* ou *pm*) et en fonction des informations ou propositions recueillies et traitées, il est souvent opportun et efficace de provoquer une seconde consultation en 6 x 6 ou en *pm* nouveaux.

Ainsi, au début d'un séminaire de formation de quatre-vingts enseignants, en vue de les faire se présenter et qu'ils commencent à se connaître, les formateurs ont demandé aux participants de rechercher en *6 x 6* des modalités originales et multiples de présentations possibles.

Après avoir recueilli les diverses suggestions, inscrites par chaque porte parole sur des tableaux de papier, les formateurs ont demandé aux mêmes petits groupes de six de définir le choix qu'il ferait d'une des modalités présentation (proposée par eux ou par d'autres petits groupes).

Après la mise en commun, les formateurs ont demandé la préparation et la mise en œuvre de la consigne de présentation choisie par chaque groupe, en donnant un crédit de temps de trente minutes (donc petits groupes *6 x 30*). À l'issue de leur présentation entre eux, les petits groupes se sont présentés de façon originale les uns aux autres.

DOCUMENT 17

Technique du tour de table

Il ne faut pas confondre tour de table et vote.

Le tour de table fait partie de l'étude du problème. Il est un moyen pour le groupe de s'informer rapidement sur l'état actuel de l'opinion dans le groupe, afin de faire le point sur l'étude du problème.

Par le vote, on met fin à l'étude du problème. On décide que l'on ne saurait consacrer davantage de temps à la recherche de la meilleure solution, et qu'il faut décider.

Dans le tour de table, la tâche de chacun doit être d'informer les autres, brièvement mais complètement, sur l'état actuel de son opinion sur la question posée. Informer et non convaincre, puisque la discussion reprendra après. État actuel et non définitif, puisque l'étude du problème est en cours. Cette information doit être donc complète, et indiquer toutes les nuances, hésitations, incertitudes, et même les contradictions et les sentiments.

Dans le vote, chacun prend une position définitive et sans nuance. Il renonce à ses doutes, à ses hésitations, à ses contradictions. Il met fin à la réflexion sur le problème pour lancer l'action.

Dans le tour de table, on présuppose :

1. que la discussion peut faire émerger une solution meilleure que les autres ;

2. que le désir principal de tous les participants est que la meilleure solution soit élaborée ;

3. que par conséquent si chacun est informé de « où en est » chacun des autres, ça va l'aider à continuer de réfléchir.

Dans le vote, on présuppose :

1. qu'il est inutile (ou impossible) de continuer à discuter. Que le plus urgent est de décider et d'agir ;

2. que pour la décision, chacun sait ce qu'il pense et pourquoi il le pense ; et que par conséquent, le normal est de ne pas changer d'avis. (Certains pensent même que changer d'avis est un preuve de faiblesse, indice qu'on est influençable !) ;

3. que par conséquent, la solution correspondant à la pensée du plus grand nombre est nécessairement la meilleure solution. (Il est à noter que 3 pourrait être vrai si 2 l'était ; mais 2 est présupposé généralement faux : la plupart des gens se trompent le plus souvent sur ce qu'ils pensent et sur pourquoi ils le pensent) ;

Ainsi défini, le tour de table, outil de travail, alimente et enrichit la réflexion du groupe en mettant en commun les zones d'incertitudes où il reste à élaborer.

Le vote, au contraire, instrument de décision, élimine les incertitudes, simplifie les positions et cristallise les oppositions.

Il faut toutefois noter un caractère commun aux deux procédures : dans les deux cas les commentaires et réactions à la parole de chacun sont à proscrire.

Dans les deux cas, tout le monde doit attendre que ce soit fini pour intervenir sur un autre mode.

Remarque

Avec les postulats suivants :

1. les individus savent ce qu'ils pensent ;

2. ils savent pourquoi ils le pensent ;

3. l'homme fort ne change pas d'avis ;

4. les discussions sont généralement stériles, il suffit de voter et de retenir les solutions majoritaires, on est sûr d'aboutir au degré le plus élevé d'immobilité sociale.

En effet, ces postulats entraînent que jamais les problèmes de fond ne sont débattus ni étudiés : toute l'énergie qui pourrait être consacrée à cette étude est déviée sur la recherche ou la fabrication de majorités conservatrices.

Nous assistons à ce processus depuis longtemps en France, tant à gauche qu'à droite.

par Patrice Ranjard

MISE EN COMMUN PAR SCINTILLEMENTS

Lorsque plusieurs sous-groupes ont travaillé à distance les uns des autres, on tente d'établir la communication entre eux, par l'intermédiaire d'une suite de messages brefs, *scintillants*.

OBJECTIFS

1. Inciter chaque sous-groupe à rédiger des messages précis à destination des autres sous-groupes.

2. Faciliter la mise en commun en évitant la lassitude des rapports trop détaillés.

3. Permettre le tressage des propositions concises issues des sous-groupes.

4. Satisfaire un souci d'équilibre dans l'expression de chaque sous-groupe.

5. Maîtriser les durées.

DÉROULEMENT

Après leurs travaux à distance, les sous-groupes sont réunis ensemble, dans une même salle. Leur mise en commun se fait sous forme de rapports ou comptes rendus, exprimés pour chaque groupe suivant trois ou quatre messages brefs (ou même interviews rapides).

Un responsable ou un facilitateur demande un premier message bref, scintillant (une à trois minutes), à chaque sous-groupe successivement. Il réitérera ensuite plusieurs fois cette demande.

Deux procédures sont possibles :

– scintillement avec discussion entre chaque série (ou *rafale*) de messages brefs des sous-groupes ;

– scintillement en continu sans pause entre les séries de messages brefs et discussion finale.

LA PANEL-DISCUSSION

Le principe de cette technique est d'utiliser un groupe restreint d'individus compétents et/ou représentatifs, le *panel* (*panel* = échantillon), en vue d'étudier un problème, tandis qu'un auditoire en écoute intervient par des messages écrits.

La *panel-discussion* désigne l'ensemble de l'exercice, le *panel* désigne le groupe restreint où s'engage la discussion.

Nombre de participants : une demi-douzaine pour le panel ; un auditoire de grandeur variable ; un animateur et un injecteur de messages.

Durée : une heure et demie à trois heures.

OBJECTIFS

1. Organiser un réseau de communication dans un grand groupe, assurant un nombre maximum d'interventions et une implication de tous les participants.

2. Substituer aux discours ou monologues des personnes, une discussion moins formelle, voire plus *dramatisée*, permettant d'étudier un thème par l'échange d'informations contrastées ou par l'élaboration d'idées nouvelles, tout en établissant une régulation constante des communications.

3. Amener chacun à mieux situer son point de vue par rapport à d'autres, plus ou moins distincts, exprimés dans le panel ou dans l'auditoire.

4. Faire apparaître les aspects émotionnels d'une problématique.

DOCUMENT 18

La panel-discussion

Phase d'organisation

Cinq ou six personnes, choisies pour leur compétence, leur représentativité ou toute autre raison, constituent le panel en s'installant autour d'une table, sous la présidence d'un animateur.

Les autres participants se placent en demi-cercle autour du panel pour former l'auditoire. La taille de cet auditoire est variable mais se trouve limitée par les possibilités matérielles d'écoute et d'intervention que des installations techniques peuvent accroître.

Les membres de l'auditoire reçoivent de petits papiers (éventuellement de couleurs différentes : une couleur pour les questions, une autre pour l'expression des sentiments, une troisième pour les compléments d'information, etc.), qui leur servent à adresser des messages.

À côté de l'animateur se trouve l'injecteur de messages chargé précisément d'*injecter* les messages de l'auditoire à l'intérieur du panel, à des moments fixés (au bout de chaque demi-heure, par exemple, ou bien à son initiative suivant l'opportunité du débat dans le panel).

L'animateur présente les membres du panel ou les laisse se présenter, à tour de rôle, et expose brièvement, avec eux, le but et le thème de la discussion.

Phase de discussion dans le panel

Les membres du panel lancent la discussion en présentant leurs points de vue sur le thème en question et en échangeant ou s'opposant.

Les membres de l'auditoire peuvent envoyer des messages écrits à tout moment en utilisant les papiers qu'on leur a distribués pour poser des questions, donner leurs impressions, émettre des suggestions, apporter des informations supplémentaires, manifester leur désaccord, etc.

L'injecteur des messages classe ces différents papiers pour les *injecter* dans le panel à des temps dits ou selon leur opportunité. Il est préférable de ne pas communiquer les messages au fur et à mesure qu'ils arrivent pour ne pas bloquer le déroulement de la discussion, mais de prévoir plusieurs temps de lecture afin d'éviter les sentiments de frustration dans l'auditoire. Toutefois, lorsqu'une intervention semble particulièrement importante, l'injecteur de messages peut la transmettre à l'animateur qui agira en conséquence.

Après chaque lecture, le panel reprend la discussion en essayant ou non de répondre aux différentes interventions et l'auditoire continue à envoyer des messages.

À la fin, l'animateur essaie de faire une synthèse des points acquis et des préoccupations, avec les membres du panel.

Phase de discussion généralisée

La discussion peut ensuite se généraliser au cours d'une séance plénière, les membres de l'auditoire intervenant alors directement et oralement, comme ceux du panel, sous la conduite de l'animateur.

Il est possible encore de réserver un temps d'observation pour voir comment l'exercice a été vécu par les deux groupes et réfléchir à certains aspects méthodologiques.

L'expérience montre que les membres du groupe en écoute silencieuse ont tendance à produire des messages agressifs, écrits ou ensuite oraux, à l'égard des membres du panel. L'animateur aura souvent à analyser cette situation d'impatience et de revanche contre la censure imposée par la structure de la panel-discussion. Il pourra distinguer les tensions réelles des conflits superficiels.

Variantes

Panel avec thème improvisé

Cette panel-discussion se déroule normalement mais le thème de réflexion est choisi par les participants, en début de réunion, au lieu d'être déterminé à l'avance.

Le panel est constitué par des volontaires ou des personnes qui semblent avoir une certaine compétence en la matière.

Panel avec animateurs-témoins

Cette panel-discussion est précédée d'une discussion en sous-groupes où les participants abordent le thème proposé, sous la conduite d'un animateur. La constitution de ces sous-groupes peut se faire de façon hétérogène (suivant les différences de sexe, d'origine, de fonction, de niveau hiérarchique, etc.), ce qui entraîne une confrontation de points de vue, souvent très enrichissante.

Les sous-groupes se réunissent ensuite pour la panel-discussion. Chaque animateur vient dans le panel expliquer la façon dont il a perçu la discussion, au niveau du contenu et de la forme, à l'intérieur de son groupe, comme témoin d'une certaine expérience. En dehors du rôle d'animateur-témoin, la panel-discussion se déroule normalement.

Cette technique permet de favoriser les échanges dans des groupes hétérogènes, de voir comment fonctionne des groupes de structure et de statut différents (dans le passage à la panel-discussion) et de réfléchir sur l'évolution ou les distorsions des rapports de chaque animateur-témoin par rapport à la discussion des sous-groupes.

L'expérience montre, toutefois, qu'il se produit souvent un phénomène de lassitude dans l'auditoire, au cours de cette panel-discussion si les animateurs des sous-groupes se limitent à un rôle de rapporteurs. En général, les sous-groupes ont pour objectif d'explorer la diversité des situations ou des points de vue. La panel-discussion qui suit doit se donner clairement un objectif propre d'orientation des travaux ultérieurs ou de préparation de décisions, par exemple.

LA TORTUE

L'originalité de cette technique réside dans le dispositif de compte rendu et de discussion en réunion plénière où chaque sous-groupe reste groupé derrière un ou deux porte-parole. Le porte-parole ou un des deux peut être amené à céder sa place à une autre personne du sous-groupe pour exprimer un avis particulier. Il peut aussi entrer en communication avec les membres de son sous-groupe, à certains moments (comme la tortue rentre la tête, en cas d'embarras ou de difficulté).

Nombre de participants : de deux à six sous-groupes de discussion, de six à douze personnes environ (avec deux rapporteurs par sous-groupe).

Le formateur ou l'animateur, assisté éventuellement d'un analyste des convergences et d'un analyste des divergences observées entre les positions et les avis des sous-groupes.

Durée : variable, généralement important ; l'ensemble des trois phases occupe au moins une demi-journée.

Objectifs

1. Obtenir une mise en commun des travaux effectués par des sous-groupes, qui soient plus vivants que l'audition de rapports successifs, suivie de discussions vagues.

2. Provoquer et soutenir une démarche de collaboration et, au besoin, de négociation dans chaque sous-groupe, en favorisant la mobilité des porte-parole et la consultation par lui (ou eux) de ses collègues.

3. Donner au(x) porte-parole la sécurité de sentir la proximité de son sous-groupe.

4. Garder en éveil l'intérêt pour réagir aux rapports ou avis présentés par les autres sous-groupes.

5. Donner, par cette technique, un processus d'approfondissement du comportement démocratique.

DOCUMENT 19

La tortue

Phase de discussion en sous-groupes

Temps : une demi-heure à deux ou trois heures.

Les participants sont répartis en deux ou plusieurs (de trois à six) sous-groupes de discussion.

Ces sous-groupes font une étude séparée d'un thème commun et définissent leur position d'ensemble. Ils désignent dans leur sein un ou deux porte-parole aux points de vue complémentaires.

Phase de mise en place de la *tortue*

Après cette phase de discussion, les sous-groupes se rassemblent pour former le dispositif de la tortue (voir schéma ci-dessous).

Les porte-parole se placent un par un ou deux par deux, de façon à pouvoir discuter tous ensemble et à se retourner aussi vers leurs sous-groupes respectifs qui s'installent derrière eux, à proximité immédiate.

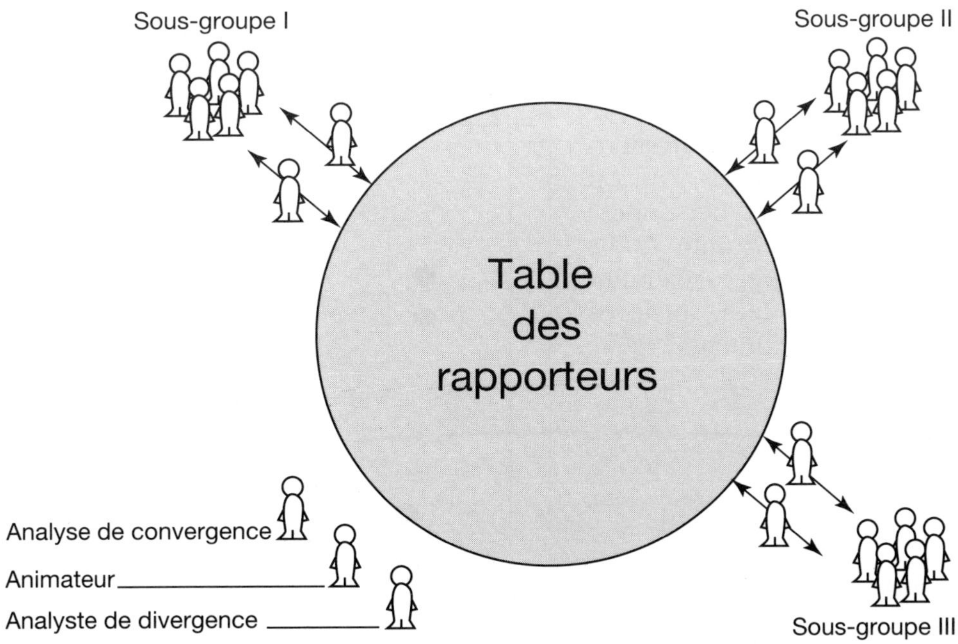

S'il y a deux porte-parole, celui qui est momentanément inoccupé recueille les suggestions et observations que le sous-groupe élabore discrètement, pendant les échanges ou les comptes rendus.

En cas d'incertitude ou d'ambiguïté, pour telle position minoritaire, le ou les porte-parole désignés peuvent faire intervenir à leur place, un autre membre du sous-groupe.

Formateur et analystes observent le déroulement des échanges et régulent les interventions.

Il est possible de commencer par des éléments de comptes rendus brefs de chaque sous-groupe, en tour de table, mais l'essentiel est la discussion qui s'instaure ensuite entre les porte-parole, sous la conduite du formateur.

Là encore, chaque sous-groupe peut rappeler l'un de ses porte-parole et le remplacer s'il le juge nécessaire.

Phase de synthèse

Le formateur ou un analyste de convergence fait observer les points d'accord auxquels arrivent les sous-groupes. Un analyste de divergence intervient pour mettre en évidence des oppositions apparues à des moments différents et qu'il importe de résoudre.

Les porte-parole et les groupes reprennent alors leurs négociations.

L'avance de l'échange se fait lentement, avec des moments de tension et de conflit, mais elle se fait sûrement : comme la tortue vis-à-vis de tel lièvre.

TECHNIQUES D'ARGUMENTATION

Sur un thème choisi ou une thèse, deux sous-groupes (ou seulement deux personnes) vont s'affronter en séance plénière.

Les autres participants doivent rester silencieux et se déplacer, allant derrière l'un ou l'autre des sous-groupes (ou des personnes) selon l'importance et l'opportunité qu'ils accordent aux arguments successivement exprimés, quels que soient leurs propres sentiments vis-à-vis de ces arguments.

DISPOSITIF

Nombre de participants :
– une ou deux personnes *pour*
– une ou deux personnes *contre*
– un *modérateur* (assurant un équilibre du tour de parole)
– de dix à quarante *assistants* silencieux et mobiles (debout)
– des *observateurs* (de un à quatre).

Durée :

Une demi-heure à une heure, d'un seul tenant ou par phases successives d'argumentation de dix à quinze minutes, suivies de relevés d'observation et de phases d'analyse.

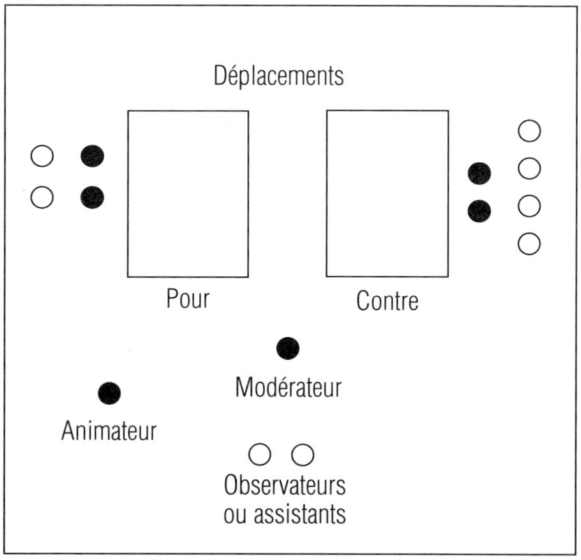

OBJECTIFS

1. Entraîner à l'objectivité et à la tolérance dans l'écoute d'un débat.

2. Entraîner à l'habileté et à la maîtrise émotionnelle dans les échanges.

3. Exercer à la précision et à l'efficacité de l'argumentation.

4. Explorer les contradictions d'un thème ou d'un projet.

DOCUMENT 20

Techniques d'argumentation

Choix de la thèse ou du thème

Les participants ont à préciser une thèse ou un thème déjà controversé ou non dans le groupe : par exemple, les classes hétérogènes, l'expérimentation en biologie, la formation continue le mercredi, la peine de mort, l'aide au Tiers-Monde, les durées des temps de service, la pédagogie différenciée, le soutien, l'orientation, etc.

Le formateur ou l'animateur explique les principes de la technique, et demande à un ou deux participants de venir plaider *pour* une thèse, à un ou deux autres *contre* cette thèse. Il demande également à un participant de jouer le rôle de *modérateur* (qu'il peut à la rigueur jouer lui-même), ainsi qu'à quelques-uns de jouer le rôle d'observateurs.

Organisation des échanges

Les deux sous-groupes ou individus antagonistes s'étant déplacés chacun devant une table, le débat s'engage.

Le modérateur veille à distribuer équitablement la parole entre les deux groupes (par exemple lorsqu'un argument a été exposé, le modérateur peut demander que la parole passe au groupe antagoniste avant qu'un second argument ne soit présenté).

Cependant, les assistants (c'est-à-dire tous les autres participants), obligatoirement doivent rester debout, sans parler, mais prêts à se déplacer suivant les consignes.

Consignes

- Au départ les assistants se tiennent dans un lieu *neutre*.
- Ensuite, dès les échanges d'arguments, chaque assistant doit s'efforcer, quand un argument conforme ou contraire à ses idées est exprimé par un sous-groupe, d'aller se placer derrière ce dernier, s'il lui apparaît que l'argument en question mérite d'être pris en considération par l'autre sous-groupe, pour être réfuté ou reconnu.

À l'issue de l'échange d'arguments, le formateur (ou l'animateur) demande aux débatteurs leurs impressions. Puis, les observateurs expriment leurs remarques et indiquent la suite des arguments *pour* et celle des arguments *contre* formulés. Les participants du groupe enfin explicitent ce qu'ils ont ressenti et une discussion générale s'effectue en vue de procéder à une synthèse.

Écueils à éviter

L'une des difficultés, pour le formateur ou l'animateur, est d'éviter que les assistants restent trop passifs, ou qu'ils ne s'affectent négativement parce qu'un argument qui leur plaît ne leur paraîtra pas exprimé d'une façon qui lui convient. Cela est manifeste lorsqu'un participant quitte le camp de celui qui parle, mouvement non conforme à la consigne donnée.

Parfois, on voit certains assistants rester abusivement dans un endroit neutre comme pour se tenir à distance de toute prise de position. Il faut les inciter à réagir clairement, pour progresser dans l'écoute des arguments, même sur des questions où ils réagissent de façon effective.

Dans le début de l'exercice, le formateur (ou l'animateur) peut donc, s'il le juge nécessaire, intervenir pour demander à tel ou tel participant pourquoi il se déplace à ce moment ou pourquoi il semble se tenir à l'écart.

Cela permet de préciser les objectifs et le déroulement de l'exercice et incite à une observation attentive pour la suite.

Variantes

– Il peut être décidé que des secrétaires prennent note des échanges entre les débatteurs et des mouvements des observateurs, afin d'en faire part à un temps de la discussion.

– Une des deux places de chaque *parti* peut être libre et n'importe quel observateur peut venir l'occuper et prendre part à l'affrontement, pour une durée limitée (cinq minutes).

PARTAGE D'OPINIONS

Cette technique est indiquée toutes les fois qu'il se trouve un thème sur lequel les participants d'un groupe peuvent se répartir en trois sous-groupes d'opinions, à peu près égaux, par rapport à une proposition, une thèse ou une orientation conséquentes à ce thème.

Le sous-groupe des *neutres* fonctionnera comme un jury devant lequel, après un léger temps de préparation, le sous-groupe des *pour* et celui des *contre* envoient, successivement et de façon alternée, chacun de leurs membres comme le représentant, pour défendre leurs points de vue respectifs.

Nombre de participants : une quinzaine à une trentaine.
Durée : une heure et demie à trois heures.

OBJECTIFS

Cette technique peut correspondre à l'un des objectifs suivants :

1. Faire dégager et évaluer tous les arguments possibles en vue de soutenir ou invalider une thèse ;

2. Intéresser tous les participants d'un groupe, même ceux qu'un thème laisse indifférents, en leur confiant un rôle formel (membres du jury) ;

3. Entraîner à écouter des personnes en situation de conflit ;

4. Exercer à l'élaboration de stratégies de critique ou de défense ;

5. Entraîner à intégrer l'affectif et le rationnel en vue d'une meilleure efficacité.

ANALYSE DE L'EXERCICE

Parmi les phénomènes qui ressortent le plus souvent, on peut noter :

– le souci de convaincre le jury fait souvent place au besoin d'argumenter contre le groupe adverse ;

– plus une personne est touchée affectivement, plus elle a tendance à justifier sa position par des arguments apparemment rationnels ;

– si la discussion devient trop passionnée, chacun des groupes se renforce dans sa propre position ;

– lorsqu'on demande aux groupes de changer de rôle, on s'aperçoit souvent que les arguments choisis sont les mêmes que dans la situation précédente, mais inversés, ce qui démontre la grande difficulté à écouter l'autre lorsqu'on est soi-même impliqué.

Partage d'opinions

DOCUMENT 21

Phase de choix du thème

Un sujet a déjà pu entraîner une division apparente des opinions dans un groupe. Sinon l'animateur propose ou demande aux participants de fournir un certain nombre de thèmes qui les intéressent et qui puissent être controversés, du genre : l'énergie nucléaire, les nouveaux philosophes, la suppression de la peine de mort, la rémunération du travail de la femme au foyer, la création d'une armée de métier, la sélection, les notations, les examens, l'autorité, etc.

Lorsque la liste atteint une vingtaine de sujets, l'animateur demande pour chaque thème émis :
– qui est favorable ;
– qui est contre ;
– qui n'a pas d'opinion, ni de préférence.

On pourra retenir alors l'un des thèmes qui divise les participants en trois sous-groupes à peu près égaux (cinq pour, six contre, sept neutres, par exemple), s'il intéresse tout le monde.

Phase de préparation de l'argumentation

On lui consacrera quinze minutes.

Chacun des sous-groupes *pour* et *contre* prépare la formulation de ses arguments successifs et sa stratégie de présentation au *jury* (composé des *neutres*). Cette présentation devra être ainsi conçue que chacun des membres des sous-groupes puisse en exposer une argumentation dans une durée égale ou inférieure à une minute. Le jury prépare de son côté les dispositions qu'il va prendre pour recevoir les arguments.

Phase des plaidoiries

Les participants se rassemblent de façon à ce que les sous-groupes pour et contre soient en face, de part et d'autre du jury (voir le schéma ci-dessous).

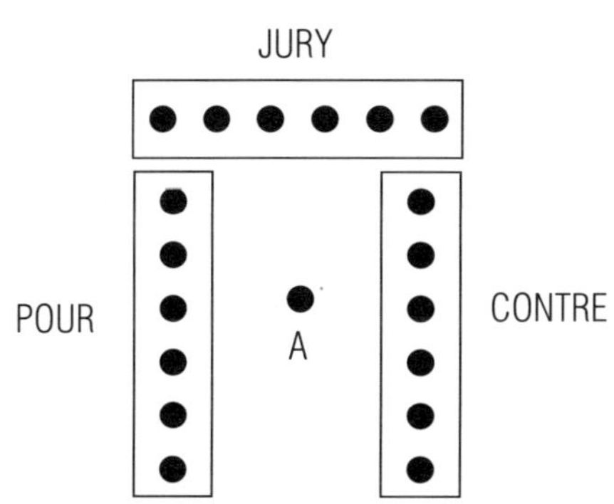

Pour prendre la parole, un membre d'un sous-groupe vient près du jury (en A). Il regagne sa place dans son sous-groupe, une fois son exposé terminé (une minute au plus).

Un membre de l'autre sous-groupe peut alors prendre la parole, et ainsi de suite.

L'un des membres du jury gère les temps de parole. Les autres observent et prennent des notes sur les arguments.

Phase de délibération

Quand les arguments ont été apportés, le jury délibère, pendant que les sous-groupes font de leur côté le point sur le déroulement attendu ou inattendu des échanges.

Phase de conclusion

Le jury présente ses conclusions qui sont débattues par un avocat de chacune des parties ou par tout le groupe.

Variante 1

Au bout d'une quarantaine de minutes de la présentation des arguments (vingt minutes pour chaque sous-groupe), l'animateur peut, sans l'avoir annoncé au préalable, demander aux membres de chaque sous-groupe de changer de rôle et d'exposer les arguments du point de vue opposé à leur point de vue initial.

Le jury jugera de la pertinence des arguments énoncés dans cette situation inattendue.

Variante 2

Après chaque exposé d'arguments par un membre d'un sous-groupe, il y a obligatoirement une minute d'arrêt afin de permettre au sous-groupe adverse de choisir son représentant pour contredire, critiquer ou apporter un registre autre d'argumentation.

LA DISCUSSION INTERROMPUE

Cette technique a été conçue par Patrice Ranjard. Le principe est d'arrêter les échanges d'un petit groupe au travail, à des temps dits, et d'inviter chaque participant à se préoccuper de ce qu'il perçoit dans la position de chacun de ses partenaires ou de ce qu'il pourrait proposer positivement à chacun.

Nombre de participants : entre quatre et sept personnes.

Durée : une heure trente à trois heures.

OBJECTIFS

1. La procédure a pour objet de faire relativiser, par chacun, ses propres positions en se plaçant, à certains moments, en compréhension de celles des autres.

2. Il s'agit, par le rythme des interruptions, d'éviter les dérives conversationnelles et triviales dont l'inertie guette les échanges.

DOCUMENT 22

La discussion interrompue

Le responsable (ou l'animateur) rappelle les contraintes d'interruption et de réflexion auxquelles l'équipe (ou le petit groupe) devra se soumettre :

« Nos échanges devront s'interrompre toutes les vingt (ou trente minutes). Au cours de chaque pause, chacun essaiera de définir par écrit comment il se représente la position de chacun des autres, au point où en est arrivée la discussion (ou le traitement des données et des informations). Et on fera le tour de ces représentations de la position des autres par chacun. »

Variante 1

D'autres consignes peuvent être de définir, par écrit, une suggestion positive, ou un argument, ou une information utile, qui pourrait conforter la position de chacun de ses partenaires.

- Première phase

Échange et discussion naturelle sur le thème ou le problème étudié (vingt à trente minutes).

- Deuxième phase

Rédaction par chacun, à propos des autres participants, de la perception qu'il a de leur position sur la discussion (et non sur le problème) ou de l'apport qu'il peut proposer à chacun (cinq à dix minutes).

- Troisième phase

Individu par individu, chacun lit, à tour de rôle, ce qu'il a écrit à leur sujet (cinq à dix minutes).

- Quatrième phase

Les échanges reprennent pendant vingt à trente minutes puis sont suivis d'une nouvelle interruption.

- Cinquième et sixième phases

Comme la deuxième et la troisième phases. Et ainsi de suite...

Variante 2

Indépendamment de la variante tenant à la nature de la consigne, on peut ajouter au dispositif une petite équipe de secrétariat qui ramasse les rédactions faites par chacun et qui en fait le tri et la lecture. Cette équipe peut également poser des questions, éventuellement à chacun des intervenants.

Variante 3

On peut aussi avoir, à côté des participants, un petit groupe d'observateurs qui expliciteraient, en complément des définitions de positions élaborés par chacun, leurs propres perceptions ou une aide proposée à chacun.

Variante 4

Il est possible, également, de faire expliciter, au moment des pauses, la facilité ou la difficulté ressentie pour se figurer la position des uns et des autres partenaires.

Remarque

Cette technique contraint à porter attention à chacun des membres d'une équipe comme à soi-même. Il va de soi qu'il y aura intérêt, pour une équipe, à s'entraîner sur des thèmes variés avant d'aborder les études dont elle a la responsabilité.

CHAPITRE 4

Le rapport au réel

Trois périls guettent les échanges entre des individus : le brio (ou le bagout) de certains, qui censure l'expression des autres membres d'un groupe ; l'irréalisme des débats qui pousse à des considérations étrangères à la réalité concrète et empêche d'aboutir à des conclusions stables ; l'absence de cadre ou de consignes pour ordonner ou canaliser les échanges qui fait dégénérer ceux-ci en des conversations interminables et indéfinies.

En vue de conjurer ces périls, on trouvera ci-après des modalités supports et des exemples de consignes permettant de recueillir les avis de chaque personne (ou de chaque sous-groupe), mais aussi d'ancrer ceux-ci dans le concret des pratiques ou des expériences individuelles (et collectives) et enfin de condenser, dans un cadre clair et de façon concise (sinon lapidaire), les diverses considérations soulevées au cours d'une problématique.

Dans les techniques proposées, le jeu entre des phrases orales et des phrases écrites ou dessinées, ainsi qu'entre des supports métaphoriques et des consignes multiples, peut animer le déroulement des procédures et garantir un effet de renouvellement. Il peut servir à des usages directs et immédiats, mais aussi à une utilisation dans des activités de recueil d'information qui autorisent des traitements afférents à des recherches. Il peut également soutenir des démarches de développement ou d'approfondissement individuel.

TECHNIQUE DU BLASON

Cette technique simple repose sur un support métaphorique : le blason. Celui-ci connote la noblesse des personnes ou des groupes qui sont incités dans son cadre à se présenter et se définir selon certaines caractéristiques (ou consignes) passées ou présentes et à venir.

DESCRIPTION BRÈVE

Il est en effet proposé à des individus ou des sous-groupes de remplir les cases d'un écusson avec des dessins, figuratifs ou non, ou des propositions en vue de signifier des éléments importants d'une représentation de soi ou d'une appartenance collective. Les blasons font ensuite l'objet d'une présentation et de comparaison réciproques, d'explications et de dialogues.

Le nombre de participants peut aller de six à quatre-vingts personnes ou davantage, avec des sous-groupes de cinq à sept personnes.

La durée d'élaboration des blasons et d'échange à leur sujet est variable suivant les tâches requises, la taille du groupe plénier et la qualité des échanges : de une heure à trois ou plus.

OBJECTIFS POSSIBLES (PERSONNELS ET COLLECTIFS)

1. Rendre plus dense et plus concise la présentation d'un individu et de ses aspirations ou d'un sous-groupe à d'autres personnes.

2. Proposer à chaque personne (adulte, mais aussi bien jeune ou enfant) un effort de réflexion valorisante sur elle-même avec le symbolisme de fierté inhérent au blason.

3. Entraîner chacun à réfléchir avec d'autres sur sa relation à lui-même et sa transparence aux autres ou son désir d'être, exerçant ainsi sa qualité de concurrence.

4. Accroître la clarté des conceptions collectives (professionnelles ou sociales), ainsi qu'en formulations ramassées, l'authenticité des perceptions réciproques des individus dans un groupe (d'adultes, mais aussi de jeunes).

5. Aider des individus d'un sous-groupe ou d'un groupe, en faisant des choix, à prendre mieux conscience collectivement de leurs conceptions professionnelles diverses ou encore d'une tâche à réaliser ou enfin de leur structure culturelle sous-jacente (sinon de *leur personnalité de base*).

6. Rendre possible une *communication interculturelle* entre des sous-groupes de pays et d'ethnies différents, par la présentation et la compréhension des blasons respectifs et des projections sous-jacentes (cette technique a été utilisée avec des fonctionnaires internationaux).

DOCUMENT 23

Technique du blason

Phase d'orientation

Le formateur énonce et commente l'un ou l'autre des objectifs de la tâche qui devra être réalisée. Il facilite un échange bref sur ses significations possibles, remettant à plus tard, après expérimentation, l'évaluation réelle. Il invite ensuite le groupe à se scinder éventuellement en sous-groupes (de deux à sept personnes). Ces sous-groupes peuvent avoir le même volume ou des volumes variés.

Il propose le matériel, si possible sur des grandes feuilles de papier ; éventuellement du papier à dessin, crayons feutres ou crayons de couleur, voire boîtes de peinture.

Il indique ensuite au tableau les consignes proposées et quantifiées pour inciter à des recherches et à des choix en vue de faire remplir les diverses cases de l'écusson. Celles-ci peuvent concerner, selon un balancement utile : des évocations personnelles ou des évocations culturelles ; des caractérisations positives ou des lacunes et difficultés ; des contextes (expérimentaux, temporels et historiques, spatiaux) face à des visées, des vœux ou des mises en œuvre ; des contraintes ou des alertes ; des valeurs ou des options libres.

Le formateur précise enfin s'il y a ou non la contrainte de remplir les cases par des dessins ou figurations ou par des mots et des phrases.

Phase de réalisation des blasons

Elle dure de vingt minutes à une heure.

Selon les objectifs, chacun réalise à part son écusson. Ou bien dans chaque sous-groupe les individus coopèrent directement pour élaborer et fabriquer leur commun blason.

Phase de communication

En groupe ou sous-groupe, les individus présentent leurs écussons individuels. Ils peuvent expliquer leurs indications ou leurs dessins, ils peuvent questionner ou être questionnés. Ils peuvent ensuite coopérer pour élaborer un blason de leur groupe ou sous-groupe.

S'il s'agit de blason de sous-groupe, chaque sous-groupe expose le sien dans une galerie des blasons du groupe. L'échange, les explications et les commentaires s'effectuent, soit par visite commentée de la *galerie*, soit par présentation de chaque blason sur un chevalet devant tout le groupe, soit plus généralement par une étude comparée de chaque case (ou *quartier*) des divers blasons. Cette étude peut avoir été confiée, case par case, à des sous-groupes (volontaires ou désignés) ou à des individus.

Phase d'évaluation

Les idées ou les sentiments vécus au cours des phases de réalisation et de communication sont explicités et donnent lieu à des réflexions : sur les images de soi, les projets d'exister individuels ou collectifs, les caractéristiques d'une appartenance sociale, les dissonances de stéréotypes, les possibilités d'une reconnaissance de l'autre et de soi-même, les enrichissements apportés par des rencontres interculturelles, ou de simples souhaits sur la représentation d'une profession (par exemple, celle d'enseignant de tel degré) ou d'un organisme, (par exemple, une université ou un collège).

Le formateur maintient avec humour un climat d'accueil et de bonne humeur. Il déjoue les interprétations (plus ou moins sauvages) s'il en est.

Devise pour mon établissement (école, collège, université)	
4 qualités	4 défauts
3 souvenirs	3 personnages
2 souhaits	au choix

Deux principes pour l'organisation du temps	
4 suggestions pour la journée	4 obstacles ou difficultés
3 raisons pour espérer	3 références pratiques
Deux mesures pour l'allègement des durées	

Précepte pour la conduite d'une classe	
3 exemples de sous-groupements différenciés	3 précautions
3 exemples de regroupement	3 rôles à confier aux élèves
2 objectifs	2 souhaits

Variétés de consignes utilisables pour faire exprimer avec concision, après des choix : des conceptions, des évocations, des caractérisations et des difficultés ou des défauts, des contextes multiples et des visées ou des mises en œuvre, des contraintes et des valeurs ou des mises en garde.

Définition, devise, citations, aphorisme, dessin, boutade, titre d'un livre, d'une fable, formule, slogan, interpellation, acrostiche, sigles.

Évocations personnelles	Souvenirs d'âges variés (positifs : avec satisfaction ; négatifs avec frustration ou regrets), en des lieux et temps variés (vacances, famille, profession, associations, vie sociale). Réminiscences (spontanées ou recherchées). Associations d'idées, situations semblables. Synonymes, analogies, contrastes, façon de se voir. Anecdotes (positives, négatives) ; manières de voir, problèmes, hobbies.	Références (personnes, auteurs, acteurs, musiciens, chanteurs, philosophes, savants), ouvrages, revues, films, monuments arts, réputation, personnages romanesques, essais, traités. Bibliographies succinctes, étymologies. Théories évoquées, codes référés : stéréotypes, conformités ou conformisme ; extraits. Échantillons *(patterns)*, lois énoncées. Modèles. Axiomes. Principes. Façons dont les autres vous voient, moments préférés, formations, mœurs, rumeurs	*Évocations culturelles*
Caractérisations positives	Points forts, avantages ; articulations ; logiques ; cohérences. Caractéristiques, attributs, conditions. Origines géographiques, professionnelles ; opérations. Qualités (que l'on se reconnaît, vous sont reconnues, qu'on souhaiterait voir reconnues). Structures, réseaux. Principes, choses à faire ; phases ; rôles. Typologie, classements, hiérarchisation, ordonnance. Données statistiques, possibilités, pourcentages, mélanges, indicateurs, complémentarités, chances, thèmes, niveau.	Objections ; choses à éviter ; handicaps. Difficultés ; risques ; obstacles ; points faibles. Oppositions ; groupes de pression ; blocages ; réactions. Inconvénients ; lourdeurs ; effets pervers ; dérives. Complexités. Lacunes, déficiences, défauts, écarts, contradictions, ignorances, erreurs, injustices, outrances, contretemps. Correction, manque de pertinence, menaces, incohérences, fragilité. Incertitudes. Incompréhensions, perplexités, hésitations, interrogations. Marges, résistances. Défenses, regrets, conflits, contrariétés.	*Défectuosités*
Contexte expérimentale	Potentialisation, contexte, moyens, expériences, expérimentations (positives, négatives), initiatives, lieux, matériels, hypothèses. Innovations, mesures nouvelles, méthodologies, progressions, évalua-	Objectifs, buts, propositions, décisions, étapes, stades, cibles, pistes, programmes, programmations. Motifs, mobiles, impulsions, effets attendus, conséquences, ouvertures ; intentions.	*Intentions et visées*

Images, plantes, fleurs, arbres, animaux, minéraux, objets, pierres précieuses.

Totems, emblèmes, analogies, figures mythologiques, métaphores, symboles.

	tions, changements, développements budgets prévisionnels, réserves, panels.	Visées, plans, planification, déterminations, problématiques, orientations, élans, paliers, élucidations.	
Contexte historique	Dates marquantes, événements historiques : personnages historiques, périodes, faits nationaux ou internationaux, données économiques, et /ou sociales, environnement, cadres : époque, siècle ; musiciens, chanteurs, personnalités marquantes ou à la mode, cinéastes, stars, figures ; célébrations, anniversaires, hauts faits.	Attentes, désirs, souhaits, rêves, goûts familiaux, professionnels, culturels, nationaux, questions problématiques, propositions, hypothèses, fictions, attitudes, positions, croyances, anticipations, vues d'avenir inattendues. Sports (préférés, pratiqués), originalités, motivations, non-dit, traits cachés, conceptions métaphysiques.	*Aire projective*
Localisations pratiques	Matières ; disciplines (concernées, ou préférées, ou choisies, ou rejetées), cas concrets ; ressources ; branches ; domaines, professions ; métiers. Pays : zones ; secteurs ; départements ; points singuliers. Bassin attracteurs, pôles ; paradigmes ; délimitations. Registres, structures, réseaux, exemples, milieux (sociaux, culturels). Ressources locales, frontières.	Actes, activités, actions, occasions, arts, méthodes, techniques, instruments, supports, tâches, moyens, objets. Rôles (confiés ou à confier). pratiques, technologie, productions, préparations. procédures, processus, exécutions, opérations, stratégies, pratiques, transgressions; Transferts, transpositions, transitions, ajustements, extensions	*Mises en œuvre concrètes*
Contraintes	Contraintes, normes, obligations, liens rapports, interactions, chaînes, sujétions, incitations, tutelles.	Alertes, points-clefs, précautions, critères, flashes, priorités, prescriptions, limitations. Rejets, refus, interdictions, alarmes, cibles, créneaux, points d'appui, leviers.	*Mises en garde*
Valeurs	Évaluations, interprétations, intérêts, motivations, valeurs essentielles, type dominant, société désirée, finalités, termes éthiques, limites, idéaux, idéologies, aspirations, remédiations, compensations.	Quartier libre, au choix, ad libitum, non-dits, plaisanteries (place à l'humour), insolite, provocations, déceptions, défoulement, calembours	*Libre*

Phase de théorisation

Cet exercice concret, simple, peut conduire le formateur à des compléments théoriques : sur le concept de congruence, sur les résistances individuelles et culturelles à s'affirmer positivement, sur les valeurs de dignité et d'accueil, sur l'histoire des blasons et armoiries (qui ne sont pas propres à la seule aristocratie[1]), sur le symbolisme dans la vie collective et individuelle, sur l'importance de se situer par un projet existentiel, sur une civilisation d'accueil des différences, sur la personnalité de base, etc.

1. Cf. Michel Pastoureau, *Traité d'héraldique*, Grands manuels Picard, 2e éd., 1993.

La mise en œuvre de blasons a été utilisée avec succès pour des activités de recherche en vue de dégager des typologies professionnelles[1].

Commentaires

Les groupes d'adultes peuvent se passionner et en tirer des approfondissements grâce à leurs échanges. La technique se révèle valorisante. Comme le note un professeur : « Chacun et tous se sentent des gens valables, capables de quelque chose de bien. La critique, l'autocritique surtout, surviennent dès le partage. Chacun s'efforce d'atténuer l'impression favorable (c'était vrai pour le groupe particulier auquel j'ai participé. En serait-il de même parmi des jeunes ? Je vais effectuer l'expérience). Il reste que cette technique crée un climat propice à l'acceptation de soi et d'autrui. »

1. Pascal Galvani, *Autotransformation et fonction de formateur*, Chronique sociale, Lyon, 1991.

DOCUMENT 24

Variantes

1. Au lieu de réaliser son propre blason, chacun (individu ou sous-groupe) est invité à proposer des éléments pour chaque case du blason d'un équipier (individu ou sous-groupe) avec lequel il est couplé ; et vice versa. Les tâtonnements, le questionnement, qui en résultent, les découvertes qui apparaissent, sont vécus avec bonne humeur.

Cette variante peut précéder ou suivre la formule précédente.

2. Au lieu d'utiliser le support du blason, on peut recourir à d'autres supports métaphoriques.

Le plus habituel est le *ballon.* Sa surface peut être partagée en autant de cases qu'on le souhaitera. Le symbolisme de son usage engage à faire circuler entre les individus (si chacun a rempli les cases d'un ballon) ou entre les sous-groupes (qui ont en commun un ballon) les divers ballons. Le formateur aura pris soin de remplir lui-même un ballon et de le mettre en circulation avec les autres, pour éviter en prenant connaissance et note des contenus de ceux-ci, de bloquer le mouvement et les « passes ».

Les ballons peuvent être dessinés sur de grandes feuilles ou des feuilles moyennes. Les individus ou les sous-groupes peuvent inscrire dans les marges des ballons qu'ils n'ont pas produit des réflexions ou des questions. On trouvera ci-après trois exemples de ballons incitant des adultes ou des élèves à réfléchir sur une activité, une méthode ou une discipline.

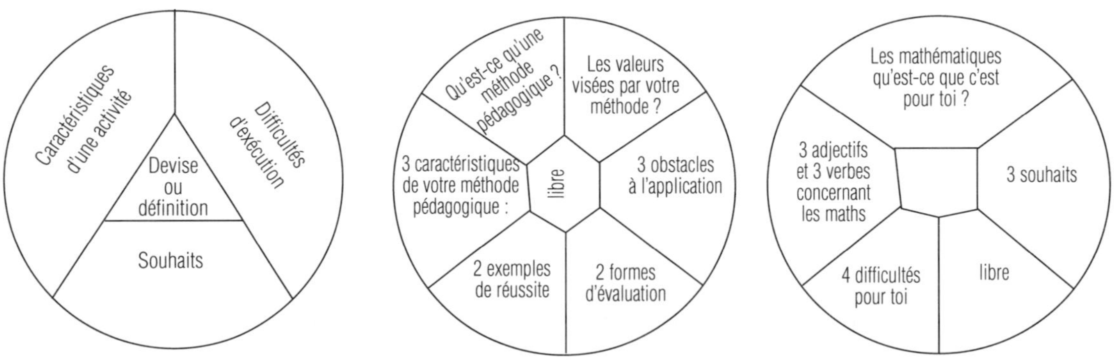

DOCUMENT 25

D'autres supports métaphoriques

Afin d'éviter une saturation dans l'usage du blason, on peut recourir à une variété d'autres supports métaphoriques pour servir de cadre (ou de moule) à une réflexion couplée à une investigation et à des comparaisons.

Dans leurs formes suggestives, on pourra placer dans des cases l'invitation à des interrogations, à des évocations, à des déterminations ou illustrations, qui seront rédigées (ou dessinées) avec concision (et en globalité) et qui impliquent des choix (individuels ou interpersonnels), mais qui auront à soutenir un processus symbolique associé à la nature du support. Rappelons que les symboles sont inhérents à la communication dans les groupes[1].

SUPPORTS STATIQUES

Registre simplifié

- Tableau impressionniste (avec couleurs)
- Affiche de publicité
- Composition par collage d'illustrations (découpées dans des revues)
- Structures géométriques (carrés, pentagones, hexagones, octogones, étoiles, cercles, etc.)
- Schémas et graphiques

Registre architectural

- *Plan d'une maison ou d'un immeuble* (cf. Francis Debyser, *L'Immeuble*, Hachette, Paris, 1986) :
– pièces, (caves, greniers, garage, cuisine, salles d'eau, salles à manger, chambres, séjour, chaudières, cheminées, fondations, jardin, etc.)
– habitants (répartition, professions, relations, avis, bruits, etc.)
– destination : habitation, activités professionnelles, établissement de formation, etc.
- *Plan au sol ou plan de façade* : d'une église, d'une usine, d'un immeuble public d'un monument connu, d'un arc de triomphe ;
- *Plan d'utilisation d'une zone* : plan de masse, plan de village ou ville.
- Perspective cavalière, topographie, dessin de jardin, paysage, frontispice.
- Tableaux d'avancement des travaux.

Registre végétal

- *Arbres* (racines, terrain, tronc, branches, feuilles, fleurs, fruits, espacement, etc.) : chênes, araucarias, fougères arborescentes, arbre du voyageur, vignes, pommiers.
- *Fruits* (vue globale ou en coupe, compartiments,écorce protectrice, amandes, pépins, liquide) : agrumes, grenade, noix de coco, grappe de raisin, noix, amande, etc.
- *Fleurs* (pétales, cœur, pistil, tige, etc.) : marguerites, orchidées, roses, tournesols, camélias, etc.

Registre de la vie pratique

- *Postes* : et paquets (expédition, destinataire, contenu, valeur déclarée, codes, cachet du bureau d'envoi, timbrage, etc.), textes télégraphiques, mandats avec messages, etc.
- *Santé* : ordonnances, (prescriptions, mesures, horaires, doses, précautions, diététique, régime, opérations à prévoir, médicaments spécifiques, etc.), examens médicaux, (explorations à effectuer, résultats en pourcentage, comparaison à normes, etc.), radiographie (ossature, téguments, nerfs, systèmes sanguins, muscles, etc.).
- *Administration* : recherche d'information, suite de bureaux, procédure, barème, démarches, délais, recours, pièces nécessaires, coûts, inspections, codes, réglementation, documentation, etc.
- *Comptabilité* : registre d'opérations, feuilles comptables, relevé de comptes, rapport financier, bilans, compte d'exploitation, compte profits et pertes ; expertises, citations de rapport de la Cour des comptes, etc.
- *Législatif* : proposition de rapport (rédaction, discussion générale ; amendements écrits par alinéa. adoption), textes (exposé des motifs, références, titres et parties, annexes).

SUPPORTS DYNAMIQUES

Registre géographique

- *Parcours routiers* (routes, carrefours, bifurcations, étapes relais, panneaux, codes, magasins, cartes, plans, stations d'essence, alertes , etc.).
- *Randonnées pédestres* (pistes, marquages, haltes, sanitaires, téléphones, sites, ravitaillement, points

1. Cf. *La Vie affective des groupes* par Max Pagès, Dunod, 1968 et dernière édition 1984.

pittoresques, indications géologiques, curiosités, botanique, etc.).

• *Itinéraires culturels* (circuits, monuments ; personnages ; histoires ; anecdotes ; citations ; œuvres essentielles, bibliographie).

• *Tracés difficiles*, labyrinthes, spéléologie (descente, caverne, cours d'eau).

Registre symbolique

• *Images :* Mandalas, Tai-ghi-tou, arbre des sephiroths, courbes fractales, graphes interactifs,

• *Œuvres filmiques :* scénarios, scripts, personnages, action, situations, lieux, séquences (première et dernière, par exemple, dialogues, quelques plans, etc.)

• *Œuvres de fiction :* contes, personnages symboliques, animaux emblématiques, opérations magiques, lieux mystérieux, transformations appelées.

Registre opératoire ou mécanique

• *La bicyclette*

Le guidon : ce qui me guide pour...

La lanterne : ce que je veux éclairer.

La roue avant : ce sur quoi j'appuie mon action ; le pédalier : ce sur quoi faire porter mon effort ; la chaîne : les relais de mes efforts ; la roue arrière : ce qui me propulse ; le cadre : celui de mon action ;

La selle : ce sur quoi je me dispose en équilibre ;

Le porte-bagages : mes réserves (de technique, d'instruments, de ressources, etc.) ;

La sonnette : mes alertes ; les freins : pour régler les rythmes ; la pompe : comment me « regonfler », etc.

• *Le projecteur*

Où prendre l'énergie ? quelles diapositives (de ce que je veux montrer) je choisis ? quel dispositif de grossissement ? sur quoi je projette ? etc.

• *L'avion*

La cabine de pilotage avec radar, altimètre, manche à balai, manettes, indicateurs ; les ailes, la voilure portante de mon action, les volets d'ascension ou de descente ; les aérofreins, (et précautions) ; le gouvernail de direction, de profondeur ; la carlingue, la cabine, les couloirs, sièges, ceinture de sécurité, signaux, hublots, train d'atterrissage ; soutes, casiers à bagages, réservoirs, *check-lists*, etc.

• *Les voiliers*

Les mats, les voiles, la dérive ou la quille, la barre ou le gouvernail, l'accastillage, le compas, les cartes, les cabines, le poste émetteur, les récepteurs, le moteur, les accus, la balise de détresse.

• *Autres matériels*

Le cargo, le train, la perceuse ; la presse d'imprimerie, le massicot ; la machine à écrire ; l'ordinateur ; le magnétoscope ou le magnétophone ; les cassettes diverses ; l'appareil de prise de vue.

Registre sportif

• *Ski* : bâtons, skis, lunettes, combinaison, fartage, pistes, remonte-pentes, promenades.

• *Balançoire* : siège, portique, filins, élans, cadences.

• *Sautoirs* : piste, repérage, vitesse, appel, planche d'appel, sol de réception, barre à niveaux, perche, etc.

• Pour mémoire, *ballon* et *bicyclette.*

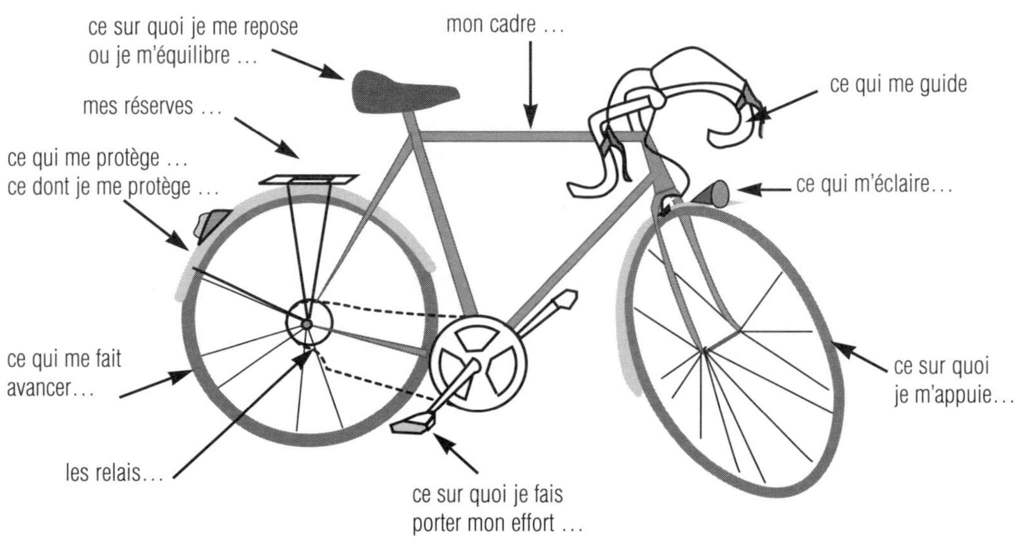

TECHNIQUE DES MINICAS

Des participants, en sous-groupes, exposent par écrit, anonymement et rapidement, des situations vécues dans leur vie scolaire ou professionnelle, telles qu'elles viennent à l'esprit, et qu'elles soient positives ou négatives.

Nombre de participants (élèves, stagiaires, etc.) : un groupe de dix à cinquante personnes, réparties en sous-groupes de cinq à huit personnes.

OBJECTIFS

1. Amener les participants, élèves ou adultes, à exposer de façon concise et concrète, les situations professionnelles qu'ils rencontrent réellement.

2. Dégager une *géographie* des diverses préoccupations.

3. Mettre en évidence des comportements spontanés face à une situation. Aider à en prendre conscience.

4. Favoriser la mobilité des attitudes et des comportements.

DOCUMENT 26

Technique des minicas

Constitution des sous-groupes

L'animateur, formateur, enseignant, etc., présente l'exercice et demande aux participants de se constituer en sous-groupes.

Production de minicas

L'animateur, dans chaque sous-groupe, rappelle l'objet de l'exercice, puis invite à choisir et à élaborer par écrit un cas concret pouvant relever de modèles généraux qu'il propose aux participants. Par exemple : un incident professionnel ; une situation bloquée ; une difficulté saisie à sa naissance ou à un moment précis de son évolution ou du point de vue particulier de telle personne ; etc.)

Lecture des minicas produits

L'animateur rassemble toutes les feuilles et demande à un ou à plusieurs des participants de lire à la suite les minicas produits. Les participants peuvent échanger spontanément leurs impressions sur la diversité des situations produites. Il est important que toutes soient prises également en considération comme faits vécus.

Choix des minicas à approfondir

À la suite de cette phase d'analyse globale, on procède au choix d'un ou de plusieurs minicas à approfondir. Ce choix peut être fait par l'animateur, ou par tirage au sort, ou suivant des critères de généralité, de difficulté ou bien en fonction d'un objectif adopté par le groupe ou le sous-groupe.

Choix d'un comportement individuel (décision)

L'animateur demande alors à chaque membre du sous-groupe, après une nouvelle lecture du minicas, tel qu'il est formulé, d'inscrire sur une feuille anonyme le comportement qu'il adopterait dans la situation évoquée : « Que feriez-vous dans cette situation ? » Des hésitations peuvent à ce moment se manifester sous des formes diverses : demandes de précisions supplémentaires sur la situation, sur le point de vue auquel on se place, etc. L'animateur indique la plupart du temps, que c'est aux participants, individuellement, qu'il revient de trancher, au besoin par des hypothèses explicites, sous réserve qu'elles s'établissent dans la situation présentée par le minicas. La rédaction des comportements à adopter, ne doit prendre que quelques minutes.

Confrontation des comportements et des attitudes

Les feuilles sont aussitôt rassemblées et lues anonymement. La discussion s'engage, à partir de l'éventail des comportements évoqués, sur les diverses interprétations de la situation, les conséquences de chaque comportement, avantages et inconvénients, les personnes auxquelles ont été attribuées, en raison de leurs fonctions, la possibilité de prendre une initiative, etc. À

un niveau plus profond, les attitudes sous-jacentes aux comportements évoqués, font aussi l'objet de la discussion. Dans la mesure où l'anonymat est respecté, ces confrontations peuvent ouvrir à chacun des possibilités d'évolution.
Si dans le sous-groupe un observateur a été désigné, il pourra, en conclusion, dire comment la séance s'est déroulée, comment elle a été vécue et quels thèmes sont apparus dans les discussions.

Variantes

1. Le déroulement du minicas peut être uniquement conduit partiellement en sous-groupes. On peut demander à chaque sous-groupe de choisir un ou deux des minicas produits à présenter au grand groupe.

2. Au lieu de laisser chaque sous-groupe travailler uniquement sur les minicas qu'il a produits, on peut, avant ou après l'examen des réponses établies sur ceux-ci, lui apporter les minicas produits par un autre sous-groupe et lui proposer de rédiger soit des réponses individuelles, soit des réponses collectives (après discussion) à l'un ou à tous les minicas. Les résultats comparatifs des réponses individuelles ou collectives, seront éventuellement transmis d'un sous-groupe à l'autre et pourront être analysés en réunion plénière.

3. Après la phase de choix des minicas, il est possible de mettre les participants en triades ou tétrades et de les inviter à discuter des minicas en notant leurs lieux d'accord et de désaccord.

4. Chaque membre d'un groupe prend un minicas rédigé par un autre et écrit un commentaire. Il prend ensuite un autre minicas déjà commenté et rajoute son commentaire (ou commentaire du commentaire) et ainsi de suite jusqu'à ce qu'il ait fait trois commentaires (ou plus). Chacun reprend alors son minicas personnel et lit les commentaires. Ensuite discussion générale.

CARTONS VERTS ET JAUNES

C'est une technique d'expression-exploration des attentes et des craintes par rapport à une situation, un problème, un rôle, un stage, etc.

Les attentes sont écrites sur des cartons verts et les craintes sur des cartons jaunes.

Nombre de participants : sept à cinquante.

Durée : une heure à deux ou trois heures.

Matériel : des cartons verts et des cartons jaunes.

DOCUMENT 27

Cartons verts et jaunes

Deux groupes, A et B, en nombre de participants égaux[1], sont répartis par le formateur : au hasard ou par localisation de part et d'autre d'une allée ou d'une ligne.

Il indique que chaque membre du groupe A, questionnera un membre du groupe B, puis ce membre du groupe B questionnera celui du groupe A selon, par exemple, la consigne suivante :

« Prenez chacun des cartons verts et des cartons jaunes et réunissez-vous par deux (un A et un B) pendant une demi-heure pour vous questionner réciproquement, le questionneur inscrivant les réponses sur les cartons (verts pour les *attentes* ; jaunes pour les *craintes*). »

Première phase

A questionne B pendant un quart d'heure.

Question 1 : Qu'espérez-vous de ce stage (ou de ce cours, ou de votre métier, ou du concours, ou de votre mutation, etc.) ?

Question 2 : Que redoutez-vous de ce stage (ou de ce cours, ou de votre métier, ou du concours, ou de votre mutation, etc.) ?

C'est A qui note les réponses de B, sur cartons verts pour la question 1, jaunes pour la question 2.

1. S'il y a un nombre impair de participants, l'un d'entre eux peut prendre un rôle d'observateur ou de secrétaire, ou d'assistant du formateur, à moins qu'un formateur entre dans le jeu du questionnement réciproque.

Écrire de préférence avec un gros feutre et ne pas hésiter à changer de carton à chaque nouvelle attente ou crainte.

Deuxième phase

B questionne A pendant un quart d'heure selon les mêmes modalités.

Troisième phase

On affiche tous les cartons verts ensemble et tous les cartons jaunes ensemble.

Quatrième phase

Un travail collectif sur les grandes attentes et les grandes peurs présentes dans le groupe est effectué en réunion plénière.

Variantes

1. Chaque personne du groupe A ne demande à une personne du groupe B que ses attentes et se laisse interroger par lui sur ses craintes, puis il s'adresse à un autre B pour noter les craintes de celui-ci et se laisse interroger sur ses propres attentes.

2. Les échanges peuvent se faire par couples de deux A, face à deux B, chacun dans le couple jouant les deux rôles d'intervieweur et de secrétaire ou un seul des deux.

LES TRIADES

La technique des triades est une forme de travail en tout petits groupes, avec des rôles antagonistes. Les participants sont placés ou se mettent en sous-groupes de trois, ou triades, où ils sont, à tour de rôle, intervieweur, interviewé et observateur.

Nombre de participants : variable suivant les dispositions pratiques pour répartir et suivre les sous-groupes de trois.

Durée : deux heures environ.

OBJECTIFS

1. Donner aux participants la sécurité d'un petit groupe.

2. Permettre à tous les participants d'un groupe de conduire un entretien et d'en observer un autre au cours d'une même séance de deux heures.

3. Donner à chacun la possibilité d'être consulté de façon proche sur ses perceptions ou ses avis relatifs à un thème.

4. Montrer que, dans un dialogue, il y a toujours un tiers, comme le dit Sartre (ici, pour plus de clarté, il est représenté par l'observateur).

5. Permettre une exploration d'attitudes personnelles face à un thème ou à un problème.

6. Perfectionner les participants dans les techniques d'écoute, d'observation et de dialogue.

DOCUMENT 28

Les triades

Les participants se répartissent (par désignation, tirage au sort ou choix réciproques) en *triades*, c'est-à-dire en sous-groupes de trois, pour être à tour de rôle intervieweur, interviewé, observateur.

Si le nombre des participants n'est pas un multiple de trois, il peut y avoir une ou deux *tétrades* (sous-groupes de quatre) avec un intervieweur, un interviewé, deux observateurs. Dans ce cas, la rotation n'est pas complète ou les temps sont réduits. On veillera cependant à faire jouer au moins deux rôles différents par chaque participant. Il pourra y avoir deux observateurs à chaque interview, ou deux intervieweurs dans quelques cas.

Le sujet de l'interview – par rapport à un thème ou une problématique – peut être fixé à l'avance ou laissé au choix du groupe, de chaque triade, de l'intervieweur, de l'interviewé ou de l'observateur.

Le déroulement s'effectue en trois phases comprenant chacune une interview (d'une demi-heure environ), un rapport d'observation (en quelques minutes) sur le comportement de l'intervieweur et de l'interviewé et, enfin, un temps d'analyse des comportements et de leurs conséquences sur le déroulement de l'interview ou de l'entretien (dix à vingt minutes).

Après chaque phase, les participants changent de rôle par permutation circulaire.

Dans une quatrième phase, une séance plénière permet une comparaison des différents entretiens et une analyse comparative des comportements, des attitudes et des contenus obtenus dans plusieurs triades ou dans toutes, si le grand groupe n'est pas trop nombreux. L'analyse porte également, sur un mode différentiel cette fois, sur les différentes mises en œuvre du même rôle[1].

Variantes

1. Les interviews peuvent être enregistrées au magnétophone puis analysées dans chaque triade. Un échange des bandes magnétiques permet, si on le désire, de faire une étude comparative.

2. L'exercice peut se jouer à partir d'un jeu de rôles : dans chacun des sous-groupes de trois personnes, préalablement constitués, on distribue à chacun des participants, individuellement, un rôle, de préférence par écrit. Ces rôles sont différents dans chaque triade mais les mêmes rôles peuvent être distribués dans toutes les triades. Ces rôles sont suffisamment étoffés pour alimenter une interview de vingt à trente minutes, et suffisamment brefs pour pouvoir être assimilés dans le temps disponible. Ainsi, l'interviewé sait ce qu'il a à dire, mais il le dit plus ou moins complètement, suivant le comportement de l'intervieweur.

Il faut disposer dans cette variante de trois rôles de quelques pages. On laissera au début de l'exercice quinze à trente minutes d'étude individuelle des rôles, et au besoin un temps de *révision* au début de chaque interview.

Le compte rendu d'observation et une première analyse peuvent se faire en petits groupes.

3. Cette technique peut servir à une démarche pédagogique globale, visant à la prise de conscience des attitudes d'un intervieweur au cours d'un entretien et des interactions de l'intervieweur et de l'interviewé. Elle peut servir d'entraînement à la pratique de l'entretien non directif. En dehors de la question initiale qui définit le champ permissif, l'intervieweur ne pose plus alors de questions. Il essaie seulement de reformuler ou de réverbérer, de temps en temps, ce qu'a dit l'interviewé pour l'encourager à approfondir son exploration propre. Les jugements de valeur et les structurations sont exclus. L'intervieweur s'efforce de garder un ton relativement neutre et bienveillant, mais ni interrogatif, ni affirmatif, ni négatif.

L'entretien non directif, couramment utilisé dans les démarches de recherche, peut-être employé en même temps que d'autres techniques, pour faire une évaluation ou le bilan d'un stage, par exemple.

1. Voir fiche sur l'analyse des comportements d'entretien.

Permutation complète d'une triade : les participants (A, B, et C) changent à chaque fois de rôle.

	1re phase	**2e phase**	**3e phase**
A	intervieweur	observateur	interviewé
B	interviewé	intervieweur	observateur
C	observateur	interviewé	intervieweur

Permutation complète d'une tétrade, deux participants jouent deux fois le même rôle, d'observateur notamment ou de co-intervieweur

	1re phase	**2e phase**	**3e phase**	**4e phase**
A	intervieweur	observateur	interviewé	observateur
B	interviewé	intervieweur	observateur	observateur ou co-intervieweur
C	observateur	intervieweur	observateur observateur ou co-intervieweur	intervieweur
D	observateur	observateur	intervieweur	interviewé

LES SEPT CHANGEMENTS

Inciter les participants d'un groupe de travail à définir de façon concise des formes de changements souhaitables ou réalisables en vue de faciliter la discussion ou le travail en cours.

OBJECTIFS

Développer en cohérence les facultés d'imagination et celles de réalisme. Exercer à la concision et aux décisions ordonnées.

DOCUMENT 29

Les *sept changements*

Le formateur donne les consignes de départ oralement ou par écrit. Le travail d'écriture est individuel.

1. Imaginez sept changements que vous souhaitez introduire dans une procédure, une organisation, une institution, un texte ou un imprimé, un instrument, etc., dans le cadre de nos échanges.

Présenter cette consigne en précisant qu'il s'agit d'imaginer sans restriction, comme si on avait une baguette magique.

Écrire ces sept changements.

2. Sur une feuille, ordonnez de haut en bas les changements, de celui que vous jugez le plus important (ou intéressant) au moins important (ou intéressant).

3. Sur une autre feuille, ordonnez de haut en bas les changements, de celui que vous estimez le plus réalisable à celui que vous estimez le moins réalisable, selon vous.

4. Transcrire sur tableau-papier, pour chaque participant, les deux listes ainsi ordonnées, en les plaçant côte à côte. Afficher les listes (proposer, pour la transcription sur tableau-papier, un mode uniforme de présentation, pour faciliter la lecture collective).

Donner les quatre consignes, les unes après les autres, en s'assurant que chacun a répondu à la précédente, avant de passer à la suivante.

Exploitation : phase collective

• Dans le sens de l'analyse

Après que chacun a présenté sa liste et ses hiérarchisations, l'échange collectif peut s'orienter dans des directions variées :

– faire la typologie des changements proposés par chacun et le groupe ;

– tester la créativité ou la dépendance de chacun et du groupe vis-à-vis des modes de pensée et de fonctionnement habituels dans l'institution ;

– repérer ce qui est absent dans l'ensemble des listes ;

– s'intéresser aux écarts ou aux parallélismes des changements figurant en regard les uns des autres sur chacune des listes.

• Dans le sens de la préparation à l'action

Pour chacune des listes, souligner le changement (ou les deux changements) situé(s) le plus haut dans la colonne de gauche et dans celle de droite, c'est-à-dire le(s) changement(s) le(s) plus relativement important(s) et le(s) plus relativement réalisable(s).

S'interroger individuellement ou en ateliers, sur les conditions (matérielles, psychologiques, institutionnelles, etc.) de leur mise en œuvre :

– Quels obstacles à leur réalisation ? Quels risques prend-on ?

– Quels moyens à mettre en œuvre ?

– Quelles démarches entreprendre, susciter, selon quelles étapes ?

– Quels effets prévisibles escomptés ?

etc.

Variantes

1. Demander des changements de retour au passé.

2. Demander des changements de comportements (ou conduites) personnels.

3. Demander à chacun d'annoncer les deux changements les plus faciles à réaliser, à son avis. Ces changements sont inscrits au tableau. Chacun a ensuite le droit d'aller souligner, pour les renforcer, deux propositions de changement autres que les siennes. Ce sont les propositions les plus soulignées qui sont étudiées.

ANALYSE DE BESOINS ET DE PROBLÈMES

Il s'agit, avant de procéder d'une recherche de données relatives aux besoins potentiels ou aux problèmes d'une personne, d'un groupe, d'une catégorie de personnes ou d'un organisme, d'explorer la nature des indications pertinentes qui pourraient être recherchées en vue de leur traitement, en consultant sur un tableau une large variété de cibles possibles.

Nombre : deux à dix participants.

Temps : une heure à deux heures (ou davantage).

OBJECTIFS

1. Affiner le projet d'une recherche de données.

2. Élargir le choix des cibles d'une investigation.

DOCUMENT 30

Analyse de besoins et de problèmes

Cette technique de préparation peut être régulée par un animateur ou un formateur ou bien par une personne jouant ce rôle.

Première phase

Le formateur ou l'animateur demande que soit schématisé l'organisme ou la catégorie d'individus qui serait visé par l'analyse de leurs besoins ou de leurs problèmes.

Deuxième phase

Le formateur ou l'animateur invite les participants à préciser la nature des besoins et des problèmes qui donneraient lieu à une investigation :
– besoins ou problèmes
– de formation
– d'organisation
– de prospection
– de gestion
– ou bien un mode indéfini.

Troisième phase

Le formateur ou l'animateur expose la problématique d'une analyse des besoins et des problèmes ; ou bien il distribue cette problématique (incluse ci-après) et, après lecture individuelle ou en petite équipe, il la fait discuter.

Quatrième phase

Le formateur ou l'animateur invite les participants à consulter la « matrice de détection et d'opérationalisation des possibles latents au sein d'un champ » et à suggérer à haute voix des termes susceptibles de devenir des cibles, puis des obstacles. Ces termes sont inscrits en deux colonnes sur un tableau.

Cinquième phase

Chaque participant est invité à aller souligner ou rayer un terme inscrit au tableau, selon qu'il veut renforcer ou annuler son intérêt pour l'analyse à conduire ; une élucidation des choix s'effectue alors.

Sixième phase

La matrice est à nouveau consultée sur les activités ou produits à mettre en œuvre, compte tenu des cibles et obstacles retenus. Comme précédemment, après un premier appel de terme à haute voix, on procède par soulignement ou barrage de terme.

Septième phase

Les participants expriment leur degré de consensus présent ; quelques rectifications sont faites pour renforcer le consensus, puis une fiche opératoire est rédigée.

Variantes

Elles résulteront soit :

1. de la simplification de la matrice complexe, réduite à des éléments spécialement utiles pour une équipe donnée ;
2. d'un échelonnement de la complexité en regardant, carré par carré distinct, les éléments ;
3. en disposant d'une progression de matrices gigognes, de plus en plus détaillées.

PROBLÉMATIQUE

Dans *La Critique de la Raison dialectique*, Sartre assurait : « Dans son plein développement, le besoin est transcendance et négativité (négation de négation en tant qu'il se produit comme manque cherchant à se nuire) donc dépassement *-vers* (*pro-jet* rudimentaire)[1]. »

Cette mise en dialectique nous rappelle que la notion de besoin peut se définir sous un double versant :

– *positif*, il s'agit alors d'attentes ou d'aspirations, de désirs ou d'élans, de tendances ou de vœux, qu'il importerait de satisfaire ou d'assouvir.

– *négatif*, il est question de ce qui fait défaut, de lacunes ou de manques, de faiblesses ou de gênes, d'ignorances ou de soucis, d'obstacles et de contre-indications négatives, qu'il faut compenser.

Elle peut aussi se disposer sur un double plan : celui de l'affectivité, avec des caractéristiques d'attrait, de goût, de mobiles, et de pulsions, ou de prétentions et de dépassement ; celui de l'objectivité, en termes d'astreintes et de nécessités, d'exigences et d'habitudes, de problèmes et de territoires. Ces deux plans (qu'assume déjà l'étymologie : l'ancien saxon *sunnea* désigne le souci ; mais le français a donné *besogne*) ressortissent à des actes d'investigation qui peuvent être distincts, même si, selon Sartre : *« Besoin, négativité, dépassement, projet, transcendance, forment une totalité synthétique où chacune des moments désignés contient tous les autres[2]. »*

1. J.-P. Sartre, *Critique de la raison dialectique*, Gallimard, 1960, p.105-106. *Cf.* également p.166 : *« Tout se découvre dans le besoin : c'est le premier rapport totalisant de cet être matériel, un homme, avec l'ensemble matériel dont il fait partie. »*
2. *Ibidem*, p.107.

En toute hypothèse, la recherche de ces besoins dans le cas de personnes ou d'organismes peut se décliner entre des actes de détection, d'exploration ou d'examen, et ceux de clarification, de classement, d'évaluation, mais aussi d'interprétation, de référenciation, et, plus généralement, d'analyse et de formulation de projet.

La pluralité des actes relatifs à la prospection des besoins et à leur traitement, jointe à la multiplicité des sortes de besoins, en modalités positive ou négative, ainsi qu'aux plans de l'affectivité ou de l'objectivité, doivent contraindre naturellement les chercheurs et enquêteurs à choisir, d'une part, les cibles qu'ils doivent réellement viser et, d'autre part, les actes et procédures adéquats, qu'il leur appartiendrait de conduire au terme de leurs visées. Car il importe, en précaution, *« d'apprendre à résoudre le problème qui consiste à poser le problème »*, comme le suggère J.-L. Lemoigne[3].

Dans le but d'affiner les choix jusque dans les nuances utiles, et d'accroître la rationalité de la problématique et des opérations successives, nous proposons en forme de tableau alphabétique à parcourir, par balayage rapide ou sélectif, une matrice d'une variété de possibles explorables ou problématisables, très proches ou plus lointains.

Une telle matrice peut être consultée aussi bien pour expliciter, étendre ou relativiser, localiser ou généraliser, et transférer, élaborer, des activités et procédures :
– d'études de marché,
– d'analyse de besoins,
– d'analyse et d'étude de problèmes,
– ou encore de recherche,
– voire de sondage.

3. Cité par Lugan, *La Systématique sociale*, PUF, 1993, p.101.

DOCUMENT 31

Matrice de détection et opérationalisation des possibles latents au sein d'un champ

(en explication, localisation, relativisation, extension, classification, transferts, généralisation)

CIBLES ASSIGNABLES OU POSSIBLES ACCESSIBLES	ACTIVITÉS ET PROCÉDURES DISPONIBLES	OBSTACLES ET CONTRE-INDICATIONS
Plan affectif	**1. Actions**	**Plan affectif**
• accointances • affinités • accords • aides • antécédents • appels • appétences • aspirations • attirance • attentes • attraits • authenticité • besoins • bénéfices • balises • buts • bonheur • caractères • compétences • connaissances • considérations • convenances • curiosités • décisions • défenses • délais • désirs • déterminations • effets • envies • espoirs • éthique • excitations • faims • facultés • fantaisies • figures • finalités • gains • grâces • garanties • goûts • guides • histoire • humeurs • hâtes • idéologies • images • inclinations • inspirations • interrogations • joies • jouissances • jugements • liaisons • libido • limites • licences • mentalités • mérites • mobiles • motivations • motifs • natures • nécessités • normes • originalités • obsessions • opinions • opportunités • ouvertures • passions • perspectives • points de vue • préférences • prétentions • pulsions • qualités • questions • références • représentations • requêtes • résonances • sensibilités • soucis • sollicitations • susceptibilités • tendances • témoignages • tentations • traits • urgences • usages • valeurs • vanités • velléités • vertus • vœux • volontés • vocations.	• abréger • adapter • accélérer • agencer • agrandir • actualiser • aménager • analyser • approcher • amalgamer • appliquer • approfondir • articuler • atténuer • argumenter • biffer • banaliser • brasser • borner • catégoriser • classifier • calibrer • clarifier • cataloguer • comparer • corréler • conceptualiser • croiser • décomposer • déconstruire • détecter • développer • dévoiler • dialectiser • échantillonner • élucider • étudier • examiner • expliciter • expliquer • explorer • évaluer • ficher • finaliser • formaliser • généraliser • graduer • grouper • harmoniser • hiérarchiser • homogénéiser • hybrider • inscrire • intégrer • interpréter • intervenir • investiguer • jalonner • jauger • joindre • juger • juxtaposer • justifier • lier • lisser • lister • légitimer • matcher • mesurer • mettre en évidence • mettre à plat • mettre à jour • modéliser • monter • modifier • normaliser • notifier • négocier • ordonnancer • optimiser • opérationnaliser • organiser • orienter • originaliser • permuter • planifier • prospecter • quadriller • qualifier • quantifier • rechercher • recenser • redresser • réduire • rénover • réparer • rectifier • relever • rapporter • schématiser • saisir • structurer • synthétiser • situer • tester • théoriser • traiter • tramer • transposer • trier • uniformiser • valider • ventiler • vérifier • visualiser	• abandons • abattements • affolements • affres • affronts • affrontements • alarmes • agressions • antipathies • autodissuasions • banalités • bavardages • bévues • bizarreries • blessures • blocages • bouderies • brouilles • brusqueries • carences • censures • contradictions • contrariétés • critiques • culpabilisations • décalages • déficits • dépressions • désordres • déviances • détresses • difficultés • disjonctions • dissonances • doutes • émotions • empêchements • entraves • excès • fragilités • faiblesses • fanatismes • faux-fuyants • frayeurs • fourberies • freins • friches • frustrations • gaffes • gaucheries • gênes • griefs • grossièretés • haines • hantises • hâtes • hésitations • heurts • hontes • hostilités • hypocrisies • imbroglios • ignorances • incertitudes • incohérences • indignations • insatisfactions • interdits • intégrismes • inquiétudes • irritations • jalousies • lâchetés • lacunes • lassitudes • lenteurs • maladresses • malices • marasmes • mécontentements • méfiances • mollesses • manques • mépris • mythes • narcissismes • négativités • obsessions • objections • obstacles • obscurités • obstinations • offenses • oppositions • perplexités • peurs • préventions • querelles • quolibets
Plan objectif	**2. Produits**	
• abords • activités • affaires • ascendances • articulations	• adéquations • approximations	

• astreintes • attentions
• attributions • artefacts • appuis
• assises • avantages
• bases • bassins attracteurs
• backgrounds • bagages
• bénéfices • besognes • biens
• bilans
• caractéristiques • charges • chances
• comportements • conditions
• contraintes • contrôles • critères
• demandes • déterminants
• différences • disponibilités
• données
• échanges • éléments
• environnement • états
• événements
• exigence • enjeux
• facilités • faits • fixations • fonctions
• fondements • forces • formes
• frontières
• gammes • garanties • genres
• gestes • grades
• habiletés • habitudes
• hypothèses
• idées • identifiés • indicateurs
• input • invariants • interactions
• impératifs • interrelations
• interventions
• jeux • justifications
• langages • légendes • lexiques
• liens • leviers
• masses • manifestations • menées
• messages
• mécanismes • moments
critiques • missions • mouvements
• moyens
• nœuds • niveaux • notations
• nouveautés • noyaux
• objectifs • obligations
• opérations • occasions
• occupations • outils
• outputs
• phénomènes • points d'appui
• potentiels • pratiques
• problèmes • processus
• propositions • précautions
• régularités • repérages
• ressources • résultats • réserves
• relations • ressorts • rôles • requis
• situations • savoirs • soifs
• stimulations • structures
• supports
• thèmes • thèses • territoires
• utilisations
• vérités • visées • valeurs • vous
• ventes
• zones

• alertes
• balances • bifurcations • boucles
• brain-stormings • cartographies
• champs • cotations
• connotations • computations
• équilibre
• faisabilité • facilitations
• fréquences
• grilles
• hypothèses • habitations
• homéostasie
• interviews • ingénierie
• lectures • localisations • logiques
• lots • nomenclatures • nuances
• plissage • panoramas
• probations • procédures
• probabilités
• questionnements
• récursivité • significations
• solutions • satisfactions
• spécifications • sondages
• taxonomies • typologies
• variances • variétés

• raideurs • refus • rejets • replis
• résistances
• soucis • souffrances
• subterfuges • suffisances
• superstitions • suspicions
• terreurs • tourments • tremblements
• usurpations
• vertiges • vices • vicissitudes
• violences • vides • vexations

Plan objectif

• abandons • anomalies • abus
• absences • adversités
• antagonismes • avaries
• banalités • barrages • barrières
• biais • bêtises • brides • bruits
• butées • brèches
• camouflages • chaos
• confusions • controverses
• contreparties • crises
• complexités
• défauts • dérives • désordres
• déviations • déséquilibres
• difficultés • disproportion
• distances • distorsions
• dysfonctionnements
• écarts • écrans • effets pervers
• embarras • erreurs
• faiblesses • falsifications • fautes
• fossés • fermetures • frictions
• frivolités • fraudes • fuites
• gardes • grognes
• inadaptations • inadéquations
• infériorités • indigences
• inflammations • interdictions
• interceptions
• jachères • jargons
• leurres • liens • litiges • luttes
• masques • malentendus • médiocrités
• méprises • menaces • mensonges
• moments critiques • monotonies
• moquerie
• neutralisations • no man's land
• nuisances
• objections • obligations
• obscurités • omissions
• oppositions • oscillations • oublis
• perturbations • pièges
• quiproquos
• réductions • retards • rigidités
• rivalités • risques • rugosités
• saturations • systématismes
• trivialités • troubles
• usures
• verrous • vulgarités

OBSTACLES, DIFFICULTÉS OU *RISQUE*

Cette technique repose sur un inventaire imaginatif de la pluralité des obstacles ou des difficultés que pourraient comporter soit une activité, soit un cours, une décision à prendre, un projet... L'inventaire est poussé de façon aussi exhaustive que possible. Chaque obstacle, difficulté ou risque, est ensuite étudié en vue d'en discuter la réalité puis d'annuler ou de réduire sa portée résiduelle par des mesures ou des précautions adéquates. Sous sa forme de technique du risque, cette procédure a été exposée par Norman R. F. Maier, en vue d'entraîner aux situations nouvelles et de discuter de la réalité ou de l'aspect fantasmatique des craintes qu'elles inspirent.

Nombre de participants : sept à cinquante en un groupe ou plusieurs sous-groupes (de deux à six personnes).

Durée : une à six heures.

OBJECTIFS

1. Développer chez les individus la capacité du discernement nécessaire pour distinguer les difficultés ou risques non fondés.

2. Réduire ou éliminer l'influence des obstacles rencontrés par l'effet libératoire de leur évocation.

3. Favoriser les attitudes objectives dans les relations avec les autres.

4. Accroître la confiance des individus en eux-mêmes.

5. Exercer des comportements favorables au changement.

DOCUMENT 32

Obstacles, difficultés ou *risque*

Présentation

Le ou les formateur(s) invite(nt) à formuler avec précision l'activité, la décision ou la situation réelle ou hypothétique à étudier. Elle peut présenter bien sûr des avantages mais seuls ses risques seront pris en compte ici.

Phase d'expression des craintes

En plénière, le formateur stimule les participants dans un climat permissif pour qu'ils expriment leurs craintes d'obstacles, de difficultés, voire de risques.

Il écrit ou fait transcrire au tableau toutes les craintes évoquées par des termes ou sous une forme ramassée.

Il invite à exprimer des plaisanteries ou des fantaisies (comme dans le cas d'un *brainstorming*).

Il relance les participants jusqu'à ce qu'une quantité importante de craintes ait été réunie et qu'un essoufflement apparaisse.

Phase de catégorisation des craintes

Lorsque les participants ont fini d'exprimer leurs craintes ou les obstacles et risques, le formateur les invite à considérer la liste qui se trouve sur le tableau. Il demande qu'on recherche ensemble les catégories qui permettront d'ordonner sa multiplicité désordonnée. Quand le groupe s'est mis d'accord sur les catégories, le formateur invite les participants à se disposer en divers sous-groupes se chargeant d'étudier une ou plusieurs catégories.

Phase d'analyse par catégories

Chaque sous-groupe reprend sur le tableau toutes les craintes inscrites qui pourraient entrer dans la ou les catégories qu'il a pris en charge. Il étudie ensuite chaque crainte pour étudier sa consistance et trouver les parades aux difficultés, obstacles ou risques qu'elle désigne. Le formateur circule de sous-groupe en sous-groupe et encourage.

Phase de récapitulation

Les travaux des sous-groupes sont mis en commun soit par rapports oraux, soit par panneaux de papier. Chaque sous-groupe expose les obstacles, difficultés ou risques qui paraissent consistants et indique tous les autres qui seraient plutôt inhibants. Après discussion, le groupe fait le point. Les sous-groupes peuvent partir réétudier leurs propres résultats ou ceux des autres sous-groupes jusqu'à ce qu'un consensus soit obtenu. Le formateur reste constamment non directif sur le fond.

Variantes

Phase d'analyse

Guidés par le formateur les participants analysent chaque risque un par un, chacun donnant son opinion sur sa réalité et son fondement.

Le formateur s'emploie à soutenir la réalité de chaque crainte ou risque dans le cas où le groupe des participants aurait tendance à les minimiser. Cette attitude permet aux participants d'exposer plus librement leurs craintes et de ne changer de position qu'après avoir fourni les approfondissements utiles.

Ce travail peut aussi se faire en sous-groupes, chacun de ceux-ci travaillant sur la liste établie en commun ; ou bien sur une liste que le sous-groupe a produite, ou encore sur une liste établie par un autre sous-groupe. À défaut du formateur, un *avocat* doit défendre la réalité du risque dans chaque sous-groupe.

Phase de réduction

La réduction aussi complète que possible des obstacles, difficultés ou risques est un objectif du groupe, et peut se faire tous les sous-groupes réunis ou dans chaque sous-groupe (sur sa liste, celle d'un autre groupe ou l'ensemble des listes).

Les formateurs ou facilitateurs conduiront la discussion mais en laissant les intéressés argumenter eux-mêmes et trouver leurs solutions. Ils pourront aider à la classification des positions en proposant un vote sur chacun des risques. Ils auront à se montrer réticents plutôt que favorables à l'élimination d'une crainte ou d'un risque. Restant non directifs, ils veilleront toutefois à ce que les interactions dans le groupe ne provoquent pas des pressions excessives susceptibles d'entraîner un entêtement chez les hésitants.

Quand le groupe est arrivé à modifier son attitude face à une crainte ou un risque, celui-ci est effacé de la liste.

Prolongation possible de l'exercice

Il n'est pas sûr que le groupe parvienne à traiter toutes les craintes fondées ou non au cours d'une seule session. Une autre réunion peut avoir lieu ; elle permettra d'observer les changements d'attitudes. certains risques considérés comme manifestes pourraient ne plus avoir de fondement et sembler même ridicules.

L'évolution d'un seul participant influe souvent sur les autres et peut aider le groupe à évoluer. On peut donc modifier la composition des sous-groupes. Par exemple, en les faisant communiquer entre eux par des émissaires dont la venue, à un certain temps du travail, change la composition et l'équilibre des sous-groupes. On hybride ainsi la technique du risque par *la technique dite de la communication rotative.*

Il peut être utile, pour un formateur, d'utiliser le propos de Norman Maier dans ses *Principes de relations humaines :*

- « *La manifestation des craintes dans un groupe présente peut-être plus d'intérêt que leur expression par un individu isolé, parce que la situation du groupe offre une certaine sécurité d'expression, et grâce à elle, chaque sous-groupe se sent un peu mieux caractérisé. De plus l'expression d'un individu soulage chacun des autres, si bien que les effets de la catharsis sont cumulatifs. Il arrive bientôt un moment où toutes les craintes se sont manifestées, et les membres considèrent comme insignifiantes celles qu'ils ont exposées. Lorsque toutes les craintes ont été exprimées, le groupe est disposé à examiner l'autre aspect de la question...* »

- « *Au début, tous les membres s'efforcent activement d'exprimer complètement les craintes. À la fin, le groupe se trouve uni par l'élimination des craintes. Entre ces deux phases, les membres sont en désaccord au sujet des risques qui doivent être éliminés...* »

- « *Pour réduire les craintes, il faut libérer le besoin d'expression et cela constitue le point central de la technique du risque...* »

LE GROUPE D'APPROFONDISSEMENT PROFESSIONNEL

L'activité du formateur demande à celui-ci des efforts continus d'ajustement et de perfectionnement. Ces efforts sont d'autant plus difficiles que sa responsabilité l'isole souvent et que son action l'entraîne un peu malgré lui. Le perfectionnement, l'approfondissement de sa compétence supposent alors des échanges avec d'autres formateurs. Au cours de ces échanges il importe que chacun puisse obtenir, dans des conditions d'équilibre, un questionnement qui l'aide à accroître son champ de réflexion et sa perspicacité, et découvrir ainsi de nouveaux *outils de formation*. Cependant il faut qu'un tel questionnement reste centré sur l'activité professionnelle du formateur, avec le souci d'éviter que soit recherché ou offert dans le groupe par des biais divers, un ersatz de thérapie personnelle ou règlement de compte divers.

PRÉSENTATION RAPIDE

Le GAP[1] (Groupe d'approfondissement personnel) se présente alors comme un instrument de travail à objectif délimité grâce à des règles formelles et informelles et à des consignes de rôles établies.

Le GAP se réunit plusieurs fois dans le stage. Chaque séance comporte une ou plusieurs études de problèmes professionnels. Un *modérateur* désigné d'avance invite un narrateur à s'exprimer.

■ Première phase

L'énoncé initial est fait en quelques minutes par le narrateur. Celui-ci commence à exposer un problème professionnel qui le préoccupe. Il explicite tranquillement son incertitude, les *outils* qu'il a pu employer.

■ Deuxième phase

Le modérateur au bout de dix minutes arrête le narrateur et invite le groupe à faire un questionnement au service du narrateur. Sa durée ne doit pas excéder trente minutes. Après chaque question le narrateur n'est pas obligé de répondre, il peut poursuivre et enchaîner plutôt que répondre.

■ Troisième phase

Le modérateur, quand le questionnement semble suffisant, propose aux participants la rédaction rapide d'association d'idées, de critiques et de propositions (durée dix minutes au plus). Il demande donc à chacun d'écrire rapidement et anonymement sur une feuille :

1. une idée (image, situation) à laquelle il est en train de penser par association à la situation évoquée par le narrateur ;

2. une autocritique ;

3. une proposition.

■ Quatrième phase

Les messages écrits sont ramassés et donnés au modérateur qui, avec le narrateur, va en faire une lecture à l'écart du groupe. Pendant ce temps, les autres participants échangent entre eux et indiquent ce qu'ils ont pu retirer comme enseignement.

■ Cinquième phase

Un échange final peut avoir lieu.

1. Cette brève présentation est établie d'après le document « Recueil méthodologique des actions de formation », réalisé en juillet 1984 à Marseille-Luminy, *Coopération et Développement*, BLACT éditeur.

INTRODUCTION À LA TECHNIQUE

Le perfectionnement, l'approfondissement d'une responsabilité professionnelle supposent des échanges avec d'autres individus de la même catégorie professionnelle.

Mais il importe qu'un tel questionnement ne devienne pas une mise en question de soi et des autres, suivant un processus dépressif et culpabilisant.

Il va de soi que les échanges réalisés, dans un groupe, avec la présence permanente d'un psychologue ou d'un psychanalyste, offre des garanties de sécurité. C'est le principe de la présence d'un expert de cette nature qui a donné à la forme d'échanges en groupe instituée par Michael Balint son efficacité auprès de catégories professionnelles médicales. Toutes les fois qu'il est possible de réaliser des *groupes Balint* au profit d'enseignants ou de responsables administratifs, on se placera dans les conditions d'efficacité certaine, comme on a pu l'expérimenter et notamment depuis quelques années.

Toutefois, cette formule est naturellement coûteuse et son application demeure donc limitée. Il a donc paru nécessaire de rechercher une nouvelle formule qui puisse connaître une extension plus grande tout en apportant des garanties égales à celle du groupe Balint.

La conception de cette nouvelle formule, prolongeant l'orientation de Balint, est également inspirée par l'orientation rogérienne des groupes de rencontre ainsi que par tout le courant thérapeutique (du training autogène à l'analyse transactionnelle) qui tend à diminuer l'importance des experts tout en assurant leurs apports aux moments essentiels.

Le GAP se présente donc comme un instrument de travail à objectif délimité grâce à des règles formelles et informelles et à des consignes de rôle inspirées par les références indiquées ci-dessus. Il a été expérimenté par de nombreux groupes d'enseignants et de formateurs, parfois sous le nom de groupe de réassurance, suivant un terme inspiré par le professeur Le Men.

PRÉCAUTIONS

Reprenons, pour l'expliciter plus clairement les différentes précautions qui caractérisent le GAP selon leur référence.

■ Première précaution

L'objectif est délimité. Il n'est pas question d'apporter de l'extérieur, ni d'imposer par la pression du groupe, des méthodes de comportement. Il s'agit, essentiellement, d'établir des échanges sur les attitudes pratiquées dans l'activité professionnelle. On peut s'inspirer, dans une telle délimitation de l'objectif, de ce que disait Michael Balint[1] à propos des médecins dans son livre *Le Médecin, son malade et sa maladie* : « *Le seul point essentiel est de ne pas sortir le médecin de sa pratique, de l'encourager dans tous les cas à poursuivre ce qu'il fait et de lui donner toute latitude de discuter son travail quotidien.* »

■ Deuxième précaution

La limitation aux problèmes professionnels a comme corollaire le souci d'éviter que soit recherché ou offert dans les groupes, par des biais divers, un *ersatz* de thérapie personnelle. Il importe plus simplement d'aider chacun à approfondir comment, dans ses rapports personnels, il « *utilise sa personnalité, ses convictions, sons savoir, ses modes habituels de réaction, etc.* », tout ce que l'on peut résumer par le terme de *contre-transfert* [2].

Sur ce thème Balint précise[3] : « *Les interprétations des transferts et contre-transferts du*

1. Michael Balint, *Le Médecin, son malade et la maladie*, Payot, 1968, p. 319.
2. *Ibid*, p. 325.
3. *Ibid*, p. 331.

médecin ont été par nous, délibérément et nettement limitées. On peut se faire une idée approximative du but que nous poursuivons en évoquant la distinction fondamentale entre la formation et la thérapie. Cette différence correspond à peu près à celle qui existe entre le fait d'atteindre le transfert manifeste, évident, et celui de toucher au transfert latent, caché de chaque médecin pris individuellement. Le premier peut apparaître avec évidence à l'ensemble du groupe ; d'ailleurs, il entre dans le champ de ses préoccupations puisqu'il doit s'y adapter à chaque réunion, en le critiquant, en se laissant influencer par lui, en le rejetant, etc. Mais seul le médecin connaît son contre-transfert personnel et peut-être même n'en a-t-il pas conscience. D'ailleurs modifier ce contre-transfert nécessiterait une étude plus approfondie de la personnalité du médecin, qui équivaudrait à une forme de thérapie. »

La délimitation de l'objectif en termes d'approfondissement et non pas en forme de thérapie est donc claire dans le cas du groupe Balint et s'applique encore davantage au GAP : il ne s'agit pas d'enquêter sur la personnalité profonde de chaque participant ni de la mettre en dépendance ou en question. Les interprétations, les jugements, les agressions qui fourmillent dans les conversations habituelles et les réunions doivent être maîtrisés : à défaut d'une maîtrise par la présence d'un psychologue ou d'un analyste, cette délimitation est obtenue dans le GAP par l'application des règles formelles de la procédure qui visent à amortir les comportements de projection et d'évaluation ainsi qu'à réduire la pression d'agressivité à l'intérieur du groupe.

■ Troisième précaution

Le maintien de la procédure est assuré par le rôle de modérateur, joué à tour de rôle par chaque participant. Même s'il intervient peu, la définition de son rôle institue au milieu du groupe une régulation naturelle contre les fluctuations émotionnelles. Il est le gardien d'une souplesse et d'un bon sens conformes aux règles informelles qui situent contractuellement le GAP.

Le fait de jouer, avec humour, un tel rôle régulateur a comme utilité de démystifier également, de désacraliser le travail que ferait un psychosociologue dans une situation analogue.

■ Quatrième précaution

Toutefois, il est essentiel qu'un psychosociologue, ou à défaut un formateur expérimenté en matière de GAP, fasse la première initiation au rôle de modérateur en réunissant de nouveaux participants à une telle formation.

■ Cinquième précaution

Après le coup d'envoi donné pour vérifier en commun les limites au rôle de modérateur et sa nature pratique, les notes *à l'attention du modérateur* peuvent aider chaque participant à se préparer et à vivre tranquillement ce rôle. On se souviendra, à propose des attitudes, des remarques de Carl Rogers[1], dans son ouvrage sur les groupes de rencontre :

« *À travers tout notre programme – dans le style d'animation que l'on trouve chez la plupart de nos animateurs comme aussi dans les séances de théorie – se retrouve une philosophie de l'animation centrée sur la personne. Cette conception souligne le fait que la croissance est maximale pour le groupe comme pour l'animateur lorsque ce dernier prend part au groupe en tant que personne plutôt que comme une espèce d'expert*[2].

[...] Tout ceci revient à dire que l'esprit qui caractérise le programme de la Jolla n'a rien de rigide ou d'impersonnel ; les différences entre l'équipe animatrice et les participants y sont réduites au minimum. Ce que je viens d'exprimer peut être mal compris, je le conçois.

1. Carl Rogers, *Les Groupes de rencontre*, traduction D. Le Bon, préface d'A. de Peretti, Dunod, Paris, 1973, p. 150.
2. *Ibid.*, p. 151.

[...] Dans toute la mesure humainement possible, l'équipe évite d'apposer un quelconque cachet approbateur sur ceux qui ont suivi la formation. Il n'y a pas de diplômes, pas de certificats, pas de garantie écrite assurant que le participant est à présent devenu expert. L'équipe espère – est convaincue que celui qui est arrivé au terme du programme est un peu plus qualifié pour animer l'un quelconque des groupes de son environnement qu'il ne l'était à son arrivée. Tel est bien le but final. Ces groupes locaux peuvent être des classes, des organisations de cadres, des groupes de familles, ou des groupes étiquetés groupes de rencontre. L'intention de l'équipe de la Jolla n'est cependant pas de faire des participants des gourous de groupes de rencontre. »

Le modérateur est tranquillement un membre du groupe.

■ Sixième précaution

De temps à autre (une ou deux fois par an), il sera utile que chaque participant soit invité à une réunion de régulation avec un spécialiste psychosociologue, ou un formateur expérimenté. Il parlera des problèmes qu'il a rencontrés comme modérateur ou comme participant d'un GAP. Il pourra demander à ce spécialiste de venir assister à l'une des séances où il est modérateur pour faire le point.

Cette exploration peut se faire dans le GAP, tel qu'il s'est régulièrement réuni ou dans des réunions de composition différente, c'est-à-dire regroupant des personnes de profession ou d'activité analogue ou non venant de GAP différents.

À L'ATTENTION DU MODÉRATEUR

Le rôle du modérateur comprend l'accomplissement de plusieurs tâches.

■ Aspect tranquille de la procédure

Assurer le déroulement du GAP selon la procédure temporelle proposée.

Le modérateur veille par conséquent à la succession temporelle des quatre phases de la procédure dans les limites de temps indiquées :
– première phase, quelques minutes,
– deuxième phase, une demi-heure à une heure,
– troisième phase, cinq à dix minutes,
– quatrième phase, cinq à dix minutes.

■ *Moderato cantabile*

À chaque étape du déroulement, une deuxième tâche est confiée à la responsabilité du modérateur : il doit éviter que la procédure ne s'emballe et que le questionnement se transforme en interrogatoire, en projection de jugement de valeur ou en critique camouflée aussi bien qu'ouverte.

Pour accomplir cette tâche, il devra éviter que la cadence des questions soit trop rapide, en forme de mitrailleuse. Il interviendra, en conséquence, pour que les questions ne se succèdent pas trop vite et que le narrateur dispose entre chacune d'un petit temps de réflexion même s'il ne répond pas à la question. Il aura à cet effet rappelé de temps à autre que le narrateur n'est pas obligé de répondre mais qu'il peut enchaîner sur les questions et compléter son récit tranquillement.

■ Maintenir avec humour le questionnement

D'autre part, le modérateur doit intercepter avec délicatesse toutes les expressions d'opinions ou de jugements qui tourneraient à la forme interrogative. Il le fait avec vivacité et bonne humeur.

Chaque modérateur, avant de prendre son rôle, pourrait rechercher le mode simple qui soit convenu avec les autres participants du GAP ou bien qui lui soit propre pour

DOCUMENT 33

Règles formelles de procédure

Le GAP se réunit plusieurs fois, sur une périodicité décidée en commun (aléatoirement ou une fois par mois ou bien par quinzaine, voire par semaine). Ce groupe demeure aussi constant que possible dans sa composition pendant un laps de temps assez long (par exemple, de six mois à un ou deux ans), ou au cours d'un séminaire.

Chaque séance de GAP comporte une ou plusieurs études de problèmes professionnels (chacune en quatre phases). Un *modérateur*, désigné d'avance dans le groupe, invite un *narrateur* à s'exprimer.

Première phase

L'énoncé initial (et bref), est fait en quelques minutes par le narrateur. Celui-ci commence à exposer un problème professionnel qui le préoccupe, dans l'exercice même de sa responsabilité (ne portant pas sur sa vie privée). Il parle directement, sans notes, en faisant effort pour ne pas se donner le beau rôle et pour expliciter tranquillement son incertitude sur lui-même, son *embêtement* dans cette situation, voire sa *bêtise, retrouvée* mais non exagérée, au travers du problème.

Deuxième phase

Le modérateur, au bout de cinq minutes au plus, arrête le narrateur et invite le groupe à faire un questionnement au service du narrateur (durée : de vingt minutes à une heure). Cette procédure est adoptée pour éviter la monotonie et pour conjurer la tentation de culpabilité (de *coulpe*).

Chaque question doit être dépouillée d'arrière-fond de reproche, d'évaluation ou d'interprétation. Le modérateur arrête donc avec humour mais sans délai toute question qui impliquerait un jugement de valeur ou l'expression d'une opinion ou encore toute évocation de problème semblable. Il est lui-même réservé et ne pose pas, ou peu, de questions.

Après chaque question posée, naturelle ou inattendue, le narrateur n'est pas obligé de répondre. Il peut poursuivre et enchaîner ou compléter plutôt que répondre.

Troisième phase

Le modérateur quand le questionnement semble suffisant, propose aux participants du GAP la rédaction rapide d'associations d'idées, de critiques et de propositions (durée : de cinq à dix minutes).

Il demande donc à chacun d'écrire, rapidement et anonymement, sur une feuille de papier ou trois feuilles distinctes :

- **une idée, une image, ou une situation**, même inattendue ou insolite, à laquelle il est en train de penser par association à la situation évoquée par le narrateur ;
- **une autocritique** : *« À ta place, ma difficulté dans ce problème aurait été la suivante... »*
- **une proposition ou des suggestions** : *« Si j'étais toi, voilà ce que j'essaierai... »*

Quatrième phase

Les messages écrits sont ramassés et donnés au modérateur qui se met à l'écart avec le narrateur pour en faire avec lui la lecture dans une relation de facilitation. Pendant ce temps, les autres membres du groupe échangent entre eux à propos de la situation évoquée et s'informent sur leurs impressions personnelles.

Quand la lecture est terminée, le narrateur indique s'il souhaite avoir ou non un échange final avec le sous-groupe. Il n'est obligé à aucune expression ou aucun compte rendu.

Après que l'échange final ait ou non lieu et après une pause, une deuxième étude de problème professionnel peut être éventuellement abordée, si le temps est suffisant, à l'invitation du modérateur.

Note

De temps à autre, une réunion de régulation est faite au sein du groupe. Chaque participant indique les propres enseignements qu'il a tirés de l'évocation des problèmes et du fonctionnement du GAP. On échange sur le rôle de modérateur.

Aucune question n'est posée aux narrateurs sauf si l'un d'eux indique qu'il souhaiterait un complément de questionnement.

Scruter ses limites dans un climat coopératif, n'est-ce pas se donner les chances de se dépasser ?

DOCUMENT 34

Règles informelles du GAP

Le droit à l'embêtement et à la bêtise

On a tous été, ou on est, ou on sera empêtré ou embêté par un problème ou une situation.

Il ne sert donc à rien de reprocher à quelqu'un son apparente bêtise comme il ne sert à rien de refuser sa propre bêtise provisoire.

Celui qui veut faire le *malin*, n'est pas le plus malin.

Aider en questionnant

Les questions naïves, insolites ou logiques, peuvent aider à expliciter la géographie des embêtements vécus par quelqu'un et donc par tous (et soi-même...).

Sans jugement, sans collusion

On aide par des questions, mais on n'est pas là pour interroger ou juger.

Par suite, si on est impatient ou agacé, il faut se mettre d'abord en tranquillité avant de questionner et ne pas critiquer, mais pourtant ne point flatter ni entrer en complicité.

Rien de trop

Tout questionnement doit être fait sans sérieux excessif.

« Tout ce qui est exagéré est insignifiant. » (Talleyrand)
Il doit être reçu de même par tout narrateur : en se souvenant toutefois que les difficultés accueillies deviennent nos alliées les plus sûres.

Réfléchir et laisser venir.

rappeler la règle du respect du narrateur. Il peut, par exemple, prendre l'expression anglaise *objection votre honneur*, suivie d'une invitation à reformuler ; il peut également lever la feuille des règles informelles du GAP. Il pourrait montrer un carton où serait écrit : *« permettez-reprenez »* ; il pourrait également utiliser un objet, instrument sonore du genre clochette, sonnette ou même simplement briquet, etc.

Il va de soi qu'il ne s'agit pas pour le modérateur de s'opposer aux préoccupations des différents participants, mais de modérer leurs entraînements impulsifs et de permettre un questionnement ouvert et tempéré.

Il doit être attentif à la pureté du mode de questionnement qui peut toucher n'importe quel domaine mais à condition de ne pas se présenter de biais comme une critique ou un jugement déguisé.

Il serait mieux à même d'accomplir toutes ses tâches si lui-même reste réservé dans le questionnement. Mais il peut, de temps à autre, questionner.

■ Soutien au narrateur

Pendant la rédaction des messages par les participants, le modérateur aura accompagné les réactions que pourrait avoir le narrateur. Il aura ensuite pour mission de faciliter leur lecture par le narrateur. Il aidera celui-ci à accueillir utilement le contenu de ces messages, en préservant un climat de liberté mais aussi d'aisance. Il sera également à la disposition du narrateur pour reparler de ces messages (anonymes).

PROPOSITIONS AUX NARRATEURS

Chaque narrateur doit pouvoir approfondir les problèmes qui l'ont embarrassé ou qui l'embarrasse encore, dans un climat de soutien effectif.

Spécifiquement, des problèmes professionnels

Il importe donc que le narrateur choisisse une situation d'embêtement qui ne soit ni trop superficielle, ni trop profonde *a priori*, sauf s'il se sent particulièrement en sécurité dans le groupe pour exprimer une difficulté aiguë. Il va de soi que ce sont des problèmes et difficultés professionnels qui doivent être évoqués devant des pairs.

Liberté et non-défensivité

Pendant le questionnement, le narrateur, soutenu par le modérateur, doit se souvenir qu'il n'est pas tenu de répondre aux questions posées. Il faut qu'il laisse les interrogations s'approfondir en lui-même tranquillement. Il exprime alors ce qui lui vient à l'esprit et qui n'est pas toujours une réponse directe. Le narrateur n'a pas besoin de se défendre vis-à-vis des autres et partant, vis-à-vis de lui-même.

En relaxation

Il peut être utile au narrateur de se placer progressivement dans la situation de relaxation pour écouter les questions et enchaîner sur leur retentissement. Ce que doit viser le narrateur, c'est à devenir lui-même, en se dégageant lentement des masques qui l'empêchent de saisir le côté positif pour lui, d'une difficulté ou d'un embêtement.

Il peut entendre les questions comme des signaux vus par un rétroviseur et qui lui permettent de mieux définir sa conduite à venir.

Dans l'humour

Le GAP ne doit pas être l'occasion de se crisper, de se culpabiliser ou de proclamer des *fautes*, mais de s'exercer à la pratique de l'humour, c'est-à-dire à la pratique d'une lucidité croissante qui tourne en bonhomie à l'égard de lui-même et des autres.

À propos du GAP... et de ses applications

DOCUMENT 35

Cette fiche[1] d'application n'a aucune prétention. Il s'agit d'un résumé (tout au moins une tentative !) des critiques et propositions issues de cette expérience et enfin d'un essai (sans doute très imparfait) de prise en compte de ces critiques et propositions..

Objectif : observation et auto-observation d'un cours.

Le problème : la réalisation de cet objectif.

Les moyens (ou outils ?) :

1. observation d'une classe en réel,

2. mini-cours filmé et repassé avec autocritique et critiques,

3. une grille d'observation comportant de (très) nombreuses rubriques.

Critiques et propositions

2. L'élève doit évaluer un mini-cours observé par rapport à un système d'évaluation mis en place.

2 et 3. Tester la (les) procédure(s) sur le formateur.

2 et 3. Élaboration d'une grille plus simple par les élèves eux-mêmes ; enlever le caractère évaluation de la grille (modifier ce caractère suffit peut-être).

1 et 2 et 3. Préciser les objectifs de l'évaluation ; évaluation sous forme de questionnaire anonyme et lecture en groupe ou mutuelle.

2. Utilisation renforcée du magnétoscope.

3. Bien délimiter les caractères à observer.

3. Grille d'observation à rejeter complètement ; des conseils par rubriques suffisent.

1 et 3. Formation des encadreurs/formateurs à la technique de l'entretien

1. Tiré des Actes du stage de Formation de formateurs, CEPEC international.

3. Méthode d'auto-évaluation conduisant à un blocage ; suivi d'un débat.

3. Les définitions des éléments de la grille sont-elles bien précisées ?

Réflexions à propos des critiques et propositions

1. Il faut montrer :

• la nécessité de l'observation et de l'auto-observation ;

• la limite du nombre de caractères observables.

2. Il faut déterminer :

• les principaux caractères d'une observation ; bien se mettre d'accord sur les définitions de ces caractères, les illustrer, les discuter, bien voir ce qu'il y a derrière chaque mot ;

• en tirer un document de travail (fiche, grille...).

3. Il faut tester le document de travail par le concours :

• du formateur qui s'auto-observera avec l'aide du magnétoscope et qui sera évalué par les stagiaires d'une façon anonyme ;

• il faut inverser les rôles ;

• supprimer le magnétoscope ; faire la critique des résultats, en faisant éventuellement un retour au point 2.

4. Appliquer l'outil d'observation en réel dans le cours d'un stage ; confronter les évaluations en gardant si possible le caractère anonyme au cours de l'entretien.

Question

En partant du principe que le formateur ENS, CPR... garde le privilège de noter les stagiaires, ne risque-t-il pas tout de même un blocage dans la phase 4 ?

Remarque

Les outils, pour atteindre les objectifs 1, 2, 3, restent à mettre en place.

DOCUMENT 36

Étude de cas suivant la technique GAP

Première phase

Exposé d'un problème par participant.

« Un prof de maths manque d'éléments concrets pour intéresser les enfants (dix sur quarante-cinq sont intéressés). Comment faire pour intéresser la majorité ? Comment faire pour animer la classe ? »

Deuxième phase

Questions des autres participants *(et réponses du collègue ayant exposé son problème).*

1. Q : Qu'appelez-vous « animer » ?
R : Intéresser.

Q : Voulez-vous que la classe soit animée ou qu'elle écoute ?
R : Qu'elle écoute ou qu'elle participe.

2. Q : Avez-vous utilisé des outils ?
R : Oui. Mais je n'ai pas obtenu de réussite. Par exemple, j'ai utilisé des revues. Mais les élèves ont une sorte de dédain des maths. J'ai proposé de petits exercices, mais même lorsqu'ils sont faciles, certains enfants ne se donnent même pas la peine de réfléchir.

3. Q : Les élèves, ont-ils l'impression que les maths débouchent sur quelque chose ?
R : Sans doute que non.

4. Q : Est-ce une classe de garçons ou de filles ?
R : Mixte.
Q : Cela rend peut-être l'homogénéité plus difficile. Il y a une différence de motivation entre garçons et filles.

5. Q : Enseignez-vous dans des classes à examen ?
R : Oui.

Q : N'y a-t-il pas une différence entre classes à examen et classes sans examen ?
R : Dans les classes à examen, il y a une motivation. Mais le résultat manque quand même.

6. Q : Quel objectif poursuivez-vous ? Obtenir des résultats ou donner le goût des maths ?
R : De toute façon, on est obligé de donner une méthodologie précise pour la résolution de problèmes. C'est peut-être un défaut.

7. Q : Vous avez parlé d'éléments concrets. Or, les outils à utiliser dépendent justement de la situation concrète. N'est-ce donc pas au professeur de les créer ?

R : Oui, mais les élèves n'acceptent pas facilement une situation d'animation différente du cours magistral.

8. Q : Est-ce un problème personnel ? local ? national ? As-tu des contacts avec les autres professeurs ? Ont-ils les mêmes problèmes ?
R : Non, il n'y a pas de collaboration.

9. Q : En langue, nous faisons au début de l'année une leçon ou première leçon, où l'on explique le pourquoi et le comment de l'enseignement de la matière, les faites-vous en maths ?
R : Non.

10. Q : Vous avez utilisé tout à l'heure le terme de « nullard ». N'est-ce pas une étiquette qui fait que certains élèves partent battus ?
R : Certains n'essaient même pas de voir s'ils peuvent comprendre.

11. Q : As-tu parlé à des conseillers pédagogiques ou à des inspecteurs ?
R : Non. Il n'y a pas de coordination avec les inspecteurs.

12. Q : Est-ce que pour chaque notion nouvelle, l'objectif est précisé ? Par exemple, pour l'enseignant des intégrales, on peut montrer leur utilisation en physique.
R : C'est difficile si l'élève n'a pas déjà étudié le programme de physique.

Troisième phase

Chacun note ses réactions sur le problème : idées et propositions.

Quatrième phase simultanément

1. Dépouillement des propositions

2. Discussion du groupe

• Les adultes ne sont pas intéressés du tout. Pourquoi les élèves le seraient-ils ?

• L'école fabrique des « nuls en maths » :

– langage

– démarche déductive et non inductive : pas de situation de découverte.

Cinquième phase : synthèse des propositions

– préciser les objectifs

– élargissement des activités

– collaboration avec les professeurs de langue (lecture des énoncés)

– intégration de l'histoire des maths

– introduction d'outils (micro-ordinateurs, etc.)

– démarche expérimentale (« mathématiques faillibles »)

– réflexion sur le statut de l'erreur

– accepter que tous les élèves n'atteignent pas le même niveau

– travail de groupe interdisciplinaire.

GAMMES D'APPROCHES D'UNE CULTURE D'INSTITUTION

DESCRIPTION BRÈVE

Une intervention quelconque auprès d'une institution ne peut s'en remettre à des stéréotypes réducteurs sur les valeurs, les normes et l'esprit qui structurent son fonctionnement et ses activités. Il est indispensable d'avoir une connaissance signifiante de sa « culture » psychosociologique, par la voie d'approches sélectives qui soient adaptables à sa spécificité et qui impliquent des choix de caractéristiques à explorer ou de pôles de structuration à éclairer.

OBJECTIFS POSSIBLES

1. Effectuer le choix des caractéristiques ou variables culturelles à dégager non pas dans une première impression mais après une revue d'une pluralité de topiques envisageables.

2. Mettre en rapport les variables retenues avec les divers pôles de structuration discernables dans l'institution.

3. Permettre de préparer un protocole d'investigation limitée à quelques éléments typiques qui spécifient la culture explorée.

DOCUMENT 37

Gammes d'approches d'une culture d'institution

1. Phase de détection de caractéristiques

Individuellement ou en équipe, les individus consultent un *œuf des caractéristiques à détecter* (figure ci-contre) et se disposent à porter leur choix sur quelques-unes d'entre elles, après discussion sur les images qu'ils se font déjà de l'institution en question.

2. Phase de préparation d'un protocole d'investigation rapide

En équipe, les individus élaborent, à propos des caractéristiques choisies, des modalités d'interrogation ou des plans d'observation et de recueil de données, qu'ils mettront en œuvre, en croisant ultérieurement leurs diverses collectes.

Ils pourront compléter la considération des caractéristiques, et les questionnements ou observations qui leur sont afférents, par la consultation des référentiels d'habiletés (tableau 1) ou de pratiques (tableau 2).

3. Après la phase des collectes et leur traitement, **une phase de restitution** peut permettre de mettre en rapport de « résonance » les diverses caractéristiques en vue de dégager une esquisse de la culture de l'institution concernée : celle-ci peut être dessinée en forme de graphe ou en figure d'œuf (dans laquelle remplacer les rubriques par les données collectées) à moins d'ouvrir celui-ci !

Tableau 1
Référentiel d'habiletés en honneur dans une institution

• Flexibilité des comportements • Intuition • Imagination • Ouverture d'esprit • Aptitude à détecter • Goût de l'exploration • Qualité d'élucidation • Intérêt pour l'explicitation • Sens de la consultation • Compétence dans l'entretien • Attitude à l'interview • Maîtrise dans la conduite de réunion • Habileté de formalisation • Capacité de problématisation • Goût de la simplification • Force de dialectisation • Pensée inductive • Pensée déductive • Esprit de synthèse • Sens de la démonstration • Usage d'images ou de métaphores • Sens critique • Pragmatisme • Flair pour les opportunités • Sens du contact • Aptitude de mise en confiance • Perspicacité • Souplesse • Finesse de compréhension • Qualité d'accueil • Sens d'adaptation • Non-défensivité • Créativité • Sens des priorités • Capacité d'attention aux contextes • Progressivité • Qualités d'ordre • Sens de l'organisation • Esprit de novation • Goût pour la prévision • Sens systémique • Originalité • Puissance logique • Dynamisme • Qualité de négociateur • Sens de la retenue • Combativité • Maîtrise de l'informatique

Œuf des caractéristiques à détecter (et mettre en résonance) dans une *culture d'institution* (entreprise ou établissement)

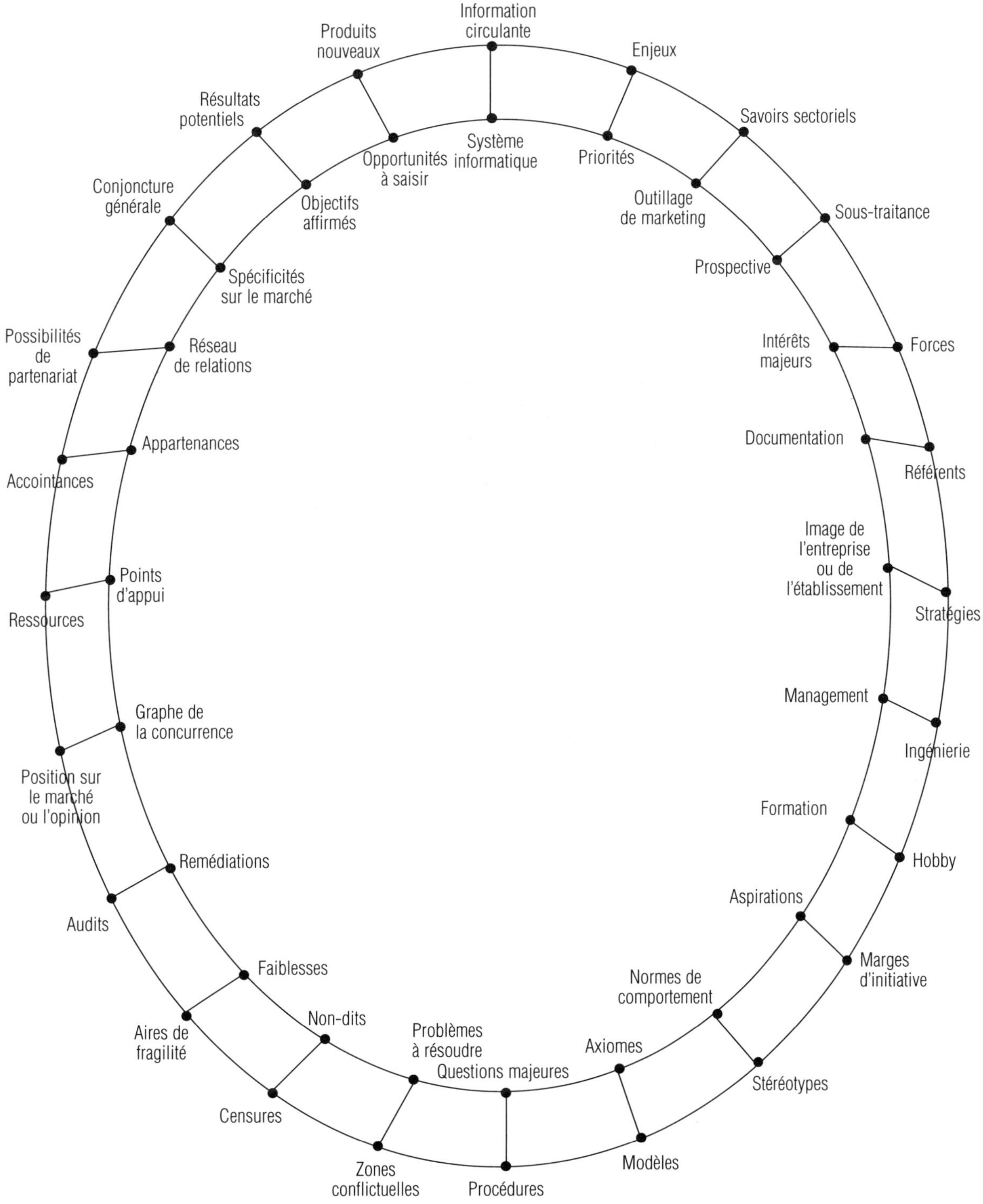

Tableau 2
Référentiels de pratiques

• Points d'appui • Objectifs définis • Cibles visées • Paramètres en vigueur • Références habituelles • Petits textes qui circulent • Bibliographies en usage • Citations évoquées • Techniques affinées • Supports déclarés • Instruments mis en évidence • Méthodes recommandées • Exigences formulées • Procédures communiquées • Formes d'évaluation utilisées • Docimologie reconnue • Opérations mises en évidence • Activités soulignées • Fonctions distinguées • Articulations • Anecdotes diffusées • Images admises • Contes ou saga sur l'institution • Analogies (et métaphores) utilisées. Difficultés reconnues • Failles désignées • Objections établies • Antinomies constatables • Plans d'exposé en honneur • Questions reconnues • Variété de liaisons dans l'organigramme • Styles affirmés • Médiations accueillies • Observations attendues • Écoute pratiquée • Interventions suscitées • Principes explicités • Lois d'action évoquées • Effets escomptables • Points-clés mis en évidence • Hypothèses formulées • Besoins recensés • Capacités souhaitées • Qualités admises • Synopsis en usage • Tableaux apparents • Programmes présentés • Logiciels utilisés

DOCUMENT 38

Variante

Il est possible d'aborder l'étude de la figure d'équilibre des pôles de la structuration qui est à l'œuvre dans une institution en étudiant le graphe ci-joint et en cherchant à préciser les degrés de :
– clarté ou clarification,
– acceptation ou tolérance,
– pertinence ou compatibilité,
– efficacité ou adaptabilité,
reconnus ou explicités par les divers membres (et acteurs) de l'institution pour les pôles les plus apparents ou ceux qui présentent le plus de signification pour des interventions particulières.

Graphe des pôles de structuration à densifier pour une institution

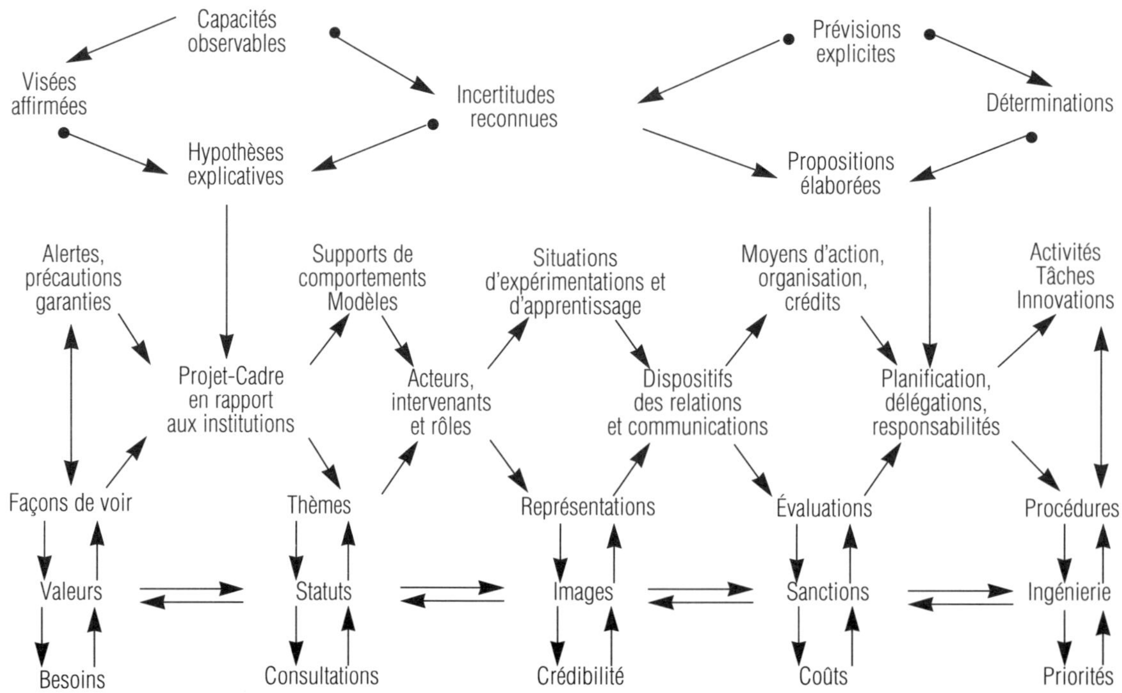

CHAPITRE 5

Techniques de créativité

S'il faut savoir se référer de façon méthodique au réel et aux problèmes de terrain, il importe, en contrepartie, sinon de s'en évader, du moins de pouvoir prendre quelque distance ou recul afin de mieux cerner les problèmes et situer les solutions pratiques.

À cette fin, des modes d'expression moins rationalisés ou moins habituels (par graphismes ou associations libres), le recours à la médiation de supports visuels ou matériels (parfois figuratifs comme des photographies), ou bien des procédures de prospective ou de transformation imaginative, peuvent être utilisés en formation ou en préparation d'actions.

Car les techniques qui nous proposent leurs voies de créativité peuvent faciliter l'expression des divers membres d'un groupe. Elles peuvent compenser les propensions à des routines figées. Elles conduisent à tirer d'une pratique telle qu'elle est exposée, des idées et modalités innovantes qui ne soient pas seulement reproductrices mais originalement assimilées. Elles peuvent aider chacun à prendre conscience des mécanismes réducteurs qui gênent sa réflexion et ses déterminations ainsi que des contraintes surérogatoires qu'il ajoute involontairement à des consignes ou à des projets donnés. Elles font aussi appel à quelque humour, nous détournant opportunément des réactionalités défensives trop habituelles, à l'égard du différent, du nouveau, de l'insolite.

EXPRESSION GRAPHIQUE

La technique a pour principe d'explorer les communications ou de produire une évaluation dans un groupe grâce à des médias graphiques.

Les participants réalisent à cet effet des dessins individuels ou (et) collectifs en suivant des consignes variées.

Nombre de participants : variable de huit à cinquante en sous-groupes de deux à cinq.

Durée : trente minutes à deux heures environ.

OBJECTIFS

1. Permettre à des individus en groupe, une expression plus facile (ou plus difficile !) parce que autre.

2. Faciliter des échanges à partir de productions individuelles ou collectives.

3. Favoriser des aspects significatifs d'évaluation d'un vécu ou d'un travail effectué, par l'emploi d'un outil inhabituel de communication.

4. Montrer la variété des relations entre les membres de différents sous-groupes.

5. Ouvrir le climat d'un groupe en rompant avec l'inertie d'échanges verbaux.

DOCUMENT 39

Expression graphique

Organisation

Le formateur fait répartir les participants en sous-groupes de deux à cinq (au hasard ou sur critères).

Il confie à chaque sous-groupe de grandes feuilles, des marqueurs de plusieurs couleurs et du papier collant (ou des punaises).

Il explique la nature de l'exercice et précise les consignes.

Activité graphique

Ne parler sous aucun prétexte.

S'exprimer ou faire l'évaluation par le graphisme (figuratif ou non).

Le choix des couleurs et l'ordre dans la succession des graphismes ne sont pas imposés.

On peut parfois ajouter la consigne : dans chaque sous-groupe, chacun à tour de rôle doit faire un trait ou un coloriage d'une seule couleur à la fois.

Exploitation de l'exercice

Premières phases de mise en commun

• On peut réunir ou non l'ensemble des productions.

• Au niveau des individus, chaque participant est invité, en groupe plénier ou en sous-groupes, à expliciter ce qu'il a ressenti pendant l'exercice : vis-à-vis du groupe, face à un membre en particulier, enfin par rapport à ce qu'il a voulu exprimer d'existentiel ou d'évaluatif dans les dessins.

• Le formateur ou l'enseignant peut expliciter, ou non, ce qu'il a observé des comportements de et dans chaque sous-groupe.

• On peut revenir au niveau des sous-groupes, pour réfléchir à la signification concrète des dessins obtenus, en réexaminant ceux-ci... Ils reflètent en effet la richesse des communications entre les membres de chaque sous-groupe et témoignent de leur degré de cohésion et d'implication.
Chaque sous-groupe peut élaborer un message destiné à tous (ou au formateur).

Phases ultérieures de communication et de réflexion

En sous-groupes ou en plénière, il est possible d'étudier :

• objectivement :
– l'importance du dessin par rapport à la feuille, l'emploi des différentes couleurs ;

– la forme de représentation figurative (en fonction de l'époque et du lieu) ou non.

• subjectivement : les différents degrés de participation de chacun, ce qu'on ressent globalement comme évaluation subjective de la vie et du travail du groupe, les dominantes positives ou négatives, continues ou discontinues des graphismes, etc.

Variantes

Aussi bien pour un objectif de communication que pour un objectif d'évaluation, l'animateur peut orienter la consigne.

Il peut demander que le dessin ait une certaine référence aux éléments : « *Vous exprimerez le mouvement de la mer.* » ; ou : « *Vous indiquerez que l'on gravit une montagne.* » ; ou : « *Vous symboliserez la présence du feu* » ; ou enfin : « *Vous expliciterez des souffles de vent ou bien des évolutions de l'air.* »

En centrant sur le groupe : « *Vous schématiserez la vie du groupe et son ambiance.* » ; ou : « *Vous symboliserez le travail accompli.* »

En demandant l'évocation d'une situation imaginaire : « *Dessinez un futur établissement scolaire* » ; « *une maison où il fait bon vivre* » ; « *un bureau où le travail est agréable* » ; « *un atelier où le rendement sera le meilleur.* » ; etc.

En faisant accompagner le travail des personnes dans les sous-groupes par une musique de fond ou par des séquences musicales choisies en cohérence avec la consigne ou l'ambiance.

Alertes

Le formateur ou l'animateur devra garder et faire garder de la réserve et de l'humour, en vue d'amenuiser le risque des analyses sauvages.

Il faut éviter de transformer cet exercice de communication en test projectif et lui garder par suite une allure suggestive sans décrypter les symbolismes individuels inclus dans les productions.

Il est sans objet de critiquer l'aspects esthétique ou non des graphismes obtenus (encore qu'il y ait souvent des créations intéressantes).

TECHNIQUE DES GALAXIES

À propos d'un problème donné, ou d'un mot, il est demandé aux participants d'un groupe d'exprimer spontanément des idées dont on cherchera les liens. On fera apparaître ces associations au fur et à mesure de leur prise de parole des participants.

À partir d'un repérage des associations de mots-clés qui vont ensemble ou s'opposent, dans les phrases exprimées, on dégagera :

– les réactions affectives du groupe,

– les questions qu'il se pose,

– les lignes d'action qu'il se donne spontanément.

OBJECTIFS

1. Utiliser les capacités imaginatives des membres d'un groupe.

2. Permettre l'explication d'attitudes latentes à propos d'un problème donné.

3. Associer l'exploration intuitive et les rapports de rationalité.

DOCUMENT 40

Technique des galaxies

Une galaxie est composée par un groupement de mots-clés qui ont été exprimés en dépendance d'un mot-clé qui est apparu central, appelé noyau de la galaxie. Ce noyau a obtenu une forte cote statistique et exprime par là même, une idée maîtresse des membres du groupe.

Déterminer avec le groupe les noyaux de galaxie

Schéma d'analyse

Il s'agit de faire apparaître :

– les galaxies qui exprime l'élan spontané du groupe, sa subjectivité, son *Je-qui veut vivre* ;

– les galaxies qui s'opposent à ce *Je*, qui font écran ;

– les galaxies exprimant des réactions d'action (par exemple, concentration, attaque, silence, travail discret...) ;

– les galaxies exprimant les réactions affectives.

Les questions les plus profondes naîtront des galaxies d'opposition. C'est autour d'elles que se manifesteront les réactions affectives les plus fortes et les lignes d'action possible.

Les autres mots-clés qui vont avec ce noyau central

Il faut tenir compte des phrases formulées par les participants.

Déterminer les principales questions que doit élucider le groupe s'il veut avancer.

TECHNIQUES DE *BRAINSTORMING*

ORIGINE

Inventé en 1939 par Alex F. Osborn, le *brainstorming* est fréquemment utilisé dans les domaines techniques, commerciaux et publicitaires ; il peut être appliqué d'une façon plus générale partout où l'on cherche à découvrir de nouvelles idées.

DESCRIPTION BRÈVE

Le *brainstorming* (mot à mot, *tempête dans un cerveau*), est une méthode collective de recherche d'idées où les participants mettent en commun, de façon aussi rapide et aussi peu critique que possible, toutes les idées qu'un problème leur inspire.

Nombre de participants : groupe optimum, entre six et douze (mais éventuellement plus).

Durée : de quarante minutes à deux heures ou plus.

OBJECTIFS

1. Envisager le problème posé sous une infinité d'aspects ; produire le plus grand nombre possible d'idées.

2. Recueillir les idées à l'état naissant, telles qu'elles jaillissent avant d'être canalisées par la pensée logique.

3. Explorer le potentiel intuitif, associatif et conceptuel d'un groupe de personnes.

4. Repérer les obstacles à la créativité, les *a priori*, les habitudes, les contraintes, les cloisonnements.

ORGANISATION

Plusieurs conditions tendent à accroître la productivité du *brainstorming*.

Le moment le plus favorable, celui où les participants sont le plus détendus et le plus dispos, est souvent le matin.

Des locaux tranquilles et confortables favorisent la concentration sur la tâche : une grande souplesse dans l'agencement de l'espace invite à la mobilité des personnes et élargit l'horizon du possible.

L'équipement matériel mis à la disposition des participants doit être varié et aisément manipulable : tableaux, grandes feuilles pour inscrire les idées au fur et à mesure qu'elles sont exprimées, éventuellement un magnétophone ou un magnétoscope.

Le groupe de *brainstorming* fonctionne de façon optimale entre six et douze participants ; au-delà de ce nombre, il est préférable de constituer un ou plusieurs autres groupes.

L'hétérogénéité (différences d'âge, de sexe, de compétence, de niveau hiérarchique, etc.) du groupe favorise les associations d'idées et enrichit le processus tout entier.

DOCUMENT 41

Techniques de *brainstorming*

Première phase : analyse du problème

Les participants essaient d'analyser le problème et de le décomposer en autant de parties, d'aspects ou de facettes que nécessaire. Ils rejettent les éléments qui se rattachent à des systèmes de contrainte et qui n'offrent pas de possibilité de modifications.

L'animateur peut accompagner les participants dans cette analyse en leur posant des questions de la façon la plus ouverte possible et en veillant à ce qu'un seul point soit abordé à la fois.

Deuxième phase : recherche collective d'idées

Première consigne

Exprimer en phrases simples ou en mots courts et concrets, toutes les idées suggérées par le problème. Plus simplement : « *Dites tout ce qui vous ce qui vous passe par la tête.* »

Deuxième consigne

Éviter toute attitude critique qui conduirait à porter un jugement ou à sélectionner les idées : « *Ne jugez pas, ne choisissez pas.* »

Troisième consigne

Ne pas hésitez à s'inspirer des idées des autres pour les développer, les transformer ou en tirer des idées nouvelles ; la production du groupe importe plus que celle des individus. « *Utilisez et transformez les idées des autres.* »

Quatrième consigne

Ne pas chercher des idées de qualité et garder avant tout l'objectif de la quantité. Accumuler toutes les idées y compris les plus insensées : « *Donnez le maximum d'idées, même les plus folles.* »

Une fois ces consignes énoncées, fixer de façon précise la durée de l'exercice : de dix minutes à deux heures suivant la nature du problème et le nombre de personnes en présence.

Troisième phase : dépouillement et exploitation des idées

1. Classement des idées

Les participants essaient, avec l'aide de l'animateur, de classer les idées en catégories, ordres d'idées, ensembles sémantiques ou thématiques.

2. Sélection des idées

À partir de ce classement, les participants procèdent à une sélection à deux degrés : d'abord les bonnes idées, puis les meilleures.

La sélection des bonnes idées peut se faire d'après un certain nombre de critères : possibilités d'application, compatibilité avec d'autres idées déjà retenues, inscription dans un certain cadre de référence, etc.

La sélection des meilleures idées peut se faire d'après une méthode de comparaison par paires, une évaluation sur critères de qualités requises ou selon une appréciation opérationnelle de l'efficacité à court, moyen et long terme.

Signification de l'ensemble produit et réflexion sur la production

En fin de séance, l'animateur peut aider le groupe à dégager les significations, les présupposés et les symbolismes ressortant de l'ensemble des idées exprimées, puis, dans un second temps, faciliter l'émergence d'une expression et d'une réflexion sur les obstacles et les stimulations rencontrés au cours de la production d'idées.

Organisation du groupe pendant les trois phases

Le groupe peut s'organiser de plusieurs manières.

Premier exemple : même groupe, même animateur pendant les trois phases.

Deuxième exemple : deux sous-groupes G1 et G2, un animateur.

• Première phase : G1 analyse le problème, G2 observe G1.

• Deuxième phase : G1 produit des idées, G2 observe G1.

• Troisième phase : G2 dépouille et sélectionne les idées de G1.

Troisième exemple : deux sous-groupes, deux animateurs.

• Première phase : G1 analyse le problème avec l'animateur A1, G2 analyse le problème avec l'animateur A2.

• Deuxième phase : G1 produit des idées avec l'animateur A1, G2 produit des idées avec l'animateur A2.

• Troisième phase : G1 dépouille et sélectionne les idées de G2 avec l'animateur A2, G2 dépouille et sélectionne les idées de G1 avec l'animateur A1.

TECHNIQUES DE PROSPECTIVE

On propose à des petits groupes d'imaginer ce que pourraient devenir une institution, une activité ou une situation qui les concernent dans un avenir lointain ou plus proche. On leur demande de confronter ensuite leurs différentes prospectives aux problèmes présents.

Description brève

Cette technique a été souvent mise en œuvre, notamment pour étudier le devenir d'une grande université, pour rechercher des formes nouvelles de tourisme social, pour analyser les possibilités d'organismes internationaux, pour réfléchir à des ouvertures possibles en méthodologie et en pédagogie.

Nombre de participants : variable, dix à cent.

Durée : une heure à trois heures pour le travail en petits groupes ; une heure à trois heures pour les séances plénières.

Objectifs

1. Faire prendre de la hauteur par rapport aux soucis immédiats et aux blocages qu'ils conditionnent.

2. Faciliter la réflexion sur le présent en projetant les difficultés et les enjeux réels.

3. Ouvrir un processus qui oriente les imaginations vers des solutions d'avenir.

4. Faire prendre conscience aux individus de leurs aspirations et des voies de leur réalisation, en coopération.

5. Rendre sensibles les effets de censure qui font obstacle à des évolutions ou des adaptations.

6. Renouveler les rapports interpersonnels par la médiation d'une imagination de l'avenir.

7. Faire émerger des démarches nouvelles ou des solutions pratiques pour un organisme.

DOCUMENT 42

Techniques de prospective

Phase de présentation

Le formateur explique le sens de la démarche prospective et donne aux petits groupes des indications pratiques. Ces petits groupes (de cinq à huit personnes) sont composés d'individus appartenant à un même ensemble. Ils sont invités à étudier en prospective ce que seront ou deviendront cet ensemble, organisme, lieu, établissement, institution, méthodologie, conception, dominance, etc., dans dix ou quinze ans, vingt ans, trente ans, en l'an 2000, etc. Les consignes peuvent être du genre : *« Comment fonctionnera votre université, votre établissement dans vingt ans ? » ; « Comment sera organisé un centre de documentation et d'information en l'an 2000 ? » ; « Quelles seront les relations entre les parents et les maîtres, les enseignants et les enseignés dans dix ans ? » ; « Décrivez les modalités d'examen (baccalauréat ou licence) qui seront en usage au* xxi*e siècle » ; « Imaginez les activités interdisciplinaires avec l'aide de l'informatique dans un demi-siècle ? » ; « Quelle sera la pédagogie de l'an 2000 ? » ; « Trouvez des solutions nouvelles qui s'imposeront pour le traitement des conflits sociaux dans vingt ans. »*, etc.

La consigne et sa perspective peuvent être décidées par le formateur ou élaborées avec les participants. Il peut éventuellement y avoir des variations dans la formulation de la consigne suivant les divers petits groupes. On peut même donner des consignes différentes aux petits groupes.

Le formateur doit insister, à la fin de cette phase, pour que les participants fassent un effort réel d'imagination et n'hésitent pas à exprimer des vues fantaisistes, des anticipations outrées, des conceptions de science-fiction, dans le premier temps de leurs échanges.

Phase d'exploration prospective

Elle peut durer une heure et demie à trois heures.

Dans leurs petits groupes, les participants s'entraident à évoluer dans leur imaginaire propre en s'encourageant réciproquement. Les critiques, les railleries, les objections ou les évaluations négatives du genre : *« C'est impossible, c'est absurde ! »* sont exclues. On peut appliquer les quatre règles du *brainstorming* (le plus d'idées ou d'images, sans retenue ; même les idées folles : il est bon de piller les idées des autres ; mais aucune critique ou réticence).

Chaque fois qu'une personne émet une idée, il importe de l'aider pendant quelques instants en faisant appel à l'imagination, au lieu de la critiquer. Il est recommandé d'utiliser les diverses techniques de créativité (amplifier ou réduire des données ; développer des associations inattendues et forcées ; jouer des identifications de rôle ou de situation ; inverser en possibilités libres toutes les contraintes, etc.).

Le formateur ou des animateurs peuvent adresser des messages écrits incitant à l'audace et au rêve. Ils circulent dans les groupes de temps à autre pour stimuler l'imagination des participants, piquer leur curiosité et leur amour propre de prospecteurs, avec humour.

Le formateur veille à maintenir un climat de bonne humeur, pour faciliter le déplacement des résistances et la sortie des ornières quotidiennes.

Phase de séance plénière

Une première séance plénière permet de mettre en commun les orientations imaginaires de la prospective étudiée. Cette mise en commun peut s'effectuer par des comptes rendus écrits, des panneaux de présentation ou des rapports oraux. Le formateur propose de relever, parmi les idées et les images produites, celles qui sont convergentes. Le groupe discute ensuite sur les aspirations qui tendent à se révéler par les convergences et qui peuvent indiquer des possibilités d'action, délibérées en commun ou par sous-groupes. La conduite de la séance se fait dans le souci de donner un contenu pratique aux propositions, même simples, qui s'y prêtent le plus directement ; elle diffère de l'analyse critique qui peut s'effectuer à la suite d'un *brainstorming.*

Phase en petits groupes

Les petits groupes peuvent se réunir à nouveau sur une consigne d'application proche : *« De tout ce qui a été élaboré, cherchez maintenant ce qu'il serait possible de réaliser d'ici deux ans. »* ; ou bien : *« Par rapport à l'étendue des aspirations et des rêves exprimés, dégagez les 5 % qui semblent effectivement applicables. »*

Phase en séance plénière

Une deuxième séance plénière peut permettre de rendre compatibles les projets à court terme. Le formateur peut aussi inviter les groupes à réfléchir sur l'ensemble de l'exercice et à analyser leurs relations aux contraintes de leur situation.

VARIANTES

Le formateur peut induire l'effort de créativité et d'imagination créatrice à partir de documents multiples relatifs à l'institution, à l'organisme, à la méthodologie ou à la conception mises en prospective (monographies ; éléments statistiques ; études de projection sur l'avenir ; scénarios contrastés ; interviews de spécialistes, etc.).
Il peut également faire expérimenter des techniques de créativité (notamment des matrices d'associations forcées, ou des bisociations[1]).

Au lieu de traiter le problème d'un ensemble auquel les participants appartiennent, le formateur peut proposer d'étudier des solutions originales à une crise frappant un pays imaginaire ou un pays réel. Le ministère de l'Industrie et de la Recherche a produit des films décrivant des pays imaginaires pour permettre le développement de l'innovation.

COMMENTAIRES

L'expérience montre que l'appel à une distanciation dans le temps à venir ne s'effectue pas si facilement. Les individus ont beaucoup de mal à faire jouer leur imagination, à rêver, à s'engager vers l'avenir, même en sachant combien de changements technologiques et culturels se sont produits depuis vingt ou trente ans.

Le formateur doit insister, encourager, proposer des schémas inattendus, apporter de l'humour.

À l'issue du travail, beaucoup d'obstacles ont été, en général, explorés et démystifiés. Des voies neuves sont dégagées et des conflits interpersonnels ou intercatégoriels trouvent leur solution. Car il est vrai que les difficultés présentes ne peuvent être supportées et débordées que par la référence à l'avenir.

1. Terme popularisé par Arthur Koestler.

TECHNIQUE DU PHOTOLANGAGE

Dans les années 60, une équipe de formateurs a entrepris de travailler avec des groupes variés, et surtout des groupes d'adolescents, en utilisant le matériel projectif constitué par un choix de photographies[2] testées pour leur propriété de faire réagir et penser. Par la suite, la technique s'est répandue principalement pour la formation des adultes.

DESCRIPTION BRÈVE

Les participants d'un groupe sont invités, sur des consignes spécifiques ou par rapport à un thème donné, à choisir une ou plusieurs photographies parmi un lot de cinquante à cent photographies éventuellement de même format (il peut même y en avoir davantage) installées sur des tables (voire par terre, si besoin est). Ils présentent tour à tour les photographies qu'ils ont choisies, en expliquant leur choix.

Des échanges d'impressions et d'explication s'effectuent ensuite dans le groupe par rapport au choix effectué par chacun des participants (choix qui explicite une expression personnelle s'enracinant dans l'imagination créatrice).

Nombre de participants : de six à trente personnes (ou plus si on constitue des sous-groupes), adultes ou jeunes.

Durée : une heure à trois heures (ou même plusieurs jours).

2. Pour une étude plus approfondie, se référer à l'ouvrage d'Alain Baptiste et Claire Belisle, *Photométhodes*, éd. du Chalet, Paris, 1978. Ces éditions publient également des recueils de photographies choisies.

OBJECTIFS

Créer un groupe, aborder un sujet, réaliser la synthèse d'un travail, confronter par des supports. Plus précisément :

1. faciliter, par un support concret et esthétique, l'expression de chacun dans un groupe ;

2. soutenir les possibilités de prise de parole par la médiation des images ;

3. permettre l'explicitation des résonances personnelles à un thème, préalable à son exploration rationnelle ;

4. accroître la conscience individuelle et collective des origines et des représentations relatives à un domaine ;

5. offrir une modalité de prise de contact et de communication favorable à la constitution d'un groupe ou d'une équipe ;

6. donner des possibilités d'effectuer la synthèse, le rebondissement de l'évaluation d'une phase d'étude ou de confrontation dans un groupe ;

7. constituer un matériel de recours pour régler les relations au sein d'un groupe.

8. favoriser l'écoute et l'accueil de chaque personne dans un groupe ;

9. stimuler la créativité et sensibiliser aux symboles visuels ;

10. étudier les caractéristiques (et les clichés) d'un univers socioculturel.

DOCUMENT 43

Technique du photolangage

Phase d'organisation

Le formateur expose la méthode de travail : il ne s'agit pas d'un test mais d'un matériel favorisant la communication et les approfondissements dans le rationnel comme dans l'affectif. Il présente ensuite le matériel photographique, décrit le déroulement et explicite la consigne définissant la phase des choix individuels.

Cette consigne peut être du genre :

• « *Choisissez une ou plusieurs photos qui expriment pour vous au mieux ce que vous ressentez ou pensez à propos de... votre travail, tel thème, tel concept, telle hypothèse, telle théorie, tel événement historique ou non, le groupe, le stage, telle phase d'études, etc. Regardez toutes les photos, une à une. Prenez votre temps, puis choisissez en silence celle qui vous plaît ou celle qui vous déplaît le plus (ou les deux).* »

• « *Essayez de trouver trois photos pour dire, en ce moment, dans ce groupe, qui vous êtes.* »

• « *Quelles sont les photos qui expriment le mieux le groupe pour vous ?* »

• « *Vous recherchez dans le lot, deux ou trois photos qui illustrent les problèmes qui se sont posés aujourd'hui dans notre étude (ou qui désignent les orientations qui se sont dégagées)* », etc.

Phase des choix individuels

On y consacrera de sept à trente minutes.
Les diverses photos sont disposées sur une ou plusieurs tables, suffisamment dégagées de façon à être facilement observables.

Chaque participant fait, en silence, le tour du lot de photos en se laissant impressionner, interpeller par chacune d'elles. Il en choisit ensuite une ou plusieurs, selon la consigne, toujours sans parler.

Quand les choix individuels semblent terminés (après sept minutes, dix minutes, trente minutes...), le formateur invite chacun à prendre la ou les photo(s) choisie(s). Si plusieurs ont en vue la même photo, ils se la repasseront en temps utile.

Phase de mise en commun

Le groupe ou chaque sous-groupe se rassemble en cercle, chacun présentant sa ou ses photo(s), les autres participants explicitent leur impression sur celle(s)-ci et l'interrogent sur les raisons ou le sens pour lui de son choix. Il ne doit y avoir ni critique, ni interprétation dans cette phase. Le formateur facilite les échanges, écoute, donne la parole, intervient personnellement, rappelle la consigne, prévient les tentatives d'interprétation ou de commentaire agressif, aide à reformuler les impressions qui ne sont pas explicites, assure la présentation de son propre choix de photos, propose des suggestions pour approfondir le langage photographique et ses codes.

Phase d'évaluation ou de synthèse

S'il s'agit d'un seul groupe, le formateur invite les participants à analyser le vécu des phases précédentes et à formuler en commun les conclusions qui s'en dégagent quant au thème exploré ou à explorer ou quant au groupe lui-même.

S'il y a activités de sous-groupes, chacun d'entre eux procède au choix d'un certain nombre de photos à tirer des choix individuels et à présenter aux autres sous-groupes pour signifier des convergences (et des divergences) caractéristiques du sous-groupe. Il y aura donc, en plénière, une nouvelle phase de mise en commun des choix des sous-groupes, puis une phase de confrontation ou d'approfondissement (avec des grilles, éventuellement), par rapport au thème ou au groupe.

DOCUMENT 44

Variantes

Les variantes, autres que celles provenant de la distribution ou non du groupe en sous-groupes, se définissent par rapport au matériel de photographies sur lequel s'effectue le travail. Le matériel est constitué habituellement par des dossiers destiné au photolangage, édités dans le commerce, et comprenant quarante-huit à quatre-vingt-dix-huit photos (formats 16 x 23,5 ou 25 x 32), réalisés par de grands photographes, et regroupés sur certains thèmes (l'homme et son projet ; les relations humaines ; l'argent ; la misère ; la publicité ; le racisme ; la nature ; les valeurs d'une culture ; les valeurs de plusieurs cultures ; les situations de groupe ; les rôles sociaux ; etc.)

Première variante

Le matériel peut être constitué par un dossier de photographies choisies par le formateur ou l'équipe de formateurs sur des collections propres, des revues illustrées, des reproductions...

Il y aura donc, au cours du déroulement, une phase d'échanges sur les raisons personnelles qui ont motivé, par rapport au thème ou par rapport au groupe, le choix de ce dossier.

Seconde variante

Cela peut être un tri effectué par les participants sur un ensemble de documents (originaux, ou extraits de revues), apportés en vrac par le ou les formateur(s). Il y aura réflexion en fin de travail, sur les raisons et les modalités de ce tri qui aura abouti à établir un dossier commun sur lequel aura pu s'effectuer une rencontre des personnes ou l'exploration d'un thème. On pourra ajouter une consigne de rédaction d'une légende à chaque photo retenue pour le dossier commun du groupe.

Troisième variante

Il est possible choisir des lots de photographies éventuellement collées sur un carton de format uniforme, apportées par chacun des participants ou par des volontaires, après avoir été extraites de collections personnelles ou de revues illustrées diverses, scientifiques ou non. Il pourra ou non y avoir une explication sur la signification des choix qui ont conduit chacun (ou certains) à constituer et à apporter ces lots pour constituer un dossier commun au groupe.

COMMENTAIRES

Cette technique se révèle très féconde, à condition de rester dans une pratique d'échanges et de dialogue direct, avec humour et bonne humeur, sans tenter d'interpréter ni de faire pression sur les personnes.

La médiation des images photographiques favorise, en effet, l'unité intérieure de chaque participant. Sentiments, émotions, souvenirs, impressions, pensées multiples, sont réunis par la forme, la *gestalt* sensible de l'image et de son langage. Elle assure un exercice de la métaphore qui permet la résonance du réel dans le moi et les résonances du moi au réel. Le recours à l'analogie qu'elle permet, soutient d'autre part la communication interpersonnelle et groupale, qui a besoin d'images et de symboles. Ce recours est essentiel enfin pour l'élaboration opératoire des conceptions scientifiques les plus abstraites, comme le rappelait déjà Maxwell à la fin du siècle dernier, et comme l'énoncent les chercheurs[1] et savants modernes.

Photolangage

DOCUMENT 45

À titre d'exemples, pour cette méthode facilitant l'élaboration de projets individuels et collectifs de formation :

Extrait d'une liste de consignes[1]

– Choisissez une à trois photos maximum pour expliciter aux personnes du groupe ce que vous attendez an priorité de ce temps de formation pour lequel vous êtes ici.

– Choisissez les photos qui vous parlent de la manière dont vous envisagez de participer plus ou moins activement à ce temps de formation.

– Vous avez à votre disposition quarante-huit photos. Choisissez un maximum de cinq photos correspondant aux images que vous avez de la formation.

– Choisissez une, deux, trois photos au maximum, exprimant votre projet personnel de formation.

– Choisissez une ou deux photos exprimant au mieux le résultat auquel vous souhaiteriez aboutir avec cette formation.

– Pour évaluer le temps de formation que nous venons de vivre ensemble, je vous propose de choisir une photo exprimant ce qui vous a le plus intéressé dans cette formation et une photo exprimant ce qui vous a le plus manqué.

– Choisissez les trois photos exprimant au mieux ce que représente pour vous la formation permanente des adultes.

– Choisissez une photo qui visualise le stéréotype le plus répandu selon vous concernant la formation.

Ces différentes consignes sont à reformuler en fonction du contexte précis de chaque groupe : lieu et durée, objectifs et moyens de la formation.

1. Associée à un recueil de photographies des éditions du Chalet, Paris.

1. *Cf.* l'ouvrage *Analogie et Connaissance*, éd. Maloine, Paris, tome 1, 1980, tome 2, 1981, rédigé sous la direction d'André Lichnerowicz, de Françoise Perroux et de Gilbert Gadoffre.

JEU MÉTHODOLOGIQUE DE TRANSPOSITION (JMT)

C'est une technique de créativité pour tirer parti des expérimentations d'autres personnes.

OBJECTIFS

1. Faciliter l'écoute attentive d'une pratique exposée par une personne.

2. Exercer chaque individu à imaginer une exploitation partielle (ou dérivée) d'une procédure déterminée.

3. Soutenir les recherches d'innovation.

4. Accroître l'ingénierie de formation et d'enseignement.

DOCUMENT 46

Règles formelles de procédure

Une séance de *Jeu méthodologique de transposition (JMT)* comporte une ou deux présentations de méthodes appliquées à un domaine professionnel et que leur *présentateur* estime suffisamment probantes, c'est-à-dire comportant une certaine réussite à ses yeux. Ces études sont effectuées en quatre phases.

Première phase

Elle dure de dix à trente minutes.

Le présentateur, qui peut faire partie du groupe ou en être extérieur, décrit tranquillement l'exemple de méthode qu'il a utilisé, sans être interrompu. Il utilise les images, les graphiques, les notes, les informations, les enregistrements qui lui paraissent utiles, en soulignant les points-clés de sa méthode, les précautions qu'il a prises, et la nature de sa satisfaction, plus ou moins grande. Il indique le moment où il estime pouvoir répondre à des questions.

Deuxième phase

Elle dure de cinq à quinze minutes.

À l'invitation du moniteur, chaque participant joue ce rôle à son tour, le groupe questionne brièvement le présentateur en vue de préciser les éléments de la méthode exposée.

Aucune critique n'est admise bien entendu, et le moniteur rappelle éventuellement à l'ordre. Il interrompt assez rapidement cette phase pour éviter les pertes de temps en vaine discussion.

Troisième phase

De trente à soixante minutes. Sur l'invitation du moniteur, les participants se mettent en petits groupes de deux à trois personnes. Les groupes doivent être renouvelés d'une étude à l'autre, d'une séance à l'autre.

À tour de rôle, dans chaque couple ou sous-groupe, un participant est aidé par son (ses) compagnon(s) à la transposition de la méthode proposée par le présentateur.

Pour cette aide, il est poussé par son (ses) interlocuteur(s) à répondre à quelques interrogations :

– Y a-t-il un point qui vous ait frappé dans ce qui a été présenté ?

– Avez-vous une idée qui ressort ?

– Si vous aviez à appliquer la méthode présentée par le présentateur à 5 % dans votre activité, que feriez-vous ?

– à 50 %, à 100 %, à 200 % ?

– Quel usage, en définitive, pouvez-vous construire ?

PROPOSITIONS AUX PRÉSENTATEURS

■ Des possibilités de transposition

Chaque présentateur doit se souvenir que la méthode qu'il expose doit servir à des effets de transpositions multiples.

Il est important qu'il s'exprime de façon didactique, en effectuant des analyses qui distinguent les éléments constitutifs de sa méthode, et des synthèses qui fassent apparaître les tendances essentielles.

■ Une variété de présentations et de supports imagés

Il pensera à utiliser, autant que possible, des images choisies de façon à frapper, des graphiques (en photocopies, reproductions ou rétroprojections), des notes d'informations dactylographiées, des comptes rendus d'évaluation (faits par les usagers multiples de sa méthode), des enregistrements sonores ou magnétoscopés sur des moments significatifs du déroulement de sa méthode, des tableaux de points-clés qui donnent les accents caractéristiques de sa méthode, des anecdotes qui fassent apparaître le climat dans lequel elle s'est appliquée, des matériaux ou des instruments utilisés par lui pour jalonner sa progression, des fiches soulignant les précautions qui lui paraissent (à l'expérience) corrélatives de son projet, enfin l'élucidation personnelle de la satisfaction (ou moins modérée) qu'il a éprouvée en exploitant cette méthode.
À défaut de supports, il décrira avec soin sa méthode dans ses articulations.

■ Éviter d'annuler par fausse modestie

Tout en nuançant l'expression de sa satisfaction, le présentateur évitera d'annuler, par des justifications, des excuses ou des autocritiques défensives, la valeur stimulatrice de sa méthode.

CONSIGNES À L'ATTENTION DU MONITEUR

Le moniteur veille au déroulement du JMT.

■ Accueil et écoute

Il demande au présentateur d'exposer sa méthode dans la première phase et lui donne tout le temps utile (qu'il a pu évaluer avec le présentateur avant la séance).

■ Mise en train dynamique

Il met en route la deuxième phase, en invitant les participants à demander des éclaircissements nécessaires, en vue de comprendre l'esprit et les détails concrets de la méthode exposée. Il coupe court aux critiques, aux discussions, aux digressions, toujours avec humour, en rappelant les règles informelles ou leur formulation abrégée.

■ Soutien des activités de transposition en petits groupes

Il fait procéder à la troisième phase. Les participants se mettent en petits groupes de deux compagnons ou plus. Il veille à ce que chaque petit groupe ait la disposition d'un mémento de transposition, et rappelle les objectifs : tirer quelque chose de la méthode présentée et viser une application pratique. Il propose un horaire de base pour cette troisième phase.

■ Poussée à la conclusion

Le moniteur peut vérifier l'état d'avancement des petits groupes. Il propose, à la fin du temps convenu ou ultérieurement, de se réunir pour la quatrième phase. Chaque petit groupe exprime les transpositions effectuées. Si un échange avec le présentateur s'établit, il en conduit le déroulement en élucidant éventuellement les tensions qui apparaîtraient.

■ La transition éventuelle

S'il est prévu la présentation d'une seconde méthode, au cas où les horaires le permettraient, le moniteur assure la transition et recommence son action ou passe les commandes à un autre moniteur.

DOCUMENT 47

Mémento de transposition

Ce sont des incitations classiques en travail de créativité.

Elles reviennent à faire transposer les divers éléments ou articulations, distingués dans la méthodologie proposée, par l'une des opérations suivantes :

1. écrire rapidement des associations d'idées suggérées par les divers éléments de la méthodologie ;

2. accroître ou réduire la durée des éléments ou des parties ;

3. amplifier les dimensions ou les réduire ;

4. ramener la méthodologie à son schéma le plus ramassé ;

5. réexprimer en forme de narration romancée, la méthodologie proposée ;

6. étendre la méthodologie à d'autres secteurs d'activité et d'autres personnes ;

7. inverser les qualifications des domaines concernés ou des personnes considérées ;

8. présenter la méthode opposée ou symétrique de la méthode proposée en prenant la négation ou la symétrique de toutes les propositions discernables ;

9. remplacer certains des éléments de la méthodologie par d'autres tirés d'autres domaines (et tirés d'un tableau de domaines afférents à la méthodologie ou de lieux connexes) ;

10. analyser la méthodologie en dispositifs ou symbolismes mettant en jeu l'un des quatre éléments : Terre, Air, Eau, Feu et transposer par passages à des dispositifs ou symbolismes mettant en jeu un autre élément ;

11. réaliser les bisociations (Koestler), du genre connu en créatique, notamment par des tableaux d'éléments à double entrée ;

12. Recourir à l'observation attentive de *figures inductrices* (type *tai-ghi-tou* ou autres) ;

13. s'identifier à une forme ou à un des processus de la méthode et le jouer en mime ou en expression corporelle, voire en jeu de rôle.

LA PETITE ANNONCE

Utilisation de la technique[1] avec public adulte (enseignants, parents d'élèves, chef d'établissement...) dans le cadre des journées de formation sur la communication/animation à la fois comme un élément de réflexion sur un médiateur de communication et comme une évaluation intermédiaire des actions de formation.

Participants : tout public.
Durée : une demi-heure.

1. Fiche rédigée par M. Aguillon in *Communication-Animation* (des élèves, des enseignants, des formateurs), avec André de Peretti, CNDP 1987, p. 107-109.

DISPOSITIF

Dans une même salle, les participants travaillent individuellement.

Prévoir de grandes feuilles blanches pour l'affichage, des feutres (un par participant), une feuille de journal (les petites annonces du *Nouvel Observateur*, par exemple).

OBJECTIFS

Faire exprimer sous une forme concise incluant une présentation de soi (et n'excluant pas l'humour) des attentes ou besoins à un moment donné (ici à mi-parcours d'un stage de formation) ; évaluation.

Produire une situation de communication particulière :

– où le message inclut une présentation de l'émetteur (et par là même d'un cadre de référence) exprimé par lui-même ;

– où le récepteur virtuel mais multiple, s'il répond, s'inscrit d'emblée dans le système de référence de l'émetteur ;

– qui amène à réfléchir sur les phénomènes de perception (filtrages, altérations, interprétations, surdités ou accords).

DOCUMENT 48

La petite annonce

Première phase

– Distribuer une feuille de papier et un feutre à chaque participant.

– Donner la commande : ici, sous la forme d'une petite annonce en imitant le style publicitaire, « *Vous ferez part de ce que, à ce moment précis du stage, vous éprouvez le besoin de demander.* »

– Dire ou faire lire un texte de petite annonce emprunté à un journal.

Deuxième phase

– Rédaction de chaque petite annonce et présentation sur la grande feuille de toutes les rédactions.

Troisième phase

– Fabrication d'une affiche des petites annonces.

Quatrième phase

– Découverte et lecture par le groupe.

– Réactions.

– Les animateurs font procéder à un relevé et à un classement lexical pour mettre en valeur les champs lexicaux dominants et par là même les notions dominantes dans le groupe : états psychologiques, besoins, attentes pressantes.

Ne pas omettre de prendre en compte les mots apposés, associés…, les divergences ou concordances.

– Réflexion collective sur la technique et sur la formation en cours (objectifs non atteints par rapport à ce qui a été fait et sera fait).

Cinquième phase

Les animateurs reprennent entre eux cette évaluation pour reconsidérer éventuellement :

– le programme à venir,

– l'explicitation, à mieux faire ou à reprendre, des objectifs de chacune des séquences du fil conducteur présidant à leur enchaînement.

Variante pédagogique

– Expression des attentes par rapport aux apprentissages, aux relations.

– Technique de présentation et de mise en relation.

LES CUBES

Cette situation de jeu et de simulation dominante non verbale permet :

– d'explorer certaines dimensions psychologiques individuelles, interindividuelles et socioculturelles ;

– de réfléchir à la créativité et à ses inhibitions ;

– de vivre et d'analyser des situations de conflit et de négociation.

Cette technique de créativité a été élaborée par Patrice Ranjard. Au lieu de la limiter pour des exercices à dominante non verbale, nous l'avons étendue à des activités de discussion et d'évaluation.

Matériel et modalités

– Cinquante à quatre-vingts petits cubes de bois (trois centimètres de côté). On peut utiliser d'autres petits objets de construction en bois, ou en plastique, ou en métal (par exemple, des gobelets en plastique).

– Une table ronde ou hexagonale permettant aux participants d'être à égale distance du centre et de tourner autour s'ils le souhaitent (ou toute autre table).

– Entre cinq et huit participants autour de la table, de préférence six.

– L'observation de l'exercice est à la fois indispensable et très intéressante. Il ne faut donc pas craindre d'insister pour susciter des observateurs.

– À partir de dix à douze personnes il est plus intéressant, si on a le temps, de jouer deux fois : une moitié du groupe observe l'autre.

– On peut soit distribuer dix à douze cubes ou objets à chacun, soit les poser tous au centre sans les partager. Le choix dépend de l'objectif que l'on se donne avec chaque groupe (voir plus loin).

Consignes et règles

Elles sont à dire et à afficher par écrit.

• Première règle

« Avec ces cubes, vous devez réaliser quelque chose qui satisfasse tout le groupe. C'est terminé quand le groupe estime que c'est terminé. »

• Deuxième règle

« On ne place qu'un seul cube à la fois. »

• Troisième règle

« Tout participant peut s'opposer à la mise en place d'un cube sans avoir à justifier ce refus. Il dit simplement non. »

Remarques

Durées observées : pour la construction, entre dix et quarante minutes. Le plus souvent entre vingt et trente. Mais le temps d'analyse peut être beaucoup plus long : entre une heure et deux heures et demie.

La règle : *« On ne place qu'un seul cube à la fois »*, est presque toujours transgressée, et l'animateur doit veiller à la faire respecter : sans aller trop lentement, il faut qu'entre chaque cube chacun ait le temps de dire *non.*

Les participants posent presque toujours des questions dont la réponse est contenue dans les trois consignes-règles. Vous ne devez pas répondre à leurs questions, mais les renvoyer aux règles affichées : ce qui est écrit est écrit, ce qui n'est pas écrit n'est pas écrit !

On les verra se rajouter des règles au cours du jeu : interdiction de parler, interdiction de justifier un refus, obligation d'utiliser tous les cubes, obligation implicite de jouer chacun à son tour et en tournant ; permission de bouger les cubes des autres ; éventuellement donner une signification à chaque cube ou objet ; etc. L'analyse après coup de ces règles surajoutées sera toujours riche.

Un point délicat est : peut-on dire non pour un cube déjà en place depuis un certain temps ? La règle : *« Tout participant peut s'opposer à la mise en place d'un cube sans avoir à justifier ce refus. Il dit simplement non. »*, répond négativement. Mais la consigne : *« Avec ces cubes, vous devez réaliser quelque chose qui satisfasse tout le groupe. C'est terminé quand le groupe estime que c'est terminé. »*, impose la satisfaction de tous les membres. Si la question est posée, l'animateur ne peut répondre qu'en rappelant règles et consignes. La solution est à inventer par le groupe, ce qui ne manque pas d'enrichir le vécu de l'exercice.

ANALYSE

Lorsque c'est terminé, on demande aux participants d'exprimer leurs impressions, puis aux observateurs. Puis tout le monde en même temps pour une analyse un peu organisée. Il faut essayer de distinguer deux niveaux d'exploitation : la construction réalisée et la dynamique du groupe pendant cette réalisation.

■ La construction réalisée

Les verbalisations du groupe au sujet de cette construction montrent presque toujours qu'elle a une valeur symbolique : elle est une sorte d'image du groupe, ramassée ou dispersée, harmonieuse ou distordue, stable ou vacillante... Souvent des secteurs de la construction sont décrits comme représentant certains aspects du groupe. Par exemple, des cubes ou groupes de cubes isolés représentent l'existence de positions à part dans le groupe. Ou bien, une tour représente un leader.

Parfois, certains épisodes passés de la vie du groupe ont trouvé une expression pendant la construction. Deux tours s'élèvent, puis redescendent pour en laisser une troisième les dominer : ces variations sont données ensuite comme ayant exprimé certaines luttes passées pour le *leadership*. Un groupe de cubes est construit à part du gros de la construction, puis progressivement relié à celui-ci : le groupe y voit ensuite une expression des rapports passés et actuels entre deux sous-groupes.

■ La dynamique du groupe pendant l'exercice

Deux aspects au moins sont à considérer : les comportements par rapport aux cubes et à la consigne, et les interactions pendant la construction.

Comportements par rapport aux cubes et réactions à la consigne

Dans notre culture, proposer à des adultes de faire quelque chose avec de petits cubes en bois, c'est leur proposer un jeu d'enfants. Les réactions à une telle proposition varient certes avec les individus, mais surtout avec les milieux socioprofessionnels.

• Au niveau individuel, les comportements se situent entre les deux extrêmes suivants :
– un participant s'approprie les cubes et commence à jouer sans plus rien écouter de ce qui se passe autour de lui (et surtout pas les consignes !). Il joue tout seul, dans un brusque et sympathique mouvement de régression à l'enfance ;
– un participant est envahi par l'angoisse devant cette incitation à régresser (à jouer avec des cubes, comme un enfant), et n'ose même pas toucher aux cubes de peur de se laisser aller à des comportements enfantins.

• À un niveau plus collectif, généralement lié au milieu socioprofessionnel du groupe, on trouve les extrêmes suivants :
– Les groupes qui ont peur de l'improvisation, d'avancer sans savoir vers où, d'agir sans plan, sans règle, dans l'inconnu, la fantaisie, la création. Ceux-là bloquent toute tentative individuelle de poser un premier cube et exigent une discussion préalable sur ce qu'on va construire.
Certains ont si peur qu'ils décident de réaliser un dessin plat et figuratif !
Avec un groupe où cette crainte serait prévisible, il est préférable de distribuer individuellement les cubes. Les mettre en tas au milieu serait renforcer la tendance à discuter interminablement avant de toucher aux cubes.
– Les groupes qui ne prennent même pas le temps de réfléchir aux consignes et se lancent à l'improvisade dans une réalisation qui évoluera à mesure.

• Par rapport aux consignes et règles du jeu, même variations : beaucoup de personnes réclament des précisions sur les règles ; on dirait parfois qu'elles sont soudain incapables de comprendre les consignes, comme si la perspective de jouer avec des cubes (régresser) leur bloquait l'intelligence. Et dans certains milieux socioprofessionnels, c'est tout le groupe qui est ainsi inhibé. D'autres, au contraire, sont ravis de l'occasion qui leur est offerte de se laisser aller à jouer et ne se font aucun souci pour les consignes.

Interaction pendant la réalisation

L'essentiel est l'usage qui est fait de la règle : « *Tout participant peut s'opposer à la mise en place d'un cube sans avoir à justifier ce refus. Il dit simplement* non. »

Il s'agit là – bien qu'on évite soigneusement de prononcer le mot – d'un *droit de veto*, arbitraire et absolu, de chacun sur les actes de tous les autres. Ce qui est sollicité ainsi chez chacun, ce sont ses fantasmes de toute puissance.

Généralement, ce droit de veto est peu employé. La plupart des personnes se vivraient, à en faire usage, plus agressives qu'elles ne sont prêtes à le supporter. Elles préfèrent inhiber leur esprit critique et leurs opinions sur la construction en cours : quoi que fassent les autres, elles trouvent ça bien. de la sorte, elles n'ont pas besoin de dire *non* et peuvent même garder l'illusion qu'elles n'auraient pas hésité à dire non si l'occasion s'en était présentée ou si elles en avaient eu envie.

Pour les personnes plus libres avec leur agressivité, le *non* peut être utilisé sans intention agressive à l'égard de la personne à qui il s'adresse, mais uniquement en fonction d'impressions esthétiques ou d'un projet sur la construction. par exemple, si les cubes sont de diverses couleurs, quelqu'un peut s'opposer à certaines juxtapositions de couleurs. Ou bien quelqu'un ne veut pas de cubes isolés, ou ne veut pas que cela dépasse une certaine hauteur.

Mais bien évidemment le *non* peut servir aussi à régler des comptes personnels, passés ou présents : on dit *non* à la personne bien plus qu'à son cube, ce qui déclenche souvent des *non* de représailles de la victime ou de ses alliés dans le groupe.

La forme présentée ici peut être assouplie comme on le verra dans les variantes ci-après.

Adaptation à des cas particuliers

DOCUMENT 49

Toutes les modalités, consignes et règles indiquées ci-dessus peuvent évidemment être adaptées à des objectifs particuliers. Nous n'en donnerons qu'un seul exemple, laissant à chacun sa propre créativité pour inventer en fonction de ses problèmes de formation.
Le but du stage était pour le groupe de se préparer à des réunions de négociation entre deux catégories de personnes A et B. On fit donc au sein de chaque groupe-cubes, deux sous-groupes dont l'un représentait les personnes A et l'autre les personnes B. Et l'on présenta les règles suivantes :

Objectif

« *Avec des cubes vous devez réaliser...* » (voir ci-dessus la première consigne.

Première phase

Elle dure cinq minutes. Les membres A se consultent en aparté sur quelques caractéristiques de la construction à réaliser.

Deuxième phase

Cette phase est non verbale : interdiction de parler.

Règle

1. Un cube à la fois (voir deuxième règle).

2. Tout participant peut s'opposer... (voir troisième règle).

Il n'était pas dit que les membres B ne devaient pas se consulter. Certains le firent, d'autres non.

Le jeu fut joué différemment par quatre groupes de sept personnes et chaque fois cela permit d'approfondir l'analyse des inquiétudes vécues par rapport aux futures réunions de négociation.

Variantes

1. On peut utiliser comme objets des petits matériels de construction pour enfants, de toute nature (notamment les jeux *Lego*, etc.).

2. Au lieu de donner des consignes, on peut indiquer l'obligation faite au groupe de définir ses propres consignes. celles-ci peuvent concerner :

– le nombre d'objets qui peuvent être déposés simultanément (un ou plusieurs, ou tous, ou chacun à son gré) ;

– l'ordre de dépôt des objets (à tour de rôle, sans ordre, au gré de chacun, de façon inégale, en négociation...) ;

– le droit de chaque participant à exercer ou non un veto sur un dépôt d'objet, localisé par un autre participant ;

– la possibilité de s'exprimer librement, ou l'obligation de se taire ;

– la possibilité de donner ou non une signification à un objet déposé ou à un ensemble d'objets déposés.

3. Parmi les consignes de réalisation, on peut demander l'utilisation des cubes ou objets pour synthétiser des conceptions et des idées, pour analyser des formes nouvelles d'organismes, ou pour effectuer l'évaluation d'un mode de fonctionnement ou d'une séquence de formation.

MÉMENTO D'EXERCICES DE CRÉATIVITÉ

De nombreux ouvrages en français permettent de s'initier à des pratiques de créativité ainsi que d'enrichir celles qu'on possède déjà. On trouvera en fin d'ouvrage une liste bibliographique comprenant des manuels pratiques ainsi que des ouvrages de références théoriques.

Il nous paru utile, pour des formateurs, de disposer ici d'un mémento permettant de se remémorer rapidement la pluralité des exercices entre lesquels il est possible de choisir pour varier les modalités d'un entraînement, ou pour insérer dans le déroulement d'autres formations, quelques piments pouvant stimuler l'imagination et l'attention.

UN CLASSEMENT

Nous avons classé ces exercices en quelques catégories opératoires dans la mesure où le fonctionnement de l'imagination peut reposer sur :

– la prise en considération de certains effets d'inertie ;

– une vitesse d'évocations d'images, d'usages ou d'idées ;

– mais aussi sur une stratégie volontaire de dépassement ou de rupture des routines et des trivialités ;

– sur l'aptitude à saisir des similitudes ;

– sur des capacités combinatoires ;

– sur des mesure d'épuration et d'affinement des structures ou des fonctions habituellement conférées à des existants ou des objets ;

– sur l'habileté à tirer parti des contraintes d'induction ;

– sur des référents affectifs en vue de l'entraînement à élaborer des récits ou des contes.

Nous pouvons donc considérer le classement suivant :

– exercices d'éclaircissement théorique sur la créativité

– exercices d'ingéniosité pratique

– exercices de débanalisation

– exercices de recherche des similitudes

– exercices de combinaisons insolites

– exercices d'épuration et d'affinement

– exercices sur contraintes d'induction

– exercices sur les référents affectifs et les inventions romanesques.

EXERCICES D'ÉCLAIRCISSEMENT THÉORIQUE SUR LA CRÉATIVITÉ

Il importe d'attirer l'attention des personnes sur les processus d'inertie qui risquent de bloquer leur imagination.

Éclaircissement théorique

Les trente carrés

Dessinez au tableau un grand carré ; vous le partagez en quatre , puis en 16 et vous demandez au groupe combien il y a de carrés dans le dessin.

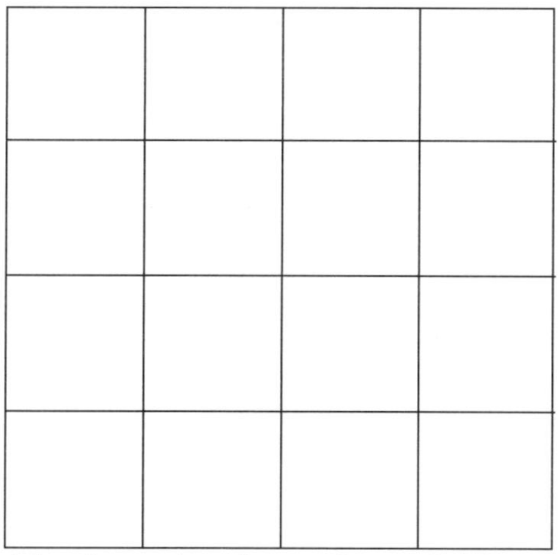

Certains diront seize ; d'autres dix-sept (en ajoutant le carré enveloppe) ; d'autres aperçoivent bientôt des combinaisons de petits carrés et annoncent vingt et un, puis vingt-six ; rares sont ceux qui ajouteront les quatre carrés obtenus par la combinaison de neuf petits carrés, et portant le total à trente (seize de un carré ; neuf de quatre carrés ; quatre de neuf carrés ; un de seize carrés).

Commentaires théoriques

Nous avons tendance à restreindre nos capacités de perception et de combinatoire. Il y a toujours plus de possibilités que celles que nous désignons (par fermeture brusquée, inertie de nos sensations et de notre attention). Il faut rester sensible au *plus* potentiel en nous et en autrui ou dans les contextes, par l'essai de multiples combinaisons.

L'alphabet à trois traits

Vous énoncez la consigne : « *Vous avez à dessiner individuellement, avec trois segments de droite (ni deux, ni quatre), des lettres d'alphabet différentes. Vous avez trois minutes (ou quatre, ou cinq).* »

Au temps dit, vous demandez à chacun d'annoncer le nombre de lettres qu'il a dessinées ; et vous envoyez au tableau celui qui a dit le nombre le plus élevé pour qu'il écrive devant tous ce qu'il a dessiné. Vous observez la contestation éventuelle : généralement quand il y a eu liberté inventive. Vous faites observer que vous avez dit : « lettres d'alphabet » et non « caractères d'imprimerie », ce qui autorisait donc la liberté inventive que les participants ne se sont pas cru autorisés à prendre. La plupart du temps, vous faites observer que les lettres dessinées au tableau sont majuscules, par contagion d'un A naturellement initial : or il y a des possibilités pour des lettres minuscules. Également, on peut constater que des lettres grecques (pi, lambda, alpha, etc.) sont omises. Au total, votre consigne s'est rétrécie en : « *Dessinez avec trois segments de droite, des lettres d'imprimerie d'alphabet latin, en majuscules.* »

Commentaires théoriques

Nous avons tendance à restreindre nos capacités d'imagination et de création : en ajoutant aux contraintes qui nous sont imposées ou proposées, des contraintes surérogatoires et inhibitrices ou des surcharges (ainsi, dans l'interprétation des programmes...).

Les neuf et douze points équidistants

Cet exercice est souvent connu mais sa solution également souvent oubliée.

Vous tracez neufs points équidistants et vous donnez dix minutes pour trouver le moyen de relier ces neuf points par quatre segments de droite reliés sans lever la plume du papier. Les (quatre) solutions ne sont possibles qu'en ayant l'idée de sortir du carré où se situent naturellement les neufs points.

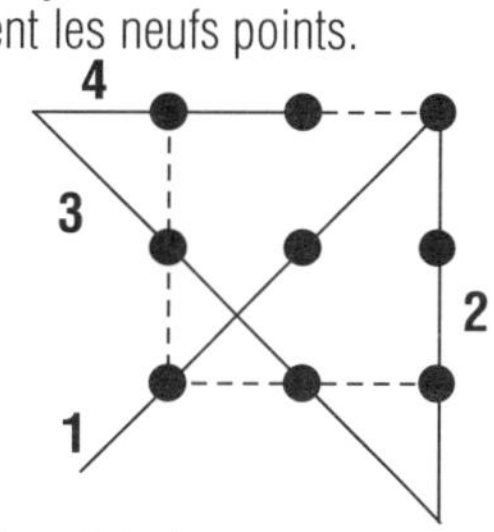

Commentaires théoriques

Nous avons tendance à restreindre nos capacités de solution à des problèmes en nous enfermant dans un cadre qui réduit le contexte réel des possibilités.
Vous dessinez ensuite douze points équidistants et vous donnez cinq minutes pour les relier par cinq segments de droite reliés sans lever la plume. Les solutions les plus évidentes invitent à rester à l'intérieur du rectangle où se situent les douze points.

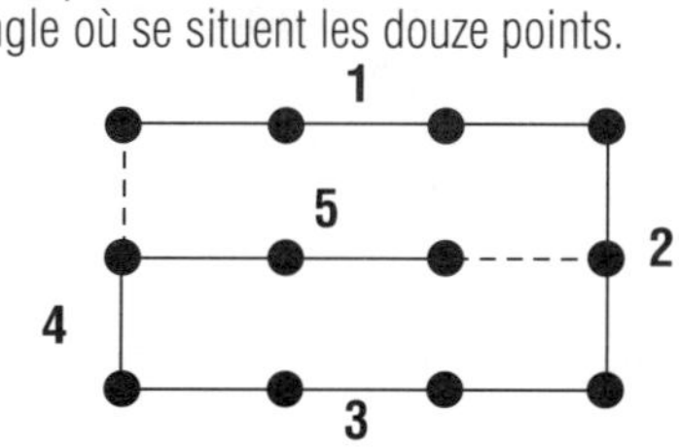

Commentaire théorique

Nous avons tendance à répéter les solutions obtenues dans un autre contexte, pour des problèmes analogues : en subissant un effet d'inertie (ou de halo). Il faut parfois rester dans le cadre.

« Cadavres exquis »

Il s'agit de la technique surréaliste bien connue, à jouer par groupes de quatre ou cinq.

Un papier est partagé en quatre ou cinq secteurs : un pour mettre un sujet ; un pour un verbe transitif ; un pour un complément direct ; un pour un complément circonstanciel de lieu, un pour ajouter un adverbe de temps. À tour de rôle, chacun doit placer, sur une même ligne, les mots correspondants à chaque secteur, les mots des secteurs précédents le sien ayant été masqués par pliage du papier, ce qui provoque des surprises, surtout si chacun s'applique à varier les mots qu'il place ligne par ligne. À la fin, le papier est déplié et les phrases perfectionnées pour accorder les genres et les temps.

Commentaire théorique

Nous avons tendance à banaliser nos évocations en nous enchaînant aux maillons intermédiaires d'un énoncé, au lieu de rechercher des termes non attendus, autres, ou insolites et imagés.

Problème de Tartaglia

Ce problème est parfois attribué à Tartaglia (mathématicien italien du XVIe siècle).

« Deux soldats possèdent : l'un deux pains, l'autre trois pains. Un autre soldat les retrouve : il n'a pas de pain, mais il a cinq pièces d'or qu'il donnera aux deux autres s'ils partagent avec lui les cinq pains, de façon égale pour chacun des trois. Comment les pièces d'or devront-elles être réparties ? »

Commentaire

La solution, qui paraît évidente, de donner deux pièces à l'un et trois pièces à l'autre, est inadéquate. Il faut partager les cinq pains en trois, chacun obtenant cinq tiers de pain : le soldat qui avait deux pains n'a donné au troisième qu'un tiers de pain ; l'autre a dû en donner quatre tiers, donc quatre fois plus, et mérite donc quatre pièces.

DOCUMENT 51

Exercices d'ingéniosité pratique

Il importe d'exercer les individus à produire par écrit, pendant quelques minutes, le maximum d'idées, de propositions, de situations, de choses variées, en vue de développer des capacités de fluidité, de flexibilité et d'originalité, à propos d'un ou de quelques éléments des listes ci-dessous.

Que peut-on faire avec :

une boîte de conserve, une brique, une gomme, un tournevis, une feuille de papier, une boîte en carton, un journal, une boîte d'allumette, un piano, un clou, une rame de papier, un rameau d'olivier, un chien, un âne, des bouteilles de plastique vides, un vieux château, une auto, une raquette, un retraité, etc.

Commentaire

On peut faire constater, après la mise en commun des productions individuelles, la pluralité des registres utilisables (en usage statique ou dynamique, pratique ou esthétique, économique ou agressif, littéral ou figuré, naturel ou artificiel, sensuel ou intellectuel, banal ou inattendu, etc.).

Se passer de :

souliers, chaises, montre, papier, publicité, lit, chapeau, ceintures, autos, téléphone, télévision, radio, réveil, agenda, minitel, électricité, réfrigérateur, aspirateur, pantalon, table, etc.

Commentaire

On peut constater la multiplicité de solutions de remplacement et les qualités de civilisations anciennes ou autres.

Modelage et concassage

Il s'agit de proposer, à propos d'objets ou de situations, d'effectuer des opérations d'augmentation, diminution, inversion, suppression ou adjonction d'éléments, modification de formes ou de matières, décoration, sensualisation, articulation, transfert de domaines d'usage, multiplication ou réduction des quantités, distorsion des qualités, altération des proportions, etc., sur les entités ou objets : parapluie, cendrier, briquet, stylo, porte-documents, lavabo, table, fenêtre, ouvre-boîtes, poubelle, miroir, pantalon, sac, poupée, repas familiaux, vacances, relation professeur-école, ordinateur téléphone, tondeuse à gazon, hôtel de ville, prisons, etc.

Commentaire

On peut observer l'évocation de réalités déjà existantes ou probables, tout en s'exerçant à des activités de transformation et d'adaptation.

La distanciation

Il est proposé de traiter un ou quelques événements : accident, perte d'un paquet de cigarettes, vaisselle cassée, départ en vacances, repas de mariage, mort d'une vieille parente, rentrée scolaire, échec ou réussite à un examen, récolte de fruits, confection de confitures, etc., successivement sur plusieurs tons : lyrique, comique, tragique, scandalisé, épique, solennel, polémique, admiratif, émotionnel, épouvanté, en pastiche corse, belge, britannique, allemand, italien, etc.

Commentaire

On peut souligner l'intérêt de disposer d'une variété de style pour s'ajuster à la pluralité des contextes possibles.

Plus cher, moins cher

Il est demandé de dire les conséquences des variations très forte (doubles, décuples, etc.) de coût ou de prix sur des biens ou des services tels que : lessives, eaux, alcools, livres, construction, crédit, impôts sur société, TVA, loyers, déplacements en train, essence, fuel, salaires, œuvres d'art, cacao, café, pain, etc.

Commentaire

Il sera possible d'analyser des faits économiques connus et de distinguer des effets pervers ou des boucles systémiques sur des mesures prises ou prévisionnelles.

DOCUMENT 52

Exercices de débanalisation

Il est utile d'orienter les individus à se préoccuper méthodiquement de dégager les actes et les êtres des oripeaux de trivialité qui les recouvrent habituellement.

Le but et les moyens originaux pour :

apprendre l'anglais, n'être pas malade, se faire connaître, gagner de l'argent, organiser son secrétariat, traverser une rivière, acheter le journal, obtenir la confiance, regarder la télévision, faire oraison ou prier, se raser, parler à des jeunes, etc.

Commentaire

On pourra évoquer les questions relatives à la qualité de la vie et à l'écologie.

La transvaluation ou la subversion des formes actuelles de :

la famille, l'amitié, la littérature, la hiérarchie, l'égalité, la compétition, la nation, l'état, la race, la diplomatie, la Croix-Rouge, la justice, l'organisation internationale, la religion, les conflits, les syndicats, les sociétés anonymes, les pouvoirs, etc.

Commentaire

Le but est de redonner sens et vigueur à des formes ou manifestations importantes mais figées.

Les petits Mac Luhan

Il s'agit de réfléchir sur les incidences qu'ont eu pour la société ou la vie humaine, certaines inventions ou techniques comme le feu, l'écriture, les horloges, la photo, l'imprimerie, le phonographe, le cinéma, la presse, la machine à écrire, les micro-ordinateurs, l'informatique, la conquête spatiale, l'aviation, l'électricité, les moteurs à essence, à vapeur, électriques ; l'atome, le verre, l'anesthésie, le téléphone, les explosifs, le ciment, la plasturgie, etc.

Commentaire

Il peut être possible de dégager des époques technologiques et des seuils d'évolution marqués par le développement d'une invention.

À la place de l'autre

Il est demandé de se mettre dans la *peau* d'une personne ou d'un rôle habituel pour le percevoir d'une manière renouvelée (élève, vieux professeur, père de famille, ancien prétendant, jeune fille, avocat, statisticien, libraire, peintre, architecte, etc.) et expliquer comment la personne voit les choses et quelles sont ses quatre qualités principales et ses quatre défauts propres.

Commentaire

Cette mise en situation prépare à l'utilisation de l'empathie dans la relation avec autrui.

Pourquoi nous agissons

On pourra s'interroger sur nos raisons d'agir et la nature culturelle de nos motivations, ainsi que de leur évolution : en comparant la psychologie des générations actuelles, au pouvoir ou dans la vie économique, et celles d'antan ; en opposant les personnages décrits par Balzac, Zola, Proust, Gide, Mauriac à ceux de Sartre, Marguerite Duras, Marguerite Yourcenar ; en regardant avant ou après 1968 et 1981 ou 1993 ; en revenant à la Grèce, à Rome, à la Renaissance, etc.

Commentaire

On peut progresser dans l'intelligibilité des influences qui nous poussent à agir comme citoyens, consommateurs, critiques, etc.

Des fêtes neuves

On peut proposer d'élaborer des menus inattendus : dans l'ordre des plats, les cuissons, les denrées, la vaisselle, la verrerie, les nappes, les serviettes, l'éclairage, les décorations, les sièges, la disposition des personnes, les bougies, les amuse-gueule, les trous normands, les *speech* en direct ou enregistrés, la musique, les chants notamment d'anniversaire, les masques, les fleurs nouvelles (en forme, en matériau, en bouquet insolite, etc.), des peintures (couleurs inattendues, supports et surfaces autres, pinceaux insolites, etc.)

Commentaire

La surprise fait partie de la fête.

DOCUMENT 53

Exercices de recherche des similitudes

Nous pensons souvent grâce à des comparaisons, ou bien nous recherchons des invariants dans des objets, des formes ou des relations. Même au niveau scientifique, nous avons besoin de recourir à l'analogie, comme le démontrent les deux volumes d'actes du séminaire au Collège de France, publiés chez Malouin sous le titre : *Analogie et connaissance*. Tant il est vrai qu'assimiler est fructueux et que la recherche du semblable nous rassure face à la rencontre de l'autre, du différent. Mais il est donc adéquat de s'exercer à détecter des similitudes, même en dehors des ressemblances immédiates.

La comparaison

On s'efforcera de formuler en cinq à quinze minutes, des comparaisons pour décrire : les enfants sortant de l'école, une famille conflictuelle, la pluie sur un paysage montagneux, la *Victoire de Samothrace*, un responsable autoritaire, chaque saison, la foule dans un wagon du métro, l'envie de s'exprimer, la musique de Mozart, les favelas du Brésil, le visage d'un boxeur, *Guernica* de Picasso, des ibis roses, etc.

Commentaire

Les comparaisons fortes seront débattues et améliorées si c'est possible. On pourra étudier comment des auteurs tels que Valéry, Giono, Claudel s'y prennent pour utiliser des comparaisons ou des métaphores.

Le schéma

Il s'agit de figurer en une demi-heure, individuellement ou en petits groupes, un phénomène tel que : une discussion de groupe, un hologramme, le cursus scolaire, la sélection, la communication entre deux locuteurs, l'imagination, la démarche de recherche, une valse, la course, la pédagogie, le principe de la navigation à voile, la construction d'une phrase, le fonctionnement du moteur à explosion, l'éducation, la formation, la croissance, etc.

Commentaire

Les schémas seront analysés et, le cas échéant, synthétisés.

La recherche analogique

Des consigne du genre : « *Qu'est-ce qui est comme... ?* », ou « *À quoi me fait penser... ?* », ou « *À quoi peut ressembler... ?* », sont appliquées rapidement à certains objets physiques (canapé, camescope, aspirateur, cuillère, sac de dame, hélicoptère, glace, valise à roulettes, lunettes, etc.), ou bien à des rôles sociaux (enseignant, ingénieur, architecte, gardien de la paix, maire, député, sénateur, chef, etc.), ou encore à des lieux (tribunal, motel, cathédrale, usine, ferme, marché, grand magasin, salon de coiffure, etc.).

Commentaire

Dans la discussion sur les analogies exprimées, il faudra veiller à dégager celles-ci des simples associations d'images ou d'idées, même si celles-ci ont pu aider à les formuler. On pourra échanger sur les effets produits par une analogie : coloration sentimentale, possibilités heuristiques, catharsis émotionnelle. On pourra rechercher les analogies couramment utilisée dans les sciences dures (le *champ* en électricité, le *rayonnement* en radioactivité, les *ondes* en télécommunication, les *forces* en mécanique, etc.).

Les relations analogiques

On se met à la recherche de points communs, de caractéristiques semblables, de principes communs, à des réalités ou objets apparemment sans rapport les uns avec les autres et choisis sur des listes telles que : parquet, flûte, armoire, dictionnaire, ciseaux, paille, cuvette, râble, fusil, robe, kiwi, engrais, contre-plaqué, réacteur, marguerite, couteau, tricot de corps, trou noir, comète, enzyme, cuivre, pieuvre, ordinateur, perche, tremplin, banque, béton, bouton, salle de cinéma, os de lapin, carbone, etc.

Commentaire

En plaçant au tableau les idées d'analogie proposées par les participants, on peut dégager celles qui apportent des rapprochements inattendus ou donnent des suggestions concrètes. On peut échanger sur les difficultés de dégager des critères de définitions typologiques et de caractérisation.

L'identification corporelle

Des individus sont invités à mimer avec leur corps, le fonctionnement ou l'usage d'un objet ou le principe d'une qualité concrète nouvelle applicable à des objets. Ceux-ci peuvent être choisis dans les listes précédentes, dans une liste élaborée en *brainstorming* avec les participants, ou encore telle que celle-ci : siège mobile, table, ascenseur, poinçonneuse, ressort, stylo, porte-documents, bibliothèque, hamac, chaussettes, montre, etc.

Commentaire

De telles identifications ont pu servir à inventer des objets nouveaux ou à perfectionner la structure et le fonctionnement d'objets existants déjà.

DOCUMENT 54

Exercices de combinaisons insolites

À partir de référents donnés, ou en vue de certaines tâches, il est opportun de faire jouer son imagination en élaborant, par des opérations de combinatoire, des mots nouveaux, des pensées nouvelles, de nouveaux objets, de nouveaux classements, ou de nouvelles qualités.

Des mots nouveaux

La consigne peut être : « *En vue de désigner, ou qualifier, ou évaluer une situation ou une réalité, une formation ou une production, vous êtes invités à inventer, à partir de mots autres ou de métaphores, des adjectifs, des substantifs, des verbes ou des adverbes nouveaux.* » Le formateur aura eu soin, bien entendu, de préciser la consigne en choisissant la cible retenue et la nature grammaticale des termes attendus, que ceux-ci soient abstraits ou concrets. On pourra jouer sur certains jeux de mots, calembours ou orthographes autres (panoplie et panneau-pli, chaleureux et chat l'heureux, milieu et mi-lieu, etc.).

Commentaire

On fera remarquer la virtuosité créatrice de certains auteurs (Rabelais, Queneau, et Hugo avec *Jérimadeth* signifiant *J'ai rime à dé*, etc.). Les jeunes aiment utiliser des termes inusités ou pratiquer le verlan. Le développement social et technologique exige la création fréquente de termes nouveaux (ainsi a-t-on construit *stagflation* à partir des phénomènes opposés mais conjoints de *stagnation* et d'*inflation*.)

Des pensées ou expressions nouvelles

Après avoir distribué un ensemble de pensées ou d'expressions variées, le formateur demande que chaque participant découpe à son gré en plusieurs morceaux telles et telles pensées ou expressions de son choix et en fabrique une nouvelle en combinant habilement deux ou plusieurs des morceaux obtenus. On peut évoquer un poème de Prévert construit de la sorte : « *Un remorqueur de famille nombreuse et un père de haute mer* ».

On pourra fabriquer une liste d'expressions et de citations ou proverbes en utilisant des dictionnaires de citations.

Commentaire

L'art de la métaphore comme la poésie peuvent procéder de telles hybridations par lesquelles des idées ou des phénomènes éloignés peuvent être suturés en sorte que des significations nouvelles émergent.

De nouveaux objets

Il s'agit, à partir de trois ou quatre objets définissants certains usages distincts, d'inventer un instrument qui pourrait assurer à lui seul les usages en question ou l'un d'entre eux de façon neuve. L'exercice peut se faire en groupe ; les objets peuvent être pris dans une liste préexistante ou élaborée par le groupe créativement.

Ce pourrait être : théière, camion, serrure, bicyclette, fer à repasser, bouteille, nappe, presse-purée, briquet, poste de radio, micro-ordinateur, balançoire, rasoir, éprouvette, stylo, carnet, vaporisateur, cure-dent, peigne, hoquet, baskets, hameçon, cireuse, tondeuse, échelle, etc.

Commentaire

On sait que de nombreux outils ou appareils ont été conçu de cette façon. Les échanges à propos de tels mini-concours Lépine aident à comprendre les usages et les limites des objets qui leur sont consacrés.

De nouveaux classements

Il est demandé de construire des tableaux morphologiques ou des taxinomies regroupant de façon imaginatoire, tous les types réels ou impossibles (ou insolites) de lieux, d'ouvrages, d'instruments, de systèmes sociaux, etc. (par exemple, lieux de détente, hôtels, routes ; mais aussi : revues, livres, romans, constructions officielles, partitions musicales, œuvres d'art ; ou encore : instruments de musique, outils pour bricolage, appareils de chauffage, téléphone, outils pour prise de notes ou d'informations ; ou aussi : sociétés politiques, systèmes économiques, confessions religieuses, modalités fiscales, etc.). Dans une première phase, les participants peuvent énoncer sans ordre, en vrac, les divers types. Dans une seconde phase, après élimination des idées fantaisistes (admises au départ), des critères de distinction et de classification pourront être dégagés pour organiser un tableau suggestif ou une taxonomie par complexité croissante.

Commentaire

Cet exercice peut servir à élargir les vues relatives à certaines données pratiques ou sociales, et à comprendre l'intérêt et les limites de toute classification ou de tout étiquetage, et de toute liste de critères.

De nouvelles qualités

Les participants sont invités à rechercher quelles qualités pourraient et devraient avoir des réalités concrètes telles que : un système de rémunération, un véhicule de transport en commun, une banque, un barème de notation, une salle de bain, un lycée ou une université, un ascenseur, une poubelle, une cage d'oiseau, etc.

Après énonciation des qualités, on pourrait dessiner la combinatoire qui en résulte.

Commentaire

Il importe d'inviter les participants à vivre symboliquement ou par mime, leurs rapports à ces qualités et à ce qu'ils leur apportent.

Exercices d'épuration et affinement

DOCUMENT 55

Il importe de s'exercer à détecter les fonctions et les contraintes, utiles, inutiles ou implicites, dans une réalité, une activité, un matériel, un objet, une motivation, un comportement...

Le point de vue de Sirius

En prenant du recul, de la hauteur ou de la distance culturelle, comment peut-on voir fonctionner, au regard des martiens, la réalité de : la ville, le bureau de poste, les offices religieux, une librairie, un autobus, une course de chevaux, une université, un palais de justice, la Bourse, une caserne, un commissariat de police, une mairie, un laboratoire, une usine de construction automobile, un port, une gare, un aéroport, etc. ?

Commentaire

Il importera d'éliminer progressivement les banalités et de renforcer les remarques originales ou inattendues à propos d'une ou plusieurs réalités (tirées au sort ou choisies).

Pourquoi nous agissons maintenant

Il s'agit de comparer les mobiles et les contraintes du temps présent par rapport aux mobiles et aux contraintes qu'ont vécus nos parents, nos grands-parents, ceux du XVIIIe siècle, de la Renaissance ou du Moyen Âge, etc., selon les personnages ou les romans décrivant les époques, à propos de nos activités professionnelles, familiales, culturelles, festives, scolaires, de voyage et de transport, économiques, d'écriture, de sommeil, de notre santé...

Commentaire

Il est utile d'évoquer de nouveau les conditions de vie et de destinée des générations antérieures en vue de diminuer les lamentations injustifiées, ou l'ignorance des évolutions réalisées.

Les nouvelles technologies

On se donne comme sujet de réflexion, l'étude des conséquences sur les sens, les besoins individuels et la vie sociale, de la mise en œuvre ou en valeur de certains matériels ou de certains matériaux : autoroutes, TGV, hélitreuillage, walkman, matières composites et plastiques, ski, photocopie, télécopie, cristaux semi-liquides, plates-formes spatiales, ONU, satellites, photographie instantanée, etc., en comparaison avec d'autres conséquences historiques (le feu, la roue, l'écriture, les horloges, l'imprimerie, la photographie, le ciment, le téléphone, la radio, l'aviation, etc.).

Commentaire

Il convient de prendre conscience des conditionnements et des possibilités entraînés par la diffusion de matériels ou matériaux nouveaux.

La défectuologie

L'objectif est de déceler les multiples défauts, insuffisances, imperfections, faiblesses, lourdeurs, excès, qui peuvent apparaître sur divers objets qu'on étudie ensemble et en commun : stylos, peignes, ciseaux, verres, cafetières, bouchons, fourchettes, couteaux, cuillères, tasses, petits pains, guitare, claviers, baignoires, agendas, dictionnaires, chasse d'eau, etc.

Commentaire

Nous sommes tellement habitués à utiliser des objets familiers que nous ne discernons plus leurs défauts ou déficiences.

Les fonctions comparées

Il est intéressant d'étudier les différences de fonctions qui peuvent s'attacher à un ouvrage ou à un objet défini par un même terme mais utilisés dans des contextes divers. Par exemple :

– un édifice (public, professionnel, d'habitation privée, de culte, de soins, de gare, d'enseignement...)

– un magazine (chez le coiffeur, dans un centre de documentation, dans un cabinet médical, en librairie, chez soi...)

– une lampe (dans un salon, dans une chambre à coucher, dans un couloir, dans une salle d'opération, à la campagne...)

– une veste (en ville, à la campagne, au bureau, en voyage, à la maison, au théâtre, aux sports...)

– une radio (en voiture, dans un train, dans la rue, au bureau, dans une chambre, en bateau...)

– une table (pour le travail, pour des enfants, pour les repas, pour des jeux de cartes, pour la salon...)

Commentaire

Les échanges sur ces comparaisons permettent d'affiner l'usage de certains objets et nos motivations.

Les inerties inutiles

Il nous faut reconsidérer certains de nos comportements habituels, en vue de les alléger ou libérer de contraintes vaines : dans notre courrier, nos rangements, nos horaires, nos lectures, nos idéologies, nos conduites familiales, nos relations hiérarchiques, nos obligations associatives, nos engagements civiques, nos loisirs, nos usages de la télévision, etc.

Commentaire

En les regardant de près, nous pouvons débusquer des inerties et les traiter par des simplifications, des regroupements, des outils adéquats, des mesures réorganisatrices. En industrie, la productivité résulte d'un tel sens de l'économie des moyens et d'une alerte incessante pour contrarier les pesanteurs renaissantes et les effets pervers.

DOCUMENT 56

Exercices sur contraintes d'induction

L'imposition de formes, verbales ou visuelles, est proposée en vue d'exercer la capacité à utiliser positivement des contraintes et à évoquer, avec une fluidité accrue, des idées ou des choses.

Les mots inducteurs

Une personne lit une liste de mots à une autre personne qui est invitée à exprimer à haute voix, pour chaque mot inducteur, un mot induit ; la première personne note confidentiellement le mot induit et le délai de réponse au mot inducteur. Quand toute la liste a été lue, on recommence avec les mêmes mots et on regarde ensuite si les mots induits sont restés les mêmes et si les délais de réponse sont restés identiquement à ceux de la première lecture.

Liste proposée : voie, revenir, jeu, flèche, filet, allure, conseil, retour, maître, portée, revers, lit, force, exposition, milieu, condition, démarche, couple, disposition, ligne, assurer, canon, espèce, fils, gagner, pouvoir, revue, rompre, retenir, mine, écart, charge, civil, coup, déposition, révolution, manœuvre, confiance, délicatesse, faillir liberté, honneur, rapport.

Commentaire

Cette procédure de mots inducteurs a été mise en œuvre par Carl Jung, au début du siècle. Il apparut dans son expérimentation que chaque personne marquait un allongement des délais de réponse et une instabilité des mots induits sur quatre ou cinq mots inducteurs qui touchaient en profondeur, spécifiquement pour chacun, des *complexes.*

Les objets inducteurs

Dans un premier temps, on choisit, en groupe, un objet sur une liste variée ; dans un deuxième temps, il s'agit d'émettre des propositions de recherche en vue de perfectionner l'objet choisi par référence aux qualités d'autres objets de la liste.

Liste proposée : marteau-piqueur, motocyclette, radiateur, carabine, pince, camescope, tremplin, vasistas, violoncelle, skis, micro-ordinateur, orgue, tenaille, théière, chaîne hi-fi, trapèze, fèr à repasser, imprimante, couette, magnétophone, scie électrique, fer à souder, cintre, chasse d'eau, ardoises, arrosoir, baromètre, robot de cuisine, pompe, etc.

Commentaire

Cet exercice permet de pousser l'analyse des agencements de plusieurs objets et d'en imaginer des combinaisons inattendues de l'un à l'autre.

Les énumérations stimulées

Il importe, dans cet exercice, que chaque participant énonce oralement ou par écrit, très rapidement, le plus grand nombre de termes relatifs à une catégorie (ou à plusieurs) d'existants qui est imposée, du genre :

– Donnez le maximum de noms d'oiseaux, d'espèces multiples...

– Donnez le maximum de noms de quadrupèdes, ou de reptiles, ou d'insectes, ou d'arbres, ou de plantes, ou de fruits, ou de légumes, etc.

– Donnez le plus grand nombre de mots du langage concret utilisé métaphoriquement dans les théories scientifiques (tels que *champ, noyau, rayon*...), avec précision.

Commentaire

On s'aperçoit des difficultés à énumérer des termes sur des réalités qu'on connaît bien pourtant !

La forme contrainte

Chacun doit s'efforcer de construire des phrases ou des strophes en se soumettant à des contraintes formelles, par exemple : « *Vous devez traiter de tel thème (un concept, une saison, un incident...) en n'utilisant que des mots monosyllabiques ; ou encore, en n'utilisant aucun mot se terminant par un e (ou un t, ou un s, ou un x, ou m, n...) ; ou en évitant que des a (ou autres voyelles) apparaissent ; ou en utilisant un mot sur deux se terminant en ion* », etc.

Commentaire

Cet exercice prépare à la compréhension des contraintes poétiques (nombre de pieds, rimes, allitérations, régularité des strophes...), et montre comment retrouver en richesse créative une contrainte.

Les formes inductrices

Les participants sont invités à dessiner, par deux ou par trois, une figure, abstraire ou concrète, de façon répétitive ou non, mais en n'utilisant que des formes définies dans le tableau suivant, et qu'ils peuvent reproduire à la dimension (ou à l'échelle) qu'ils veulent ainsi que dans n'importe quelle orientation qu'ils choisissent.

△ ○ L □ ◇ Z T G X = || •• ∧ Π ω C

Un tableau de ces formes peut être affiché, ou donné en photocopie.

Commentaire

Les bases de départ, les solutions choisies, les astreintes réciproques, feront l'objet d'échanges en même temps que l'examen des dessins réalisés.

DOCUMENT 57

Exercices sur les référents affectifs et inventions romanesques

Il convient de savoir se mouvoir dans son affectivité et d'en tirer des possibilités d'évocations qui ne soient plus en langue de bois ou en cercles fermés.

Nos héros

Il est demandé à chacun de chercher dans ses souvenirs, des personnes réelles ou imaginaires qui l'ont impressionné : dans son enfance, dans sa jeunesse, dans sa maturité. Les individus pourront ensuite communiquer au sujet de ces héros, en se groupant par deux, ou par trois, ou par quatre. Suivant les cas, on peut demander de ne pas parler de personnages de leur famille.

Commentaire

Une telle recherche n'est pas toujours aussi facile qu'on le pense et on peut s'interroger sur les résistances affectives et les effets d'effacement qu'on rencontre en soi.

Les événements chocs

On demande à chacun, en travail individuel, de citer un événement ou une situation, du passé lointain ou tout proche, qui l'a marqué en orientant son existence ou en exerçant pour lui une action formatrice, estompée ou toujours vive.

Commentaire

On peut réfléchir si certains événements, évidents à évoquer, n'en cachent pas d'autres.

La parabole

Il s'agit de produire, par petits groupes ou individuellement, des récits, en forme de fable, de conte, de mythe, d'aventure extraordinaire, relatifs à des thèmes prégnants dans l'actualité sociale, culturelle, politique, technologique, artistique…

Par exemple : « *La responsabilité est semblable à…* » ; « *Le monde moderne est comme un caravansérail où…* » ; « *Il en est de la réforme de l'administration comme de…* » ; « *Des animaux ont décidé de réformer l'évaluation. Un blaireau a donc été désigné pour…* » ; « *Un poisson et un cabri souhaitèrent communiquer : ils…* » ; « *Prométhée m'a dit…* » ; « *La tapisserie de l'éducation est comme celle de Pénélope…* » ; « *Répondant au Sphinx, Œdipe lui a posé des questions sur…* » ; « *Une classe est comme…* » ; « *Dans la caverne d'Alibaba, il y avait un coin pour des trésors culturels. On y voyait…* » ; « *Les abeilles décidèrent de changer la vie dans la ruche. Pour cela, elles…* » ; « *Le sage indien évoqua pour nous l'équilibre entre les fins et les moyens. Il faut, disait-il, …* »

Commentaire

Rien n'est plus communicatif que la forme verbale en parabole. On pourra comparer les fables de divers pays, les *contes des Mille et une nuits* ou d'Europe, les grands mythes ou les aventures décrits par de grands romanciers.

Les tarots

Dans un jeu de tarots, ou de cartes, ou un jeu de photographies présentant de multiples personnages, animaux et situations, chaque petit groupe (ou individu) choisit quelques cartes et improvise une historiette dont les cartes seraient précisément des illustrations. Ces histoires sont ensuite présentées et la pertinence des images en tant qu'illustrations est explorée. On peut éventuellement écrire l'histoire sous forme de poème en vers ou ajouter des dessins qui continuent l'illustration.

Commentaire

Un tel exercice habitue à relier dans une logique créatrice et ouverte, des personnages et des situations mises en condition de compatibilité.

Le rêve éveillé dirigé

Cette technique, inspirée d'une méthode thérapeutique mise au point par Robert Desoille, ne doit pas être pratiquée sans prudence ni discernement. Vécue en groupe, elle est régulée plus directement par la capacité des membres du groupe à se soutenir et à compenser les moments d'anxiété possible.

L'animateur propose une situation de départ : « *Vous êtes ensemble… sur les toits de Paris, sur une prairie normande, dans une vallée, sur une colline, sur un grand voilier au port, dans une antichambre, dans un aéroport, etc., (avec quelques détails). Vous fermez les yeux et vous décrivez imaginativement ce que vous pourriez voir comme dans un rêve, chacun prenant la parole pour compléter ou développer ce que les autres ont dit.* »

À un moment donné, l'animateur donne des consignes de montée par escalade, en haut d'un mât, d'un arbre ou d'un mur ; par décollage, par ascenseur ou escalier, ou par envol simulé. Les individus décrivent le paysage, des figures qu'ils perçoivent, des situations qu'ils rencontrent. L'animateur surveille la sensibilité de chacun à ces évocations, et, dès qu'il en pressent l'opportunité, il invite les participants à s'arrêter ou à se reposer sur une terrasse spacieuse, sur une branche, sur une colline, sur un espace aérien sans turbulence, au sommet d'une plate-forme confortable, sur un nuage moelleux, etc. Quand tout semble stabilisé, il peut reprendre la consigne de montée ou amorcer, par une consigne inverse, une descente, toujours avec les mêmes prudences en surveillant les réactions aux évocations et en proposant des paliers de repos et de relaxation. Il peut, au bout d'un certain temps, proposer une arrivée dans un endroit agréable et demander que tous les yeux se rouvrent : une réflexion sur ce qui a été vécu et la qualité créative des descriptions peut s'engager.

Commentaire

Les individus font l'expérience de leurs capacités oniriques et de leur entraide imaginative dans une situation de sécurisation : les montées et les descentes rêvées peuvent entraîner des vertiges ou des angoisses désagréables (sinon risquées) s'il n'y avait pas des consignes apaisantes de régulation. Souvent des figures mythologiques ou des archétypes jungiens peuvent apparaître et doivent être apprivoisés.

DEUXIÈME partie

EXERCICES DE COMMUNICATION

Le terme de formation tel que nous l'employons pour l'éducation, l'instruction et le perfectionnement des êtres humains, nous solidarise avec nos voisins d'outre-Rhin, attachés au concept global de *Bildung*. Une telle relation à ce qui est *forme* connote des visées plastiques et le monde des arts. En revanche, celui d'exercice, discriminatif, nous rapproche de nos voisins d'outre-Manche et d'outre-Atlantique. Leur pudeur habituelle anglo-saxonne les rend enclins, en effet, à ne traiter que de *trainings*, d'entraînements à une discipline et à une maîtrise, avec la précaution sémantique de leur forme participative qui vaut pour leur entretien et renouvellement incessants, mais avec une connotation puissante au monde du sport et du développement physique.

Une saine oscillation entre les courants de nos voisinages peut originalement nous convaincre de les réunir en juste convenance dans le mouvement cartésien par excellence. Celui-ci, en effet, méthodique, progressif, nous est propre, même si nous en oublions presque habituellement le premier précepte qui nous recommande *« d'éviter soigneusement la précipitation et la prévention*[1]. *»*

Mais le recours à des exercices distincts et discrets, partiels et approximatifs, simples mais instructifs, peut nous ramener, loin de nos impatiences et globalisations, à *« diviser chacune des difficultés »* d'un apprentissage ou d'une acquisition de savoir, selon le second précepte méthodique, *« en autant de parcelles qu'il se pourrait et qu'il serait requis pour les mieux résoudre* [2] *».*

---

1. René Descartes, *Discours de la méthode*, in *Œuvres et Lettres*, La Pléiade, Gallimard, 1949, p. 103.

2. *Idem*

En l'aspect spécifique de chaque exercice accompli, il nous est alors possible, pour nous ou pour les autres, selon le troisième précepte, de conduire nos apprentissages « *en commençant par les plus simples et les plus aisés à connaître, pour monter peu à peu comme par degrés jusques à la connaissance des plus composés*[1]. »

Ces préceptes de progression tranquille, et d'articulation pragmatique des opérations intellectuelles et pratiques à conduire dans les communications, justifient, s'il en est besoin, la succession des fiches techniques d'exercices incluses dans le présent ouvrage. Chacune d'elles offre à l'initiative du responsable de formation un cadre et des consignes qu'il lui est loisible d'adopter ou de modifier, voire de prendre comme référence et point de départ pour une nouvelle structure d'exercice.

En toute hypothèse, leur multiplicité, au-delà de leur modestie, a pour objet, à défaut de correcte complétude, d'appliquer en quelque approximation symbolique le quatrième précepte (si malencontreusement oublié dans nos habitudes) qui nous recommande « de faire partout des dénombrements si entiers et de revues si générales [que nous soyons assurés] de ne rien omettre.»

Deux autres considérations, que nous avons déjà évoquées et qui forment pour nous références, nous remettent aussi en face de ce précepte.

La multiplicité des exercices présentés peut, en effet, permettre aux formateurs et aux personnes en formation, de faire des choix,

1. *Idem*

autorisant ainsi une personnalisation responsable des formations. Elle peut d'autre part garantir dans le même temps une opportunité de variété, et donc de fraîcheur, indispensable pour correspondre à la complexité du monde de la connaissance et des fantaisies de la communication.

L'ordre suivi ici, sans prétention inutile, oscillera d'exercices dont les consignes d'exécution sont les plus simples ou les plus directes à des exercices intégrant, dans la simulation qu'ils proposent, un degré plus étendu de complexité systémique.

Mais il importera de discerner quelques grandes orientations, pour leur application, lesquelles peuvent à la fois signifier en quoi leurs procédures se distinguent de techniques proprement dites, et comment ils se différencient les uns des autres, suivant qu'ils concernent l'expérience subjective de la personne, ses capacités d'expression, ou enfin les rapports sociaux.

CHAPITRE 1

Exercices versus techniques

Par leurs caractéristiques parcellaires, discrètes, éparpillées, les exercices proposés ci-après se distinguent en fait des techniques, plus globales, dont la présentation a fait l'objet de la première partie de cet ouvrage.

Mais elles s'en démarquent plus encore par le fait que leurs contraintes constitutives, les procédures qui les déterminent, ne sont pas destinées à être réutilisées directement, en transfert, par les stagiaires qui les auront pratiquées, comme cela est, à l'inverse, formellement envisagé pour les techniques.

Au maniement de celles-ci, en effet, les stagiaires, enseignants ou formateurs en formation, sont entraînés afin qu'ils puissent s'en servir subséquemment dans leurs propres activités d'enseignement, de formation ou d'animation. En revanche, ce qui est attendu d'exercices dont on fait l'expérience, c'est l'effet intérieur qu'ils entraînent en chaque personne qui en bénéficie : par quoi le ***training*** rejoint alors la formation.

Et cet effet peut, dès lors, être délimité dans le cadre (ou registre) du développement de la personne, dans celui de son expression (verbale ou non verbale), comme dans celui des rapports de communication plus ou moins conflictuels, en négociation et décision, avec autrui.

LE DÉVELOPPEMENT PERSONNEL

L'effet attendu, à la suite d'un exercice, peut concerner une meilleure communication de la personne avec elle-même.

Dans ce cas, une variété de mises en vigilance et de prises de conscience peuvent être, topiquement, stimulées, exercice par exercice. Il peut s'agir alors d'accroître la maîtrise intérieure ou le dévoilement :

– de certaines tendances, individuelles ou narcissiques, à maîtriser ;

– de motivations, notamment professionnelles, à éclaircir ;

– de réactions spécifiques, à des situations ou incidents, qu'il importe de découvrir ou d'ajuster ;

– d'habiletés de préparation, de classement, ainsi que d'interprétation des faits ou des actes, qu'il convient de développer en soi-même ;

– d'aptitudes à la compréhension et à l'accueil d'autrui, aussi bien qu'à l'adaptation patiente, évolutive des perceptions sociales, en vue d'assurer leur flexibilité opportune ;

– de valeurs, plus ou moins implicites, à situer plus clairement et à pratiquer de façon plus responsable.

Au travers de cette variété d'exercices possibles, ce qui est visé est bien la croissance de la personnalité : par le dévoilement de ses attitudes latentes, et par l'entraînement de capacités variées, une communication plus claire sur ses possibilités lui est proposée. Celle-ci lui permettra de clarifier et d'enrichir ses conduites ultérieures.

MAÎTRISER L'EXPRESSION

Comme nous l'avons exposé dans l'introduction du présent ouvrage, les activités de communication avec autrui impliquent la mise en jeu de signaux sonores ou gestuels assortis à des codes, dans un environnement définissant des possibilités d'objectifs délimitées par des rôles, en vue de produire des messages ciblés et des informations, destinés à être reçus, déchiffrés, et méthodiquement traités.

La communication entre des personnes (et des groupes) suppose, en outre, la réversibilité des activités d'émission et de réception, en aller-retour, effectuant une suite de mises au point successives entre les mémoires respectives et les attitudes profondes ou les projets particuliers.

Par leur mise en réseau, les échange d'information et d'impulsion ou d'énergie permettent aux individus de poursuivre certains objectifs et d'effectuer des tâches définies. Ces échanges peuvent être contrariés par des résistances et des tabous, sinon par des absences de méthode dans l'expression des signaux et l'utilisation des codes, ou par des défenses de personnalité qui détournent les individus de leurs rapports productifs.

Les visées imparties à des exercices distincts pourront être, en conséquence, de sensibiliser chaque personne, en séminaire, aux précautions à prendre pour s'exprimer à l'adresse d'autrui :

– en se défiant des distorsions dans la transmission des informations ou des messages ;

– en évitant de se fier à une interprétation immédiate d'un propos ou d'un signal reçus sans avoir vérifié leurs significations par une mesure de réexpression ;

– en apprivoisant ses perceptions sociales par accommodation dans le contact proche avec des interlocuteurs ;

– en discernant l'influence sur soi de l'environnement et des styles de rôle qui lui sont imposés ;
– en sachant réduire ses mécanismes de défense vis-à-vis d'autrui et les liens qui relient à eux ;
– en prenant soin de varier les formes d'expression adoptées, que celles-ci soient verbales, sonores, gestuelles ou graphiques, et quels que soient les supports et les technologies utilisées ;
– en sachant rechercher les informations complémentaires aux données dont on peut disposer, de façon organisée.

Un échantillonnage d'exercices divers sera donc présenté, en vue des multiples visées précédentes, à l'attention des formateurs et de leurs stagiaires.

COMMUNICATIONS ET NÉGOCIATIONS

Les rapports sociaux et les prises de décisions qu'ils entraînent, comportent nécessairement des risques d'oppositions, d'affrontements, ou de divergence des points de vue, entre des individus ou des groupes. Les raisons ou les causes peuvent en être multiples :
– heurts d'intérêts contradictoires ;
– dissonances culturelles ou langagières qui entravent la compréhension réciproque ;
– appréciations différentes d'une situation donnée ;
– opinions divergentes à propos d'usages de certains objets ou instruments ;
– attachement persistant à des prises de position antérieures et qui deviennent antagonistes.

Les problèmes résultant des conflits entre les personnes ou les groupes peuvent alors être résolus, plus ou moins correctement, selon des consensus arrachés par surprise ou en raison de concessions plus ou moins pertinentes consenties par des individus. L'abandon des points de vue, à défaut d'une argumentation convenable et d'une consultation prudente de chaque personne concernée, peut s'effectuer pour de multiples motifs :
– en raison du pouvoir d'affirmation et de prétention plus ou moins péremptoire, de certains individus ;
– ou plus simplement eu égard à leur prestige, voire à leur statut ;
– ou bien, par une neutralisation réciproque des opinions et avis, obtenue par des procédures expéditives ;
– ou encore par suite d'une exploration incomplète des données utilisables ;
– enfin, et surtout, par manque de méthode et d'imagination créatrice.

Face aux situations conflictuelles, les individus doivent être entraînés, par une certaine variété d'exercices, à aiguiser leur sensibilité à se saisir des faits mais aussi à entrer dans des rapports de communication qui ne sacrifient aucun point de vue. Ils doivent être incités à s'approprier des méthodes de consultation réciproque et exercés à conduire de façon avisée des négociations productrices, en vue de perfectionner leurs capacités de travailler en groupe[1]. Ils doivent avoir intégré des mesures de précaution, de *« retenue »* ou *« vergogne »*, selon les termes de Michel Serres dans le *Tiers-Instruit*, à propos de leurs préventions, de leurs impatience ou de leurs résistances (sinon de leurs *« zones aveugles »* de perception ou de leurs inerties de représentations). Il importe qu'ils aient été exercés à maîtriser leurs tentations de réactionnalité ou d'évitement.

Au travers d'exercices choisis, ce sont les capacités d'échanges productifs et de synthèse méthodique qui sont donc mises en éveil et en perfectionnement progressif.

1. Cf. *Organiser des formations*, Hachette Éducation, 1991, p. 297 : « Règles fondamentales du travail en groupe ».

CHAPITRE 2

Communication et développement personnel

Les exercices qu'on trouvera dans ce chapitre ont pour caractéristique générale de proposer un entraînement à des modalités d'intervention maîtrisée, dans des situations diverses de communication, d'étude, ou d'exploration de soi en relation avec autrui.
Il est en effet utile à des stagiaires de mesurer leurs temps d'intervention ou d'apprécier leurs penchants à réagir, à interpréter subjectivement des situations ou des faits. De même, il leur est profitable de prendre conscience de leurs modes personnels d'apprentissage, de classement, de préparation d'un enseignement ou de motivation professionnelle, mais aussi de perception, d'imagination, ou d'identification de leur personnalité.
L'équilibre personnel appelle également des exercices entraînant à la congruence (ou sécurisation psychique), à la réceptivité vis-à-vis d'autrui, et à l'empathie (ou compréhension des autres). Et il sera opportun de réfléchir avec d'autres individus à propos des valeurs vers lesquelles vont les références individuelles.
Les fiches techniques qui sont présentées ici offrent une certaine variété. Celle-ci gagnera à être accrue par d'autres exercices provenant des ressources bibliographiques qui sont indiquées selon les cas.

LES INTERVENTIONS RÉGULÉES, APPELÉES PARFOIS LA PAROLE EST D'OR

Les individus sont répartis en sous-groupes de six qui vont fonctionner séparément. Chaque sous-groupe dispose de trente minutes pour définir un problème ou se mettre d'accord sur une considération, voire prendre une décision. Chaque participant d'un sous-groupe dispose d'un *crédit-temps* de cinq minutes pour ses interventions. Chaque sous-groupe est suivi par un ou plusieurs observateurs. Il peut y avoir plusieurs réunions à la suite, mais avec des compositions de sous-groupes différents[1].

OBJECTIFS

1. Observer la diversité des comportements verbaux dans un sous-groupe.

2. Constater l'influence des attitudes individuelles et des rapports interpersonnels dans la détermination d'une stratégie d'intervention et qualifier celle-ci.

3. Exercer chacun à prendre en considération l'impact du temps de parole dans un échange.

4. Faire mesurer le volume des interventions susceptibles d'être émises dans un temps donné (une minute).

5. Rendre chacun conscient de l'intérêt suscité dans le sous-groupe par certaines de ses interventions en raison de leur caractère fonctionnel ou non.

1. Source : Service de communication et de formation.

DOCUMENT 58

La parole est d'or

Première phase

Au début d'une réunion de durée limitée à trente minutes, chaque participant désigné par un code (ses initiales ou les lettres A, B, C), reçoit un carnet de *bons de parole*. Chaque bon autorise une minute d'intervention. Cette minute ne peut être morcelée. L'observateur ou les observateurs veillent avec un chronomètre au respect des durées de parole en les marquant par un *top* après avoir reçu un bon. Sur celui-ci il inscrit le numéro d'ordre de l'intervention dans la série des trente interventions accordées à chaque sous-groupe et note ses appréciations sur l'opportunité ou la pertinence et la clarté de l'intervention, ainsi que sur les attitudes. Il signale par un *top* la fin de la minute réglementaire.

Les carnets de bons de parole auront dû être préparés à l'avance et marqués ensuite au code de chaque participant du ou des sous-groupes. On peut utiliser le modèle ci-joint, ou tout autre.

La réunion se déroule sur un thème défini et avec une consigne précise. Il n'y a pas de facilitateur ou d'animateur désigné *a priori*, chaque intervenant gère son crédit et utilise ses bons de parole à son gré (selon sa stratégie implicite ou explicite).

Cet exercice comporte quelques règles complémentaires :

1. chaque participant a la possibilité de renoncer à utiliser un de ses bons en vue de le céder à un autre membre du sous-groupe pour accroître la durée de parole de celui-ci ;

2. les membres du sous-groupe peuvent se mettre d'accord pour que chacun mette un ou deux bons dans un pot en vue d'assurer la souplesse d'une discussion libre dans un temps allant de six à douze minutes ;

3. chacun peut aussi utiliser un bon sans parler, imposant ainsi aux cinq autres une minute de silence (ou de réflexion).

Deuxième phase

À la fin des trente minutes de la réunion chaque sous-groupe réfléchit sur son vécu, il analyse les stratégies d'intervention de chacun avec l'aide des observateurs et à partir de la lecture des bons classés selon le numéro d'ordre des interventions. Un tableau ou un schéma des interventions peut être dessiné au tableau par chaque sous-groupe. Les tableaux des divers sous-groupes peuvent être rassemblés et discutés en plénière de groupe.

Le caractère stimulant de cet exercice donne souvent envie aux participants de recommencer une *partie* à la suite du premier essai. On peut céder une fois à cette envie, mais le jeu tourne vite à la *joute* au détriment de l'entraînement.

Troisième phase

Une seconde réunion, avec les mêmes règles, mais un autre thème (ou une autre consigne) est ensuite conduite en intergroupe[1] des sous-groupes initiaux, c'est-à-dire en constituant avec les participants des *sections* différentes ou en mêlant dans les nouveaux sous-groupes d'anciens intervenants avec des individus qui ont été observateurs dans les précédentes réunions et qui changent ainsi de rôles (d'anciens participants devront dans ce cas prendre le rôle d'observateurs).

Synthèse

À la fin de la seconde réunion, une analyse est encore faite en sous-groupe suivie d'une discussion finale en réunion plénière. Les formateurs (ou enseignants) peuvent alors faire un exposé sur l'autorégulation individuelle des interventions et sur la nature des stratégies possibles.

---

1. Voir dans la partie 1 le document sur les dispositifs d'intergroupes, p. 44.

DOCUMENT 59

Modèle de carnet de bons de parole

Les cinq bons de la planche seront découpés, codés pour un participant donné et placés dans une enveloppe qui lui est remise. Chaque fois qu'il souhaite s'exprimer, un correspondant remet son bon correspondant à l'observateur qui inscrit son numéro dans la suite des trente interventions accordées au sous-groupe, écrit son appréciation sur l'opportunité et la clarté de l'intervention et l'attitude qu'il observe chez le participant.

Code : ....
Numéro d'ordre : ....

Première intervention d'une minute

Pour l'observateur
Opportunité de l'intervention : oui ❑, non ❑
Attitude de l'intervenant : anxieux, crispé, détendu, désinvolte ....
....
Accueil du sous-groupe : intérêt, attention, indifférence, opposition ....
....

Code : ....
Numéro d'ordre : ....

Deuxième intervention d'une minute

Pour l'observateur
Opportunité de l'intervention : oui ❑, non ❑
Attitude de l'intervenant : anxieux, crispé, détendu, désinvolte ....
....
Accueil du sous-groupe : intérêt, attention, indifférence, opposition ....
....

Code : ....
Numéro d'ordre : ....

Troisième intervention d'une minute

Pour l'observateur
Opportunité de l'intervention : oui ❑, non ❑
Attitude de l'intervenant : anxieux, crispé, détendu, désinvolte ....
....
Accueil du sous-groupe : intérêt, attention, indifférence, opposition ....
....

Code : ....
Numéro d'ordre : ....

Quatrième intervention d'une minute

Pour l'observateur
Opportunité de l'intervention : oui ❑, non ❑
Attitude de l'intervenant : anxieux, crispé, détendu, désinvolte ....
....
Accueil du sous-groupe : intérêt, attention, indifférence, opposition ....
....

Code : ....
Numéro d'ordre : ....

Cinquième intervention d'une minute

Pour l'observateur
Opportunité de l'intervention : oui ❑, non ❑
Attitude de l'intervenant : anxieux, crispé, détendu, désinvolte ....
....
Accueil du sous-groupe : intérêt, attention, indifférence, opposition ....
....

EXERCICE DE PROCÉDURE SUR INCIDENT

Cette technique est classique dans la formation des responsables de sécurité. (Elle a été généralisée pour toute la formation par le docteur Paul Pigors du MIT, Institut de technologie du Massachussetts). Son principe est de présenter, sous une forme succincte, un incident critique, réel ou imaginaire, de façon à ce que les participants se partagent en groupes antagonistes. L'incident doit donc être de nature à partager le groupe sur les solutions à donner.

Nombre de participants : au moins dix.

Durée : environ deux heures.

OBJECTIFS

1. Entraîner les participants à analyser et résoudre rapidement des problèmes de la vie quotidienne.

2. Perfectionner au discernement des points critiques d'une situation.

3. Enrichir le groupe par une évocation d'expériences individuelles.

4. Éclairer les processus individuels de la décision en faisant prendre conscience à chacun de ses motivations irrationnelles, de ses tendances à projeter ses préjugés et à exploiter de façon partielle les éléments d'information.

PRÉPARATION

Le formateur présente un incident critique qui puisse diviser les participants au moins en deux sous-groupes quant aux solutions à apporter.

Réel ou imaginaire, l'incident doit être exposé sous une forme assez ramassée pour prendre un aspect critique et pour pouvoir être lu rapidement. Il doit impliquer intensément les participants. Une ou plusieurs questions y sont jointes, telles que : *« Que feriez-vous à la place de... ? »*, ou : *« Que pensez-vous de l'attitude de... ? »*

L'animateur a réuni à l'avance les éléments d'information nécessaires (lois, décrets, organigrammes, bilans, extraits de presse, prospectus, plans, graphiques, photo, etc.), afin d'être en mesure de répondre ultérieurement aux questions que poseraient les participants.

Chaque participant devra disposer d'une feuille avec l'énoncé de l'incident brut.

DOCUMENT 60

Deux exemples d'incidents

Dans un établissement universitaire, un début d'incendie se produit dans une salle de classe (salle de chimie, par exemple) et menace de prendre une certaine extension.

– Que doivent faire le professeur, les élèves, ou étudiants, le personnel de laboratoire ?

– Puis, que doivent faire les personnels de direction, d'administration, d'enseignement et d'intendance, les agents, le concierge ?

NB – Quels sont les textes, les règlements, les jugements ?

Dans un établissement scolaire, deux élèves se battent dans la cour. Tous les deux sont déjà ensanglantés, mais ils luttent vigoureusement. Les autres élèves regardent l'incident à distance.

Que pensez-vous devoir faire ?

NB – Une procédure permettant de détenir des incidents critiques peut être de demander à chaque participant de rédiger par écrit, de façon brève, une situation difficile qu'il a rencontrée (on retrouve ici le processus technique dits des minicas).

DOCUMENT 61

Procédure sur incident (en 9 phases)

1. Présentation de l'incident (deux à trois minutes)

Après avoir expliqué au groupe les objectifs et la procédure de l'exercice, le formateur évoque l'incident puis il distribue rapidement son énoncé à tous les participants, afin que chacun en prenne une connaissance approfondie.

2. Analyse de l'incident (cinq à dix minutes)

S'ils trouvent l'énoncé insuffisant pour comprendre l'incident, les participants peuvent poser au formateur des questions (du genre : quand ? où ? comment ? qui ? quoi ? pourquoi ?, etc.) Le formateur se limite à répondre aux questions sans tenter sur elles de jugements de valeur : il veille à ce qu'il en soit de même chez les participants. Il peut éventuellement distribuer certains documents.

3. Synthèse (cinq minutes)

Un des participants est invité à faire la synthèse, pour tout le groupe, des informations recueillies dans la phase précédente.

4. Délimitation du problème (dix à quinze minutes)

Les participants essaient de voir quel est le problème fondamental, ce qui n'est pas toujours facile.

Le formateur aide le groupe à se faire une vision assez large de l'incident à partir des informations recueillies précédemment.

5. Décision individuelle (cinq minutes)

Chaque participant lit sa décision. Une fois que toutes les décisions individuelles sont connues, le formateur demande aux participants de voter pour les décisions qu'ils jugent les meilleures. Il y a plusieurs décisions qui recueillent des voix. En cas d'unanimité des voix, l'animateur passe directement à la phase 8.

6. Travaux de sous-groupes (dix minutes)

Chaque sous-groupe, scindé dans le groupe à partir de son choix, analyse les raisons de celui-ci et désigne un porte-parole.

7. Discussion générale (dix à quinze minutes)

Tous les participants se réunissent en séance plénière. Les porte-parole expriment successivement, en exposés contradictoires, les conclusions de leur sous-groupe, ce qui donne lieu ensuite à un débat général. Le formateur aide les participants à intégrer les différents points de vue afin d'arriver à un consensus.

8. Évaluation (dix à quinze minutes)

Les participants échangent leurs points de vue sur les leçons à tirer de l'incident. Ils essaient de voir comment résoudre un problème dans la vie réelle et quelles mesures préventives prendre pour éviter des situations similaires de confusion, d'hésitation ou de précipitation.

9. Discussion finale (dix minutes)

Enfin, les participants discutent avec le formateur de la technique elle-même, en se demandant si les objectifs poursuivis ont bien été atteints.

Variantes

• Pour la phase 6, le sous-groupement peut être établi non par vote, mais par classement des rapports individuels (par types de décision) réalisé par le formateur lui-même ou par le groupe.

• Pour la phase 7, Mucchielli[1] parle de réunion en grand groupe pour plaidoiries et propose, éventuellement, des jeux de rôles pour mimer la réalisation des différentes décisions proposées.

• Pour la phase 9, un essai de conceptualisation peut être fait par l'animateur, M. Mucchielli propose ici d'orienter la réflexion selon quatre directions :
– *regard en arrière* sur les conditions et le contexte dans lesquels s'est produit l'incident ;
– *regard au-dessus* sur les principes opérationnels à généraliser ;
– *regard autour* sur les solutions *analogues* ;
– *regard en avant* sur la nécessité de modifier nos attitudes personnelles si nous voulons régler de tels cas de manière adaptée et efficace.

Remarques

Il importe que l'incident critique proposé ait été choisi avec soin et que l'animateur ait réuni suffisamment d'informations pour aider les participants, en se gardant de les obliger à adopter passivement ou conflictuellement ses propres idées.

Cette méthode peut être utilisée pour renouveler celle des études de cas ou d'autres types de simulation de formation. Elle peut servir à apporter aussi bien qu'à présenter certains aspects des sciences de l'action et de l'éducation.

1. *Op. cit.*

LA LEÇON SITUÉE DANS UNE PROGRESSION

◆

Par le choix de tactiques appropriées[1] l'enseignant est entraîné à appliquer et réaliser une stratégie murie dans la phase de préparation d'un cours : motivant l'élève, le transformant en être actif, responsable de sa formation, qui collaborera avec ses camarades et avec le maître. Un tel élève ne posera guère de problèmes disciplinaires à de rares exceptions près.

OBJECTIFS DES CAPACITÉS À EXERCER

1. Le stagiaire est capable de situer le rôle de sa leçon dans le cadre de sa stratégie éducative ;

2. d'établir un plan de leçon ;

3. de choisir les méthodes didactiques adéquates, ainsi que les supports didactiques ;

4. d'abandonner le plan prévu, en particulier pour suivre des suggestions fructueuses d'élèves.

DOCUMENT 62

La préparation d'une leçon : la leçon située dans une progression

Les exercices sont effectués en séminaire avec les formateurs.

Première phase

Le stagiaire établit un plan : il le situe par rapport à d'autres projets de cours ; il le discute avec un des formateurs.

Deuxième phase

Le stagiaire présente son plan et sa position stratégique au groupe des autres stagiaires.

Troisième phase

La discussion se poursuit en séminaire avec les formateurs : recherche des modalités de lancement de la leçon et des relances utiles, précisions sur les objectifs, qualité des liens aux leçons précédentes et suivantes ; alertes et points clefs à expliciter aux élèves ; élaboration d'un schéma méthodologique désignant les savoirs à évoquer pour expliciter les contextes didactiques et pédagogiques d'une leçon ; importance d'avoir noté par écrit les consignes des tâches qui seraient données à faire aux élèves (voir document n° 65) ; rappel d'une qualité d'une communication réciproque entre enseignant et élèves pour renforcer les chances de compréhension.

1. À partir de documents élaborés par un groupe de formateurs suisses.

UNE SOURCE D'INFORMATION : LA BIBLIOGRAPHIE

Cet exercice doit permettre par des visites et des travaux de développer chez les stagiaires la qualité et la variété de leurs références théoriques et pratiques.

Il importe de rendre les stagiaires capables de discerner et d'expérimenter pour en tirer usage :

– la bibliographie adéquate, apprentissage, critiques et commentaires, simplicité de communication au niveau élèves ;

– une bibliographie concrète ; en permettant de voir, manipuler (pas seulement donner une liste de titres) ;

– la bibliographie institutionnelle pour assurer la connaissance des moyens d'enseignement officiels (brochures, fiches...) ;

– une bibliographie collégiale qui rend possible la connaissance des documents réalisés par des collègues.

DOCUMENT 63

La préparation d'une leçon : du bon usage de la bibliographie

Il s'effectue en réalisant les différentes phases indiquées ci-après, ou quelques-unes d'entre elles.

Première phase

Organiser des visites commentées de bibliothèques, centres de documentation, etc.

Deuxième phase

Donner trois chapitres de manuels à lire concernant un même sujet (si possible limité) en demandant d'en faire une critique :
– pour son usage personnel,
– pour une utilisation en classe.

Troisième phase

Donner un travail comparatif portant sur un même sujet dans deux types de sources différentes :
– dans un manuel
– à partir d'ouvrages plus élaborés.

Cet exercice est destiné à faire apparaître les difficultés d'utilisation de certains ouvrages par rapport à d'autres.

Quatrième phase

Faire rédiger à partir de différentes sources un document de vulgarisation (clair, précis, structuré) destiné aux élèves.

Cinquième phase

Imposer trois documents (de n'importe quel type) et demander de les intégrer judicieusement à un sujet choisi.

Sixième phase

Organiser périodiquement des échanges de documents entre stagiaires. Puis faire procéder à une sélection des documents retenus en explicitant pourquoi.

Septième phase

Exercices divers incitant les candidats à utiliser les documents iconographiques, les schémas, etc.

L'INTRODUCTION D'UNE MATIÈRE NOUVELLE

Il s'agit dans cet exercice de placer les stagiaires dans diverses situations d'introduction de concepts ou de données, et d'en tirer des indications méthodologiques générales.

OBJECTIFS

1. Exercer la capacité des stagiaires à attirer l'attention des élèves, à susciter leur intérêt.

2. Développer la capacité de permettre aux élèves d'être actifs.

3. Exercer la capacité à intéresser par diverses voies :
– par un exposé,
– en posant un problème (déséquilibre),
– par la présentation et l'étude d'un document,
– par une activité de recherche.

DOCUMENT 64

La préparation d'une leçon : introduire une matière nouvelle

Les exercices peuvent être présentés dans n'importe quel ordre.

• Un stagiaire lit un texte sur la nécessité de *bien introduire* une matière nouvelle. Par groupes, les stagiaires essaient ensuite :

– de restituer l'exposé

– d'exprimer ce qu'ils ont ressenti au cours de l'exposé

– d'évoquer d'autres possibilités d'introduction au sujet du jour.

• En x minutes, quelques stagiaires présenteront l'introduction d'une leçon portant sur une matière nouvelle pour leurs collègues.

• Présentation du début d'un film vidéo sur une pratique pédagogique :

– faire décrire avec précision par les stagiaires, à haute voix, les activités du maître, des élèves, les interactions, telles qu'ils les perçoivent ;

– faire comparer les divers types d'intervention magistrale et faire découvrir la structure du film (styles transmissif, incitatif, appropriatif) ;

– faire qualifier, éventuellement hiérarchiser, les styles.

• En vue d'un prochain cours sur le thème *Introduction d'une matière nouvelle* :

– un groupe de stagiaires observera trois leçons différentes (données par des maîtres qui seront d'accord de les accueillir) et consignera le résultat de ses observations (possibilité d'enregistrer, de filmer, etc.)

– un groupe de stagiaires consultera le chapitre consacré à ce thème dans tel ou tel ouvrage de pédagogie et présentera un résumé ;

– un groupe de stagiaires imaginera trois introductions possibles à l'étude d'une matière nouvelle de son choix et les présentera à l'ensemble des stagiaires ;

– puis phase d'exploitation lors du cours de méthodologie.

FORMULATION DES CONSIGNES

Ce type d'exercice doit sensibiliser les stagiaires à l'importance de donner des consignes mobilisantes et d'en vérifier l'interprétation par les élèves.

OBJECTIFS

Le stagiaire doit être capable de :

1. donner aux élèves des consignes adéquates par rapport aux objectifs et à la démarche ;

2. établir une distinction entre les consignes fixes et occasionnelles ;

3. adapter la formulation des consignes (vocabulaire, style) au niveau des élève ;

4. assurer la cohérence et la gradation des consignes

5. définir le moment du cours le plus propice à l'indication des consignes ;

6. assortir les consignes d'exemples ;

7. mettre les consignes en évidence.

DOCUMENT 65

La préparation d'une leçon : formuler des consignes

À partir d'un lot de consignes peu ou mal adaptées, inviter les stagiaires, en petits groupes, à les reformuler, puis à discuter en plénière leurs nouvelles formulations.

Entraîner à la conception de consignes, en faisant rédiger individuellement, pour une tâche déterminée, choisie par tout le groupe, ou par chacun, les consignes adéquates. Celles-ci seront ensuite débattues en plénière.

Entraîner à la gradation et au nombre des consignes utiles pour un travail donné.

Exercer les stagiaires à la transposition de consignes examinées littéralement en consignes explicitées graphiquement.

Établir un échange sur la planification des contrôles successifs qui seraient proposés à des élèves ;

Faire discuter par les stagiaires la distinction des secteurs particuliers de consignes (niveau, travail matériel, espace, temps, calcul, traitement de données, évocations, etc.) ;

Proposer entre petits groupes des exercices de simplification de consignes rédigés par d'autres petits groupes.

ÉLABORATION DE TRAVAUX ÉCRITS

Il s'agit d'inciter, par des travaux préparés et par l'étude de travaux aberrants, les stagiaires à définir pour leurs élèves des travaux écrits qui soient en cohérence avec l'enseignement qu'ils assurent.

OBJECTIFS POUR LA CONCEPTION DE TRAVAUX ÉCRITS

Chaque travail écrit (TE) devra être élaboré en fonction immédiate des apprentissages menés et des objectifs ; il pourra contrôler ce qui a été exercé selon les mêmes modalités et sous la même forme que les exercices.

La matière du TE sera fixée précisément avec les élèves.

On diminue la part de la subjectivité (dans la composition française, par exemple) en fixant des consignes précises sur ce qui va être contrôlé.

Le maître variera les types de TE (mémorisation, analyse, déduction, rédaction, utilisation des connaissances, transfert, abstraction, découverte...) et évaluera les différentes capacités chez les élèves en communication avec eux.

La progression sera de difficulté croissante : la première question doit pouvoir être résolue par tous les élèves.

Le maître éditera des problèmes *poupées russes*, où il faut avoir résolu la première question pour résoudre la deuxième, etc.

Le maître soumettra son épreuve à un collègue.

On favorisera les TE communs à plusieurs classes.

DOCUMENT 66

La préparation d'une leçon : élaborer des travaux écrits

Le déroulement de l'exercice se fait par une alternance de travaux centrés sur des capacités diverses qu'on souhaite exercer différentiellement chez les élèves de façon claire et la critique de problèmes ou de questions, dont tirer morale.

Exercices de préparation de travaux écrits permettant de vérifier :

– l'acquisition de notions (mémorisation)

– le raisonnement formulé

– la capacité de recherche, d'exploitation et d'informations

– si les objectifs proposés ont été atteints, ceci sera suivi d'échanges en réunion plénière.

Études de travaux aberrants (du genre non limitatif ! rencontré en pratique) :

– Quelle est la date de la mort de Louis XIV ? Quel événement important a commencé vingt-cinq ans près cette date ?

– Un questionnaire de dix-huit questions à rédiger.

– Travail de questions ne portant que sur des détails.

– Une épreuve sur un champ inexpérimenté.

– Un franc français équivaut à 0,3 F suisse. À combien de francs suisses revient un manteau de fourrure qui vaut 350 F.

– Version latine avec les explications suivantes : brique, concussion, prorogation.

– Demander à des élèves de onze ans qui ont étudié deux systèmes politiques de résoudre la question : quelles différences y a-t-il entre les deux systèmes ?

Rédaction en atelier de fiches pratiques pour définir les précautions à prendre pour préparer et donner aux élèves des travaux et devoirs écrits. Ces fiches comporteraient des indications sur les modalités d'évaluation (et les barèmes éventuels) des travaux écrits.

On pourra s'inspirer de ce qui suit.

Cette fiche est présentée en trois parties.

1 Avant	2 Pendant	3 Après
Préparation du TE	Passation des TE	Correction et notation

1. Généralités

Le stagiaire doit s'efforcer de :

– dire ouvertement si les TE sont annoncés ou non,

– répartir les TE sur tout le trimestre, (planification),

– fixer la date des TE assez tôt et en fonction des TE des collègues.

Le stagiaire s'interdira de faire des TE punitifs.

2. Processus d'acquisition

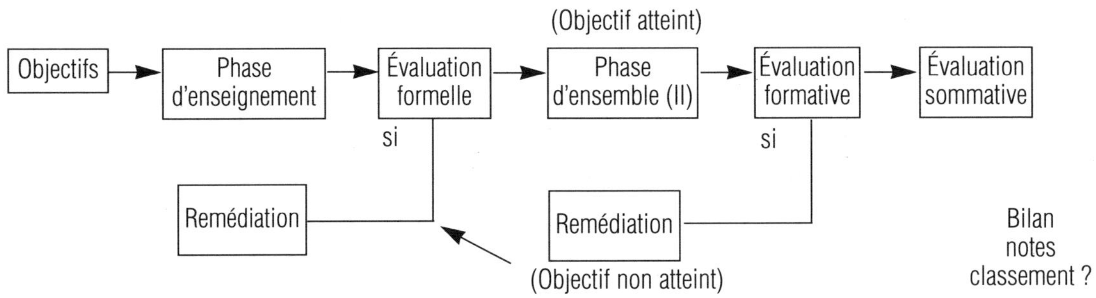

LA COMMUNICATION PAR LES QUESTIONS POSÉES AUX ÉLÈVES

Il s'agit de sensibiliser les stagiaires de bien formuler des questions et de lui faire sentir que, s'il a de la peine à formuler les questions posées à ses élèves, cela se traduira par une incompréhension de ceux-ci, donc par des réponses pauvres et vagues (conséquence de la pauvreté des questions).

OBJECTIFS

1. Sensibiliser à l'observation des processus questions-réponses enseignement.

2. Rendre l'enseignant empathique aux difficultés de compréhension vécues par les élèves.

3. Exercer à la formulation de questions opératoires.

REMARQUES SUR QUELQUES DIFFICULTÉS GÉNÉRALES

Les formateurs peuvent avoir des difficultés de gestion pour la prise en charge individuelle des candidats.

Il s'agirait de pouvoir agir en dehors des séminaires de méthodologie dans des plages horaires prévues à cet effet.

Les formateurs ont peu de moyens pour élaborer des stratégies de remédiation. Ils devraient donc travailler ensemble pour les imaginer.

Pourrions-nous aussi envisager la mise en place de séances de travail entre formateurs, s'étendant sur plusieurs jours, pour s'atteler à un travail concret directement utilisable avec les candidats ?

La préparation d'une leçon : la communication par les questions posées aux élèves

DOCUMENT 67

On peut remarquer que ces modalités peuvent être centrées sur un individu ou sur un groupe de candidats.

1. Utilisant une séquence filmée d'enseignement, faire observer et analyser les questions et réponses. Travail en groupe, en discussion de méthodologie, fondée sur l'observation d'un enseignant inconnu.

2. Mettre les candidats dans la même situation de frustration que celle dans laquelle les élèves peuvent se trouver. Le formateur pose des questions vagues, imprécises. Il s'agit ici d'une sorte de jeu de rôle qui a pour but de sensibiliser les candidats au problème posé.

3. L'observateur (maître de méthodologie, par exemple) relève les questions posées par le candidat en situation d'enseignement, puis catégorise ces questions par rapport à certains paramètres (contenu, forme, etc.).

4. Même situation que ci-dessus, mais utilisation d'un enregistrement sonore pour faire prendre conscience du problème.

5. Poser des questions de manière structurée s'apprend. Il faut connaître des schémas de questions (les questions sont de plusieurs types : alternatives, fermées, ouvertes, progressivement ouvertes, nécessitant un développement, etc.). Faire exercer ensuite ces divers types de questions par les candidats pour leur donner des outils.

6. Amener les candidats à réfléchir au problème par un biais affectif : « *Qu'est-ce que je provoque chez l'élève lorsque je pose une question ?* »

7. Faire préparer une leçon ou une partie de leçon avec obligation de rédiger complètement les questions et au moins une des réponses possibles.

8. Conduire un exercice pratique en groupe. Déterminer un sujet ou thème ou notion à étudier en classe. Dégager les mécanismes nécessaires et déterminer le moment à partir duquel le système des questions-réponses doit intervenir.

9. Pratiquer en séminaire de méthodologie un jeu de rôle impliquant le recours aux questions-réponses.

10. À partir d'un questionnaire écrit préétabli, inconnu des candidats, faire faire le travail, puis constater les convergences ou divergences.

11. S'exercer à la reformulation des questions posées par un animateur ou un des participants.

12. Après qu'une question a été posée, imaginer l'éventail des réponses possibles.

ÉMETTRE DES « MESSAGES-JE »

Une autre inspiration, en vue d'élaborer et conduire des exercices visant le développement de la congruence, peut être trouvée dans les théories et pratiques de Thomas Gordon, ancien assistant de Carl Rogers. Sa *« méthode de formation à des relations humaines sans perdant »*, a été rendue publique notamment par ses ouvrages *Parents efficaces* et *Devenir enseignant efficace : enseigner et être soi-même*, traduits et publiés au Québec dès 1977. À propos du premier livre, Rogers remarquait que l'approche qu'il préconise aide à respecter *« à la fois le droit du parent d'être lui-même et le droit de l'enfant d'être lui-même*[1]*. »*

Parmi les façons efficaces de se confronter à un enfant, Thomas Gordon distingue des *« messages-tu »* et des *« messages-je »*. Les premiers font souvent peser, involontairement la plupart du temps, des comportements dévalorisants, moralisateurs et inefficaces sur l'enfant (ou tout autre personne, même réputée adulte). Les « message- je », en revanche, *« risquent beaucoup moins de provoquer la résistance et la révolte »*. Car *« communiquer sincèrement à un interlocuteur les effets de son comportement sur vous est beaucoup moins menaçant que de lui suggérer qu'il est méchant ou malfaisant parce qu'il agit de telle façon*[2]*. »* La perception d'un message est absolument cathartique : pour l'émetteur qui, dans la mesure où il se met, méthodiquement, en congruence avec lui-même, sans se chercher d'alibi, ni céder à la projection sur autrui, et pour le récepteur qui est placé, sans biais, ni moralisation, ou hypocrisie, en face de lui-même.

Parmi les exercices présentés par Thomas Gordon, nous avons choisi Émettre des messages-je[3]. Dans celui-ci, les stagiaires en formation sont invités au cours d'une première phase à réécrire en *« messages-je »* des *« messages-tu »* qui leur sont présentés. Une clé, en fin d'exercice, au cours d'une deuxième phase, permet de comparer les réponses des stagiaires et des rédactions types. Une troisième peut amorcer un échange sur l'expression personnalisée, cohérente, avec un effet intérieur de congruence, ainsi qu'une analyse de ses effets sur le dialogue. Cette phase peut permettre d'esquisser la variété des formulations personnelles, qui éviterait le recours inerte à des formules triviales *(« je suis gêné... je n'aime pas »)* qui ont parfois été abusivement utilisées dans des séminaires de formation par certains.

1. *Parents efficaces*, Éd. du Jour, Québec, 1977, dernière page de couverture.
2. *Ibidem*, p. 164.
3. *Ibidem*, pp. 409 à 411.

FORMULATION DE MESSAGES

Après une étude d'une triple variété de formulations de messages en réponse à des situations diverses, les gens sont invités à rédiger leurs formulations selon cette triple variété.

Nombre de participants : de cinq à cinquante personnes.

Matériel nécessaire : feuilles de situations avec et sans messages (1 et 2).

OBJECTIFS

1. Se préparer à entrer en dialogue direct ou indirect avec des personnes.

2. Pouvoir choisir entre des formes d'interpellation d'autrui, d'expression neutre ou d'implication personnelle.

3. Se prémunir contre des tentations de rationalité ou de culpabilisation d'autrui.

DOCUMENT 68

Formulation des messages

Première phase

Le formateur explique l'opportunité de ne pas intervenir automatiquement par des mises en cause d'autrui, mais plutôt par des implications personnelles, comme cela est recommandé dans les formations à l'analyse transactionnelle : évitant les positions dominatrices mais facilitant les échanges, non réactionnels autant que possible, de sujets à sujets.

Deuxième phase

Les feuilles 1 (document 69) présentant des messages en réponse à des situations schématisées sont étudiées par les participants. Ceux-ci sont ensuite invités à expliciter leurs sentiments et leurs remarques à propos des diverses réponses, de la catégorisation du plus intervenant ou culpabilisant, ou plus tolérant, ou du plus impliquant personnellement pour le locuteur au moins impliquant. Les effets produits par les divers messages sont étudiés.

Troisième phase

Les participants, seuls ou en binômes (sinon en petits groupes) ont à rédiger, par rapport à une série de situations (feuilles 2, document 70), des messages selon les trois registres du tu (ou vous), du on (ou il), et du je (ou nous).

Quatrième phase

Les messages élaborés sont mis en commun, en plénière ou en sous-groupes, et leur conformité aux registres choisis est mise en discussion.

Remarques

On peut aussi différencier les messages dans les trois registres en leur donnant des caractéristiques :
- de jugement
- d'injonction
- de conseil
- d'interrogation
- de diversion.

Variante

Il est demandé à chaque participant, pour chaque situation et chaque registre, d'indiquer le message qu'il préférerait communiquer. Quand toutes les situations ont été explorées, chacun comptabilise ses choix, en caractéristiques de jugement, injonction, conseil, interrogation et diversion. En binôme ou en petits groupes, les participants échangent sur leurs tendances personnelles : les caractéristiques qu'ils choisissent préférentiellement et/ou celles qu'ils adoptent rarement.

DOCUMENT 69

Feuille de situations avec messages (1)

Situations	Registre tu (ou vous)	Registre on (ou il)	Registre je (ou nous)
1. Un élève frappe (ou bouscule) un de ses camarades plus petit.	• Tu devrais avoir honte. • Eh bien ! arrête-toi ! • Peux-tu t'excuser... • Que penses-tu de ton geste ? • Va porter ma sacoche dans la classe, s'il te plaît.	• On ne frappe pas un plus petit que soi ! • On se calme ! • Cela ne se fait pas. • On est fier de soi ? • Ça chauffe dur ici.	• Je suis choqué de voir un grand frapper un petit. • Faut-il que j'intervienne ? • Je voudrais que tu t'excuses. • Je me demande ce que cela peut être. • J'arrive mal à propos !
2. Un petit groupe fait trop de bruit et gêne les autres petits groupes.	• Vous êtes trop bruyants ! • Pouvez-vous réduire la vivacité de vos échanges... • Vous devriez faire attention au bruit que vous faites. • Qu'est-ce qui vous anime si fort ? • Pouvez-vous m'écouter ?	• Il n'est pas correct de gêner les autres. • Un peu de calme ! • Il vaut mieux s'entendre. • Que se passe-t-il ? • On ne s'entend plus !	• Je n'apprécie pas votre vacarme. • Je voudrais ne pas être dérangé par votre bruit. • J'aimerais qu'il y ait moins de pétulance ! • Je me demande ce qui se passe. • Je rêve que chaque groupe puisse travailler tranquillement.
3. Quelqu'un (jeune ou adulte) s'exprime de façon grossière.	• Tu n'as pas honte de parler ainsi. • Peux-tu t'exprimer plus correctement. • Tu pourrais t'excuser... • Pourquoi tiens-tu à parler avec grossièreté ? • Bon, dis-nous ce qui ne va pas.	• Il n'est pas correct de parler grossièrement. • On peut toujours rectifier des propos excessifs. • Il vaut mieux se taire qu'être vulgaire. • Est-il indispensable de s'exprimer indélicatement ? • Allons, il fera beau demain.	• Je trouve malséant de s'exprimer comme ça. • J'aimerais entendre un autre langage. • Je te conseille de mieux maîtriser tes propos. • Dois-je me fâcher ou m'indigner ? • Je n'ai rien entendu.
4. Des stagiaires ont remis un rapport visiblement bâclé.	• Votre rapport est insuffisant. • Vous allez reprendre votre rédaction et la finir. • Vous devez mieux coopérer pour faire un travail correct. • Pourquoi avez-vous manqué de temps ? • Autant en emporte le vent, avec vous !	• Un rapport bien léger, ce n'est pas satisfaisant. • Il faut reprendre tout ça. • Il vaut mieux bien faire ce que l'on fait. • Qu'est-il arrivé ? • On fera mieux la prochaine fois.	• Je regrette d'avoir à lire un texte inachevé. • J'attends un autre texte. • Je souhaite que vous arriviez à mieux vous organiser. • Que dois-je penser de ce travail ? • Je n'ai rien à dire.
5. Un étudiant arrive en retard et perturbe l'amphi.	• Ça ne vous fait rien de déranger tout le monde ? • Asseyez-vous rapidement, je vous en prie. • Vous feriez mieux d'être à l'heure. • Vous êtes en retard, pourquoi ? • Vous nous comblez !	• Il n'est pas judicieux de se faire remarquer. • On doit se faire oublier, ça vaut mieux. • Il faut savoir tenir sa place. • Qu'est-ce qui dérange le plus ? • Mieux vaut tard que jamais.	• Je déplore la désinvolture de certains. • J'attends un peu de silence. • J'aimerais ne plus être interrompu. • Dois-je me taire ? • Un ange passe... !
6. Des parents d'élèves (ou des stagiaires) contestent avec véhémence des professeurs.	• Vous êtes injuste avec nous. • Vous feriez mieux de nous écouter.	• Il n'est pas convenable de critiquer les décisions de personnes responsables.	• Je suis désolé par la tournure que prennent les échanges ici.

	• Vous ne gagnerez rien à être désagréables. • Êtes-vous sûrs de votre position ? • Vous avez, peut-être, autre chose que des reproches à nous faire.	• Il conviendrait de changer de ton. • On ne progressera pas avec des invectives. • Quels sont les vrais motifs du présent conflit ? • On n'a rien à faire avec des querelles insipides.	• Je voudrais que vous changiez de ton. • Nous pourrions parler plus tranquillement. • Pouvons-nous rester sans réagir ? • Nous sommes bien récompensés.
7. Des stagiaires récusent une technique que des formateurs leur proposent d'expérimenter.	• Vous êtes opposants a priori… • Essayez cette technique, on discutera après coup. • Vous avez intérêt à expérimenter de nouvelles techniques. • Mais qu'est-ce qui vous fait peur ? • Je crois que certains d'entre vous aimeraient commencer.	• Il est plus facile de critiquer que d'agir. • Il faut y aller. • On gagne toujours à écarter ses préjugés. • Qu'est-ce qui vous met le plus en retrait ? • On n'en mourra pas !	• J'ai du mal à comprendre vos réticences excessives. • Je vous demande de vous mettre au travail. • Je vois bien vos hésitations ! Elles n'empêchent pas d'essayer, si vous voulez m'en croire. • Quelle impression je donne en proposant cette technique ? • Je vous admire…
8. Des professeurs hésitent à mettre en œuvre dans leurs classes une pratique qu'ils ont expérimentée avec intérêt en séminaire de formation.	• Vous ne vous sentez pas sûrs de vous. • N'hésitez pas : vos élèves vous aideront. • Vous devriez mettre entre parenthèses vos hésitations et vous autoriser à innover. • Qu'est-ce que vous craignez le plus ? • Vous ferez ce que vous voulez !	• On aime trop ses habitudes… • Il faut savoir mettre ses doutes de côté. • Les innovations sont toujours profitables. • Est-ce que ce sont les élèves qui nous obligent à la routine ? • On hésite toujours ?	• Je suis surpris par les craintes que soulève le transfert de cette pratique. • Je vous demande d'essayer en pensant à notre expérimentation ici. • J'insiste pour que vous dépassiez vos doutes. • Que pourrais-je faire pour vous aider ? • Je m'en remets à vous.

DOCUMENT 70

Feuille de situations de messages (2)

Situations	Registre tu (ou vous)	Registre on (ou il)	Registre je (ou nous)
1. Un élève doit s'expliquer sur une absence non excusée ou injustifiée.			
2. Deux élèves s'injurient.			
3. Un élève reste interdit et ne peut répondre à une question qui lui est posée.			
4. Votre secrétaire a oublié de vous faire part d'une communication importante.			
5. Un collègue vous interpelle avec vivacité et, vous semble-t-il, à tort.			
6. Un supérieur hiérarchique a oublié une demande de congé (pour un événement familial, ou un enterrement) que vous lui aviez déposée.			
7. Un élève (ou un subordonné) vous pose une question qui vous surprend.			
8. Une personne vous bouscule dans la rue.			

JEU D'ASSOCIATIONS D'IMAGES

Ce jeu d'associations verbales peut ou non déboucher sur la création d'un texte.
Nombre de participants : entre six et douze personnes.
Durée : trois heures.

OBJECTIFS

1. Dissocier images et idées abstraites.

2. Entraîner à les saisir par le langage dans leur bref passage dans le champ de l'imaginaire.

3. Rechercher la vitesse des associations. Autrement dit, développer la fluidité des images ainsi que la fluidité verbale.

4. Utiliser les associations individuelles pour créer des associations collectives et vice versa.

5. Entraîner à grouper des images dans un effort collectif de convergence sur un thème.

Jeu d'associations d'images

DOCUMENT 71

Première phase

Commencer par faire saisir par le langage et à tour de rôle pour chaque participant, le défilé d'images qui apparaît spontanément à l'esprit.

On exclut toute idée abstraite.

Deuxième phase

Donner, une à une, une série d'images qui deviendront inductrices d'associations individuelles fixées par écrit.

Par exemple :

– des rues toutes ruisselantes

– la fumée rase les toits

– une fleur dans son berceau vert

– un dos courbé.

Troisième phase

Faire l'inventaire de toutes les images qui se centrent sur chaque élément inducteur.

Quatrième phase

Autour de chaque groupe d'images, créer collectivement un texte en vers ou en prose.

Cette quatrième phase peut s'élaborer individuellement.

DOCUMENT 72

Exercice d'exploration personnelle sur les motivations professionnelles

Vous devez choisir un métier. Qu'est-ce qui vous paraîtrait important pour votre futur emploi ?

Pouvez-vous dire :

« *Je choisirais plutôt ce travail parce que…* »

1 – on rend service aux gens.
2 – il faut toujours trouver des solutions.
3 – les salaires augmentent facilement.
4 – on peut changer sa manière de travailler.
5 – on est libre de ses mouvements.
6 – on se sent admiré.
7 – le cadre du travail est agréable à regarder.
8 – on fait partie d'une équipe.
9 – il n'y a pas de risque de chômage.
10 – on peut être le genre de personne que l'on désire être.
11 – le supérieur agit honnêtement avec les employés.
12 – j'aime l'ambiance du travail (les lieux, les gens, la mentalité).
13 – en rentrant le soir, on a l'impression d'avoir bien rempli sa journée.
14 – j'ai de l'autorité sur les autres.
15 – on apprécie les suggestions et les idées nouvelles.
16 – l'entreprise lance souvent des nouveautés.
17 – la qualité du travail peut être jugée sur les résultats.
18 – il y a un supérieur qui assure.
19 – il y aura toujours du travail.
20 – il sert à rendre les choses moins laides ou plus belles.
21 – je prends moi-même des décisions.
22 – le salaire est augmenté quand les prix des produits augmentent.
23 – on remet facilement en question ses idées.
24 – on a à conseiller ou à diriger le travail des autres.
25 – on a des locaux convenables et des commodités diverses.
26 – personne n'empêche d'avoir le genre de vie que l'on veut.
27 – on se fait des amis avec les compagnons de travail.
28 – l'importance du travail est reconnue par les autres.
29 – on ne fait pas toujours la même chose.
30 – on peut se dire : « J'ai aidé les autres. »
31 – ce que l'on fait améliore le bien-être des gens.
32 – on fait beaucoup de choses différentes.
33 – on est mis en valeur.
34 – on a de bons contacts avec ses compagnons de travail.
35 – il permet d'avoir le genre de vie que j'aime.
36 – les gens ne font jamais d'histoires.
37 – il faut organiser le travail des autres.
38 – on ne fait pas le travail à ma place.
39 – il est payé suffisamment pour vivre correctement.
40 – on se sent le propre maître de son travail.
41 – il permet de faire ou de manipuler des objets qui plaisent.
42 – on peut toujours avoir un autre poste dans la même entreprise.
43 – il est encadré par un supérieur correct.
44 – on voit les résultats de ses efforts
45 – on peut lancer des idées nouvelles.

EXERCICE D'EMPATHIE

OBJECTIFS

Mise en évidence du degré d'empathie et de transparence de chacun.
Prise de conscience des différentes perceptions :
- de soi
- de l'autre
- de soi par l'autre

et analyse des facteurs qui influencent la perception d'autrui.

Nombre de participants : cet exercice s'effectue avec un groupe de dix à douze personnes.

Durée : environ une heure et demie.

MATÉRIEL

Pour chaque participant :

- une liste de livres qu'il conviendra éventuellement d'actualiser, en faisant un choix dans les livres édités et en fonction des préoccupations des stagiaires. On pourra utiliser des revues ou des notes de lecture.

- une grille de dépouillement.

DOCUMENT 73

Empathie

Situation

Certains soulèveront le problème de la connaissance limitée. Il est donc nécessaire de dédramatiser l'exercice.

Présentation

Distribuer à chaque participant la liste des livres et une grille.

Préciser que chacun doit se choisir deux livres et en offrir deux à chacun des membres du groupe.

Laisser dix à quinze minutes et recueillir les choix.

Exploitation

Afin de faciliter la récapitulation, chacun donne les titres des livres qu'il s'est choisis.

Noter ces titres d'un point sur le tableau, puis noter d'une croix les titres choisis pour les autres.

Lorsque le tour de table sera fait, ce tableau montrera clairement le degré d'empathie et de transparence de chacun.

Mettre en évidence les résultats significatifs, tels :

– un participant a reçu tous les livres ;

– un participant a reçu le même livre offert par tous, alors qu'il ne l'a pas choisi ;

– un participant n'a jamais reçu un livre qu'il s'est pourtant choisi.

Discuter alors du pourquoi de ces résultats et diriger une réunion-discussion sur les différentes perceptions.

Conclusion

Cet exercice est une application concrète de la perception de l'autre au niveau du groupe et permet ainsi d'aller plus loin dans la connaissance de cet autre, à travers le phénomène de la perception.

Proposition de deux listes de livres

Première liste (communiquée par l'ANPE)

1. Besançon J., *La Guerre d'Israël*, « L'histoire immédiate », Seuil.

C'est un reportage historique qui analyse des faits récents. Sans forcément donner tous les éléments, il cherche à approfondir des faits immédiats.

2. Gignoux C., *Les Grandes Études historiques*, Fayard.

C'est un ouvrage de réflexion de type historique sur les méthodes de recherche utilisées et sur les grands auteurs.

3. Green G., *Pouvez-vous nous prêter votre mari, et d'autres scènes de la vie sexuelle*, Robert Laffont.

Roman de type humoristique avec des incursions dans la vie sexuelle des gens. Imbroglio, etc. Ouvrage de bonne santé.

4. Kenny P., *Raid 59*, Fleuve Noir.

Roman d'espionnage avec en toile de fond le conflit Est-Ouest. Les sympathies de l'auteur se situent nettement à l'Ouest au détriment des agents secrets de l'Est qui se font souvent piéger.

5. Kyle R., *Grève des coups fourrés*, NRF, Série noire, Gallimard.

Roman qui se situe dans le cadre de la vie quotidienne. Roman policier fondé sur l'affrontement des grands systèmes : la vérité, l'honnêteté. La morale doit être sauve.

6. Musil R., *Les Désarrois de l'élève Torless*, Seuil.

C'est la vie d'un jeune homme en pension dans une école d'Allemagne. Avec tous les problèmes liés à l'adolescence vue comme une période difficile (problèmes à se poser) avec les découvertes des premiers sentiments.

7. Parturier F., *L'Amant de cinq jours.*

Roman qui imagine qu'un couple accepte de vivre librement pendant cinq jours ; la femme prend donc un amant pendant cinq jours. Récit de leurs aventures. À la fin elle revient au foyer et reprend la vie avec son mari sans problème.

8. Sarraute Nathalie, *Le Planétarium.*

Roman moderne. Nouveau roman basé sur la difficulté des rapports humains.

9. Van Vogt, *La Maison éternelle.*

Écrivain de la science fiction. L'Homme est une petite machine qui vit dans une maison éternelle. On découvre les pouvoirs successifs de « cette petite machine » qui fait des choses « humaines » sans l'être vraiment. Monde de la science-fiction.

Deuxième liste de livres

1. *De Cézanne à Matisse. Chefs-d'œuvre de la Fondation Barnes*, Gallimard-Electa / RMN, 1993.

Publié à l'occasion de la présentation Barnes au musée d'Orsay ce « faux catalogue d'exposition est un vrai livre d'art ». Il révèle le rôle important joué par les collectionneurs dans l'histoire de l'art.

2. *La Grande Muraille*, suivi de *Le Forum des aveugles*, par Ismaïl Kadaré, Fayard, 1993.

Deux récits allégoriques sur la tragi-comédie de la condition humaine. Sur un ton qui fait parfois penser au désert des Tartares, *sont évoquées l'existence et les conséquences de la tyrannie.*

3. *L'Invention du monde*, par Olivier Rolin, Seuil, 1993.

L'auteur a récolté quelques cinq cents quotidiens imprimés en trente et une langues ; leur point commun est leur date de parution, le 21 mars 1989. Il nous raconte cet équinoxe du printemps dans une avalanche de mots qui tient autant de la « parlerie d'omnibus » que du « colloque de lettres ».

4. *Et ne cherchez pas à savoir*, par Marc Bez, Rivages, 1993.

Luey est une copie du diable. On lui confie des contrats qu'elle exécute au mieux ou au détriment de ses clients. C'est l'histoire d'un de ces contrats dont l'issue est difficile. Au travers de cette histoire, l'auteur aborde des sujets intouchables et juge une Amérique peu reluisante.

5. « Repenser Israël », dir. Ilan Greilsammer, *Autrement*, 1993.

Ce livre invite à une réflexion sereine.

6. *Là-bas*, scénario original de Luis Buñuel et Jean-Claude Carrière, d'après le roman de Joris-Karl Huysmans, Archipel, 1993.

En 1920 Luis Buñuel découvre ce roman de Huysmans où il est question de Gilles de Rais et de menus sataniques. En 1975, il écrit en collaboration avec Jean-Claude Carrière une adaptation de ce roman et renonce à la tourner. « Il était parmi le temps des scandales », *dit Carrière. Les ciné-clubs trouvent dans cet ouvrage un document important sur ce cinéaste qui a commencé sa carrière parmi les surréalistes.*

7. *Le Cantique des cantiques*, traduit et adapté par Yann Le Pichon, Le Mercure de France, 1993.

Yann Le Pichon a nettoyé ce texte comme on le ferait d'une fresque en lui rendant toute sa fraîcheur et l'a augmenté d'une méditation qui mêle, non sans raison, Rimbaud et Jésus-Christ.

8. *Enfants de l'ombre*, Sors Chalandon, Marval, 1993.

Des enfants au travail photographiés par Marie Dorigny et racontés par Sors Chalandon. Terrible constat...

9. *L'Enfant méduse*, par Sylvie Germain, Gallimard, 1993.

Un roman trop actuel qui évoque les disparitions d'enfants. Sylvie Germain dit que l'humain n'est pas plus mort que l'animal, que, tapis au fond de nous, le désir, l'effroi, le mal, la joie, la haine, tendent nos vies.

Ces ouvrages et leurs commentaires sont relevés dans la revue *Lire*, n° 216, septembre 1993.

On pourrait, dans le même dessein, utiliser *Le Monde des Livres*, ou les pages de bibliographie d'autres quotidiens.

ÉTUDES DE SITUATIONS

Le processus consiste à proposer aux participants des situations concrètes (pouvant être schématisées ou simplifiées dans un but pédagogique) : on demande à chacun de choisir un comportement qu'il adopterait parmi un éventail de quelques comportements typés de façon significative.

Nombre de participants : variable, en grand groupe ou en petits groupes.

Durée : variable, de une demi-heure à deux heures.

OBJECTIFS

1. Développer la capacité d'évocations concrètes en face de diverses circonstances par rapport auxquelles il faut agir.

2. Savoir explorer une situation en analysant les possibilités variées de comportements individuels.

3. Sensibiliser aux divers aspects d'une responsabilité, d'une profession, ou d'un rôle, au cours d'un stage de formation.

4. Faciliter la découverte, pour chaque individu, de ses tendances habituelles, pour qu'il en démonte l'inertie.

ORGANISATION DU GROUPE

Les participants peuvent travailler individuellement. Ils peuvent aussi rester en grand groupe et échanger. Ils peuvent également se répartir en sous-groupes. Ceux-ci peuvent être homogènes ou hétérogènes (suivant les différences d'âge, de sexe, d'origine, de formation, de rôle, de fonction, de niveau hiérarchique, de profession).

L'organisation du groupe peut être modifiée en cours d'exercice selon les besoins du moment et les désirs des participants.

PRÉSENTATION DE LA SITUATION

Le formateur explique rapidement la nature de l'exercice à tous les participants. Il soumet à leur analyse (individuelle, de sous-groupe ou en plénière) une ou plusieurs situations assorties de plusieurs comportements typés entre lesquels il leur demande d'expliciter leurs préférences individuelles et de sous-groupes.

DOCUMENT 74

Exemples de situations

Situation 1

Il s'agit d'une formation mise en place, par le ministère de l'Éducation nationale, suite à l'évaluation CE2-6e. La MAFPEN de Grenoble a pris l'option de former tous les professeurs de 6e et de SES de l'académie, par roulement, en quatre ans. J'ai donc été responsable d'un groupe de vingt-cinq personnes désignées par le rectorat pour une durée de sept jours (trois, puis trois en novembre, et un en mars).

Parmi les stagiaires, Françoise, la cinquantaine, membre d'une équipe de quatre personnes présentes au stage et qui ont l'habitude de travailler ensemble. Simone déclare, dès le début : « *Je ne fais jamais de stage, ça ne sert à rien.* » Ses collègues font eux aussi peu de stages mais sont plus ouverts. Françoise, peu au fait des idées actuelles sur les manières d'apprendre, adhère difficilement au contenu du stage. Lors des travaux de petits groupes, elle ne comprend pas ce qu'il faut faire et le dit.

Ma question est : comment, sans trop la déstabiliser, faire comprendre à Françoise que ce que l'on propose peut l'aider à être plus efficace. Comment la motiver à évoluer, à se former, emporter son adhésion pour le stage ?

Situation 2

Au cours d'un stage, deux secrétaires d'établissement (ou autres membres administratifs, voire enseignants) discutent :

« *Moi, en général,* dit la première, *quand on me demande quelque chose qui me paraît hors règlement ou difficile à accorder, je réponds non. Ensuite, je demande au proviseur d'examiner la question, s'il souhaite ou s'il juge utile de répondre oui, et j'en discute avec lui.* »

« *Moi, c'est le contraire,* réplique sa collègue, *je commence par dire oui, et j'en parle à la directrice de manière à ce que ce soit elle qui puisse dire non, s'il le faut.* »

Voilà deux manières de travailler.

Qu'en pensez-vous ?

Situation 3

Un élève se confie à vous : « *Avec vous, je travaille bien mais en...* (la matière d'un autre professeur, de français par exemple), *je n'y arrive pas, je n'y arriverai jamais. D'ailleurs le prof ne m'aime pas et ses cours sont sans intérêt.* »

Que répondez-vous ?

1. Vous défendez le professeur mal aimé, avec discrétion.
2. Vous parlez de votre matière.
3. Vous demandez à l'élève de vous expliquer pourquoi il prend intérêt à vos cours.
4. Vous faites la morale à l'élève.
5. Vous invitez l'élève à poursuivre ses confidences.
6. Vous analysez la situation.
7. Vous résumez de façon tranquille, ce que vient de vous dire l'élève.
8. Vous vous risquez à une interprétation sur le désenchantement de l'élève par rapport à l'autre professeur : il l'aime trop (ou en attend trop) ; ou bien il l'identifie à un de ses parents.
9. Vous conseillez à l'élève d'entrer en communication avec l'autre professeur.
10. Vous proposez de parler de cette difficulté à l'autre professeur.

Situation 4

Comment choisir une méthode de direction

« *Lorsque j'ai pris une décision, je fais de mon mieux pour la faire accepter par les professeurs.* »
« *Il est déraisonnable de prendre seul des décisions sur des points qui intéressent d'autres personnes. Je fais toujours part des difficultés aux professeurs, tout en leur faisant comprendre que la décision finale ne dépend que de moi seul.* »

« *Je suis payé pour commander. Si je laisse les autres prendre les décisions que j'aurais dû prendre moi-même, je sens que je ne fais pas mon travail.* »

« *Je confie la plupart des problèmes aux membres de mon équipe et je leur laisse le soin de les résoudre. Je suis en quelque sorte un catalyseur, et ne fais que refléter leurs pensées et leurs sentiments, pour qu'ils en prennent mieux conscience.* »

« *Je crois que les difficultés doivent être réglées rapidement. Je ne peux pas perdre de temps en réunions. Quelqu'un doit prendre les initiatives ici, et ce doit être moi.* »

Chacune de ces affirmations reflète un point de vue différent sur le bon *leadership*. À l'appui de chacune d'elles, on aura pu alléguer soit une large expérience, soit des cas spécifiques, soit des positions théoriques qui paraîtront cependant contradictoires dès qu'on les aura confrontées. ce sont de telles contradictions qui mettent en lumière les options devant lesquelles tout responsable se trouve placé.

Situation 5

Après un début de réunion dans laquelle vous jouez le rôle d'animateur, pour faire naître la discussion, quel mode d'intervention adopteriez-vous, à la suite d'un avis donné par un participant ?

1. Pourquoi dites-vous que… ?
2. Qui ne partage pas cet avis, et pourquoi ?
3. Que feriez-vous à la place de… ?
4. Ne peut-on pas… ?
5. Est-ce vraiment… ?
6. Et les inconvénients, et les avantages… ?
7. Qui voudrait… ?
8. D'autres pourraient penser que… ?
9. Alors, en fait, vous pensez que… ?

Situation 6

Kurt Lewin, dans une étude traduite dans *Psychologie dynamique*[1], présente trois méthodes contrastées de conduite, amenant l'établissement de trois types d'atmosphère de groupe.

A	B	C
1. Toute détermination de politique par le moniteur. 2. Techniques et étapes de l'activité dictées par le seul moniteur ; un seul point est réglé chaque fois, les étapes futures demeurent toujours vagues pour une large part. 3. Le moniteur habituellement assigne à chaque membre son travail et ses camarades d'équipe. 4. Le moniteur est personnel dans ses éloges et ses critiques du travail de chaque membre, mais reste en dehors de la participation active au groupe, excepté dans la démonstration. Il est amical, ou impersonnel plutôt qu'ouvertement hostile.	1. Toute question de politique est matière de discussion et de décision pour le groupe encouragé et aidé par le moniteur. 2. Perspective d'activité établie pendant la période de discussion initiale. Les étapes générales vers le but du groupe sont esquissées ; en cas de besoin, le moniteur suggère deux ou trois techniques parmi lesquelles le groupe peut choisir. 3. Les membres sont libres de travailler avec un camarade de leur choix ; la décision des tâches est laissée au groupe. 4. Le moniteur est *objectif ou réaliste* dans ses éloges et ses critiques et essaie d'être, en esprit, un membre régulier du groupe, sans pour cela accomplir une trop grande part du travail.	1. Toute liberté pour décision du groupe ou des individus sans participation du moniteur. 2. Le moniteur fournit des matériaux variés ; si on le lui demande, il fournira des informations supplémentaires. Il ne prend pas autrement part à la discussion. 3. Rares commentaires sur les activités du groupe, sauf sur demande ; aucune tentative pour participer, ou pour interférer avec le cours des événements.

1. Kurt Lewin, *Psychologie dynamique*, PUF, 1958.

DOCUMENT 75

Mise en œuvre de l'étude de situations

Première phase

Les participants formulent leurs choix individuels.

Deuxième phase

Ils élaborent un choix en sous-groupes.

Troisième phase

Les participants comparent leurs choix sur les comportements typés qui sont en question, en séance plénière. Ils essaient d'analyser, avec l'aide du formateur, les conséquences qui peuvent en résulter, afin d'en peser les avantages et les inconvénients.

Quatrième phase

Si plusieurs situations ont été étudiées, ils essaient individuellement, en couples de deux ou dans les sous-groupes, d'analyser leurs tendances personnelles à prendre certains comportements plutôt que d'autres.

Cinquième phase

Les participants sont invités, en sous-groupes ou en plénière, à réfléchir sur la façon dont l'exercice a été joué, en abordant notamment le problème des distorsions, c'est-à-dire en essayant de voir pourquoi et comment ils ont investi toutes sortes d'éléments personnels, non contenus dans la situation.

Sixième phase

Réflexion générale sur les comportements. Enfin l'animateur peut élargir le débat en faisant un exposé sur les catégories spécifiques de comportements (voir document n°76 sur les comportements de réponse à une situation, d'après Porter) ou sur les attitudes dans une relation (voir document n° 77).

DOCUMENT 76

Les catégories de comportements de réponse à une situation

On peut essayer de situer la fréquence principale du recours à une catégorie[1] : soit à l'échelon d'un groupe, soit à l'échelon d'une ou de chaque personne ; et on peut réfléchir sur les raisons qui conduisent à un comportement dominant notamment au niveau des attitudes.

SITUATION

« Je suis préoccupé, car je n'arrive pas à convaincre cet élève d'arriver à l'heure en classe. »

COMPORTEMENTS

Décisions

• *ordre*
Je vous demande de punir cet élève au premier retard.

• *menace*
Si vous n'arrivez pas à obtenir la ponctualité de cet élève, je prendrai des sanctions à votre égard.

• *conseil*
À votre place, j'en parlerai à ses parents.

Support

• *aide*
Comptez sur moi pour intervenir auprès de cet élève.

• *information*
Cet élève va bientôt changer de domicile.

• *identification*
Comme vous, je n'aime pas les retardataires.

• *soutien*
Ne vous en faites pas.

Évaluation

• *positive*
C'est bien de votre part de prendre à cœur votre rôle.

1. Cette catégorisation est inspirée par les travaux d'Elias Porter (voir, dans la partie 3, les exercices de formation à l'entretien, pour précisions théoriques et compléments pratiques).

• *dubitative*
Est-il bien utile de vous inquiéter de l'inexactitude d'un élève ?

• *négative*
Vous avez eu tort de laisser impunis les retards de cet élève.

Enquête

• *sur le problème*
Cet élève habite-t-il loin de l'établissement scolaire ?

• *sur l'interlocuteur*
Avez-vous des raisons personnelles de vous inquiéter à propos de cet élève ?

• *sur d'autres personnes*
Avez-vous d'autres élèves que celui-ci qui arrivent systématiquement en retard ?

• *sur la relation d'entretien*
Pourquoi me dites-vous ceci en ce moment ?

Interprétation

• *explication*
Vous avez été autrefois sanctionné pour un manque de ponctualité.

• *directive*
Vous êtes soucieux des retards de cet élève parce qu'ils font apparaître votre manque d'autorité.

• *projective*
Votre préoccupation provient sans doute de la crainte de la contagion des retards pour toute la classe.

• *coopérative*
Vous ne parvenez pas à influencer cet élève : vous n'êtes sans doute pas très convaincu vous-même.

Réverbération (compréhension)

• *en miroir*
Vous n'arrivez pas à aider cet élève à être à l'heure et vous en êtes préoccupé.

• *subjective*
Je vous ressens personnellement impliqué par le comportement de cet élève.

• *en écho*
Les retards de cet élève vous préoccupent.

Diversion

• *informative*
D'ici quelques jours, il nous faut rédiger les bulletins scolaires.

• *évasive*
Il ne faut guère se soucier pour si peu de choses.

• *réjective*
Il y a d'autres sujets de conversation plus utiles.

DOCUMENT 77

Influence de l'attitude du leader sur le comportement du groupe

Kurt Lewin (1890-1947), psychologue de l'école de Berlin, émigré aux USA, est le fondateur de la psychologie dynamique. Lewin est parvenu à la conclusion qu'il s'établit entre le sujet et son environnement un système de forces en équilibre, qui est un champ dynamique ou encore une structure qui explique l'action individuelle : lorsque l'équilibre est rompu, il y a tension chez l'individu et son comportement a pour but de retrouver cet équilibre.

En 1939, Lewin et ses collaborateurs Lippitt et White ont étudié dans cette optique le problème de l'autorité dans des clubs d'enfants, en créant trois climats sociaux : *autoritaire, démocratique* et *laisser faire* dont ils définissaient soigneusement les caractéristiques.

Les résultats suivants ont été obtenus :

– le climat *autoritaire* provoque deux réactions : soit l'apathie, soit des explosions de rage collective. Ce type de commandement provoque une frustration qui amène une agressivité latente laquelle se décharge si cela s'avère possible.

– le climat *démocratique* permet à l'agressivité de se décharger au fur et à mesure de l'activité. Le groupe démocratique est le plus productif et le moins agressif des trois.

– le climat de *laisser faire* est celui qui provoque le plus d'agressivité : l'abandon des élèves par le moniteur provoque une frustration qui amène une forte réaction d'agressivité.

On relèvera que dans les expériences, les enfants ont été placés successivement dans les trois situations avec différents moniteurs pour chaque attitude et que les résultats portent sur tous les clubs d'enfants.

L'INTERPRÉTATION SUBJECTIVE DES FAITS

Montrer qu'à partir d'éléments épars et incomplets, chacun interprète les faits pour en faire un ensemble cohérent, vraisemblable, en fonction d'une certaine culture[1].

Nombre de participants : un groupe de dix à quinze personnes.

Durée : d'une demi-heure à une heure.

OBSERVATION ET INFÉRENCE

Un jugement sain réclame une distinction soigneuse entre deux types d'idées que nous avons sur le monde extérieur. On les nomme observations et inférences.

Les observations résultent de la perception personnelle. Pour observer quelque chose, nous devons voir, entendre, sentir, goûter.

Les inférences sont des décisions sur les significations de nos observations.

Ces deux types d'idées sont indispensables à notre propre fonctionnement, mais quand nous confondons inférences et observations cela perturbe notre jugement.

INSTRUCTIONS

Lisez soigneusement ces histoires, en tenant compte que tout ce qu'elles disent est exact. Mais, par endroits, elles sont délibérément vagues. N'essayez pas de les apprendre par cœur, puisque vous pouvez les relire à n'importe quel moment.

Lisez ensuite les affirmations numérotées et décidez si chacune d'elles vous paraît exacte, fausse ou discutable.

Entourez le **V**, signifie que vous êtes sûr que l'affirmation est *strictement vraie.*

Entourez le **F** signifie que vous êtes sûr qu'elle est *strictement fausse.*

Entourez le point d'interrogation, **?**, si vous sentez des doutes sur n'importe quelle partie de l'affirmation.

Prenez les affirmations à la suite et ne revenez pas en arrière pour corriger une réponse précédente.

Ne relisez pas les affirmations après y avoir répondu.

Ces changements ou relectures altéreraient l'exercice.

1. Source : Analyses cinématographiques accompagnant un court-métrage pédagogique américain intitulé : *Méfiez-vous des apparences.*

Histoire 1

DOCUMENT 78

Paul Dupont a été tué. La police a arrêté six suspects qui sont tous des criminels connus. On sait que tous étaient dans les alentours du lieu où Dupont est mort, à l'heure approximative de l'événement. Tous avaient des motifs valables pour souhaiter la mort de Paul Dupont.

Toutefois, l'un des criminels suspects, Robert Dax, a été définitivement mis hors de cause.

1. **V F ?** – On sait que Robert Dax était dans les alentours du lieu où Paul Dupont fut tué.

2. **V F ?** – On sait que tous les six criminels étaient dans les alentours du lieu du meurtre.

3. **V F ?** – Seul Robert Dax a été mis hors de cause.

4. **V F ?** – Tous les six suspects ramenés étaient dans les alentours de la scène de la mort de Dupont à l'heure approximative de l'événement.

5. **V F ?** – La police ne sait pas qui a tué Dupont.

6. **V F ?** – On sait que tous les six suspects se trouvèrent dans les alentours du lieu du crime.

7. **V F ?** – Le meurtrier de Dupont n'avoua pas de son propre gré.

8. **V F ?** – Robert Dax n'a pas été mis hors de cause.

9. **V F ?** – On sait que les six suspects se trouvaient dans les alentours du lieu de l'assassinat.

Histoire 2

DOCUMENT 79

À la poste, un guichetier venait d'allumer une cigarette quand un homme apparut et demanda de l'argent. Le receveur ouvrit la caisse. Le contenu de la caisse fut ramassé et l'homme s'enfuit. Un agent fut averti immédiatement et arrêta l'homme.

1. **V F ?** – Le voleur ne demanda pas de l'argent.

2. **V F ?** – Le voleur était un homme.

3. **V F ?** – L'homme qui ouvrit la caisse était le receveur.

4. **V F ?** – Le receveur ramassa le contenu de la caisse et s'enfuit.

5. **V F ?** – Quelqu'un ouvrit la caisse.

6. **V F ?** – Après que l'homme qui avait demandé de l'argent eut ramassé le contenu de la caisse, il s'enfuit.

7. **V F ?** – Quoique la caisse contenait de l'argent, l'histoire ne dit pas combien.

8. **V F ?** – Le voleur demanda de l'argent au receveur.

9. **V F ?** – Après que le guichetier ait allumé une cigarette, un homme apparut.

10. **V F ?** – Le voleur ouvrit la caisse.

11. **V F ?** – Le voleur n'emporta pas l'argent.

12. **V F ?** – Le voleur ne demanda pas d'argent au receveur.

13. **V F ?** – Le receveur ouvrit la caisse.

14. **V F ?** – L'homme s'enfuit de la poste en emportant le contenu de la caisse.

15. **V F ?** – L'histoire traite d'une série d'événements dans lesquels seules quatre personnes sont mentionnées : le receveur, un homme qui demanda de l'argent, le guichetier, un agent de police.

16. **V F ?** – Les événements suivants font partie de l'histoire : quelqu'un demanda de l'argent, une caisse fut ouverte, son contenu fut ramassé, un homme s'enfuit.

DOCUMENT 80

Histoire 3
Le projet de Jacques Martial

Jacques Martial, directeur des recherches d'une société de produits alimentaires, décide un programme de développement prioritaire d'un procédé nouveau. Il donne à trois de ses collaborateurs l'autorisation de dépenser jusqu'à cinquante mille francs chacun, sans avoir à le consulter. Il envoie un de ses meilleurs collaborateurs, Lambert, à l'usine d'Aquitaine, avec l'ordre de travailler indépendamment sur le nouveau procédé. Dans la semaine, Lambert trouve un nouvel angle d'approche du problème, extrêmement prometteur.

1. **V F ?** – Martial envoie un de ses meilleurs collaborateurs à l'usine d'Aquitaine.

2. **V F ?** – Martial surestime la compétence de Lambert.

3. **V F ?** – Lambert ne parvient pas à trouver quelque chose de nouveau.

4. **V F ?** – Lambert n'a pas l'autorisation de faire des dépenses sans consulter Martial.

5. **V F ?** – Trois seulement des collaborateurs de Martial ont l'autorisation de faire des dépenses sans le consulter.

6. **V F ?** – Le directeur des recherches envoie un de ses meilleurs collaborateurs à l'usine d'Aquitaine.

7. **V F ?** – Trois hommes reçoivent l'autorisation de dépenser cinquante mille francs chacun, sans consulter Martial.

8. **V F ?** – Martial a une haute opinion de Lambert.

9. **V F ?** – Il n'est question que de quatre personnes dans cette histoire.

10. **V F ?** – Martial est le directeur des recherches d'une société de produits alimentaires.

11. **V F ?** – Alors que Martial donne à trois de ses meilleurs collaborateurs l'autorisation de dépenser jusqu'à cinquante mille francs chacun, l'histoire ne dit pas clairement si Lambert est un de ces hommes.

EXPLOITATION

Demander à un stagiaire de lire le premier récit et d'indiquer ses réponses. Pour chaque réponse inexacte, demander au stagiaire la justification de sa réponse afin de montrer l'interprétation sous-jacente. Demander si tout le monde a donné la même réponse pour que l'interprétation puisse être éventuellement soulignée par un autre stagiaire, plutôt que par l'animateur.

Pour chaque cas, dès que l'interprétation de la situation par la plupart des stagiaires est comprise, accélérer les réponses aux questions.

L'histoire 2 est un cas réel (trafiquant de drogue arrêté à la poste alors qu'il retirait de l'argent sur un CCP). Il est très important de dire à la fin de l'exercice qu'il s'agit d'un cas réel, ce qui répond à l'objection générale d'une situation fabriquée pour les besoins de la démonstration de l'animateur. Même si cette objection n'apparaît pas, insister sur la véracité des faits pour introduire la conclusion.

CONCLUSION

Terminer sur la subjectivité, l'assimilation à des schémas connus, le besoin de mettre en rapport deux informations consécutives qui n'ont aucun rapport, pour en faire un tout cohérent… mais inexact.

EXERCICE
DES SIGNATURES

Amener le participant à exprimer ou à projeter les différentes façons qu'il a de s'identifier, d'indiquer sa marque écrite selon les situations où il se trouve[1].

L'aider à prendre conscience de sa fluidité ou sa rigidité, selon ses rôles.

MATÉRIEL

Une grande feuille de papier par participant, crayons feutres gros format.

Signatures

DOCUMENT 81

Première phase

L'animateur invite les participants à prendre possession de leur feuille, à l'apprivoiser, la regarder, la toucher, etc.

Deuxième phase

L'animateur demande que chacun, doucement commence à tracer ses différentes signatures ou marques, selon différentes situations (trente minutes ou plus).

Troisième phase

Chacun communique à une autre personne du groupe la signification de ses sortes de signatures (trente minutes ou plus).

Observations

Voir les différentes façons de signer.

Signatures stéréotypées, régulières ou non, lisibles ou non, complètes ou non, fantaisistes (dessins), etc.

Épaisseur du trait de crayon.

Espace utilisé sur la feuille.

Sentiments éprouvés pendant l'exercice.

1. Source : Madeleine Roy, Québec.

ENTRAÎNEMENT À LA CONGRUENCE

Le concept de congruence désignant la réalisation d'un accord intérieur dans la psyché d'un individu (accord qui soit transparent à soi-même et aux autres), les exercices qui peuvent faciliter et soutenir cette réalisation vont reposer : tantôt sur une élucidation, collective et personnelle, du sens de ce concept ; tantôt sur la recherche de supports susceptibles de renforcer une conscience positive de soi ; tantôt sur des échanges approfondis ; tantôt sur l'évocation de zones de fragilité ; tantôt sur le développement de la sensibilité organismique.

Nombre de participants : de quelques-uns à cinquante (en petits groupes).

Durée : de une journée à plusieurs jours.

OBJECTIFS

1. Se mouvoir plus tranquillement dans sa réflexion intérieure,

2. Se donner des raisons de confirmation de son image propre,

3. Accorder le rapport à soi en équilibre avec le rapport à un partenaire ou à un petit groupe.

DOCUMENT 82

Le sens du concept de congruence

Le formateur, après avoir rappelé les objectifs des exercices, propose une exploration de la situation de ce concept au voisinage d'autres concepts.

Première phase

Ces concepts peuvent être dégagés, par expression des sentiments spontanés des participants à l'égard du terme ou par associations d'idées libres. Ils peuvent l'être également par recherche de liens à des termes souvent exprimés par des psychologues (notamment Carl Rogers), tels que : accord, authenticité, bonne foi, bon sens, bien-être, bienveillance, chaleur, clarté, communication, confiance, conscience organismique, convenance, équilibre perceptuel, espoir en soi, fluidité intérieure, harmonie, humour, limpidité, lucidité, non défensivité, présence à soi, positivité, rayonnement, retenue, tact, transparence, unité intérieure, vergogne.

Deuxième phase

L'usage de l'adjectif pour définir une portion limitée, *congrue*, permettant une survie, rappelle que l'exercice de la congruence doit éviter tout perfectionnisme : il s'agit d'obtenir juste ce qu'il *faut* de la qualité intérieure recherchée, laquelle, en termes négatifs, s'oppose aux risques de fermeture, d'inhibition, d'inconstance, d'humiliation, d'hypocrisie, de méfiance, de morcellement, d'opacité, de perturbation, de blocage, de conscience malheureuse, de crispation, de découragement, de refus intérieur, de rigidité, de trouble, de vide intérieur.

Des échanges sont effectués à propos de ces mots et des risques qu'ils désignent.

Troisième phase

Après les échanges sur les différents termes, positifs et négatif, appelés en synonymes ou par connotations, en éclairage du concept ou en contraste à sa signification théorique et pratique, le formateur peut proposer à chaque participant de formuler sa propre définition de la congruence.

Quatrième phase

Les définitions produites sont ensuite discutées. Un *conceptogramme*, graphe articulant le concept de congruence aux principaux autres concepts retenus, peut être élaboré pour finir. Par exemple, les différents termes ayant été inscrits au tableau, chaque participant va souligner ceux qu'il juge utile de retenir et d'articuler à *congruence*, et barrer ceux qu'il estime sans intérêt ; ou bien il peut mettre des étoiles indiquant l'utilité de tel ou tel concept, et sa proximité graphique au terme central. Les termes les plus soulignés (et les moins barrés) ou les plus *étoilés* sont gardés et articulés à congruence.

Évocation de moments positifs et d'images toniques

DOCUMENT 83

Le formateur invite les participants à rédiger personnellement (sous forme de minicas ; ou sous forme de blason ou encore avec le support de photographies, selon la technique du photolangage des évocations de nature à le réconforter et à l'éclairer. Il peut y avoir aussi obligation de rédaction pour toutes les rubriques inscrites ci-dessous ou choix libre, suivant les cas; ou encore rédactions successives sur consignes apportées à chaque étape par le formateur ; ou enfin choix, par celui-ci d'une seule des rubriques.

• Souvenirs de moments joyeux et exaltants, vécus autrefois ou plus récemment ; chacun expliquant comment il peut encore s'en laisser imprégner.

• Exemples de mots, syllabes, réflexions, proverbes, citations , spectacles, livres, films ou peintures (et lieux), qui nous ont stimulés ou nous stimulent personnellement, ou que nous aimons particulièrement.

• Rappel de quelques figures, de notre entourage ou parmi des personnalités ou auteurs, qui nous ont donné confiance en nous et qu'il nous est agréable d'évoquer.

• Indication des activités et des situations où nous nous sentons très à notre aise et en fécondité (et, éventuellement, recherche des critères qui nous permettent de nous sentir à l'aise).

• Images positives de nous-mêmes que nous aimerions rencontrer dans la considération que nous accordent les autres personnes.

• Rappel de certains faits ou actes à propos ou au cours desquels nous nous sommes particulièrement sentis en accord profond avec nous-mêmes.

• Expression des moments précis où nous avons ressenti le plus de plaisir (ou de bonheur) après l'écoute en commun de plusieurs morceaux de musique.

• Indication de quelques choix qui nous concernent fortement : en lectures, en sports, en auditions, en spectacles, en activités ludiques, en instruments de musique, en voyage, etc.

Les exercices peuvent se conclure par la rédaction personnelle d'une *fiche de positivité* mémorisant quelques indications de renforcement de soi dégagées au cours des exercices.

Exercices d'expression corporelle

DOCUMENT 84

Le formateur propose aux participants de préparer personnellement (première phase), puis de perfectionner en s'entraidant par couples ou trios (deuxième phase) :

• une phrase, très personnelle, qu'il pourrait, et pourra, prononcer devant ou à chacune des personnes ici présentes.

• une description du type d'aide ou de communication qui le rendrait moins défensif et le tonifierait.

• une description du *type d'aide qu'il aimerait proposer* aux autres pour savoir s'il leur conviendrait.

• la rédaction d'une maxime ou le rappel d'une situation réelle ou filmée (ou citation) opportunes :
– pour se redonner confiance avant une épreuve,
– pour relativiser des préoccupations ou un revers,
– pour compenser des pulsions agressives,
– pour s'alerter soi-même sur des précautions pratiques à prendre,
– pour se mettre en bonne humeur,
– pour se décontracter le dos et les épaules quand il écrit un texte.

• un mémento de quelques exercices à pratiquer pour se remettre en souffle, en équilibre, en conscience de tout son organisme, en détente tonique, en décontraction, en tranquillisation, en vivacité d'attention, etc.

On peut ou non se référer, avec modération et si la formation les a connus et expérimentés, à divers exercices prônés par Gerda Alexander – *Eutonie* ; par Gordon (Parents ou Enseignants efficaces), par divers auteurs empruntant à l'entraînement sportif ou au yoga, ou, plus généralement, par les formateurs de *l'analyse transactionnelle* et de la *sophrologie*.

• le tri qu'il peut effectuer personnellement sur un Q-sort relatif à sa perception intérieure (ou à un rôle à tenir) : cf. le *Recueil d'Instruments et de processus d'évaluation formative*, INRP, tome 2).

Une troisième phase pourra viser à une mise en commun des éléments rédigés et à leur discussion ou à leur mise en œuvre.

• une expérience d'un silence profond, en face d'une personne ou de deux, et d'un échange en petits groupes sur ce que nous avons ressenti à propos de notre tolérance à supporter le silence et de notre capacité à nous y disposer ou à propos de notre impatience crispée.

DOCUMENT 85

Exploration des zones de fragilité

Le formateur demande aux participants de se mettre par petits groupes de deux ou trois et de « s'entraider à expliciter avec tranquillité des moments négatifs ou des images délicates de nous-mêmes que nous avons pu quelquefois connaître ». Ce peut être (et l'on peut choisir) par :

• l'évocation de certaines personnes qui nous ont bloqués ou éprouvés, autrefois ou plus récemment ;

• le rappel d'un ou de quelques souvenir(s) de vexations ou d'une humiliation que nous avons subis ;

• la recherche de types de situation qui nous sont désagréables ou nous désarçonnent ;

• l'investigation des formes de conflit que nous avons le plus de mal à supporter ;

• l'exploration de nos zones de susceptibilité, ou de fierté farouche et, plus généralement, de fragilité ressentie ;

• l'image négative, en noir, de nous-mêmes, telle que nous craindrions qu'elle soit perçue par les autres (et que nous pouvons décrire à partir d'une photo de nous-mêmes) ;

• une réflexion sur les zones personnelles de somatisation par lesquelles nous traduisons corporellement nos perplexités.

L'une ou l'autre de ces diverses explorations peuvent prendre le support de photographies (photolangage), ou du blason. Elles peuvent aussi se dérouler en utilisant les techniques des *mots inducteurs* mises au point autrefois par Carl Jung.

Une liste d'une quarantaine de termes, variés et sans lien direct entre eux, est lue à une personne, avec une voix égale, par un formateur ou à un partenaire. Celui-ci chronomètre le délai de la réponse induite. À chaque mot inducteur il note le temps, ainsi que le mot induit. En général le délai est quelques secondes pour la plupart des termes, sauf pour quatre ou cinq mots pour lesquels le délai de réponse s'allonge jusqu'à vingt, trente, cinquante secondes ou plus. Le formateur ou le partenaire recommence la lecture de la même liste dans les mêmes conditions : habituellement une même hésitation se produit à chaque mot inducteur qui avait fait marquer un délai, à la première lecture ; et on constate souvent le mot induit n'est pas le même que celui noté à la première lecture. Ces termes de réponse instable indique une zone de fragilité, ou, dans le langage de Jung, signale le voisinage d'un *complexe*[1].

La liste de mots inducteurs peut aussi être construite par le groupe en formation, chacun proposant quelques termes ; les uns dépréciatifs ou défaitistes, les autres, certains désignant des situations de mise en difficulté ou désobligeantes.

1. Cf. C. G. Jung, *L'Homme à la découverte de son âme*, Éd. du Mont Blanc, Genève, 1944.

DOCUMENT 86

Exercices de sensibilisation organismique

Ces exercices supposent une formation solide chez le formateur. Mais ils peuvent être pratiqués de façon simple et modérée à propos de :

• la perception de notre corps dans l'espace, selon la verticalité, avec une consigne de ressentir le poids de son corps : dans les pieds, puis dans les jambes, puis dans le bassin, puis dans la colonne vertébrale, puis dans les cervicales et la tête ;

• la souplesse de nos étirements : des doigts, des mains, des bras, du corps, des jambes ;

- en positions : assise, allongée ou debout ;

• l'équilibre de toutes les parties du corps en position couchée les yeux clos, en sentant la respiration paisible au-dessous du diaphragme; ainsi que la vibration tranquille des circulations sanguines ;

• une visualisation, les yeux fermés, des grandes fonctions : respiratoire, digestive, cérébrale, musculaire…

• une présentation de soi à un groupe, par un geste préparé, aussi intense et harmonieux que possible ;

• une imagination des grandes activités vitales interprétées selon le dynamisme des quatre éléments (air, eau, feu, terre) ;

• une souplesse de tact sur des objets en recherchant une large conscience organismique ;

• une gymnastique oculaire, faisant mouvoir lentement le regard, sans bouger la tête, en rotation entre le haut et le bas, la gauche et la droite.

D'autres exercices ont été mis ou point et publié, notamment aux États-Unis par Jones et Pfeiffer, et, en France, par Gérard de Angeli et Jean Hébrard, in *Formation aux relations humaines*, tomes 1, 2, et 3, Strasbourg, Éditions de l'Entreprise, 1976).

On trouvera, parmi la riche variété des exercices proposés, l'exercice de « la fenêtre de Johari ».

« La fenêtre de Johari »

L'échange des impressions réciproques de chacun sur les autres *(feed-back)* est l'un des concepts les plus importants de la formation aux relations humaines. C'est à travers cet échange, ce *feed-back*, que nous apprenons comment les autres nous voient et que les autres apprennent comment nous les voyons. Le *feed-back* est un échange d'informations verbales ou non verbales entre deux personnes ou entre une personne et un groupe, concernant les effets que ceux-ci ont sur vos sentiments et vos perceptions dans l'ici et maintenant. C'est également les impressions des autres, le plus souvent en termes de sentiment et de perception, sur les effets que votre comportement produit sur eux.

Ce terme de *feed-back* fut emprunté, à l'origine, à l'électricité et à l'électronique, par Lewin qui l'appliqua aux processus de groupe. Dans la construction des fusées, par exemple, chaque fusée possède un système interne qui envoie des messages à un organe de direction qui se trouve au sol. Lorsque la fusée s'éloigne de sa trajectoire, des messages sont envoyés à l'organe de direction qui fait alors les ajustements nécessaires et remet la fusée sur sa trajectoire. Dans les groupes de formation aux relations humaines, le groupe agit de la même façon comme un organe de correction et de direction pour les participants qui, à travers ce processus de *feed-back*, sont maintenus sur leur trajectoire en ce qui concerne leurs objectifs personnels de formation.

Cet échange d'informations réciproques peut être illustré par le schéma de la fenêtre de Johari[1]. Ce concept fut inventé par deux psychologues, Joseph Luft et Harry Ingham, dans leur travail sur les processus de groupe. Ce schéma est une sorte de fenêtre par où passe la communication entre vous et les autres en ce qui concerne les informations

1. D'après *Formation aux relations humaines*, par Gérard de Angeli et Jean Hébrard, tome 1, Éditions de l'Entreprise, juin 1976.

que vous donnez ou que vous recevez sur vous-mêmes et sur les autres.

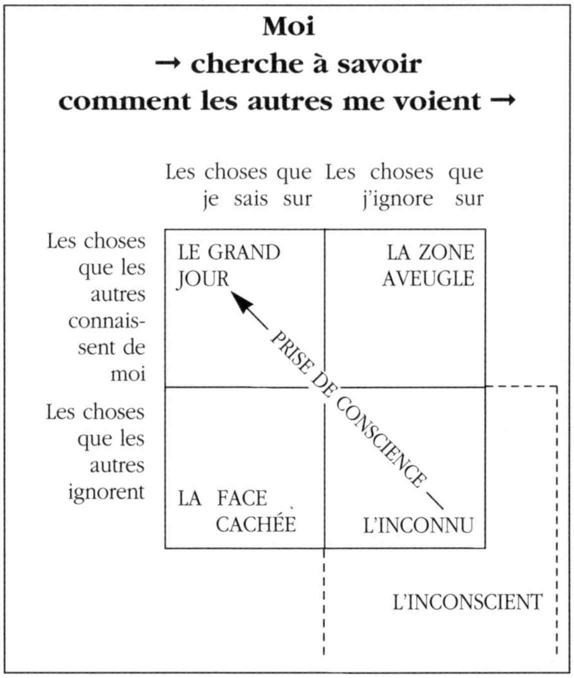

Ce schéma est formé de deux colonnes et de deux lignes qui forment donc, à l'intersection, quatre carrés. Les deux colonnes verticales représentent *le moi*, les deux colonnes horizontales représentent le groupe ou *les autres*. La première colonne de gauche représente les choses que je sais sur moi-même ; la seconde colonne contient les choses que j'ignore sur moi-même. La première ligne contient les choses que les autres savent sur moi, et la seconde ligne représente les choses que le groupe ignore sur moi. Les informations contenues dans chacune de ces lignes et colonnes ne sont pas statistiques et statiques, mais il y a échange entre les différents carrés au fur et à mesure que la confiance et l'échange personnel augmentent dans le groupe. Ce mouvement aura pour effet de modifier la taille et la forme de chacun de ces carrés à l'intérieur de la fenêtre.

Le premier carré, appelé *grand jour*, contient les choses que je sais sur moi-même et que le groupe connaît également. C'est une zone caractérisée par un libre échange d'informations entre moi-même et les autres. Mon comportement, mes pensées, dans cette zone, sont publics ; chacun peut y avoir accès. Au fur et à mesure que la confiance augmente avec une autre personne, cette zone augmentera probablement de taille dans la mesure où je me confierai davantage à cette personne.

La deuxième zone, appelée *zone aveugle*, contient des aspects de moi-même que seuls les autres connaissent. Cela peut être des habitudes, des manières, des façons de réagir aux autres, dont je ne suis pas toujours conscient. Un jour, par exemple, quelqu'un m'a fait remarquer, dans un groupe, que lorsque l'on me demandait mon avis sur une question personnelle, sur un problème débattu en groupe, je toussais toujours avant de répondre.

La troisième zone, appelée *face cachée*, contient des informations que je garde secrètes. Peut-être par peur que si le groupe connaissait mes sentiments, mes perceptions, mes opinions sur le groupe ou sur certains individus, il pourrait peut-être m'en vouloir ou me rejeter d'une certaine manière. Par conséquent, je préfère garder cette information pour moi. Peut-être que je ne trouve pas suffisamment de réceptivité ou de soutien dans le groupe pour pouvoir en faire part. En d'autres termes, j'ai peur d'être jugé négativement par les autres. Cependant, si je garde ces choses secrètes, je n'ai aucune chance de savoir comment les autres réagiraient. Autrement dit, si je ne prends pas certains risques, je ne saurai jamais si mes opinions étaient fondées ou non. Il se peut également que je garde ces informations pour me protéger des autres ou pour maintenir un certain contrôle et un certain pouvoir sur eux.

Le dernier carré, c'est-à-dire *l'inconnu*, contient les choses que, ni moi-même, ni le groupe, ne savent sur moi ; c'est le dessous de l'iceberg, ce qui se trouve en-dehors de la conscience. Peut-être ma propre motivation interne, ma propre dynamique personnelle dont je peux être inconscient : les expériences affectives que j'ai eues dans mon enfance, ou encore des potentialités que je n'ai pas découvertes. En termes psychanalytiques, c'est ce qu'on pourrait appeler *l'inconscient.*

C'est à chacun naturellement de savoir quelle est pour lui sa fenêtre idéale. Un objectif que l'on peut se fixer dans un groupe, par exemple, est de réduire la zone aveugle, c'est-à-dire de faire glisser la ligne verticale vers la droite. Comment y arriver ? La seule façon d'y parvenir est de solliciter des autres un *feed-back* sur la façon dont ils nous voient, les impressions et les questions qu'ils forment à notre sujet. Par conséquent, il faut développer une attitude réceptive pour encourager les autres à partager avec nous ces informations.

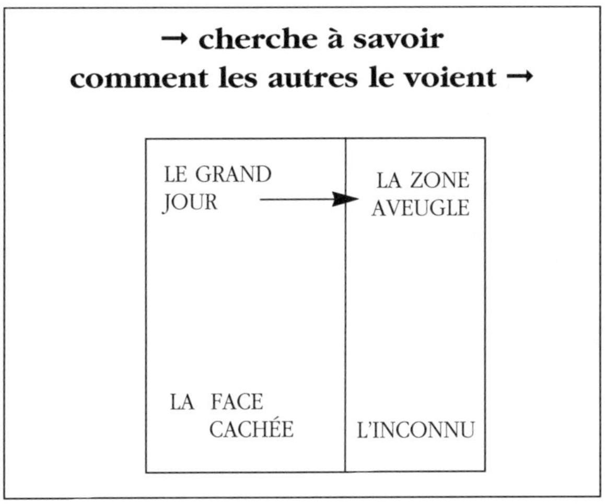

Un autre but que l'on peut se fixer, toujours en suivant le schéma de la fenêtre de Johari, est de réduire sa *face cachée*, c'est-à-dire de faire descendre davantage la ligne horizontale. Comment y parvenir ? Puisque la face cachée contient les informations que je garde secrètes, je peux réduire sa surface en partageant avec les participants les réactions personnelles que j'ai eues, concernant ce qui se passe dans le groupe ou ce qui se passe en moi-même. Par ce processus, le groupe peut savoir où j'en suis et n'a pas besoin de deviner ou d'interpréter mon comportement. Plus je me révèle aux autres, plus la ligne horizontale descend.

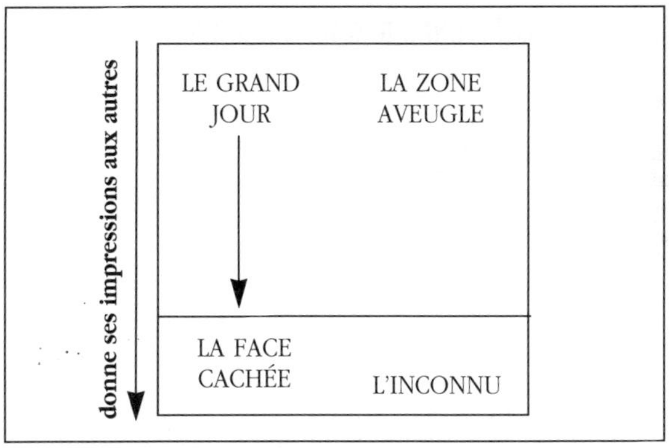

Vous pouvez noter que, lorsqu'on réduit la taille de la *zone aveugle* et de la *face cachée* en donnant et en recevant un *feed-back*, on accroît en même temps la taille de la zone du *grand jour.*

Naturellement, chacun peut mettre plus l'accent, soit sur la réduction de la *zone aveugle*, soit sur celle de la *face cachée.* On peut avoir tendance, en effet, à demander plus d'informations aux autres que l'on en donne. Ce déséquilibre entre les deux mouvements peut avoir des conséquences sur le comportement de chacun dans le groupe et les réactions que les autres ont vis-à-vis de lui. Par conséquent, selon la forme de la zone du *grand jour*, on peut camper différents types de personnages dans le groupe.

DOCUMENT 87

Quatre types à la fenêtre de Johari

Nous avons indiqué, ci-dessous, quatre types extrêmes par rapport auxquels chacun pourra peut-être se situer :
1 – la personne transparente
2 – l'enquêteur
3 – l'éléphant dans un magasin de porcelaine
4 – la tortue.

1. La personne transparente

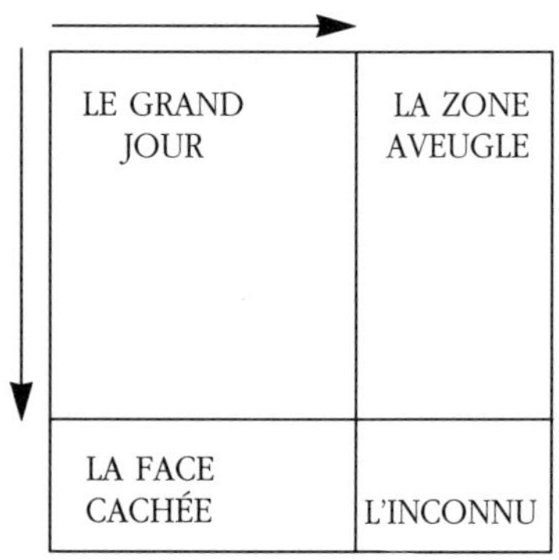

2. L'enquêteur

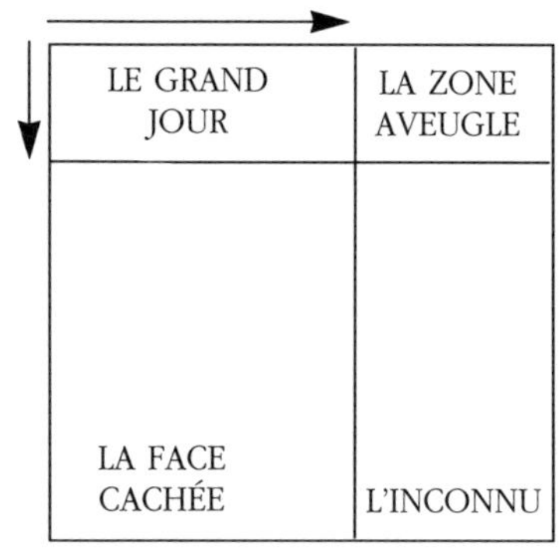

3. L'éléphant dans un magasin de porcelaine

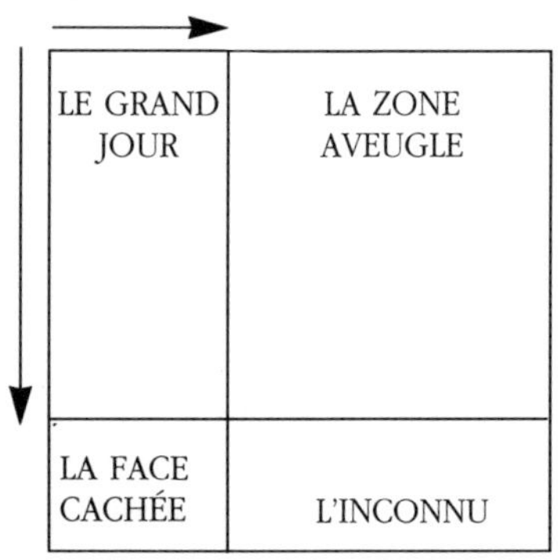

4. La tortue

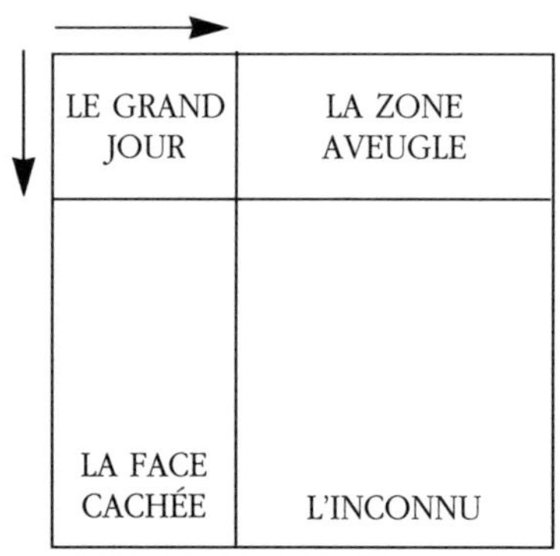

• La première fenêtre représente ce que nous avons appelé : **la personne transparente**.

La taille de la fenêtre de la zone du grand jour est très importante et suggère que la personne cache très peu de choses dans ses relations avec les autres. Par conséquent, les autres font moins d'interprétations (et éventuellement de mauvaises interprétations), ou ont moins tendance à projeter sur son comportement. Ses intentions et ses opinions sont claires pour tous. La question que l'on peut naturellement se poser est : est-ce la fenêtre idéale ? C'est à chacun de répondre en fonction de ses objectifs personnels, des situations et des personnes qu'il côtoie. Il faut noter cependant, que dans vos relations plus intimes, si vous vous découvrez davantage aux autres et si vous révélez davantage aux autres vos impressions sur eux, les jeux de manipulation et de pouvoir seront vraisemblablement moins probables.

• Dans le deuxième type de fenêtre : **l'enquêteur**, c'est la *face cachée* qui a la plus grande importance. Cela veut dire que c'est une personne qui a surtout tendance à questionner et à solliciter des informations des autres, mais à ne pas partager ses impressions qu'il garde secrètes dans la face cachée. Ses interventions dans le groupe seront du type : « *Qu'est-ce que vous pensez de cela ?* » ; « *Comment auriez-vous fait si vous aviez été à ma place ?* » ; « *Comment vous situez-vous par rapport à ce que je viens de dire ?* » ; « *Quelles sont vos impressions sur le groupe ?* » Il veut savoir où se situent les autres avant de prendre position lui-même. C'est pourquoi la flèche symbolisant la demande de *feed-back* est longue, alors que celle qui représente l'émission de feed-back est courte. Il arrivera probablement qu'au cours des discussions quelqu'un dira : « *Vous essayez toujours de savoir ce que pensent les autres, mais vous ne nous dites jamais votre opinion.* » Ce style peut provoquer des réactions d'irritation, de méfiance et de distance vis-à-vis de la personne.

• Le troisième type, **l'éléphant dans un magasin de porcelaine**, se caractérise par une *zone aveugle* très importante. C'est-à-dire que la personne, dans ses interactions avec les autres, a tendance surtout à dire ce qu'elle pense des autres, ce qu'elle pense du groupe, et à exprimer ses opinions sur les sujets en discussion, mais elle se soucie très peu de demander des informations des autres en retour. Ce qui la fait apparaître comme insensible à ce que les autres peuvent penser, ou comme n'écoutant pas ce que les autres participants lui disent. C'est qu'elle peut ne pas savoir très bien écouter, mais aussi elle peut répondre au *feed-back* des autres de telle façon que ceux-ci ne sont pas encouragés à continuer ; elle peut, par exemple, se mettre en colère, ou menacer de partir, ce qui limite le *feed-back* que les autres pourraient lui donner.

Par conséquent, elle n'a aucune chance d'apprendre quel est son impact sur les autres. Comme elle ne peut pas utiliser cette information pour modifier son comportement, la plupart de ses réactions et de ses commentaires paraissent sans rapport avec ce qu'elle dit dans le groupe, évasifs, ou encore distordus. Comme elle ne sollicite pas et ne reçoit pas les informations correctives venant du groupe, elle n'a aucun point de référence pour modifier son comportement. Elle apparaît comme un éléphant dans un magasin de porcelaine.

• Le quatrième et dernier type, **la tortue**, représente la personne qui sait assez peu de choses sur elle-même et sur laquelle le groupe connaît également peu de choses. C'est la personne qui fait figure d'observateur dans le groupe, de silencieux, et qui demande et donne très peu d'informations. Les deux flèches symbolisant ces deux comportements sont donc très courtes. Cette personne apparaît mystérieuse dans le groupe parce qu'il est difficile pour les autres de savoir où elle se situe, ou quelle est son attitude vis-à-vis de chacun d'eux. Lorsqu'on la questionne sur son manque de participation, la personne peut répondre en disant : « *J'apprends plus en écoutant.* » Ce type de personne qui ne participe pas activement à la discussion reçoit très peu d'informations du groupe en ce qui la concerne parce qu'elle ne donne pas d'occasions aux autres de réagir. Le participant actif apprendra beaucoup plus d'une telle situation de groupe que l'observateur. Ce dernier est nommé : la tortue, parce que sa carapace l'empêche de s'extérioriser et, en même temps, empêche les autres de pénétrer en elle. Dans une situation de groupe, le maintien de cette carapace nécessite une très grande dépense d'énergie pour lutter contre l'appel à l'intimité que la situation de groupe suscite. Cette énergie est investie alors pour maintenir le système fermé, et non pas pour s'explorer soi-même et surtout s'ouvrir aux autres.

Le but du *feed-back* réciproque est de permettre aux informations contenues dans la *face cachée* et la *zone aveugle* de se déplacer vers *le grand jour*, et également, à travers ce processus, les informations nouvelles peuvent jaillir de l'inconnu. Une personne peut avoir une soudaine intuition sur la relation existant entre la situation de groupe et des événements qu'elle a pu vivre dans le passé.

La difficulté, pour le formateur qui suscite et facilite ce processus réciproque entre les participants, est d'une part de préparer chacun à donner le *feed-back* et à y être réceptif et, d'autre part, à faciliter le dialogue entre les personnes concernées, en guidant l'expression de celui qui donne le *feed-back*, en lui faisant préciser ce qu'il veut dire en encourageant celui qui reçoit le *feed-back* à poser des questions et à explorer davantage les impressions exprimées par son interlocuteur. Certains pensent que cette attitude de demande et d'expression de *feed-back* ne peut pas être apprise seulement par la pratique, mais nécessite une philosophie, c'est-à-dire un ensemble de valeurs qui doivent tout d'abord être apprises. Cette philosophie de base est que l'individu doit s'accepter lui-même et accepter les autres. Lorsque cette acceptation et cette tolérance augmentent, la tendance à donner des *feed-back* qui sont des jugements de valeur, des critiques seulement négatives, ou des règlements de compte, diminue.

LES ÉMOTIONS ET LES RACKETS

D'autres exercices visant la congruence et la compréhension de soi peuvent être également empruntés à la littérature inspirée par Éric Berne qui a développé la théorie et les pratiques ingénieuses de l'analyse transactionnelle. On trouvera un grand nombre de ces exercices dans l'ouvrage de Claudie Ramont, *Grandir : éducation et analyse transactionnelle*, La Méridienne, Paris, 1989.

TROIS ÉTATS

Éric Berne et ses émules ont, en effet, cherché des voies sages et des outillages conceptuels de référence qui offrent des possibilités de réflexion sur soi et d'autonomisation aux individus.

On sait que les articulations dessinées dans la psyché humaine par l'analyse transactionnelle, en termes de *sphères* ou d'*états* sont au nombre de trois. Dans l'état *parent* désigné par Berne, c'est le complexe insistant des prescriptions et interdictions d'origine parentale (père, mère et autres éducateurs), fortement mémorisées et amalgamées, qui revient en scène. Les évocations d'attitude qu'il inspire entrent en jeu pour équilibrer (sinon réprimer) le jaillissement des pulsions et des émotions d'où resurgit dans l'individu, *l'enfant* incessant qu'il a été et qu'il continue de porter en lui. Entre les deux *états*, un complexe de processus et d'opérations, de méthode et de *pesée* (pensée) vient établir une balance : il procède, de la sorte, à un arbitrage dans le jeu entre le parent et l'enfant intérieurs, en rappelant les contraintes ou la médiation et les attentes de l'environnement interpersonnel et social (ou même matériel) : c'est l'état *adulte*, qui est de vigilance active au présent et au devenir naissants.

SCÉNARIOS ET TRANSACTIONS

Les questions que la problématique de Berne pose à chaque personne (pour une *métacognition* ou une introspection réfléchie) portent sur l'état auquel nous adossons préférentiellement, d'aventure, dans une situation donnée, nos attitudes et nos réponses à autrui : pour configurer un scénario, un jeu, par des *transactions.* Celles-ci s'effectuent selon que l'un des trois états d'un interlocuteur se met en rapport avec l'un des trois états de l'autre interlocuteur : *parent* de l'un à *enfant* de l'autre ou, au mieux, *adulte à adulte* ; ainsi que les autres combinaisons possibles. Le problème est d'éviter d'être *piégé* et de réussir à établir des rapports de même état à même état : ce qui suppose une *analyse* d'une clarification de nos propres tendances à jouer certains scénarios (de domination ou de soumission, par exemple) vis-à-vis de personnages ou de circonstances déterminées. Et ce qui suppose aussi une mise en relation harmonieuse, en nous, de nos trois *états* (qui ne sont pas ceux d'Auguste Comte, bien sûr).

Pour illustrer la théorie et les pratiques de l'analyse transactionnelle, on trouvera ci-après un exercice tiré de l'ouvrage *Grandir, éducation et analyse transactionnelle.*

Émotions et rackets

DOCUMENT 88

Chaque phrase d'un dialogue peut révéler un état différent dans nos attitudes ; chaque geste est significatif et, de plus, un geste peut révéler un état du moi différent de celui qui émerge par la parole.

Vous voulez vous exercer ?

Précisez dans les situations ci-dessous, si la réaction est :

– une réaction P (parent), ou

– une réaction A (adulte), ou

– une réaction E (enfant).

Dans chaque exemple, il y a une réaction P, une réaction A et une réaction E.

Si vous avez répondu juste, vous aurez fait votre premier pas (oh, tout petit !) dans l'analyse transactionnelle.

Un employé du service facturation a égaré une lettre importante.

« Ce n'est pas la première fois que cela arrive. »

« Recherchez toutes les personnes qui ont pu l'avoir entre les mains ces derniers jours. Peut-être madame Martin pourrait-elle vous aider. »

C'est votre affaire et non la mienne. »

Une machine est tombée en panne.

« Essayez de la faire dépanner ce matin. »

« Zut, cette machine est sans arrêt en panne. J'ai envie de la foutre en l'air ! »

Les utilisateurs de cette machine sont trop négligents. Ils devraient être plus soigneux. »

Monsieur Julien, chef du service pièces détachées, est mécontent de la réponse que sa secrétaire a faite à une note du service réparations.

« Je vous assure, Monsieur Julien, j'ai relu trois fois cette note. – J'aimerais nien que vous me précisiez quelle est la véritable question posée. »

Pourquoi répondre à cette note ? Véritablement, monsieur X ne comprend rien à cette affaire. »

Pendant le déjeuner, la rumeur circule que M. Y va être transféré. Réactions de ses collègues.

« Ça alors, je voudrais bien savoir ce qu'il a encore fait, ce casse-pieds ! »

« Que s'est-il réellement passé ? »

« Ce pauvre Georges n'a que des ennuis en ce moment : famille, argent et maintenant au travail. »

Monsieur Jacques, chef de service, a vu sa suggestion auprès de la Direction, rejetée.

Sa secrétaire lui dit :

« Je comprends. je crois qu'une aspirine et du repos vous feront du bien. »

« C'est décevant. Mais comment faire avec une Direction pareille ? »

« Je regrette pour vous ce qui arrive. Est-ce que je peux faire quelque chose ? »

Une secrétaire, en grand décolleté et jupe étroite, attire les commentaires suivants :

« Oh ! la la ... regarde-moi ça ! »

« Des tenues pareilles devraient être interdites dans les bureaux. »

Que recherche-t-elle en venant travailler dans cette tenue ? »

Madame Dubois vient d'obtenir une promotion inattendue.

Réaction de ses collègues :

« En fait, madame Dubois en a bien besoin ; elle a du mal à élever ses quatre enfants. »

« Ce n'est pas étonnant, elle utilise sans arrêt la brosse à reluire. »

« Quelles sont les raisons de cette décision ? »

EXERCICE DE PERCEPTION ÉVOLUTIVE

Au travers d'un dialogue à haute voix entre des individus qui explicitent les impressions que leur procure un tableau ou une série de tableaux, les perceptions respectives de chacun évoluent ; les avis exprimés se modifient, des détails négligés apparaissent, une compréhension nouvelle émerge.

Nombre de participants : de cinq à vingt personnes.

Durée : quarante minutes à deux heures.

Matériel : appareil de projection, écran, rideaux d'obscurcissement.

OBJECTIFS

1. Rendre les individus conscients de la simplification excessive de leurs premières perceptions (visuelles et auditives) et de leurs premières considérations.

2. Exercer les participants à une attention persévérante face à une œuvre par laquelle la qualité de leurs perceptions peut s'accroître.

3. Développer une méthodologie de perception et compréhension progressive, en vue d'améliorer les communications.

4. Exercer à la compréhension empathique.

DOCUMENT 89

La perception évolutive

Il est possible, comme matériel incitatif, de disposer d'une série de diapositives[1]. Nous avons utilisé notamment deux séries de tableaux de grands peintres, ainsi que des photos surprenantes :

1. un André Lhote, un C. Segonzac, un Marc Chagall, un C. Villon, un Fernand Léger, *Las Meninas* de Velasquez.

2. *La Cène*, de Kyno (église Notre-Dame de Toutes-Grâces, plateau d'Assy) ; *le Voyage imaginaire : un soir de fête*, Hervé Télémaque ; *L'offre d'Amin Dada : le silence de l'Angleterre*, 1975 ; *Coraux de la Mer Rouge* ; *le voyage imaginaire : l'océan des îles* ; *Plainscape*, d'Erro, 1970 ; *Paysage avec saint François de Paul en prière*, Emmanuel Maignan, Rome, 1642.

Il est utile que les œuvres choisies soient suggestives, contrastées et qu'elles demandent un effort de compréhension et d'analyse.

Première phase

Avant la première projection, le formateur explique que chacun est invité à exprimer, à voix haute, ce qu'il voit, ce qui le frappe, ce qu'il ressent et ce qu'il croit comprendre du sens et du message de chaque peinture qui sera projetée devant le groupe. Chaque formulation personnelle mérite d'être accueillie et interrogée éventuellement, mais en aucun cas niée ou rejetée.

Deuxième phase

Une diapositive est projetée. Les observations et avis s'expriment, facilités et appelés par le formateur, si besoin est, mais non commentées par lui. La projection est prolongée un certain temps (de dix à trente minutes).

Le formateur constate les convergences et divergences de perception et d'impression, puis il constate les découvertes de détails ou de structures, enfin les évolutions dans les expressions des participants ou dans leurs dialogues.

Il les laisse formuler leur intérêt ou non pour ce tableau, quitte à poser des questions du genre : « *Aimeriez-vous avoir ce tableau chez vous ? dans votre bureau ?*

1. Cet exercice a été mis au point par une enseignante, chercheuse québécoise, Madeleine Roy. Elle présentait en diapositive une peinture surprenante réalisée par une cliente en fin de thérapie et demandait à chaque spectateur de réagir à haute voix, faisant constater l'évolution des perceptions de ce tableau.

dans votre salle à manger ? dans votre chambre ? » Ou encore : « *Croyez-vous que vos amis aimeraient ce tableau ? Qui achèterait un tel tableau ?* » Des avis contrastés sont en général exprimés.

Troisième phase

À un moment donné de la projection de la même diapositive, le facilitateur interroge les membres du groupe sur la vision présente du tableau : « *Son intensité s'est-elle modifiée ? Est-il plus clair ? plus sombre ? Avez-vous le sentiment que votre rapport au tableau s'est modifié ? Êtes-vous attiré ou repoussé par ce tableau? Que pensez-vous de vos premières impressions ? Que croyez-vous que sont la pensée et le sentiment que l'auteur a voulu communiquer ?* »

Quatrième phase

Plusieurs autres diapositives sont projetées, suscitant des réactions, découvertes, questions et dialogues. Le formateur a continué à les susciter, confronter, synthétiser, pratiquant un dialogue conceptuel et affectif avec les participants.

Cinquième phase

À l'issue des projections, le formateur invite le groupe à rassembler les observations, constatations et sentiments qui ont été explicités par eux.

Il souligne, de son côté, les aspects théoriques qui peuvent être inférés à partir de l'expérimentation faite. Il rappelle notamment que les opérations de compréhension impliquent des interactions sociales qui enrichissent et affinent les perceptions et interprétations. Car c'est par « *le dialogue, par l'échange, par le doute, par le conflit, par l'argumentation, suscités par les exemples – ici par les diapositives – que les perceptions intuitives des uns et des autres peuvent commencer à s'accorder et à évoluer vers une compréhension commune.* » (Britt-Mari Barth, *L'Apprentissage de l'abstraction*, Retz, 1991).

Le formateur peut aussi rappeler que nos perceptions spontanées sont en général amoindries en précision et en complétude en raison d'une tendance simplificatrice qui nous pousse à précipiter la clôture des formes perçues. C'est ce qu'André de Peretti[1] a appelé : « effet de fermeture prématurée » des formes ou encore « effet Buñuel » en raison des fermetures fantasmatiques des portes au cœur du film *L'Ange exterminateur*.

L'expérience vécue des modifications progressives, dans la perception des divers tableaux et dans les impressions ou compréhensions successives, incite à tirer des principes valables dans tout processus de communication, que ce soit avec un artiste par la médiation de son œuvre, que ce soit avec une personne par la médiation de son expression et de son langage.

1. Cf. *Du changement à l'inertie : dialectique de la personne et des systèmes sociaux*, Dunod, 1981.

CONCLUSION

En communication, il faut, en premier lieu, se prémunir de nos premières perceptions et impressions subjectives vis-à-vis de l'interlocuteur, personne ou groupe. En second lieu, il nous faut considérer que chaque message formulé par l'interlocuteur sera nécessairement provisoire, approximatif et partiel ; mais qu'en contrepartie, la réception-perception que nous aurons de chaque message sera également, de notre fait, imparfaite, incomplète, insuffisante. En troisième lieu, si nous y prenons attention, la structuration progressive d'une compréhension empathique d'autrui, avec d'inévitables oscillations cognitives et affectives, pourra s'effectuer : si les impatiences sont maîtrisées, si chacun progresse dans un effort d'empathie et si « *du temps est donné au temps* ». « *Patience dans l'azur* », nous demandait Paul Valéry, à qui l'astrophysicien Hubert Reeves a directement répondu par le titre significatif d'un de ses livres.

VARIANTES

Un exercice analogue peut être organisé avec l'aide d'enregistrements de musique, d'auteurs, et de styles contrastés, et plus ou moins surprenants (musique classique, baroque, romantique, jazz, blues, rock, etc.).

EXERCICE DE REPÉRAGE DES VALEURS

Il est proposé à des participants de choisir individuellement sur une liste six termes qui évoquent pour eux les valeurs les plus importantes à prendre en considération. Ces termes permettent de se repérer sur un diagramme métaphorique ou *mandala*[1] et d'ouvrir un échange d'approfondissement.

Nombre de participants : de une à quarante personnes.
Durée : d'une heure à trois heures (ou plus).

OBJECTIFS

1. Amener chaque participant à expliciter ses valeurs dominantes.

2. Permettre à chacun de mesurer sa dépendance aux valeurs exprimées dans le groupe, ou au contraire son autonomie.

3. Faire prendre conscience du domaine étroit ou large où se situent les valeurs explicitées.

DOCUMENT 90

Repérage des valeurs

Première phase

Le formateur propose la première consigne en remettant une liste de termes : « *Vous avez un quart d'heure (ou plus) pour choisir, sur la liste qui vous est distribuée, six termes qui, pour chacun de vous, évoquent le mieux les valeurs auxquelles vous accordez le plus d'importance pour votre vie personnelle et la santé de la société (dans certains cas "pour la force de votre organisation ")* ».

Liste de termes

Appartenance, Audace, Autonomie, Beauté, Bien commun, Bonté, Civisme, Compétence, Contraintes, Courage, Culture, Désintéressement, Dignité, Discernement, Discipline, Droiture, Égalité, Épanouissement, Équilibre, Équité, Éthique, Exactitude, Ferveur, Fermeté, Fidélité, Fierté, Fraternité, Générosité, Honneur, Hospitalité, Image de soi, Imagination, Initiative, Inventivité technologique, Justice, Laïcité, Largeur d'esprit, Liberté, Loyauté, Morale, Noblesse, Ordre, Originalité, Persévérance, Progrès, Prudence, Réciprocité, Reconnaissance, Régularité, Respect, Responsabilité, Rigueur scientifique, Savoir, Sobriété, Solidarité, Spiritualité, Vérité, Vigueur.

Deuxième phase (une demi-heure)

En petits groupes ou en réunion plénière, chaque participant indique les six termes qu'il a choisis et qui sont inscrits sur un tableau. Puis chacun explique les motifs de son choix et indique les termes qui manquent sur la liste et qui auraient mérité d'y figurer à son point de vue. Le groupe compare les choix des uns et des autres.

Troisième phase (une demi-heure)

Le formateur distribue le triple carré ou mandala de valeurs et demande à chacun de l'étudier en fixant son attention avec soin, puis de regarder où paraissent se situer les termes choisis par lui et de les souligner. « *Quels voisinages apparaissent autour de vos termes*

1. Le terme de *mandala* désigne des diagrammes de constructions souvent raffinées. *Dans l'art du tantrisme*, de Philip Rawson, (traduction Louis Frédéric et Jean Cathelin) aux Arts et Métiers graphiques, Paris, 1973, le lexique (p. 219) indique : « *forme de diagramme utilisée pour concentrer et localiser l'énergie psychique* ».
Également, *ibidem* p. 183-184 : « *Le* mandala *en soi, en tant que complexe diagrammatique, structuré autour d'un point central, focalise les énergies qu'il contient, sur la* Sushumma centrale *du méditant. Pendant ce temps les différentes figures qui y circulent cristallisent des fragments de l'expérience psychique et de la signification.* » *Notons que, dans l'idéologie tantrique, la* Sushumma *désigne* « *le canal de l'épine dorsale du corps subtil* ».

choisis ? Vos choix couvrent-ils largement le champ du mandala ou se trouvent-ils concentrés sur une portion de ce champ ? Que vous inspire enfin le mandala ? Si vous aviez à en construire un, que feriez-vous ? »

Triple carré ou Mandala des valeurs

Le diagramme ou mandala est ici construit à partir du premier carré établi par les liens entre les quatre pôles : Appartenance – Contrainte – Initiative – Image de soi.

Les flèches indiquent la généalogie des valeurs ; les doubles flèches symbolisent les tensions d'équilibre métastables entre des pôles de valorisations ou des valeurs.

Quatrième phase (une demi-heure)

Un échange général peut suivre les phases antérieures et peut donner à débattre autour de quelques textes choisis.

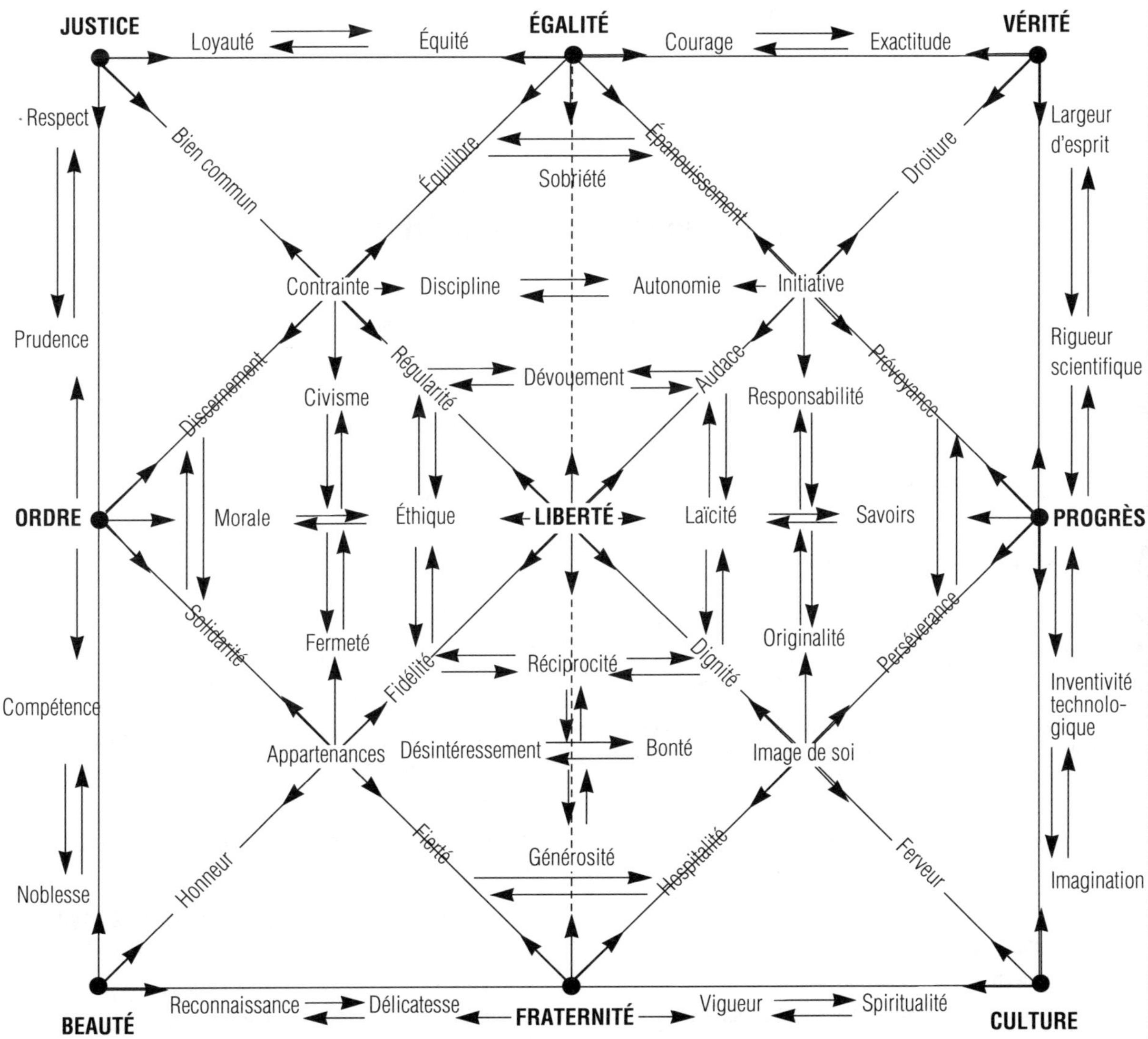

EXERCICE DE HIÉRARCHISATION DES INTÉRÊTS

On propose douze objets d'intérêt à plusieurs membres attablés.

Quatre colonnes de trois noms figurent sur un tableau qui reste accroché devant le groupe.

OBJECTIFS

1. Aider chaque participant à explorer ses zones personnelles d'intérêt.

2. Provoquer une étude des influences du groupe sur chacun de ses membres.

3. Entraîner à l'autonomie en rapport avec autrui.

DOCUMENT 91

Hiérarchisation des intérêts

Il s'agit d'inscrire en une seule liste les uns au-dessous des autres par ordre décroissant d'intérêt les douze termes suivants.

longévité	art	richesse	amitié
amour	sécurité	santé	sagesse
indépendance	plaisir	science	puissance

1. Après cinq minutes de réflexion individuelle les participants inscrivent leur choix (sur feuille 1).

2. Les participants, gardant leur feuille 1 devant eux, discutent entre eux des différents items pour faire valoir et défendre leur classement (durée dix minutes).

3. Ayant rendu à l'animateur la feuille 1, les participants votent pour apprécier en commun chaque item et élaborer au tableau une hiérarchisation commune (à la majorité simple).

Procédure rapide : cinq minutes.

– très important : 1

– important : 2

– commun : 3

– négligeable : 4.

On inscrit la somme immédiatement au tableau.

Les ex-æquo sont réexaminés rapidement. On dégage un ordre.

Le résultat représenté sur la feuille 2 est noté et conservé par l'animateur.

4. On cache le tableau de la hiérarchisation collective et l'on redemande à chaque participant une échelle personnelle (feuille 3).

On donne le top de départ. On note les temps de remise de cette feuille 3.

Résultats

– Pour chaque individu comparer :

Feuilles 1 – 3 : variabilité, influençabilité ou résistance

Feuilles 2 – 3 : degré de soumission au groupe

Feuilles 1 – 2 : adéquation aux normes du groupe (le plus proche est le plus influençant, le moins proche le plus frustré).

– Comparer la moyenne des feuilles 1 avec le résultat de la feuille 3.

Cette expérience permet à chacun de mesurer sa propre dépendance au groupe ou au contraire son autonomie.

Ce phénomène ne doit pas être analysé comme une qualité ou un défaut individuel, mais comme essentiellement lié à la situation au sein d'un groupe à un moment donné.

---

1. Source : Georges Rousseau.

CHAPITRE 3

Communication et maîtrise de l'expression

Comme on l'a rappelé dans l'introduction de cet ouvrage, bien des phénomènes risquent de troubler la transmission des informations et, *a fortiori*, la communication entre les individus.

À défaut de *méthodes* appropriées et de précautions pratiques à découvrir, chacun peut s'enfermer dans son propre monde, en omettant de prendre en considération celui d'autrui ou en déformant involontairement les messages qu'il reçoit. Et il lui revient de vérifier, de temps à autre, son attitude à l'égard des personnes, en suspendant le secours des modalités verbales et en prenant garde aux mécanismes de projection et d'identification ou de défense qui l'éloignent d'elles.

S'exprimer suppose une mise en situation sur un *réseau de relations* : celle-ci doit être éclaircie et adaptée, de même que la formulation des messages en réponse à des messages reçus doit être ajustée par des approximations successives, et variée par tous les modes possibles de signification. Ici encore, l'échantillonnage des techniques reste partiel : il sera méritoire de l'améliorer.

LA RUMEUR

Deux sous-groupes inventent une histoire à partir d'un nombre déterminé de mots (choisis par les participants) et se la transmettent à travers plusieurs relais.
Nombre de participants : au moins une dizaine.
Durée : variable.

OBJECTIFS

1. Étudier les phénomènes de réduction et de distorsion d'un message se transmettant à travers plusieurs relais successifs.

2. En dégager les lois régissant la naissance et la propagation de rumeurs dans une organisation.

DOCUMENT 92

La rumeur

L'exercice se divise en trois phases successives.

1. Construction des messages

L'animateur divise le groupe en deux et donne les indications nécessaires. Dans un groupe de seize personnes, par exemple, l'animateur formera deux sous-groupes A et B de huit personnes et fixera la consigne suivante :

« *Chaque participant écrira trois mots au hasard. Puis, vous mettrez en commun les vingt-quatre mots choisis dans votre sous-groupe et composerez ensemble une histoire de cinq ou six phrases comportant obligatoirement ces vingt-quatre mots. Vous disposez de vingt à trente minutes.* »

2. Transmission des messages

Une fois que les deux sous-groupes A et B ont fini d'écrire leur histoire, l'animateur demande à tous les membres de B de sortir de la salle, sauf un (B1) auquel un membre de A devra lire l'histoire composée par son groupe.

Puis l'animateur introduit un autre membre de B (B2) en lui donnant la consigne suivante : « *B1 va vous transmettre un message que vous aurez vous-même à transmettre à quelqu'un d'autre. Vous pouvez poser des questions à B1 mais vous n'avez pas le droit de prendre des notes.* »

L'histoire du premier groupe passe ainsi à travers le filtre des huit relais successifs du deuxième groupe.

C'est ensuite au tour du deuxième groupe de faire passer l'histoire qu'il a composée à travers le filtre des huit membres du premier groupe.

Il est possible d'enregistrer au magnétophone la transmission des deux histoires afin de mieux relever les déformations qu'elles subissent.

3. Étude des distorsions

L'animateur évoque à nouveau ce qui a été dit ou repasse les bandes enregistrées en demandant aux participants d'arrêter l'exposé ou le déroulement de la bande chaque fois qu'une distorsion notable apparaît. Il discute alors avec le groupe sur les raisons de cette déformation.

En général, le groupe est très surpris et amusé de l'importance des distorsions observées ou enregistrées. Il n'est pas rare d'obtenir une histoire qui, après tous les relais, n'a plus rien à voir avec celle initialement conçue.

COMMENTAIRES

Une expérience semblable fut utilisée par Allport et Portman pour étudier le phénomène de rumeur. On trouvera, dans le livre de Miller : *Langage et communication*, (PUF), une description de cette expérience ainsi que des conclusions sur la rumeur.

On peut noter en particulier :
- un raccourcissement du message
- des transformations par :
  - nivellement et omission de détails
  - accentuation d'un détail
  - assimilation sur le sujet en fonction des motifs personnels
  - projection de stéréotypes ayant pour objectif de compléter les lacunes de la mémoire.

Ardoino remarque également que la rumeur se crée dans une organisation lorsque les canaux officiels de communication fonctionnent mal. Le contenu de la rumeur dépendrait du climat affectif de l'organisation (espoir ou crainte d'un événement attendu).

Lorsque l'on utilise, non pas un message, comme le firent Allport et Portman, mais une histoire créée par le groupe, l'état affectif du groupe intervient non seulement à travers les transformations successives mais aussi dans le contenu de l'histoire produite. On peut alors utiliser cette expérience non seulement pour démontrer l'influence de l'affectivité sur le contenu du message transmis mais aussi pour analyser avec le groupe le contenu affectif du message qu'il a lui-même construit et transformé.

Notons sur ce thème un film réalisé au service de la Recherche de l'ORTF par Enrico Fulchinioni, directeur du service Cinéma à l'UNESCO.

DOCUMENT 93

Variante 1

On peut également réaliser cette expérience avec un seul groupe en proposant au premier participant une image qui servira de base à l'histoire qui sera transmise ensuite de participant à participant. La confrontation in fine de l'image inductrice et de l'histoire racontée par le dernier participant est souvent éloquente.

Variante 2

On peut utiliser comme support du message transmis entre les participants, une image choisie à la fois pour sa simplicité et son ambiguïté[1].

Deux procédures peuvent être adoptées :

1. On présente le dessin objet du message pendant deux minutes au premier participant. On lui demande ensuite de le décrire au participant suivant comme une scène à laquelle il aurait assisté. Chacun des membres du groupe fera de même.
On compare *in fine* ce qui est décrit avec la réalité.

2. On laisse le dessin à la disposition du premier participant pendant le temps qui lui est nécessaire pour le décrire au suivant.

Il doit néanmoins demeurer seul à avoir vu le dessin.

Nous donnons ici un exemple d'image que nous avons souvent utilisée et qui est extraite d'une publication à grand tirage.

L'intérêt de cette variante est qu'elle incite à une implication personnelle forte le premier récitant et en conséquence induit une forte dose d'affectivité dans l'expérience.

DR

1. Source : Georges Rousseau.

QUESTIONNER, RELATER, TRANSCRIRE, RAPPORTER

Il est utile de faire ressentir les difficultés de s'insérer dans une « chaîne d'information ».

Il convient aussi de faire découvrir les diverses causes de déformation : mauvaise expression (ce que je crois dire et ce que je dis), mauvaise compréhension, déformation par interprétation, projection, omission, etc.

OBJECTIFS

1. Analyser la complexité des communications et de leurs transmissions.

2. Exercer à une rédaction synthétique des échanges dans un entretien.

3. Étudier les causes matérielles ou psychologiques de déformation des informations reçues et retransmises.

DOCUMENT 94

Le téléphone arabe

– Disposer le groupe de telle sorte qu'il forme une boucle fermée, les participants étant en nombre impair, sinon un animateur complétera.

– Demander à chacun de se compter de 1 à 3.

Première phase

Chaque participant ayant le n° 2 interviewe le n° 3 ; pendant ce temps, le n° 1 suit l'interview du n° 3 de l'autre triade (ou on lui demande d'écrire en dix lignes un rapport sur le thème qui fait l'objet de l'interview).

Deuxième phase

On demande à chaque n° 2 de dicter au n° 1 l'interview du n° 3.

Troisième phase

Chaque n° 1 lit à haute voix l'interview qu'il a relevé ; le n° 3 peut, après chaque rapport, indiquer les déformations, ajouts ou omissions.

Quatrième phase

Discussion sur l'exercice. Les types d'erreurs, leur correspondance dans l'activité professionnelle (téléphone, la prise de notes, etc.).

Variante ou contre-épreuve

Première, deuxième ou troisième phases

sans changement.

Quatrième phase

Demander à chaque n° 1 de donner à lire au n° 2 le texte qu'il a écrit. Le n° 1 reprend ensuite son texte.

Cinquième phase

Le n° 2 dicte au n° 3 ce qu'il a retenu de sa lecture.

Sixième phase

Le n°3 lit à haute voix ce qu'il a écrit et le n° 1 peut éventuellement intervenir pour signaler les déformations, ajouts ou omissions.

Septième phase

Discussion sur l'exercice : importance et avantage de l'écrit, du *feed-back*, etc.

Précautions à prendre : relever les différences ; éviter de juger telle ou telle personne, mais seulement synthétiser les types d'erreurs qui sont, à vrai dire, générales.

Insister également sur les incidences de telles déformations dans les activités professionnelles.

REPRODUCTION D'UN DESSIN

Il s'agit de faire transmettre à un groupe, par un de ses membres, des informations qu'il est seul à détenir.

OBJECTIFS

1. Cet exercice[1] a pour but de démontrer les difficultés de la communication.

2. Il incite à comprendre l'utilité dans la communication du *feed-back*, ou communication en retour.

DOCUMENT 95

Reproduire un dessin

On demande à un participant de faire reproduire par un groupe un dessin qui lui est remis et qu'il est le seul à voir. Sa communication doit être exclusivement verbale. Aucun geste n'est autorisé. Le cas échéant, il sera peut-être souhaitable d'isoler l'émetteur de la vue du groupe.

L'expérience se déroule en trois phases.

Première phase

Un émetteur A est chargé de faire reproduire par les participants le dessin ci-dessous. L'émetteur est le seul à communiquer. Le groupe ne peut lui poser aucune question.
L'exercice dure environ vingt minutes.
À l'issue de cette expérience, les dessins des participants sont confrontés à l'original.

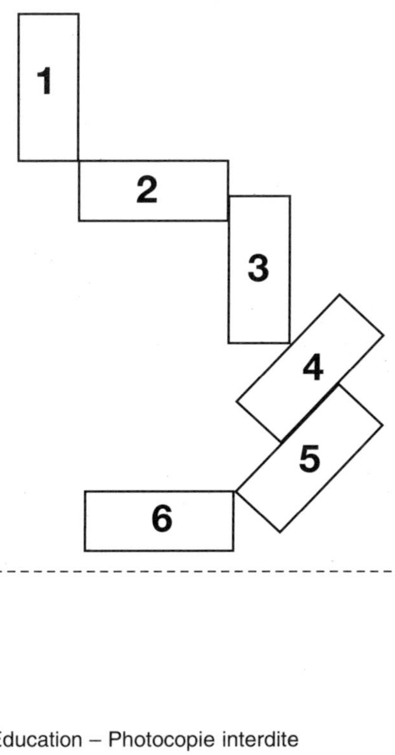

La distance qui existe entre l'original et ses reproductions permet de mesurer la qualité de la communication.
Un échange permet de mesurer la nature des incompréhensions, et d'apprécier notamment les difficultés de codage.

Deuxième phase

Un émetteur B est chargé à son tour de faire reproduire le dessin ci-dessous. Cette fois-ci, les participants peuvent poser des questions à l'émetteur, lui permettant de mieux comprendre son message.

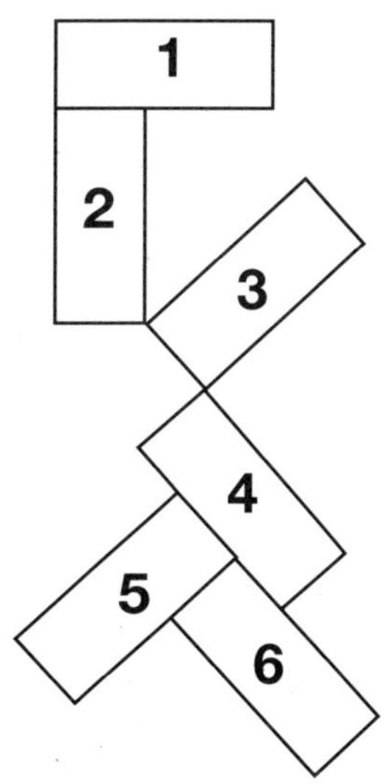

L'exercice dure environ vingt minutes.

À l'issue de cet exercice, les dessins des participants sont confrontés à l'original.

1. Il a été inspiré par le psychologue Leavitt dans sa démarche d'expérimentation des difficultés de communication.

Là encore, la distance qui existe entre l'original et la reproduction permet de mesurer la qualité de la communication.

Le second exercice met notamment en évidence les problèmes d'écoute qui sont fortement perturbés par l'inquiétude des participants face à leur désir de réussite.

Ces deux dessins sont ceux utilisés par Leavitt dans ses expériences. Nous joignons également deux dessins utilisés par d'autres psychologues[1].

Il est possible à chacun de préparer les supports qu'il préfère.

Il est néanmoins important de retenir des dessins permettant de mesurer le taux de réussite des groupes, par exemple dans le cas de Leavitt :

- nombre de rectangles :
  - – de dimensions correctes
  - – bien orientés
  - – disposés correctement dans la page...

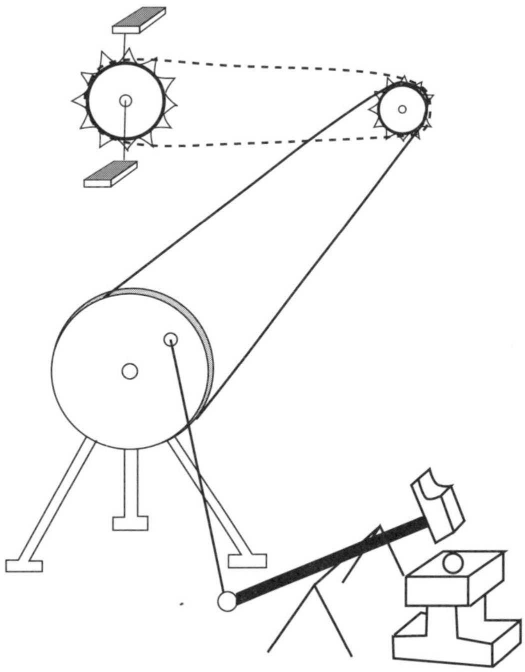

1. Sources : Analyses cinématographiques pour celui de gauche, EDF (Service Recherche) pour celui de droite.

LE PUZZLE

L'exercice[1] consiste à faire réaliser à chacun des membres de sous-groupes de travail, une même figure ou puzzle ou phrase composée de pièces ou mots qui lui ont été remis. L'assemblage des pièces ou des mots peut être réussi pour chaque participant s'il parvient à exploiter utilement les informations qui lui sont données.

DESCRIPTION

Nombre de participants : le groupe se compose par exemple, de vingt-sept personnes : treize professeurs, deux parents d'élèves et douze élèves de 3e. Les sous-groupes sont constitués de la manière suivante :

– neuf adultes (l'émetteur est un adulte)

– neuf élèves (l'émetteur est un élève)

– trois élèves et six adultes, (l'émetteur est un adulte, puis un élève).

Durée : il faut disposer de deux heures.

Il est souhaitable que les trois sous-groupes fonctionnent dans des salles différentes.

Matériel : Avec un groupe de vingt-sept stagiaires, il faut prévoir trois séries de vingt-sept enveloppes correspondant chacune à un jeu de pièces de trois modèles définis.

OBJECTIFS

1. Mettre en mesure de constater que la transmission d'une information complexe par voie orale et sa traduction sous forme d'une construction sont riches d'enseignements concernant toutes les difficultés de communication.

2. Permettre de vérifier les blocages et les résistances qui résultent de la compétition consciente ou latente des participants.

Puzzle

DOCUMENT 96

Dans chaque sous-groupe, l'animateur présente l'exercice, il annonce ensuite les consignes correspondant aux différentes phases.

Première phase

L'animateur demande au sous-groupe de désigner un émetteur et un observateur, adulte ou élève, selon les sous-groupes. Cet émetteur s'installe, caché derrière un écran, devant une table où se trouve la figure à reconstituer par les récepteurs. Il ne doit pas révéler la forme à réaliser. Les récepteurs disposent des pièces nécessaires pour la reconstitution, elles leur sont remises dans une enveloppe. Ils doivent, dans cette première phase rester silencieux et suivre les consignes de l'émetteur. Ils ne doivent pas communiquer entre eux. Lorsque l'émetteur a indiqué la place de chacune des pièces qui constituent la figure à reproduire, cette première phase est terminée. Chacun se déplace pour voir la réalisation des autres stagiaires et le modèle qu'il fallait réaliser.

Deuxième phase

Autre émetteur, autre observateur, autre figure à reconstituer. Les consignes sont les mêmes que dans la première phase à peu près : lorsqu'un récepteur n'a pas compris une consigne, il le fait savoir en frappant sur sa table.

Troisième phase

Autre émetteur, autre observateur, autre figure à reconstituer. Cette fois, les récepteurs peuvent demander oralement à l'émetteur d'expliquer à nouveau, de reformuler, de préciser...

1. Source : Office central de coopération à l'école.

Quatrième phase

Une discussion s'établit au niveau du sous-groupe sous la conduite de l'animateur qui sollicite les trois observateurs.

Cinquième phase

Retour au grand groupe afin de comparer les fonctionnements des trois sous-groupes.

Précautions à prendre

Dans la phase 1 surtout, l'animateur doit veiller au sérieux des participants, il n'est pas rare que les récepteurs enfreignent la consigne du silence.

La partie jeu rend l'exercice agréable, il faut veiller au respect des règles.

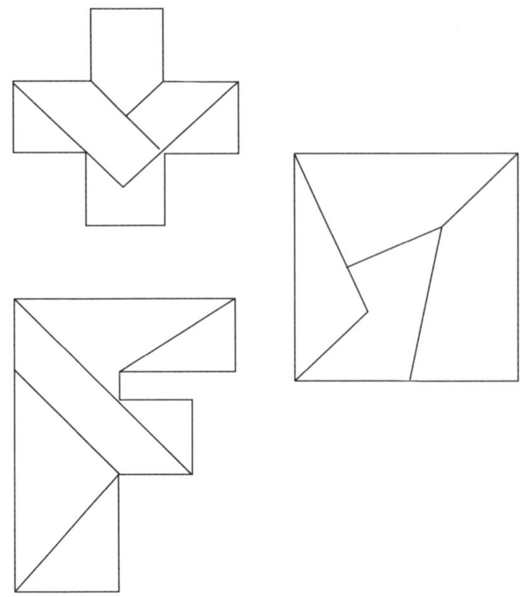

LES « CARRÉS CASSÉS »

Dans cet exercice[1], non verbal, des individus sont entraînés à coopérer en vue de résoudre un problème collectif représenté par des figures géométriques.

OBJECTIFS

1. Analyser certains aspects de la coopération dans un groupe lors de la résolution d'un problème.

2. Sensibiliser les participants d'un groupe aux comportements qui peuvent favoriser ou empêcher la résolution d'un problème collectif.

Nombre de participants : n'importe quel nombre de groupes comprenant chacun 6 membres : 5 participants et un observateur-juge.

Durée : quarante-cinq minutes.

MATÉRIEL

– 1 lot de *carrés cassés,*

– 1 copie, par groupe, de la feuille d'instructions aux participants,

– 1 copie par observateur, de la feuille d'instructions aux observateurs-juges.

1. Cet exercice de communication non verbale a été rédigé par Henri Ostrowesky.

Les carrés cassés
Résolution d'un problème collectif

DOCUMENT 97

L'animateur forme des groupes de cinq participants plus l'observateur-juge. Il donne un exemplaire de la *feuille d'instructions* aux observateurs-juges.

Il demande ensuite à chaque groupe de se répartir les enveloppes qui doivent rester fermées jusqu'au signal de début d'exercice.

Il donne dans chaque groupe un exemplaire de la feuille d'instructions aux participants. Il lit ces instructions à haute voix et demande s'il y a des explications complémentaires. Il peut questionner les groupes pour vérifier leur compréhension des instructions.

Il donne alors le signal de départ de l'exercice. Il est bon qu'il passe devant chaque table pour renforcer et faire respecter les consignes données.

Quand tous les groupes ont effectué leur tâche, l'animateur engage le groupe à analyser l'exercice. Les observateurs livrent leurs observations. L'animateur encourage le groupe à transposer cette expérience à des situations professionnelles ou autres.

Il fait recenser en groupe les points qui ont émergé lors de l'analyse et qui paraissent essentiels pour la réussite de la résolution d'un problème, par la coopération dans un groupe.

Les instructions

DOCUMENT 98

Chacun de vous est en possession d'une enveloppe qui contient des pièces de carton bristol permettant de construire des carrés. Au signal donné par l'animateur, l'exercice commence et la tâche de votre groupe consiste à construire cinq carrés d'égales dimensions. Le travail est terminé lorsque chaque participant du groupe a devant lui un carré parfait de même dimension que ceux qui se trouvent devant les autres membres du groupe.

Consignes impératives

1. Vous n'avez pas le droit de parler.

2. Vous n'avez pas le droit de demander une ou plusieurs pièces aux autres membres du groupe.

3. Vous n'avez pas le droit d'utiliser quel que moyen que ce soit pour vous faire attribuer une ou plusieurs pièces par les autres membres du groupe.

4. Vous pouvez, volontairement, donner des pièces aux autres membres du groupe.

Instructions aux observateurs-juges

Votre tâche est double :
– d'une part vous observez
– et d'autre part vous jugez.

En tant que juge

Vous devez être sûr que chaque participant observe les règles suivantes :

1. aucune communication verbale ;

2. aucune communication de type non verbale (signaux émis par des mouvements de tête, clins d'œil, doigt désignant une pièce, etc.) ;

3. les participants peuvent donner directement des pièces aux autres membres du groupe, mais n'ont pas le droit de prendre eux-mêmes des pièces appartenant aux autres membres ;

4. les participants n'ont pas le droit de placer leurs pièces au centre de la table pour que les autres puissent les prendre ;

5. il est permis à un membre de donner toutes les pièces de son puzzle, même s'il a déjà construit un carré.

En tant qu'observateur

Vous devez noter les éléments suivants :

1. ceux qui veulent bien donner les pièces de leur puzzle ;

2. ceux qui, ayant terminé leur carré, se retirent du travail que le groupe doit effectuer ;

3. ceux qui se *battent* avec leurs pièces, sans vouloir donner ni une, ni toutes leurs pièces ;

4. combien de personnes sont activement engagées dans l'assemblage collectif des pièces ?

5. quel est le niveau d'anxiété et de frustration ?

6. y a-t-il un tournant à partir duquel le groupe commence à coopérer ?

Points susceptibles d'émerger lors de l'analyse de l'exercice :

1. Chaque personne doit comprendre la totalité du problème.

2. Chaque personne doit comprendre comment elle peut contribuer à la solution du problème.

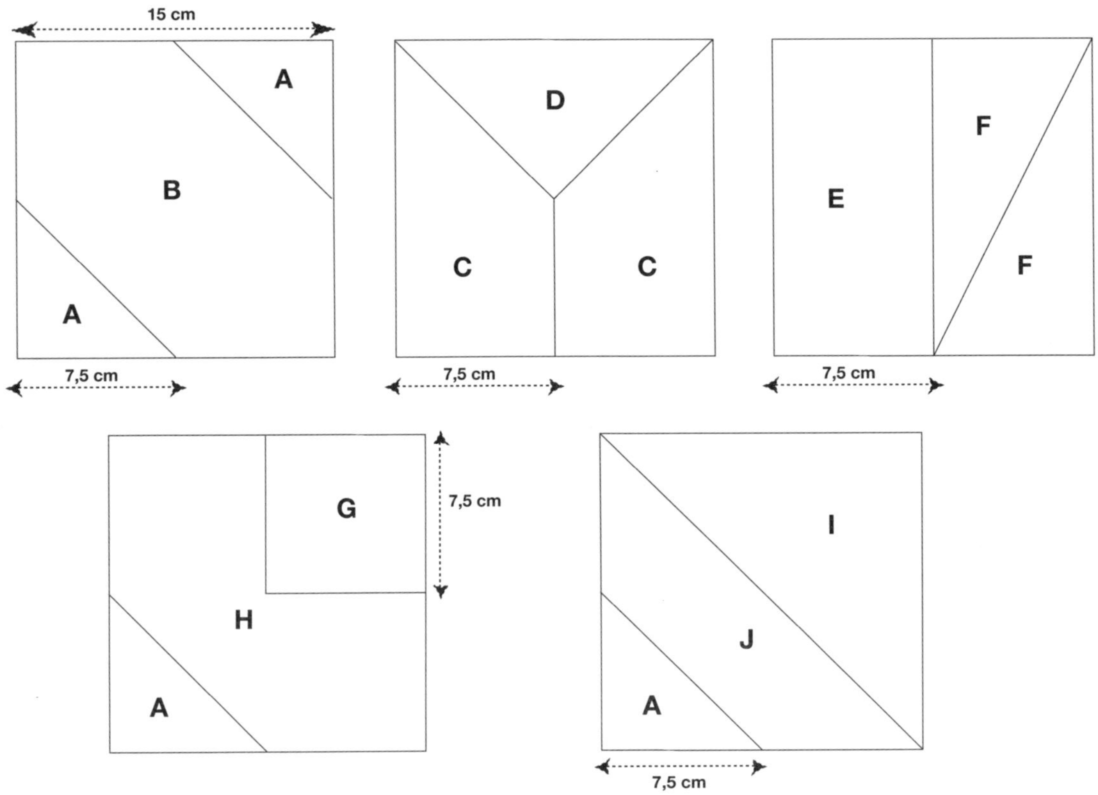

7. y a-t-il des membres qui essaient de tricher (en parlant, ou désignant du doigt ou de la tête, etc.) afin d'aider des camarades du groupe à résoudre le problème ?

Chaque groupe doit disposer d'un jeu de cinq enveloppes.

L'enveloppe n° 1 contient : I, H, E

L'enveloppe n° 2 contient : A, A, A, C

L'enveloppe n° 3 contient : A, J

L'enveloppe n° 4 contient : D, F

L'enveloppe n° 5 contient : G, B, F, C.

3. Chaque personne doit avoir conscience des contributions potentielles des autres individus.

4. Il est nécessaire de comprendre les problèmes des autres personnes de manière à les aider à produire leur contribution maximum.

5. Les groupes qui font attention à leurs propres processus de résolution des problèmes ont plus de chances d'être efficaces que ceux qui ne le font pas.

JEU DU CHALET

L'exercice consiste à faire réaliser par chacun des membres du groupe de travail une figurine composée d'un certain nombre de pièces qui lui sont remises et suivant des directives transmises sous forme de messages écrits ou oraux.

Nombre de participants : cinq à neuf ou même à vingt-sept (en sous-groupe de trois).

Durée : de quarante-cinq minutes à une heure et demie.

OBJECTIFS

1. Mettre en mesure de constater que la transmission d'une information complexe par voie écrite ou orale et sa traduction sous forme d'une construction, schéma, etc., est riche d'enseignements concernant toutes les difficultés de communication.

2. Faire expérimenter la résistance à s'organiser en petits groupes ou en grand groupe pour rassembler des informations.

3. Donner la possibilité de déduire de la situation des principes méthodologiques pour la recherche des indications et informations nécessaires à des tâches déterminées.

DOCUMENT 99

Le chalet

Les consignes du jeu, annoncées par l'animateur ou le formateur, sont les suivantes :

1. toutes les informations vérifiées – nécessaires et suffisantes à la réalisation de la tâche – sont à la disposition du groupe et présentes dans la salle : il s'agit de regrouper des pièces de puzzle pour obtenir la figure d'un chalet ;

2. il n'y a aucune restriction aux communications ;

3. ensuite, l'animateur distribue à chacun des groupes ou des joueurs une enveloppe préparée à l'avance par lui et contenant les neuf pièces du puzzle (figurine). Les informations sont données aux participants dans l'enveloppe à raison de une, deux ou trois (suivant leur nombre) sur de petites feuilles-messages.

Voici les diverses informations qui doivent être réparties, en évitant qu'une personne ou un sous-groupe ait l'ensemble des informations désignées par une même lettre (de A à E).

– A1, on doit essayer de construire la figure avec des pièces (voir ci-dessous). Quand on l'aura réalisée, il aura obtenu toute la partie basse de la figure d'ensemble en grandeur réelle :

– A2, toute la partie basse de la figure à construire est constituée de quatre pièces : deux triangles identiques et deux trapèzes qui ne le sont pas. Mises ensemble, ces quatre pièces forment un long rectangle avec une excroissance triangulaire sur la gauche et en haut.

– B1, les trois plus grands trapèzes rectangles sont disposés les uns au-dessus des autres dans le sens de la longueur.

– B2, le plus long des trapèzes se trouve en sandwich entre les deux trapèzes moyens.

– C1, le pentagone est disposé de telle façon que la flèche constituée par ses deux biseaux montre le nord-est.

– C2, le pentagone est aussi disposé de manière que l'un de ses trois côtés égaux vienne s'appuyer sur le biseau du grand trapèze.

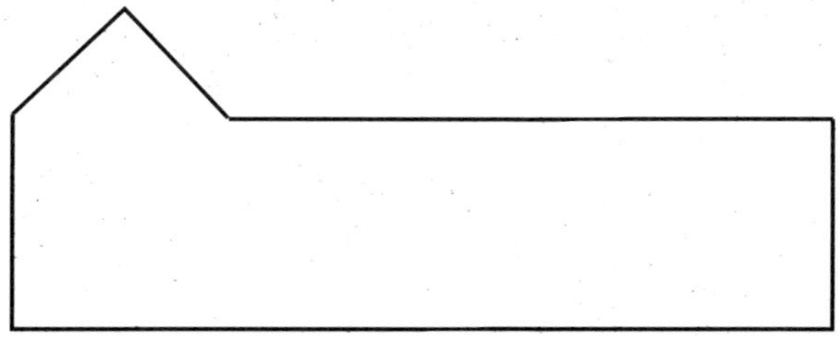

– D1, la ligne qui délimite la base de la figure est constituée de deux segments (c'est-à-dire de deux côtés de pièces) égaux entre eux. La ligne qui délimite le haut de la figure aussi.

– D2, Deux pièces du puzzle constituent chacune la moitié de la faîtière du toit et une partie de sa pente ; ces deux pièces sont d'assez grande taille. Elles totalisent ensemble neuf côtés (cinq et quatre).

– D3, la ligne qui délimite la hauteur de la figure et celle qui délimite le bas de la figure sont parallèles, la seconde est le double de la première.

– D4, l'avancée du toit forme un auvent plus important et plus bas à droite qu'à gauche.

– E1, l'avancée de droite est constituée par un triangle.

– E2, celle de gauche est constituée par un trapèze.

– E3, les informations que possèdent les participants ne sont utilisables que regroupées par deux ou trois.

Au cours de ce qui suit, l'animateur se dispose à tracer sur un tableau des remarques sur ce qui se passe dans le grand groupe ou les sous-groupes. Chacun des joueurs lit individuellement ou en sous-groupe les messages reçus. Certains s'absorbent dans la manipulation des pièces, cependant que d'autres, progressivement, se préoccupent de glaner ou de réunir des informations et, à terme plus ou moins court, à tirer parti des remarques de l'animateur qui décrit ce qui se déroule dans la salle.

Commentaires

– Les participants ont tendance à se précipiter sur la manipulation des pièces avant même d'avoir recueilli les treize informations indispensables, ou même après avoir recueilli seulement une partie de ces informations.

– Les individus ou les sous-groupes ont souvent des attitudes méfiantes les uns par rapport aux autres et mettent plus ou moins de temps à se consulter et à communiquer leurs informations.

– La volonté d'aider ceux qui n'ont pas encore réalisé la bonne figure est souvent absente.

– L'individu ou le groupe qui a l'information la plus importante (A1, donnant la base du chalet en vraie grandeur), n'en tire pas toujours parti le premier.

LE VRAI CHALET

Voici pour l'animateur ou le formateur, en vraie grandeur, le puzzle du chalet. Il vaut mieux ne pas le communiquer aux groupes.

Dans la préparation du matériel, le formateur aura pris soin de découper (sur du carton, du papier, ou dans du bois ou encore dans des matières plastiques), autant de jeux des neuf morceaux du puzzle qu'il désire mettre en œuvre, selon la taille du groupe de participants.

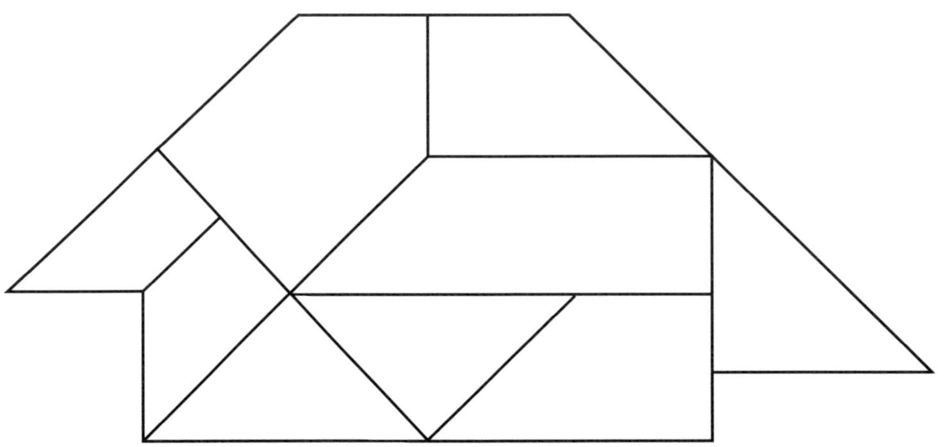

« RÉEXPRESSIONS »

« Je veux proposer une petite expérience de laboratoire que vous pourrez essayer pour tester la qualité de votre compréhension. La prochaine fois que vous serez en discussion avec votre femme, ou votre ami, ou un petit groupe d'amis, stoppez la discussion et, pour l'expérience, utilisez cette règle : "Que chaque personne ne puisse s'exprimer elle-même qu'après avoir d'abord réexposé les idées et les sentiments de l'interlocuteur avec exactitude et à la satisfaction de celui-ci." *Cela signifierait simplement qu'avant de présenter son propre point de vue, il serait nécessaire d'assimiler le cadre de référence de l'interlocuteur, pour comprendre ses pensées et ses sentiments au point de pouvoir les résumer pour lui. »*

DESCRIPTION BRÈVE

Inspiré de cette phrase de Rogers, cet exercice a été conçu à partir des pratiques de comportements de *compréhension* mis en œuvre par Carl R. Rogers et Elias Porter. Ils indiquent l'intérêt, dans des échanges, d'une vérification par reformulation des messages reçus, avant d'émettre éventuellement des messages de réponse, créant par là même de réelles conditions d'écoute.

Nombre de participants : variable quatre à cinq personnes au minimum ; plusieurs groupes de quatre à huit ; jusqu'à cent personnes.

Durée : une heure, une heure et demie.

OBJECTIFS

1. Faire prendre conscience des difficultés de la communication, notamment dans l'écoute des autres, et mettre en alerte pour ne pas brusquer un échange ou une information.

2. Exercer les individus à reformuler, de façons multiples, la pensée d'une personne (puis de plusieurs personnes), dans une restitution fidèle.

3. Aider à réexprimer non seulement les idées mais également les sentiments explicités dans les attitudes au cours du dialogue ;

4. Entraîner à résumer de façon cohérente les messages d'un entretien ou d'une discussion.

PRÉSENTATION DE L'EXERCICE

L'animateur indique un thème de travail général, en relation avec les problèmes personnels ou professionnels des participants.

L'animateur explique ensuite en quoi consiste l'exercice et précise la consigne de réexpression.

Consigne de réexpression : *« Aussi souvent que cela vous sera possible et même chaque fois qu'une personne aura parlé, l'un d'entre vous reformulera les messages qu'un autre aura émis. Celui qui aura reformulé demandera à l'émetteur s'il est d'accord sur la reformulation de son message. S'il y a accord, d'autres messages pourront être émis. Sinon, l'émetteur initial réexprimera ce qu'il avait voulu dire ; une reformulation de son message sera à nouveau faite et on lui demandera s'il est d'accord. Au cas où il ne le serait pas encore, on réitérera jusqu'à obtenir l'accord. »*

L'échange des idées prendra donc la forme d'une chaîne de messages (M), de reformulation (R) et d'expression d'accord (A) ou de désaccord (D).

Si on représente cette chaîne, on aura quelque chose comme un premier message M1 suivi d'une reformulation R1 et d'un accord A1 ; un deuxième message M2 qui n'aura pas été reformulé ; un troisième message M3 suivi d'une reformulation R3 puis d'un désaccord D3 ; alors l'émetteur réexpri-

mera M3 sous forme M'3 suivi de R'3 et de A'3, etc.
M1 – R1 – A1
M2
M3 – R3 – D3 – M'3 – R'3 – A'3
etc.

DOCUMENT 100

Réexpression

L'animateur s'occupe, si besoin est, de la répartition des participants en sous-groupes, de quatre à huit personnes, en général. Dans le cas de sous-groupes de plus de sept personnes, il convient de désigner un conducteur et un observateur dans chaque sous-groupe.

Les participants abordent le thème de discussion en essayant de suivre au mieux la consigne et les indications données par l'animateur.

L'animateur peut être ou non présent mais, de toute façon, n'a pas à intervenir. C'est au conducteur du groupe de faciliter les échanges et rappeler la consigne.

Discussion libre

Au bout d'un moment (trente à quarante-cinq minutes), l'animateur peut inviter les participants à étudier librement leur thème de travail sans plus se soucier de la consigne de réexpression.

Séance plénière

Les observateurs expliquent comment s'est déroulé l'exercice dans leurs groupes respectifs.

Tout le monde essaie de faire le point sur ce qui a été vécu : « *A-t-on fait beaucoup de reformulations ? Y-a-il eu beaucoup d'accord réels ? Quelles difficultés a-t-on ressenties ? Quelles constatations peut-on faire ? Quelles leçons en tire-t-on ?* » Dans certains cas, des sous-groupes ont rendu la consigne de réexpression obligatoire après chaque message individuel.

Enfin, l'animateur peut faire un exposé sur les problèmes d'écoute et les problèmes d'émission de la communication.

On peut consulter également le dictionnaire sur les communications publié sous la direction d'Abraham Moles pour les indications théoriques ; voir également le petit livre de Dora et Millet sur *Les Communications* (Dunod) ; et aussi, *Liberté et relations humaines*, André de Peretti (éd. Épi).

Reprise éventuelle de l'exercice de réexpression

L'animateur peut proposer aux participants un deuxième exercice de réexpression où ils tiendront compte des observations faites en séance plénière.

DOCUMENT 101

Variantes

Exercice de réexpression sur des morceaux d'entretien

Après la séance plénière, l'animateur peut proposer aux participants de s'exercer à reformuler des morceaux d'entretien ou de réunion enregistrés ou dactylographiés.

Il incitera, dès lors, chaque participant à étudier, en groupe, les écarts entre les reformulations et le message initial.

Il pourra également faire jalonner une gamme de reformulations qui va de la reprise d'un seul élément ou d'un seul mot central de l'émetteur jusqu'à un comportement de compréhension ou de miroir réexprimant totalement le message et les attitudes, en passant par des formes intermédiaires de résumés partiels ou plus complets.

Cet exercice peut être utilement associé à l'exercice des comportements d'entretien.

Exercice de réexpression avec une consigne globale

Le conducteur a pour mission de faire produire une réexpression globale de ce qui s'est dit, soit toutes les cinq minutes, par exemple, soit après la formulation de cinq ou dix messages des participants.

Exercice de réexpression en juxtaposition

L'animateur impartit des tâches différentes de réexpression à des sous-groupes différents ; les uns ont pour tâche de reformuler un par un, ou de temps en temps, les messages émis dans le sous-groupe, d'autres travaillent sur des fragments d'entretien (ou de réunion), enregistrés ou dactylographiés.

COMMENTAIRES

Cet exercice de réexpression est très intéressant mais doit être appliqué avec beaucoup de souplesse par l'animateur.

Il faut éviter de culpabiliser les participants qui sont souvent surpris de leur difficulté à écouter, de leur gêne à réexprimer ou à reformuler la pensée des autres, ou de leur difficulté à se faire comprendre. Il est utile de rappeler, à cet égard, les ambiguïtés possibles et normales d'un message.

Il est bon de les sécuriser en leur montrant leurs progrès possibles et en les incitant à reprendre seuls l'exercice avec des dactylographies ou des enregistrements.

ÉMISSION AU MAGNÉTOPHONE

L'exercice a pour objet de réaliser, en sous-groupe, une émission de dix à quinze minutes, enregistrée sur bande magnétique, destinée à d'autres sous-groupes d'un même stage ou à d'autres équipes parallèles et portant, par exemple, sur des visites, sur des réalisations, des actions susceptibles d'être reproduites ou adaptées, ou sur des analyses de situations concrètes.

PRÉSENTATION

L'exploitation de l'exercice peut être centrée, selon l'objectif qu'on poursuit, soit sur le contenu et l'utilisation du document produit, soit sur le fonctionnement interne du groupe, l'articulation et l'évolution des rôles dans ce groupe, ou encore sur les deux aspects.

La réalisation d'une émission peut être proposée comme compte rendu ou comme élément de compte rendu d'un travail de groupe (enquête ou étude sur le terrain), d'un événement (reportage), ou d'une action à laquelle ont participé les personnes qui produisent l'émission. Elle peut encore prendre pour objet la représentation et l'analyse d'une situation, etc.

Nombre de participants : variable. Un sous-groupe très restreint de deux ou trois personnes peut réaliser une émission, à condition d'y insérer des documents sonores, des fragments d'entretiens ou d'interviews, ce qui suppose une assez longue préparation et la disposition d'un matériel préenregistré important.

Dans un stage court, un sous-groupe de six à dix personnes convient en général. Plusieurs sous-groupes peuvent fonctionner en parallèle (réalisation de plusieurs émissions) ou en juxtaposition. Un sous-groupe peut faire appel à des participants extérieurs à lui, si c'est matériellement possible et s'il le souhaite.

Durée : la réalisation d'une émission de quinze minutes demande de trois à six heures dans un sous-groupe de six à neuf personnes. il faut prévoir en outre les temps nécessaires pour le compte rendu d'observation et pour la présentation de l'émission à son public.

OBJECTIFS

1. Entraîner à des exercices de synthèse.

2. Préparer à une forme particulière d'expression et réfléchir aux problèmes de forme et de contenu qu'elle pose.

3. Présenter et analyser une réalisation, une action ou une situation, en produisant un document.

4. Faire pratiquer l'observation de tâche dans un groupe.

PRÉPARATION MATÉRIELLE

Chaque sous-groupe disposera au moins d'un magnétophone, muni de son micro et de cassettes. Si l'on dispose d'un second magnétophone avec micro, cela permettra d'enregistrer, en tout ou en partie, les phases principales de l'exercice, indépendamment de l'émission elle-même et sur une autre cassette.

Chaque sous-groupe aura autant que possible un local indépendant à sa disposition, pour ne pas gêner les autres, notamment lors des écoutes successives de l'enregistrement en cours.

Si l'on retient l'hypothèse d'utiliser des documents sonores préenregistrés, il faudra prévoir le matériel nécessaire à la lecture de ces documents, en vue de leur insertion dans l'émission.

DOCUMENT 102

Réaliser une émission

La réalisation d'une émission enregistrée au magnétophone comprend quatre phases principales qu'on peut présenter aux sous-groupes concernés.

Première phase

Elle commence par la désignation des observateurs. C'est une phase d'exploration et de choix du thème de l'émission : objectif, orientation générale en fonction du public auquel elle est destinée, détermination des points forts (trente minutes environ).

Deuxième phase

C'est la phase d'organisation du thème et du groupe (trente à cinquante minutes) : choix des éléments d'information autour desquels s'articuleront les réflexions et les commentaires ; définition de la forme de l'émission (interview, interview de groupe, témoignages, insertion éventuelle de jeux de rôles brefs, séquence de reportage, table ronde, etc.) ; mise sur pied d'un canevas de travail et d'un horaire ; inventaire des rôles nécessaires et distribution de ces rôles (voir ci-dessous), inventaire éventuel des documents déjà réalisés utilisés par le groupe.

Troisième phase

C'est la phase de production au cours de laquelle on commence l'enregistrement de l'émission par séquences très courtes de dix à trente secondes au besoin, que l'on écoute, avant d'enregistrer à la suite de nouvelles séquences progressivement plus longues ; cette phase dure de une à deux heures.

Quatrième phase

Elle dure de trente minutes à une heure : c'est la phase d'analyse en sous-groupes : analyse de l'élaboration (avec l'aide d'un ou de plusieurs observateurs) et analyse du produit. L'analyse de l'émission peut être proposée au grand groupe mais il est parfois difficile d'éviter que, si plusieurs sous-groupes travaillent en parallèle, chacun d'eux n'ait d'abord tendance à justifier sa propre production aux dépens des autres.

LES RÔLES DE FONCTIONNEMENT INTERNE DU SOUS-GROUPE

■ L'observation

La réalisation, en temps limité, d'une émission enregistrée au magnétophone est une tâche qui permet d'analyser les relations dans le sous-groupe, et qui révèle les capacités d'organisation et la cohésion interne du sous-groupe qui en est chargé. Il convient que le sous-groupe confie à un ou plusieurs de ses membres le soin d'en faire une observation attentive et chaleureuse. Le ou les rôles d'observateurs seront attribués dès le début de la première phase de l'exercice.

■ L'articulation des rôles

On remarquera ensuite que des rôles nouveaux sont imposés par la technique de l'enregistrement (opérateur, facilitateur technique), que certains rôles sont liés à la forme choisie pour l'émission (présentateur, interviewer, animateur de l'émission, etc.), ou à la compétence sur le thème choisi (rôles liés aux fonctions remplies dans la vie professionnelle ou à la participation aux événements qu'on rapporte, par exemple). Enfin, les rôles hiérarchiques interviennent également si le sous-groupe est composé par une équipe (équipe académique, équipe de direction d'établissement, par exemple) qui réunit des personnes de niveaux hiérarchiques différents. L'apparition de rôles techniques inhabituels entraîne une certaine effervescence dans le groupe et permet d'analyser l'articulation d'ensemble des rôles dans le groupe à travers des ajustements inévitables.

■ Les rôles techniques

La production d'une émission enregistrée demande que certains rôles soient remplis :

– un *opérateur* se charge du fonctionnement du magnétophone, règle et contrôle les niveaux d'enregistrement, et se met à la disposition du groupe pour les différentes manipulations demandées ;

– un secrétaire peut contrôler les durées de chaque séquence et le temps global de l'émission ;

– le meneur de jeu, le présentateur ou l'interviewer peut également demander à une personne de *tenir le micro* à faible distance de celui qui parle. Cela assure une bonne qualité d'enregistrement et évite des hésitations.

Ces rôles techniques, qui sont normalement de facilitation, peuvent, très spontanément, gêner le fonctionnement du groupe ou être joués comme une prise de pouvoir ou simplement être perçus comme tels. Il faudra en tenir compte dans l'observation.

■ Le rôle du conducteur de l'émission

La limitation de temps imposée nécessite le plus souvent un rôle de conduite de l'émission. Selon le contenu, ce rôle peut être défini comme un rôle de réalisateur, de meneur de jeu, d'interviewer ou de présentateur, etc. Le conducteur présente les personnes qui interviennent, veille à ce que toutes les interventions prévues se déroulent normalement, assure les transitions et donne à l'ensemble à la fois sa continuité et son rythme. C'est un rôle difficile mais en général indispensable.

LA PROCÉDURE D'ENREGISTREMENT

Une fois établi le contenu des principales interventions, les rôles distribués et le canevas d'ensemble mis au point, on aura généralement intérêt à laisser parler les divers intervenants avec leur spontanéité propre.

Il semble nécessaire de passer assez vite à l'enregistrement par tranches successives de durées de plus en plus longues.

Les enregistrements peuvent être réécoutés à volonté et refaits entièrement ou à partir d'un moment déterminé, en fonction des remarques faites dans le groupe.

On ne se préoccupera pas outre mesure des bavures qui peuvent se produire. Les silences, les hésitations, les bruits intempestifs peuvent être éliminés par la suite, pourvu qu'on ait pris soin d'amener rapidement le micro à une trentaine de centimètres des personnes qui parlent.

Si les participants sont suffisamment adroits et si le groupe dispose d'un magnétophone à bande, on peut les inciter à réaliser un montage.

EXPLOITATION DES ÉMISSIONS

Un certain nombre d'émissions réalisées dans ces conditions, pourtant précaires, ont un intérêt général incontestable, et intéressent d'autres groupes. Il convient de demander à ceux qui ont participé à cette réalisation, leur accord pour son utilisation ultérieure, en particulier dans le cadre des activités de formation et, éventuellement, après certaines améliorations apportées au niveau technique.

LA « BULLE DU PAPE »

L'idée de l'exercice[1] est née de la réflexion suivante : *« Et si le groupe de personnes qui se trouve là n'était en fait que le fruit d'un hasard ? Et si communiquer entre elles, produire ensemble ici et maintenant, n'était au bout du compte que parvenir à organiser ce hasard ? »*

Dans cet exercice, chacun imagine la parole prononcée par un ou des personnages, présenté dans un dessin en situation de communication, et la transcrit dans la ou les bulles ; puis le groupe constitue, par collage, une bande dessinée dont il aura négocié la trame conductrice.

Nombre de participants : un ou des groupes de huit ou dix participants. Chaque groupe dispose d'une salle.

Durée : quarante-cinq minutes à une heure environ.

MATÉRIEL

On préparera des photocopies des feuilles-images extraites du recueil publié par l'INRP[2], ou de bandes dessinées dont on aurait occulté les bulles, par exemple Cabu ; mais il faut prendre garde à ce que ces images présentent des situations où l'interprétation puisse être multiple.

Prévoir au moins une par participant, distribuée au hasard ; on peut en prévoir quelques-unes en plus, soit pour permettre quelques échanges, soit pour autoriser ceux qui le veulent, à en compléter une seconde.

Il faut prévoir une possibilité d'affichage.

OBJECTIFS

1. Permettre à chacun d'exprimer une opinion, une impression, une interrogation, etc.

– dans une phase d'évaluation intermédiaire ou terminale, ou dans une phase de déclenchement d'une séquence de formation ;

– autour d'un contexte de situation suggérée à la fois par l'image, par la référence professionnelle et par le thème du stage.

2. Contraindre le groupe, par la recherche d'une mise en relation des images, de toutes les images, donc de toutes les productions individuelles, à s'entendre sur une mise en relation, une trame, un récit commun qui révèle le non-dit du groupe.

1. Fiche rédigée par M. Aguillon.

2. André de Peretti, *Recueil des instruments et de processus d'évaluation formative*, INRP, 1981, pp. 962-989.

La « bulle du pape »

DOCUMENT 103

Première phase

Elle dure environ cinq minutes :

– présentation de l'exercice

– distribution des images

– consigne : « À partir des mots suivants : animation, écoute, concertation, compréhension/incompréhension, stéréotypes, préjugés, accueil, communication... et de votre vécu, remplir les bulles des images distribuées. »

– constitution arbitraire de groupes de huit à dix, selon la géographie actuelle du grand groupe.

Deuxième phase

Rédaction individuelle. Insister sur le spontané.

Troisième phase

Découverte et échange dans un groupe.

Recherche d'un fil conducteur et organisation des images puis affichage des productions de chaque groupe.

Quatrième phase

Communication des productions.

Chaque porte-parole de groupe révèle le fil conducteur de l'histoire produite.

Cinquième phase

Réflexion sur les productions.

Réflexion sur la technique.

Remarque : il est intéressant soit d'enregistrer le récit fait par le porte-parole, soit de lui demander de la transcrire immédiatement.

Variante pédagogique

– Exercice de transcription de messages oraux prenant en compte les contextes et référents des situations de communication.

– Exercice de construction par équipe d'un récit à partir d'images (maîtrise des techniques de BD et/ou roman-photo : linéarité, *flash back*, simultanéité d'actions dans des lieux différents, etc., importance du narrateur).

Commentaire sur l'effet de réduction0

– L'exercice des dix mots ou dix objets cités – mini-pédagogie –, révèle que le piège de la communication conduit à vouloir utiliser tout le matériau proposé, alors que le choix au départ du travail est libre.

– Ici, la commande impose de tout prendre en compte puisqu'il s'agit d'aboutir à une œuvre collective qui n'élimine à l'arrivée aucune production individuelle mais au contraire les intègre toutes et les valorise où les productions sont de qualités inégales.

SENSIBILISATION

Il s'agit[1], à partir d'un choix ou classement exercé sur une liste d'activités, de travailler la notion de stratégie didactique.

OBJECTIFS

1. Faire réfléchir sur des étapes de préparation d'un enseignement, en respectant la succession (ou l'interaction) des trois phases d'acquisition, d'évaluation et d'exploitation.

2. Approfondir les stratégies de communication didactique.

1. Exercice de techniques de sensibilisation proposé par Philippe Meirieu.

DOCUMENT 104

Sensibilisation

Le formateur propose au groupe un but : connaître les caractéristiques essentielles du style romantique. À cet effet, il propose une fiche d'activités en demandant à chacun d'indiquer, pour ce qui le concerne, s'il avait à effectuer cet apprentissage :

1. celle qui lui permettrait d'atteindre l'objectif (activité d'acquisition) ;

2. celle qui lui permettrait de vérifier que l'objectif est atteint (activité d'évaluation) ;

3. celle que l'atteinte de l'objectif rendrait possible (activité d'exploitation).

Objectif

« connaître les caractéristiques du style romantique »

Activité d'acquisition → Activité d'évaluation → Activité d'exploitation

Fiche d'activités proposées

– 1 – Lire les préfaces de Cromwell et d'Hernani (Victor Hugo)

– 2 – Écouter une émission radiophonique sur le romantisme allemand en prenant des notes.

– 3 – Rédiger un texte qui corresponde à votre représentation immédiate d'un texte romantique et le présenter à un professeur de lettres.

– 4 – Analyser un poème romantique, après une lecture silencieuse et à l'aide de questions auxquelles vous répondrez par écrit.

– 5 – Lire une œuvre complète dont on vous a dit formellement qu'elle était romantique.

– 6 – Visiter une exposition de peinture intitulée : « Les peintres romantiques dans notre région ».

– 7 – Distinguer, en les opposant, un texte classique et un texte romantique sur un même sujet (une déclaration d'amour).

– 8 – Lire et résumer par écrit l'article « Romantisme » de l'Enclopædia universalis.

– 9 – Lire de nombreux extraits de textes romantiques réunis dans un recueil.

– 10 –
Illustrer un texte romantique par dessins, photos, collages qui correspondent à l'inspiration du texte.

– 11 –
Utiliser sur votre ordinateur personnel le didacticiel intitulé : « Littérature française VII – Découverte du romantisme ».

– 12 –
Aller assister à un concert de musique romantique.

– 13 –
Rédiger une dizaine de lignes expliquant ce qui caractérise le style romantique.

– 14 –
Exposer à un groupe de pairs les raisons qui expliquent votre préférence pour un texte romantique par rapport à un texte classique.

Commentaire

Il y a une situation d'apprentissage quand celle-ci permet d'acquérir une compétence, ou une capacité. Nous nommerons stratégie l'activité originale que déploie le sujet pour effectuer cette acquisition.

Situation d'apprentissage

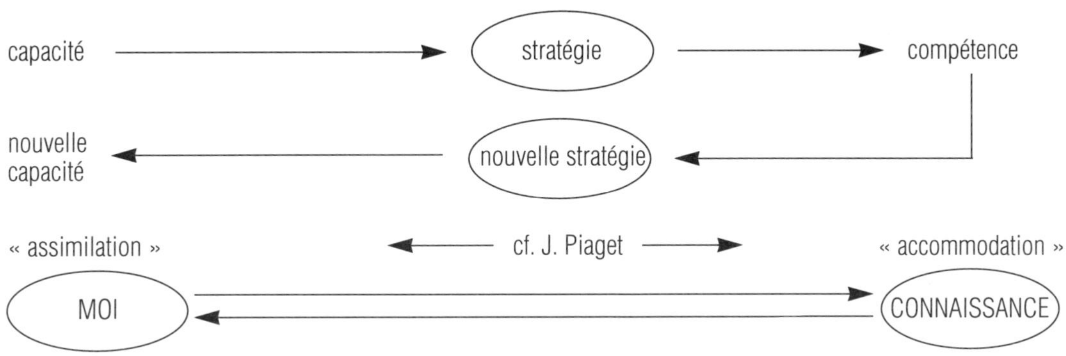

Pour le formateur

Il veillera à faire ressortir trois conséquences :

• On ne peut enseigner qu'en s'appuyant sur le sujet, ses capacités, sa stratégie. Rien ne peut être acquis :
– sans point d'appui dans le sujet
– en contournant ou en neutralisant sa stratégie.

• L'action didactique doit donc s'efforcer :
– de repérer les capacités préalables des sujets (évaluation diagnostique) ;
– de faire varier les stratégies d'enseignement pour que les sujets puissent utiliser leur stratégie d'apprentissage ; d'observer les comportements et les résultats des sujets pour déceler les critères de pertinence de telle ou telle proposition (évaluation formative) ;

Pour cela, elle doit mettre en place des dispositifs permettant de faire émerger l'information nécessaire.

• Mais, le respect absolu de la stratégie préférentielle du sujet conduirait à l'enfermement : il faut donc enrichir son répertoire méthodologique :

– en s'appuyant sur les compétences acquises pour, rétroactivement, permettre l'expérimentation de nouvelles stratégies ;

– en s'appuyant sur les capacités maîtrisées pour proposer des manières originales de les utiliser (par la mise en place d'un mode de fonctionnement particulier).

La stratégie du sujet est incontournable, mais elle doit être dépassée.

IMPROVISATIONS SUCCESSIVES

Mettre des membres d'une équipe en situation de devoir, dans un laps de temps très court, imaginer des récits, des histoires, en utilisant un support.

OBJECTIFS

1. Stimuler, par la brièveté du temps, l'esprit d'invention des participants.

2. Entraîner à l'observation des rapports entre les personnes.

3. Faire prendre conscience de la nécessité de l'entraide pour que l'exercice puisse aboutir.

Nombre de participants : le groupe est divisé en cinq équipes, composées chacune de quatre à huit membres.

Durée : la durée totale est d'environ une heure à une heure quinze minutes : l'exercice est divisé en cinq parties, chacune s'étalant sur environ dix minutes. Entre chacune de ces périodes, quelques minutes sont prévues pour que les équipes puissent présenter aux autres ce qu'elles ont imaginé.

DOCUMENT 105

Improviser

Les équipes se retirent dans des locaux différents, de manière à pouvoir travailler tout à fait à l'abri d'écoutes et de regards indiscrets.

• *Première équipe*

Elle doit composer un poème sur un thème imposé, pendant les dix minutes qui lui sont imparties. Les vers seront libres, mais il faudra rester dans le sujet.

L'animateur aura écrit sur plusieurs cartons des thèmes se prêtant à un développement de ce genre et l'équipe avant de se retirer aura tiré une de ces fiches au sort.

Pour réaliser cet exercice, on choisit des rimes faciles comme *-elle*, *-ique*, *-ment*, etc.

• *Deuxième équipe*

On fait entendre à cette équipe un *bref passage musical*, soit choisi sur un disque, soit enregistré à partir d'une émission à la radio, soit encore constitué par un bruitage réalisé par une équipe et enregistré au magnétophone. L'équipe écoute le passage sonore, et à partir de cette audition doit imaginer une histoire. Les membres doivent d'abord se mettre d'accord sur le thème suggéré par le passage sonore, puis ils composent l'histoire. Ensuite, ils désignent les membres qui, à tour de rôle, se relaieront pour la raconter en public. Il faut engager au moins trois membres de l'équipe dans cette dernière activité.

• *Troisième équipe*

Il s'agit de bâtir une *histoire à épisodes*. Devant le groupe tout entier, réuni au préalable, l'animateur aura introduit une histoire en en racontant le premier épisode. Il s'arrête à un moment où le récit devient mystérieux, plein de *suspense*. L'équipe devra trouver une suite à cette première partie. Pour cela, elle écrit en commun un texte qui s'inscrit dans la suite logique de l'histoire. Il s'agit donc d'un épisode de feuilleton. À la fin des dix minutes, l'équipe revient avec son texte et raconte devant tout le monde l'épisode en question.

Il est aussi possible que l'histoire soit racontée sans qu'il y ait de texte suivi servant de support aux différents intervenants.

• *Quatrième équipe*

Elle doit *inventer une histoire* qu'elle va écrire sur une feuille. Cette histoire doit être évidemment pleine d'imprévus et pleine de péripéties. Quand les dix minutes sont écoulées, l'équipe remet son texte à l'examinateur qui le conserve et qui lira à l'équipe suivante la dernière phrase du document. L'équipe qui succède à celle qui vient d'écrire l'histoire devra se servir de cette dernière phrase pour élaborer la suite, en conformité avec ce qu'elle a retenu ou perçu du passage exprimé.

• *Cinquième équipe*

Cette équipe va travailler *au magnétophone*. Les différents membres de l'équipe doivent se succéder en lisant un bref passage dans un texte quelconque. Ce passage ne doit pas excéder quatre ou cinq lignes, mais l'important, pour chacun des membres, est de contrefaire sa voix, d'imaginer une autre façon de parler que celle qui lui est habituelle.

Les membres se succèdent dans un ordre prévu et numéroté.

Les cinq équipes reviennent dans un local commun lorsque cette première phase de dix minutes est terminée.

• *La première équipe lit son poème*, qu'elle peut éventuellement présenter avec des mimes ou avec tout autre support supplémentaire. Le poème en vers libres est récité par un ou, de préférence, par plusieurs membres. Il est possible que certains membres se déguisent très rapidement pour réaliser cette activité et lui donner un aspect plus accrochant.

• *La deuxième équipe raconte le récit* qu'elle a composé à partir du décor sonore. Cela se fait de la manière suivante : tandis qu'on fait entendre la musique ou le bruitage qui ont inspiré le texte, les membres de l'équipe racontent l'histoire à tout le monde. À certains moments, le fond sonore pourra être interrompu, afin de ménager certains effets intéressants.

• *La troisième équipe raconte l'épisode du feuilleton* qui fait suite à ce qui a été dit précédemment. Elle aura soin aussi de s'arrêter à un moment insolite, de façon à solliciter au maximum l'imagination créative de l'équipe qui devra suivre.

• *La quatrième équipe a remis sa fiche à l'animateur* qui la conserve jusqu'à la fin de l'exercice. L'équipe ne fait rien pour le moment.

La cinquième équipe écoute également tout ce qui est dit par les premières équipes, mais n'agit pas à ce moment-là.

Successivement les cinq équipes changent d'activité de façon à ce qu'à la fin de l'exercice – soit environ au bout d'une heure – elles aient toutes réalisé un poème, composé une histoire à partir d'un fond sonore, travaillé une histoire à épisodes, écrit une suite à partir de la dernière phrase d'une histoire rédigée par une autre équipe et participé à un enregistrement.

À la fin de l'exercice, on écoute l'histoire faite des diverses séquences que les équipes ont écrites en prenant comme point de départ la dernière phrase de la séquence précédente. Cela donne une histoire souvent abracadabrante qui déclenche beaucoup de joie dans l'assistance.

On entend alors également tous les enregistrements et chaque équipe doit essayer de reconnaître la voix des membres qui sont intervenus dans les cinq enregistrements successifs.

Cet exercice exige beaucoup de créativité de la part des participants qui sont tenus de devoir produire énormément dans un laps de temps très court.

Les réactions au sein de l'équipe peuvent être également analysées. On peut considérer que cette équipe est dans une situation difficile, voire critique, puisqu'elle est acculée à devoir, sans préparation, remplir une tâche minutée. Très vite, on voit apparaître alors des *leaders* naturels, des tensions, ou au contraire, une très grande joie et beaucoup de coopération chaleureuse.

Par ailleurs, cet exercice est généralement très amusant et les membres prennent beaucoup de plaisir à exécuter les différents travaux qu'on leur propose, malgré les contraintes qu'impose la durée limitée et l'excitation inévitable qui s'ensuit.

À l'issue de l'évaluation qui suit l'exercice, l'animateur fait prendre conscience que, dans des conditions bien déterminées, un groupe peut être amené à produire très vite et de façon très variée, des tâches qui au départ pouvaient paraître impossibles à réaliser.

On met en évidence également le facteur temps qui joue ici un rôle stimulant, et l'entente au sein des équipes qui a été un facteur de succès. Ou, peut-être, au contraire, les tensions, les chicanes qui auront amené des réalisations moins satisfaisantes.

COMMUNICATIONS NON VERBALES

De nombreux exercices de communication non verbale sont actuellement pratiqués, notamment pour exercer la créativité. Celui-ci peut être plus particulièrement utilisé en début de stage pour faciliter la mise en contact des participants.

Il n'est pas toujours facile à vivre pour de jeunes enseignants.

DESCRIPTION BRÈVE

Les participants sont invités à circuler dans une pièce et à se faire face tout à tour en essayant d'exprimer ce qu'ils font lorsqu'ils rencontrent habituellement quelqu'un, sans parler ou en parlant le moins possible.

Nombre de participants : variable.

Durée : variable.

OBJECTIFS

1. Mettre en mesure de constater l'existence des autres par l'observation, l'échange de regards et le toucher.

2. Faire ressentir la gêne d'entrer en rapport simplement, sans parole.

3. Développer des attitudes authentiques.

4. Retrouver des modes d'expression plus libres et plus complets.

DOCUMENT 106

Communication non verbale

L'animateur explique la nature de l'exercice aux participants et leur donne différentes indications à chaque phase[1].

Première phase

Observation : déplacez-vous et essayez de recueillir le maximum d'informations sur ceux qui vous entourent :
- l'attitude
- les déplacements
- la manière de mettre les mains
- la forme du visage
- le costume
- les cheveux
- les traits
- etc.

Deuxième phase

Lorsqu'on rencontre quelqu'un, on le regarde dans les yeux.

Troisième phase

Lorsqu'on rencontre quelqu'un, on lui serre la main.

Quatrième phase

Dépassez les conventions sociales et touchez-vous. Touchez les vêtements, essayez d'avoir le maximum de contacts avec ceux qui vous entourent.

Régulation

Afin d'obliger chaque personne à s'engager personnellement, on peut scinder le groupe en séries de tête-à-tête.

1. Les indications relatives à chaque phase sont extraites du livre de Louis Timbal-Duclaux, *La Créativité dans l'entreprise*, Retz, 1990, où Guy Aznar décrit des exercices de créativité réalisés avec son équipe.

Variantes

Cet exercice peut être exploité de deux façons différentes en fonction des objectifs poursuivis.

• Objectif centré sur la créativité du groupe : le groupe cherche avant tout à se déconditionner à l'aide de cet exercice afin de pouvoir trouver ensuite des optiques nouvelles pour aborder un problème précis.

• Objectif centré sur le développement personnel : certains participants, après cette expérience, souhaitent s'exprimer sur ce qu'ils ont ressenti (par exemple la difficulté de soutenir certains regards). Le groupe peut alors les aider à explorer cette difficulté.

Exercices d'expression corporelle

• Un exercice analogue peut être exécuté en prenant comme moyen l'expression corporelle et en donnant comme consigne : « *Vous devez exprimer ce que vous ressentez envers les autres participants uniquement à l'aide d'attitudes corporelles.* »

• Un second exemple classique d'entraînement à la créativité peut être mis en œuvre de la façon suivante. On demande à des participants volontaires d'utiliser chacun un sous-groupe d'autres personnes pour faire avec elles un ensemble sculptural : chaque *sculpteur* modèle inventivement la mise en relation des corps et des mouvements ou des membres de ces personnes pour faire un ensemble ou un groupe significatif ou esthétique. Il peut, par exemple, prendre le bras d'une personne, pour le mettre sur l'épaule d'une autre afin de modeler une forme, façonner un objet, de façon à intégrer chaque élément dans un ensemble figuratif ou non, tel qu'un sculpteur pourrait le concevoir.

Quand chaque sculpteur a terminé son travail, l'animateur demande au sculpteur ce qu'il a voulu faire et ce qu'il a ressenti, puis à chaque membre du sous-groupe ce que chacun a ressenti dans cette situation d'élément d'un groupe sculpté (et donc manipulé).

Cette mise en commun et la discussion qui s'ensuit peut se faire par sous-groupe ou en réunion plénière.

À la suite d'une première expérience, les motifs figuratifs ou non figuratifs peuvent être décidés en sous-groupe ou en groupe et réalisés alors par les mêmes sculpteurs ou par d'autres. Dans cette phase de l'exercice, il s'agit éventuellement de respecter un certain nombre de contraintes explicites, comme un artiste qui aurait à exécuter une commande.

DOCUMENT 107

EXPRESSION GRAPHIQUE

L'exercice consiste à explorer les communications ou à produire une évaluation dans un groupe grâce à des médias graphiques.

Les participants réalisent à cet effet des dessins individuels et/ou collectifs en suivant des consignes variées.

Nombre de participants : variable, de huit à cinquante en sous-groupes de deux à cinq.

Durée : trente minutes à deux heures, environ.

Objectifs

1. Permettre à des individus en groupe une expression plus facile parce que autre.

2. Faciliter des échanges à partir de productions individuelles ou collectives.

3. Favoriser des aspects significatifs d'évaluation d'un vécu ou d'un travail effectué, par l'emploi d'un outil inhabituel de communication.

4. Montrer la variété des relations entre les membres de différents sous-groupes.

5. Ouvrir le climat d'un groupe en rompant avec l'inertie d'échanges verbaux.

DOCUMENT 108

Expression graphique

Organisation

Le formateur fait répartir les participants en sous-groupes de deux à cinq (au hasard ou sur critères).

Il confie à chaque sous-groupe des grandes feuilles, des marqueurs de plusieurs couleurs et du papier collant ou des punaises.

Il explique la nature de l'exercice et précise les consignes.

Activité graphique

Les participants sont invités à s'exprimer graphiquement conformément aux consignes :
– ne parler sous aucun prétexte
– s'exprimer ou faire l'évaluation par le graphisme (figuratif ou non)
– le choix des couleurs et l'ordre dans la succession des graphismes ne sont pas imposés.

On peut parfois ajouter la consigne suivante : dans chaque sous-groupe, chacun à tour de rôle doit faire un trait ou un coloriage d'une seule couleur à la fois.

Exploitation de l'exercice

• Premières phases de mise en commun :

– on peut réunir ou non l'ensemble des productions ;

– au niveau des individus, chaque participant est invité en assemblée plénière ou en sous-groupes, à expliciter ce qu'il a ressenti pendant l'exercice, vis à vis du groupe, face à un membre en particulier, enfin par rapport à ce qu'il a voulu exprimer d'existentiel ou d'évaluatif dans les dessins ;

– le formateur ou l'enseignant peut expliciter ou non ce qu'il a observé des comportements de chaque sous-groupe, et dans chaque sous-groupe ;

– on peut revenir au niveau des sous-groupes pour réfléchir à la signification concrète des dessins obtenus, en examinant à nouveau ceux-ci... Ils reflètent en effet la richesse des communications entre les membres de chaque sous-groupe et témoignent de leur degré de cohésion et d'implication.

• Phases ultérieures de communication et de réflexion

En sous-groupe ou en plénière, il est possible d'étudier :

objectivement :

– l'importance du dessin par rapport à la feuille, l'emploi des différentes couleurs ;

– la forme de représentation figurative (en fonction de l'époque et du lieu) ou non ;

subjectivement :

– les différents degrés de participation de chacun ;

– ce qu'on ressent comme évaluation suggestive de la vie et du travail du groupe, les dominantes positives ou négatives, continues ou discontinues des graphismes, etc.

Variantes

Aussi bien pour un objectif de communication que pour un objectif d'évaluation, l'animateur peut orienter les consignes :

1. en demandant que le dessin ait une certaine référence aux éléments *« vous exprimerez le mouvement de la mer »* ; ou *« vous indiquerez que l'on gravit une montagne »* ; ou *« vous symboliserez la présence du feu »* ou enfin, *« vous expliciterez des souffles de vent ou bien des évolutions dans l'air »* ;

2. en centrant sur le groupe, *« vous schématiserez la vie du groupe et son ambiance »* ; ou *« vous symboliserez le travail accompli »* ;

3. en demandant l'évocation d'une situation imaginaire, *« dessinez un futur établissement scolaire »*, ou *« dessinez une maison où il fait bon vivre »* ; ou *« dessinez un bureau où le travail est agréable »* ; ou *« dessinez un atelier où le rendement sera le meilleur »*, etc. ;

4. en faisant accompagner le travail des personnes dans les sous-groupes par une musique de fond ou par des séquences musicales choisies en cohérence avec la consigne ou l'ambiance.

Alertes

1. Le formateur ou l'animateur devra garder et faire garder de la réserve et de l'humour en vue d'amenuiser le risque des analyses sauvages.

2. Il faut éviter de transformer cet exercice de communication en test projectif et lui garder par suite une allure suggestive sans décrypter les symbolismes individuels inclus dans les productions.

3. Il est sans objet de critiquer l'aspect esthétique ou non des graphismes obtenus (encore qu'il y ait souvent des créations intéressantes).

« LA MAISON HEUREUSE »

Il s'agit de faire expérimenter différents types de comportement d'enseignant et observer leurs conséquences, notamment sur l'ambiance au sein du groupe (de la classe) et sur la qualité des résultats obtenus[1].

OBJECTIFS

1. Faire apparaître les attitudes implicites des participants impliqué dans un climat induit par les comportements de l'un d'entre eux.

2. Faire prendre conscience de la variété des comportements possibles en enseignement.

Nombre de participants : Il faut au moins une vingtaine de personnes en vue de constituer trois groupes de travail. Dans chacun de ces groupes un *enseignant* est désigné. C'est lui qui indiquera à son équipe (sa classe) le travail à effectuer sur des consignes qu'on trouvera plus loin.

MATÉRIEL

Pour chaque équipe de travail (de quatre à six personnes) :

– deux feuilles de papier à dessin, format 70 x 50 cm

– une boîte de douze craies grasses à l'huile (mêmes coloris dans chaque boîte)

– un rouleau de papier collant

– une gomme à crayon

– une règle plate de trente centimètres

– un magnétophone, éventuellement

– pour chaque *enseignant* une « définition de comportement ».

Il faut disposer de trois salles de réunion pour les groupes de travail et d'une salle de regroupement éventuel.

La « maison heureuse »

DOCUMENT 109

Première phase

Elle est consacrée aux consignes générales.

Deuxième phase

C'est une phase de travail en équipes (une heure environ).

Troisième phase

Phase de mise en commun des résultats du groupe.

Il est utile de désigner des observateurs qui peuvent circuler entre les équipes et comparer les conséquences des différents comportements des enseignants.

Travail demandé aux groupes

On demande à chacun des groupes de réaliser un dessin collectif représentant une habitation où il fait bon vivre. Chaque enseignant présentera cette tâche en fonction des consignes qui lui sont données.

Variantes

Au lieu d'une maison où il fait bon vivre, il est possible de mettre la consigne sous la forme de :

– un établissement scolaire où il fait bon apprendre

– un atelier où il fait bon travailler

– un bureau-paysage où on est à l'aise pour travailler

– un guichet où on aime être accueilli.

Un exercice analogue peut aussi être proposé en vue de la fabrication d'un objet déterminé. Il peut être fait avec du matériel type *lego* ou avec du papier, du carton, de la pâte à modeler, etc.

On pourra trouver un exemple de ce type dans le document suivant, décrivant les trois types de comportement d'animateurs chargés de faire fabriquer un dodécaèdre.

1. Exercice proposé par Jacques Richer.

DOCUMENT 110

Trois types de comportements

Comportement de l'enseignant n° 1

Vous devez adopter une attitude *autoritaire*, c'est-à-dire que toutes vos paroles doivent avoir un ton dur qui ne souffre pas la discussion – un ton de commandement – il faut exprimer le sérieux du chef.

Vous distribuez les moyens de travail en vous gardant bien de désigner l'objet global, tel que vous l'entendez.

C'est vous seul qui décidez de tout, c'est de vous que dépend la victoire du groupe, vous mettez une ambiance de compétition.

Vous établissez dans la discipline et l'ordre le travail de chacun et le moment de chaque tâche, les membres du groupe ne peuvent prévoir ce qui est demandé, ils travaillent au coup par coup individuel.

Vous ne touchez pas vous-même au travail, vous faites faire.

Vous avez votre plan de réalisation, c'est ce qui fonde votre pouvoir, vous ne le communiquez pas aux autres. Vous donnez vos ordres pas à pas à chacun.

C'est vous qui décidez de ce que chacun a à faire, vous ne laissez personne décider ce qu'il a envie de faire.

Vous donnez au groupe la consigne suivante : il s'agit de faire un dessin collectif sur le thème : *une habitation où il fait bon vivre*, que chacun m'écoute, aucune question n'est utile, c'est moi qui guide.

Au bout de quarante minutes environ, prévenir le groupe que vous sortez un petit moment sans dire pourquoi...

Comportement de l'enseignant n° 2

Vous devez adopter une attitude *démocratique*, c'est-à-dire que votre ton doit être bienveillant et encourageant. Vous dites nous dès le début des échanges.

Vous expliquez au groupe l'ensemble du travail à faire.

Vous animez la discussion du groupe pour que celui-ci fixe lui-même les phases et la répartition du travail. Vous pouvez proposer quelques idées et procédés.

Vous ne portez jamais de jugement sur les sujets pris individuellement, mais sur le groupe entier où vous êtes inclus. Exemple de blâme : « Si nous continuons comme ça, nous n'arriverons jamais à rien. »

Vous êtes présent affectivement, vous mettez la main à la pâte de temps en temps, sans perdre de vue la progression de tout le groupe.

Vous mettez la totalité du matériel à la disposition du groupe.

Vous aidez le groupe à trouver ce qu'il veut réaliser précisément et comment la réalisation va se faire sur le thème : *une habitation où il fait bon vivre*, par un dessin collectif.

Au bout de quarante minutes environ, prévenir le groupe que vous sortez un petit moment sans dire pourquoi...

Comportement de l'enseignant n° 3

Vous devez adopter une attitude de *laisser faire*, c'est-à-dire que vous présentez l'ensemble du travail au groupe. Vous annoncez que vous n'y connaissez rien, vous n'êtes pas compétent sur le travail.

Il est seulement interdit de sortir de la pièce pendant la durée du travail.

Vous les laisserez tranquilles pour travailler.

Vous ne répondez à leurs questions qu'évasivement, selon le sentiment que vous avez de l'utilité de votre réponse.

Vous ne participez en aucune façon. Vous donnez les matériaux, un point c'est tout ; vous ne cherchez pas à interférer dans ce qui se passe entre les membres du groupe.

Vous dites seulement plusieurs fois si nécessaire : « *Vous devez faire un dessin collectif sur le thème :* une habitation où il fait bon vivre ».

Puis vous vous installez dans un coin, à l'écart du groupe, lisant, par exemple, un journal. Restez poli, mais indifférent et incompétent.

Au bout de quarante minutes environ, prévenir le groupe que vous sortez un petit moment sans dire pourquoi...

LE DODÉCAÈDRE

Si votre session comprend au moins dix-huit participants et au plus vingt-cinq, vous pourrez les disposer en trois sous-groupes de cinq ou six personnes, et quelques *observateurs* parmi ceux qui restent non affectés aux groupes de travail. Il n'est pas recommandé de multiplier les observateurs parmi les participants de la session pour cet exercice.

L'exercice[1] exige d'autre part un personnel d'encadrement important : trois moniteurs et trois observateurs-psychologues. En outre, il faut disposer de trois salles, d'un *compère* étranger, et de matériel.

OBJECTIFS

Voici celui annoncé au groupe avant l'exercice :

« Nous allons faire un exercice sur le travail par petits groupes et les conditions du travail par petit groupe. Trois petits groupes de cinq vont être tirés au sort. Chacun d'eux ira dans une des salles, également tirée au sort. Le même travail – un travail purement manuel – sera effectué par les trois groupes, mais il n'y a pas compétition… ni horaire, ni dans la valeur du travail. Chaque groupe travaillera avec un des moniteurs, qui donnera la tâche à effectuer. »

« Un observateur-psychologue, doublé par un participant-observateur, sera en observation dans chaque salle en vue de la mise en commun ultérieure des résultats. »

L'objectif réel, non annoncé, est de comparer les comportements des individus dans des groupes soumis à des ambiances différentes, de façon à montrer la relation entre les comportements et le *climat* du groupe de travail.

1. Variante due à Roger Mucchielli, in *La Dynamique des groupes*, Entreprise moderne d'Éditions, 1967.

RÔLE DES MONITEURS

Les trois groupes, qui seront effectivement tirés au sort ainsi que les salles, seront soumis à des climats différents, créés par chacun des moniteurs responsables. Chaque moniteur doit être capable de bien tenir son rôle. La répartition des rôles sera laissée au choix des moniteurs qui prendront le rôle qui leur sera le plus facile étant donné leur caractère respectif.

■ Rôle du moniteur du groupe n° 1

Moniteur **autoritaire** et dur, il parle avec un ton de commandement. Il prend au sérieux son rôle de chef et crée un climat de travail individuel dans la discipline et l'ordre.

Après distribution des moyens de travail, le moniteur expliquera la première étape de travail sans donner d'explications sur le but final, et en veillant à son exécution par chacun. Le travail est strictement individuel. Le moniteur dit : *« C'est bien ! »*, ou *« C'est mauvais ! »*, ou *« À recommencer ! »*, en s'adressant toujours aux individus, jamais au groupe, jamais en disant *nous*. Il ne touche pas lui-même au travail. La première étape exécutée, il vérifie, donne la deuxième étape et agit de la même manière, par étapes, jusqu'à la fin (cf. plus loin pour le découpage des étapes).

■ Rôle du moniteur du groupe n° 2

Moniteur **démocratique** et coopérant. Tout bienveillant et encourageant. Il dit *nous* dès le début et explique au groupe l'ensemble du travail à faire. Il anime ensuite avec un style non directif une discussion du groupe pour que celui-ci fixe lui-même les phases et la division du travail. Il ne porte jamais de jugement sur les sujets individuellement, mais sur le groupe entier et en s'y associant le plus souvent possible (exemple de blâme : « Si nous continuons comme ça, nous n'arriverons à rien de propre. ») Il est effectivement présent et met de temps en temps la main à la pâte, sans perdre de vue la progression de tout le groupe. La présentation qu'il fait du travail est particulière (cf. ci-dessous).

■ Rôle du moniteur du groupe n° 3

Moniteur **laisser faire**, il présente l'ensemble du travail au groupe (cf. ci-dessous) et lui annonce qu'il ne connaît rien à ce genre de travail, qu'il va les laisser absolument libres de faire comme ils veulent, qu'il leur est seulement interdit de sortir de la pièce pendant le travail et qu'il les laissera tranquilles à condition qu'on le laisse tranquille. Il répondra cependant à leurs questions s'ils croient que cela peut les aider.

Ceci dit, le moniteur lira le journal dans un coin de la salle. Aux exécutants qui ultérieurement viendraient l'interroger, il manifestera un intérêt poli et compréhensif, mais se dira incompétent et les laissera libres de faire comme ils voudront.

LES TÂCHES DES GROUPES

Il s'agit de faire construire par groupe, cinq dodécaèdres réguliers. Un dodécaèdre régulier est un volume (genre sphérique !) à douze facettes, chaque facette étant un pentagone régulier. Dans le dodécaèdre que nous cherchons à faire construire, les pentagones auront cinq centimètres de côté. Avec ces dimensions, il faut s'attendre à un objet fini qui aura la taille d'une grosse balle. Le tout sera construit en carton bristol.

LE MATÉRIEL

Par groupe (à disposer sur la table quand les équipes sont prêtes) :

- douze ou treize feuilles de carton léger ayant environ 40 cm x 40 cm,
- trois paires de ciseaux,
- cinq réglettes,
- deux rouleaux de papier collant,
- cinq compas simples,
- cinq rapporteurs simples,
- une boîte de petites gommettes collantes colorées (une couleur par groupe pour le repérage des productions de groupe),
- cinq crayons,
- deux gommes.

Il n'y a que trois paires de ciseaux, c'est exprès.

LA CONSTRUCTION RATIONNELLE DU DODÉCAÈDRE

Elle se décompose en cinq étapes :

1. Réalisation, au centre de la feuille, d'un polygone régulier à cinq côtés égaux de 5 cm chacun.

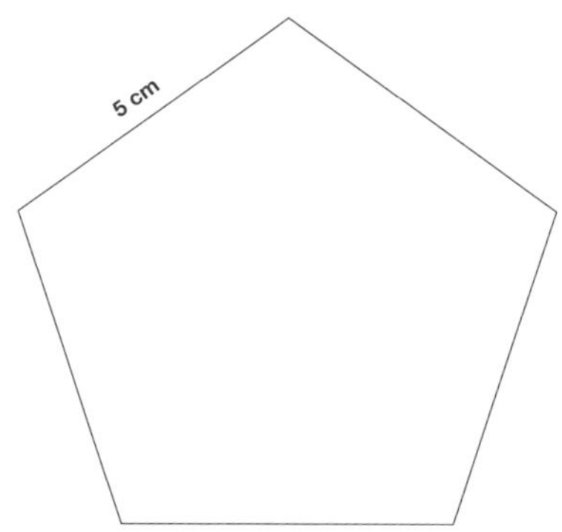

Pour cela on peut construire le pentagone avec le compas : la figure étant inscrite dans un cercle de 8, 5 cm de diamètre, on trace une corde de 5 cm quelque part, on prend un écartement de compas de 5 cm et, depuis l'une et l'autre des extrémités de la corde tracée, on trace les nouveaux points d'intersection, et ainsi de suite.

On peut aussi faire un *nœud plat* avec une

bande de papier assez longue, de 4,75 cm de large, et obtenir un modèle qui servira ensuite à dessiner tous les autres pentagones.

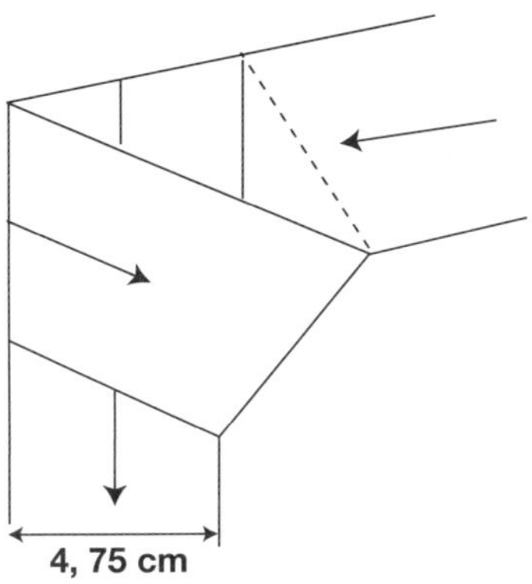

2. Sur chacun des côtés du premier pentagone pris comme figure de base, on construit cinq pentagones identiques.

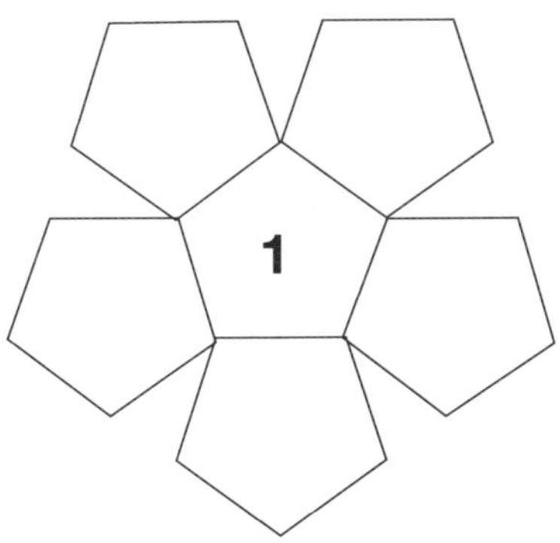

3. En découpant cette figure et en effectuant un pliage puis un collage des côtés, on obtient un demi-dodécaèdre qui a la forme d'une sorte de cuvette géométrique.

4. Même construction sur une autre feuille de la seconde moitié du dodécaèdre.

5. Montage et collage des deux moitiés pour constituer le dodécaèdre.

APPLICATION DE L'EXERCICE

1. Après avoir lu attentivement la première partie de cet exercice, prévoyez et expliquez les types de comportements qui seront observables au cours de cette expérience, dans chacun des trois groupes, en supposant naturellement que les participants s'impliqueront normalement et sérieusement dans ce qui leur est proposé.

2. Il est évident que si les participants sont au courant des objectifs réels et savent, par exemple, ce que l'on cherche à montrer ou qu'ils savent que l'intrus (voir document sur les « incidents » fait partie de l'expérience... les comportement ne seront pas les mêmes. Ce qui se passerait n'échapperait pas pour autant aux lois de la dynamique des groupes ; un paramètre nouveau serait seulement introduit dans l'équation : la connaissance totale des buts de la démonstration, chez les participants.

En imaginant cette éventualité, prévoyez les comportements des groupes.

3. Quelles déductions générales pouvez-vous tirer en ce qui concerne les réactions que l'on rapporte habituellement à des *traits de caractère* chez les sujets participant à une tâche collective sous le contrôle d'un instructeur ou d'un moniteur ?

DOCUMENT 111

Les consignes du travail à donner par groupe

Groupe n° 1

Ne donner les étapes que une à une et les faire exécuter. Ne pas parler de dodécaèdre avant d'avoir terminé la figure. Les exécutants ne doivent pas savoir *où ils vont* à chaque étape. Ils obéissent aux directives, une à une.

Groupe n° 2

Parler de dodécaèdre dès le début. Faire imaginer la figure dans l'espace ; donner les dimensions et le dessin général d'un pentagone régulier et laisser le groupe chercher comment le réaliser exactement, après avoir évoqué comme possibles les deux moyens (la construction géométrique par le cercle et la construction empirique par le nœud de papier).

Laissez le groupe s'organiser pratiquement pour le travail. S'ils veulent faire une chaîne de travail, laissez-les faire. Veillez seulement à vérifier les dimensions des côtés du pentagone, seule exigence commune stricte (ainsi que le nombre total de cinq volumes).

Groupe n° 3

Expliquer qu'il s'agit de construire, avec tout ce matériel, cinq dodécaèdres dont vous donnez la définition géométrique. Vous détaillez les définitions (le pentagone... les douze pentagones limitant le volume du dodécaèdre), et vous les laissez ensuite se débrouiller. Vous ne donnez pas la manière de réaliser le pentagone ni le demi-dodécaèdre. Vous donnez, en revanche, comme consigne la mesure du côté du pentagone : 5 cm.

NB – Dans aucun des groupes le temps n'est limité.

Les « incidents »

Dans l'expérience complète, on dispose d'un ou de deux compères extérieurs, dont l'intervention permet des remarques intéressantes sur le moral et les réactions du groupe.

Bien entendu, l'action des compères doit être une surprise vraie. Si les membres du groupe savent qu'il s'agit de compères, les réactions seront différentes.

Deux genres d'intrusions-incidents peuvent être organisés, dont voici le déroulement (on choisira pratiquement l'un des deux pour l'expérience) :

– « L'étranger qui vient s'enquérir »

Vers le milieu du travail (en pratique, après quarante minutes ininterrompues de travail), le moniteur prévient qu'il s'absente un petit moment, et sort.

Peu après arrive un personnage nouveau, inconnu du groupe, se disant collègue du moniteur, qui entre dans la salle et demande au groupe où est M. X... (le moniteur). Puis, comme fasciné par les éléments visibles du travail, il s'approche du groupe, et l'interroge sur ce qui est fait, critiquant de manière ironique ce qu'il voit...

– « La femme de ménage qui dérange »

Cette variante d'intrus intervient au moment de l'absence du moniteur (organisée comme précédemment), mais avec l'intention évidente de remettre de l'ordre. La préposée au ménage, arrivant avec pelle et balayette, cherche à ramasser les débris, et, se faisant, dérange ou bouscule les éléments déjà réalisés par le groupe et les instruments de travail, sans faire de commentaires mais avec résolution.

Les observateurs

Immobiles et discrets dans un coin de la pièce, les observateurs (un ou deux comme on l'a vu), ont pour consigne de se faire oublier du groupe et de noter toutes les réactions des participants, en présence du moniteur et pendant son absence.

Points à noter :

– climat général et réactions groupales
– attitudes envers le moniteur
– attitudes des participants entre eux
– réactions envers l'intrus
– attitude envers la tâche.

Exploitation de l'expérience

Après l'expérience, en réunion de grand groupe, les observateurs lisent leur rapport sur ce qui s'est passé du point de vue de la dynamique des groupes respectifs.

Un libre débat est institué ensuite, au cours duquel les participants sont invités à ne plus s'impliquer personnellement dans l'expérience (ceci est plus difficile que vous ne le croyez et nécessite une pause libre de vingt à trente minutes entre le travail et la réunion de synthèse pour que s'apaisent les émotions) et à analyser les réactions des groupes en fonction des climats créés (en tant qu'induites par les climats).

« LA POUPÉE DE CHIFFON »

Il s'agit de mettre des individus en relation avec leurs corps dans une situation collective[1].

Nombre de participants : une douzaine au maximum pour un animateur. Le ou les animateurs doivent pouvoir être présents par le regard et l'attention flottante à tous les participants. La présence de deux animateurs est souhaitable, l'un se plaçant en position d'observation de l'ensemble, et l'autre disponible pour participer et intervenir en tant que de besoin pressenti par lui. Les deux animateurs pouvant, avec souplesse changer de rôle au cours de l'exercice.

Durée : très variable. Mais la phase d'exercice peut difficilement prendre moins de quarante-cinq minutes, cela dépend beaucoup de l'habitude qu'ont les participants du travail corporel. Par contre, la phase de verbalisation peut durer une heure ou deux selon l'importance des échanges et la compétence de l'animation. Il faut disposer d'un minimum de deux heures pour proposer cet exercice à un groupe de dix à douze personnes.

OBJECTIFS

1. Percevoir la façon dont on met son corps à la disposition de l'autre (localisation des résistances, des tensions) ; estimation du degré de confiance qu'on lui accorde réellement.

2. Prendre conscience de la différence entre l'intention que l'on a lorsqu'on manipule quelqu'un et ce qu'il ressent réellement (la façon dont notre intervention est reçue) et aussi de l'embarras dans lequel on se trouve face à certains.

MATÉRIEL

Une salle confortable, moquette ou tapis de vingt à vingt-cinq mètres carrés pour huit personnes au moins ; bonne isolation phonique.

DOCUMENT 112

La « poupée de chiffon »

L'exercice comporte deux modalités : une où chacun se laisse manipuler par un autre, et une autre où chacun intervient sur le corps de l'autre. L'ordre de ces deux moments est laissé à la disposition des participants.

Consignes

L'animateur demande aux participants de se mettre à l'aise (poser les chaussures et chaussettes éventuellement), desserrer les ceintures ou mieux être en tenue souple (pantalon de danse, justaucorps, etc.). Il les invite à marcher dans la salle, en relâchant les épaules, laissant pendre les bras, à progressivement fermer les yeux et à s'allonger par terre sur le dos à l'endroit qui leur convient. Les yeux fermés, prendre le temps d'une relaxation tonique, d'une prise de conscience de présence à soi en dehors de toute activité motrice.

De la voix, l'animateur conduit l'exercice. Au bout du temps qu'il perçoit comme suffisant, il indique que chacun peut, soit rester allongé, à la disposition de ceux qui viendront le manipuler, soit ouvrir les yeux et se lever pour aller auprès d'un autre et intervenir sur sa posture comme il l'entend.

La manipulation porte sur les membres (lever et reposer une jambe, plier un genou, tourner sur le côté...). Il peut être utile de procéder à une démonstration par un animateur avant de mettre les participants en situation mais en essayant d'éviter d'induire des manipula-

1. Exercice proposé par Jacques Richer.

tions stéréotypées. Celui qui est manipulé garde absolument les yeux fermés, et n'exprime rien, il est comme une poupée de chiffon, disponible, réceptif aux actions de l'autre. Celui qui manipule a les yeux ouverts et reste tout à fait silencieux. Après avoir manipulé, un participant peut se réinstaller sur le dos, dans l'attente d'être manipulé. Chaque participant gère lui-même ses divers moments d'expérience, allongé, disponible pour les autres, les yeux fermés ou manipulant les yeux ouverts ceux qu'il voit à sa disposition.

L'exercice est arrêté par les animateurs lorsqu'ils estiment que chacun a pu le vivre suffisamment dans les deux modalités. Ni trop tôt, ni trop tard, c'est une question de sens clinique.

Expression du ressenti ou verbalisation

Cette phase est absolument indispensable. Compte tenu de l'horaire disponible, il vaut mieux écourter la phase de manipulation que supprimer celle d'expression.

L'animateur invite tous les participants à se réunir en cercle le plus communicant possible, assis par terre, le moins de distance possible entre eux, et ouvre la possibilité de parole à ce qui a été ressenti d'abord dans la position de manipulé, et ensuite dans la position de manipulateur. L'échange est conduit par l'animateur d'une façon non directive, centrée sur les personnes de sorte que l'expression de chacun et la communication soient facilitées.

OBSERVATIONS FRÉQUENTES

Les résistances de sujets manipulés : ils ne laissent pas faire l'autre. Soit ils s'opposent, soit ils anticipent le mouvement qu'ils imaginent que l'autre veut leur imposer.

Le besoin d'identification de ceux qui les ont manipulés avec l'expression des différences de plaisir.

L'étonnement éprouvé devant les sensations.

L'analyse de ce qui a été vécu doit être très régulée par les animateurs selon leur compétence.

PARTICIPATION DES ANIMATEURS

Leur rôle premier est de donner les consignes, de guider le début de la marche et de la relaxation en prenant une voix douce une attitude d'apaisement et d'observer par une attitude de présence, de contact.

Mais ils doivent aussi intervenir comme participants, soit comme manipulateur, soit comme manipulé, ceci afin d'abord d'éviter une hiérarchisation des conduites, et ensuite, et peut-être surtout, de permettre à certains participants de pouvoir intervenir, manipuler un animateur c'est-à-dire quelqu'un qui pour eux incarne l'autorité. Dans ce cas, il est arrivé d'observer l'importance de la verbalisation pour l'évolution d'une personne. Et aussi, pour intervenir sur un participant dans la perspective d'une relation d'aide qui ne saurait être nécessairement verbale. Notre expérience nous permet de dire que très souvent notre manipulation a aidé des participants dans leur prise de conscience de leur savoir-être et de leur problématique personnelle concernant la relation d'autorité. C'est pourquoi nous sommes résolument contre la mise à distance radicale de l'animation. Il reste certes aux animateurs à être suffisamment formés eux-mêmes pour ne pas être dupes de ce qu'ils ressentent en intervenant dans l'exercice.

« LES DEUX AVEUGLES »

Il s'agit de faire prendre conscience physiquement aux individus de leurs réactions aux contraintes sociales[1].

OBJECTIFS

1. Prendre conscience de la façon dont on donne et reçoit l'impulsion d'un autre pour un mouvement.

2. Prendre conscience du rôle dans lequel on agit malgré l'intention consciente.

Nombre de participants : douze à quinze maximum. L'animateur doit être présent à tous compte tenu de l'activité par paire ou trio.

Durée : très variable selon l'investissement des participants dans l'activité. Cependant, la phase d'action et la phase de verbalisation ne peuvent se tenir en moins d'une heure et demie à deux heures.

MATÉRIEL

– Une salle recouverte de moquette ou d'un très grand tapis pour atténuer le bruit de la chute des bâtons.

– Des bâtons (un pour deux). Des manches à balai conviennent très bien, sciés en deux ou trois morceaux. On peut se servir d'un jeu de bâtons de longueurs diverses (40 cm, 60 cm, 1 m, voire même 1,20 m).

CONSIGNES

Un animateur décrit la situation. Le mieux est d'en faire la démonstration courte mais évidente avec un partenaire. Il insiste sur la règle des yeux fermés, condition essentielle de l'intérêt de l'exercice. La transgression de cette règle exprime le refus de l'exercice.

Tous les stagiaires participent, seuls les animateurs gardent les yeux ouverts pour assurer une présence à tous et à chacun, et la régulation de l'exercice. Si quelqu'un ne veut absolument pas participer, alors il doit sortir de la salle. Son refus de fermer les yeux est *ipso facto* pour lui un motif d'exclusion de l'activité du groupe.

Cet exercice souvent n'est pas réalisable sans un préalable de relaxation, de respiration, de centration de chacun de sur soi, tant il vrai que la relation à l'autre est médiatisée par la relation à soi.

L'animateur peut proposer, c'est-à-dire en ouvrir la possibilité pour ceux qui en ressentiraient le besoin, le changement de partenaire au bout d'un certain temps.

EXPRESSION DU RESSENTI

Phase indispensable de l'exercice. Toute action doit s'exprimer pour être formatrice. L'animateur conduit de façon non directive, c'est-à-dire en facilitant l'expression de chacun et la communication entre tous. Il veille à ce que ce qui a été vécu dans les diverses positions (conduire ou être conduit, être l'intermédiaire dans un trio avec bâton ou paume de main...), soit exprimé au moins par quelques-uns, expression de certains qui souvent entraîne l'expression de tous, et de ceux pour lesquels il est profitable qu'ils s'expriment.

OBSERVATIONS FRÉQUENTES

La contradiction entre le comportement réel et le rôle prescrit. Tel qui voulait se laisser conduire se trouve imposer son propre mou-

1. Exercice proposé par Jacques Richer.

vement à l'autre et rejeter les impulsions qu'il reçoit, et *vice versa.* Ce qui provoque une profonde réflexion sur la problématique personnelle à la relation d'autorité.

Le plaisir ou le déplaisir éprouvé malgré la conformité au rôle. Par exemple : « *Je me suis laissé conduire comme convenu [ce que confirme le partenaire] mais ça m'était très agréable.* » Ou au contraire : « *Que j'étais bien en me laissant conduire [ce que confirme le partenaire] – J'en faisais ce que je voulais.* » ou non ! Cette qualité du vécu n'est jamais indépendante de la relation interpersonnelle.

L'impatience du conducteur qui voudrait manipuler son partenaire, ou la chaîne, alors que la réussite du mouvement dépend de la compréhension du *message sensori-moteur.*

DOCUMENT 113

Les deux aveugles

Les yeux fermés, en communiquant par l'intermédiaire d'un bâton, conduire ou être conduit dans un mouvement. Le bâton n'est pas tenu, il est simplement maintenu au creux de chaque paume de main par la pression de contact nécessaire et suffisante pour percevoir si l'autre perd le contact ou non.

D'abord par deux, ensuite par trois et éventuellement, mais c'est rarement possible, plus de trois.

Les partenaires par paire, conviennent entre eux des rôles : qui conduit, qui se laisse conduire ?

Un premier temps verbalement, un second temps non verbalement. C'est l'animateur qui, au cours de l'action, proposera cette consigne.

– L'animateur observe en laissant chaque paire évoluer en veillant au respect des consignes initiales (yeux fermés, changement de rôle), et selon ce qu'il perçoit, introduit de nouvelles consignes. Par exemple : « *On ne se dit plus qui va conduire ou se laisser conduire, c'est par le bâton que cela se dit.* »

– Les chutes de bâton expriment les difficultés de contact juste. L'animateur veille à ce qu'elles soient acceptées sans perturber le déroulement de l'action.

– Lorsqu'il estime que la durée de l'exercice à deux a été suffisante, l'animateur propose de se mettre à trois. Dans cette situation, le partenaire du milieu doit faire passer au troisième le message qu'il perçoit venant du conducteur.

Chaque participant change de place et vit les différentes positions de la chaîne de communication et d'action ainsi réalisée.

– Après une première séquence avec les bâtons, il est possible de proposer le contact direct, paume contre paume. Il dépend de l'animation de percevoir les possibilités des participants. Dans ce cas, le contact sensoriel peut rapidement se transformer en relation sensuelle.

– Cet exercice peut se faire en silence ou sur une musique lente (le mouvement se fait les yeux fermés). Il est préférable de le faire en silence. La musique doit être choisie et introduite pour faciliter le mouvement lorsque l'inhibition est trop forte, mais il faut se méfier de l'induction qu'elle engendre. La musique est un médiateur dont le pouvoir affectif est puissant et doit par conséquent être relié aux objectifs que l'on poursuit. Par exemple, on pourra utiliser le Canon à *trois voix sur une basse* de Pachelbel, mais il ne s'agit pas, ici, de faire de l'expression corporelle sur la musique. Si vraiment les participants sont par trop inhibés et ne parviennent pas à entrer dans la situation, c'est que l'animation fait erreur en la proposant. Elle doit savoir s'adapter à la réalité psychologique du groupe.

CHAPITRE 4

Communication et négociations

Les échanges ne sont pas toujours en réciprocité simple. Il faut parfois argumenter et débattre s'il importe d'aboutir à une décision collective.

Mais plus chacun a pu réfléchir isolément, plus il a rédigé ses propositions individuelles, plus il lui est ensuite difficile d'accueillir les perceptions des autres et de coopérer à une élaboration collective de texte ou de choix : au risque d'omettre une information adéquate formulée par une personne.

Il est utile, en conséquence, de prendre conscience :

– des principes différents qui peuvent guider les conduites,

– des intérêts opposés en fonction des rôles professionnels ou sociaux tenus par les uns et les autres,

– des contradictions et doubles contraintes inhérentes à une situation,

– de l'attachement narcissique à la formulation de points de vue,

– de la nature des ***défenses*** que chacun tend à mettre en jeu,

– des remous affectifs qui sont inhérents à une prise de position collective et qu'il convient d'amortir.

Remarquons que les exercices présentés dans ce chapitre peuvent être complétés par l'usage de divers dispositifs de simulation qui sont présentés dans la quatrième partie de cet ouvrage.

INTERPRÉTATION D'IMAGES

Dans cet exercice[1], les participants d'un groupe sont invités à rédiger d'abord individuellement, puis dans une suite de sous-groupes, des légendes ou petites histoires afférentes à une image unique, photographie ou dessin complexe qui leur est présentée. Ces formulations collectives obligent à des discussions, en raison des perceptions différentes, (qui ont été renforcées par les formulations antérieures) et, par suite, à des compromis décisionnels.

Nombre de participants : de cinq à quarante participants.

Durée : une à trois heures, selon le nombre de participants.

MATÉRIEL

Des représentations ou illustrations relativement complexes ou ambiguës, en nombre utile. Dans certains cas, on a utilisé des planches du test *Thematic Aperception Test* de Murray.

OBJECTIFS

1. Faire prendre conscience des différences, dans la perception et l'interprétation d'une même scène, représentée en dessin ou photographie.

2. Exercer chaque participant à prendre de la distance vis-à-vis d'une perception et d'une formulation, notamment dans certains détails ou dans la compréhension d'ensemble d'un document.

3. Développer en petits groupes l'aptitude à savoir consentir des concessions et à parvenir à des compromis sans compromission.

4. Entraîner des équipes à éviter des solutions réductrices et triviales dans la mise en commun des considérations relatives à une situation représentée ou évoquée.

5. Faire assimiler des précautions d'ouverture dans les premières consultations d'une image ou d'un texte.

1. Exercice conçu par André Lévy.

Interprétation d'images

Le formateur explicite l'intérêt de l'exercice pour préparer à un travail en équipe performante. Il souligne que des efforts seront nécessaires à chacun dans les différentes phases de l'exercice. Il présente ces phases. Puis il distribue à chacun (ou projette sur un écran) une image (ou document) de référence.

Première phase

Elle dure de dix à vingt minutes : chaque participant est invité à rédiger, en une phrase ou quelques phrases, un texte résumant une histoire, dont l'image de référence pourrait être une illustration.

Deuxième phase

Prévoir de vingt à trente minutes : les participants sont invités à se mettre en petits groupes de quatre à six, préparés à l'avance ou constitués sur le champ (cf. document 4). Chaque petit groupe devra rédiger, en commun, une seule nouvelle histoire brève dont l'image de référence pourrait être encore une illustration.

Troisième phase

Prévoir de vingt à trente minutes : les divers groupes participants reçoivent comme consigne de se consulter et négocier, pour produire, en commun, une seule histoire brève ou légende dont l'image de référence serait encore une illustration.

Quatrième phase

Elle dure environ trente minutes : si cela n'a pas déjà été fait, au cours des diverses phases, les participants sont invités par le formateur à décrire et analyser les sentiments, problèmes et difficultés qu'ils ont éprouvés au cours de ces différentes phases.

Il peut résulter de cette analyse la détermination d'une liste de précautions méthodologiques (et pour chacun d'alertes personnelles) à observer dans l'étude d'un document et dans la synthèse de considérations qu'il peut susciter, ainsi que des conditions psychologiques pertinentes à la prise de décision en équipe.

Commentaires

Cet exercice peut permettre à chaque participant, avec l'aide prudente de formateurs, de prendre conscience de ses inerties personnelles et de son attachement, plus ou moins trivial, à des détails ou à des tournures personnelles de description. Il permet de faire apparaître l'opportunité d'une méthode des choix à pratiquer pour aboutir à une solution satisfaisante, pour clarifier une situation ou équilibrer des interprétations ou schématisations. Il importe de maintenir un climat de bonne humeur et d'humour, pour éviter que l'exercice devienne stressant pour les participants.

Variantes

1. Il est possible de proposer, au lieu d'une seule image, un petit lot de trois à cinq images, relativement contrastées, et obligeant à un délicat travail de mise en liaison.

2. Au lieu d'une image figurative, on peut proposer une composition non figurative.

3. L'image peut être remplacée par des éléments de bande dessinée dont les bulles sont vierges (ou ont été nettoyées) et où il s'agit des phrases précisant une situation ou une histoire.

4. Les dessins peuvent être remplacés par un texte ou plusieurs textes, voire une liste de personnages ou de rôles, à partir desquels il sera demandé d'établir, selon les phases, des histoires successives (en poupées russes !).

5. Dessins et textes peuvent être remplacés par un dossier comprenant des documents divers : il est demandé d'en tirer successivement soit des articles de journaux, (ou de revue professionnelle), soit des textes d'une émission radio, soit des scripts de films, soit une synthèse adressée à une autorité.

« SURVIE SUR TERRE »

Vous trouverez plus loin, douze questions concernant toutes différents aspects de la survie humaine dans un endroit isolé. Pour chacune de ces questions, vous devez choisir individuellement la solution qui vous semble la plus adaptée à la solution proposée. Essayez de vous imaginer dans la situation décrite et souvenez-vous que vous êtes seul et que vous avez un équipement très limité (sauf exception indiquée). Dans l'endroit où vous vous trouvez, c'est l'automne ; les journées sont chaudes et sèches, mais les nuits sont froides.

Lorsque vous aurez répondu individuellement à chacune de ces questions, on vous demandera ensuite de les revoir l'une après l'autre, mais cette fois, en petits groupes. Votre groupe devra alors décider, en obtenant un *consensus*, de la meilleure alternative pour chaque situation. En aucun cas, vous ne devez changer vos décisions individuelles après discussion dans le groupe. Les réponses individuelles et la réponse du groupe seront, par la suite, notées en fonction d'une réponse-type qui vous sera proposée par un groupe d'experts[1].

OBJECTIFS

1. Démontrer comment un consensus peut s'établir dans un groupe de travail.

2. Démontrer le concept de synergie.

Nombre de participants : cinq à douze personnes. Les résultats synergiques sont plus fréquents dans les petits groupes de cinq à sept personnes.

Durée : une heure à une heure et demie.

MATÉRIEL NÉCESSAIRE

Une copie de la feuille de décisions que doit remplir participant.

De quoi écrire pour chacun.
Une copie de la feuille de réponses des experts en survie pour chacun.
Une copie de la feuille d'instructions pour chaque participant.

DISPOSITION DE LA PIÈCE

Une salle suffisamment grande pour que le groupe tout entier puisse de réunir, et également des petites salles attenantes où les sous-groupes pourront travailler isolément.

INSTRUCTIONS

La décision par consensus est une méthode pour les groupes de travail qui ont à étudier un problème ou à prendre une décision. Elle permet d'impliquer chacun dans la discussion et d'intégrer à la solution finale les idées et suggestions proposées par tous les membres du groupe. La solution finale retenue devra faire pratiquement l'unanimité dans le groupe.

Il est naturellement plus utile de travailler de cette façon ; cela demande des efforts constants de chacun pour respecter les règles du jeu, et également plus de temps. L'expérience montre cependant qu'une telle méthode produit de meilleures solutions que d'autres approches telles que le vote à la majorité, la persuasion, ou le compromis.

Dans la recherche d'un consensus, chacun des membres du groupe devra :

1. Définir le mieux possible sa position avant que le groupe ne se réunisse (tout en sachant que cette position est incomplète et que les suggestions des autres participants viendront s'y ajouter et la compléter) ;

2. Se sentir responsable pour exprimer sa propre opinion de telle façon que le groupe puisse profiter des suggestions de chacun.

3. Se sentir une responsabilité pour écouter les opinions et les suggestions des autres participants et être prêt à modifier sa position en fonction des arguments logiques qui seront apportés.

1. Droits réservés.

DOCUMENT 115

« Survie sur terre »
Feuille de décisions que doit remplir chaque participant

	Réponse individuelle	Réponse du groupe
1. Vous vous êtes écarté du groupe de vos amis et vous êtes maintenant égaré, seul, dans une forêt sans chemin ni traces. Vous n'avez aucun équipement pour signaler votre présence. Le meilleur moyen pour avertir vos amis est de : – appeler au secours le plus fort possible, mais avec une voix grave ; – crier le plus fort que vous pouvez ; – siffler de la façon la plus aiguë et la plus forte possible.		
2 . Vous vous trouvez dans une zone infestée de serpents. La meilleure façon pour vous protéger des serpents est de : – faire le plus de bruit possible avec vos pieds ; – marcher en douceur et sans bruit ; – vous déplacer la nuit.		
3. Vous êtes égaré dans une région sauvage et vous avez faim. Le meilleur moyen pour reconnaître les plantes qui sont bonnes à manger (du moins celles que vous ne connaissez pas) est de : – essayer ce que les oiseaux mangent ; – manger toutes les plantes, sauf celles qui ont des baies d'un beau rouge écarlate ; – placer un petit morceau de la plante sur votre lèvre inférieure pendant cinq minutes ; si rien ne se passe, essayer d'en manger un peu.		
4. Le temps devient chaud et sec. Vous avez environ un litre d'eau avec vous. Vous devez : – rationner l'eau et en boire environ seulement une tasse par jour ; – ne pas boire avant de vous arrêter pour la nuit ; à ce moment, boire ce que vous pensez que vous avez besoin ; – boire autant que vous en ressentez le besoin parce que vous avez soif.		
5. Vous n'avez plus d'eau et vous avez très soif. Vous arrivez enfin au lit d'un ruisseau pour découvrir qu'il est complètement à sec. La meilleure chance pour trouver de l'eau est de : – creuser n'importe où dans le lit du ruisseau ; – creuser sous les plantes et racines d'arbre sur les bords du ruisseau ; – creuser dans le lit du ruisseau et dans le creux d'une courbe.		
6. Vous essayez de quitter cette zone désertique en descendant le long de ravins où on peut trouver de l'eau. La nuit est venue, le meilleur endroit pour camper est : – près de la poche d'eau dans la gorge du ravin ; – en hauteur, sur un aplomb ; – à mi-pente.		

	Réponse individuelle	Réponse du groupe
7. Vous vous êtes éloigné de votre campement pour une petite promenade à la tombée de la nuit. La nuit commence à tomber rapidement dans la forêt et, au moment de retourner à votre camp, l'intensité de votre lampe-torche commence à baisser. Vous devez alors : – vous diriger le plus rapidement possible vers votre camp, en espérant qu'elle fonctionnera encore assez longtemps pour que vous puissiez retrouver votre chemin ; – placer les batteries sous vos bras, au creux de vos aisselles, afin de les chauffer pour les remettre ensuite dans la lampe ; – allumer par saccades de quelques secondes afin de reconnaître le chemin et d'avancer au fur et à mesure.		
8. Une tempête de neige vous maintient confiné dans votre petite tente. Pour dormir, vous avez laissé votre réchaud allumé. Ceci peut être dangereux dans le cas où la flamme est : – jaune – bleue – rouge.		
9. Vous devez franchir une rivière qui a un courant très fort, dont le lit est parsemé de grosses pierres et dont l'eau est trouble. Après avoir choisi soigneusement l'endroit où vous passerez, vous devez : – traverser en gardant vos bottes et votre sac à dos ; – enlever vos bottes et lancer votre sac à dos sur l'autre berge ; – lancer votre sac à dos sur l'autre berge, mais traverser en gardant vos bottes.		
10. Lorsque vous traversez une rivière qui a un courant très fort et que vous avez de l'eau jusqu'à la ceinture, vous devez traverser en vous tournant : – vers l'amont de la rivière ; – vers l'autre berge ; – vers l'aval de la rivière.		
11. Vous vous trouvez sur une rocaille sur laquelle vous devez grimper pour passer. Les rochers sont glissants, couverts de mousse. Vous devez grimper : – pieds nus – en gardant vos bottes – en chaussettes.		
12 . En rentrant à votre campement, vous avez la surprise de découvrir un gros ours qui tourne autour de votre tente. Vous n'êtes pas armé. À dix mètres de vous, l'ours se lève sur ses pattes de derrière. Vous devez alors : – fuir en courant ; – monter à l'arbre le plus proche ; – rester immobile, mais prêt à reculer lentement.		

DOCUMENT 116

Réponses des experts en survie

Vous trouverez ci-dessous, pour chacune des douze questions proposées, l'alternative recommandée par les experts en survie. Ces recommandations sont celles qui s'appliqueront à la plupart des situations. Dans des cas plus spécifiques cependant, il sera nécessaire d'envisager d'autres actions.

1. Appeler au secours le plus fort possible, mais avec une voix grave.

Une voix grave, en effet, porte plus loin, en particulier dans une forêt épaisse. C'est en criant fort, mais d'une voix grave, et en utilisant les mots « au secours » que vous avez le plus de chance de vous faire repérer par vos compagnons. Un cri aigu, non seulement portera moins loin, mais vos compagnons risquent de le confondre dans le lointain avec le cri d'un oiseau ou d'un quelconque animal.

2. Faire le plus de bruit possible avec les pieds.

En général, les serpents sont effrayés par le bruit et ils s'éloigneront de vous instantanément. Il y a même de fortes chances que vous n'en verrez pas un, à moins que vous ne l'ayez pris par surprise et qu'il ne se trouve dans un endroit d'où ils ne puissent pas s'échapper. Certains serpents chassent la nuit et, en marchant doucement, vous avez de fortes chances d'en rencontrer.

3. Placer un petit morceau de la plante sur votre lèvre inférieure pendant cinq minutes ; si rien ne se passe, essayer d'en manger un peu.

Naturellement, la meilleure solution est de ne manger que les plantes que vous connaissez. Mais, lorsque vous avez des doutes, et que vous n'avez pas d'autres solutions, le test de la lèvre est une bonne solution. Si la plante est vénéneuse, à ce moment-là, vous aurez une sensation très désagréable sur votre lèvre, ce qui constituera un signal. La couleur des baies n'est pas forcément le signe d'une plante vénéneuse et, par ailleurs, les oiseaux n'ont pas le même système digestif que le nôtre.

4. Boire autant que vous en ressentez le besoin.

Ce qu'il faut éviter, dans ce cas, c'est la déshydratation car, une fois que le processus commence, vous ne pouvez plus l'arrêter et le rationnement de l'eau ne vous permettra pas de lutter efficacement contre ce danger, particulièrement si vous êtes terrassé par une insolation ou par la déshydratation. C'est pourquoi, il faut boire quand on en sent le besoin et chercher naturellement un point d'eau le plus rapidement possible.

5. Creuser dans le lit du ruisseau et dans le creux d'une courbe.

C'est en effet dans le creux d'une courbe que l'eau coule le plus vite, qu'il y a le plus de profondeur et le moins de vase, et c'est l'endroit qui est le dernier à se dessécher.

6. À mi-pente.

En cas d'orage, l'endroit peut être transformé en un véritable torrent. Par conséquent, il ne faut pas se placer au creux de la pente ravinée car vous risqueriez d'être emporté. Ceci est déjà arrivé à de nombreux campeurs et promeneurs en montagne. Par ailleurs, si vous vous placez sur la crête, vous vous exposez davantage à la pluie, au vent, et à la foudre en cas d'orage. Il est donc préférable de se placer à mi-pente.

7. Placer les batteries sous vos bras, au creux de vos aisselles, afin de les chauffer pour les remettre ensuite dans la lampe.

En effet, les piles perdent beaucoup de leur puissance et s'épuisent rapidement lorsqu'il fait froid. C'est donc une bonne idée de les réchauffer. Il est préférable, naturellement, d'éviter de faire des promenades ou des traversées de nuit en forêt. Il y a en effet trop d'obstacles qui peuvent vous blesser (branches basses, vieilles souches, trous dans le sol, etc.). Et, une jambe cassée, une blessure à l'œil ou une cheville foulée, serait un lourd handicap dans votre situation. Lorsque vous vous trouvez dans une région boisée, il est préférable de rester près de votre camp, car la nuit tombe rapidement une fois que le soleil est couché.

8. Jaune.

En effet, une flamme jaune indique que la combustion dans votre réchaud est incomplète et qu'il se dégage probablement de l'oxyde de carbone. Chaque année, de nombreux campeurs sont asphyxiés dans leur tente par le dégagement d'oxyde de carbone.

9. Traverser en gardant vos bottes et votre sac à dos.

La traversée d'un courant fort est la source de nombreux accidents. Vous garderez vos chaussures ou vos bottes pour protéger vos pieds des rochers coupants. Par ailleurs, si votre sac à dos est bien équilibré, il vous donnera une plus grande stabilité pour traverser le courant. Il pourra même, s'il est hermétique et imperméable, vous servir de bouée dans le cas où vous tomberiez dans un trou d'eau.

10. Vers l'autre berge.

Beaucoup de gens se noient en se tournant dans le mauvais sens lors d'une traversée à gué. Se tourner vers l'amont de la rivière est la solution la plus dangereuse. En effet, le courant peut vous pousser en arrière et le poids de votre sac à dos peut vous entraîner et vous renverser dans le courant. C'est en vous tournant perpendiculairement au courant, et en regardant votre point d'arrivée sur l'autre berge, que vous avez la meilleure stabilité.

11. En chaussettes.

C'est de cette façon, en effet, que vous adhérez le mieux et que vous pouvez sentir le sol sur lequel vous marchez. Vos chaussures de montagne peuvent devenir glissantes et, d'autre part, si vous marchez pieds nus, vous risquez de vous blesser les pieds.

12. Rester immobile, mais prêt à reculer lentement.

Si vous vous agitez, cela va certainement exciter davantage l'ours que votre seule présence immobile. S'il s'intéresse surtout à vos provisions, il est préférable de le laisser se servir et s'éloigner quand il sera satisfait. D'une manière générale, il est recommandé de reculer très doucement pour atteindre un refuge tel qu'un arbre, un rocher escarpé, etc.

4. **Accepter de confronter**, quand il le faut, sa position avec des positions différentes d'autres participants. C'est en effet de l'examen des différences que peuvent naître des solutions créatives. Il ne faut donc pas utiliser les techniques destinées à éviter les conflits, telles que les votes, les compromis, ou l'abandon de la discussion pour avoir la paix.

Après avoir répondu individuellement au questionnaire sur la survie, il vous faut maintenant, en tant que groupe, apporter des réponses aux mêmes questions. Rappelez-vous que chaque réponse doit avoir l'accord unanime de tout le groupe. Prenez donc votre temps pour écouter et essayer de comprendre, prendre en considération les positions de tous les membres du groupe, exprimer le plus complètement possible votre position, et faire preuve d'esprit constructif pour arriver à une solution de groupe.

VARIANTES POSSIBLES DE L'EXERCICE

■ D'autres items

À la place du problème de survie proposé dans cet exercice, on peut substituer, par exemple, une liste des dix problèmes les plus importants actuellement dans l'établissement dans lequel travaillent les participants. On a pu au préalable demander à un échantillon représentatif du personnel, d'en faire la liste par ordre décroissant d'importance, et utiliser cette liste comme une réponse-type par rapport à laquelle on notera les réponses apportées par les participants.

On peut également, pendant la session, demander aux participants de suggérer un certain nombre d'items qu'on leur demandera ensuite d'ordonner.

■ Groupe à groupe

La formule du groupe à groupe peut être utilisée, c'est-à-dire que l'on demande à un groupe de travailler en présence d'un groupe d'observateurs. On inverse ensuite les rôles en utilisant deux exercices différents.

■ Varier la durée

On peut faire varier la durée accordée à différents groupes pour résoudre le problème. Par exemple, on donnera vingt minutes à un groupe, trente minutes à un autre, et pas de limite de temps à un troisième. On comparera ensuite les résultats et le degré de satisfaction des participants en fonction des limites de temps.

DOCUMENT 117

« Survie sur terre »

1. Après avoir organisé les sous-groupes éventuels, l'animateur présente brièvement l'exercice en expliquant son but, son déroulement.

2. L'animateur distribue à chacun la feuille de décisions et il demande à chacun de la remplir individuellement, sans communiquer avec ses voisins (dix minutes).

3. Plusieurs sous-groupes se réunissent, et une copie de la feuille d'instructions est donnée à chacun des participants.

4. Lorsque les participants ont pu lire cette feuille d'instructions, l'animateur fait quelques brefs commentaires sur son contenu.

5. Les sous-groupes se réunissent séparément pour travailler (trente minutes).

6. Lorsque les sous-groupes ont terminé, le groupe tout entier se réunit à nouveau, les membres des sous-groupes s'assoient les uns à côté des autres.

7. L'animateur prépare un tableau sur lequel seront notés les résultats des groupes.

8. Chaque participant reçoit une copie de la feuille de résultats et, à l'aide de celle-ci, il calcule sa note personnelle. Un volontaire, dans chacun des groupes, calculera également la note de la solution proposée par le groupe ainsi que la moyenne des scores individuels dans son groupe.

9. Chacun des sous-groupes discute de la méthode qu'il a utilisée pour résoudre ses problèmes et des comportements qui ont, soit facilité, soit gêné le travail et la productivité dans le groupe.

10. L'animateur mène une discussion générale sur l'exercice et sur des sujets tels que le *leadership*, l'établissement d'un compromis, la stratégie de résolution des problèmes, de prise de décision, le climat psychologique et les applications possibles des techniques démontrées durant l'exercice.

■ Prédire les réponses

Dans le cas où l'on travaille avec plusieurs groupes, on peut demander à deux groupes de remplir séparément la même feuille de décisions et leur demander en même temps de prédire quelle sera la réponse apportée par l'autre groupe. On les réunira ensuite et l'on montrera à chaque groupe les prédictions faites par les autres groupes. Cette variante permet à chaque groupe d'avoir une sorte d'image de lui-même et peut aider à la communication entre les groupes.

■ Classer

On peut demander à chaque participant dans le groupe de classer les autres par ordre décroissant d'influence sur la solution adoptée par le groupe. Chaque participant pourra alors calculer la moyenne des rangs d'influence qui lui ont été attribués. Ensuite, il calculera un score réel, basé sur les différences existant pour chaque item du problème proposé, entre sa réponse et la réponse du groupe. On pourra alors comparer ces deux types de scores.

■ Changer

On peut proposer plusieurs séquence successives, avec des problèmes différents, de telle sorte que les groupes améliorent progressivement leur méthode de travail. On pourra d'ailleurs changer la composition des groupes d'une phase à l'autre.

■ Deux copies

Au lieu de donner une copie de la feuille de décisions à chaque participant, l'animateur peut en remettre deux copies. La première copie sera remise par chacun après la phase individuelle et la seconde copie après la phase de groupe. Ceci permettra à l'animateur, pendant que la phase de groupe se déroule, de calculer à l'avance, et ceci pour chacun des groupes, l'écart entre les scores maximum et minimum et la moyenne des scores individuels. Ainsi, après la fin de la phase de groupe, des résultats peuvent être immédiatement comparés et discutés entre les sous-groupes.

« ACCIDENT SUR LA LUNE »

Imaginez un accident sur la Lune : il s'agit de trouver l'équipement indispensable pour rejoindre la fusée mère, en classant quinze objets par ordre d'importance (voir document 111 : feuille d'instruction)[1].

L'exercice se fait individuellement et en groupe. On compare ensuite les différents classements.

Nombre de participants : groupes de six à huit personnes.

Durée : environ deux heures et demie.

MATÉRIEL NÉCESSAIRE

À remettre à chaque participant au cours du déroulement de l'exercice :

– une feuille d'instructions,

– une feuille de décision.

À l'attention de l'animateur :

– comparaison des résultats,

– résultats et explications fournies par la NASA.

À l'intention, éventuellement, de l'un des sous-groupes (déroulement, deuxième paragraphe) :
– règles fondamentales de travail en groupe.

OBJECTIFS

1. Comparer l'efficacité de la prise de décision individuelle et de la prise de décision collective.

2. Montrer que le fonctionnement d'un groupe dépend directement des méthodes de travail de ses membres en comparant le mode de décision par vote et le mode de décision consensuel.

3. Montrer que les conflits, bien maîtrisés, favorisent la créativité.

4. Apprendre à un groupe à ne pas sous-estimer son propre potentiel pour accroître son efficacité.

1. Cet exercice est connu depuis 1972 au moins, à partir de sa publication (traduite en français depuis le texte dû à Jay Hall) dans le n° 27 de la revue *Psychologie*. (Cf. également Francis Vanoye, *Expression et Communication*, A. Colin, 1973).

DOCUMENT 118

Instructions, décisions et règles fondamentales

Instructions à remettre à chaque participant

Vous faites partie de l'équipage d'un vaisseau spatial programmé à l'origine pour rejoindre une fusée mère au centre de la face éclairée de la lune. À la suite d'ennuis mécaniques, vous avez dû alunir à 320 km environ du rendez-vous fixé. Au cours de l'alunissage, la plupart des équipements de bord ont été endommagés, à l'exclusion des quinze objets ci-dessous. Il est vital pour votre équipage de rejoindre la fusée mère et vous devez choisir l'équipement indispensable pour ce long voyage.

L'exercice consiste à classer, à l'aide de la feuille de décisions, les quinze objets par ordre de première nécessité. Mettez le chiffre 1 en face de celui qui vous semble le plus important, 2 en face du suivant, et ainsi de suite jusqu'à 15 en face de celui qui vous paraît le moins utile.

– une boîte d'allumettes

– des aliments concentrés

– cinquante mètres de corde de nylon

– un parachute en soie

– un appareil de chauffage fonctionnant à l'énergie solaire

– deux pistolets calibre 45

– une caisse de lait en poudre

– deux réservoirs de 50 kg d'oxygène chacun

– une carte céleste des constellations lunaires

– un canot de sauvetage autogonflable

– un compas magnétique

– 25 litres d'eau

– une trousse médicale et des seringues hypodermiques

– des signaux lumineux

– un émetteur-récepteur fonctionnant sur l'énergie solaire (fréquence moyenne).

Feuille de décisions

Objets	Classement individuel	Points d'écart	Classement collectif	Points d'écart	Classement NASA
– Une boîte d'allumettes					
– Des aliments concentrés					
– Cinquante mètres de corde de nylon					
– Un parachute en soie					
– Un appareil de chauffage fonctionnant à l'énergie solaire					
– Deux pistolets calibre 45					
– Une caisse de lait en poudre					
– Deux réservoirs de 50 kg d'oxygène chacun					
– Une carte céleste des constellations lunaires					
– Un canot de sauvetage autogonflable					
– Un compas magnétique					
– 25 litres d'eau					
– Une trousse médicale et des seringues hypodermiques					
– Des signaux lumineux					
– Un émetteur-récepteur fonctionnant sur l'énergie solaire (fréquence moyenne)					

Règles fondamentales du travail en groupe

1. Éviter d'imposer violemment son avis. Présenter son point de vue de manière aussi logique et lucide que possible, mais écouter attentivement les réactions des autres participants et les reformuler avant d'insister sur sa propre position.

2. Si la discussion semble engagée dans une impasse, éviter de privilégier les points de vue majoritaires et s'attacher à chercher la solution la plus acceptable pour tous les participants.

3. Ne pas occulter une divergence sous le simple prétexte d'éviter un conflit et de sauvegarder un climat harmonieux. Se méfier des accords superficiels obtenus trop vite et trop facilement. Peser les arguments et s'assurer que la décision est acceptée par tous pour des raisons fondamentalement similaires ou complémentaires. Ne soutenir que les positions qui reposent sur des bases à la fois logiques et objectives.

4. Éviter les formules toutes faites de résolution des conflits, telles que la loi de la majorité, le hasard ou l'échange de concessions. Si un membre opposant finit par céder sur un point, ne pas considérer qu'il est indispensable de le récompenser en lui cédant un autre point.

5. Les divergences d'opinions sont normales et inévitables. Les mettre en évidence et s'attacher à ce que tous participent au processus de décision. Dans la mesure où les divergences offrent au groupe un éventail très large d'informations et d'opinions, elles représentent un gage de réussite pour la décision finale.

DOCUMENT 119

« Accident sur la Lune » exercice de négociation

L'exercice se déroule en quatre phases successives.

Première phase : classement individuel

Elle dure environ dix minutes.

Chaque participant, après avoir reçu la feuille d'instructions, remplit un exemplaire de la feuille de décision, si on en dispose. Sinon, chacun indique simplement sur sa feuille d'instructions l'ordre dans lequel il classe les différents éléments. Au cours de cette phase, aucun échange entre les participants n'est autorisé.

Deuxième phase : classement collectif

Elle dure de quarante-cinq minutes à une heure.

Les participants tiennent une réunion pour déterminer un classement collectif des mêmes éléments, en sous-groupes de cinq à dix personnes.

Avec une dizaine de personnes, on peut structurer le groupe de la façon suivante : sept participants, un animateur, et deux observateurs.

Lorsque les participants sont plus nombreux, on peut les répartir en sous-groupes qu'on laisse travailler librement ou bien auxquels on donne des consignes différentes de travail, en les invitant à prendre de façons différentes leurs décisions, par exemple, les uns à la majorité simple, d'autres en consensus : tous les participants doivent être d'accord, un seul d'entre eux peut bloquer le groupe s'il le juge nécessaire.

Il est possible encore de ne donner aucune consigne au premier sous-groupe, de le laisser libre de s'organiser, mais de présenter au second, avant l'exercice, quelques règles fondamentales de travail en groupe permettant de mieux parvenir à l'unanimité.

Troisième phase : comparaison des classements

Pour établir leur classement, les experts de la NASA se sont basés sur l'utilisation alternée de deux critères :

– ce qui assure la vie biologique

– ce qui assure la possibilité de rejoindre la fusée mère.

Ces deux critères signifiant, par leur association, la survie.

Classement NASA

Objets	Utilité	Classement de la NASA
Une boîte d'allumettes	L'absence d'oxygène ne permet pas de les enflammer.	15
Des aliments concentrés	Moyen efficace de réparer les pertes d'énergie.	4
Cinquante mètres de corde de nylon	Utiles pour se mettre en cordée, escalader les rochers ; éventuellement, pour hisser les blessés.	6
Un parachute en soie	Peut servir à se protéger des rayons solaires.	8
Un appareil de chauffage fonctionnant à l'énergie solaire	Sans utilité : les combinaisons sont chauffantes.	13
Deux pistolets calibre 45	Peuvent servir à accélérer la propulsion ; à la rigueur à mettre fin à ses jours.	11
Une caisse de lait en poudre	Piège nutritionnel : plus encombrant que les aliments concentrés.	12
Deux réservoirs de 50 kg d'oxygène chacun	Premier élément de survie essentiel.	1
Une carte céleste des constellations lunaires	Indispensable pour s'orienter.	3
Un canot de sauvetage autogonflable	Peut servir de traîneau pour tracter les objets ; le gaz (CO) employé pour cet engin peut servir à la propulsion.	9
Un compas magnétique	Sans utilité sur la Lune : le champ magnétique n'y étant pas valorisé.	14
25 litres d'eau	Indispensables pour compenser une forte déshydratation due à la très grande chaleur sur la face éclairée de la Lune.	2
Une trousse médicale et des seringues hypodermiques	Les piqûres de vitamines, sérum, etc., nécessitent une ouverture spéciale (prévue par la NASA) dans la combinaison.	10
Des signaux lumineux	Utiles quand la fusée mère sera en vue.	7
Un émetteur-récepteur fonctionnant sur l'énergie solaire (fréquence moyenne).	Utile pour essayer de communiquer avec la fusée mère mais cet appareil n'a pas une grande portée.	5

Quand les classements collectifs sont terminés, dans chaque sous-groupe, l'animateur donne aux participants, le classement type fourni par la NASA et leur demande de transcrire, au fur et à mesure, dans les cases correspondantes, sur leur feuille de décision s'ils en disposent, ou simplement sur la feuille d'instructions.

Les participants calculent ensuite leurs points d'écart, c'est-à-dire, pour chaque rubrique, la différence en valeur absolue entre leur classement et celui de la NASA. La somme des différences constituera leur résultat individuel.

Ils procèdent de la même façon en comparant les résultats collectifs de chaque sous-groupe à ceux de la NASA.

Après avoir calculé la moyenne des résultats individuels en divisant la somme de ces derniers par le nombre des participants, on pourra comparer :

– les résultats du meilleur

– les résultats moyens de chaque sous-groupe avant la discussion

– les résultats de chaque sous-groupe après la discussion, avec décisions à la majorité simple ou en consensus.

Résultats individuels Meilleurs résultats	Résultats moyens avant discussion	Résultats après discussion

S'il n'apparaît pas opportun de demander des résultats individuels, on pourra se contenter de demander les résultats de chaque sous-groupe, après discussion. On observe alors, généralement, que s'il existe des résultats individuels meilleurs que ceux du sous-groupe, il en est fait état d'une manière ou d'une autre.

Quatrième phase : explication du classement de la NASA

L'animateur donne aux participants les critères sur lesquels se sont appuyés les experts de la NASA pour établir leur classement.

Il peut également demander aux participants s'ils souhaitent indiquer leurs propres critères.

ANALYSE DE L'EXERCICE

1. Fonctionnement du groupe

Quelles consignes ont été données au groupe ?

Le sous-groupe et l'animateur se sont-ils fixé un plan (exemple : éléments vitaux, utiles, inutiles…) ?

Chaque participant a-t-il eu la possibilité de s'exprimer ?

Chaque participant écoutait-il les suggestions venant des autres ou cherchait-il à imposer sa propre liste ?

Y a-t-il eu des phénomènes de *leadership*, de conflit ou des regroupements à l'intérieur des sous-groupes ?

Combien de temps ont demandé les différentes décisions ?

Certains sous-groupes ont-ils adopté des modes de décision tels que la loi de la majorité, les concessions réciproques ou le hasard ? Ont-ils fait preuve de créativité ? etc.

2. Décisions individuelles et décisions collectives

Quelles conclusions peut-on tirer de la comparaison des résultats individuels et collectifs ?

Dans la majorité des cas, le sous-groupe obtient des résultats meilleurs que les personnes qui le composent. Ceci est dû à l'élimination des erreurs par l'échange des connaissances entre participants et à la créativité de groupe qui trouve une façon originale d'utiliser certains éléments.

Quelles conclusions peut-on tirer de la comparaison du résultat collectif avec le ou les meilleurs résultats individuels ?

Il arrive très fréquemment qu'une personne sans compétence technique particulière dans le domaine spatial obtienne des résultats meilleurs que le sous-groupe auquel elle appartient.

En effet, l'utilisation des quinze objets pour atteindre les deux objectifs essentiels, survivre et se déplacer, est moins fonction de connaissances techniques que de la clarté avec laquelle ces deux objectifs sont perçus et exprimés, et de l'invention dont chacun peut faire preuve pour utiliser de façon imprévue, dans un contexte nouveau, les objets à sa disposition.

On observera que le résultat collectif est corrélativement meilleur lorsque le mode de discussion permet l'utilisation de toutes les ressources du groupe ; en ce sens, le mode de décision consensuel, par exemple, donne de meilleurs résultats dans l'ensemble que le mode de décision à la majorité.

Avec l'aide des observateurs dans chaque sous-groupe, il sera possible d'affiner l'analyse et d'en tirer un certain nombre de réflexions sur les conditions favorables à l'efficacité d'un travail de groupe.

Variante
« Perdu en mer »

DOCUMENT 120

Dans les mêmes formes que précédemment, voici un exercice complémentaire ou alternatif des précédents[1]

Un de vos amis (très riche !) possède un yacht et vous a invité(e) à effectuer une croisière, pendant vos vacances, dans le sud de l'océan Pacifique.

Un incendie d'origine inconnue a pratiquement détruit le bateau, son équipement et son contenu. Vous êtes à la dérive et le yacht est en train de couler lentement. Votre position est très incertaine car les instruments essentiels de navigation ont été détruits pendant qu'avec les autres passagers et l'équipage vous vous efforciez prioritairement de lutter contre l'incendie. Votre meilleure estimation est que vous vous trouvez à environ mille miles marins au sud-sud-ouest de la côte la plus proche.

Vous trouverez ci-dessous, quinze articles intacts après l'incendie. Par ailleurs, le canot de sauvetage pneumatique muni d'avirons est en parfait état et est suffisamment grand pour vous transporter avec tous les autres passagers et marins, ainsi que les quinze articles cités ci-dessous. L'inventaire des poches des rescapés est le suivant : un paquet de cigarettes, plusieurs boîtes d'allumettes et cinq billets de banque.

Votre tâche consiste à ranger les quinze articles en fonction de leur importance pour votre survie. Placer le chiffre 1 en face de l'article qui vous semble le plus important, le chiffre 2 en face du suivant et ainsi de suite jusqu'au chiffre 15 en face de l'article qui vous paraît le moins important.

- un sextant
- un miroir de poche
- un bidon de vingt-cinq litres d'eau potable
- une moustiquaire
- une caisse de boîtes de rations alimentaires (type armée)
- des cartes de l'océan Pacifique
- un coussin flottant homologué
- un bidon de dix litres de mélange huile-essence pour moteur deux temps
- un petit récepteur radio à transistors
- une bombe anti-requin
- une feuille de plastique souple, opaque, d'environ 5 m^2
- un flacon d'un quart de litre de rhum à 80°
- cinq mètres de corde de nylon
- deux boîtes de chocolat en barre
- du petit matériel de pêche.

1. Texte traduit et adapté de Paul M. Nemiroff et W. A. Pasmore, *The 1975 Annual Handbook for Group Facilitators*, J. E. Jones et J. M. Pfeiffer Editors, USA, par G. de Angeli et *al.*

DOCUMENT 121

Classement établi par les officiers de la marine marchande des États-Unis

Les fournitures les plus importantes quand quelqu'un est perdu au milieu de la mer, sont les articles qui attirent l'attention et ceux qui aident à survivre en attendant les sauveteurs. Les instruments de navigation sont de peu d'importance. Même si un petit bateau de sauvetage était capable d'atteindre la terre, il serait impossible d'y entreposer assez d'eau et de nourriture pour subsister pendant cette période de temps. Donc le miroir et le bidon de dix litres de mélange huile-essence sont de première importance. Ces articles peuvent servir de signaux pour les secours aériens et maritimes. De seconde importance sont l'eau et la nourriture.

Les brèves explications qui accompagnent le classement ne représentent pas toutes les utilisations potentielles des articles classés, mais, plutôt, l'importance prioritaire de chacun d'eux.

1. *Miroir de poche* : signal pour secours aériens et maritimes.

2. *Bidon de dix litres de mélange huile-essence* : ce mélange flotte sur l'eau et on peut l'enflammer avec un billet de banque et une allumette.

3. *Bidon de vingt-cinq litres d'eau potable* : évident.

4. *Caisse de boîtes de rations alimentaires* : fournit la ration de base.

5. *Feuille de plastique souple, opaque, d'environ 5 m^2* : utilisable pour collecter l'eau de pluie, peut également constituer un abri contre les éléments.

6. *Deux boîtes de chocolat en barre* : réserve de nourriture.

7. *Petit matériel de pêche* : classé plus loin que le chocolat, car « Un tient vaut mieux que deux, tu l'auras ! ». Il n'y a aucune certitude que vous attrapiez du poisson.

8. *Cinq mètres de corde de nylon* : peut être utilisé pour attacher des équipements pour prévenir leur chute par dessus bord.

9. *Le coussin flottant homologué* : peut servir de bouée de sauvetage si quelqu'un tombe à la mer.

10. *Bombe anti-requin* : évident.

11. *Le flacon de rhum* : contient 80 % d'alcool, assez pour servir d'antiseptique en cas de blessures éventuelles, autrement pas de valeur, causerait une déshydratation si on le buvait.

12. *Petit transistor* : de peu de valeur car non émetteur, par ailleurs on se trouve loin des stations émettrices.

13. *Les cartes du Pacifique* : sans valeur sans équipement de navigation additionnel, l'important n'est pas où l'on se trouve mais où sont les sauveteurs.

14. *Moustiquaire* : il n'y a pas de moustiques au milieu du Pacifique.

15. *Sextant* : sans valeur sans tables ni chronomètre.

La clé logique faisant classer les articles de signalisation avant la nourriture et l'eau est que, sans ces articles, il n'y a pratiquement pas de chance d'être repéré et sauvé. De plus, la plupart des sauvetages ont lieu dans les premières trente-six heures, et l'on peut survivre sans nourriture ni eau durant cette période.

« MACHIAVÉLISME »

Machiavel[1], dans son ouvrage *Le Prince*, donne des conseils à ceux qui souhaitent se lancer dans la politique : pour y réussir il convient d'exceller dans l'art de manipuler autrui sans scrupules.

Les expériences[2] menées par Richard Christie et Florence Geis[3] en 1970, sur un échantillon de 1196 étudiants américains, montrent que ceux qui ont tendance à répondre positivement à la question n° 3 : *« Quiconque met totalement sa confiance en autrui court au-devant d'ennuis sérieux »*, ont également tendance à se comporter d'une façon plus machiavélique que ceux qui ne partagent pas du tout cet avis. Pour ce faire, ces auteurs mirent au point une expérience-jeu impliquant trois personnes. On remettait à celles-ci une somme globale (dix dollars) à diviser entre n'importe laquelle des paires possibles. L'un des joueurs, le moins machiavélique des trois, devait donc se retrouver sans rien. Ce fut souvent le cas des répondeurs négatifs.

Une des conclusions de leur étude stipulait que le machiavélisme est largement répandu dans toutes les couches de la population et non pas relié de façon significative à une idéologie politique particulière, une classe sociale, un groupe ethnique, ou une région géographique.

OBJECTIFS

Sensibiliser les participants à la logique de Machiavel. Amorcer une réflexion sur les phénomènes de manipulation.

Nombre de participants : douze à quinze.

Durée : une heure environ.

Matériel : un questionnaire par participant, un tableau.

Machiavélisme

DOCUMENT 122

Lisez les propositions suivantes et notez-les individuellement en fonction de ce barème :

- *Tout à fait d'accord : 5*
- *D'accord : 4*
- *Incertain : 3*
- *Pas d'accord : 2*
- *Tout à fait opposé : 1*

Propositions

1. La meilleure façon de manœuvrer les gens est de commencer par leur dire ce qu'ils ont envie d'entendre.
2. Il est souvent efficace de prêcher le faux pour savoir le vrai.
3. Quiconque met totalement sa confiance en autrui court au-devant d'ennuis sérieux.
4. Il est sage de flatter les gens connus.
5. Il est toujours habile de s'entourer de subordonnés loyaux, dépendant de leur chef... au besoin jusqu'à la compromission.
6. Savoir se ménager des portes de sortie lors de tout engagement, c'est l'art de bien gérer l'incertitude.
7. La raison d'État est l'exemple : la fin justifie les moyens lorsqu'elle est d'intérêt public.
8. Il vaut mieux éviter de révéler à quiconque les vraies raisons de nos actes à moins d'être sûr d'en tirer un avantage certain.

1. Machiavel, *Le Prince*, coll. 10-18, Union générale d'édition, 1962.
2. *Traité des organisations*, J.-P. Gruère et J. Jabes, PUF, 1982.
3. Richard Christie et Florence Geis, *Studies in Machiavellianism*, NY, Academic Press, 1970.

9. Quand on sait que les gens ne savent pas garder un secret, on peut se permettre de se livrer à la propagation de rumeurs qui nous servent.

10. Faire preuve de brutalité à bon escient suscite des réactions de respect et d'estime.

11. Être un manager avisé, c'est savoir pratiquer la *concertation* pour faire admettre ses propres conclusions ou pour s'emparer habilement des idées d'autrui.

12. Peu de gens résistent au plaisir d'aller à la soupe tant il est vrai que l'argent ou les honneurs offerts avec adresse permettent d'arrondir les angles des consciences les mieux trempées.

13. Il faut aimer ses ennemis.

14. Faire preuve d'une bonne intelligence des relations sociales, c'est posséder un répertoire de rôles adaptés aux circonstances les plus variées, propre à donner le change en toute occasion.

15. Un vrai chef sait diviser pour régner et doser ses alliances.

16. L'histoire de l'humanité est celle d'une foule de lèche-bottes accrochés aux basques de quelques cyniques.

17. Il faut savoir, lorsqu'on est humilié, « tendre l'autre joue » et pardonner les offenses.

18. L'essentiel, c'est de dire quelque chose de très gros, et de le répéter souvent, c'est comme cela qu'on fait une vérité.

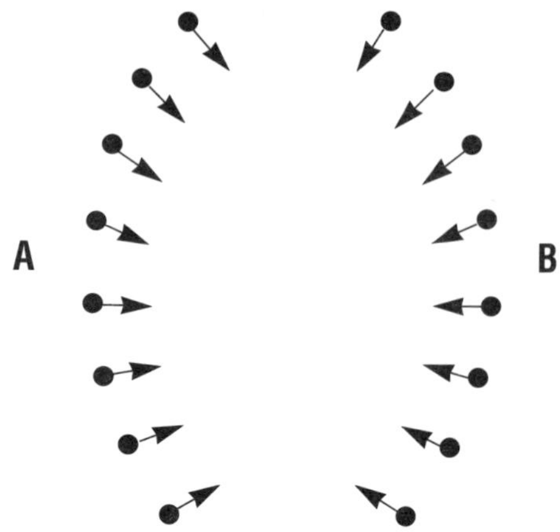

Chacun calcule son propre score en additionnant les points attribués à chaque réponse.

En fonction des scores obtenus, on peut diviser le groupe en deux parties : ceux dont le score est élevé d'un côté, et ceux dont le score est faible de l'autre.

L'animateur invite alors les deux groupes à se concerter, puis à tenter d'accorder leurs points de vue en les confrontant.

Disposition éventuelle des participants : schéma ci-dessus.

Une réflexion sur la notion de *manipulation* est alors bienvenue.

« NÉGOCIER LE CHANGEMENT »

OBJECTIFS

1. Entraîner les participants[1] à l'expression rapide et créative d'une contre-argumentation.

2. Réfléchir sur les obstacles et les blocages des situations de négociation liées à un changement dans l'organisation.

Nombre de participants : des petits groupes de trois à quatre personnes.

Conditions pratiques : une liste d'objections par participant.

DOCUMENT 123

Négocier le changement

L'animateur distribue une liste à chaque participant. Après un moment réservé à la lecture des trente propositions, il forme des groupes de trois ou quatre personnes.

Chaque groupe devra inventer et formuler par écrit une série de contre-arguments pour réfuter chacun de ces trente clichés.

Même si les situations ne sont pas précisées, il s'agit de constituer ici une sorte d'argumentaire susceptible d'être utile à certains négociateurs.

Trente façons d'enterrer une idée

1. On a déjà essayé.
2. Ça ne s'est jamais fait.
3. On s'en est bien passé jusque là.
4. Ce n'est pas prévu dans le budget.
5. Nous n'avons pas le personnel nécessaire.
6. Ce n'est pas notre département qui en bénéficierait.
7. Qui paiera ?
8. Les risques intangibles sont trop grands.
9. Nous ne sommes pas encore prêts pour ça mais, le moment venu…
10. C'est très bien en théorie, mais mon expérience…
11. Il faudrait l'accord de… et je suis sûr de son refus.
12. C'est une solution à long terme, ce qui nous intéresse c'est ici et tout de suite.
13. C'est la solution à court terme, ce que nous voulons, c'est une solution durable.
14. Nous faisons déjà mieux que nos concurrents.
15. Ceci est radicalement différent de ce qui se fait dans notre industrie.
16. Le client n'accepterait jamais.
17. C'est trop compliqué, personne ne comprendra.
18. C'est contraire à notre politique.
19. Ça marche peut-être aux États-Unis, mais en France…
20. Ça fait longtemps que je voulais le faire, mais…
21. Nous voulons que notre personnel réfléchisse et pas simplement…
22. Ce n'est pas comme ça qu'ils font chez…
23. Si c'est si bien que ça, pourquoi personne n'a-t-il encore essayé ?
24. Il n'y a que vingt-quatre heures dans la journée.
25. Vous n'y arriverez jamais tant que Untel sera…
26. Bien sûr, on prouve n'importe quoi avec des chiffres.
27. Ça, c'est un problème pour la Direction générale.
28. Soyez raisonnable !
29. On n'apprend pas à un vieux singe à faire la grimace.
30. Bonne idée, formons un comité !

1. *Traité des organisations, op. cit.*

LA RÉDACTION

Il s'agit d'un exercice de comité de rédaction qui doit choisir entre différentes photographies pour illustrer un article.

OBJECTIFS

Au sein d'un groupe :

1. explicitations des attitudes et rôles informels joués par les participants ;

2. explicitation des retentissements des structures formelles introduites et des structures informelles qui se sont fait jour ;

3. déroulement des négociations (accord et désaccord, compromis et marchandages).

Nombre de participants : un groupe de douze à quatorze participants.

Durée : environ trois heures.

Matériel : douze à vingt-quatre photos ou même plus.

DOCUMENT 124

La rédaction

Première phase

Le groupe est invité à se constituer en comité de rédaction d'une revue qui doit retenir trois photos illustrant un article sur le dialogue, la collaboration, la participation, la coresponsabilité, ou tout autre sujet rejoignant les préoccupations présentes du groupe. De nombreuses photos sont à la disposition des membres. Ils disposent d'une heure pour réaliser ce travail et pour élaborer les structures qu'ils veulent se donner : président ou non, membres aux fonctions ou attributions diverses ou non, etc.

Deuxième phase

Évaluation du travail réalisé jusque-là (trente minutes).

Troisième phase

Chaque membre compose trois sous-titres (ou légendes), un pour chacune des photos précédemment retenues. Il dispose de cinq minutes pour réaliser ce travail.

Quatrième phase

À partir de la mise en commun des légendes proposées par chaque membre, le groupe doit élaborer trois légendes (une pour chaque photo) qui font unanimité. Ces légendes peuvent être de celles qui ont été proposées par un membre, mais elles peuvent aussi bien être complètement remaniées ou nouvellement composées. Le groupe dispose d'une heure.

Cinquième phase

Évaluation des phases trois et quatre et, éventuellement, de l'ensemble (trente minutes).

Variantes

– En première phase, le groupe peut être invité à décider quel est le sujet de l'article à illustrer.

– En première ou quatrième phase la réunion de décision se déroule selon une procédure fixée à l'avance. Par exemple, avec rédacteur en chef qui décide, ou avec animateur facilitant les communications, etc. Ceci aide à approfondir une modalité particulière de réunion structurée.

– L'évaluation de la deuxième phase peut être reportée à la fin. Il semble cependant qu'il y ait avantage à intercaler ne fût-ce que dix minutes d'évaluation, ceci pour laisser s'exprimer les tensions éventuelles, pour mettre au jour les articulations de la première phase.

– On peut utilement, surtout s'il y a plus de huit participants, proposer deux observateurs qui communiquent leurs impressions pendant la deuxième et la cinquième phases.

Remarques

Il est utile, en vue de l'évaluation de l'ensemble, d'accorder le même laps de temps aux deux réunions de décision : de la première et de la quatrième phases.

Il est utile de concrétiser la tâche en précisant (ou en laissant préciser par les membres) à quelle revue ou hebdomadaire, connu des participants, l'article illustré est destiné.

ÉCLAIRER UNE DÉCISION

Il s'agit d'exercer au choix d'arguments en vue d'une décision[1].

OBJECTIFS

1. Entraîner à l'animation de réunions-discussions.

2. Exercer à l'analyse des situations de réunion.

3. Entraîner à l'argumentation.

DOCUMENT 125

Éclairer une décision

Chaque groupe (il peut y en avoir plusieurs) doit désigner un animateur. Celui-ci disposera des consignes figurant sur deux fiches qu'il donnera au groupe dans chacune des deux phases qui suivent.

Première phase

Chacun des groupes a à travailler une situation différente et à produire une argumentation pour éclairer la variété des décisions qui pourraient être prises dans un premier temps.

Deuxième phase

Dans un second temps, chaque groupe communique à un autre groupe la situation et l'argumentation, relatives à la discussion en fonction de laquelle ce groupe doit prendre celle-ci.

Troisième phase

Les groupes communiquent en vue d'une analyse des phénomènes rencontrés.

Contenu des fiches

Les consignes, remises au stagiaire-animateur, figurent sur deux fiches.

Première fiche

Situation : une décision est envisagée (voir seconde fiche). Elle ne dépend pas de votre groupe, mais sera prise en fonction des argumentations produites par des groupes comme le vôtre.

But de la réunion : dans une heure, vous devez donc être capables d'exposer sommairement les arguments essentiels pouvant éclairer la décision.

Seconde fiche

Elle présente la décision envisagée. La décision envisagée n'a pas besoin d'être réaliste, mais elle doit être assez plausible pour mériter discussion. Elle doit aussi concerner suffisamment les participants pour qu'ils aient envie d'y réfléchir.

À titre indicatif, nous donnons des exemples de décisions possibles à envisager.

– Le gouvernement envisage de faire verser à tout adolescent de quatorze à dix-huit ans un petit salaire (prélevé évidemment sur les finances publiques).

– Le réseau de télédiffusion (avec production locale) est mis en place dans votre quartier. Quelle place doit tenir la politique dans vos programmes ?

– On envisage de libérer la vente et la consommation des drogues douces.

– On envisage d'ajouter aux établissements scolaires un bureau individuel pour chaque enseignant, ce qui permettrait d'astreindre les enseignants à quarante heures de présence sur les lieux de travail.

Cette expérience doit être réalisée avec plusieurs groupes qui délibèrent séparément et au bout d'une heure vont tenter de mettre en commun leurs propres argumentations pour aboutir à une position commune.

On peut ensuite analyser les phénomènes d'influence de *leadership*, et les mécanismes d'animation avec l'ensemble des participants à l'expérience.

1. Source : Patrice Ranjard.

LE TÉLÉPHÉRIQUE

Il s'agit de prendre des décisions difficiles en fonction de critères simultanément effectifs et objectifs[1].

OBJECTIFS

Cet exercice est destiné à entraîner à la prise de décision dans des circonstances particulièrement traumatisantes. Il devra se dérouler en groupes d'une dizaine de participants qui se répartiront en deux catégories : les acteurs qui se mettront dans le rôle principal, et des observateurs destinés à favoriser la synthèse finale.

Les choix qui sont demandés au groupe ou à l'un de ses participants, selon la formule adoptée peuvent être impliquants au niveau individuel et avoir des résonances affectives profondes.

C'est la raison pour laquelle il est présenté sous deux formes. L'une qui le situe directement dans le milieu éducatif, l'autre qui transporte l'action dans le monde du travail, permettant ainsi de prendre de la distance par rapport au contexte professionnel dans lequel il est pratiqué comme cela est classique en formation.

Quelle que soit la formule adoptée, il est indispensable que la synthèse soit effectuée en groupe et de manière suffisamment ample pour que toutes les motivations quant aux options prises puissent s'exprimer.

DOCUMENT 126

Exercices de conflit de loyauté et d'affectivité

L'animateur, après avoir prévenu les participants de l'aspect impliquant de l'exercice, leur confie la fiche explicitant la situation et les contraintes auxquelles sera soumis le décideur.

Texte concernant le milieu éducatif

L'amicale des professeurs du lycée de X a organisé une sortie en montagne. Un groupe a choisi de faire un trajet en téléphérique. En cours de route, le câble porteur se rompt à moitié, la cabine immobilisée au-dessus d'un ravin de cinq cents mètres menace de tomber à chaque instant. Un sauvetage par hélicoptère s'organise en hâte. Le responsable va demander au proviseur (demeuré dans la vallée) de choisir dans quel ordre l'évacuation doit se faire, en lui signalant discrètement qu'il ne sera sans doute possible de sauver que cinq à six personnes avant la chute inéluctable. Le proviseur c'est vous ou votre petit groupe, et vous allez devoir faire votre choix en justifiant votre ordre de priorité. Les professeurs sont :

1. M. Abel, 54 ans, 1,80 m, 80 kg, marié, 2 enfants, 4 petits-enfants, professeur d'EPS, conseiller municipal de la ville, officier de réserve, chevalier de la légion d'honneur.

2. Mlle Bernard, 26 ans, 1,60 m, 48 kg, professeur agrégé de lettres. Elle est fiancée au fils du préfet du département.

3. Mme Clotilde, 34 ans, 1,58 m, 60 kg, divorcée, 3 enfants, professeur certifié de mathématiques.

4. M. Daniel, 38 ans, 1,70 m, 65 kg, célibataire, professeur certifié de sciences naturelles. Principaux passe-temps : la collection des papillons et la lecture du BO. Le proviseur a de légers doutes sur sa santé mentale.

5. Mme Édouard, 30 ans, 2 enfants, 1,65 m, 50 kg, professeur certifié d'anglais. Elle est la fille de l'intendant du lycée X.

6. M. Fernand, 25 ans, 1,75 m, 72 kg, AE d'histoire. Il s'est marié le mois dernier.

7. Mme Grégoire, 45 ans, 1,75 m, 70 kg, professeur agrégé de mathématiques. Déléguée syndicale, élue aux CAPA de sa catégorie.

8. Mlle Henri, 55 ans, 1,50 m, 40 kg, professeur certifié d'espagnol. Récemment promue dans l'ordre des palmes académiques.

1. Droits réservés.

9. Mme Inès, 40 ans, 4 enfants, 1,60 m, 52 kg, professeur certifié de sciences physiques. Épouse du censeur du lycée de X.

10. M. Jacques, 30 ans, marié, 3 enfants dont un handicapé, 1,85 m, 75 kg, professeur certifié de musique et principal responsable dans la ville de X d'un parti politique d'opposition. Il vient d'être désigné par son parti pour le représenter lors des prochaines élections législatives, avec de bonnes chances de succès.

11. Mme Kléber, 44 ans, 1 enfant, veuve, professeur agrégé d'allemand, 1,75 m, 65 kg ; la rumeur publique veut que le proviseur (célibataire), ne soit pas insensible à ses charmes.

12. M. Lucien, 25 ans, 1,85 m, 90 kg., MA d'anglais. International de rugby, capitaine de l'équipe de la ville X qui doit, dans dix jours, disputer un quart de finale du challenge du Manoir. Ajoutons qu'il est le neveu de l'Inspecteur d'académie.

Texte concernant une entreprise

Le comité d'entreprise de l'usine X a organisé une sortie en montagne. Un groupe a choisi de faire un trajet en téléphérique. En cours de route, le câble porteur se rompt à moitié, la cabine immobilisée audessus d'un ravin de cinq cents mètres menace de tomber à chaque instant. Un sauvetage par hélicoptère s'organise en hâte. Le responsable va demander au PDG (resté dans la vallée) de choisir dans quel ordre l'évacuation doit se faire, en lui signalant discrètement qu'il ne sera sans doute possible de sauver que cinq à six personnes avant la chute inéluctable. Le PDG c'est vous ou votre groupe, et vous allez devoir faire votre choix en justifiant votre ordre de priorité. Les personnes sont :

1. M. Abel, 54 ans, 1,80 m, 80 kg, marié, 2 enfants, 4 petits-enfants, ingénieur, conseiller municipal de la ville, officier de réserve, chevalier de la légion d'honneur.

2. Mlle Bernard, 26 ans, 1,60 m, 48 kg, secrétaire de direction. Elle est fiancée au fils du préfet du département.

3. Mme Clotilde, 34 ans, 1,58 m, 60 kg, divorcée, 3 enfants, infirmière.

4. M. Daniel, 38 ans, 1,70 m, 65 kg, célibataire, technicien. Principaux passe-temps : la collection des papillons et la lecture des notes de service. Le PDG a de légers doutes sur sa santé mentale.

5. Mme Édouard, 30 ans, 2 enfants, 1,65 m, 50 kg, gérante du restaurant d'entreprise. Elle est très estimée par l'ensemble du personnel.

6. M. Fernand, 25 ans, 1,75 m, 72 kg, magasinier. Il s'est marié le mois dernier.

7. Mme Grégoire, 45 ans, 1,75 m, 70 kg, contremaître d'entretien. Déléguée syndicale, militante convaincue et efficace.

8. Mlle Henri, 55 ans, 1,50 m, 40 kg, informaticienne. Récemment promue chef de service.

9 . Mme Inès, 40 ans, 4 enfants, 1,60 m, 52 kg, épouse du PDG de l'entreprise.

10. M. Jacques, 30 ans, marié, 3 enfants dont un handicapé, 1,85 m, 75 kg, cadre commercial. Militant d'un parti politique d'opposition. Il vient d'être désigné par son parti pour le représenter lors des prochaines élections législatives, avec de bonnes chances de succès.

11. Mme Kléber, 44 ans, 1 enfant, veuve, directrice du personnel, 1,75 m, 65 kg. la rumeur publique veut que le PDG ne soit pas insensible à ses charmes.

12. M. Lucien, 25 ans, 1,85 m, 90 kg. International de football, capitaine de l'équipe de la ville qui doit, dans dix jours, disputer un quart de finale de coupe. Ajoutons qu'il est le neveu du député de la circonscription.

LE JEU DES DÉFENSES

Dans son adaptation au monde (famille, travail, etc.), l'individu vit un certain nombre de situations qui peuvent provoquer chez lui de l'anxiété. Chacun de nous a ses modes préférés de réaction à cette anxiété. Dans la littérature psychologique, on appelle ces formes de réaction des mécanismes de défense ou encore des mécanismes d'évasion. Ces mécanismes ont pour fonction, dans notre personnalité, de réduire les tensions provoquées par l'existence et d'adoucir le caractère effrayant de certaines réalités qui nous font peur et auxquelles nous n'aimons pas faire face.

DESCRIPTION BRÈVE

L'existence de ces mécanismes de défense est une chose tout à fait normale qui nous permet de nous adapter à notre environnement. C'est seulement dans le cas où ces mécanismes de défense perturbent notre comportement et notre vision du monde qu'ils deviennent des symptômes d'un trouble mental.

Toute personne normale doit connaître quelles sont ses réactions de défense habituelles afin d'améliorer son adaptation au monde et aux personnes, et ainsi, de se sentir mieux dans sa peau.

OBJECTIFS

Le but du jeu[1] sur les défenses est précisément de permettre à chacun de découvrir quand et comment ces mécanismes de défense sont utilisés, à la fois par lui et par les autres. Durant ce jeu, on présentera aux participants un certain nombre d'exemples de mécanismes de défense les plus communs que l'ont peut observer dans la vie courante. Les participants seront alors invités à classer chacun de ces exemples dans telle ou telle catégorie.

Il pourra arriver, et cela devra être considéré comme tout à fait normal, que les participants classent certains comportements dans des catégories différentes de celles proposées par l'auteur du jeu. Le but du jeu n'est pas que les participants adoptent nécessairement le point de vue de l'auteur, mais seulement qu'ils puissent discuter entre eux et se familiariser avec les mécanismes de défense, et qu'ils puissent apprécier l'importance de ceux-ci dans leur vie professionnelle et dans leurs relations avec les autres.

Le jeu peut-être utilisé pour accompagner un exposé sur les mécanismes de défense et pour motiver les participants et rendre les concepts plus concrets.

À l'issue de ce jeu, les participants devraient être capables de :

– donner la liste des dix mécanismes de défense les plus typiques ;

– définir ces mécanismes de défense en termes de comportement ;

– savoir reconnaître, sur des exemples concrets, tel ou tel type de mécanisme de défense ;

– évaluer le caractère adapté ou inadapté de tel ou tel mécanisme de défense, dans telle ou telle situation sociale.

1. Jeu proposé par Richard Kellog, in Pfeiffer et *al.*, *Formation aux relations humaines*, choisi et présenté par Gérard de Angeli et Jean Hébrard, Éditions de l'entreprise, 1976.

DOCUMENT 127

Le jeu de défenses

1. Le jeu se joue en petites équipes de trois à six personnes.

2. On remet à chaque participant *une feuille de réponses* et à chaque groupe *un jeu de cinquante cartes.*

3. Chacune des cinquante cartes décrit une situation ou un événement de la vie réelle censé illustrer chacun des mécanismes de défense présentés dans le jeu.

4. Les cartes sont battues et le paquet est posé sur la table de manière à ce qu'on ne puisse pas les lire. Le premier joueur prend alors la première carte sur le dessus du paquet et lit la description de la situation tout haut aux autres membres du groupe.

5. L'animateur aura placé auparavant, sur le tableau, le nom des dix mécanismes de défense présentés ci-dessous, avec éventuellement quelques indications brèves et résumées sur la définition, en omettant cependant le numéro de référence de chacun. Chacun des participants dans le groupe note, sur sa feuille de réponses, le numéro de la carte, suivi du nom du mécanisme de défense qu'il pense avoir reconnu dans la situation présentée sur la carte.

6. Lorsque chaque participant a noté sa réponse, les réponses sont comparées. Lorsqu'il n'y a pas unanimité dans le groupe, chacun des minoritaires peut alors expliquer les raisons de son choix et essayer de persuader la majorité de changer de réponse.

7. La majorité du groupe vote alors en secret, soit de nouveau pour la même réponse, soit, éventuellement, pour la réponse exprimée par la minorité.

8. Après cette première phase de persuasion, si des minoritaires subsistent, ils doivent, soit se ranger au vote de la majorité, soit argumenter de nouveau. Dans le cas où le joueur minoritaire se montre toujours sûr de posséder la bonne réponse, il dit alors : « Je demande confirmation » et consulte alors l'animateur qui apporte la réponse proposée dans le jeu.

9. Dans le cas où le joueur minoritaire avait la bonne réponse (celle proposée dans le jeu), il obtient autant de points qu'il y avait de joueurs majoritaires, et chacun des joueurs majoritaires perd un point. Dans le cas où le joueur minoritaire était dans l'erreur, il perd un point et chacun des joueurs majoritaires reçoit un point (le point qu'il aurait reçu dans le cas où le joueur minoritaire se serait effacé et n'aurait pas demandé confirmation).

10. Les joueurs qui n'ont pas voté avec le groupe majoritaire et qui n'ont pas non plus demandé confirmation ne marquent aucun point.

11. Dans le cas d'un vote égal ou très serré, chaque joueur doit essayer de persuader les autres que sa réponse est correcte. Dans ce cas, tout le monde votera en secret. Dans le cas où le second vote serait également très serré, l'animateur débloquera la situation en annonçant la réponse correcte.

12. Le gagnant du jeu est celui qui a totalisé le plus grand nombre de points lorsque les cinquante cartes ont été jouées.

13. Un animateur peut très facilement diriger trois ou quatre groupes à la fois, puisqu'il n'a à intervenir que lorsqu'il y a demande de confirmation ou un vote serré.

14. Les groupes peuvent également travailler sans animateur. Il suffit pour cela de leur procurer la liste des bonnes réponses, en s'arrangeant toutefois pour qu'ils ne puissent contrôler les bonnes réponses qu'à raison d'une à la fois.

15. À la fin du jeu, demander à chacun ce qui l'a le plus frappé. Quelle situation ? Pourquoi ? Est-ce lié à des choses qu'il a vécues lui-même ?

LES MÉCANISMES DE DÉFENSE

■ Le refoulement (1)

C'est le rejet inconscient hors du champ de la conscience, d'envie ou de souvenir douloureux. Ou bien, l'oubli d'un événement proche dans le futur que nous avons des raisons d'appréhender.

■ La rationalisation (2)

C'est un mécanisme très commun qui a pour but de justifier ses actions, ses attitudes, ses opinions, par des raisons qui semblent apparemment très logiques. Ce mécanisme de défense permet de donner une explication apparemment raisonnable à un comportement afin d'en déguiser la vraie motivation.

■ La régression (3)

Placé dans une situation de frustration, l'individu retombe dans des comportements et des réactions infantiles.

■ La projection (4)

La tendance à attribuer aux autres ses propres sentiments et ses propres motivations. Cette projection sur le monde extérieur permet de réduire ou d'éviter l'anxiété provoquée par la reconnaissance d'instincts et de désirs inavouables.

■ Le déplacement (5)

Un sentiment (généralement de l'agressivité ou de l'hostilité) que nous éprouvons vis-à-vis d'une personne ou d'un objet, est déplacé sur un substitut de cette personne ou de cet objet. Ce mécanisme se produit lorsque les circonstances ne sont pas favorables à l'expression ouverte et directe de ce sentiment.

■ L'identification (6)

C'est un mécanisme par lequel nous adoptons le comportement et la manière d'être d'une personne que nous admirons et que nous avons choisie comme modèle. Ce mécanisme permet de se faire accepter par de nouveaux groupes et de s'y intégrer.

■ La sublimation (7)

C'est le processus par lequel des besoins ou des motivations qui sont socialement tabous peuvent trouver leur expression d'une façon socialement acceptable. C'est le cas, par exemple, pour le sexe et l'agressivité.

■ La formation réactionnelle (8)

C'est la tendance par laquelle l'individu adopte des comportements qui sont exactement à l'opposé de ceux que nous n'aimons pas en nous-mêmes. De cette façon encore, l'individu peut cacher son véritable sentiment ou sa véritable motivation en exprimant, de façon visible, son contraire.

■ La compensation (9)

L'individu qui se sent faible dans un domaine tente de se surpasser dans un domaine différent. L'infériorité ressentie peut d'ailleurs être, soit réelle, soit imaginaire.

■ Le fantasme (10)

C'est la tendance à s'évader dans un monde de rêves et d'idées lorsque les problèmes réels et concrets deviennent trop puissants. Le fantasme peut être un refuge et une activité de compensation pour les incapacités ressenties dans la réalité.

Remarque

Les cartes utilisées dans l'exercice contiennent cinq exemples de chacun des dix mécanismes de défense décrits plus haut. Chaque carte a un numéro, soit à un chiffre, soit à deux chiffres. Pour connaître la bonne réponse, c'est-à-dire la catégorie à laquelle appartient la carte, il suffit de se référer, soit au chiffre unique (dans le cas d'un numéro à un chiffre), soit au chiffre des unités dans le cas d'un numéro à deux chiffres. Ainsi, la carte n° 7 appartient à la catégorie n° 7 : sublimation, de même que les cartes 17, 27, 37 et 47.

DOCUMENT 128

Situations décrites dans les jeux de cartes

8. *Un garçon* qui sent en lui un fort désir sexuel peut quelquefois y réagir en critiquant les filles et en devenant misogyne.

31. *M. Martin* a gardé pendant plusieurs semaines, dans la poche de son veston, une lettre que sa femme lui avait demandé de poster. Cette lettre, destinée à sa belle-mère, était une invitation à venir passer quelques jours chez eux.

23. Lorsqu'un *nouveau-né* arrive dans une famille, l'aîné sera quelquefois plus difficile, il criera plus et demandera davantage d'affection de ses parents.

25. Dans une société, lorsqu'il y a *plusieurs groupes sociaux* de race ou de religion différentes qui vivent ensemble, il arrive que le groupe majoritaire accuse les minorités d'être la cause de tous les problèmes. Cette tendance à chercher un coupable et un bouc émissaire est la base de toutes formes de racisme.

27. Selon une méthode psychologique, *un désir sexuel frustré ou bloqué* peut s'exprimer dans la peinture ou la poésie.

6. Lorsque *Josiane* a commencé à aller au lycée, elle a découvert qu'elle n'était pas aussi bien habillée que ses camarades de classe et a demandé à ses parents de lui acheter des vêtements à la dernière mode afin de ne pas être en reste avec les autres.

19. *Patrice* est devenu technicien dans un laboratoire médical après avoir échoué à la première année des études de médecine. C'est maintenant un des meilleurs techniciens du laboratoire.

4. *Les personnes qui aiment bien qu'on les aide* et qu'on leur fasse certaines choses accusent souvent les autres d'être dépendants et paresseux.

29. *Monique* a beaucoup souffert quand elle était jeune de son physique pas assez féminin à son goût. Elle a su cependant dépasser ce manque d'attrait physique en développant une attitude très souriante et très accueillante dans ses rapports avec les gens.

1. *Certains prisonniers de guerre internés* dans les camps de concentration furent frappés d'amnésie après leur détention et furent incapables de raconter aucune des choses qu'ils avaient vécues.

20. *Thérèse* est une des filles qui a le plus de succès dans la classe. Cependant, cela ne semble pas lui tourner la tête. Elle préfère trouver son plaisir à rêver au jour où elle sera devenue actrice fameuse de cinéma, acclamée par des millions d'admirateurs.

32. *Michel Sarre* est un joueur invétéré et, récemment, il a beaucoup perdu à la roulette. Il a revendu sa belle Alfa-Romeo rouge de luxe et l'a remplacée par une vieille Volkswagen. Il a expliqué à ses collègues de travail que c'était bien suffisant pour faire le trajet de son travail à son domicile.

7. *Rodolphe* est un enfant qui était très agressif et se battait souvent lorsqu'il était à l'école primaire. Lorsqu'il est entré au collège, il s'est mis à se passionner pour le football qui a, en quelque sorte, absorbé toute son agressivité.

42. *Annie* est convaincue que si elle a été classée dans les derniers à la dernière interrogation de chimie, c'est parce que la plupart des autres élèves ont copié. Elle pense être aussi bonne en chimie que dans les autres matières.

41. *Jeannette* a découvert une coïncidence assez curieuse en ce qui concerne sa fréquentation au lycée. Chaque fois qu'il y a une interrogation dans le cours d'anglais, elle se réveille trop tard et arrive à l'école quand la classe est terminée.

21. Certains adultes qui ont été *victimes d'une agression sexuelle* durant leur enfance ont oublié, la plupart du temps, tous les détails de ce douloureux épisode de leur vie.

3. *Michael* est un enfant de six ans qui ne mouillait plus son lit depuis l'âge de trois ans. Ses parents ont déménagé récemment pour habiter la banlieue et, durant la période d'adaptation à la nouvelle maison, Michael a de nouveau mouillé ses draps pendant plusieurs nuits de suite.

9. *L'enfant* qui n'a pas de goût ou de prédispositions pour l'effort physique et le sport peut reporter toute son énergie et ses efforts sur les matières intellectuelles.

45. *Pierre* se retourne toujours vers son petit frère et lui fait des misères à chaque fois que lui-même a été grondé par ses parents.

35. *Mme Loiseau* ne comprend pas pourquoi son mari est si irritable et de mauvaise humeur depuis une semaine. Ce n'est pourtant pas de sa faute s'il n'a pas obtenu la promotion qu'il attendait.

34. *Roger* est un alcoolique invétéré, mais qui a cependant toujours réussi à le cacher à ses amis. Il est persuadé d'ailleurs que la plupart des gens boivent autant que lui.

5. Parmi *les meilleurs joueurs de football*, certains manquent quelquefois un but qu'il leur aurait été facile

de marquer. Dans ce cas, il leur arrive quelquefois de donner des coups rageurs dans la pelouse ou même dans les jambes des adversaires après la remise en jeu.

10. *Les enfants entre trois et dix ans* s'inventent souvent des compagnons imaginaires qui les accompagnent souvent dans leur jeu ou dans leur sommeil et qui ont souvent un caractère ou des comportements clairement définis et stables, et qui ne risquent pas de leur causer de mauvaises surprises.

43. *Philippe* a été renvoyé récemment de l'entreprise où il travaillait. Plutôt que de chercher un nouvel emploi, il s'est mis à boire, l'alcool lui permettant d'oublier les détails douloureux des événements passés.

37. *Louis* est un enfant de l'Assistance publique qui a été pris en flagrant délit d'homosexualité et envoyé pendant quelque temps en maison de rééducation. Depuis sept ans, il s'est réintégré et a repris un cours de vie normal et il est maintenant devenu l'un des meilleurs photographes du magazine *Lui*.

11. *Un lycéen* a oublié que l'interrogation de géométrie qu'il appréhendait avait lieu vendredi. Et pourtant, la date de l'interrogation était marquée depuis plusieurs semaines sur son agenda.

46. *Les jeunes filles*, à l'adolescence, ont souvent beaucoup d'admiration pour les stars de cinéma et les vedettes de la chanson. Elles essaient de les imiter en s'habillant comme elles et en adoptant les mêmes manières.

33. *Michel* ne manque pas, quand il le peut, de montrer à ses parents qu'il est autonome et assez grand pour se diriger tout seul. Mais, lorsqu'il a une petite difficulté avec ses amis ou son entourage, il voudrait toujours que son père lui donne une solution.

26. *M. Badin*, le maire de la commune, a beaucoup d'admiration pour le Général de Gaulle. Il croit d'ailleurs qu'il lui ressemble et s'efforce, quand il parle, d'avoir le même ton de voix. Il a d'ailleurs lu toutes les œuvres du Général et également tous les livres qui ont été écrit sur lui.

49. *Les gens qui ont toujours été très actifs* durant leur vie, et qui prennent leur retraite, en général, s'inventent ou se découvrent de nouveaux passe-temps qui leur permettent de rester occupés pendant leur retraite.

12. Lorsqu'*André* a appris qu'il avait été recalé à l'examen d'entrée à Polytechnique, il a prétendu que, de toute façon, cela ne lui aurait pas tellement plu d'entrer dans cette grande école. Il préfère sortir dans les premiers d'une école moins prestigieuse.

14. *Mme Mangin* accuse souvent ses amies ou ses collègues d'être des bavardes et de colporter des bruits sur telle ou telle personne. Pour ceux qui la connaissent, ce qu'elle critique chez les autres, c'est en fait ses propres tendances personnelles.

40. *Guy* vient d'être exclu par son directeur de l'équipe de football dans laquelle il jouait. Il a déclaré qu'il s'en moquait et le directeur du club ferait une drôle de tête quand il le verrait jouer en professionnel au Paris-Saint-Germain.

24. *Les femmes* qui ont de forts besoins sexuels accusent souvent les autres femmes de chercher à flirter et de s'habiller de façon suggestive pour attirer les regards masculins.

30. *Les jeunes gens* qui sont à la caserne sont privés des contacts réguliers que l'on peut avoir avec des femmes dans la vie de tous les jours. C'est pourquoi ils mettent au mur des photos de pin-up. Ces images concrétisent les rêves et les désirs qu'ils sentent en eux.

36. *Christiane* est une petite fille de quatre ans qui essaie de faire tout comme sa maman. La semaine dernière, elle est allée dans la salle de bains et s'est mis du rouge sur les lèvres et de la crème sur la figure.

38. *Une mère* qui n'a pas désiré l'enfant qu'elle met au monde peut se sentir coupable de ne pas l'avoir voulu. Pour combattre cette culpabilité et pour prouver son amour pour l'enfant, elle va l'entourer d'une attention, d'une protection, et d'une indulgence excessives.

50. *Catherine* est vraiment très jalouse du petit frère qui vient de naître. Elle est vraiment persuadée que l'enfant n'est pas son frère, mais une sorte de monstre venu d'une autre planète.

16. *Jacques* a beaucoup d'admiration pour son oncle ingénieur-chimiste. Il a déjà dit qu'il voudrait étudier dans la même école que son oncle et devenir ingénieur-chimiste.

2. *Certains alcooliques* prétendent qu'ils n'aiment pas tellement le goût de l'alcool, mais qu'ils se sentent obligés de boire avec leurs amis pour faire comme tout le monde.

39. *Martine*, quand elle était jeune, avait toujours voulu partir travailler en Afrique ou dans les pays sous-développés. Son mariage l'a empêchée de réaliser ce projet. Cependant, elle est toujours active dans les organisations charitables qui s'occupent des secours aux pays sous-développés.

47. *Les enfants terribles* qui arrachent les ailes ou les pattes des mouches et qui plantent des épingles à nourrice sur le dos du chien ont souvent des prédispositions à être dentistes ou chirurgiens.

13. *Cette jeune femme*, après une violente dispute avec son mari, décide de se séparer de lui et de retourner habiter chez ses parents pour retrouver le rôle de l'enfant dépendant qui attend indulgence et amour illimités.

22. *Brigitte* n'a pas été invitée à la surprise-partie de l'autre soir. Elle a raconté à ses amis que, de toute façon, même si elle avait été invitée, elle ne serait pas venue car ses professeurs lui avaient donné plus de devoirs que d'habitude et qu'elle n'aurait pas pu se permettre de sortir.

18. *Marie-Jeanne*, depuis son plus jeune âge, a toujours eu un sentiment secret de répulsion pour sa mère. Mais, dans son for intérieur, elle n'arrive pas à accepter ce sentiment qui la rend anxieuse. C'est pourquoi, devant ses amis, elle dit toujours qu'elle adore sa mère.

15. *Le patron de M. Bertrand* lui a fait des remarques assez vives sur la mauvaise tenue et la malpropreté de l'atelier. Lorsqu'il est rentré à la maison ce soir-là, M. Bertrand s'est disputé avec sa femme et a donné des coups de pied à son chien.

28. Selon les psychologues, *les gens qui veulent réformer la société* et défendre la moralité publique, sont souvent des personnes qui ont du mal à contrôler leurs propres désirs inconscients.

48. *Ceux qui font des campagnes contre la pornographie* ont souvent pour but inconscient de combattre et de réprimer leurs propres désirs personnels. C'est une façon pour eux de convaincre les autres de leur vertu et de leur bonne moralité.

17. *L'usage de la cigarette* ou de la pipe est souvent lié aux besoins qu'avait l'enfant de sucer son pouce ou de mettre des objets dans sa bouche. Fumer une cigarette est une autre façon plus digne pour un adulte de satisfaire ce besoin oral que de sucer son pouce.

44. Dans une discussion, *celui qui est le plus rigide* dans sa position et le plus difficile à convaincre aura souvent tendance à trouver les autres personnes entêtées et fermées aux idées des autres.

	Nom du mécanisme de défense	
N° de la carte	Réponse individuelle	Réponse du groupe

AFFRONTEMENT IMAGINAIRE

Il s'agit d'observer des sentiments résultant de situations stressantes.

OBJECTIFS

1. Faciliter une prise de conscience des attitudes possibles dans une situation de conflit et d'affrontement entre personnes.

2. Examiner les méthodes possibles pour réagir aux situations de conflit.

3. Introduire la notion de négociation appliquée aux relations interpersonnelles et présenter les capacités nécessaires à la pratique de la négociation dans les situations de conflit.

Nombre de participants : de huit à quarante participants

Durée : quarante-cinq minutes à une heure.

Matériel et installation : un tableau de papier, de quoi écrire pour tous les participants, une salle bien isolée des bruits de l'extérieur.

CONCLUSION

Les conflits sont inévitables et ils sont même quelquefois facteurs de progrès. Il ne faut donc pas les éviter, les supprimer, mais au contraire, savoir y faire face de façon constructive. La négociation est probablement la stratégie de relations la plus efficace et la plus humaine pour résoudre les situations conflictuelles.

Affrontement imaginaire

Première phase

L'animateur explique aux participants qu'il va leur proposer un exercice destiné à ce que chacun prenne conscience de ses réactions personnelles dans les situations de conflit. La première partie est un exercice d'imagination, ou de fantasme, qui va durer environ dix minutes.

Deuxième phase

La préparation : l'animateur demande aux participants de s'asseoir confortablement sur leurs chaises, les avant-bras posés sur la table, de fermer les yeux et de se relaxer, en essayant de prendre conscience d'eux-mêmes, des sensations de leur corps, des bruits autour d'eux.

Troisième phase

L'affrontement imaginaire : l'animateur décrit alors, lentement, la situation suivante aux participants :

Vous marchez sur le trottoir en ville et vous apercevez tout à coup, au bout de la rue, sur le même trottoir, une silhouette qui vous semble familière. C'est quelqu'un que vous connaissez, mais qui est-ce donc ? Et soudain, au fur et à mesure que vous vous rapprochez, vous reconnaissez la personne. C'est celle avec qui vous avez actuellement le plus de problèmes. *(Une pause.)*
Qu'allez-vous faire ?
Vous avez plusieurs solutions possibles. C'est à vous de décider. Quelle solution choisissez-vous ? Imaginez la scène, ce que vous allez faire, ce que vous allez dire, ce qui va se passer. *(Une pause.)*
C'est fini à présent ; la personne est partie. Que ressentez-vous ? Que pensez-vous de ce qui s'est passé ? En êtes-vous satisfait ?

Quatrième phase

Le retour au présent : l'animateur demande à chacun de revenir progressivement à la réalité en prenant conscience de ses sensations, de son corps sur la chaise, de ses pieds sur le plancher, des bruits autour de lui. Il demande ensuite à chacun d'ouvrir les yeux quand il a terminé.

Cinquième phase

Chacun décrira alors, pendant cinq minutes, sur un papier, ce qui s'est passé, la personne rencontrée, ce que chacun a fait durant la scène et, en particulier :
– les différentes attitudes possibles considérées durant la scène ;
– celle qui a été choisie ;
– les difficultés rencontrées ;
– la satisfaction vis-à-vis du résultat obtenu.

Sixième phase

Les participants se mettent par petits groupes de trois et ils décrivent aux autres la scène qu'ils ont imaginée, la réaction choisie parmi les différentes possibilités, et leur niveau de satisfaction. Dans chaque sous-groupe, un rapporteur fera la liste de tous les types d'attitudes envisagés par les participants.

Septième phase

Le groupe tout entier se réunit à nouveau et l'animateur note au tableau toutes les réactions possibles aux situations de conflit qui ont été mentionnées dans les sous-groupes.

Huitième phase

À partir des données obtenues, il fait un bref exposé sur les types de réactions possibles aux situations de conflit. Il demande alors au groupe de placer les différents comportements énumérés dans les cinq catégories proposées ci-dessous :

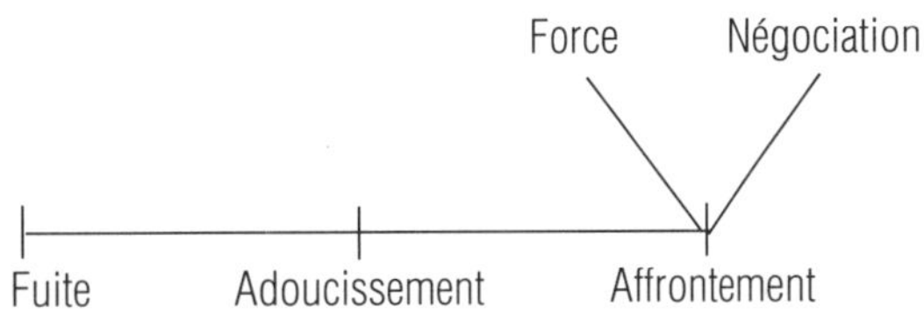

Neuvième phase

L'animateur propose d'examiner et de discuter la relation entre le niveau de satisfaction et le type de stratégie utilisée par chacun.

Variantes

- On peut demander à un participants de décrire la scène qu'il a imaginée et d'utiliser cette description dans un exercice de jeux de rôles répétés.
- Les jeux de rôles peuvent être faits dans les sous-groupes, l'un des participants jouant le rôle d'observateur pendant l'affrontement des deux autres. De cette façon, on peut avoir trois jeux de rôles successifs.
- On peut demander aux participants d'imaginer des situations de conflit avec des personnes présentes dans le groupe. On pourra demander alors au participant volontaire de jouer la scène devant le groupe.
- Une discussion peut avoir lieu ensuite entre celui qui a joué la scène et la personne dans le groupe avec qui il a imaginé d'être en conflit.
- Dans les sous-groupes, on peut encourager les participants à préparer des face-à-face qu'ils désireraient provoquer plus tard dans la réalité.

EXERCICE DE CONFRONTATION

Il s'agit de faire exprimer par chaque individu les critères qui permettent de caractériser les communications dans le groupe et son fonctionnement, puis d'en discuter ensuite entre participants.

OBJECTIFS

1. Améliorer l'analyse du fonctionnement d'un groupe.

2. Faire percevoir la part subjective qui marque l'idéal de chacun.

3. Exercer à des compromis.

DOCUMENT 130

Confrontation

Le formateur indique les consignes et transmet une liste des caractéristiques à chaque participant.

Durée : vingt minutes de mise en ordre individuelle, puis une demi-heure en groupe, enfin, dix minutes de discussion.

Consignes

– Inscrire le n° 1 en face de la proposition qui vous paraît la plus approfondie pour définir un bon groupe, puis le n° 2 en face de la suivante... jusqu'au 35 en face de la proposition la moins conforme à l'idée que vous vous faites d'un bon groupe. Travaillez individuellement dans un premier temps.

– Vous aurez ensuite à vous mettre d'accord (consensus) avec les autres membres du groupe sur un classement commun des six propositions les plus favorables et des six dernières propositions, les moins favorables.

Liste des caractéristiques

– Le responsable facilite l'établissement d'un plan de travail par la consultation de tous.

– La spontanéité ne perd jamais ses droits.

– Il est possible de bien travailler dans un grand groupe si on sait s'organiser.

– Chacun se sent tout à fait concerné par le sujet.

– On ne doit pas fuir les conflits entre les membres d'un groupe.

– Le *leadership* est lié uniquement à la compétence.

– Il est utile de se répartir des rôles complémentaires pour la production du groupe, la gestion des échanges et la régulation des oppositions.

– Une saine compétition entre les membres est encouragée.

– On ne peut travailler que si chacun a pu expliciter ses sentiments ou ses arrière-pensées.

– Les membres s'écoutent les uns les autres.

– Il y a toujours des médiateurs qui finissent par arranger les choses.

– La répartition initiale des rôles reste stable au sein du groupe.

– Il est bon qu'il y ait une présidence tournante dans un groupe.

– Les litiges se règlent par une procédure de vote.

– Il faut savoir construire des compromis dans le déroulement des activités d'un groupe.

– Les objectifs du groupe sont bien définis au départ.

– Il est difficile avec le groupe de rédiger des objectifs qui soient agréés par tous.

– Les membres éprouvent un grand plaisir à se retrouver.

– Il n'existe pas de différence trop marquée entre les niveaux d'information des uns et des autres.

– Il faut redéfinir les objectifs du groupe à des moments opportuns en fonction des situations et des tâches assumées.

– Les situations de conflit sont évitées.

– Tous les membres assument le pouvoir ensemble.

– Il est utile que des analyses de ce qui se passe soient exprimées avec humour quand l'ambiance est trop tendue.

- Le leader suggère un plan pour chaque réunion.
- L'agressivité peut s'exprimer ouvertement.
- La constitution de sous-groupes informels est facilitée.
- Des sous-groupes peuvent sortir de la salle de travail comme ils le veulent.
- Les décisions une fois prises sont appliquées à la lettre par tous.
- Chacun peut exprimer en confiance ses sentiments.
- Les sentiments sont pris en considération une fois les tâches remplies.
- Le leader assume les fonctions essentielles : production, facilitation, régulation.
- Les membres se contrôlent réciproquement.
- Le nombre des participants n'excède pas huit personnes.
- Le groupe a pour devise : « Liberté, Égalité, Fraternité ».

UN JEU PARADOXAL : « LES TROIS CAMPS »

Il s'agit[1] d'exercer des acteurs à des situations paradoxales où ils peuvent être alternativement dotés de pouvoir ou sujet à des menaces, ce qui les oblige à réfléchir sur des stratégies subtiles.

DE LA MANIÈRE DE JOUER

En présentant le jeu, il n'est pas sûr qu'il faille définir un objectif précis assurant le gain de la partie (capturer un nombre précis

Les Trois Camps

DOCUMENT 131

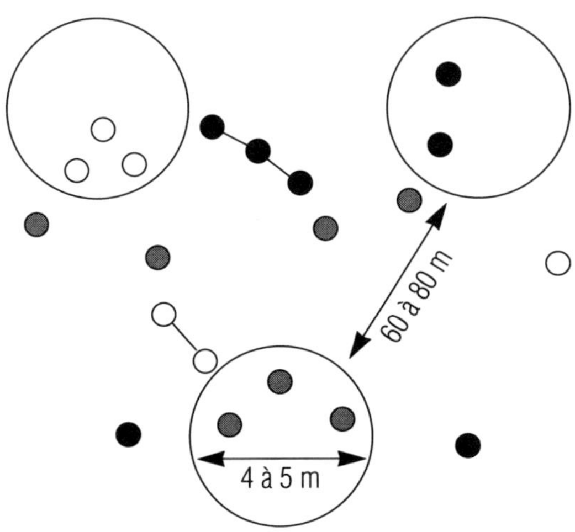

Trois équipes s'affrontent de façon circulaire : chacune d'elles a prise sur la deuxième et est vulnérable vis-à-vis de la troisième.

Les membres de chaque équipe peuvent se réfugier dans leurs camps, inviolable. Les prises se font par simple toucher. Un joueur qui a pris un adversaire doit l'accompagner dans son camp et ne peut être touché à son tour pendant ce trajet. Formant la *chaîne* à partir du camp de leurs ravisseurs, les prisonniers peuvent être délivrés par leurs partenaires, également par toucher simple.

Chaque équipe menace donc une équipe menaçant l'équipe qui la menace. L'adversaire que je fais prisonnier est donc en réalité celui qui pourrait me protéger ! Comment s'en sortir ?

1. Source : G. Guillemard et *al.*, *Le Boustrophédon, jeux de pleine nature, grands jeux*, Scarabée, 1974.

Mise en place

Le terrain

Trois camps sont disposés en triangle, approximativement équilatéral. Chaque camp, bien délimité, assez grand (d'un diamètre de 4 à 5 m, s'il s'agit d'un cercle, par exemple), est tracé sur le sol, éventuellement à l'aide d'objets trouvés sur place (branchettes, aiguilles de pin, petits cailloux, mousse...).

Les refuges doivent être à une distance suffisante afin de permettre un jeu stratégique assez délié qui ne se réduise pas à une pure course de vitesse ; on peut par exemple envisager une distance d'un camp à l'autre de 60 à 80 m pour commencer ce jeu.

Quelques buissons, de petites éminences, des arbustes ou des arbres ne nuisent en rien au jeu, au contraire. Il faut simplement que la course rapide soit possible, sans danger venant de l'environnement. Il n'est pas nécessaire de délimiter le terrain.

Le matériel

Le jeu ne nécessite aucun accessoire. Compte tenu de la structure relationnelle de la rencontre, il est simplement recommandé de prévoir trois lots de foulards aux couleurs différentes qui permettront de distinguer clairement l'appartenance de chaque joueur à l'un des trois camps.

Pour former les équipes, les participants se mettent d'accord sur une procédure de répartition des joueurs.

Il est classique de désigner ces trois équipes du nom de trois animaux qui se dominent en circuit : par exemple, les renards qui dévorent les poules, elles-mêmes capables de tuer les vipères qui, à leur tour, paralysent les renards. Les équipes constituées se dirigent, après accord, vers les trois directions retenues afin de tracer leur refuge.

Lorsque les trois camps sont délimités selon les conventions adoptées, le signal de départ est donné. Les joueurs se concertent puis certains commencent à s'aventurer dans les espaces vulnérables.

Le jeu commence

Luc, un des Renards, observe les participants qui commencent à s'égailler sur le terrain. Il est tenté de rester à l'intérieur de son camp des Renards car là, il ne risque rien : ses adversaires, les Vipères, ne peuvent ni le toucher ni même pénétrer sur son territoire. S'il reste dans son refuge, c'est plus sûr, mais moins drôle ! Alors il s'élance vers le camp des Poules. La situation se complique. La plupart des joueurs Poules se sont en effet dirigés vers le camp des Vipères. Aller les chercher là-bas, ce serait se jeter dans la gueule du loup ! Mais comment faire autrement ? Luc repère Dominique, une Poule, sur qui il a barre et s'en approche tout en lui coupant la retraite de son camp. Mais à ce moment, il se rend compte que Patrice, une Vipère, qui a prise sur lui, s'est aperçu du manège et tente à son tour de le contourner. Il faut avoir l'œil à tout et de tous les côtés.

Dominique a déjà pris du champ ; si Luc arrive à le rattraper, il lui suffira d'une seule frappe pour le faire prisonnier. Mais Patrice qui fait le même calcul à l'égard de Luc s'approche de plus en plus et bientôt *place* son démarrage. Patrice se met à courir après Luc qui court après Dominique. Soudain, Luc a une idée : puisque Dominique a barre sur Patrice, il va essayer de se débarrasser de Patrice en le jetant dans les jambes de Dominique. Luc amorce donc une course en arc de cercle pour contourner Dominique et l'interposer entre lui et son poursuivant. Mais Patrice n'est pas dupe ; se sentant menacé, il jette toute son énergie dans ses ultimes foulées et réussit, d'un souffle, à toucher Luc avant que Dominique puisse s'interposer. Luc est capturé ; Patrice le mène à son camp en le tenant par le bras. Durant cette séquence, Patrice est invulnérable sur tout le trajet de retour : il ne peut ni prendre ni être pris. Arrivé dans le camp des vipères, Luc retrouve deux autres Renards prisonniers comme lui ; il se met au bout de la chaîne et tend le bras en appel de délivrance.

Les joueurs Vipères se sont organisés ; une moitié est partie au secours de leurs partenaires capturés par les Poules, et l'autre moitié est restée au camp pour garder les prisonniers. Aussi, les Renards qui viennent à la rescousse de leurs équipiers trouvent-ils à qui parler à leur rencontre. Heureusement, les joueurs Poules arrivent qui ont droit de prise sur les Vipères ; mais ils n'osent pas avancer puisque les Renards ont barre sur eux ! Au bout de sa chaîne, ayant ainsi quelque recul, Luc a soudain la révélation du caractère extraordinaire de la situation : les Vipères gardent leurs prisonniers contre les Renards sans défense à leur égard (sauf par la fuite) ; mais ils sont à leur tour sans défense contre les joueurs Poules (sauf s'ils restent dans leur camp) qui, eux-mêmes, ont tout à craindre des Renards.

Chaque joueur doit être constamment aux aguets et tenir compte de plusieurs participants à la fois. Frère, prends garde à droite ! Frère, prends garde à gauche ! Luc s'aperçoit qu'un de ses partenaires, Jean, semble s'être mis d'accord avec Corinne (joueur Poule) en lui promettant de ne pas la prendre à la condition qu'elle le protège contre les Vipères... et tous deux, malgré tout méfiants l'un vis-à-vis de l'autre, s'avancent en catimini vers le camp. Lydia, une Vipère, amorce une sortie pour capturer Jean, un Renard, mais apercevant Corinne, une Poule, elle bat précipitamment en retraite. En un éclair, Jean bondit dans la brèche, frappe la main de

Luc, délivre ainsi toute la chaîne et repart en courant. Luc et ses amis délivrés prennent leur foulard dans la main et lèvent leur bras pour signifier qu'ils sont hors-jeu jusqu'à ce qu'ils regagnent leur camp. À l'orée de chacun des trois camps, des scènes analogues se déroulent et le jeu bat son plein.

Rappels et remarques complémentaires

- La prise et la délivrance s'effectuent par simple touche.
- À l'intérieur de son camp, tout joueur est invulnérable. Aucun participant n'a le droit de traverser un camp adverse.
- Quand un joueur a capturé un adversaire, il ne peut pas être pris, mais ne peut pas prendre non plus (on ne peut donc capturer qu'un adversaire à la fois).
- Un joueur délivre toute la chaîne des prisonniers d'un seul coup, par simple touche du joueur de l'extrémité. Le délivreur, qui reste en jeu, peut être éventuellement touché à son tour.

de prisonniers, par exemple). Dans les Trois Camps, il est en effet important que le joueur découvre lui-même, sans qu'on le lui dise, le mécanisme paradoxal du jeu. Devant ces phénomènes inhabituels apparus brutalement, les participants réagissent en choisissant des stratégies prudentes ou audacieuses, en fomentant des alliances et des contre-alliances. La régulation qui se fera entre les joueurs et entre les camps peut être considérée comme faisant partie du jeu. Les interactions verbales de négociations se conjuguent alors aux interactions motrices proprement dites.

L'un des arrêts naturels du jeu se produit quand tous les membres d'une équipe ont été faits prisonniers. On s'aperçoit alors que les joueurs qui les ont capturés ne peuvent plus sortir, car ils sont désormais totalement à la merci de leurs adversaires dominants. Les vainqueurs ne deviendraient-ils pas des vaincus ? C'est l'occasion bien entendu d'échanges interloqués à propos des règles de victoire ! Les joueurs peuvent ainsi participer eux-mêmes à la mise au point des règles de réussite du jeu.

Lorsque les participants ont compris qu'ils ne devaient pas capturer tous leurs adversaires dominés sous peine de devenir eux-mêmes entièrement vulnérables, le jeu se déroule alors sans fin par autorégulation en quelque sorte. Cette absence de fin précise et de vainqueurs désignés n'est pas un obstacle à l'intérêt du jeu ; on retrouve cette absence de score d'arrêt dans de nombreux autres jeux sportifs traditionnels : la Balle assise, la Galoche, les Quatre Coins, le Gouret, l'Ours et son gardien... Le plaisir du jeu n'est plus dans la victoire ou dans la domination de l'adversaire, mais dans l'aventure renouvelée de la rencontre et des péripéties ludomotrices.

Regards neufs sur le jeu

Ce jeu d'équipes est original : il n'oppose pas frontalement deux camps opposés mais triangulairement trois équipes. Comme nous l'avons déjà noté, cet affrontement entraîne la circularité du droit de prise : des Renards sur les Poules, des Poules sur les Vipères et des Vipères sur les Renards. Un tel système est tout à fait inhabituel. Il déclenche des formes d'interactions paradoxales qu'on peut observer dans d'autres jeux traditionnels mais qui sont illustrées dans les Trois Camps d'une façon très spectaculaire. Peut-on percer au jour les particularités de cette communication motrice ?

Le réseau des interactions de marque

Appelons *interaction de marque* toute interaction associée à un pouvoir de prise vis-à-vis d'un adversaire (du Renard vers la poule,

Fig. 1 : Réseau d'interaction de marque des Trois Camps

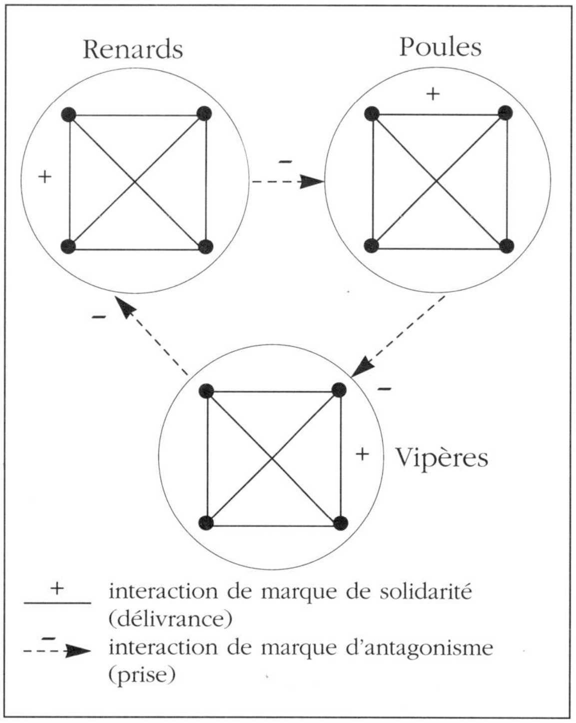

par exemple) ou à un pouvoir de délivrance à l'égard d'un partenaire (d'un Renard vers autre Renard, apr exemple). Le pouvoir de prise correspond à une *contre* à l'égard d'un partenaire (d'un Renard vers un autre Renard, par exemple). Le pouvoir de prise correspond à une contre-communication de marque de type négatif et le pouvoir de délivrance à une communication de marque de type positif. Nous en savons assez pour dresser le réseau des interactions de marque des Trois Camps.

Les sommets du graphe de la figure 1 représentent les joueurs, et les arcs symbolisent des communications de marque (à vecteur positif) ou des contre-communications de marque (à vecteur négatif). On retrouve trois cliques soudées, reliées de façon unilatérale par un circuit d'antagonisme qui tourne sans fin d'équipe à équipe.

La circulation du droit de prise confère une grande originalité à ce système d'interaction. Par souci de simplification, on n'a fait figurer qu'un seul arc négatif entre deux camps, alors qu'il en faudrait autant qu'il y a de paires de joueurs.

Nous avons remarqué que les joueurs sont souvent embarrassés sur le terrain et semblent parfois ne plus savoir de quelle façon interagir avec les autres participants. Ils hésitent comme s'ils ne reconnaissaient plus leurs rivaux avec évidence, alors que leurs adversaires dominés d'autre part, sont pourtant désignés en toute clarté. Ces conduites apparemment incohérentes et ambiguës ne peuvent-elles pas être éclairées à la lumière du réseau des interactions de marque ?

Jeton un coup d'œil sur ce graphe. En l'analysant de près, on s'aperçoit qu'il recèle un étonnant paradoxe.

La « double contrainte » ludique

Pouvant capturer la Vipère qui menace le Renard, la Poule en définitive protège le Renard. Or, le Renard cherche à éliminer la Poule ! Ce faisant, il se prive de son seul allié objectif. En capturant ses adversaires, tout joueur court à sa perte. Voilà le paradoxe ludique exemplaire.

La figure 2 montre que cette interaction de solidarité indirecte est une relation à trois joueurs (une relation ternaire) qui prend

Fig. 2 : La relation de protection indirecte

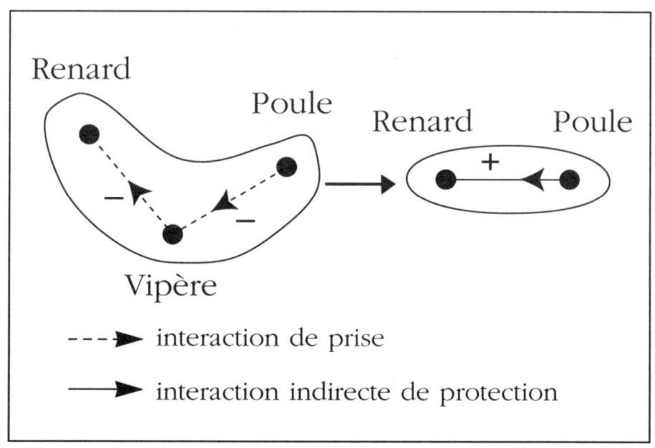

relais sur un intermédiaire : ici la Poule protège le Renard en menaçant la Vipère qui peut précisément annihiler le Renard.

Chaque joueur, en ayant prise sur le joueur qui menace son adversaire dominant, peut paradoxalement protéger cet adversaires dominant. C'est la source du paradoxe.

Cet *effet pervers* ludique, cet étrange renversement de relations, vaut pour tous les arcs du circuit : la Vipère protège la Poule qui cherche pourtant à la capturer et le Renard protège la Vipère qui doit pourtant tenter de l'éliminer. Finalement, comme le montre la *figure 3*, la relation de solidarité indirecte forme un circuit qui est l'inverse du circuit d'antagonisme.

Fig. 3 : La double contrainte ludique

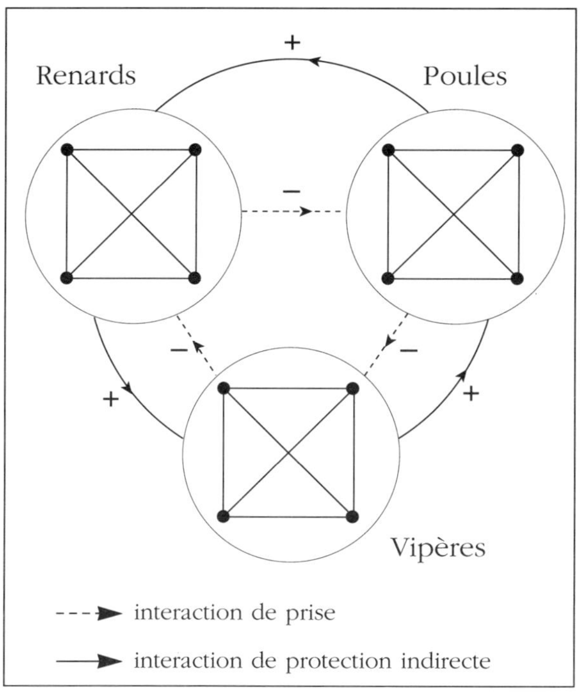

L'interaction de protection indirecte, par adversaire interposé, crée un phénomène de *double contrainte* : le joueur est pris entre deux impératifs qui se nient l'un l'autre. En tant que Renard, se dit le joueur, je dois capturer les Poules ; mais, comme celles-ci neutralisent les vipères qui me menacent, ne serait-il pas maladroit d'éliminer mes alliés indirects sans lesquels je deviendrais totalement vulnérable ?

Le réseau du droit de prise est doublé d'un réseau de protection indirecte totalement inverse.

Entre les trois équipes s'établit ainsi un système circulaire d'interactions positives de protection qui prend l'exact contre-pied du système d'interactions de marques négatives.

C'est cette ambivalence profonde des relations intergroupales qui est à l'origine des alliances bizarres entre deux adversaires qui se liguent contre un troisième... avant de s'affronter à nouveau, l'un des deux apparaissant alors floué : il est sans défense devant son ancien allié. Pour le joueur, c'est la journée des dupes.

LE PARADOXE EN JEU

Les joueurs s'accusent parfois de *trahison* ; s'il y a un *double jeu* des joueurs, n'est-ce pas à cause d'un jeu double des interactions qui cumulent en même temps l'antagonisme et la solidarité ?

S'il capture son adversaire, le joueur se prive d'une protection vis-à-vis de qui le menace ; s'il ne le capture pas, il ne pourra jamais gagner. Cet effet pervers ludique apparaît déconcertant. Le sport ne nous a pas habitués à ce type d'échanges. Les sports collectifs par exemple, illustrent un modèle d'affrontement d'une pureté cristalline : à l'intérieur de chaque équipe, les rapports sont totalement solidaires et entre les deux équipes, ils sont totalement antagonistes.

L'ambiguïté est exclue, aucun compromis n'est admis. Ce modèle du duel a ses qualités, mais il est loin d'épuiser toutes les richesses possibles de la communication motrice.

Les Trois Camps, comme d'autres jeux paradoxaux (la Balle assise ou la Galoche), plonge l'enfant dans un univers subtil où la conduite rationnelle, dans ses aspects d'opposition et de coopération, doit être inventée au fur et à mesure du déroulement de la partie. Le joueur peut décider lui-même de ses alliances ; il doit apprendre à négocier, à user de la menace, à déjouer les ruses ; il lui faut anticiper les relations des autres, préagir à bon escient et se mouvoir dans l'ambiguïté. Le sel du jeu est dans cette zone incertaine et contradictoire qui laisse une grande marge d'appréciation et d'initiative à chacun.

Le jeu des Trois Camps accorde ainsi une place centrale à la métacommunication, c'est-à-dire à la communication sur la communication. Il ne s'agit pas d'une simple anecdote ludique ou d'une interprétation subjective de tel ou tel joueur. Ainsi que le révèle l'analyse du réseau des interactions de marque, l'ambivalence est instaurée par le corps des règles lui-même. C'est le système des interactions du jeu qui rend intelligibles les conduites des joueurs. La métacommunication paradoxale est au cœur du jeu.

« LA CITÉ HLM »

Il s'agit de faire étudier une affectation de logement dans une HLM dans un délai et avec les prises de conscience des positions de chacun dans la négociation.

OBJECTIFS

1. Exercer à un travail collectif.

2. Faire apparaître par l'accélération des temps les représentations et les motivations de chacun.

DOCUMENT 132

La cité HLM

Le formateur présente l'exercice dans les termes suivants :

« *Vous constituez, à vous tous, le bureau, élu, du logement d'une commune de banlieue parisienne. Chacun de vous a enregistré un certain nombre de demandes de familles de son quartier et, bien sûr, tient à les satisfaire au mieux.* »

Les demandes sont affectées d'un numéro d'ordre (selon l'antériorité de leur dépôt dans chaque quartier). Les précisions relatives à la taille de l'appartement souhaité découlent du nombre de personnes présentes au foyer du demandeur ; celles relatives au confort, de son niveau de revenu (vu à travers l'IRPP).

Un nouvel ensemble immobilier vient d'être mis à la disposition du bureau communal du logement.

Les logements disponibles se caractérisent par :

– la taille (quatre types : du F2 au F5)

– le confort : (deux types : *normal* et *confort*).

Vous devez, en quarante minutes, réaliser par entente mutuelle, une affectation des logements disponibles en tenant compte, autant que faire se peut, de l'antériorité des demandes et des souhaits exprimés par les demandeurs.

Vous pouvez décider librement sur place de toute information supplémentaire non contradictoire avec les données dont vous disposez, si vos informations sont nécessaires à l'exécution de votre tâche.

Les 7 immeubles sont identiques. Chacun comprend un rez-de-chaussée et trois étages, au total 16 appartements, soit :

– 5 appartements au rez-de-chaussée : 2 F2, *normal* ; 2 F3, *normal* ; 1 F4 *normal*.

– 4 appartements au 1er étage : 2 F3, *normal* ; 2 F4, *normal*.

– 4 appartements au 2e étage : 1 F2, *confort* ; 1 F3, *confort* ; 1 F4, *normal* ; 1 F4, *confort*.

– 3 appartements au 3e étage : 1 F4, *confort* ; 1 F5, *normal* ; 1 F5, *confort*.

Soit 16 x 7 = 112 appartements

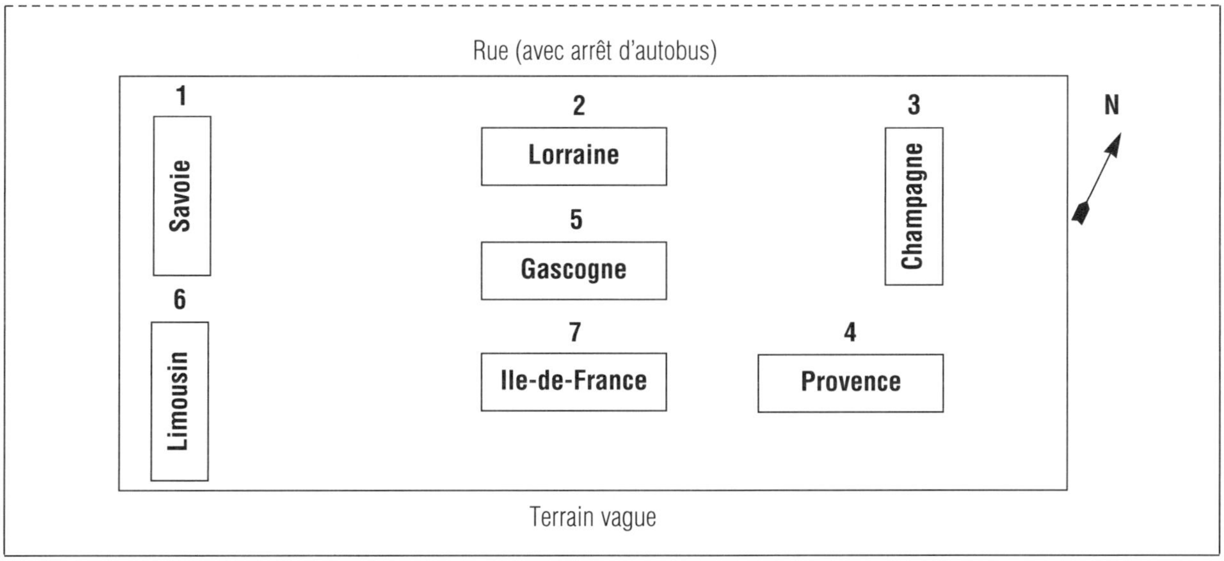

DOCUMENT 133

La demande

Chaque relevé de demandes devra être recopié pour être remis séparément à chacun des participants.

Participant A

Vous avez reçu, dans l'ordre, les 15 demandes suivantes (N : *nformal* ; C : *confort*) :
A1 : F3 N ; A2 : F5 N ; A3 : F3 N ; A4 : F3 N ; A5 : F3 C ; A6 : F2 N ; A7 : F2 N ; A8 : F3 N ; A9 : F4 N ; A10 : F4 C ; A11 : F2 C ; A12 : F2 C ; A13 : F3N ; A14 : F3N

Participant B

Vous avez reçu, dans l'ordre, les 8 demandes suivantes (N : *normal* ; C : *confort*) :
B1 : F5 N ; B2 : F5 N ; B3 : F2 N ; B4 : F3 N ; B5 : F2 N ; B6 : F5 N ; B7 : F4 N ; B8 : F5 C.

Participant C

Vous avez reçu, dans l'ordre, les 30 demandes suivantes (N : *normal* ; C : *confort*) :
C1 : F4 C ; C2 : F5 N ; C3 : F4 N ; C4 : F4 N ; C5 : F5 C ; C6 : F4 C ; C7 : F C ; C8 : F3 N ; C9 : F3 C ; C10 : F2 N ; C11 : F3 N ; C12 : F4 C ; C13 : F4 N ; C14 : F4 N ; C15 : F3 C ;C16 : F4 C ; C17 : F4 N ; C18 : F4 N ; C19 : F3 C ; C20 : F3 N ; C21 : F2 N ; C22 : F3 N ; C23 : F2 N ; C24 : F2 N ; C25 : F5 N ; C26 : F3 C ; C27 : F4 N ; C28 : F3 N ; C29 : F2 N ; C30 : F4 N.

Participant D

Vous avez reçu, dans l'ordre, les 17 demandes suivantes (N : *normal* ; C : *confort*) :
D1 : F2 C ;D2 : F2 C ; D3 : F3 N ; D4 : F2 C ; D5 : F3 N ; D6 : F5 C ;D7 : F3 N ; D8 : F2 C ; D9 : F3 N ; D10 : F2 N ; D11 : F4 C ; D12 : F3 N ; D13 : F4 N ; D14 : F4 N ; D15 : F4 N ; D16 : F4 N ; D17 : F2 N.

Participant E

Vous avez reçu, dans l'ordre, les 18 demandes suivantes (N : *normal* ; C : *confort*) :
E1 : F4 C ; E2 : F2 C ; E3 : F2 N ; E4 : F2 N ; E5 : F4 N ; E6 : F3 C ; E7 : F3 C ; E8 : F3 N ; E9 : F4 C ; E10 : F2 N
E11 : F3 N ; E12 : F5 N ; E13 : F3 N ; E14 : F3 C ; E15 : F4 N ; E16 : F5 C ; E17 : F5 N ; E18 : F5 ,N.

Participant F

Vous avez reçu, dans l'ordre, les 17 demandes suivantes (N : *normal* ; C : *confort*) :
F1 : F2 N ; F2 : F3 C ; F3 : F4 C ; F4 : F2 N ; F5 : F4 N ; F6 : F3 C ; F7 : F3 N ; F8 : F5 N ; F9 : F3 N ; F10 : F4 N ; F11 : F3 C ; F12 : F5 N ; F13 : F4 N ; F14 : F4 C ; F15 : F2 N ; F16 : F2 C ; F17 : F3 N

Participant G

Vous avez reçu, dans l'ordre, les 19 demandes suivantes (N : *normal* ; C : *confort*) :
G1 : F2 N ; G2 : F3 C ; G3 : F2 C ; G4 : F3 N ; G5 : F3 N ; G6 : F5 N ; G7 : F4 C ; G8 : F3 N ; G9 : F4 N ; G10 : F3 C ; G11 : F4 C ; G12 : F4 N ; G13 : F2 N ; G14 : F2 N ; G15 : F4 N ; G16 : F3 C ; G17 : F5 N ; G18 : F3 C ; G19 : F5 C.

TROISIÈME partie

FORMATION À L'ENTRETIEN

La formation aux pratiques d'entretien, qu'elles soient celles de la recherche en sciences humaines, celles de la psychothérapie ou, plus simplement, celles du marketing, de l'audimat, et de l'évaluation, peut se développer sur deux grandes voies : la maîtrise de gammes multiples de comportements d'intervention dans la relation avec les personnes, et, complémentairement, l'entraînement à l'observation de ce qui se passe dans des entretiens variés selon les conceptions qui y sont mises en jeu.

Dans une situation d'entretien, il s'agit, entre deux personnes, de pouvoir échanger d'une manière suffisamment profonde, en évitant, en premier lieu, toutes les maladresses de langage qui peuvent bloquer les communications entre elles et empêcher chacune d'apporter son point de vue ou d'exprimer clairement ce qu'elle pense, ressent ou entrevoit. Mais il importe, en second lieu, d'éviter, pour chacune, de se crisper dans une attitude réactionnelle de défense d'elle-même et de ses propres points de vue.

Naturellement il existe plusieurs cas de figure. Les deux personnes peuvent chercher à s'informer réciproquement et approfondir ainsi leurs façons de penser ou au contraire avoir une situation différente l'une par rapport à l'autre : à ce moment-là, l'entretien peut devenir l'interview sans exclure une possibilité de réciprocité et de compréhension entre les interlocuteurs.

Car l'entretien, partie intégrante de la communication, ne se conçoit pas sans un approfondissement mutuel des échanges entre les personnes, surtout s'il s'agit, par exemple, d'un formateur, d'un psychologue, d'un conseiller, d'un psychiatre, etc. C'est une des grandes préoccupations notamment de notre ami américain, Carl Rogers et de son équipe, qui nous ont rappelé avec insistance que l'on peut s'exercer à mieux comprendre ce que l'on fait quand on est interlocuteur dans une situation d'entretien ou quand on est *interviewer* ou *interviewé* dans une situation d'*interview*. Il est possible et souhaitable de ne pas s'en tenir à une simple attitude conversationnelle, routinière, non contrôlée, et d'arriver à avoir conscience de la situation, en améliorant au fur et à mesure ses comportements, en corrigeant une première intervention maladroite par d'autres interventions qui peuvent éclairer et enrichir la communication.

Le problème est d'arriver à ce que les comportements adoptés au cours d'une conversation facilitent la continuation de la communication et son approfondissement au-delà des précautions et des tâtonnements. Personne en effet ne découvre ni ne dévoile immédiatement la totalité de ce qu'il pense ou ressent et chacun a besoin d'enrichir peu à peu sa propre réflexion, les propres informations qu'il adresse à son interlocuteur, comme l'accueil qu'il réserve à tout ce dont celui-ci lui fait part.

Il s'agit donc, par les exercices que nous allons présenter que les gens puissent se trouver en état de maîtriser les situations les plus fréquentes au cours d'entretiens, d'interviews et notamment dans les activités professionnelles de toute nature, mais aussi dans des relations d'amitié. C'est en constatant les comportements qu'il adopte instinctivement au cours d'un échange que chacun prend conscience de ses attitudes et de l'intérêt de les faire évoluer d'une façon cohérente et réfléchie.

CHAPITRE 1

Entretien et communication

Il faut opportunément bien distinguer, en toute communication ou relation, les attitudes qui se situent au niveau profond de la personnalité et les comportements qui se manifestent dans les façons de s'exprimer et cela avec une très grande diversité.
Un même comportement de question, par exemple, peut être agi sur un mode paisible ou au contraire agressif et traduira une attitude fort différente, qui sera perçue comme telle par l'interlocuteur. Un ton trop léger peut donner l'impression d'un désintérêt profond, malgré les paroles prononcées et la politesse de surface. Le ton trop poli est alors perçu comme un rejet caché.

ATTITUDES ET COMPORTEMENTS

La distinction attitude-comportement est importante. Je peux avoir une attitude de pression à l'égard d'une personne ou de neutralité bienveillante et j'utiliserai des comportements qui vont manifester mon attitude ou au contraire la dissimuler. Si l'on veut donc que la communication se développe d'une manière harmonieuse et approfondie, il y a intérêt à éviter un conflit interne, chez un locuteur, entre ses attitudes et ses comportements. Cela demande une attention et un entraînement grâce aux exercices que nous allons précisément

décrire et qui devraient donner aux pratiquants une sécurité et la possibilité de varier leur façon de se manifester dans leur relation aux autres.
Les attitudes étant plus profondes sont naturellement plus complexes, alors que les comportements sont toujours physiquement observables ; si je pose une question, c'est un comportement de question, mais il importe de savoir ce qui se cache derrière et si c'est une véritable question.

FINESSE ET COMPLEXITÉ

L'un des exercices qui a été mis au point par quelqu'un auquel nous devons beaucoup, Elias Porter, qui fut assistant de Carl Rogers, permet précisément de montrer que des questions « apparentes » ont des cadres de référence, en attitudes, très différents. Ce sont ces finesses, ces complexités, qu'il est indispensable de découvrir et d'exercer dans une formation à l'entretien et notamment dans les organisations : pour des enseignants vis-à-vis de leurs élèves, aussi bien que pour des couples vis-à-vis l'un de l'autre et de leurs enfants, pour toutes les professions de l'information et de la communication. La nécessité de s'entraîner est évidente, si l'on ne veut pas tomber dans les caricatures que l'on constate tous les jours à la radio ou à la télévision.

Cela suppose au départ ou à la base, bien évidemment, que des médiations soient prises, qu'il y ait une attention apportée méthodiquement à la personne de l'interlocuteur, et non pas une fuite, une distance, une dissipation ou tout autre attitude négative de distanciation établissant comme un fossé. Cela s'organise, on ne fait pas un entretien n'importe comment et n'importe où ; un minimum de confort et de tranquillité est requis.

VARIÉTÉ D'EXERCICES

Sur le plan pratique, nous aurons des types d'exercices d'écoute et d'autres types détaillant les modes d'intervention utilisés au cours d'un entretien. Comment se présente un schéma d'entraînement, de perfectionnement, à l'entretien ? Il convient d'abord de faire prendre conscience de sa structure : au départ quelqu'un, s'il s'adresse à nous, peut être demandeur, vivre une situation de difficultés, de doléances, de craintes, d'incertitudes. Il doit alors être aidé à expliciter ce qu'il entend exprimer, car on n'explicite pas tout d'entrée de jeu. Ou bien encore, est-il intéressé par nos propres activités et pensées.

En toute hypothèse, nous devons avoir une conscience claire de notre propre situation. Elle peut être définie professionnellement : nous sommes, par exemple, des conseillers, ou des psychologues, des professeurs, des gens institutionnellement investis d'un rôle, ou au contraire sans aucun rôle défini. Il importe évidemment de bien voir quel rôle chaçun joue ou veut faire jouer à l'autre.

Nous aurons des phases d'exercices pour analyser en direct ce qui se passe au cours d'un entretien, mais également on pourra examiner des entretiens retranscrits et constater comment les choses se déroulent. Car il faut se donner des instruments grâce à des exercices préalables et en quelque sorte se rendre compte comment *solfier* les notes variées de nos comportements avant de produire la musique d'une communication avec ses résonances et ses harmonies.

L'EFFET DE FERMETURE

Les précautions à prendre peuvent expliquer que toute une partie des travaux qui ont été consacrés à l'étude de l'entretien se soient situés d'abord dans le cadre de la démarche non directive. Il apparaissait nécessaire de ne pas se précipiter sur une direction ou une décision, comme trop souvent les gens ont tendance à le faire et à clore trop rapidement un processus de communication en cours, par inertie à ce que j'ai appelé *l'effet de fermeture*. La communication requiert de s'étendre sur un certain espace-temps, sans impatience, toute clôture prématurée entraînant des blocages, des replis de chaque personne sur elle-même.

On commencera donc par étudier certains entretiens, mais après avoir fait explorer un certain nombre de catégories de comportements au moyen d'exercices d'entraînement dont nous allons présenter la gamme. Et pour cela nous nous appuierons sur les travaux d'Elias Porter.

ELIAS PORTER

Celui-ci a publié dans les années 50, sous le titre : *Une introduction au conseil thérapeutique*, un ouvrage non traduit en français, mais qui a été largement utilisé, on peut même dire pillé par de nombreux formateurs. Dans cet ouvrage très original, l'auteur nous présente une typologie, une caractérisation des comportements dans une relation d'entretien, thérapeutique ou autre, avec les arrière-plans d'attitudes qu'ils peuvent avoir.

Dans un avant-propos, Carl Rogers souligne quelques paradoxes du livre. Par exemple, il n'y est pas dit qu'il y a une seule manière de faire en communication, une seule technique, mais on y présente des manières diverses et variées, aucune n'étant prétendue bonne ou mauvaise, chacune étant simplement opportune dans telle phase de l'entretien et pouvant ne pas l'être dans une autre. Ensuite elle a des effets, que l'on peut prévoir, dans l'immédiat de la communication (et éventuellement à terme) et cette connaissance peut permettre de les corriger, de les infléchir ou à l'inverse de les accompagner. Les problèmes de l'entretien et la nature des interventions des personnes sont bien prises en considération *(considered)*. Chacun est mis en situation de réflexion personnelle.

Une telle conception pratique n'a pas toujours été respecteée en France où des formateurs ont utilisé des catégories de Porter avec le présupposé qu'il y a des catégories meilleures que d'autres, instituant ainsi une sorte de hiérarchie, en particulier en faveur des comportements de reformulation, de réexpression, cependant que tous les autres auraient été moins bons et même franchement mauvais.

Bien sûr, le fait de présenter des techniques, comme le reconnaît Porter dans sa préface, peut paraître, dans une perspective humaniste, quelque peu choquant, très directif, trop pesant sur la personne qui devrait rester très libre. Mais dans la réalité, c'est justement par la relation lucide à des supports de comportement que l'on peut s'éclairer soi-même sur les véritables intentions que l'on nourrit à l'égard de quelqu'un et aider cette personne à connaître elle-même celles qui l'animent et qui ne sont pas encore formulées.

Une technique donnée, comme le dit l'auteur, n'est pas directive ou non directive intrinsèquement, mais seulement dans la relation à l'hypothèse considérée. De même les comportements ne sont pas caractérisables dans l'absolu, mais par rapport aux attitudes qui vont leur donner comme une coloration, une sonorité particulières.

LES CINQ CATÉGORIES DE ROGERS ET PORTER

Quand on en arrive aux considérations pratiques, on remarque que Rogers et Porter ont mis en place cinq catégories de comportement applicables à des situations de conseil ou d'entretien : des comportements qui visent une définition de la situation d'entretien ; des comportements qui ont pour objet de poser les problèmes et d'en favoriser l'évolution ; puis, comme troisième catégorie, des procédés pour développer la perception des situations. Viennent ensuite une catégorie dans laquelle des renseignements sont proposés, et enfin une autre selon laquelle on énonce des solutions pratiques en vue d'une décision à prendre.

L'ensemble apparaît dans un tableau[1], dans lequel on découvre la pluralité des analyses qui peuvent éclairer quelqu'un qui veut aider une personne à mieux s'expliciter.

Porter distingue alors les cinq attitudes de base qui peuvent être adoptées en entretien quel qu'il soit pour permettre de choisir des comportements :
– une attitude ou intention de support, de questionnement, de provocation à la discussion ;
– une attitude ou intention enseignante *(teaching)*, interprétative ;
– une attitude ou intention évaluative, active, suggestive, moralisante ;
– une attitude ou une intention de support, sympathie, réassurance, modération
– et enfin une attitude de compréhension intellectuelle, affective, d'appréciation[2].

On retrouve habituellement ces cinq grandes catégories dans toutes les formes d'exercices qui sont utilisés, notamment pour les formations de sondage et de marketing, de thérapie et de recherche.
Nous présenterons, pour notre part, un ensemble de catégories plus développé.

1. *Cf. La relation d'aide et la psychothérapie (Counseling and Psychotherapy)*, ESF, n^elle^ éd., 1991.
2. E. Porter, *An introduction to therapeutic counseling*, Moughton Miflin Cy, 1950, p. 70.

USAGE ET OBSERVATIONS

Les guides des dialogues ou entretiens enregistrés montrent, s'il y a communication réelle, la richesse des comportements multiples qui soutiennent les échanges entre les personnes et nous invitent à comprendre en quelle mesure un interlocuteur veut communiquer ou non. Il est bon que les gens soient exercés à connaître le clavier de la pluralité des réponses possibles et la tonalité des notes disponibles de façon à composer, malgré la difficulté, une harmonie dans l'échange, avec ses dissonances sans lesquelles on ne la conçoit pas. En même temps nous sommes aidés à émettre toutes les hypothèses prudentes, qui s'éclairent progressivement par le dialogue, sur les sentiments, les positions, les valeurs, qu'une personne s'efforce malaisément d'expliciter.

ENTRETIEN ET MOYENS TECHNOLOGIQUES

Divers exercices peuvent être pratiqués par étude sur une vidéo ou un film d'enquête ou de thérapie[3] ou seulement par l'étude d'un script.

3. On trouvera un premier exemple d'une suite d'entretiens thérapeutiques réalisés par Rogers lui-même dans l'ouvrage publié en France sous le titre : *La relation d'aide et la psychothérapie*, dont la deuxième partie contient neuf entretiens d'un étudiant avec Rogers.

L'une des pratiques de formation que Rogers recommande, c'est, pour une personne ou un groupe de personnes qui travaillent ensemble, d'arrêter un moment donné l'étude du texte de l'entretien et de se dire chacun par rapport à ce qui vient de se passer dans les cinq ou six derniers échanges : *« Quel serait le comportement que j'adopterais, le message que je formulerais ? »* Chacun écrit sa version, puis la communique, et on la compare avec celle de Rogers pour en discuter.

On voit, à analyser l'ensemble du document, la grande variété adoptée par Rogers. On la retrouvera plus loin (dans le chapitre 4), détaillée dans le texte sur la communication rogérienne.

Les exercices qui suivent ont été classés en deux chapitres. Le premier chapitre (« Variété de comportements d'entretien ») est consacré à des exercices multiples qui servent à faire repérer des comportements dont les effets peuvent être distingués et auxquels les personnes en formation ont à maîtriser la formulation. Ce chapitre contient une série de cahiers, de documents de travail et de textes théoriques destinés à éclairer les activités d'écoute, d'intervention ou d'aide.

Le deuxième chapitre (« Dynamique d'une situation de face à face ») est centré sur un entraînement à l'observation nécessaire à une situation d'entretien, et, par l'exploration d'extraits d'entretien, à une analyse approfondie des échanges interpersonnels et des dialogues.

CHAPITRE 2

Variété de comportements d'entretien

L'entretien qui réunit en un dialogue évolutif deux personnes, de tempéraments différents et de rôles ou de statuts distincts, doit être préservé des risques de lourdeur des échanges (en langue de bois), d'imprécision des sentiments impliqués, de manipulation souterraine, de réduction des faits évoqués, de rupture prématurée, de découragement et enfin, de routine déprimante.

À cet effet, il s'agit de rendre explicites, notamment aux personnes responsables, professionnellement, de la conduite d'entretiens (que ceux-ci soient de consultation, d'évaluation, de sondage, d'audit, de recherche ou de thérapie), les types multiples de réponses ou interventions possibles au cours des échanges et les conséquences probables (différentes à chaque type d'intervention utilisé) pour la poursuite de la communication.

Dans la mesure où il garde en mémoire le clavier le plus complet possible des comportements de dialogue ou de réponse, et s'il a pu s'exercer à les pratiquer, un locuteur disposera d'une possibilité de choix réfléchi à chaque phase d'un entretien, assurant sa continuation et un progrès vers plus de clarté : une élucidation cathartique peut alors se produire au profit de chaque interlocuteur, et la qualité du dialogue peut être sauvegardée.

Les exercices, contenus dans les documents de ce chapitre, ont donc pour objet premier d'amener les individus à prendre connaissance de l'étendue très large de la gamme des comportements possibles. Un second objet est d'exercer à connaître, à solfier, divers types de comportement en réponse à un fragment de l'expression d'un interlocuteur, au cours d'un entretien. Le troisième objet est d'entraîner chacun à formuler, avec une aisance croissante, la pluralité des comportements possibles à un moment donné, tel qu'il est défini par un fragment d'entretien.

Il peut en résulter une conscientisation de ce qui se passe réellement dans la richesse potentielle d'un échange, et une maîtrise en finesse des modalités d'intervention auxquelles on se dispose, dans le respect de l'interlocuteur et la clarté sur soi-même.

MODE D'EMPLOI

Les exercices[1] proposés ici utilisent des fragments d'entretien auxquels peuvent correspondre plusieurs réponses, traduisant différents types de comportements et pouvant expliciter plus ou moins nettement des attitudes profondes.

1. Ces exercices s'appuient sur une méthode de formation éprouvée et inspirée par les travaux de Elias Porter, Carl Rogers et Max Pages.

OBJECTIFS

1. Étudier afin de pouvoir les utiliser avec souplesse dans la pratique, une gamme de comportements plus étendue que celle qui est habituellement mise en œuvre dans une situation d'entretien.

2. Se placer en face d'un interlocuteur et prendre conscience de l'effet de ses comportements (comme inducteurs des réactions de l'interviewé, mais également comme révélateurs des attitudes réelles qu'on a vis-à-vis de lui en les utilisant).

3. Pouvoir situer la variété des comportements utilisés par l'interlocuteur.

4. Voir les objectifs particuliers des variantes un peu plus loin.

ORGANISATION MATÉRIELLE

Il convient de disposer :

– des fragments d'entretien nécessaires dont les exemples donnés dans les documents qui suivent font partie ;
– éventuellement de magnétophones ;
– au besoin, des éléments de situations qui peuvent être obtenus par la technique des minicas.

DÉROULEMENT

■ Première phase

Après avoir distribué les documents nécessaires, l'animateur demande aux participants de lire attentivement la gamme des comportements présentée sur deux exemples, en essayant de voir avec eux les nuances qui s'en dégagent (document 134). Une discussion peut être amorcée à propos de la typologie de ces comportements multiples formant les rayons d'un soleil (document 135).

■ Deuxième phase

Les participants sont invités ensuite à étudier un fragment suivi de cinq réponses, tel que le document 136 en donne des exemples, pour essayer de repérer le type de comportement auquel se réfère chaque réponse. L'animateur vérifie et donne les explications nécessaires. Les participants poursuivent l'exercice avec d'autres exemples suivis de cinq réponses, en accélérant peu à peu le rythme de leur codage, suivant la gamme donnée dans le document 134.

■ Troisième phase

Ils peuvent aussi prendre connaissance d'un exemple élaboré à partir d'un texte et contexte littéraire (document 138).

Les participants passent ensuite, dans l'étude du fascicule, à des fragments d'entretien suivis de huit réponses, en accélérant toujours peu à peu le rythme (document 139). Ils peuvent aussi consulter les documents 141 et 142, plus complexes.

■ Quatrième phase

Les participants essaient enfin d'élaborer les réponses correspondant à des fragments d'entretien selon cinq types de comportements préalablement indiqués (document 143).

■ Cinquième phase

Les participants essaient enfin d'élaborer les réponses correspondant à un ou deux fragments d'entretien, en utilisant toute la gamme des comportements (document 144).

■ Sixième phase

Les participants chercheront ensuite à se perfectionner pour situer leurs tendances implicites portées par des comportements multiples, notamment de question et reformulation (document 144), mais aussi de prévoir les effets de leur choix (document 145).

EXPLOITATION DE L'EXERCICE

Le formateur analyse les différents types de réponses en reprenant et en généralisant les observations qu'ont pu faire à leur sujet les participants. Il explique la signification et les conséquences de chaque comportement en montrant qu'il risque d'accroître la dépendance ou l'angoisse de celui qui sollicite l'entretien à l'égard du sollicité (voir la description des conséquences que peuvent avoir différents comportements d'entretien, dans le document 146 qui peut servir de base à un exposé, ou être donné en lecture. On notera qu'il est important que le formateur, sans privilégier aucun comportement, rappelle l'utilité, trop peu exercée, des comportements de réverbération ou compréhension dans l'entretien et dans toute forme de communication.

Il sera possible de montrer la richesse des comportements de compréhension (par l'étude du document 147) ainsi que l'aspect humaniste d'une relation d'entretien (par le document 148).

VARIANTES

1. L'exercice peut commencer différemment. Lors de la première phase, l'animateur peut présenter un fragment d'entretien suivi de plusieurs réponses (cinq par exemple) et demander aux participants ce qu'ils ressentent pour chacune d'elles.

Les observations des participants sont ensuite reclassées sur un tableau de façon à préciser les avantages et les inconvénients, les inconvénients, les indications et les contre-indications de chaque réponse.

L'animateur aide ainsi les participants à établir peu à peu la gamme des différents types catégoriels des réponses et la complète par des exemples complémentaires en explicitant les conséquences et la signification de chaque comportement.

La suite de l'exercice se déroule normalement.

2. Il est possible, après la troisième phase, de présenter aux participants un ou deux fragments d'entretien suivis de la gamme des réponses possibles que l'animateur peut donner en désordre ou regrouper par types catégoriels.

3. Il est possible, à la fin de l'exercice, de soumettre aux participants un enregistrement sur bande magnétique d'un entretien complet où ils devront déceler les types de comportements utilisés par l'interviewer.

4. Il est possible de commencer par inviter chaque participant à reconnaître, d'après les différentes réponses faites à chaque entretien, le type de comportements qu'il observerait spontanément si c'était à lui de répondre.

Dans ce cas, la consigne est la suivante : « *Supposons que cette personne soit connue de vous à un degré suffisant pour qu'elle puisse dire ce qu'elle dit comme elle le dit et que vous ayez à lui répondre. Lisez les réponses proposées pour l'entretien considéré. Soulignez celle qui se rapproche le plus de ce que vous auriez eu envie de répondre à cette personne, dans ces circonstances, sans chercher s'il y a une bonne réponse ou non mais en vous laissant aller à votre spontanéité.* »

Cette façon de procéder permet au participant de prendre conscience du comportement qu'il a tendance à avoir habituellement dans une situation d'entretien. Elle peut être également pratiquée en petits groupes. Elle risque d'avoir un effet culpabilisant, si l'animateur n'est pas prudent.

5. L'exercice peut s'inscrire dans une démarche pédagogique globale (visant à la prise de conscience des attitudes d'un interviewer au cours d'un entretien) et se diviser en plusieurs étapes, par exemple :

– exercice d'analyse des comportements,

– détection de ces comportements et de leurs résultats dans le cadre d'un entretien réel réalisé par deux personnes

– phase de démultiplication : les triades.

APPROFONDISSEMENTS THÉORIQUES

Les exercices ne peuvent être laissés tels quels, sans commentaire théorique. Il conviendra que le formateur tire des documents 149 à 154, des éléments permettant de rattacher les acquisitions pratiques obtenues à des références qui les globalisent.

D'une part, dans le document 149, les suites d'échanges ponctuels peuvent être raccordées à une dynamique d'ensemble de l'entretien. D'autre part, dans les documents 150 et 154, les comportements catégorisables ou observables peuvent être rapportés à une dimension intérieure, selon des attitudes plus complexes, liées aux personnes.

Les documents 151 à 153 présentent une suite d'indications pratiques sur des dispositions à prendre en communication d'entretien pour réguler les échanges, en rapport avec les théorisarions de la relation.

Enfin, les documents 154 et 155 apportent des éléments théoriques relatifs à la perception des rapports interpersonnels.

DOCUMENT 134

Deux exemples de comportements

FRÉDÉRIC *est un étudiant âgé de dix-huit ans. À la cafétéria, un camarade de son âge, Bruno, lui parle de très douloureux maux de tête qu'il endure depuis deux ou trois semaines. Frédéric lui demande s'il a vu un médecin. Bruno répond : « Je n'ai pas vu de médecin. Je ne veux pas me faire soigner. »*

Frédéric peut répondre par l'un des comportements suivants.

Décisions ou solutions

- Ordre : « Va immédiatement voir le docteur Untel. »
- Menace : « Si tu ne me promets pas de voir un médecin, j'irai le dire à tes parents. »
- Conseil : « À ta place, j'essaierai de prendre du repos. »

Support

- Aide : « Si tu veux, je t'accompagne chez le docteur Untel qui est de ma famille. »
- Indication : « Une origine des maux de tête, c'est une tension très forte, à cause d'une nourriture très lourde. »
- Identification : « Je te comprends, je suis un peu comme toi. »
- Soutien : « Tu sais, les maux de tête, tout le monde en a ; ça passe. »

Évaluation

- positive : « Au fond, tu as raison – ça ne sert à rien de se bourrer de médicaments et les médecins ne font pas grand chose. »
- dubitative : « Je ne sais pas si tu as tort ou raison de ne pas te soigner. »
- négative : « Tu es idiot, ce ne sera rien si tu te fais soigner au lieu de faire ta mauvaise tête. »

Enquête

- sur le problème : « Où et comment as-tu mal exactement ? »
- sur la personne : « Pourquoi ne veux-tu pas te faire soigner ? »
- sur d'autres personnes : « Es-tu indisposé par l'intervention de quelqu'un, camarade ou professeur, sur ta vie ? »
- sur la relation : « Pourquoi me parles-tu à moi, en ce moment, de tes maux de tête ? »

Interprétation

- explicative : « Tu as dû garder un mauvais souvenir d'un médecin. »
- directive : « Tu ne veux pas te faire soigner, parce que tu veux te punir de quelque chose. »
- projective : « Tu es soucieux pour les examens et tu crains tout examen médical. »
- coopérative : « Tu souffres mais tu veux résister seul, par fierté ou par embarras. »

Réverbération

- subjective : « Ce que tu dis me met mal à l'aise. »
- miroir : « Tu ne te sens pas bien en ce moment... tu ne veux pas te faire soigner et tu en parles avec moi... »
- en écho : « Tu as mal... »

Diversion

- informative : « Le Neurocalcium, c'est bon pour les maux de tête. »
- évasive : « C'est ton problème... »
- réjective : « Oh ! fiche-nous la paix et débrouille-toi. »

UN ENSEIGNANT *: « Je me sens très éprouvé ces temps-ci ; au cours, ce sont des incidents fréquents ; je n'arrive pas à faire travailler suffisamment les élèves. »*

Décision ou solution

- Ordre : « Faites-moi donc un rapport détaillé. »
- Menace : « Si vous n'obtenez pas de résultats, il pourra vous en coûter. »
- Conseil : « À votre place, j'appellerais les deux ou trois leaders du cours et j'aurais une franche explication avec eux. »

Support

- Aide : « Si vous le souhaitez, je pourrais rencontrer avec vous certains de vos élèves. »
- Indication : « Je sais que certains de vos collègues ont eu également de grandes difficultés avec ces élèves, ces temps-ci. »
- Identification : « J'ai eu moi aussi des épreuves avec certains élèves. »
- Soutien : « Gardez confiance, cela s'arrangera. »

Évaluation

• positive : « Le souci que vous avez de vos responsabilités d'enseignant est tout à votre honneur. »

• dubitative : « Est-ce que vous n'exagérez pas, par conscience professionnelle, la situation ? »

• négative : « Ce n'est pas en vous déprimant que vous arriverez à quelque chose. »

Enquête

• sur le problème : « Vos élèves sont-ils inertes ou opposants à l'égard de votre discipline ? »

• sur la personne : « Êtes-vous particulièrement fatigué en ce moment ? »

• sur d'autres personnes : « Comment vos collègues professeurs sont-ils dans leurs relations avec vous ? »

• sur la relation : « Pourquoi éprouvez-vous le besoin de vous confier à moi en ce moment ? »

Interprétation

• explicative : « Jeune, vous étiez un bon élève ; aussi, vous supportez difficilement les classes agitées. »

• directive : « Vos élèves travaillent insuffisamment et vous résistent parce que vous vous ressentez inférieur à vos responsabilités. »

• projective : « Vous êtes, en fait, inquiet à propos des critiques qui pourraient vous être adressées. »

• coopérative : « Comme vous êtes très anxieux de faire bien travailler vos élèves, vous vous opposez fréquemment à eux ces temps-ci. »

Réverbération, compréhension

• en miroir : « Vous vous sentez très éprouvé, des difficultés de relation et de travail apparaissent à votre cours. »

• subjective : « Je suis surpris de votre trouble. »

• en écho : « Vous êtes très éprouvé, ces temps-ci, au cours... »

Diversion

• informative : « Les vacances vont arriver d'ici trois semaines. »

• évasive : « De toutes façon, vous ne risquez rien. »

• réjective : « On vous sent trop souvent insatisfait et irrité. »

DES VERBES POUR SITUER DES COMPORTEMENTS

Décision : ordonner, menacer, empêcher, presser de, pousser à, diriger...

Conseil : conseiller, suggérer, guider, avertir, recommander...

Aide : se proposer de, proposer, promettre, s'engager à, prêter, donner...

Soutien : rassurer, consoler, calmer, faire la part de, relativiser, minimiser...

Jugement : juger, mesurer, évaluer, louer, condamner, comparer...

Enquêter : s'interroger, questionner, demander, consulter...

Interprétation : affirmer, expliquer, définir, classer, attribuer, déduire, illustrer, inférer...

Compréhension : reformuler, réverbérer...

Refus : rejeter, nier, abandonner, décliner...

« Soleil des comportements »

Les divers comportements de réponses peuvent être répertoriés par rapport à leur qualité (plus ou moins marquée en objectivité ou en subjectivité) et à leurs modalité pratique (d'intervention ou d'accompagnement), comme le suggère ce soleil.

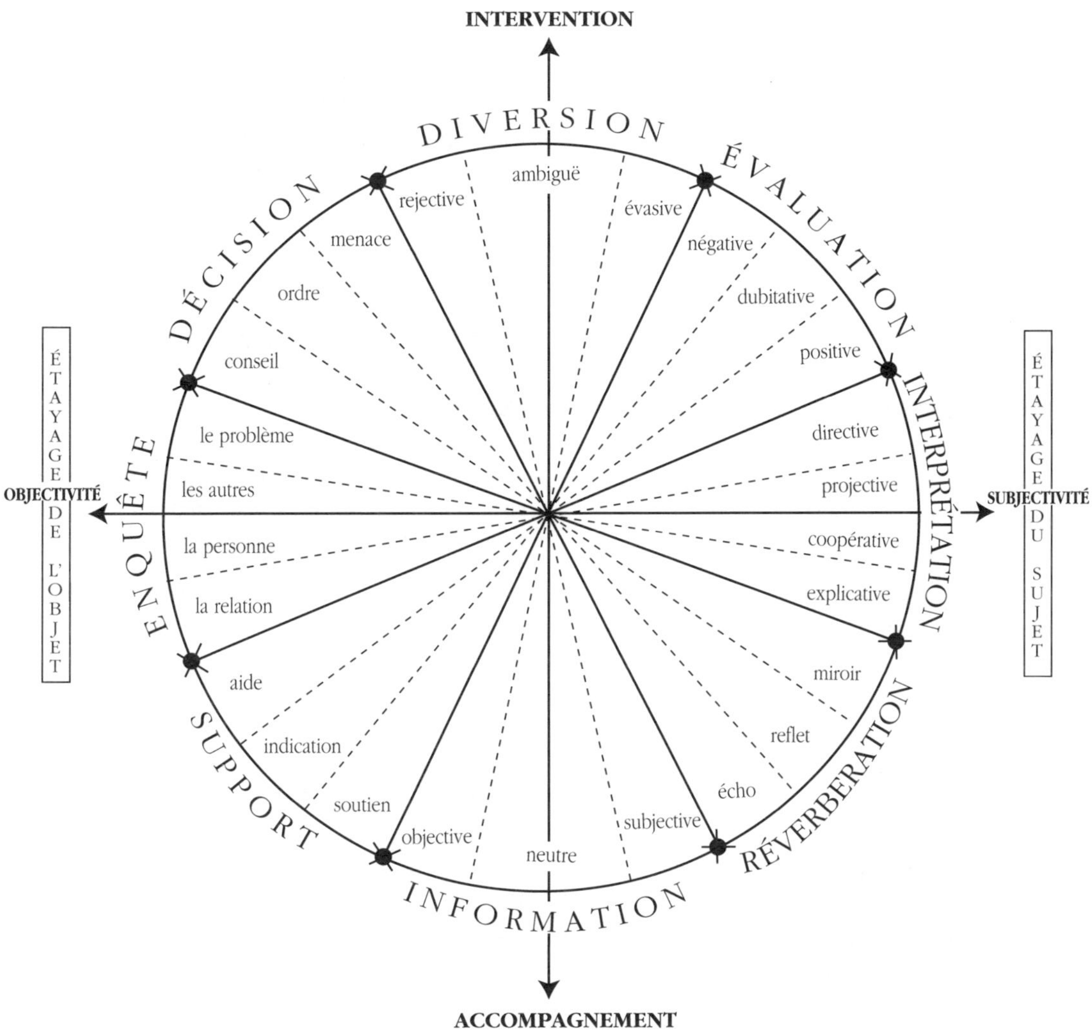

DOCUMENT 136

Fragments d'entretien suivis de cinq réponses

Les notes réservées à l'animateur, précisant les divers comportements de réponses, peuvent être consultées dans le document 137.

Homme de trente ans

« Je suis fâché avec mon frère. Il ne voulait pas m'aider à poursuivre mes études, en me prêtant un peu d'argent. C'est un égoïste et je ressens beaucoup de colère contre lui. Je sais que cela ferait de la peine à mes parents, mais j'envisage de rompre avec eux comme avec lui ; ils verront bien alors... J'en ai assez, mais j'hésite à aller à la rupture, car je sais qu'ils sont âgés. »

Réponses

1. Vous savez, ce sont des difficultés fréquentes dans les familles. N'y faites pas attention, et cherchons ensemble quelqu'un qui pourra vous aider pour établir votre commerce.

2. Quel était le genre d'études que vous souhaitiez poursuivre ?

3. Vous regretteriez vite de rompre avec votre famille ; il faut être raisonnable, voyons !

4. Comme votre frère ne veut pas vous prêter de l'argent, vous envisagez de rompre avec vos parents parce que vous pensez que cette rupture exercerait une pression sur lui.

5. Vous vous êtes fâché avec votre frère qui n'a pas voulu vous prêter de l'argent. Et vous hésitez à rompre avec vos parents qui sont âgés.

Étudiant vingt-deux ans

« Je ne sais plus où j'en suis. Je n'ai pas de bourse. Mes études me pèsent et je ne veux plus rester à la charge de mes parents... Je voudrais travailler, mais le travail qu'on me propose est sans intérêt. »

Réponses

1. Vous êtes beaucoup trop fier. Restez avec vos parents et terminez vos études ou bien prenez un métier sans faire d'histoire.

2. Je peux vous aider à trouver un métier qui vous permettra de continuer vos études.

3. Vous voulez vous affranchir de la tutelle familiale parce que vous ne réussissez pas normalement vos études.

4. Quelles études faites-vous ?

5. Vous êtes indécis : Vous ne savez pas actuellement si vous devez interrompre vos études qui vous pèsent et vous libérer ainsi de la tutelle familiale ou si vous prenez un métier qui vous semble sans intérêt.

Jeune fille de dix-neuf ans

« Je vous dis que je déteste mon père. Je le hais ! Je le hais ! Je le hais ! Et sans aucune raison. Mon père est pasteur. C'est un homme juste et bon. Il n'a jamais levé la main sur moi, et malgré cela, j'éprouve un sentiment violent envers lui, et j'en ai un remords affreux, bien que je n'aie aucune raison de le détester. Je sais que c'est très mal de haïr son père, surtout quand il n'y a aucun motif. Cela m'inquiète beaucoup. »

Réponses

1. Je comprends certainement que vous vous fassiez des reproches, surtout si vous ne voyez rien qui puisse justifier les sentiments que vous éprouvez à l'égard de votre père. Mais, d'autre part, vous découvrirez que sous cette haine se cache un certain amour pour lui. Et cet amour joue un certain rôle dans votre sentiment de culpabilité.

2. J'ai l'impression que nous passons tous par une certaine période où nous détestons l'un ou l'autre de nos parents. C'est un phénomène très répandu. Mais apparemment la plupart des gens arrivent à trouver quelque moyen de traverser cette période.

3. Voilà certainement un problème qu'il s'agit de résoudre. Les bonnes relations entre parents et enfants sont chose si précieuse, non seulement à l'âge que vous avez, mais aussi pour l'avenir, qu'il importe d'en prendre soin.

4. Cela vous tourmente d'éprouver de tels sentiments à l'égard de votre père et sans raison aucune.

5. Ce qui importe ici, c'est que nous découvrions la cause de ce sentiment. Parlez-moi de votre père. Dites-moi tout ce qui vous vient à l'esprit à son égard. Ainsi, vous dites qu'il n'a jamais levé la main sur vous, se pourrait-il qu'il vous ait empêchée de faire certaines choses que vous vouliez faire. Vous ne vous rappelez rien de ce genre ?

Le nouvel employé, vingt ans

« Qu'ils aillent tous au diable ! Pourtant, j'essaie de faire de mon mieux, ils le voient bien. Mais non, toujours à critiquer, à prendre des airs de supériorité, à parler de leur expérience. Hier encore, j'ai eu une idée pour organiser le travail. Sûr que des idées, eux, ils n'en ont pas souvent. Il m'ont fait taire, il paraît que je n'ai rien à dire, que je n'ai qu'à écouter. Moi, ça me décourage, je finis par me prendre pour un imbécile, je me demande si j'y arriverai un jour... »

Réponses

1. Bon, tâchons de faire le point. Ce n'est pas si grave, c'est arrivé à tout le monde.

2. Dès qu'on vous critique, vous avez tendance à devenir agressif, et à vous décourager. Vous perdez votre confiance, et vous en voulez à ceux qui vous l'ont fait perdre.

3. Vous faites de votre mieux, vous vous intéressez à votre travail, mais on a refusé une suggestion que vous avez faite, alors du coup vous vous mettez à douter de vous-même.

4. Mon vieux, si vous vous laissez démonter par des bêtises de ce genre, vraiment vous n'arriverez à rien. Êtes-vous un homme ou un enfant ?

5. Voyons de quoi il s'agit. Est-ce la première fois que des ennuis provoquent en vous cette réaction ?

Homme de vingt-deux ans

« Je sais que je pourrais réussir dans ce projet de rénovation. Tout ce qu'il faut, c'est avoir quelque vue d'ensemble, un certain bon sens et le courage d'essayer. J'ai tout cela. Aussi... si je pouvais seulement avoir un coup de main pour l'argent... je n'hésiterais pas à me lancer. »

Réponses

1. Si vous le désirez, je puis vous donner le nom d'un conseiller financier qui sera heureux d'examiner avec vous les comptes et pourra sans doute vous donner de bons conseils sur les moyens de trouver une aide financière.

2. Vous avez raison : on doit être sûr de soi si on veut arriver à quelque chose. Commencer avec hésitation peut vraiment tout gâcher. Vous êtes sur la bonne voie et je vous souhaite de réussir.

3. Si vous pouviez avoir les fonds pour commencer, vous vous sentez sûr d'en tirer parti avantageusement.

4. Vous vous sentez sûr de pouvoir réussir parce que vous vous rendez compte effectivement de ce qu'il faut pour que l'affaire marche. Quand on voit les choses clairement, l'assurance vient d'elle-même.`

5. Avez-vous déjà étudié quels sont les risques à courir ?

Homme de trente ans, rapatrié

« À quoi bon lutter ? Personne ne s'occupe de vous. Toutes les bonnes places sont prises. Ils se sont tous moqué de nous, et maintenant ils nous laissent tomber. Je les maudis tous, ils jouent le double jeu. Et ma femme... (silence). »

Réponses

1. On ne tient aucun compte de vous et cela vous révolte parce que, plus qu'un autre, vous pensez avoir des droits et mériter des égards.

2. Vous n'êtes pas tout seul à être furieux, et il y a souvent de quoi. Mais avec le temps vous oublierez et vous vous remettrez dans le mouvement.

3. Vous aviez commencé à parler de votre femme ?...

4. Je comprends vos sentiments, mais votre révolte vous empêche d'aller de l'avant. Vous devez vous montrer un homme. Il faut que vous surmontiez votre rancœur si vous voulez arriver à quelque chose.

5. Vous estimez que vous avez été exploité et cela vous met en colère.

Femme de trente-deux ans

« Personne d'autre que moi ne le supporterait. Toujours à se plaindre, rien ne va à son goût. Moi, je suis bonne pour les reproches. Pour les distractions, ce n'est pas avec moi qu'il les prend. On a beau être patiente, il y a des limites. Certains jours, j'enverrais tout promener. c'est trop injuste, à la fin. Je suis encore jeune, ce n'est pas une vie. Mais vous me voyez restant seule pour élever mes gosses, et puis, j'irais où ? »

Réponses

1. Quelle est la profession de votre mari ?

2. Êtes-vous sûre que vous n'avez pas quelque responsabilité dans l'attitude de votre mari ? parce qu'il n'a sûrement pas toujours été ainsi...

3. Certains jours, vous êtes excédée mais en même temps vous pensez aux difficultés qu'occasionnerait un changement.

4. Allez, bien des femmes sont dans votre situation. Les hommes ne sont pas toujours compréhensifs.

5. Vous n'acceptez plus le rôle que vous assigne votre mari mais vous vous représentez difficilement la vie sans lui.

Homme de trente-cinq ans

« Je pense que, si je prenais cet emploi, étant entendu qu'on me donnerait l'occasion de prouver ma valeur dans la maison et que j'aurais une chance d'avancement... oui, je crois que c'est le moyen le plus sûr. Ce n'est pas aussi brillant que j'aurais voulu... Non, je ne tiens plus vraiment à un travail spectaculaire. Rien qu'un bon emploi stable avec de l'avenir. Oui, je prendrai cet emploi et discuterai mes projets avec le patron, très franchement et honnêtement. Après ça, ma femme et moi nous nous sentirons stables et nous pourrons acheter une maison et penser réellement à nous installer dans cette ville. Les gosses aussi ont besoin d'un port d'attache. Ils n'en ont pas eu, mais à partir de maintenant, nous allons tous avoir les pieds solidement sur terre. »

Réponses

1. C'est splendide. C'est parfois le chemin le plus long qui est le plus rapide. Je crois que vous avez réellement les pieds sur terre à présent, c'est sûr. Votre manière de voir actuelle est certainement des plus constructives.

2. Si vous avez quelques difficultés, en y réfléchissant, à présenter votre problème au patron, ou si vous voulez qu'on vous aide à voir comment faire pour avoir de l'avancement, rappelez-vous bien que je suis toujours là pour vous aider.

3. Vous êtes-vous renseigné sur les règles d'avancement dans la société afin de savoir si la voie que vous voulez suivre est la plus susceptible de vous mener vers l'avancement ?

4. Bien sûr, un travail spectaculaire est attrayant. Mais ce n'est pas ce qui vous rapporterait le plus en fait de sécurité ou de tranquillité familiale.

5. Cet emploi n'est peut-être pas aussi brillant que vous l'auriez voulu, mais la stabilité est ce qui vous aiderait le plus, vous et votre femme, et vos enfants aussi.

Homme de trente-six ans

« Je suis décidé à arriver à quelque chose. Je n'ai pas peur du travail. Je n'ai pas peur de recevoir des coups pourvu que je sache où je vais. En même temps, il me semble que mes collègues le sentent et qu'ils ne savent pas quoi inventer pour me créer des difficultés. Mais je veux être quelqu'un et j'arriverai bien à passer par dessus ceux qui me mettent des bâtons dans les roues. »

Réponses

1. Est-ce que cela vous intéresserait de passer quelques tests pour déterminer dans quelles branches vous pouvez espérer réussir le mieux ? Cela pourrait être un grand appoint pour vous de connaître vos points forts comme vos points faibles.

2. Que pensez-vous de cette grande résolution d'arriver à quelque chose ?

3. Somme toute, vous êtes prêt à écraser tout le monde pour arriver à vos fins. Est-ce que cela ne risque pas de vous faire plus de mal que de bien ?

4. Vous estimez que vous devez être en avant, quelque soient les efforts et les moyens pour y parvenir.

5. Vous voulez réussir. Vous êtes prêt à accepter toutes les difficultés pour y parvenir, y compris celles que suscitent vos collègues. Mais votre attitude semble inciter votre entourage à se méfier de vous, et à vous mettre des bâtons dans les roues pour vous empêcher de réussir.

Femme de trente-sept ans

« Je ne sais vraiment pas quoi décider : accepter ce travail qui a l'air intéressant et qui n'est pas mal payé, mais alors il faudra que je trouve quelqu'un pour garder mon gosse ; ou bien continuer comme maintenant à faire de la couture à la maison, mais je deviens folle à tirer l'aiguille du matin au soir, toute seule, avec la maison dont je dois m'occuper et mon mari qui rouspète quand il me trouve à bout de nerfs le soir. Vraiment, je ne sais pas quoi faire... »

Réponses

1. Pouvez-vous m'en dire davantage sur le travail qu'on vous propose et sur l'opinion qu'en a votre mari ? C'est important que nous connaissions tous les éléments du problème.

2. Attention, avant de vous lancer dans un travail à l'extérieur, il faut que vous soyez bien sûre que votre famille ne va pas en souffrir. Vous ne devez pas penser seulement à vous.

3. Bien, cette situation n'est pas désespérée : il doit être possible de trouver une garde pour votre gosse.

4. Votre embarras s'explique doublement : d'une part vous ne pouvez plus continuer à faire de la couture chez vous, vous vous y sentez trop solitaire, et d'autre part vous vous inquiétez des conséquences d'un travail au dehors et de l'éloignement de votre foyer qu'il marquera.

5. Ou bien vous continuez à travailler chez vous mais cela met vos nerfs à l'épreuve et vous éloigne de votre mari, ou bien vous acceptez ce travail à l'extérieur mais il y a le problème de faire garder votre gosse.

Femme de quarante ans

« Je n'en sors pas. C'est complètement impossible d'arriver à travailler avec un pareil personnel au-dessous de tout. Il faut que je fasse tout moi-même, que je recommence le travail après eux. Avec ça, on est constamment dérangé : ils ne comprennent rien, ils sont incapables de la moindre initiative. Souvent, plutôt que de passer deux heures à leur expliquer un travail, j'aime mieux le faire moi-même : ça va plus vite, et au moins c'est bien fait. Et ils se plaignent de faire un travail idiot ; mais c'est bien de leur faute, ils sont incapables de faire autre chose. »

Réponses

1. Je me demande si les employés sont vraiment aussi incapables que vous le pensez... N'avez-vous pas tendance à les sous-estimer ?

2. Je sais bien que ce n'est pas facile de travailler avec les gens, il faut souvent prendre sur soi.

3. Vous ne faites pas confiance aux gens, vous ne trouvez pas le temps de les former, et vous finissez par faire vous-même ce que les autres devraient faire.

4. Vous pensez que le personnel n'est pas très compétent et que vous êtes obligé de tout faire vous-même.

5. Voyons, combien d'employés avez-vous sous vos ordres ?

Homme de quarante-six ans

« Voilà : il est nouveau dans la maison, c'est le genre qui se croit malin parce qu'il a des diplômes. Il croit qu'il a inventé la poudre, mais, bon dieu ! il ne sait pas à qui il a à faire. Je vais lui montrer que je suis capable de faire mieux que lui. »

Réponses

1. Vous estimez que vous êtes et que vous devez rester le premier. Vous ne pouvez pas accepter de vous sentir dépassé.

2. C'est très bien d'essayer d'être le meilleur, mais croyez-vous que ce soit la bonne méthode de prendre dès le début cette attitude à son égard ?

3. Voyons, précisons un peu. Quelle est la fonction exacte de cet homme dans la maison, par rapport à la vôtre ?

4. Il va falloir agir avec beaucoup de méthode et de réflexion. Il va falloir du doigté.

5. Ce nouveau venu qui le prend de haut avec vous, vous donne envie de le dépasser...

Le chef de service et le nouvel employé (vingt et un ans)

« Alors Marin, comment ça marche avec les collègues du bureau ?
– Une catastrophe ! Pourtant, j'ai essayé de faire de mon mieux, mais quand monsieur Liard et votre adjoint se sont mis en colère contre moi parce que je m'étais trompé dans une facture difficile, ça m'a laissé...

Je fais vraiment de mon mieux... mais quand ils me disent que ce n'est pas encore assez, ça finirait par me convaincre que je ne suis bon à rien. »

Réponses du chef de service

1. Voyons, Marin, tâchons de faire le point. Cette histoire est-elle aussi grave que vous le pensez ?

2. Autrement dit, lorsqu'on vous fait un reproche, vous avez tendance à conclure à un échec définitif.

3. Vous aviez fait de votre mieux, mais il y avait une erreur ; et du coup, c'est là que vous vous êtes dit que vous seriez un bon à rien, sûrement.

4. Dites-moi, Marin, est-ce seulement à cause de cet ennui au bureau que vous en êtes venu à douter de vous ?

5. Qu'est-ce que c'était cette facture difficile ?

Le professeur et l'étudiant

« À quel sujet vouliez-vous me rencontrer ?
– Eh bien, je voudrais vous demander conseil pour le choix de la matière à option dans mon prochain

examen. J'en ai parlé déjà à plusieurs personnes, mais elles me disent toutes des choses différentes ; et c'est encore plus difficile pour moi de décider quoi faire. Alors, j'ai fini par venir vous trouver en pensant que vous étiez le plus qualifié pour me sortir d'embarras. »

Réponses du professeur

1. Si je vous comprends bien, vous estimez qu'il s'agit de quelque chose que vous ne pouvez pas décider seul et vous êtes prêt à vous en remettre à mon avis.

2. Parmi les quatre matières à option, il y en a peut-être une ou deux qui ont vos préférences ?

3. Voyons, si vous vous étiez d'abord interrogé sérieusement sur ce que vous pouvez et voulez faire avant de consulter les autres, vous y verriez déjà plus clair.

4. Vos difficultés consistent sans doute davantage dans un manque de confiance en vous que dans ce problème particulier de matières à option.

5. Nous allons réfléchir ensemble ; il est parfois embarrassant de concilier ses goûts et ses aptitudes.

DOCUMENT 137

Notes réservées à l'animateur

Les comportements sont respectivement :

Homme de trente ans

1. comportement renseignant de support (aide et soutien).
2. comportement structurant d'enquête sur le problème.
3. comportement structurant d'évaluation négative.
4. comportement structurant d'interprétation directive.
5. comportement de réverbération.

Étudiant vingt-deux ans

1. comportement structurant d'évaluation négative malgré les apparences dues à des ordres contradictoires.
2. comportement renseignant de support (aide franche).
3. comportement structurant d'interprétation négative.
4. comportement structurant d'enquête sur la personne.
5. comportement structurant de réverbération en miroir.

Jeune fille de dix-neuf ans

1. comportement d'interprétation.
2. comportement de support.
3. comportement d'évaluation.
4. comportement de compréhension.
5. comportement d'enquête.

Le nouvel employé, vingt ans

1. comportement de support (banalisation).
2. comportement d'interprétation.
3. comportement de compréhension.
4. comportement d'évaluation négative.
5. comportement d'enquête sur la personne.

Homme de vingt-deux ans

1. comportement de support (aide).
2. comportement d'évaluation positive.
3. comportement de compréhension.
4. comportement d'interprétation.
5. comportement d'enquête sur le problème.

Homme de trente ans, rapatrié

1. comportement d'interprétation.
2. comportement de support (banalisation).
3. comportement d'enquête sur d'autres personnes.
4. comportement d'évaluation.
5. comportement de compréhension.

Femme de trente-deux ans

1. comportement d'enquête sur d'autres personnes.
2. comportement d'évaluation négative.

3. comportement de compréhension.
4. comportement de support (banalisation).
5. comportement d'interprétation.

Homme de trente-cinq ans

1. comportement d'évaluation positive.
2. comportement de support (aide).
3. comportement d'enquête sur le problème.
4. comportement d'interprétation.
5. comportement de compréhension.

Homme de trente-six ans

1. comportement de support (aide).
2. comportement d'enquête sur la personne.
3. comportement d'évaluation négative.
4. comportement d'interprétation.
5. comportement de compréhension.

Femme de trente-sept ans

1. comportement d'enquête sur le problème.
2. comportement d'évaluation négative.
3. comportement de support (aide).
4. comportement d'interprétation.
5. comportement de compréhension.

Femme de quarante ans

1. comportement d'évaluation.
2. comportement de support.
3. comportement d'interprétation.
4. comportement de compréhension.
5. comportement d'enquête sur le problème.

Homme de quarante-six ans

1. comportement d'interprétation.
2. comportement d'évaluation.
3. comportement d'enquête sur d'autres personnes.
4. comportement de conseil
5. comportement de compréhension.

Le chef de service et le nouvel employé (vingt et un ans)

1. comportement de support
2. comportement d'évaluation
3. comportement de compréhension
4. comportement d'interprétation
5. comportement d'enquête

Le professeur et l'étudiant

1. comportement de compréhension
2. comportement d'enquête (sur le problème)
3. comportement d'évaluation
4. comportement d'interprétation
5. comportement de support (d'aide).

DOCUMENT 138

Intermède à propos des attitudes possibles devant autrui

Cet exemple, proposé par un organisme de formation, peut donner des idées pour tirer de certains romans des situations appelant une intervention ou une autre.

« ... *Hier, nous étions assis devant la baraque. Ayant bu un verre de vin, il se tourna vers moi, alarmé : Qu'est-ce que c'est encore que cette eau rouge, patron, dis-moi ! Une vieille souche pousse des rameaux, il y a des espèces d'ornements acides qui pendent, et le temps passe, le soleil les mûrit, on les foule, on en retire le jus qu'on met dans des tonneaux, il fermente tout seul, on le découvre à la fête de saint Georges, il est devenu du vin ! Qu'est-ce que c'est encore que ce prodige ! Tu bois ce jus rouge, et voilà ton âme qui grandit, elle ne tient plus dans ta vieille carcasse, elle défie Dieu à la lutte. Qu'est-ce que c'est que ça, dis-moi ?* »[1]

Quelques réponses possibles

1. « *Ça c'est le signe que tu dois aller te coucher sans plus tarder.* »

Selon Porter, il y a une attitude de décision lorsqu'on se substitue à l'interlocuteur pour évoquer, consulter, suggérer ou lui ordonner ce qu'il doit faire.

2. « *Zorba, ce que tu dis du vin est fantastique, je n'en ai jamais entendu parler d'aussi belle façon.* »

On porte ici un jugement de valeur, on se réfère au bien et au mal à propos de ce que l'autre dit, pense, envisage. C'est l'attitude d'évaluation.

3. « *Moi aussi, je me pose des questions par des soirs comme celui-ci. Et c'est normal.* »

L'attitude de support tend à réduire l'intensité du sentiment que l'autre éprouve, à le rassurer. On l'appelle également : attitude d'aide.

4. « *Parle-moi des vins de Crète, Zorba. Comment sont-ils ? Comment les appelle-t-on ?* »

Cette attitude d'enquête conduit à recueillir des compléments d'information.

5. « *Tu t'interroges sur les mystères de la transformation de l'arbre en fruit, du raisin en vin, et du vin en force pour celui qui le boit.* »

On recherche ici la compréhension en se mettant à la place de l'autre et en reformulant ce qu'il vient de dire, pour qu'il en prenne bien conscience.

6. « *C'est tout ce qui est contenu dans les choses, et c'est aussi le pouvoir qu'elles peuvent avoir sur toi qui t'inquiètent.* »

Dépassant la compréhension immédiate, en surface, on va ici jusqu'à l'interprétation en analysant les raisons qui le poussent à parler ou à agir ainsi.

Selon que l'on a ou non montré la direction à suivre, selon l'attitude que l'on a adoptée, quels sentiments éprouvera l'autre, et comment l'entretien va-t-il se poursuivre ?

---

1. Extrait de *Alexis Zorba*, de Kazantzaki.

DOCUMENT 139

Fragments d'entretien suivis de huit réponses

Les notes réservées à l'animateur, précisant les divers comportements de réponses, peuvent être consultées dans le document 140.

Femme de vingt-sept ans

« Je ne sais vraiment pas quoi faire. Ah ! Je ne sais vraiment pas si je dois retourner enseigner. Cela me porte tellement sur les nerfs. Je peux à peine supporter ce travail, mais j'ai une stabilité et un traitement intéressants. Ou alors lâcher tout et faire ce qui m'intéresse réellement (légère pause). *Mais cela aboutirait à débuter en bas de l'échelle avec un salaire très faible, et je ne sais pas si je pourrais le faire ou non. »*

Réponses

1. Pouvez-vous m'en dire davantage au sujet de ce qui vous intéresse maintenant ? Il est important que nous y réfléchissions.

2. Avant que vous vous lanciez dans quelque chose de nouveau, il faudrait que vous soyiez bien sûre que c'est vraiment plus avantageux et que vous en retirerez au moins la sécurité et la satisfaction morale que l'enseignement vous donne.

3. Si vous lâchez l'enseignement, je vous retirerai ma confiance. Vous me fâcheriez.

4. Eh bien, voyons ! Nous pouvons sans doute vous aider au sujet de cette décision. Nous pouvons probablement vous donner quelques tests qui vous permettront de juger si vous pouvez espérer réussir dans la nouvelle branche qui vous intéresse. Et peut-être pourrions-nous examiner certains points qui vous mécontentent dans votre enseignement.

5. À votre place, je n'hésiterais pas, je ferais ce qui m'intéresse, même si je reçois des ressources moindres.

6. Votre indécision est compréhensible et provient de l'opposition entre l'incertitude que vous avez concernant le nouvel emploi qui vous intéresse et vos sentiments de mécontentement de votre travail d'enseignement combinés avec l'hésitation à abandonner la sécurité qu'il comporte.

7. Je vous demande pour l'instant de ne plus repenser à vos difficultés. Vous retournez demain enseigner et nous reparlerons de vos préoccupations dans quelques jours.

8. C'est vraiment une décision difficile, n'est-ce pas ? Ou bien courir le risque de débuter dans une nouvelle branche, ou bien s'en tenir à la sécurité du travail irritant d'enseignement.

Homme de cinquante ans

« Je ne peux pas laisser mon fils m'aider maintenant que je suis usé. J'ai encore un peu d'amour-propre, parce que, vous savez, je me rappelle que, quand il était gosse, je n'ai pas levé le petit doigt pour l'aider. J'ai couru le pays – sa mère est morte quand il est né – et j'ai laissé les parents s'en occuper, et je l'ai mis en nourrice, et maintenant... Ça m'a percé le cœur quand nous nous sommes rencontrés l'autre jour et qu'il ma dit : "Nous pouvons nous en tirer ensemble, papa, j'ai un peu d'argent de côté." Non, non, je ne veux pas de ça. Je vais partir d'ici. Ce sera dur... mais, je n'ai absolument rien fait pour lui... ni pour personne... quant à ça. »

Réponses

1. Vous êtes-vous renseigné sur la possibilité d'obtenir une pension de vieillesse ? Peut-être pourrait-on faire quelque chose de ce côté afin que vous ne soyiez pas obligé d'être à la charge de votre fils, ou d'accepter une aide de lui.

2. Vous allez accepter l'offre du petit, ou vous aurez affaire à moi.

3. Comment marchait votre ménage ? Est-ce que vous vouliez un enfant, vous et votre femme ?

4. Votre comportement dans le passé vous rend indigne de l'aide que votre fils veut vous donner maintenant ; est-ce cela que vous voulez dire ?

5. Oui, tu devrais quitter le pays. Telles que tu prévois les relations avec ton fils, cela ne marchera pas autrement.

6. Avez-vous bien réfléchi à ce que cela peut représenter pour votre fils si vous ne le laissez pas faire ce qu'il veut faire pour vous ?

7. Je vois ce que vous voulez dire. Vous estimez que vous n'êtes pas digne de l'aide qu'il veut vous donner parce que, dans le passé vous n'avez rien fait pour le mériter. Et votre déclaration que vous n'avez jamais rien fait pour personne fait penser que cela peut être un véritable problème pour vous de prendre la responsabilité d'aider les autres et d'accepter l'aide des autres.

8. Vous allez tout de suite voir le premier adjoint au maire, de ma part. Je lui téléphonerai à votre sujet.

Jeune fille de dix-huit ans

« Je ne sais pas ce qui m'est arrivé – j'étais fatiguée, nerveuse –, tout le monde me fait des reproches, me gronde et pourtant, j'essaie de bien faire mais mes camarades ne m'aiment pas, maman ne veut plus que j'aille à la maison le jeudi. Le travail du trimestre n'est pas très bon, je sais, mais je travaille... »

Réponses

1. Mais enfin ! qu'est-ce qui vous est passé par la tête ?

2. Si vous continuez comme cela, vous passerez en conseil de discipline.

3. Allons, vous vous faites des idées. Vous êtes fatiguée, alors vous prenez tout à cœur.

4. Vous êtes fatiguée, vous avez l'impression qu'on ne vous aime pas, votre travail ne donne pas satisfaction.

5. Vos résultats sont médiocres et vous vous trouvez des excuses.

6. Calmez-vous, reposez-vous et vous pourrez retrouver l'efficacité de votre travail, l'affection et l'amitié de votre mère et de vos camarades.

7. Nous allons essayer de trouver une solution à tous ces problèmes. Il faudrait peut-être que vous commenciez par vous reposer. Je peux vous faire partir dans une maison de repos.

8. Oubliez toutes ces histoires, passez une bonne nuit et ne vous faites pas un tel souci.

Homme de vingt ans

« Je ne fais rien parce que comme ça, ce qu'on dit sur moi sera vrai. On ne me fait pas confiance, on critique tout ce que je fais et surtout je passe pour un paresseux. »

Réponses

1. Si cela continue, je ferai un rapport.

2. On vous critique, on vous fait passer pour un paresseux.

3. Qui est ce « on » ?

4. Vous êtes ainsi l'objet de médisance.

5. Mettez-vous au travail tout de suite.

6. À votre place, j'écouterai ce que dit le responsable du service, je suis sûr que cela s'arrangera.

7. Il faut que nous en parlions avec votre chef de service et que nous éclaircissions cette affaire. Après, cela ira mieux.

8. Je ne connais pas les raisons profondes des accusations contre vous, mais votre attitude ma paraît bien désagréable. Ce n'est pas une façon d'en sortir que de refuser de travailler.

Femme de trente-cinq ans

« J'ai peur de la nouvelle direction. On dit qu'ils vont tout changer. Je ne sais pas si je ne devrais pas faire une demande précise. Je sers à quelque chose, quoi ? »

Réponses

1. À votre place, je resterais tranquille pour l'instant.

2. En cas de difficultés, comptez sur moi.

3. Qui vous a dit qu'ils voulaient tout changer ?

4. Vous êtes trop indécise.

5. Inquiète des changements que ferait la nouvelle direction, vous hésitez à faire une demande et pourtant vous rendez service.

6. Vous craignez les changements que ferait la nouvelle direction parce que vous n'êtes pas sûre que vos services soient utiles.

7. Faites une demande précise.

8. Je vous en voudrais si vous continuez à m'importuner.

Homme de vingt-huit ans

« Je suis entré dans l'administration en passant le concours des attachés. En huit ans, j'ai énormément progressé. Il est vrai que j'ai suivi pas mal de cours et que je continue. Actuellement, par exemple, je suis à Lille des cours sur de nouvelles méthodes de programmation... Il n'empêche que je dois beaucoup à mon chef de service qui semble m'apprécier et qui ma beaucoup poussé. Je suis à l'indice 500... Dans un an je bénéficierai d'une nouvelle affectation à Nice, ma

ville natale. On ne me l'a pas écrit noir sur blanc, mais je sais que cela se fera... Compte tenu de mon âge, cette mutation est une occasion unique !

Seulement après, une fois là-bas je vais être bloqué. Je vais me trouver en parallèle uniquement avec des cadres diplômés de grandes écoles. J'ai peur que ça ne soit mon bâton de maréchal... et j'ai vingt-huit ans, voilà pourquoi je souhaite me présenter au concours interne de l'ENA. »

Réponses

1. Je pense qu'il serait utile pour votre carrière de rester quelques années dans ce service afin d'aborder le concours avec le maximum de chances de réussite.

2. Il me semble que vous avez eu une progression intéressante et que votre désir de changer maintenant est judicieux.

3. Vous êtes dans une situation que bien des fonctionnaires connaissent... Heureusement, l'administration offre suffisamment de débouchés... En général, chacun trouve une solution à ses problèmes.

4. Êtes-vous sûr que le fait de vous trouver avec une majorité de diplômés ne vous laisse pas de possibilités de progression ?

5. Il semble que, poussé par votre ambition, du reste légitime, vous risquiez de prendre une décision hâtive. Par crainte de voir plus tard votre avenir bloqué, vous négligez les avantages que vous pouvez obtenir dans votre poste actuel.

6. Bien que le fait de faire partie de cette administration vous ait été profitable, vous craignez de voir cette progression stoppée et vous préférez trouver tout de suite une situation qui vous offre plus de perspectives d'avenir.

7. Vous devez, sans délai, aller voir votre chef de service.

8. Ne quittez pas votre poste, si vous voulez garder mon estime et mon soutien.

Homme de vingt-six ans

« Dois-je l'épouser ? Ou dois-je penser à mon avenir ? Si un type se met à penser à son avenir – s'il a de l'ambition et une tendance à aller de l'avant – il faut que ce soit un dur et qu'il oublie tout sentiment. Mais j'aime beaucoup Marie, je l'aime vraiment, et elle a été mon bon ange. Si nous rompions, je ne sais pas ce que je ferais. Je ne sais pas si je serais capable de faire quoi que ce soit, je ne sais pas. D'un autre côté, je n'ai pas les moyens à la fois de continuer mes études et de me marier. Et Marie dit que, si nous ne pouvons pas nous marier maintenant, elle n'est pas disposée à attendre ; je ne sais que faire. Je l'aime, mais si elle m'aimait, est-ce qu'elle dirait : "maintenant ou jamais" ? Voilà ce que je ne m'explique pas. »

Réponses

1. Autrement dit, vous ne pouvez pas décider si vous devez vous marier et risquer votre avenir, ou si vous devez préparer votre avenir et risquer de manquer votre mariage. Ils semblent dépendre tellement l'un de l'autre.

2. Vous commencez à m'agacer. Je ne sais pas si je supporterais encore longtemps vos confidences.

3. Ce n'est pas tellement un problème d'indécision entre le mariage et vos plans d'avenir, qu'un problème plus profond de savoir si vous devez dépendre de votre propre approbation de vous-même ou dépendre de son approbation de ce que vous faites.

4. Là, je me demande si vous ne pouvez pas réussir à la fois votre carrière et votre mariage. Avez-vous discuté ensemble des possibilités d'augmenter vos revenus par un travail supplémentaire ou par son travail à elle ? Beaucoup d'universités et d'écoles vous aideraient. En outre, les étudiants mariés qui veulent faire leur chemin n'ont justement pas le temps de prendre des distractions coûteuses. Il n'y aurait pas l'exigence d'activités sociales que vous pouvez vous attendre à trouver dans une communauté.

5. Vous allez vous occuper de vos études et laisser tomber ces histoires sentimentales.

6. Je crois qu'il faut que vous teniez compte de ce que Marie pensera si vous allez de l'avant et décidez de continuer vos études et de ne pas vous marier maintenant. Comment prendra-t-elle cela ? Pour prendre votre décision, il faut tenir compte de ce qui est préférable pour tous les deux.

7. Pourquoi n'épouseriez-vous pas Marie ? Elle vous aime et vous l'aimez. Elle est votre bon ange, alors il n'y a pas à hésiter, non ?

8. Je pense que vous touchez là un point important : à quel point elle vous aime. Pouvez-vous m'en dire davantage sur ce sujet ? Comment réagit-elle à vos idées ?

DOCUMENT 140

Notes réservées à l'animateur

Les comportements sont respectivement :

Femme de vingt-sept ans

1. comportement structurant d'enquête sur la personne.
2. comportements structurant d'évaluation négative : « Vous avez tort de vous poser cette question. »
3. comportement décisoire de menace.
4. comportement renseignant de support (aide).
5. comportement décisoire de conseil.
6. comportement structurant d'interprétation coopérative.
7. comportement décisoire d'ordre.
8. comportement de réverbération (compréhension).

Homme de cinquante ans

1. comportement renseignant de support (aide éventuelle).
2. comportement décisoire de menace.
3. comportement structurant d'enquête sur la personne.
4. comportement structurant d'interprétation coopérative.
5. comportement décisoire de conseil.
6. comportement structurant d'évaluation négative.
7. comportement structurant d'interprétation directive.
8. comportement décisoire d'ordre.

Jeune fille de dix-huit ans

1. comportement structurant d'enquête sur la personne.
2. comportement décisoire de menace.
3. comportements d'évaluation.
4. comportement de compréhension.
5. comportement d'interprétation.
6. comportement de conseil.
7. comportement de support (aide).
8. comportement d'ordre.

Homme de vingt ans

1. comportement de menace.
2. comportement de compréhension.
3. comportement d'enquête.
4. comportement d'interprétation.
5. comportement d'ordre.
6. comportement de conseil.
7. comportement de support (aide).
8. comportement d'évaluation négative.

Femme de trente-cinq ans

1. comportement de conseil.
2. comportement de support (aide).
3. comportement d'enquête sur d'autres personnes.
4. comportement d'évaluation négative.
5. comportement de compréhension.
6. comportement d'interprétation.
7. comportement d'ordre.
8. comportement de menace.

Homme de vingt-huit ans

1. comportement de conseil.
2. comportement d'évaluation positive.
3. comportement de support (banalisation).
4. comportement d'enquête sur le problème.
5. comportement d'interprétation.
6. comportement de compréhension.
7. comportement d'ordre.
8. comportement de menace.

Homme de vingt-six ans

1. comportement de compréhension.
2. comportement de menace ou diversion.
3. comportement d'interprétation.
4. comportement de support (indication).
5. comportement d'ordre.
6. comportement d'évaluation.
7. comportement de conseil.
8. comportement d'enquête sur une autre personne.

DOCUMENT 141

Gamme de comportements de réponses à déchiffrer et à identifier

Jeune fille, dix-huit ans

« L'atmosphère familiale est irrespirable. Mes parents s'opposent à mon frère aîné et ce sont des scènes incessantes. J'en arrive à les détester tous. Je suis partie tout à l'heure en claquant la porte, ma mère récriminait encore. Je ne rentrerai pas ce soir, ni demain. »

Quelques réponses possibles

1. Et si vous téléphoniez à votre frère pour lui demander ce qu'il en pense...

2. Ce n'est pas drôle de subir des conflits familiaux. Mais cela ne dure généralement pas, tranquillisez-vous...

3. Vous allez venir chez moi. Nous allons discuter en dînant.

4. Vous voulez que j'aille parler à vos parents pendant que vous restez ici ?

5. Ne regretterez-vous pas un jour ce coup de tête ?

6. Votre mère m'a dit récemment qu'elle se rendait compte que la situation était pénible pour vous.

7. Êtes-vous particulièrement irritable en ce moment ?

8. Je ne vous reverrai plus si vous ne rentrez pas sans histoire chez vos parents.

9. Bravo de prendre en mains votre avenir et de sortir d'un milieu familial débilitant.

10. Quelle est votre attitude à l'égard de votre père ?

11. Vous êtes excédée et rendue agressive dans votre foyer par des scènes incessantes entre vos parents et votre frère ; partie avec éclat, vous ne rentrerez pas ce soir, mais ensuite...

12. Pouvez-vous me dire pour quelles raisons vos parents et votre frère se disputent ?

13. Vous souhaitez faire un éclat parce que vous en avez assez de disputes qui vous montrent qu'on ne pense pas vraiment à vous.

14. Votre foyer est devenu irrespirable ; vous en êtes partie en claquant la porte, ne voulant pas rentrer ce soir ; et demain...

15. Vous êtes venue vous confier à moi, pour quelle raison ?

16. Vous ne supportez plus les doléances de votre mère et les remontrances à propos de votre frère, parce que vous ne voulez pas perdre leur amour.

DOCUMENT 142

Un exercice d'identification

Homme, trente-huit ans

Sur ce cas[1] relativement complexe, il importera d'identifier les comportements de réponse longue et d'en situer les conséquences.

Assurances tous risques est un important groupe de compagnies d'assurances, plus que centenaire, notoirement apprécié du public et bien implanté dans presque toutes les régions de France.

Il doit sa réputation et son succès à la ponctualité avec laquelle il tient ses engagements et à la qualité des services qu'il offre à la clientèle.

S'il est des catégories d'assurances qui *s'achètent* comme l'assurance automobile, plus encore depuis qu'elle est devenue obligatoire, il en est d'autres qui se *vendent*. La concurrence est vive dans certaines branches, par exemple pour l'assurance contre l'incendie. Les sociétés qui réussissent le mieux ne sont pas nécessairement alors celles qui offrent apparemment les meilleurs prix, mais bien celles dont les représentants sont les plus qualifiés : bons techniciens, bons vendeurs, soucieux de procurer à leurs clients un authentique *service après-vente*.

Dans cette perspective, depuis de longues années, la Direction pour l'incendie du groupe *Assurances tous risques* a mis au point un système de formation profes-

1. Situation recueillie et présentée par G. Rousseau, psychosociologue.

sionnelle par stages pour ses collaborateurs extérieurs : agents généraux et personnel des agences du groupe. Dès les premières années, les résultats obtenus ont été très satisfaisants et un bon nombre des participants à ces stages ont exprimé le regret que les autres branches du groupe n'aient pas mis à leur disposition une organisation analogue.

M. Vion, chef du bureau d'études de la branche accidents et risques divers, très intéressé par les problèmes de pédagogie (il fait des cours à l'École nationale des Assurances) et en même temps, à l'écoute des désirs et des besoins exprimés par les agents, souhaite que leur demande soit entendue par la Direction. Il espère un peu qu'un jour elle le chargera d'organiser des stages : il veut se tenir prêt et décide de s'informer sur les réalisations déjà faites, en matière de formation d'agents au sein de la profession. Il commence son enquête par une visite à son collègue de la branche incendie, M. Clément, avec qui il a pris rendez-vous.

« *Depuis plusieurs années, moi aussi, j'ai constaté combien parfois les connaissances techniques de nos agents sont insuffisantes. Si, dans l'ensemble, la matière que nous traitons est moins complexe que la vôtre, nous avons une diversité plus grande de types de garanties. Bien souvent nos agents négligent de les proposer à la clientèle faute de les connaître.*

Il est vrai que beaucoup d'entre eux viennent faire ce qu'on a l'habitude de nommer des stages à notre siège. Ils séjournent dans les principaux services, pour des durées variables, un peu au hasard des circonstances et trop souvent remplissent un rôle de suppléance... quand il y a des malades... ou bien en période de congés. Ils ne reçoivent pas une formation. Aucune comparaison à faire avec ce que vous avez réalisé.

Notre Direction ne peut pas ne pas s'en rendre compte. Certains de ses membres seraient sans doute favorables à une organisation analogue à la vôtre... je ne suis pas sûr que nous soyions à la veille d'une réalisation... mais peut-on savoir ?... alors je désire me documenter pour pouvoir dire ce qui s'est fait ailleurs... car on me le demanderait vraisemblablement... et je ne voudrais pas laisser passer une occasion ! Je crois trop à l'importance de la formation professionnelle. »

Comportements dans la communication
Exercice d'identification

1. Votre Direction générale est-elle actuellement sensibilisée aux besoins de formation professionnelle de nos agents ? En avez-vous perçu des signes ?... ou avez-vous recueilli des informations qui vous le donnent à penser ?

2. La formation professionnelle tiendra de plus en plus de place dans la vie de nos sociétés : l'avenir est à celles qui accepteront d'investir en ce domaine. Mais le risque est de s'engager inconsidérément dans cette voie : un échec est à redouter plus que l'absence de réalisation. Bien volontiers, je vous ferai part de mon expérience... car on ne s'improvise pas pédagogue : vous le savez aussi bien que moi.

3. J'ai entendu moi aussi les doléances de nos stagiaires, après leur passage dans vos services. Ils ont l'impression de perdre leur temps et la comparaison qu'ils font naturellement avec le stage en branche incendie ne fait qu'augmenter leurs regrets, leur insatisfaction.

Vous avez perçu cette lacune et il vous semble difficile que votre Direction générale l'ignore longtemps encore : vous faites l'hypothèse que, si elle décidait de la combler, elle pourrait faire appel au chef du bureau d'études pour organiser un enseignement. Il serait qualifié pour le faire autant que d'autres... Votre expérience d'enseignant à l'École nationale des Assurances vous conduit, d'ailleurs, à penser qu'il est possible d'entreprendre quelque chose en ce domaine et il vous semble que les réalisations d'autres compagnies, la nôtre notamment, peuvent vous éclairer, vous préparer à faire face à une mission d'étude qui vous serait éventuellement confiée.

4. On a peine à comprendre que la Direction d'une importante compagnie n'ait pas eu, depuis longtemps, le souci de former ses agents. La concurrence sur les prix, certes, est une réalité... mais la concurrence sur la qualité des conseils, des services, a une autre importance !... « L'assurance ne coûte cher qu'avant l'accident. » Cette formule bien frappée, devenue banale, exprime la réalité. Mais si nos dirigeants y applaudissent sans en tirer les conséquences, c'est de la comédie !... Il faudrait sans doute compléter en disant : « L'assurance mal faite coûte cher. L'assurance bien faite est une économie. » Mais alors, Messieurs les Directeurs, formez vos agents, vos vendeurs de service !

5. Si je vous comprends bien, vous vous intéressez à la fois à la technique, comme responsable du bureau d'études, et à la pédagogie parce que vous goûtez à la fonction enseignante en intervenant à l'École nationale des Assurances.

Comme le vent est à la formation professionnelle, il pourrait y avoir, un jour, un job intéressant dans votre société. Pourquoi ne vous le proposerait-on pas ?... mieux vaut se tenir prêt à toute éventualité.

Je comprends aussi que vous commenciez près de moi votre enquête car, au sein de notre groupe, nos directeurs sont chacun à l'affût de ce qui se fait dans les autres branches... de ce que font les autres...

Débuts d'entretien

En vue d'exercer la gamme de comportements de réponses à construire

Jeune enseignante

« Je suis écœurée par l'égoïsme de mes collègues. Ils ne s'intéressent pas aux jeunes enseignants. Les réunions professionnelles et syndicales sont insupportables, chacun reste sur ses positions et critique celle des autres. Personne n'aide à appliquer un projet de rénovation pédagogique qui est pourtant très intéressant. J'ai envie de tout envoyer promener. »

Réponses à construire

1. Support :
2. Évaluation :
3. Enquête :
4. Interprétation :
5. Compréhension :

Étudiant de vingt-trois ans

« Je gagne à peine ma vie et j'en ai assez de tirer le diable par la queue. J'ai la possibilité d'aller travailler en Afrique où l'on m'offre une situation. Mais j'ai une vieille mère malade et qui a besoin de ma présence. Je ne sais plus quoi faire. »

Réponses à construire

1. Support :
2. Évaluation :
3. Enquête :
4. Interprétation :
5. Compréhension :

Jeune femme de vingt-cinq ans

« J'ai à peine vingt-cinq ans et je suis déjà vieillie avant l'âge. J'en ai assez de la vie de ménage, de mon mari qui se conduit en véritable dictateur et des enfants qui sont de plus en plus tyranniques. J'aimerais bien partir loin... très loin. Mais comment faire ? J'aime beaucoup mes enfants... »

Réponses à construire

1. Support :
2. Évaluation :
3. Enquête :
4. Interprétation :
5. Compréhension :

Homme de trente ans

« La famille de ma femme et moi, ça fait deux.. Deux mondes différents !
Ils font tout ce qui est en leur pouvoir pour m'éviter. S'ils me voient arriver, ils traversent la rue. Personnellement, je fais semblant de ne pas les voir. Quand nous allons chez eux, c'est à peine s'ils m'adressent la parole. D'ailleurs je ne vois pas ce que nous aurions à nous dire. Nous n'avons rien de commun... Pendant les cinq semaines que ma femme a passées à l'hôpital, ils ne m'ont pas invité une seule fois à dîner... Oh ! ça ne me gêne pas, vous savez !
Mais, s'ils ne s'occupent pas de moi, je n'ai pas à m'occuper d'eux. S'ils ne m'invitent pas, ils ne viendront pas chez moi. »

Réponses à construire

1. Support :
2. Évaluation :
3. Enquête :
4. Interprétation :
5. Compréhension :

Iago et Roderigo[1]
(d'après *Othello* de Shakespeare)

Iago

Qu'est-ce qu'il y a Roderigo ?

Roderigo

Il y a que tu n'es pas très loyal.

Iago

Moi ? En quoi ne suis-je pas loyal, moi ?

Roderigo

Tu m'envoies promener, chaque jour, avec un autre boniment. J'ai même l'impression que tu fais ton possible pour m'enlever les bonnes occasions, au lieu de me les procurer. Je suis à bout, et je suis décidé à ne pas subir paisiblement tout ce que tu m'as déjà fait voir.

Iago

...

Construire la réponse de Iago

1. Support :
2. Évaluation :
3. Enquête :
4. Interprétation :
5. Compréhension :
6. Décision :

1. Proposé par un organisme de formation.

DOCUMENT 144

Gamme d'exercices de questionnement et de reformulation

Parmi d'autres exercices possibles, on pourra élaborer des mini-situations permettant d'affiner notre perception des orientations variées que peuvent prendre des comportements aussi familiers que ceux de questionnement, mais aussi ceux de reformulation : notamment dans leur centration, que celle-ci soit tournée réellement vers l'interlocuteur questionné ou se réfère seulement à la curiosité du questionneur.

On trouvera d'excellentes gammes d'exercices de cette nature proposées pour l'autoformation dans un ouvrage de Jean Artaud[1]. Ces gammes peuvent être utilisées avec fruit en groupe.

En voici quelques extraits à titre d'exemples.

Comme pour l'identification des diverses réponses, vous êtes invité à repérer dans les réponses suivantes, de type questions, celles qui sont centrées sur le questionné et celles qui montrent trop l'hypothèse ou la suggestion du questionneur.

Procédez ainsi pour les fiches A, B, C.

Vous pourrez vérifier vos réponses sur la fiche des réponses.

Fiche A

« J'avais organisé avec un groupe d'élèves un stage d'informatique. À côté de la technique, l'objectif était d'apprendre à vivre en groupe. Or un soir, ils ont été odieux et nous sommes partis brouillés et agressifs les uns par rapport aux autres. Je n'en suis pas fier. »

Réponses

1. De quel niveau était ton stage d'informatique ?
2. De quoi n'es-tu pas fier ?
3. Est-ce qu'ils connaissaient ton objectif ?
4. Comment as-tu réagi à leur comportement ?
5. Souhaiterais-tu en parler ?
6. Est-ce que tu organiseras un nouveau stage ?

Fiche B

« Ce matin en venant, j'ai arrêté la radio pour contempler le lever du soleil en silence : j'étais émerveillé. »

1. Jean Artaud, *L'Écoute, attitudes et techniques,* Chronique sociale, Lyon, 1991, pp. 146 à 149 et p. 166.

Réponses

1. Tu n'aimes pas la radio ?
2. C'est le soleil qui t'émerveillait ?
3. C'était donc si beau ?
4. Tu aimes tant que ça les levers de soleil ?
5. Tu ressentais de l'émerveillement ?
6. Ça ne pouvait se contempler que dans le silence, n'est-ce pas ?

Fiche C

« J'en ai marre de cette maison, il n'y a pas moyen de travailler sérieusement. »

Réponses

1. Qu'est-ce que tu reproches à la maison ?
2. Tu n'arrives plus à travailler sérieusement ici, n'est-ce pas ?
3. Que comptes-tu faire ?
4. Pourquoi es-tu aussi pessimiste ?
5. Tu es vraiment excédé ?
6. Peux-tu me dire de quoi tu as marre ?

Fiche des réponses aux questionnements, pour le formateur

Fiche A

Réponses centrées sur le questionnement : 1, 3, 6.

Réponses centrées sur le questionné : 2, 4, 5.

Fiche B

Réponses centrées sur le questionnement : 1, 2, 4.

Réponses centrées sur le questionné : 3, 5, 6.

Fiche C

Réponses centrées sur le questionnement : 1, 3, 4.

Réponses centrées sur le questionné : 1, 3, 4.

Variantes

On pourrait encore différencier des exercices dans l'esprit des formes précédentes en proposant des répertoires mélangeant des questions rédigées et centrées sur :

– le problème ou la situation propres à l'interlocuteur ;
– la personne de celui-ci ;
– d'autres personnes ;
– la relation entre le questionneur et son interlocuteur en entretien ou en *interview.*

On pourrait y ajouter une distinction de questionnement relative au temps : sur le passé, le présent ou l'avenir, de l'interlocuteur ou d'une autre personne. Il serait encore possible d'avoir des questions centrées sur des lieux ou sur des groupes.

DOCUMENT 145

Repérage de l'effet d'une réponse

Une autre forme d'exercice peut consister à prévoir les effets d'une réponse faite. Nous ne faisons qu'en indiquer le principe et un exemple tirés du livre, déjà cité ci-dessus, de Jean Artaud.

Après avoir lu ou écouté les déclarations d'une première personne et la réponse que lui fait son interlocuteur, vous êtes invité à exprimer ce que ressent l'écouté. Se sent-il entendu, accueilli, ou à l'inverse incompris, trahi, ulcéré, etc. Vous pouvez caractériser la réponse selon les catégories de Porter (on pourra repérer cet effet sur le tableau du document 146).

Après cette clarification, vous pourrez vérifier l'effet réellement produit par la réponse chez l'écouté en consultant le document 146.

Premier exemple

« Je crains de ne pas être disponible pour cet exercice. »

Réponse

Soyez à l'aise, vous pourrez aller plus directement à l'essentiel. Ce qui compte, c'est que nous parvenions au terme.

Effet produit par cette réponse ?

Reformulations

Vous êtes invité à repérer l'objet sur lequel se centre la reformulation :
– les faits secondaires
– le problème
– la personne
– le sentiment.

Pour vous aider dans cette recherche, nous proposons un autre exemple :

« Je comptais passer des vacances au calme... en fait, il n'y a eu aucun moment de tranquillité, C'est décevant. »

Schématisation des éléments et personnes :

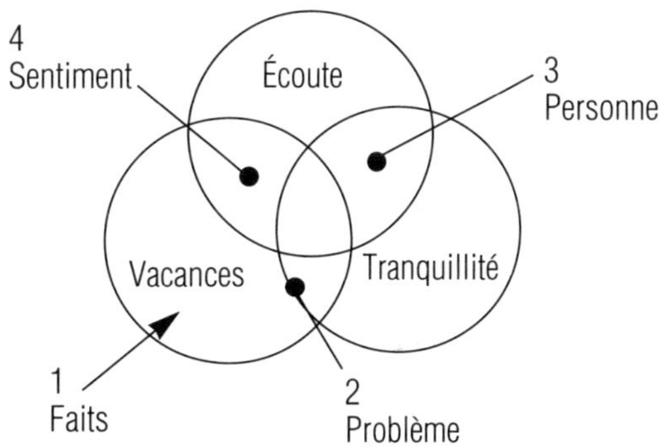

1. Reformulation sur les faits :

Les vacances n'ont pas été calmes.

2. Reformulation sur le problème :

Il n'y a pas eu de moment de tranquillité.

3. Reformulation sur la personne :

Vous n'avez pas pu passer des vacances calmes.

4. Reformulation sur le sentiment :

Vous êtes déçu de ces vacances.

Nous ne citerons pas les exercices qui suivent et qu'un formateur peut élaborer ou retrouver dans l'œuvre de Jean Artaud[1] ou d'autres auteurs.

1. Jean Artaud, *op. cit.* p. 157. On trouvera dans cet ouvrage d'autres exemples d'exercices portant sur la formulation de réponses personnelles, le repérage de ses propres tendances lors des réponses, le repérage de l'effet d'une réponse sur l'écouté, les effets des réponses, la compréhension de l'autre...

DOCUMENT 146

Notes sur les conséquences des différents comportements d'entretien

Le comportement d'entretien[1] est une forme de conduite sociale apparente qui peut être vécue avec des attitudes profondes diverses (qui l'accentuent, le tempèrent ou le contredisent) : il provoque néanmoins sur l'interlocuteur certaines conséquences probables, quand on l'a adopté. Généralement on constate ces conséquences sur deux groupes de phénomènes distincts et antagonistes dans la dynamique de la personnalité.

Le premier groupe concerne les dispositions intérieures de l'interlocuteur à l'égard d'autrui. Celles-ci peuvent être appréciées sur trois variables : la quantité de dépendance, l'intensité des conflits au regard des autres, et l'importance des défenses selon lesquelles la personnalité se couvre (se masque) face à autrui.

Le second groupe concerne les dispositions de l'interlocuteur à l'égard de lui-même. La conscience de sa responsabilité propre (son autonomie réfléchie), l'angoisse devant sa solitude, et l'accueil (ou l'explicitation) des communications relatives à lui-même.

On constate que le premier groupe de variables tend à augmenter solidairement alors que le second diminue, quand les comportements directifs sont mis en œuvre dans l'entretien et c'est l'inverse quand les comportements non directifs ou de « compréhension » sont utilisés. On constate aussi que certains comportements entre les précédents, peuvent avoir des propriétés oscillantes par rapport aux phénomènes subjectifs de l'interlocuteur.

Comportements directifs

Les comportements de décision (menace, ordre, conseil) et d'information accroissent la dépendance de l'interlocuteur à l'égard d'autrui, dans la mesure où on tend de l'extérieur à prendre peu ou prou sa place. Par l'influence exercée, ils refoulent également des tendances spontanées et, par suite, ils risquent de faire augmenter les conflits internes ; par le fait, ils suscitent les défenses de la personnalité soumise à une pression externe. Mais ces comportements diminuent en même temps les incertitudes de l'interlocuteur ; ils réduisent donc ses réflexions libres, et par suite sa conscience de responsabilité ; cependant, ils compriment aussi son vide, c'est-à-dire son angoisse ; mais naturellement ils laissent peu de chance ni de place à une constatation approfondie de soi, c'est-à-dire à une explicitation des communications.

Les comportements de support (aide et soutien) que l'on pourrait croire moins directifs et plus compréhensifs que le conseil, donnent exactement les mêmes résultats car les problèmes de l'individu sont supportés de l'extérieur et pressés comme pour être réduits ou banalisés. Mais les incertitudes et l'angoisse sont aussi réduites.

Les comportements d'évaluation (positive ou négative) ont également les mêmes effets mais à un niveau affectif beaucoup plus survolté et qui demande davantage de prudence. En effet, agissant par la puissance de l'influence qu'ils exercent, ils peuvent soulager de l'angoisse mais ils risquent de bloquer en même temps les possibilités d'échanges en altérant la conscience de soi et en comprimant la confiance.

Comportements non directifs

Les comportements non directifs de compréhension et de réverbération ont des conséquences inverses. Ils traduisent un effort pour respecter et réverbérer manifestement sans altération le problème vécu par l'interlocuteur. Celui-ci peut vivre une réflexion où il est mis en situation responsable, dégagé de dépendance. Ne se sentant pas pressé dans ses tendances spontanées, il peut les accueillir sans montée de conflit pour une élucidation réfléchie. Ce faisant, il a tendance, momentanément, à supporter par lui-même davantage d'angoisse dans la mesure où il n'y a aucune prise en charge dérivative de l'extérieur, de son problème.

Comportements intermédiaires

Les comportements d'enquête (trop souvent pratiqués impulsivement) sont ambigus, en ce sens que, suivant l'attitude profonde, une question posée à quelqu'un peut le détourner de sa problématique propre et le mettre en état de dépendance ou au contraire lui donner, en cas d'opportunité, l'impression d'accueil et de libération. Les attitudes sous-jacentes doivent donc être soigneusement contrôlées ici.

Les comportements d'interprétation directive et coopérative peuvent agir de deux façons différentes selon la nature de l'explication qu'ils apportent, selon sa qualité fine ou lourde, et sa profondeur, progressive ou sauvage. Ils peuvent atténuer l'angoisse aussi bien que les défenses mais les accroître, tout également. Ce sont là

1. Se reporter au livre d'André de Peretti : *Liberté et relations humaines*, Épi, 1966, p. 43 à 47.

des comportements délicats. Rogers les adopte rarement (à l'inverse des psychanalystes qui, avec beaucoup de prudence il est vrai, en font leur mode essentiel de relation, à terme).

Les comportements de diversion accroissent la dépendance mais aussi l'angoisse ; ils réduisent la responsabilité mais également la communication.

Chaque comportement peut être plus ou moins indiqué dans telle ou telle situation d'entretien, à tel ou tel moment, suivant l'état de responsabilité possible (qu'il importe de faire croître) ou l'état d'angoisse de l'interlocuteur (qu'il peut importer de compenser momentanément).

On notera l'intérêt des comportements de compréhension et de réverbération qui facilitent l'explicitation des communications et qui sont à la base des comportements d'entretien non directifs (importants pour tout entretien, mais essentiels pour traiter en profondeur des enquêtes, ou en cas de thérapie).

Dans tous les cas, les comportements directifs gagnent à être mesurés et à s'établir à l'issue d'un entretien, plutôt que prématurément.

B

A	Dépendance	Conflits intérieurs	Défenses	Responsabilité (solitude)	Angoisse	Communication
Décision	↗	↗	↗	↘	↘	↘
Support	↗	↗	↗	↘	↘	↘
Évaluation	↗	↗	↗	↘	↘	↘
*Enquête[1]	↗↘	↗↘	↗↘	↗↘	↗↘	↗↘
**Interprétation[1]	↑ ↓	↑ ↓	↑ ↓	↑ ↓	↑ ↓	↑ ↓
Compréhension	↘	↘	↘	↗	↗↘	↗
Diversion (réactionnalité)	↗	↗	↗	↘	↗	↘

1. Difficile à manier (faut être prudent)

* Ambiguë : résultats dans les deux sens

** plus d'ampleur

Comportements de l'interlocuteur **A** → effets sur l'interlocuteur **B**

DOCUMENT 147

Gamme de comportements de compréhension ou « réverbération » dans le dialogue et la communication

La gamme qui suit peut être explorée pour agrandir le clavier des modalités de compréhension, au-delà des catégories premières d'*écho*, de *miroir* et de réponse *subjective*. Elle peut servir à une analyse affinée d'un texte d'entretien (on trouvera quelques exemples plus loin), ou à un exercice de choix de comportements dans une situation ou un jeu de rôles.

1. Écho du signifiant verbal

- par onomatopée : « *Muhm !* » ; « *Ah !* » ; « *Hein !* » ; etc.
- par interjection : « *Bien.* » ; « *Sûr.* » ; « *Oui.* » ; etc.
- par encouragement : « *J'écoute...* » ; « *Je vous suis...* » ; « *Je comprends...* » ; etc.
- par reprise d'un mot exprimé par le locuteur : un mot clef, le dernier mot prononcé, etc.
- par reprise d'un bref passage du message du locuteur.

2. Reflet du signifiant non verbal

- par formulation verbale d'un geste ou d'un signe non verbal accompagnant le message oral : « *J'entends votre voix qui tremble...* » ; « *Vos doigts se serrent.* » ; etc.
- par production non verbale d'une attitude physique du locuteur qui accompagne son message oral ;
- par indication de l'intensité particulière et/ou du ton donné par le locuteur à un mot ou une expression de son message : « *Vous avez dit le mot... avec beaucoup de force.* » ; « *Votre ton a changé quand vous avez parlé de...* » ; etc.
- en soulignant l'importance d'un silence qui s'est placé au milieu d'un message ;
- en invitant à revenir sur un morceau de son message où le locuteur a marqué de l'hésitation ou du trouble ;
- par constatation d'une contradiction entre ce qui est dit de façon verbale et ce qui paraît exprimé verbalement : « *Vous dites que vos relations avec... sont tranquilles, et pourtant, votre corps semble se crisper quand vous parlez de lui...* »

3. Miroir de la relation ou de la médiation

- par définition des rôles différents joués dans la relation : « *Mon rôle en ce moment ne consiste pas à vous donner un conseil mais à vous aider à vous exprimer le plus complètement possible.* »
- par caractérisation du climat de la relation : « *En ce moment, notre relation a l'air d'être plus tendue que tout à l'heure.* » ; « *Il me semble qu'entre nous il y a...* » ;
- par expression de la structure prise par la relation : « *Vous êtes là, exprimant votre anxiété et j'ai l'air de vous écouter sans répondre à votre demande...* » ;
- par élucidation des intentions placées dans la relation par le locuteur : « *Vous me dites cela à moi en ce moment précis.* » ;
- par explicitation du cadre ou de l'environnement du dialogue : « *Ce qui nous entoure ici semble vous gêner.* » ; « *Vous dites ceci tout en regardant les notes que je prends et qui serviront pour moi ou pour vous ?* » ;
- par expression de sentiments vécus dans la relation : « *J'aimerais vous dire mon émotion en vous écoutant.* »

4. Reformulation des contenus ou des signifiés reçus

- par résumé du message complet du locuteur ;
- par reproduction identique du message du locuteur ;
- par développement du message du locuteur ;
- par explicitation du contenu latent du message du locuteur ;
- par localisation de certaines implications du message : « *Vous avez dit... et ceci paraît concerner votre métier ?* » ;
- par ré-articulation en forme d'alternative, de dilemme, d'opposition, de paradoxe : « *D'un côté vous dites..., mais d'un autre côté vous dites aussi... ; vous affirmez..., et pourtant vous assumez aussi...* ».

5. Réverbération du sens

• par invitation à compléter le message : « *J'aimerais que vous complétiez ce que vous venez de dire.* » ; « *Si c'est possible, pouvez-vous en dire plus ?* » ; « *Je ne suis pas sûr de vous avoir bien compris...* » ;

• par inversion des rôles : « Au fond, qu'aimeriez-vous *m'entendre dire ?* » ; « *À ma place, vous penseriez quoi ?* » ; « *Je dois comprendre, à votre avis, quoi ?* » ;

• par invitation à l'analyse du sens du message : « *Vous dites..., pouvez-vous expliquer ce que cela signifie pour vous ?* » ; « *Et ceci, pour vous, voudrait dire...* » ;

• par renvoi d'un symbolisme exprimé et qu'on ne désigne pas : « *Vous avez parlé de vide et vous souhaitez trouver une plénitude.* » ;

• par rappel et rapprochement de plusieurs messages émis par le locuteur : « *Vous dites..., mais je vous ai entendu dire tout à l'heure...* » ;

• par synthèse des phases successives du dialogue : « *En ce moment, voici que, parti de tel problème, vous avez parlé de ceci et de cela, en exprimant tels sentiments et telles interrogations, et vous venez de dire tout de suite et...* »

Le paradoxe d'Abraham

DOCUMENT 148

Il peut être utile en formation[1], de référer la maîtrise des attitudes, dans l'entretien, à l'exemplarité d'un personnage qui éclaire les valeurs mises en œuvre. On peut appeler, à ce propos, *paradoxe d'Abraham*, la pratique d'un accueil ferme des autres, effectué dans le respect simultané de l'originalité de soi-même : qui peut aussi bien sous-tendre les valeurs de laïcité que celles d'œcuménisme ou de scientificité.

Une hospitalité héroïque

Car Abraham, figure historique et archétypique, est universellement présenté, d'une part, comme pratiquant une hospitalité héroïque : pour lui, l'étranger, l'inconnu, l'être différent, n'est en aucune façon un ennemi et un danger, mais au contraire et de prime abord un envoyé de Dieu, un hôte à servir et à respecter avec fidélité. Et le pays étranger n'est aucunement un lieu d'exil et de menace, mais une terre d'appel et d'accueil, une terre de promesse : « promise ». Mais d'autre part, Abraham est aussi décrit comme ne perdant ou n'altérant aucune des valeurs spirituelles qui lui sont propres et qui le rattachent dans la fidélité à sa tribu et à ses origines. Entre ces deux fidélités, il n'y a aucune place pour des déformations complaisantes de l'autre ou de soi, pour des compromissions lâches, mais une confirmation paradoxale de l'étranger, hôte sacré, et de soi-même respecté à parité dans la différence supportée sans défaillance[2].

Les voyageurs

Selon la *Bible* et le *Coran*, Abraham quitte Ur, sur un appel intérieur qui le pousse vers l'extérieur : il se voit alors accueilli tel qu'il est en terre étrangère par des étrangers. En retour, il luttera (au bout de ses forces et de son esprit de tolérance) en faveur de ses hôtes successifs. Mais il y a plus. C'est la fameuse histoire de Mambré (ou Mamré). Trois voyageurs inconnus se présentent. Abraham se presse à leur rencontre, se pros-

1. Extrait de : *Du changement à l'inertie, dialectique de la personne et des systèmes sociaux*, par André de Peretti, Dunod, Paris, 1981.

2. Le théologien Jacques Pohier, dans un article controversable de la revue *Connexions* (n° 5, Épi, 1978, p. 120) suppose la superposition sur l'Abraham biblique ou coranique de plusieurs personnages distincts. Ou plutôt, il évoque le rattachement à l'Abraham originaire de personnalités diverses et disjointes dans le temps, mais placées en généalogie en raison de fusions de clans. « *Israël se construit en faisant d'Isaac le fils d'Abraham* », p.121. Interrogé par la psychanalyse, Jacques Pohier se préoccupe en fait exclusivement du sacrifice d'Isaac (ou Ismaël) et non pas des épisodes proprement abrahamiques, tels que celui de Mambré. En toute hypothèse, la signification d'une superposition ou d'un rattachement de personnages ne ferait qu'accentuer l'affirmation d'un lien fondamental entre l'hospitalité de l'étranger et la fidélité à soi ou à son accointance originelle.

ternant devant eux pour qu'ils acceptent son accueil unique : « *Monseigneur, je t'en prie, si j'ai trouvé grâce à tes yeux, veuille ne pas passer près de ton serviteur sans t'arrêter*[1]. » Le mot traduit par *Monseigneur*, n'est autre qu'*Adonaï*, mais ponctué avec un *Kamats* (*Adonoy*, en prononciation ashkénaze), c'est-à-dire un terme qui ne s'applique qu'à Dieu lui-même[2]. Et Abraham poursuit : « *Qu'on apporte un peu d'eau, vous vous laverez les pieds et vous vous étendrez sous l'arbre. Que j'aille chercher un morceau de pain et vous vous réconforterez le cœur avant d'aller plus loin ; c'est bien pour cela que vous êtes passés près de votre serviteur !* » Ils répondirent : « *Fais comme tu as dit*[3]. »

L'étranger, envoyé de Dieu

Abraham considère ainsi le trio inconnu, les trois étrangers, plus comme des envoyés de Dieu, à la lettre, comme Dieu lui-même *(Adonaï)*[4]. En retour, ces visiteurs insignes qui auraient pu être redoutables dans des pays qui n'étaient pas toujours en tranquillité, apportent à Abraham et à Sara (malgré son rire), la bonne nouvelle, fruit de leur hospitalité sacrée : Isaac va naître, une fécondité leur est assurée, alors que toute espérance n'était plus. Une fécondité existentielle est aussi apportée à celui qui accepte autrui dans sa totalité et qui n'a pas recherché à le rendre petitement conforme à soi, à le réduire par confort, non plus qu'à lui tendre la pacotille de son idéologie ou de ses objets de piété, mais qui aura simplement cherché à être devant lui pleinement lui-même et cependant quelqu'un qui entend, qui reçoit et qui partage. On ne peut oublier, près de l'image d'Abraham, celle de son autre enfant, Ismaël, dont on connaît l'envoi vers le désert et le destin tragique à l'origine des peuples arabes et de l'islam, mais dont le nom signifie : Dieu écoute, Dieu entend.

Hospitalité et fidélité

Le personnage d'Abraham, grâce à son héroïcité dans l'accueil, peut tenter derechef de sauver Sodome, cité pourtant pervertie[5], au nom de l'hospitalité toujours plus forte que les jugements. À défaut de présenter dix justes, au terme du pathétique débat de Mambré, il peut obtenir le salut de Loth et de ses deux filles qui s'étaient aussi offertes héroïquement pour sauvegarder leurs hôtes reçus comme envoyés de Dieu. Mais ce lien à l'hospitalité rejoint le lien aux valeurs originelles et aux alliances familiales, à l'accointance fondamentale. Et c'est ici qu'émerge le paradoxe : Abraham d'une part accueille et protège ce qui est le plus étranger, mais, d'autre part, il s'accueille et se respecte aussi profondément lui-même.

C'est dans cette perspective de fidélité, d'authenticité, qu'il envoie significativement chercher une épouse pour Isaac grandi. « *Je te fais jurer par Yahvé, le Dieu du ciel et le Dieu de la terre, que tu ne prendras pas pour mon fils une femme parmi les filles des Cananéens au milieu desquels j'habite. Mais tu iras dans mon pays, dans ma parenté, et tu choisiras une femme pour mon fils Isaac*[6]. » Fidélité symbolique à ses racines, à ses traditions, comme signes persistants de son originalité ! Et c'est encore au signe de l'hospitalité accordée immédiatement, généreusement, par le don de l'eau, que le serviteur envoyé par Abraham reconnaît Rébecca, petite-nièce de celui-ci et qu'il la ramène vers Isaac, en Canaan.

C'est en raison de cette fidélité, détendue et sans raideur, renouvelée sans aucune crispation, qu'Abraham peut être en accueil d'autrui, en amitié avec tous les *Cananéens* du monde. Suffisamment sûr de lui-même pour être suffisamment sûr des autres et des relations d'agrandissement, il éprouve des rapports de généralité universalisante par le fait des autres respectés. Car en raison de la consistance de la relation à soi, l'autre peut être accepté, dans sa différence. Il cesse d'être dangereux, non altérant, si nous l'aidons à avoir sa place comme il est, là où il est. Et, au contraire, c'est la crainte de l'autre qui nous altérait. Tant il est vrai que nos risques sont intimes, selon nos inerties, et que nos chances se révèlent par l'hospitalité réciproque.

Confirmation

La rencontre dans le respect confirme chacun ; l'homme reçoit, et ce qu'il reçoit n'est pas un contenu, mais une présence, une présence qui est une force.

---

1. *Genèse*, XVIII, v. 3, trad. *Bible de Jérusalem* : « *Tres vidit et Unum adoravit.* »
2. Charles Leben, « Une énigme biblique : le dialogue des plaines de Mambré », in *Information juive*, Paris, n° 278, janvier 1978, p. 4.
3. *Genèse*, XVIII, v. 4 à 6.
4. Dans le *Coran*, les trois étrangers sont des envoyés de Dieu, mais le message d'accueil et le dialogue d'hospitalité sont les mêmes. Cf. sourate XV, v. 51 et sourate XXIX (dite de l'Araignée), v. 27 à 33.
5. Cf. Louis Massignon, in *Parole donnée*, « Les trois prières d'Abraham », coll. 10-18, p. 285 : « *Sodome est la cité qui s'aime elle-même, qui se refuse à la visitation des anges, des hôtes, des étrangers ou qui veut en abuser.* »
6. *Genèse* XXIV, v. 3 et 4.

DOCUMENT 149

La dynamique de l'entretien

Situation initiale

Elle peut se définir comme une situation de dépendance, le demandeur attribuant *a priori* à l'accueillant une supériorité de compétence, d'expérience, de statut : en outre, l'accueillant peut représenter une image sexuelle rassurante (c'est *a priori* quelqu'un qui a réussi sa sexualité, qui en domine les problèmes).

La situation initiale est aussi, presque toujours, une situation de doléance : le demandeur se plaint de quelqu'un (conjoint, enfants, employeur, etc.).

Il se peut aussi que la première demande voile la demande réelle, qu'elle soit extérieure à la situation-problème.

Développement de cette situation initiale

• *Il se peut que la situation de dépendance dure*, c'est-à-dire que l'accueillant prenne en main l'entretien. Les attitudes décrites par Porter sous le nom d'investigation, de solution, de soutien, de jugement-évaluation, d'interprétation, maintiennent la situation initiale.

Ainsi maintenue, la situation de dépendance évolue facilement en situation de transfert : le demandeur perçoit l'accueillant comme image parentale et opère sur lui un transfert affectif positif comme sur un parent idéal qui va tout résoudre pour lui. Le demandeur tend à se cantonner dans une attitude d'attente passive de solution, où son exigence de solution va croissant.

Des phénomènes de contre-transfert peuvent aussi se produire chez l'accueillant (le fait même d'avoir choisi une des attitudes précédentes montre chez lui une prédisposition à ce contre-transfert). Il peut voir dans le demandeur un enfant qu'il s'agit d'éduquer en entraînant son adhésion au désir ou aux valeurs de l'accueillant. Il peut aussi projeter sur la situation du demandeur soit son expérience de situations analogues qu'il a pu connaître, soit ses propres problèmes et les solutions qu'il a pu leur donner tant bien que mal, soit ses valeurs morales. Cela peut aboutir à un véritable refus et à un rejet de la situation réelle du demandeur, faussée par la perception qu'en a l'accueillant en fonction de son propre vécu.

Cette situation de transfert ne peut pas évoluer au cours d'un entretien comme dans une psychanalyse (transfert négatif, puis ab-réaction), en raison de la durée beaucoup trop brève de la situation d'entretien, du fait que l'accueillant est rarement lui-même psychanalyste, etc. Le transfert ne fait que s'amorcer et maintient, répétons-le, la situation de dépendance et de recherche de solutions apportées par l'accueillant.

Si celui-ci en propose, elles sont presque toujours rejetées par le demandeur comme impraticables ou inadéquates. Ou encore, celui-ci accepte de les essayer par soumission et pour voir... très rarement avec succès, car elles ne correspondent en général ni à la situation réelle (que l'accueillant ne perçoit qu'à travers la subjectivité du demandeur et à travers sa propre subjectivité), ni à une évolution de la personnalité du demandeur.

• *Modification de la situation initiale de dépendance*

L'attitude *compréhensive* décrite par Porter est en fait la traduction au plan du comportement d'attitudes intimes assumées par l'accueillant (attitudes de non-jugement), de non-intervention, et d'empathie décrites par Rogers. L'accueillant manifeste ainsi qu'il refuse le rôle parental, magistral... que le demandeur veut lui voir tenir.

C'est en général à cette phase que se produisent les silences que l'accueillant doit apprendre à supporter et à respecter car ils correspondent, même s'ils sont pénibles, à une évolution et à une transformation de la situation initiale de dépendance.

Elle évolue en effet normalement vers une relation d'authenticité (Rogers) dans laquelle l'accueillant n'est plus perçu par le demandeur comme parent, maître ou juge, mais comme une personne sans rôle bien défini, comme un interlocuteur auprès duquel le demandeur fait, souvent pour la première fois, l'expérience de sa capacité à analyser ses propres problèmes, à s'expliquer, à se faire écouter et comprendre, à se faire accepter tel qu'il est sans être ni jugé ni contredit.

Il en résulte souvent, chez le demandeur, un déblocage de la parole et de la pensée qui peut, dans les cas les plus favorables, amorcer à lui seul une évolution ultérieure, que le demandeur poursuivra seul, vers l'autonomie et la prise en charge de sa propre situation.

Si l'entretien dure, ou se prolonge en un ou plusieurs autres entretiens, on assistera souvent à :

– une modification de la demande, le véritable problème du demandeur étant plus en plus nettement cerné et exprimé ;

– une précision croissante dans l'analyse de sa propre situation par le demandeur lui-même ;

– la perception par lui d'une part de responsabilité dans la situation (au lieu du rejet de toute responsabilité sur les autres) ;

– la recherche active, adulte, de solutions personnelles

et adéquates, comportant la plupart du temps une modification du comportement du demandeur lui-même, au lieu d'une attente de modification du comportement des autres ou de modification de la situation par des interventions extérieures.

Lorsque la relation d'authenticité a été bien établie (alors seulement), des investigations discrètes (n'ayant pas l'allure d'un interrogatoire débouchant sur une ordonnance) : « *Puis-je me permettre de vous demander si...* » ; des suggestions et non des conseils : « *Peut-être pourriez-vous...* » ; « *Avez-vous pensé à...* » ; des reformulations-échos (n'ajoutant aucun élément à ce qu'a dit le demandeur, mais mettant en valeur certains éléments) peuvent favoriser l'évolution de la situation d'entretien vers son but : l'autonomie du demandeur par rapport à l'accueillant. C'est une situation éducative au sens propre, l'éducation étant précisément le processus qui conduit l'éduqué à se passer de l'éducateur.

Un tel résultat peut n'être atteint que grâce à plusieurs entretiens avec le même demandeur ; dans certains cas, il pourra être possible d'avoir des entretiens avec plusieurs membres de la famille successivement, ou parfois même simultanément. Cette dernière situation suppose que la situation soit déjà en partie déminée par les intéressés.

DOCUMENT 150

Trois attitudes profondes dans l'entretien

En face d'un interlocuteur qui peut être une personne ou un groupe, trois attitudes profondes, ou si l'on veut trois registres, sont possibles par-delà toute la gamme de nos comportements : une attitude de pression, une attitude de distance, ou une attitude de contact[1].

Attitude de pression

Elle s'organise plus ou moins clairement selon une suite de comportements directifs : ordres donnés, voire menace ou sanction ; conseil proposé, voire suggestion ; aide offerte, voire soutien moral accordé ; enfin et surtout jugements, évaluations. Ces comportements, engageant dans une voie déterminée, peuvent mettre en œuvre une pression plus ou moins légère. Mais, de toute façon, leur emploi vise à rendre sensible la présence psychique (très souvent la supériorité), la responsabilité d'une personnalité sur un interlocuteur, le pressant (par contrainte ou jugement) de devenir identique à elle ou à un modèle qu'elle tient en tête. Une telle attitude conditionne.

Attitude de distance ou d'attente

Elle peut s'organiser dans les mêmes comportements, mais atténués. Elle visera par des ordres élusifs ou des menaces confuses, des conseils vagues, des suggestions, une aide ou un soutien hypothétique, à maintenir à distance convenable l'interlocuteur. Ordres ou soutiens, objets réels ou échanges, sont alors des voies pour se protéger en paraissant s'intéresser. L'interlocuteur est, en fait, enveloppé dans une toile d'araignée diligente. Les rapports de responsabilité ou de complicité ou de communion sont réduits. L'éducateur établit une suspension dans les échanges avec son interlocuteur. Il peut recourir, pour fonder cette suspension, non seulement aux comportements directifs, mais surtout à un comportement d'enquête : il pose des questions afin d'élucider ou de dévier l'interrogation réelle que soulève l'interlocuteur. Il peut également recourir à un comportement d'interprétation : il essaie d'expliquer la conduite de l'interlocuteur, ce que celui-ci devrait comprendre. L'individu dans cette attitude de distance se met hors d'atteinte des réactions de l'interlocuteur. Il le laisse faire. Il le déconditionne d'une façon ou d'une autre.

Attitude de contact

Elle est plus subtile à définir. Elle ne se place en face d'une personne ni en pression ni en retrait, mais dans un équilibre délicat et sans cesse à rétablir. L'individu se tient dans une présence directe à autrui, se rendant authentique à la totalité des sentiments qu'il éprouve lui-même, tout en suivant strictement l'évolution des sentiments de l'interlocuteur. C'est une situation d'accueil à la fluidité des découvertes que l'interlocuteur se fait de lui-même en conversant.

Une telle attitude suppose une acceptation inconditionnelle d'autrui, tel qu'il est, et des voies qu'il choisit à tout instant. Tout inacceptation, tout refus conduiraient inévitablement, par résistance, à une attitude de distance ou de pression.

L'individu ne pèse pas ; il ne se dérobe pas non plus. Il agit ses propres valeurs de respect d'autrui et de soi ; il maintient une congruence de lui-même, sans porter ombre ou jugement (encore moins condamnation) sur l'interlocuteur. Il vit, existentiellement, une confiance dans l'aptitude de celui-ci à trouver par lui-même ses propres directions, à découvrir seul, et pourtant accompagné par lui, les solutions de ses problèmes.

Pour obtenir une telle attitude, il devient difficile de recourir à des comportements directifs. Ceux d'enquête et d'interprétation supposent une juste correspondance aux attentes de l'interlocuteur : il faut formuler la question que celui-ci tend à se poser ; l'explication qu'il a plus ou moins consciemment ramassée. Un comportement d'information (exposé de connaissance ou de propriété des faits) est toujours possible : à condition qu'on n'exerce aucune poussée, plus ou moins secrètement, sur l'interlocuteur, ou qu'il ne s'agisse pas non plus d'une dérobade.

Finalement, ce sont des comportements *miroir* qui peuvent actualiser le plus finement l'attitude de contact. L'individu explicite aussi clairement que possible, à point donné, ce qu'il a compris des préoccupations de l'interlocuteur en se plaçant dans son cadre de référence mais sans pourtant prendre sa place. Rogers appelle *compréhension* une telle sorte de comportement.

Dans l'attitude de contact, l'individu ressent, émotionnellement, les problèmes de l'interlocuteur, mais il maîtrise ses propres désirs de faire pression ou de se mettre à distance. Il laisse l'interlocuteur choisir son chemin, allant à ses côtés, fraternellement dans une confiance radicale.

Les psychologues Porter et Rogers ont montré les conséquences des divers comportements et donc surtout des attitudes qui les supportent. Pression et directivité freinent l'angoisse de l'interlocuteur, mais freinent aussi le développement, l'explicitation des communications qu'il entretient avec autrui et lui-même ; elles risquent d'accentuer sa dépendance, ses conflits intérieurs et ses *défenses* (ses fuites, ses biais ou ses agressions). Distance, enquête ou interprétation peuvent aussi bien freiner qu'accélérer les phénomènes d'angoisse et de communication ainsi que ceux de dépendance, de défense et de conflit : tout dépend de l'attente de l'interlocuteur. Contact et compréhension auront tendance à accroître l'explicitation des communications, mais aussi les sentiments d'angoisse. Ils font en contrepartie baisser dépendances, conflits internes et défenses.

Tentés par des attitudes de pression

En fait de conséquences, que faut-il escompter de mieux dans un dialogue ? et dans le dialogue d'un éducateur avec un éduqué, *un client* ?

Nous usons naturellement des trois attitudes. Mais en tant qu'éducateur, quel dosage et quelle application spécifique devrions-nous en faire ? Beaucoup, passionnément ou pas du tout d'attitude de pression ? Celle-ci localisée sur des horaires, des formes de travail, ou des contenus de connaissance ? De même, quel exercice de la distance ou de la proximité du contact doit-on faire ? à quel taux de fréquence et d'intensité ? dans la conversation individuelle ou dans les rapports de groupe, de classe ? sur des contenus ou sur des formes ? et dans quelle visée ?

Ajoutons à ces points de perplexité que, souvent, nous adoptons des comportements qui nous paraissent ajustés à une attitude ouvertement recherchée, alors que nous les utilisons de travers, glissant d'une attitude à l'autre. Le discernement des esprits ou le discernement de nos attitudes dans le dialogue : c'est tout un. Et il importe de suivre clairement l'attitude pour laquelle on est profondément motivé en tant qu'elle nous paraît accordée à notre situation propre d'éducateur ayant charge d'âmes. On doit observer que les comportements directifs, soutenus par une attitude de pression qui est consciente d'elle-même et conséquente à une responsabilité, peuvent être plus respectueux des interlocuteurs que des comportements d'interprétation ou même des essais de compréhension qui dépendraient en réalité d'une attitude de distance inconsciente ou d'une attitude de contact indécise.

En effet, ces attitudes ne sont-elles pas pratiquement équivalentes à nos yeux ? Et leurs considérations ne heurtent-elles pas certaines de nos habitudes ou de nos résistances ? Disons-le tout net : en tant qu'éducateurs, nous sommes tentés par les attitudes de pression. La vérité, l'efficacité ne nous font-elles pas obligation d'être pressants ? Ne sommes-nous pas invités à l'enseignement, à la publication, à l'observation des lois morales ou physiques ?

Convenons également que nous sommes souvent en attitude de distance, plus que nous ne voudrions le reconnaître. Pour compenser des pressions qui ont été un peu trop persévérantes, nous passons volontiers à des attitudes plus réservées. Et cependant nous estimons communément que l'éducateur ne devrait user qu'avec ménagement de la distance.

Mais venons-en à l'attitude de contact. D'un côté, elle nous séduit au point que volontiers nous serions tentés de nous sentir coupables de la pratiquer insuffisamment sans assez de clarté et de rigueur. Il peut être juste d'avouer qu'elle nous paraît ambiguë, instable et paradoxale. Elle peut donner lieu à de fausses interprétations. On glisse avec beaucoup de facilité du contact à la distance.

Et tout compte fait, cette attitude est-elle conséquente avec une vie morale ou un enseignement ? N'est-elle pas trop relativisante, laxiste, presque sceptique ? ou bien redoutable avec l'action indirecte qu'elle exerce et que nous pouvons utiliser de façon manipulatoire pour pousser des personnes dans des voies que nous préférons secrètement ?

Oui, quelle attitude élire ou quel dosage d'attitudes respecter pour la forme et le fond de nos activités d'éducateurs, de formateurs ?

DOCUMENT 151

Alertes pratiques

Alertes pratiques pour réguler communications, transferts et compréhension dans une activité d'entretien de formation et d'enseignement :

Au niveau de soi

– se mettre en équilibre intérieur, juste ce qu'il faut ;

– se mettre à l'aise, en confort, en transparence à soi-même ;

– se préparer à utiliser toute sa personnalité, intellectuelle et organisatrice.

Au niveau du rapport à autrui

– vérifier la disponibilité de l'attention à l'autre (individu ou groupe) ;

– vérifier que chacun et soi-même sont placés à la même distance d'intérêt ;

– se préparer à accueillir tous les échanges de la part d'autrui, en non-défensivité et non-réfutation d'office.

Au niveau des objectifs ou des intentions

– apprécier leur convenance à nos attitudes et réciproquement ;

– apprécier leur accord aux images d'autrui ;

– se préparer à situer et comprendre nos réactions à autrui.

Au niveau des rôles

– s'assurer que les différences entre les rôles ne bloquent pas ;

– s'assurer de l'acceptation et de la pertinence des rôles ;

– organiser l'écluse des temps, des délais, des rythmes d'expression...

Au niveau des langages

– établir une variété des canaux de transmission visuelle, sonore, gestuelle ;

– établir une classification des concepts et des références ;

– vérifier l'adéquation des codes utilisés et/ou leur compatibilité.

Au niveau des représentations

– faire apparaître les connotations facilitantes ou bloquantes associées au thème ou terme étudié ;

– prendre appui sur des métaphores pour soutenir mémorisation et idées ;

– faire expliciter les théorisations ou hypothèses implicites.

Au niveau des cadres de références

– s'assurer de la compatibilité des informations ou savoirs avec l'organisation cognitive (la *Weltanschauung*) d'autrui ;

– s'assurer des recours, détours ou supports facilitant l'utilisation des nouveaux concepts aux systèmes de pensée d'autrui ;

– favoriser les messages en retours (rétroaction ou *feed-back*) d'autrui.

Au niveau des structures

– ne pas perdre de vue le caractère systémique de toute communication ou relation ;

– évoquer et analyser, quand c'est nécessaire, les contraintes ou les pressions institutionnelles ;

– renforcer par l'élaboration de projets et/ou de contrats les transferts ou la mise en œuvre des connaissances et savoir-faire.

Au niveau des comportements d'expression ou de réponses

– choisir le comportement adéquat, sur une variété (de décisions ? support ? évaluation ? questionnement ? interprétation ? réverbération ?), en cohérence avec notre attitude réelle ;

– formuler un comportement aussi pur que possible en évitant de mélanger questions et conseil, évaluation et support, interprétation et décision, etc.

– varier les comportements utilisés pour éviter la monotonie et suivre les inflexions de nos attitudes.

Structure d'une relation d'entretien ou de réunion

DOCUMENT 152

Problèmes pratiques que je me pose

Par rapport à la fonction de médiation, je me propose de :

– maintenir et enrichir mon attention (attention flottante et média) ;

– organiser, ajuster l'espace et le temps (maîtriser les inerties, faire *l'écluse*) ;

– observer toute la situation et quelques éléments singuliers (vivre et équilibrer les rapports hiérarchiques).

• *Règle d'or de la médiation*

Vérifier que je place, émotionnellement, toutes les personnes et moi-même, sur une surface équipotentielle de présence.

Par rapport à la fonction *réception-écoute*, je me dispose à :

– tout accueillir et retenir, à tous les niveaux de classement possibles (*adressage*, vérification des messages) ;

– faire jouer la pluralité des références disponibles en moi (rendre dynamique mon *référentiel*)

– discerner et recevoir les transferts qui viennent sur moi ou sur d'autres (distinguer ma fonction de ma personne)

• *Règle d'or de réception-écoute*

En vue de contrôler mes contre-transferts, laisser se stabiliser mes mouvements subjectifs tout en les utilisant pour explorer la relation, afin d'être davantage moi-même (et unifié).

Par rapport à la fonction d'*intervention*, je me prépare à :

– apporter en temps utile (et sans précipitation) des supports (d'action ou d'identification) ;

– accompagner prudemment la structuration qui s'élabore dans les échanges de la relation (enquête, invention, interprétation) ;

– effectuer souvent des reformulations, des réverbérations très variées (en écho ou en miroir) ;

• *Règle d'or de l'intervention*

S'assurer que les deux autres règles d'or sont appliquées et tenter le contact en équilibrant la présence-distance de mon action.

DOCUMENT 153

Référence aux concepts-repères sur lesquels réguler nos attitudes et nos comportements dans un entretien

Congruence ou l'aise d'être soi-même

Ai-je pris soin, pour aborder cet entretien, de me mettre intérieurement en confort avec moi-même ?

La problématique dont je me préoccupe me met-elle à trop de distance, en trop d'oubli de moi-même et des impressions que je ressens effectivement face à mon interlocuteur ?

Est-ce que je ne dois pas prendre un temps pour réaccorder en moi les idées, les connaissances, les sentiments et les objectifs que je poursuis en acceptant un entretien ?

Puis-je continuer à ne pas dire simplement, sans survoltage, ce que je ressens de façon puissante par rapport au climat de notre entretien ?

Comment m'unifier, m'équilibrer, trouver souffle en moi-même, afin de prendre un risque maîtrisé d'exprimer ce que je suis, et juste ce qu'il faut pour moi et pour autrui ?

Plus directement : « *Est-ce que je joue de façon crispée un rôle ou est-ce que je me manifeste, dans ma fonction, en tant que personne ?* »

Considération positive ou l'accueil égal et équilibré

Est-ce que je donne un soin égal à écouter l'expression de chaque interlocuteur quel qu'il soit ?

Est-ce que je témoigne à mon interlocuteur une sollicitude non possessive, en tant que personne séparée qui permet à celui-ci d'avoir ses propres sentiments et ses propres expériences ?

Est-ce que je tiens compte de la diversité des possibilités de chaque interlocuteur ?

Est-ce que je puis faire le point et vérifier si je tiens en égale considération chaque élément exprimé par un interlocuteur ?

Est-ce possible que je réinstalle de façon égale dans mon attention toutes les personnes impliquées par un entretien ?

Puis-je veiller à ne pas identifier mes interlocuteurs à leurs inexactitudes ou aux difficultés relationnelles qu'ils me posent ?

Est-ce que je garde assez de disponibilité pour ne pas privilégier si fortement mon modèle propre que j'ai à m'irriter de certains individus concrets ?

L'empathie et l'accompagnement du sens des études

Est-ce que mes préoccupations ne me cachent pas l'incertitude ou l'inquiétude de mon interlocuteur pour son avenir, mais aussi pour le présent ?

Suis-je préoccupé de faire sentir à mes interlocuteurs que je perçois les impressions que leur procure notre entretien, même si je ne les partage pas ?

Ne puis-je, à certains moments de l'entretien, proposer aux individus d'exprimer le sens que prend, pour eux, notre relation ?

Est-il possible d'échanger parfois ce que signifie pour chacun des interlocuteurs sa condition professionnelle et sociale ?

DOCUMENT 154

Bases psychosociologiques des relations humaines

Relations humaines et ambivalence

Chaque individu est porté à avoir des relations avec les personnes qui l'entourent. Mais en même temps, il désire rester à distance et par conséquent être protégé contre ces relations.

Les phénomènes affectifs et émotionnels

Cette ambivalence à l'égard des relations humaines provient des incertitudes qu'elles font peser sur l'équilibre de la personnalité. Chaque relation, en effet, entraîne des poussées de transformation pour les interlocuteurs. Chaque personnalité résiste à ces transformations par le moyen de réactions affectives et émotionnelles.

Les réactions affectives permettent de résister aux transformations exercées sur l'image que l'on se fait de soi-même.

Les réactions émotionnelles tendent à freiner les variations des contraintes que les individus exercent de chacun à chacun.

Les relations entraînent les individus à une instabilité potentielle, qui est freinée grâce aux organisations sociales. On rappellera comme exemple de ces phénomènes, *la Parabole des Porcs-épics* de Schopenhauer, citée par Freud[1] :

« *Un jour d'hiver glacial, les porcs-épics d'un troupeau se serrèrent les uns contre les autres afin de se protéger contre le froid par la chaleur réciproque. Mais, douloureusement gênés par leurs piquants, ils ne tardèrent pas à s'écarter de nouveau les uns des autres. Obligés de se rapprocher de nouveau, en raison du froid persistant, ils éprouvèrent une fois de plus l'action désagréable des piquants, et ces alternatives de rapprochement et d'éloignement durèrent jusqu'à ce qu'ils aient trouvé une distance convenable où ils se sentirent à l'abri des maux.* »

1. Freud, *Essais de psychanalyse*, Payot, p. 112.

Vie en groupe et problèmes de participation

Les individus se placent dans des groupes organisés de manière à régulariser les relations humaines et les distances sociales. Les structures d'autorité tendent à s'établir de manière à protéger les individus contre l'influence des phénomènes affectifs et émotionnels qui sont dérivés vers la figure de l'autorité.

Il en résulte une nouvelle ambivalence : les individus réclament et fuient simultanément une participation au groupe sous forme irrationnelle en même temps qu'une participation aux décisions rationnelles. L'autorité investie de pouvoir ne peut toujours déléguer son pouvoir en raison de cette ambivalence et de la tension qui en résulte.

Relations humaines et communications

Sous les structures des organisations (en particulier sous la structure hiérarchique) les différences entre les individus établissent des tensions qui ne peuvent s'exprimer et qui se constituent alors en source de conflits. Les *leaders* se défendent contre les phénomènes émotionnels qui tendent à se décharger sur eux, en censurant les conflits. Ceux-ci réapparaissent néanmoins dans des distorsions au niveau de l'exécution.

En vue d'établir une meilleure structure et des rapports plus réels, il importe de faciliter les communications. Au-delà des conflits qui émergeront, des rapports plus exacts s'établiront et un ajustement s'effectuera entre les activités des individus : il s'ensuivra une autorégulation, harmonisant les rôles et les tâches. Il deviendra possible alors de diminuer la raideur hiérarchique et de laisser des zones de responsabilités toujours plus vastes à chaque individu.

DOCUMENT 155

Théorie de la perception des rapports interpersonnels

Nous sommes tous psychologues[1]. Nous étudions les comportements humains. Parmi nous, certains étudient les comportements, simplement afin de comprendre l'ordre logique des événements. Certains étudient les comportements afin d'être plus utiles aux autres. Certains étudient les comportements pour apprendre à déterminer et contrôler les comportements des autres.

Mon propre intérêt est de trouver de nouveaux moyens pour être utile, spécifiquement.

Je m'intéresse à développer une théorie du comportement humain qui peut être utilisée non seulement par le personnel spécialisé, mais par tout le monde, pour encourager la découverte de soi-même, et les changements constructifs entre relations interpersonnelles.

La théorie est basée sur cinq principes ou concepts majeurs.

Le premier principe majeur est que les traits de comportement sont mieux compris lorsqu'ils ont pour objet la recherche de la satisfaction. Les motivations qui apparaissent derrière les traits de comportement sont les facteurs essentiels de la personnalité et non pas les traits en eux-mêmes. Les traits de comportement sont simplement les consistances dans notre comportement provenant des circonstances de ce que nous trouvons de satisfaisant dans nos relations avec les autres, et des consistances dans nos croyances et concepts concernant la façon de réagir réciproquement pour obtenir satisfaction.

Le deuxième principe majeur est qu'il y a au moins deux conditions clairement distinctes qui influencent les types de comportement dans le monde des stimuli. L'une de ces conditions existe quand nous pouvons librement rechercher les satisfactions que nous attendons des autres. La deuxième existe quand nous nous trouvons en conflit et en opposition, auquel cas nous ne sommes plus libres de rechercher les satisfactions mais nous devons préserver notre intégrité et notre amour propre. Les traits de comportement que nous montrons dans ces deux cas diffèrent véritablement.

Le troisième principe majeur de cette théorie, je l'ai pris directement dans Éric Fromm : une faiblesse personnelle n'est ni plus ni moins que l'exagération d'une force personnelle. Permettez-moi de définir et d'illustrer les termes de *force* et de *faiblesse*. Un individu agit avec force quand il agit de façon à accroître la probabilité qu'une interaction interpersonnelle sera mutuellement productive. Un individu agit avec faiblesse quand il ou elle agit de façon à diminuer la probabilité qu'une interaction interpersonnelle sera mutuellement productive. Agir avec confiance est une force : cela augmente la probabilité de productivité mutuelle. Agir avec excès de confiance ou d'une manière crédule est une faiblesse. Cela diminue la probabilité de productivité mutuelle et augmente la probabilité d'un dénouement destructif ou, au moins, non productif pour l'un ou l'autre des individus intéressés. La même chose s'applique au fait d'être sûr de soi et sa forme non productive d'être trop sûr de soi ou arrogant. Être prudent est une force. Être trop prudent ou méfiant est une faiblesse.

Le quatrième principe majeur de cette théorie est simplement que, plus les concepts d'une théorie de la personnalité s'approchent de sa propre expérience, plus ils sont efficaces et facilitent la découverte de soi-même. Plus une théorie sur la personnalité est faite pour l'individu au lieu de *au sujet de* l'individu et plus elle est utile à tous les individus. En conséquence, si les principes de la théorie de la personnalité se rapprochaient suffisamment de notre propre expérience, les psychothérapeutes pourraient devenir alors les instructeurs, et les principes les guérisseurs.

Le cinquième principe se réfère au premier principe : les traits de comportement ont pour but la recherche de la satisfaction. La théorie maintient qu'il y a trois différents désirs fondamentaux dans chaque individu et ses relations avec les autres.

Le premier est le désir d'aider une autre personne, de vouloir vraiment l'aider et de la voir réussir. Nous avons tous, à un certain moment, éprouvé ce besoin.

Le deuxième est le désir d'être à même de diriger les événements, et d'entreprendre le commandement. Nous avons tous, à un certain moment, voulu être la personne en charge.

Le troisième est le désir d'autonomie, d'indépendance, et nous avons tous, à un moment donné, voulu faire les choses par nous-mêmes, sans l'aide et sans l'intervention de qui que ce soit.

Chez certains individus, l'une de ces motivations peut être prédominante, tandis que chez d'autres, aucune ne

1. Elias Porter, Ph. D. Texte présenté au Congrès international de psychologie, à Paris en 1960.

prédomine. Mais nous avons tous éprouvé un mélange de ces trois désirs. Quand un individu est libre de satisfaire ses désirs, le désir d'aider prend la forme d'essayer activement d'être utile aux autres. Le désir de diriger, prend la forme de rechercher toutes les occasions de s'affirmer, d'assurer les fonctions de direction. Le désir d'autonomie prend la forme d'assurer l'ordre logique des choses et d'assurer son indépendance.

En face d'un conflit et d'une opposition, le désir d'aider s'exprime fortement en voulant préserver et restaurer l'harmonie, le désir de diriger s'exprime par des efforts pour dominer les autres, et le désir d'autonomie s'exprime par la volonté de conserver ses ressources et d'assurer son indépendance.

Comme je l'ai spécifié au début, mon intention est de développer un système de référence pour comprendre le comportement humain, qui pourrait être utilisé par chacun, spécialiste ou non, et le problème n'est plus alors que de montrer à chacun comment se servir de ce système.

Permettez-moi[1] de décrire brièvement le système que j'ai développé, et comment s'en servir. Le système s'appelle « Inventaire du déploiement des forces de la personnalité ». Il ressemble à un simple test mais est ainsi conçu pour promouvoir la découverte de soi-même durant le questionnaire. La personne se trouve devant une phrase à compléter avec l'une des deux options proposées.

La première option se réfère plus spécialement à l'altruisme, la seconde au besoin de diriger et la troisième se réfère à l'autonomie. La personne répartit les dix points entre les trois options pour montrer avec quelle fréquence ses relations avec les autres suivent l'une de ces options.

Il y a dix séries de phrases à compléter dans deux sortes de situations : lorsque tout va bien dans ses relations et lorsque la personne se trouve en conflit. L'instrument donne deux résultats pour chaque situation.

Il est très facile pour les gens de saisir l'idée que les consistances dans leur comportement représentent leurs motivations propres. Alors qu'ils commencent à comparer leurs propres motivations avec celles des autres, ils commencent à avoir une idée plus claire d'eux-mêmes et des autres, et du fait que l'instrument se concentre sur les forces de la personnalité, ils réagissent en général avec intérêt et enthousiasme.

Comme aide supplémentaire à la découverte de soi-même, j'ai développé ce qui s'appelle *the feedback edition* dans l'inventaire du déplacement des forces de la personnalité.

Cet instrument est donné aux autres personnes par le sujet pour qu'elles le complètent d'après ce qu'elles pensent de lui. Les gens déclarent qu'il est utile de savoir comment ils sont vus par les autres.

Des instruments ont été inclus dans divers programmes ayant trait à l'éducation, aux affaires, à l'industrie, au gouvernement, et aux professions telles que chez les médecins, les dentistes, les infirmières, et dans les programmes d'orientation professionnelle et de réinsertion sociale.

CHAPITRE 3

Dynamique d'une situation de face à face

Il peut être instructif de ne plus se contenter d'un fragment d'entretien mais de s'attacher à comparer des entretiens entiers en explorant la diversité (ou l'opposition) de leurs stratégies réciproques et de leurs styles.

Des réflexions sur leur fécondité respective en matière de qualité pour l'information recueillie, peuvent résulter de cette exploration.

L'entraînement sur les textes écrits peut aider chacun à déceler ses propensions à intervenir dans un dialogue, et à renforcer sa vigilance pour éviter certaines dérives plus ou moins impulsives. Mais il peut également le préparer à observer de façon avisée des entretiens oraux et à les analyser de façon méthodique.

Les exercices peuvent aussi permettre de recenser les activités d'entretien (qui reviennent à la responsabilité de chacun) et d'en explorer la variété et la densité ainsi qu'en rechercher le perfectionnement ou l'affinement.

En ce qui concerne les textes plus longs, il est pratique de suivre le conseil de Carl Rogers : à un endroit donné d'un entretien on peut cacher l'intervention du consultant, ou thérapeute et s'exercer à voir ce qu'on est tenté de faire. On pourra ensuite comparer la formulation qu'on a produite et celle du texte pour en tirer réflexion et auto-évaluation.

DOCUMENT 156

Instrument de réflexion sur l'entretien

Cet instrument[1] peut être présenté à chaque participant à une formation sur l'entretien, en tout moment.

1. Combien d'entretiens avez-vous, en moyenne, à conduire chaque semaine ?
- un ?
- deux ?
- cinq ?
- dix ?
- vingt ?
- plus ?

2. Quelle est la durée moyenne des entretiens que vous conduisez ?
- trois minutes ?
- cinq minutes ?
- dix minutes ?
- vingt minutes ?
- trente minutes ? ?
- quarante-cinq minutes ?
- une heure ?
- deux heures ?
- plus ?

3. Parmi ces entretiens, les plus nombreux sont-ils, à vue d'œil, ceux que vous avez avec...
- des responsables ?
- des collègues ?
- des supérieurs hiérarchiques ?
- des collaborateurs ?
- des personnes de l'extérieur ?
- des experts ?
- des partenaires ?
- des enfants ?
- des jeunes ?
- des familles ?

4. Quel est le pourcentage approximatif des entretiens où vous êtes vous-même demandeur (d'information ou de compte rendu) ?
- 5 %
- 10 %
- 30 %
- 50 %
- 75 %

5. Quel est le pourcentage des entretiens où vous avez un rôle de consultant (accordant au demandeur des conseils ou de l'information) ?
- 5 %
- 10 %
- 30 %
- 50 %
- 75 %

6. Parmi vos entretiens, les plus difficiles sont-ils, à votre avis, ceux que vous avez avec...
- des responsables ?
- des collègues ?
- des supérieurs hiérarchiques ?
- des collaborateurs ?
- des personnes de l'extérieur ?
- des experts ?
- des partenaires ?
- le public ?
- des enfants ?
- des jeunes ?

7. Avez-vous habituellement, dans votre entretien un rôle d'*interviewer* ou d'*interviewé* ?

8. Avez-vous déjà suivi en entraînement à l'entretien ou à la communication ?
- Non.
- Oui mais...
- Oui, indirectement.

Qu'en avez-vous retenu ?

9. Voulez-vous écrire spontanément douze mots ou images qui vous viennent à l'esprit quand vous pensez au mot entretien.

10. Les difficultés que vous éprouvez personnellement dans les entretiens se situent-elles, à votre avis, plutôt au niveau du fait de (mettre une croix dans la case correspondante) :
- écouter avec précision ce qui est dit ❑
- être en contact chaleureux avec l'interlocuteur ❑
- interrompre impulsivement l'interlocuteur ❑
- savoir quand il est utile de parler ❑
- savoir quand il faut arrêter le dialogue ❑
- ne pas supporter le silence ❑
- vous laisser emporter par vos idées propres ❑
- être vite fatigué par le dialogue ❑
- avoir trop de curiosité et questionner sans arrêt ❑
- être en situation hiérarchique ❑
- vous exprimer de façon variée ❑
- garder une distance utile ❑
- pouvoir rester vous-même ❑
- être bloqué par la première perception de l'interlocuteur ❑

11. Écrivez librement des suggestions de ce qui vous intéresserait à faire au cours d'un travail de perfectionnement à l'entretien. Qu'en attendez-vous ?

---

1. Source : INAS.

LOISIRS

On étudiera deux textes A et B recueillis au cours d'une enquête sur les loisirs (ils ont été publiés dans le *Bulletin de Psychologie*).

OBJECTIFS

1. Étudier deux styles contrastés d'entretien sur un même thème.
2. Approfondir les conséquences des styles sur la qualité de la communication.
Nombre de participants : de deux à vingt.

DOCUMENT 157

Loisirs

Dans une première phase, lisez attentivement chacun des deux textes successivement en les annotant.

Puis, dans une deuxième phase, essayez d'analyser ce qui se passe au cours de l'entretien entre les deux personnes, du point de vue psychologique.

Notez d'abord les phénomènes les plus évidents (perceptible à une observation première), puis suivez le plus finement possible les articulations du déroulement en remarquant la signification psychologique des phénomènes qui se produisent (en d'autres termes, dites pourquoi cela se passe ainsi).

Dans une troisième phase, une discussion sera instaurée entre les individus pour définir le style et les comportements distincts des deux interlocuteurs.

Enquête sur les loisirs

Texte A

I est l'interviewer, S est le sujet interviewé

I – Bonjour Monsieur !

S – Bonjour Monsieur !

I – Nous sommes en train de faire une étude sur les loisirs et nous voudrions connaître votre attitude en face des loisirs en général. Est-ce que vous êtes d'accord pour que je vous pose un certain nombre de questions sur ce sujet des loisirs ?

S – Oui, tout à fait.

I – Mais d'abord, quel temps occupez-vous au point de vue loisirs, en gros ? Quelles proportions seront prises par les loisirs ?

S – Ah, bien... c'est difficile à dire parce que mes loisirs sont absolument mélangés avec mes occupations. À part les soirées où j'ai une heure ou deux de loisirs véritables, le reste du temps, mes loisirs font partie de ma vie normale, par exemple : sortir mes enfants, lire, ne rien faire...

I – Ah, oui ! La lecture est pour vous une occupation importante d'occuper vos loisirs...

S – Enfin, ça dépend des moments...

I – Qu'est-ce que vous lisez de préférence ?

S – Oh ! certains romans policiers de peu d'intérêt que de bons amis nous passent quelquefois... oui, essentiellement.

I – À part la lecture, est-ce que vous aimez le théâtre ?

S – Assez, mais je n'y vais presque jamais.

I – Votre fréquentation du théâtre est de quel ordre ? Combien de fois par mois, environ ?

Annotations personnelles

S – Ah ! une fois ou deux au maximum.

I – Oui. Et le cinéma ?

S – Une fois par semaine.

I – Et au point de vue peinture, sculpture... est-ce que vous appréciez la peinture et la sculpture ?

S – ... Modérément, je ne me dérange guère pour l'apprécier.

I – Vous ne visitez pas d'expositions de peintures et de sculptures ?

S – Jamais ! non.

I – Au point de vue lecture, est-ce que vous constituez une bibliothèque personnelle ? Et quelle est son importance ? Quel est le choix des ouvrages ?

S – Je ne peux pas dire que j'ai constitué ; il y a eu des apports successifs qui n'ont pas été faits spécialement par moi, c'est-à-dire que parmi les livres que nous avons, mettons une quinzaine, une vingtaine, que je relis de temps en temps, de façon peu régulière, mais enfin que je relis... que je relierai certainement même dans les années qui vont suivre...

I – Et au point de vue sport ? Est-ce que vous pratiquez ? Ou est-ce que vous aimez voir pratiquer le sport ?

S – Je n'aime pas voir pratiquer, je ne pratique plus... J'ai jadis pratiqué le patin à roulettes et c'est tout... Il y a aussi le ping-pong, ce n'est pas à proprement parler un sport...

I – Est-ce que vous aimez la campagne ?

S – J'aime beaucoup la campagne, sauf la pêche et la chasse, que je n'apprécie pas du tout.

I – Et les loisirs qui sont ménagers ? Est-ce que vous aimez la bonne cuisine ? Est-ce que vous aimez veiller à sa préparation ou la préparer ?

S – ... J'aime bien la cuisine, mais ce n'est pas moi qui la fais !

I – Oui. Et vous utilisez un temps appréciable à déguster la bonne chère ?

S – ... Non, je n'ai pas beaucoup de temps à consacrer à ce genre de loisirs.

Texte B

I – Voulez-vous que nous nous entretenions du problème des loisirs ?

S – Des loisirs ?

I – Oui.

S – Mais comment ça, enfin, les loisirs ? Qu'est-ce que vous voulez que je vous dise des loisirs ? si j'en ai ?

I – Vous éprouvez des difficultés à parler des loisirs ?

S – Non, vous ne posez pas de questions, vous préférez ne pas me poser de questions ?

I – Ah ! oui, vous aimeriez que je vous pose des questions ?

S – Bien oui, ce serait plus facile, tiens ! Vous me prenez au dépourvu, je ne sais pas trop quoi dire, c'est que je sais pas trop comment vous dire... les loisirs...

I – Oui.

S – D'abord, si j'ai des loisirs ?

I – Oui.

S – Eh bien évidemment, j'en ai, comme tout le monde.

I – Oui.

S – Ah ! pas beaucoup, mais enfin, j'en ai.

Annotations personnelles

I – Oui...

S – Moi, les loisirs, c'est surtout la fin de la semaine, hein...

I – Oui...

S – Les loisirs, c'est aller à la campagne ; tenez, en ce moment, je vais à la chasse, j'ai des amis qui ont une petite propriété près de Rambouillet, et je vais à la chasse régulièrement.

I – Oui...

S – Eh bien, c'est mes loisirs pour l'essentiel en ce moment.

I – Oui, la principale partie de vos loisirs actuels est occupée par la chasse en ce moment ?

S – Oui, ben autrement quand je rentre le soir on est fatigué, on va se reposer.

I – Oui...

S – On ne peut pas appeler cela vraiment des loisirs, on est abruti, on se repose, on dort vite et puis le lendemain, il faut recommencer, etc.

I – Oui...

S – En ce moment les loisirs pour moi, c'est surtout la chasse et enfin, évidemment, on va au cinéma avec ma femme.

I – Oui...

S – Oh ! pas souvent, une fois par mois, deux fois quelquefois. Oui, et puis alors en janvier, février, la chasse est finie. C'est pas encore le temps de sortir, alors on reste à la maison. Je lis un peu, je bouquine, quoi. Et puis après c'est le jardinage, le jardinage jusqu'aux vacances. Oui, tout cela se succède jusqu'aux vacances. Alors aux vacances, j'ai besoin de détente, alors généralement, on va à la mer ou à la montagne, et puis voilà, et puis cela recommence, et puis le cycle recommence, et puis c'est la chasse, et puis...

I – Oui, vous occupez vos vacances en allant à la mer ou à la montagne.

S – Ah oui, parce que ce qui est important, c'est de changer d'air, d'atmosphère pour les enfants, et puis de changer, quoi ? de changer de tout, enfin, changer de pays, changer d'atmosphère, quoi...

I – Oui... le changement est important pour vous au point de vue loisirs ?

S – Ben oui, le changement, oui, c'est ça, oui je crois que le changement, c'est ça qui compte dans les loisirs. Vous voyez, moi je me rends compte, je vais à la chasse en ce moment...

I – Oui...

S – Et puis après je jardine quand la chasse est finie, et au moment des vacances, on s'en va à la mer ou à la montagne. Mais ce n'est pas tellement d'aller à la chasse ou de faire du jardinage qui est important, c'est de changer ce qu'on fait. Toute la semaine, je vois des clients, je discute le coup, on parle des problèmes d'affaires qui les intéressent... moi aussi forcément. Mais enfin, la fin de la semaine, sauf votre respect, on a sa claque : ce qui compte c'est de changer.

I – Oui...

S – Que ce soit la chasse, le jardinage, c'est de changer.

I – Oui...

S – C'est ça ; la chasse, le jardinage, même la mer ou la montagne, l'essentiel, c'est de changer. Que ce soit la mer... moi je préfère la mer... Mais ma femme aime mieux la montagne. Alors, on change, une fois l'un, une fois l'autre. Mais enfin, ce qui compte, c'est qu'on a changé. Ce n'est plus les mêmes murs, c'est plus la même ville, c'est plus tout ça, on a changé, quoi. Au fond, c'est ce que je pense de mes loisirs. Les loisirs, moi, j'ai besoin de ça.

Annotations personnelles

I – Oui. Est-ce que je pourrais dire que dans votre esprit, quand il n'y a pas de changement, il n'y a pas de loisirs ?

S – Ben oui, tiens : sûrement, c'est une vérité de La Palisse. Quand il n'y a pas de changement, c'est la même vie qui continue, c'est le boulot, c'est le lever à sept heures, c'est rentrer le soir à sept heures et demie, c'est la fatigue, c'est les gosses qui crient, et tout ça qui vous esquinte les nerfs... Enfin, c'est bien connu quoi, l'homme moderne a besoin de changer !

Annotations personnelles

ANALYSE D'UN ENTRETIEN

Il s'agit de prendre connaissance d'un entretien et des commentaires qu'il a inspiré à un expert[1].

OBJECTIFS

1. Sensibiliser les gens en formation à l'analyse des attitudes qui marquent un entretien.

2. Comparer ses propres impressions face à des échanges aux commentaires d'experts.

3. Accroître le champ de repérage des enjeux latents entre les personnes au cours d'un entretien.

DOCUMENT 158

Analyse de l'entretien

Après une première phase d'analyse personnelle, une deuxième phase d'échanges sera complétée par une troisième de réflexion à propos du texte inscrit dans la seconde colonne.

Variante : l'analyse par l'expert peut ne pas être distribuée en même temps que l'entretien, mais seulement après que chacun ait rédigé sa propre analyse alinéa par alinéa.

Transcription de l'entretien	***Une analyse de la dynamique de l'entretien***
L'adjoint (A), après s'être fait annoncer, entre dans la vaste pièce où se trouvent le cadre (C) assis à son bureau et la secrétaire de celui-ci (qui a été embauchée par l'adjoint, précisément).	
1• L'adjoint – Monsieur, je vous remercie de me recevoir à cette heure tardive. Je vais essayer d'être bref, afin de vous laisser partir ensuite pour un week-end bien mérité.	1 – Veut se montrer courtois mais essaie de prendre une position de supériorité par un jugement sur le travail de C : « ... bien mérité ».
2• Le cadre – Mais, asseyez-vous. De quoi s'agit-il exactement ?	
3• A – *(regard vers la secrétaire)* Eh bien... euh... voici : alors que vous êtes vous-même à la fois dévoué et compétent...	3 – et... « vous êtes dévoué et compétent ». Il se sent obligé d'accepter la présence de la secrétaire, ce qui consacre la supériorité de C.
4• C – *(sourire)* Je vous remercie...	4 – Ce qui amuse C car c'est contradictoire avec le but de l'entretien.
5• A – Cependant le travail réalisé dans le service dont vous faites partie... euh... ne donne pas le rendement escompté et la direction s'en inquiète... Les cadres	5 – Accuse collectivement les cadres, et fait naître une culpabilisation chez C.

1. Droits réservés

Transcription de l'entretien

sont, naturellement, collectivement responsables de la marche du service...

(un silence)

6• A – *(reprenant)* Le malaise qui semble régner est assez flou et indéfinissable et puisqu'il s'agit d'un problème de service, je crois préférable de vous *interviewer*, vous, pour y voir clair, et pour que la direction puisse prendre les mesures appropriées.

7• C – Monsieur B est-il au courant de votre démarche ?

8• A – Euh... c'est-à-dire que... la Direction a préféré que ce soit le chef du personnel et moi-même qui menions directement l'enquête.
Donc pour commencer, je vais vous demander de faire la description de la situation.

9• C – Mais de quoi se plaint la direction, au juste ? Y a-t-il des sujets de mécontentement sur le travail fait dans notre service ?

10• A – Pour l'instant, non.

11• C – Vous semblez craindre que tôt ou tard des perturbations n'apparaissent au niveau du travail, de sa qualité ou de son rendement ?

12• A – Je pense effectivement que toute tension entre les personnes étant source de frictions, de malentendus, de méfiance, finit nécessairement par retentir sur le travail qui est une œuvre collective.

13• C – Pourquoi supposez-vous, Monsieur, que les communications professionnelles, administratives doivent nécessairement, pour être bonnes, se fonder sur une bonne communication du genre... disons, affectif ?

14• A – Je ne suppose pas, je sais, par expérience, que les bonnes relations entre les personnes font l'efficacité du travail.

15• C – Vous ne pouvez travailler, dans ce cas, qu'avec des gens que vous aimez ?

16• A – N'exagérons pas. Il ne s'agit pas d'amour, ni même d'affection, mais d'amitié réciproque, de confiance quoi, de loyauté...

17• C – Dans ce cas-là, comment recrutez-vous ? Est-ce sur titres et qualifications ou à la sympathie personnelle ?

(Rire de la secrétaire)

Une analyse de la dynamique de l'entretien

6 – Menace de « décisions appropriées » et fait naître une insécurité chez C.
À ce moment, les confidences sont déjà paralysées par un sentiment de méfiance.

7 – Essaie de contester la démarche de A en faisant appel à la hiérarchie.

8 – Cette réponse dévoile qu'il y a une volonté de manipulation couverte.
Ne reconnaît pas le sentiment vécu de méfiance de C et veut l'obliger à se livrer.

9 – Se retranche derrière une demande de faits précis alors que A, gêné, ne peut faire état que par de vagues rumeurs ? C met A en position difficile pour se délivrer de l'obligation.

11 – Ayant pris l'avantage, C lève le sentiment de A : c'est lui qui comprend, la situation est inversée. A ne pourra que se défendre ensuite.

12 – Ce que fait A en fuyant sur une remarque générale (il fuit la situation).

13 – C entame alors une argumentation au niveau rationnel, en mettant en doute les opinions de celui-ci : « supposez-vous... »

14 – Obligé de jouer un rôle pour retrouver l'avantage : fait appel à son « expérience » alors qu'il est jeune et nouveau dans la maison.

15 – Pour lui faire sentir le décalage avec le rôle qu'il veut jouer, il souligne la contradiction : « vous... », implication logique.

16 – Continue à se défendre au niveau du contenu, en parlant de la confiance (qu'il recherche effectivement à ce moment avec l'autre).

17 – Lui renvoie alors son véritable statut, celui de sélectionneur avec tous les fantasmes accrochés à ce titre : vous dites sélectionner sur les titres et en fait vous cherchez des gens d'un certain type de dépendance.
Le rire de la secrétaire signifie qu'elle perçoit que l'avantage est de leur côté alors que l'accent est mis sur une situation qu'elle a vécue, elle, personnellement.

Transcription de l'entretien	***Une analyse de la dynamique de l'entretien***
18• A – *(mal à l'aise)* Mais... les deux... Ne trouvez-vous pas que le fait de travailler avec des gens sympathiques simplifie considérablement le travail et élimine ces tensions pénibles qui naissent de l'antipathie, ces résistances à la transmission et à l'exécution des ordres ?	18 – Ressent vaguement qu'il se trouve face à un groupe hostile. Il essaie de reconquérir la complicité de C en faisant appel à une opinion qu'il pense assez communément admise dans la position de chef.
19• C – *(ne répondant pas à la question)* Serait-il exagéré de penser que c'est le dévouement et l'obéissance perçus par vous chez les candidats à l'embauche qui vous les rendent sympathiques ?	19 – Percevant le piège, se pose en inquisiteur : c'est lui qui devient interviewer sur un thème qui le met en connivence avec la secrétaire contre l'adjoint.
20• A – Si c'était cela, de toute façon, il s'agirait d'un préjugé favorable qui serait sujet à révision au cours du travail et la sympathie première risquerait de fondre comme neige au soleil à la première résistance à l'obéissance.	20 – Ne comprenant pas l'implicite de la situation, reste sur le contenu en voulant démontrer qu'il est logique. Le sens de « fondre comme neige au soleil » est peut-être lié à son vécu corporel où il se sent attaqué de toutes parts.
21• C – *(ironique)* Il est évident que la rencontre de la déloyauté et de la duplicité met à rude épreuve une première sympathie, à supposer qu'elle ait existé !	21 – Prononce une phrase à double sens qui fait référence à la situation vécue : si vous m'aviez été sympathique, il est certain que votre duplicité vous rend maintenant franchement antipathique à mes yeux.
22• A – *(ne comprenant qu'à moitié, mais néanmoins vexé)* Vous voulez me faire dire que je ne trouve sympathique que les esclaves ? *(Silence, la secrétaire range ostensiblement ses affaires.)*	22 – Comprend à demi l'allusion à la situation actuelle et reformule alors le sentiment de A en restant cependant sur l'attitude générale. Il a touché juste mais étant resté général, il provoque le silence de C (silence qui a pour but d'acquiescer mais de forcer A à continuer dans cette voie).
23• C – Nous ne vous demandons certainement pas à vous d'être un esclave. Vous ne pouvez pas vous plaindre de nos ingérences dans ce service, ni vous non plus, Madame *(s'adressant à la secrétaire)*. Vous jouissez d'une véritable autonomie dans cette maison, une sorte de petit État dans l'État.	23 – Continue effectivement, mais en se défendant d'avoir cette attitude avec lui et avec la secrétaire. Ce faisant, il ne peut cependant s'empêcher d'accuser ce service de ne pas être « esclave » et semble le regretter.
24• A – Le problème serait de savoir si ce fait perturbe les communications entre le service et le reste de l'usine.	24 – Met le doigt sur le problème de fond : l'autorité dans l'usine et plus précisément la relation du service financier à la Direction.

UNE CONCEPTION DE L'ENTRETIEN À DEUX

◆

Il s'agit dans cet exercice[1] de prendre connaissance de certaines considérations d'une personne sur les difficultés de la communication et d'en discuter.

1. Source : Cegos.

OBJECTIFS

1. Étudier les représentations relatives à la communication interpersonnelle.

2. Établir des discussions sur les diverses conceptions qu'on peut avoir d'un entretien.

DOCUMENT 159

Chacun sa conception

Dans une première phase, chaque membre du groupe prend connaissance du texte (par lecture personnelle, ou lecture collective à haute voix, directe ou en enregistrement).

Dans une deuxième phase, le formateur demande à chacun de dire rapidement ce qui l'a frappé de prime abord et comment il ressent ce texte.

Dans une troisième phase, des considérations théoriques et pratiques pourront être dégagées et chacun pourra rédiger sa propre conception de l'entretien.

Texte proposé

Question

Cette question d'entretien à deux, comment est-ce que cela s'est présenté pour vous ?

Réponse

Vous me posez là une question bien difficile, bien vaste. Je ne sais pas très bien par quel bout l'aborder, vous comprenez. L'entretien c'est capital, c'est essentiel, c'est quelque chose de fondamental puisque cela concerne mon existence dans mes rapports avec les autres. L'essentiel c'est de communiquer et je parle aussi bien de la vie privée que de la vie professionnelle... mais là, dans la vie professionnelle, il y a souvent les rapports de hiérarchie qui compliquent les choses.

Sur le plan du travail, vous comprenez, on a tendance à se réfugier derrière la façade d'une spécialité qui empêche de réagir en homme. Il y a un expert mais où est l'homme ? Avec les collègues, c'est plus facile quand on se connaît, il y a moins de barrière. La confiance est plus grande. On est moins tenu de jouer un rôle. Alors il y a plus de communication.

Il ne faut pas croire qu'il suffit de parler clairement et d'avoir affaire à quelqu'un de suffisamment intelligent pour qu'il y ait une communication véritable. Il y a tellement de choses derrière les mots dans l'entretien.

Dans le travail, il y a les relations hiérarchiques qui se présentent parfois comme une gêne, mais en réalité les rapports de force sont fréquents dans l'entretien, même en dehors des relations hiérarchiques. C'est particulièrement sensible dans l'entretien où il n'y a que deux individus alors que l'on peut y échapper plus facilement dans la réunion. Il y en a un qui domine et l'autre qui se laisse dominer ; il y en a un qui séduit, l'autre qui se laisse séduire.

En fait, il est bien rare qu'il s'établisse une communication réelle entre deux personnes. Le plus souvent, il n'y a qu'un échange d'idées reçues mais pas d'entretien véritable : on se frotte les uns aux autres mais sans pénétration. On prête une partie de soi-même mais on cache ce que l'on est vraiment. Bien sûr, il y a quand même une communication, mais à un niveau superficiel. Ce ne sont que des fantômes, que des robots qui se parlent.

Pour qu'il y ait véritablement entretien, il faut qu'il y ait une levée au frein intérieur qui nous empêche d'être nous-mêmes. Il faut se sentir libre et que la méfiance ait disparu. Il faut de la sincérité. Alors, on me dira que c'est tout à fait utopique parce que l'on n'est pas dans le meilleur des mondes et que l'on ne rencontre pas que des gens authentiques, des gens vrais. Je le sais bien mais si l'on part avec ce principe-là, on restera toujours au niveau de l'échange superficiel. Si vous commencez, et bien vous avez des chances que l'on vous réponde de la même manière. On a peur, on est sur la défensive, on n'est pas libre, on se méfie et la méfiance appelle la méfiance... c'est très difficile l'entretien.

Je ne crois d'ailleurs pas qu'il y ait des règles dans l'entretien, ce serait même contraire à l'entretien véritable. Ce serait mécaniser ce qui ne doit être qu'une rencontre.

Parfois je pense que dans l'entretien il y a deux personnes face à face, mais pas d'échange entre elles. L'échange se situe en dehors des personnes. Les personnes ne prennent pas parti. Les personnes, elles, sont cachées à l'abri de leur scaphandre et l'action se déroule à l'intérieur.

On peut même se demander s'il y a des personnes. Souvent on s'endort et la personne n'existe plus. Il n'existe plus qu'un être conditionné par des habitudes. La vraie personne est oubliée. Il n'y a plus que des réponses automatisées. C'est pour cela qu'il faut s'interroger soi-même pour retrouver sa vraie personne. S'il n'y a pas de personne vraie, où est l'entretien ? Ce qu'il faut faire pour progresser, n'est pas apprendre des règles, c'est apprendre à être vraiment avec l'autre ce que l'on est vraiment. J'en reviens toujours à mon dada : pour qu'il y ait une communication réelle, un échange véritable, un enrichissement réel, ce ne sont pas des règles qu'il faut trouver, ce ne sont pas des méthodes, c'est simplement soi-même. Il faut d'abord se retrouver et ne pas avoir peur d'être vraiment soi-même en face des autres.

DOCUMENT 160

Fiche d'analyse de contenu d'une séquence d'entretien

Analyse chronologique

Il pourra s'avérer utile d'expérimenter sur un texte d'entretien, la fiche ci-dessous, puis d'y apporter des modifications ou des simplifications.

Thèmes abordés	Faits, situations Événements	Environnement Contexte-moment	Comportement Moyens – actions Capacités	Besoins Motivations Intérêts	Résultante Caractère
	QUOI ?	**QUAND ET OÙ ?**	**COMMENT ?**	**POURQUOI ?**	
Situation professionnelle	• Sans emploi • Sans ressources	• Angleterre • Isolement social	• Inadaptation à la routine	• Trouver du travail • Vivre décemment • Travail intéressant • Non routinier • Besoin de contacts • Besoin de mouvement • Besoin de valorisation	• Sens des responsabilités • Personne affective, active, tonique • Sociabilité ouverte • Importance donnée à autrui
Recherche d'emploi		• Agences spécialisées • Milieu variable ouvert ou hostile	• Effectue beaucoup de démarches • Cherche à comprendre les autres • Ne supporte pas l'indifférence • Réaction de colère • Spontanéité, coopération	• Besoin d'être acceptée	• Tenace, s'accroche • Spontanée • Peut être agressive par affectivité
Adaptation	• Documentaliste pas de contacts ni de mouvements		• Analyse, synthètise, rédige • Certaines difficultés de concentration • Assiduité	• Besoin de stimulations intellectuelles	• Curiosité d'esprit • Concentrée et acharnée si motivée
Auto-appréciation des possibilités			• Prise de conscience d'un potentiel d'aptitudes	• Assimile données nouvelles • Méthodique	• Adaptable • Bon niveau intellectuel et polyvalence
Adaptation au milieu	• Augmentation de salaire • Amélioration situation matérielle	• Milieu réceptif • Chef approbatif		• Accroissement de la motivation au travail	• Stimulée par le succès et les encouragements
		• Environnement plus chaleureux contacts amicaux	• Gaieté enjouement • S'adapte à la situation	• Changer soi-même quand on ne peut pas changer l'environnement	• Courage, volonté, réflexion • Lucidité, réalisme, ampleur de vue

Synthèse sommaire :

Cette jeune femme placée en situation difficile manifeste un comportement combatif et tonique. Elle dispose vraisemblablement d'une bonne vitalité et d'une bonne endurance. Elle est capable de s'adapter à des formes et des rythmes de travail différents. Intellectuellement, elle se situe certainement au-dessus de la moyenne, elle assimile facilement et fait preuve de dynamisme intellectuel et d'organisation. De caractère affectif, spontané, sociable, elle réagit avec vivacité et fait preuve de maturité, de sens pratique et d'adaptabilité. Elle s'épanouit dans un contexte libéral et a besoin d'être valorisée tant à ses yeux qu'à ceux d'autrui.

ANALYSE D'ENTRETIEN PROFESSIONNEL

Cet entretien[1] comportera, après une brève exploration des problèmes posés par l'appréciation (et la notation) des personnes, d'analyser leurs conséquences.

OBJECTIFS

1. Faire comparer des styles, des méthodes dans la conduite d'un entretien.

2. S'exercer à définir les effets recherchés par les interventions de la personne qui mène l'entretien.

3. Faire établir un tableau des intentionalités multiples susceptibles de structurer le déroulement d'un entretien.

ANALYSE DE TYPES CONTRASTÉS D'ENTRETIEN PROFESSIONNEL

La première phase sera consacrée à un échange sur la problématique et les difficultés des procédures d'appréciation dans les organismes ou même dans les stages de formation.

La deuxième phase se tournera vers l'étude des relations de cause à effet dans trois types d'entretiens d'appréciation.

Une phase de conclusion devrait permettre d'éclairer sur les attitudes et comportements en situation d'appréciation.

(Voir document 161).

1. Source : séminaire Mucchielli.

DOCUMENT 161

MÉTHODE	*TELL AND SELL* JUGE ET VENDS	*TELL AND SPEAK* JUGE ET FAIS PARLER	*PROBLEM-SOLVING* RÉSOLUTIVE
Rôle de la personne qui mène l'entretien	**Juge**	**Juge**	**Aide**
OBJECTIF	– Communiquer l'appréciation, persuader le subordonné de s'améliorer.	– Communiquer l'appréciation. – Faire tomber les défenses.	– Favoriser un autoperfectionnement chez le subordonné.
HYPOTHÈSES SOUS-JACENTES	– Le subordonné ressent le désir de se corriger lorsqu'il connaît ses défauts. – On est capable de s'améliorer si on choisit de le faire soi-même. – Un supérieur est qualifié pour évaluer un subordonné.	– Les gens changeront dans la mesure où leur sentiment d'avoir à se défendre disparaîtra.	– Le perfectionnement peut se produire sans que l'on soit amené à corriger les défauts. – Le fait de discuter ensemble des problèmes du travail conduit à améliorer le rendement.
RÉACTIONS	– Sentiment qu'il est interdit de se défendre. – Sentiment qu'il faut dissimuler son agressivité.	– Sentiment que l'on peut extérioriser un comportement de défense. – La personne se sent acceptée.	– Sentiment que l'on a un problème à rechercher et à résoudre ensemble. – *Conduite résolutive.*
TECHNIQUES	– Technique de vente. – Patience.	– Écoute et reflet des sentiments. – Résumé.	– Écoute et reflet des sentiments. – Élucidation (rendre claires les idées de l'autre en les reformulant). – Exploration (avec des questions neutres). – Résumé.
IDÉE MAÎTRESSE	– Les gens tirent profit de la critique et apprécient qu'on les soutienne.	– On peut respecter les sentiments des autres dans la mesure où on les comprend.	– Le dialogue fait jaillir des idées neuves et des intérêts collectifs.
MOTIVATIONS	– Recours à des stimulations positives, négatives ou aux deux. – Motivation extrinsèque, du fait qu'elle s'ajoute au travail lui-même.	– Réduction de la résistance au changement. – Stimulations positives (motivations extrinsèques et quelques motivations intrinsèques).	– Accroissement du sentiment de liberté. – Accroissement de la responsabilité (motivation intrinsèque en ce sens que l'intérêt est inhérent à la tâche).
GAINS	– Succès plus probable lorsque le sujet a du respect pour un supérieur.	– Crée une attitude favorable envers le supérieur, qui accroît les chances de succès.	– Amélioration assurée presque à coup sûr.
RISQUES	– Perte de la franchise. – Inhibition du jugement personnel. – Création de problèmes de justification.	– Il se peut que le besoin de changer ne soit pas suscité.	– Le sujet peut manquer d'idées. – Le changement peut être différent de ce que le supérieur avait en tête.
VALEURS	– Renforce les pratiques et valeurs déjà en cours.	– Permet au chef de modifier son point de vue à la lumière des réponses du sujet. – Quelques communications ascendantes.	– L'apprentissage par expérience et les idées jouent en même temps. – Le changement est facilité.

CHAPITRE 4

L'écoute rogérienne

De l'écoute rogérienne[1], je dirai d'abord qu'elle n'est pas de réception mais de dialogue. Il s'ensuit qu'elle est tissée d'échanges, noués sur des précautions qui explicitent le projet essentiel d'un accompagnement de l'interlocuteur.
En troisième lieu, cette écoute se dispose souplement à l'intersection des différents espaces de vie d'une relation. Enfin, c'est une écoute existentielle et donc à caractère paradoxal.
C'est sur ces quatre caractéristiques que nous allons tenter de situer l'écoute rogérienne.

UNE ÉCOUTE DE DIALOGUE

L'écoute rogérienne n'est pas destinée à une réception pure, comme certains ont pu le croire. Elle ne se trame pas sur des silences du formateur ou du thérapeute mais sur une chaîne de ses interventions. On peut constater aisément ceci sur les nombreux enregistrements ou transcriptions de séances de thérapie individuelle ou de groupe que Rogers s'est exercé à publier : pour des fins d'étude, de vérification ou de validation scientifique. Le *rogérien* parle souvent.

Car loin de structurer une volonté technique de silence, le formateur ou le thérapeute se proposent une expression permanente en face de la personne en relation avec lui. Les silences qui peuvent naître ne sont pas cultivés, comme formes de pression sur l'interlocuteur pour le traquer dans des retranchements, ou par manière d'abstinence pour l'écoutant afin d'accuser son rôle. S'ils s'établissent, ces silences sont respectés, comme ponctuation, comme temps

1. Tiré de la revue *Études thérapiques*, André de Peretti, 1974.

de réflexion ou de tournant tranquille. Mais le thérapeute (ou dans la dénomination préférée de Rogers, le *facilitateur*) ne les laisse pas se prolonger indûment : il intervient, il dialogue en proximité de son vis-à-vis.

Le silence n'est donc en aucune façon un recours technique pour établir une différenciation entre le thérapeute et un individu ou un groupe. Au contraire, par l'échange, le facilitateur démystifie son rôle dans la relation d'aide : il ne cherche pas à se donner un statut de supériorité ou de supervision. Il parle pour se maintenir au contact d'une personne, naviguant *au plus près* des inspirations de celle-ci et de leurs sautes de direction ou d'intensité. Ce qu'il y a de tourbillonnaire dans une personne permet néanmoins d'aller avec elle dans une direction, qu'elle peut dégager progressivement des courants qui se heurtent en elle si elle est soutenue (ne serait-ce qu'en *rappel* si l'on poursuit notre métaphore de yachting).

Ce que recherche Rogers, c'est un dialogue à parité, de la forme *je-tu* décrite par Martin Buber, par une structuration horizontale des rôles, pour une aide fraternelle et non parentale.

Cette écoute de dialogue et de contact se développe donc comme équilibrée. Elle s'effectue selon une balance entre l'attention à autrui et l'attention à soi-même, entre l'expression de l'autre et l'expression de soi. Le dialogue invite à percevoir la musique, le contrepoint des échanges et par suite de notre langage à celui de l'autre. Il s'ensuit de naturelles précautions.

UNE ÉCOUTE DE PRÉCAUTION ET D'ACCOMPAGNEMENT

L'écoute rogérienne requiert une qualité d'accueil soutenue. C'est une présence (ou une présenciation) réajustée constamment à ce qu'exprime une personne qui entreprend avec inquiétude et embarras d'élucider ses problèmes intérieurs, embrouillés et inquiétants.

À tout moment, il s'agit donc de percevoir et comprendre directement au mot à mot, au pas à pas, ce qui est énoncé ou avancé par l'interlocuteur sans soupçon, sans méfiance ni prévention contre des inexactitudes possibles ou des fantasmes probables dans ses allégations. Il n'est pas opportun de se donner une idée préalable de ce que cette personne devrait ou pourrait être, et qui serait autre que ce qu'elle assure présentement (et provisoirement) d'elle-même.

Cette écoute se donne par suite des précautions pour ne pas projeter sur l'interlocuteur des choix propres au thérapeute (au facilitateur) même référés à une expérience ou à des théories confirmées. Fluide, elle est attentive à son propre pouls : pour déjouer le surgissement de toute crispation, impatience ou réactionnalité qui corromprait sa qualité et dévierait le dialogue vers une suite de répliques inconsidérément opposées au client.

L'écoutant s'ingénie en conséquence à ne pas se laisser aller à pré-juger, ou même précéder l'interlocuteur. Il ne se braque pas sur le non-dit ; il veille à ne pas s'incliner vers des pré-sentiments. Il se soucie également de ne pas pousser la personne vers quelque élément de son passé ; il ne l'incite pas davantage à parler de ses rêves, par voie implicite ou non, ni à s'orienter vers une quelconque herméneutique d'interprétation anxieuse.

Bien plus, il s'attache à écouter ou parler sans nourrir en lui-même de projet pour l'autre. Dans le même temps, il s'assure de ne pas reculer devant tout ce qui émerge dans les propos de ce dernier ; il prend soin de ne pas freiner ce qui se développe dans leur dialogue.

Étayé sur ces précautions (vécues comme des alertes et non comme des règles), c'est donc une écoute d'accompagnement que recherche le facilitateur. Il s'attache au dit dans l'ici et maintenant, sans impatience, en marchant du même pas que son interlocuteur, en progressant avec lui dans l'élucidation tâtonnante de ses problèmes, tels qu'il les présente momentanément. L'interlocuteur est pris au sérieux : l'écoute est centrée sur sa lutte, son travail intérieur, sans hâte implicite, sans impulsion d'aboutissement. L'écoute reste placide, le langage réflexif. Et le mouvement de compréhension est maintenu sur le qui-vive, pour éviter tout enfermement du client sur une quelconque de ses positions provisoires.

Car il existe une pesanteur de fermeture dans la perception ou la compréhension. Nous sommes portés à clore rapidement une forme que nous commençons à appréhender. Un effet d'inertie nous entraîne à compléter, fixer, arrondir et fermer selon *la loi de la bonne forme* (c'est-à-dire sur de schémas de simplification, d'économie et d'habitude ou de présomption) des représentations, des *gestalts* élaborées sur quelques éléments avant que tous ne soient globalement pris en compte. Il nous faut une vigilance de tous les instants pour ne pas nous abandonner à ce déclic qui referme prématurément nos impressions. Nous devons prévenir les conceptions tronquées que nous ferions des sentiments et des pensées d'autrui.

Il s'agit donc de ne se figer sur aucune des approximations de la relation perçue, mais de vivre dans le devenir des constatations et des élaborations. Notre écoute s'effectue dans un cheminement fraternel, côte à côte avec la personne, progressant au travers de ses gestalts évolutives de perceptions et de sentiments (le mot *feelings* est plus riche que notre traduction habituelle, trop platement affective, alors qu'il est question de retentissements profonds).

L'écoute rogérienne se traduit donc en suivant la progression de la personne au travers de ses symptômes : ceux-ci ne peuvent être tenus comme répréhensibles, mais ils méritent d'être accueillis comme les médiations naturelles que la personne s'autorise à emprunter pour avancer. Ce ne sont pas des manifestations naïves à éliminer obstinément (ou obsessionnellement par rejet de tout signe marginal) mais des transitions nécessaires.

L'écoute rogérienne accueille ce qui est articulé ou exprimé dans le moment présent, même si cela pourrait être taxé de superficiel ou de défensif sinon d'illusoire : ce qui importe c'est que les signes et les significations présentées soient des propositions d'accès qui rapprochent d'une ouverture profonde, si elles ne sont pas obturées par suspicion ou rejet.

Cette modalité d'écoute – dans la mesure où elle n'établit pas de méfiance à l'égard de la personne (en conjurant paisiblement les risques de froncement chez le thérapeute) – ne pousse au narcissisme défensif ni l'un ni l'autre des protagonistes du dialogue. S'invitant au respect sans pression ni précipitation, l'écoutant ne s'abandonne pas au désir d'expliquer, de briller, d'interpréter. Il accompagne l'approche progressive, tranquillisée, des zones chargées d'émotions, d'affectivités repliées chez l'interlocuteur : cette approche se fait sans brusquerie ni court-circuit, par la promenade vers les choses simples et non par les pentes brusques ou interminables d'une hyperélucidation ou d'une interprétation précieuses (et sentencieuses ! finalement réductrices). Mais qu'on ne s'y trompe pas : simplicité et subtilité vont de pair autant que de leur côté se conjuguent prétention de profondeur et platitude réelle (ou fuite).

Écoute de précaution et d'accompagnement, cette attitude rogérienne est essentiellement non défensive : le thérapeute ne cherche pas, dans ses interventions ou ses silences, à défendre un statut, à masquer son implication, à taire ses sentiments pas plus qu'à se protéger par l'emploi de techniques ou de méthodes apprêtées d'avance. Le *portage*, comme le dit Binswanger, qu'il effectue en coopération avec le client lourd de ses préoccupations, s'accomplit dans une offre de sincérité, de transparence de ce qu'il ressent au contact de celui-ci. Toutefois, il ne profère pas n'importe quoi : s'il vit des impressions profondes, il filtre ce qu'elles comportent d'angoisse tout en profitant des indications qu'elles lui apportent sur la relation nouée avec le client. S'il écoute et s'exprime en spontanéité, celle-ci n'a rien d'un réflexe automatique de formulation de ses propres sentiments ou de ceux annoncés par autrui. Spontanéité et transparence, accueil sincère, soit ; mais ni frustes, ni sophistiqués. Autant reconnaître le caractère paradoxal de cette sorte d'écoute en dialogue.

INTERSECTION ET CONTRASTES

Nous pouvons dénoter les facettes multiples de l'écoute rogérienne et leurs apparentes contradictions. Tout d'abord, une telle écoute est dite centrée sur la personne ; le thérapeute s'évertue à maintenir un contact actif avec la personne en évolution présente devant lui, quoiqu'elle dise et fasse *(par considération positive inconditionnelle)*. Pourtant, en raison de son incitation à la sincérité, à la *congruence* personnelle, l'écoutant est incité à une écoute centrée sur lui-même, tel qu'il est, retentissant à l'autre tel qu'il se manifeste dans sa différence. Et enfin, même s'il oscille d'une attention à l'autre vers une attention à lui-même, il se centre également sur la relation expérimentée *(expériencée)* entre l'individu et lui-même et que permet leur rencontre par une *empathie* reliant leurs différences. Soi ; non pas soi replié mais sensible à l'autre différent ; non pas l'autre distinct, mais leur communauté d'être ressentie dans la relation : cette coexistence de trois phases simultanées (soi, l'autre, la relation) suppose une écoute située *au point triple* de la co-existence des êtres dans le dialogue.

De même, il y a des directions apparemment divergentes de cette écoute : elle s'intéresse aussi bien à ce qui est dit au plan émotionnel, au plan affectif, au plan intellectuel, au plan institutionnel ou écologique. Elle s'effectue par des dispositions organismiques, sentimentales, théoriques, culturelles ou politiques. Elle se structure dans un contact aux flux d'énergie qui circulent dans le client, au travers de la relation d'aide ou dans l'écoutant lui-même : mais elle se dispose aussi au niveau des blocages de l'énergie, aux goulots de son étranglement dans la personne, comme sur le rapport du thérapeute ou en celui-ci même (sans oublier le monde extérieur et les références personnalisées des deux protagonistes). Dans l'écoute, c'est cette animation de l'énergie ou ses arrêts qui sont pris en considération : ce que dit et ce qui meut la personne sont accueillis, saisis légèrement mais fermement, à tous les niveaux, en essayant de capter la totalité des harmoniques de ce qui est mis en acte ou en thème.

De même, cette écoute est un accueil immédiat de ce que dit l'autre, et pourtant c'est une approche progressive (au-delà de ce qui est *dit*) du cadre de référence, du cadre de retentissement à partir duquel est proposé ce *dit* ; mais néanmoins l'écoutant ne cesse de rester en contact de son cadre propre sans déborder celui de l'autre. Il essaie de comprendre comment l'autre ressent ce qu'il exprime comme s'il se mettait à sa place, et cependant sans oublier ce *comme si.* Il communique au plus près, et néanmoins il ne s'identifie pas à l'autre quoiqu'il demeure très proche. Présence et distance ou plutôt *présenciation* et *distanciation* simultanées, en mutuelle balance. L'écoutant ne laisse pas la relation se dissoudre dans une fusion affective et fantasmatique : pourtant il ne cherche aucune distance, aucun fossé, aucune dénivellation.

Et cette écoute d'accueil apparaît comme une terrible exigence d'accueil ou d'acceptation. Devrait-on être parfait ? Que non point : l'accompagnement du thérapeute s'accomplit dans l'approximation, sans aucune inclination à la culpabilité. Mais le thérapeute ne cesse de se reprendre modifiant ses réponses en cours de route, tirant parti de ses faux pas pour étayer les propre tâtonnements du client.

Congruence, considération positive inconditionnelle, empathie ne sont pas en vérité des états atteints une fois pour toutes ; ce sont des *mouvements*, des *processus* dit Rogers, et j'ajoute *en articulation dialectique* (chacun compensant l'autre mouvement en niant l'inertie qui l'alourdirait). Être en accord intérieur avec soi-même, soit ; mais pas au point de s'enfermer par entraînement narcissique ou schizophrénique. Par suite, négation du renfermement sur soi où aboutirait une congruence trop complaisante : et donc ouverture à l'autre, reconnu comme radicalement différent de soi et accueilli inconditionnellement dans cette différence. Soi encore ; mais cette différence d'autrui ne peut être élaborée dans l'excès ; l'inertie de sa constatation doit être niée par la découverte d'une façon pour l'écoutant de se mettre en phase, en rythme, en résonance de la différence de l'autre par l'*empathie*. Et celle-ci est à la fois *écoute retentie*, regard accompagnateur et contact d'approfondissement avec flair et goût, dans une communication existentielle autant que verbale, patiente et progressive.

En ce qui concerne justement l'empathie, Rogers, après avoir longtemps été découragé d'en parler (sur la constatation de tant de caricatures ou de déviations qui en furent et en sont faites) s'en est expliqué :

« *La manière d'être avec autrui, que l'on appelle empathique, a plusieurs facettes. Cela signifie : entrer dans le monde de l'autre, tel qu'il le perçoit, et s'y trouver comme chez soi. Cela implique une sensibilité de tous les instants au changement des significations ressenties, qui se produit à l'intérieur de l'autre, à la crainte ou à la rage, à la tendresse ou à la confusion, à tout ce dont il ou elle est en train de faire l'expérience immédiate et peut-être fugitive. Cela signifie vivre temporairement la vie mouvante de l'autre, s'y replacer délicatement sans porter de jugements, éprouver les significations de ce dont il ou elle n'est guère conscient, mais ne pas chercher à lui découvrir les sentiments dont il ou elle est totalement inconscient, ce qui serait considéré comme une grave menace. Cela comprend la communication de son propre ressenti du monde de l'autre, tout en considérant d'un regard neuf et dépourvu de crainte les éléments qui l'effraient. Cela signifie que l'on vérifie fréquemment avec lui ou elle, la précision de son propre ressenti et que l'on est guidé par la réponse que l'on reçoit. On est le fidèle compagnon de la personne qui vit dans son monde intérieur. En faisant ressortir les significations possibles qui se manifestent dans* le flux de son expérience en train de se faire *(experiencing), on aide la personne à porter son attention sur un système de références utile, à expérimenter les significations plus pleinement et à progresser dans le cours de cette expérience.*

Être avec l'autre de cette manière veut dire que, pour l'instant, on laisse de côté ses propres valeurs afin de pénétrer sans préjugés dans le monde de l'autre. Dans un certain sens, cela signifie qu'on laisse de côté son être (self) *et ceci ne peut se faire qu'avec une personne suffisamment assurée d'elle-même pour savoir qu'elle ne s'égarera pas dans ce qui peut se révéler dans le monde étranger et bizarre de l'autre et qu'elle peut, en toute sécurité, retourner à volonté dans son propre monde. Peut-être cette description fait-elle mieux apparaître le phénomène de l'être empathique, manière d'être complexe, exigeante, forte et surtout subtile et délicate.* »

Et Rogers ajoute à propos des travaux faits par Truax en 1967 :

« *Le thérapeute avance parmi des sentiments et des expériences que le client laisse entrevoir et le fait avec sensibilité et précision. Il se peut que le contenu qui apparaît soit nouveau, mais il n'est pas étranger. Les fautes que peut commettre le thérapeute (situé au point le plus élevé de l'échelle d'empathie) ne rendent pas un son discordant ; elles revêtent le caractère d'une réponse apportée à titre d'essai. En outre, le thérapeute est sensible à ses fautes et modifie ou change rapidement ses réponses en cours de route, indiquant ainsi qu'il reconnaît plus clairement ce dont parle le client ou ce que celui-ci est en train de chercher au cours de son exploration personnelle. Le thérapeute réfléchit* un être ensemble *avec le patient, dans une exploration expérimentale par essai et erreur. Le ton de sa voix reflète le sérieux et la profondeur de sa saisie empathique.*[1] »

PARADOXES ET DIALECTIQUES

Ainsi donc, progression d'une communication avec le client ; pourtant fautes possibles et approximatives par essai et erreur : mais néanmoins *sérieux* et *profondeur* d'une saisie empathique recherchée avec modestie dans l'imperfection convenue réciproquement. Une fois encore nous saisissons la structure dialectique (thèse, négation de la thèse ; mais négation de la négation) qui est inhérente aux processus comme aux concepts impliqués dans l'écoute rogérienne.

Il est possible de décrire dans la multiplicité de ses émergences, cette structure dialectique. L'écoute rogérienne est en effet établie pour se situer au plus près d'un client ; cependant elle ne s'abandonne à aucune complaisance ni fusion affective ou connivence sociale ; néanmoins, elle parvient à faire communiquer deux originalités distinctes par un trajet existentiel. Ou encore, cette écoute est dès l'abord soutenue par des précautions ; cependant elle n'est pas défensive et s'explicite souvent de façon audacieuse puisque le thérapeute peut même aller à s'expliquer sur ses propres sentiments, au cœur des transferts de la relation ; néanmoins, cette écoute est lestée sur un solide bon sens, reconnu et honoré sans ambages, ainsi que sur du tact.

Il est possible de reconnaître encore dans cette écoute un accueil direct (sans soupçon) ; cependant une mobilité et une autonomie ; néanmoins une mesure accordée au rythme de l'interlocuteur. Également, importance de l'immédiat (ici et maintenant) ; cependant révélation en commun de ce qui en émerge pour le client ; néanmoins canalisation dans la relation vécue, propice à l'actualisation des évolutions. Ou encore, il n'y a aucune presse ni pression ; cependant le thérapeute répond à chaque instant ; néanmoins il ne pousse à aucun porte à faux sur l'évolution du client. Voire : ce que dit le client ; tout ce qui est postulé par lui ; mais rien d'autre, surtout rien de ce qui est extérieur à la relation.

La structuration dialectique qui se déploie de façon polymorphe dans la praxis rogérienne, explique le terme de *paradoxale* qui lui a souvent été appliqué. Son incompréhension peut également justifier les erreurs d'application (par amortissement de cette dialectique à un seul ou même à deux de ses trois temps) comme les critiques inexactes dont elle a été l'objet. Il est possible de la décrire de façon plus opératoire pour rendre compte des caractéristiques de l'écoute rogérienne (accueil authentique, précautions de dialogue, souplesse d'évolution).

L'écoute s'adosse à une attitude essentielle d'accueil, établie d'abord sur soi-même, sans défensivité : le facilitateur tente de laisser communiquer ses mouvements internes et les pressions exercées par le monde extérieur. Il vit une sincérité pour lui mais aussi pour les autres selon une transparence qui explicite la confiance en l'autre postulée ensuite sans défaillance. Il ne pèsera pas sur l'autre par ses impressions passagères, mais il ne cachera pas des dispositions d'être (des *feelings*) qui s'avéreraient persistantes. Il tente à chaque moment d'être authentique,

1. Truax, 1967, p. 566.

d'être aussi spontané que possible dans ses réponses au client écouté scrupuleusement là où il souhaite être entendu, quitte à s'aventurer. Il s'absorbe dans la relation et oublie toute méthode, comme un virtuose oublie son clavier en exécutant ou en improvisant.

Et cependant, le thérapeute ne s'immerge pas dans le dialogue de façon inconsidérée. Dans un deuxième temps de la dialectique, l'inertie de la spontanéité est niée. Car il n'est pas sans repères ni sans techniques. Notamment, il est exercé à emprunter certaines voies de discours et à en éviter, autant que possible, d'autres (de jugement, d'interprétation). Il explicite parfois son entendement par des comportements de support affectif, d'information objective, ou de questionnement, il recourt plus habituellement à une transposition de son écoute. Cette transposition déborde largement ce qu'on a appelé avec Porter, le comportement de *compréhension.* Cette compréhension peut s'étaler sur une gamme très variée partant d'un simple *écho* jusqu'à des formes de *réverbération* et de *résonance.*

DES GAMMES DE COMPORTEMENTS

L'écho est lui-même susceptible d'être produit de diverses façons. S'il a pour objet de manifester la présence attentive de l'écoutant à ce qu'exprime son interlocuteur, en tant que signe de dialogue, il peut s'établir par une onomatopée ; par des interjections habituelles (hum, ah, oui, bien, exact, etc.) ; par des expressions (*« je comprends »*, comme disent fréquemment les écouteurs de SOS-amitié) ; par un mot repris au discours de l'interlocuteur (un mot important, pas forcément le dernier prononcé, parfois celui-ci) ; par une formule de vérification positive ou interrogative : *« je vous ai entendu »*, *« je vous suis »*, ou *« je ne suis pas sûr d'avoir bien entendu* (ou compris) *ce que vous avez dit en dernier lieu* (ou à tel moment) ». Ainsi Rogers, dans un entretien thérapeutique célèbre avec une jeune américaine Gloria : *« Ce que vous dites m'intéresse mais je ne suis pas sûr des termes que vous avez utilisés. »*

Au-delà de l'écho, la transposition de l'écoute peut se faire sur des modalités de *reflet.* Il s'agit alors de refléter centralement la situation d'expression de l'interlocuteur : non ce qu'il dit mais comment il le dit. Les modalités peuvent aller de la reprise ponctuelle d'une intensité donnée à certains mots *(« vous avez dit avec force le mot de... »).* Le reflet peut reproduire le signifiant vocal, gestuel, corporel, situationnel. Il implique une écoute – observation élargie sur la totalité sensorielle – *« je vous vois faire des gestes d'irritation » ; « je ressens votre agitation » ; « votre visage a changé d'expression » ; « vos mains se crispent » ; « vous n'avez pas l'air tellement hésitante »*, etc. Le reflet des signifiants est souvent utilisé dans les thérapies de la *Gestalt*, mais de façon différente pour faire apparaître systématiquement les contradictions entre signifiants et signifiés. Telle ne peut être l'intention de l'écoutant rogérien : il s'efforce seulement de soutenir ce qu'exprime le client en reflétant (verbalement ou non) la formulation de ce qu'il dit, formulation vécue par lui mais qui mérite d'être réfléchie pour être mieux intégrée à son projet d'explicitation. Rogers à Gloria : *« J'ai l'impression d'après le son de votre voix que vous vous détestez davantage lorsque vous mentez que lorsque vous faites des choses que vous désapprouvez. »*

Outre les signifiants, les signifiés méritent également d'être réarticulés par le thérapeute pour garantir la réalité de son écoute et de son attention. *La reformulation des signifiés* du discours peut être faite soit comme résumé succinct ou plus détaillé, soit comme développement, court ou plus étendu. Elle peut se traduire sur un mode neutre, un mode dubitatif ou un mode interrogatif sans se fixer sur aucun de façon répétée (« *je ne suis pas sûr d'avoir compris que...* » ne peut être formulé plusieurs fois : la personne pourrait penser qu'on ne la comprend pas ou qu'on doute d'elle). La reformulation affirmative ou neutre est plus sûre même si elle est rectifiée par le client. Elle ne peut être trop fréquente, sous peine d'ébranler la personne ou de la tenir à distance de soi.

L'écoutant peut recourir à des comportements de *miroir*, eux-mêmes variés, mais par lesquels il essaie de *réfléchir la relation de communication* du client avec lui. Le miroir peut être transitoire : « *vous me dites cela en ce moment à moi* » ; ou plus global : « *il semble que vous vivez notre entretien dans une attention permanente de...* ». Dans l'entretien de Gloria, Rogers lui dit près une longue pause : « *Vous sentez que le conflit est là et qu'il est insoluble, donc il n'y a pas d'espoir et vous êtes là en train de me regarder et je n'ai pas l'air de vous aider.* » Plus loin Rogers dira même dans une sorte d'inversion du miroir : « *Puis-je vous demander une chose : que souhaiteriez-vous que je vous dise ?* » La réponse de Gloria engendrera alors des reformulations puis des reflets et des échos. Le comportement miroir peut aussi aller jusqu'à une mini-analyse institutionnelle des rapports thérapeutiques. Au-delà, elle peut appeler des comportements de reprise d'un ensemble de séquences. Il s'agit alors d'une *réverbération* plus globale.

La réverbération s'entend d'une transposition de l'écoute telle qu'elle a été mémorisée au long d'une continuité d'échanges successifs. Elle s'effectue par la reprise d'une ou plusieurs énonciations antérieurement faites par l'interlocuteur. Elle apparaît comme une sorte de synthèse, articulant les contrastes mais sans les rejeter ni les accentuer en contradictions. C'est un rappel délicat : « *Mais, vous disiez aussi, il y a un moment, que vous avez l'impression de ne pouvoir remédier à cela non plus...* », reprend doucement Rogers dans le dialogue avec Gloria. Et plus loin il complète : « *J'ai l'impression (je suis sûr que cela vous paraîtra une réponse évasive), j'ai l'impression que peut-être la personne envers qui vous n'êtes pas complètement honnête, c'est vous-même. Car j'ai été très frappé par le fait que vous ayez dit :* etc. ». Cette réverbération peut cumuler à la fois des comportements d'écho, de reformulation et de miroir associés à son propre registre, tâchant de ressaisir ce qu'une personne a explicité progressivement en termes de sentiments, de tendances et de démarche active.

L'écoutant rogérien peut aller plus loin encore : il peut réverbérer la résonance des sentiments fonciers qui se stabilisent en lui au cours et en raison du dialogue. Comme nous l'avons déjà dit, il ne peut s'agir, bien sûr, d'impressions passagères, mais d'une forme affective qui s'est consolidée durablement et dont, à un moment donné, l'expression se trouve au niveau du flux des sentiments du client. Cette forme peut être une simple transparence : « *j'aimerais bien pouvoir vous donner la réponse pour ce que vous devriez lui dire* », comme Rogers en fait l'aveu simple à Gloria. Mais on peut aller plus loin jusqu'au cœur d'un transfert. Et c'est le célèbre passage où Rogers répond de ses sentiments profonds à Gloria. Celle-ci, après un examen de ses mouvements immédiats de confiance et de respect envers Rogers, termine par : « *Je veux dire, je tiens à préciser, mince ! j'aurais aimé vous avoir comme père. Je ne sais pas pourquoi cela m'est venu à l'esprit.* » Rogers, après un bref silence, intense, lui dit : « *Je vous ressens comme une bien gentille fille* (*daughter* et non pas *girl*). » Et il ajoute, après un nouveau silence marqué par une catharsis chez Gloria, très doucement : « *Mais vous regrettez vraiment de ne pas avoir eu la possibilité de causer ouvertement avec votre propre papa.* »

Rogers a découvert l'importance d'expliciter les sentiments vécus par le thérapeute dans la relation avec son client à l'occasion du traitement de schizophrènes (qui a donné lieu à la monumentale publication d'une recherche effectuée en animant un groupe de plusieurs centaines de chercheurs). Face au silence où vivent emmurés de tels clients, le seul matériel articulé sur lequel peut travailler le thérapeute est bien sa propre résonance à cette situation frustrante. Mais la découverte faite dans ces conditions a été exploitée pour l'écoute de tous autres clients : au lieu de se restreindre à des techniques (d'écho, de reflet, de reformulation, de miroir ou de réverbération) centrées sur le client, il pouvait être utile de recourir à des techniques centrées sur soi, et de rompre avec le tabou de l'abstinence.

C'est dès lors le troisième temps de la dialectique qui se révèle : par négation de l'emprise de techniques délimitées, même si celles-ci ont utilement contrebattu par leur négation les risques d'aventure ou de collusion propres à l'écoute rogérienne (ou à toute écoute). Le facilitateur se met, par ce troisième temps, en souveraine disponibilité. Il est ouvert à tout insolite qui peut apparaître dans l'autre ou en lui. Il ne se laisse pas fixer par le cours d'une seule expression ou d'un seul versant (de l'interlocuteur ou de lui-même). « *Quand je suis réellement capable de me laisser aller à entrer dans une relation – et j'ai le sentiment que c'était le cas cette fois-ci…* – constate Rogers après son entretien avec Gloria – *alors non seulement je me trouve de plus en plus ému d'être en contact avec le monde intérieur au client, mais aussi je me mets à tirer de ma propre expérience intérieure immédiate des phrases qui semblent n'avoir aucun rapport avec ce qui se passe, mais qui, généralement, s'avèrent avoir une relation très significative avec ce qu'éprouve le client.* » Et Rogers ajoute plus loin : « *Je dis ces choses presque immédiatement après la conclusion de l'entretien et, comme cela m'est coutumier, il n'y a pas plus d'un ou deux commentaires ou incidents dont je me souvienne de l'interview. Je sais seulement que j'ai été très présent dans la relation que j'ai vécue, au moment même où elle se produisait.* »

Ainsi l'accueil est préservé par la disponibilité retrouvée au-delà de la médiation des techniques d'intervention très exercées.

CONCLUSION

Pour finir, on peut déceler dans l'écoute rogérienne, des éléments communs avec d'autres psychothérapies, ne serait-ce que dans la neutralité bienveillante, ou l'attention disponible ou flottante et dans l'importance accordée aux mots et à tout le langage (comme Freud et Lacan ont accoutumé de le faire), mais aussi dans une perception *organismique* de soi et de l'autre.

Toutefois, l'écoute rogérienne se différencie d'autres pratiques selon les caractéristiques suivantes :

– la qualité du silence qui est accueilli mais non pas entretenu comme moyen de pression ou par structuration technique (en cela elle est proche de la *Gestalt Thérapie*) ;

– l'absence d'une imposition théorique ou d'un découpage conceptuel fait d'avance (par exemple, dans l'analyse transactionnelle, pour ne citer que la plus simple théorisation, on propose au client un cadre d'analyse préétabli). Rogers n'introduit d'autre théorisation que celle qui est présente dans le langage de la personne (en cela il est proche de la praxis de Binswanger) ;

– la non utilisation poussée du matériel onirique ou de l'anamnèse. Il n'est question d'autre symbolisation que celle que le client introduit : mais elle n'est ni accentuée, ni encouragée, ni décryptée. Le langage reste simple, voire apparemment ordinaire, chez le client comme chez le thérapeute ;

– l'économie recherchée pour focaliser (par accompagnement) la personne sur son vécu immédiat sans accrochage ou séduction extérieurs à la relation avec le thérapeute. Il s'agit de replacer par le dialogue l'individu en équilibre sur ses énergies psychiques et sur l'appui de ses points de vue propres. Le thérapeute ne fait pas le *malin* ou, *a fortiori*, le *ponte* (comme hélas ! trop de *mages* du champ de la thérapie, freudienne ou autre) ;

– l'implication émotionnelle dans la relation que consent, avec bon sens toutefois, l'écoutant. Rogers observe que les prescriptions rationalisantes qui sont relatives au contre-transfert (non sérieusement validées scientifiquement) peuvent gêner une perception des interventions expressives qui se révéleraient opportunes. Le transfert accueilli et suivi en résonance et ondulation peut se résorber naturellement : au lieu que refusé, il peut se renforcer réactionnellement en *himalaya* de complexité. Mais cet accueil en continu du transfert suppose la souplesse incessante pour ne pas se figer sur des règles ou des visées dogmatisées, l'écoutant est disponible par une mobilité ainsi que par une patience sans inertie (qui offre des gains de temps à force de se donner du temps). L'écoute est au service de la personne : elle n'est pas pressée et n'introduit dans le client aucune injonction à se transformer plus vite qu'il ne peut ni ne veut, non plus que d'aller dans une direction autre que celle qui se dégagerait en lui progressivement et donc librement ;

– des précautions pour ne pas river le client à une dépendance quelconque envers le thérapeute, dès le commencement de leur relation et à tout moment ainsi que le souci de ne pas intervenir en pression de pouvoir ou d'autorité ;

– une observation évolutive et multidimensionnelle à tous les niveaux où se meut le client ;

– une grande simplicité qui ne rebute pas et ne domine pas le client, mais qui est liée à beaucoup de finesse ainsi qu'à des recherches expérimentales et théoriques, exemplaires pour leur rigueur ;

– une modestie existentielle, pragmatique, associée à une très haute idée de chaque personne et de soi-même ;

– un accueil du paradoxe comme catégorie essentielle de la rencontre interpersonnelle ;

– une *volonté politique* d'inverser la tendance du pouvoir détenu par un individu en forme de service aux autres pouvoirs et non plus en tentation de captation et de domination.

Cette volonté politique fait l'objet du livre de Carl Rogers, *Un manifeste personnaliste* qui est publié dans une traduction française en 1979 : Rogers situe sa démarche et son écoute centrées sur la personne par rapport aux impatiences et aux violences où se corrompent les politiques d'aide, d'assistance, d'administration, de direction, d'institution ou d'oppression. Son écoute tranquille, son alerte pathétique méritent d'être écoutées.

QUATRIÈME partie

DISPOSITIFS DE SIMULATION

La mise en situations reproduisant la réalité des individus en formation a toujours fait partie des préoccupations des enseignants et des formateurs.

Il arrive un moment dans le cursus d'éducation où il faut jeter une passerelle entre le théorique et le réel, entre le parcellaire et le global.

Cette préoccupation dont la nécessité est ressentie de manière plus aiguë à notre époque s'est parfois exprimée dans des situations d'apprentissage ou encore de compagnonnage qui confrontent *l'élève* à des situtations réelles.

Il existe des domaines dans lesquels il est mal aisé de mettre l'apprenant en situation réelle, soit pour des raisons technique de sécurité, soit en raison de la durée des activités auxquelles on veut préparer, soit encore parce qu'on se trouve confronté à un système complexe de problèmes et de rôles responsables.

Face à ces difficultés et devant la nécessité de sensibiliser à une « vie » professionnelle, on a imaginé un certain nombre de dispositifs de simulation dans lesquels une conjoncture professionnelle est « jouée » en situation d'interactivité. C'est ainsi que, dans les transports routiers, aériens, marins, des simulateurs de vol, de conduite ou de pilotage ont été élaborés très tôt et sont actuellement en usage à un haut niveau de complexité. Les milieux industriels sont très demandeurs d'installation de ce type.

Face aux problèmes liés à l'éducation, à la formation, à la gestion, aux relations entre les hommes, il est peu concevable de faire appel à de tels systèmes qui sont basés sur des données mathématiques ou des mesures de capacité, d'habileté faisant toujours appel à des réactions prévisibles même si elles sont issues de systèmes complexes. Lorsque l'on aborde la dimension humaine, on inclue à la fois un facteur de non-automaticité, donc d'imprévisibilité, en même temps qu'une obligation de négociation, de décision prise en commun.

Dans ces conditions, l'affrontement à une situation réelle (même artificielle) et la confrontation à une multiplicité possible de décisions efficaces ont conduit à l'élaboration de dispositifs permettant une approche globale des modes ou des techniques de résolution et de gestion. Notons que ces dispositifs sont très dépendants non seulement de leur « réalisme », mais surtout de la part que le formateur a pris à leur élaboration. Il est ici contraint à des choix liés non seulement à la nature de la formation en cours, mais aussi et surtout à la spécificité des groupes et des hommes qu'il a eu en face de lui.

Il y a enfin une dimension importante d'actualité à prendre en compte dans la constitution et l'utilisation de ces dispositifs qui « vieillissent » vite.

On trouvera ci-joint quelques situations, jeux ou cas auxquels des éléments théoriques sont parfois associés.

L'échantillonnage réalisé ici a pour objet de *donner des idées* aux formateurs en vue d'élaborer de nouvelles situations et de nouveaux dispositifs pour adapter ou compléter les exercices déjà utilisés.

CHAPITRE 1

Réalités et simulations

Après avoir analysé un certain nombre de phénomènes liés à la communication, à l'entretien, au groupe, il nous faut bien en resituer l'ensemble dans leur dynamique propre.
Qu'en est-il de tous ces mécanismes que nous avons démontés en interaction d'une part, insérés dans l'évolution d'une structure, d'une organisation de l'autre ?
C'est l'objet des dispositifs que nous allons explorer maintenant.
Un ensemble de méthodes pédagogiques repose sur la simulation d'une situation plus ou moins proche de l'activité des formés.

DE LA PSEUDO-RÉALITÉ À LA FORMATION

La mise en simulation d'individus, en vue de leur entraînement à des tâches professionnelles, ou à des situations de prise de décision, ou à la compréhension de la complexité des problèmes et des rôles responsables, est déjà ancienne et confirmée dans son importance.

On trouvera plus loin, quelques dispositifs, situations ou jeux, auxquels des éléments théoriques sont associés suivant les cas. L'échantillonnage réalisé ici a pour objet de donner des supports et suggestions aux formateurs pour élaborer de multiples dispositifs en vue d'adapter ou compléter les exercices déjà utilisés.
La simulation permet de vivre une pseudo-réalité et de la faire évoluer d'une manière qui peut être une expérimentation, ou encore une formation. Elle permet ainsi de préparer un entretien, une réunion, en vue d'envisager les réactions possibles des interlocuteurs et de se *préparer* au débat, à la négociation…

Les méthodes

On peut regrouper ces méthodes en trois grandes catégories :
1. situation de simulation
2. jeu de rôles
3. études de cas.

Ces différentes techniques font appel à des matériels plus ou moins sophistiqués. Leur utilisation peut s'étendre sur des durées diverses, certains jeux pouvant durer plusieurs mois.

Dans toutes ces techniques, la phase d'analyse qui se déroule *a posteriori* en situation interactive est primordiale.

Les objectifs

La simulation facilite la prise de conscience des problèmes abordés et, au niveau du participant, de ses comportements, de ses *a priori*, de ses compétences (en termes positifs ou négatifs). Elle constitue une sensibilisation, en même temps qu'une participation.

Le rôle de l'animateur est primordial. Au début de l'exercice, il devra faire en sorte que l'objectif pédagogique proposé soit bien présent. En cours d'exercice, il devra animer le groupe, tout en veillant à éviter les dérapages dus au côté séduisant, parce que relativement ludique des séances de simulation.

Enfin, en conclusion, il lui appartiendra de permettre que le groupe fasse la synthèse de sa propre démarche en en tirant les enseignements propres.

Il veillera notamment à ce que les rôles joués, les prises de position exprimées, les débats, les négociations, ne laissent pas chez l'un ou chez l'autre des participants un passif affectif négatif.

D'où l'importance à la fois du choix du support en même temps que de la conclusion des débats.

Ces techniques sont extrêmement délicates à utiliser. En effet, plus on raccourcit la distance entre le formé et l'objet de sa formation, plus on l'implique en somme, plus on intervient au niveau profond de sa personne, plus aussi on l'invite à évoluer, à changer.

Néanmoins les résistances (essentiellement affectives) à s'impliquer sont grandes. C'est la raison pour laquelle bien souvent il est nécessaire de sortir du milieu professionnel concerné pour transporter, transposer les problèmes sur un autre milieu professionnel, par exemple du monde de l'éducation vers le monde de l'entreprise.

Cette démarche permet de *dédramatiser* les problèmes et de ne pas favoriser des réactions de misérabilisme ou de culpabilité.

Autre remarque, les thèmes et les situations sont moins directement liés à des objectifs pédagogiques déterminés. C'est au formateur de percevoir que telle ou telle situation peut faire progresser le groupe. Il y a une malléabilité des supports qui permet d'orienter leur analyse vers des objectifs pédagogiques différents.

Ajoutons enfin que, au niveau des techniques utilisées tant dans la préparation que dans l'animation, on connaît peu de limites.

Les supports peuvent être nombreux et variés : audiovisuel, scénique, écrit, dessin, enregistrement...

L'animation doit faire appel à toutes les ressources et compétences du formateur qui doit avoir comme préoccupation essentielle de faire évoluer le groupe en profondeur au plus loin de ses possibilités en même temps qu'il doit garder chaque participant des traumatismes nés d'une implication affective trop forte.

C'est dire que la place de ces méthodes dans le processus de formation n'est pas neutre.

CHAPITRE 2

Situations de simulation

Les exercices qui sont proposés dans ce chapitre se rapportent à des simulations relativement simples : il en résulte une facilité de mise en œuvre et une possibilité d'exploitation des conduites qui auraient été adoptées dans leur cadre par les divers participants.

Le déroulement des opérations consécutives à la définition de la simulation suppose une observation fine : celle-ci sera assurée par l'animateur ou le formateur qui pourra se faire assister par des participants.

Parmi les phénomènes observés, on pourra noter :

– les mécanismes d'isolement des individus (ou des équipes),

– le transfert de comportement ou points de vue habituels, inadaptés à la situation proposée,

– la variété des conduites assurées pour un même ensemble de contraintes,

– la rapidité de se placer dans des conflits d'intérêts et de rôles ou de fonctions,

– les tentations d'irréalisme (notamment dans les durées),

– le manque de confiance dans les groupes autres que le sien propre,

– l'inclination à manipuler ou à tricher,

– la propension à ne pas respecter un contrat conclu,

– l'incapacité à discerner le véritable adversaire,

– la prise de *leadership* par quelques-uns au détriment des autres,

– etc.

La frontière entre simulation et jeux de rôles ou études de cas est évidemment indécise : toutefois, la simulation implique des opérations pratiques, alors que les deux autres formules se font essentiellement par dialogue et représentation théâtrale ou bien par des échanges techniques.

L'INCIDENT DANS UN CENTRE D'ORIENTATION ET D'INFORMATION

Il s'agit d'un incident provoqué au cours d'une réunion par un sous-groupe qui entraîne le départ d'un intervenant.

Au cours d'une réunion de centre bimensuelle, un conseiller est chargé de présenter, pour ses collègues, toute la documentation reçue depuis la dernière réunion ; ce conseiller fait cela depuis des années.

À chaque réunion, un petit nombre écoute, un petit nombre discute d'autre chose.

Ce jour-là deux collègues bavardent particulièrement fort. Plutôt que de continuer à parler, le conseiller a lu la pagination du *Bulletin officiel.*

Il s'écoule quelques secondes avant que le silence se fasse. À ce moment-là le conseiller a quitté la salle.

OBJECTIFS

1. Étudier les problèmes soulevés par des comportements.

2. Identifier les types de sentiment et de conduite qu'on aurait adoptés suivant les rôles auxquels on aurait été assigné.

DOCUMENT 162

L'incident

Première phase

Le formateur propose au groupe l'exposé d'un incident précisé dans le texte ci-dessus.

Deuxième phase

Chacun est invité à se demander individuellement... Comment faire ?
- si on est un des bavards ;
- si on est le conseiller qui est sorti ;
- si on est l'animateur ;
- si on fait partie de ceux qui écoutent.

Troisième phase

Le formateur facilite une mise en commun des comportements évoqués par les participants successivement dans les quatre rôles au cœur de la situation provoquée par le départ du conseiller. Cette phase peut être conduite de façon progressive (par petits groupes puis en plénière).

Quatrième phase

Le formateur propose une discussion sur la méthode de travail à adopter dans des groupes de « pairs ».

FORMULATION D'UNE SÉQUENCE D'ENSEIGNEMENT ET SA NÉGOCIATION

Il s'agit de se mettre en situation de préparer en équipe un enseignement adapté à un groupe et négocié avec lui.

OBJECTIFS

1. Clarifier les principes et les contenus d'une session, d'une formation, sur une durée courte.

2. Trouver une formulation attractive d'une formation pour certaines catégories de personnes.

DOCUMENT 163

Une séquence d'enseignement

Première phase

Le formateur sépare les participants en deux groupes : celui des *professeurs* et celui des *stagiaires.*

Deuxième phase

Le formateur remet à chacun des groupes le texte qui le concerne et à partir duquel s'explicitent des échanges et se rédigent les formulations demandées.

Troisième phase

Les textes rédigés sont échangés entre les groupes et sont analysés dans chaque groupe.

Quatrième phase

Les deux groupes se réunissent et achèvent l'explicitation de leurs positions et effectuent une mise au clair des textes.

Professeurs

Vous êtes des professeurs dans un département d'université ou un GRETA où vous faites partie d'une équipe pédagogique chargée d'un stage de jeunes demandeurs d'emploi. Ce stage doit durer six mois à plein temps. On vous a demandé de préparer une semaine sur quelque chose qu'il vous paraît important que les stagiaires acquièrent. Vous pouvez assurer vous-même cet enseignement ou bien inviter un ou plusieurs collègues à coopérer.

Afin de susciter l'intérêt des stagiaires pour ce cours expérimental, on vous demande d'écrire une page de texte de présentation. Le texte devra être rédigé de façon telle que les stagiaires puissent choisir en connaissance de cause le cours auquel ils désirent s'inscrire.

Stagiaires

En tant que jeunes demandeurs d'emploi bénéficiant d'un stage de six mois à temps plein dans un même GRETA, vous désirez bénéficier de cette semaine expérimentale. Vous devez choisir un cours pour vous-même. Cependant, on vous conseille de formuler auparavant de façon claire les critères sur lesquels vous fondez votre choix.

SIMULATION D'ENSEIGNEMENT

Dans un temps très court qui permet d'amplifier les qualités et les défauts des comportements professionnels, parfois d'une manière caricaturale, faire simuler un enseignement (qui peut être entendu aux niveaux primaire, secondaire, ou supérieur).

OBJECTIFS

1. Faire apparaître les difficultés de conception et d'organisation d'un enseignement.

2. Faire saisir les difficultés de travail en équipe d'enseignants.

3. Faire apparaître la tentation des enseignants ou formateurs de préparer un enseignement à une distance renforcée des « élèves » ou des stagiaires.

4. Montrer le piège, pour des enseignants, de vouloir tout traiter, en irréalisme des durées imparties.

5. Rendre évidente la difficulté d'une équipe, même de deux personnes, à se répartir des rôles différenciés et complémentaires.

6. Montrer la diversité des formules réalisables à partir d'un même « programme ».

DOCUMENT 164

Simulation d'enseignement

Première phase

Le formateur demande au groupe de se scinder en sous-groupes de sept à huit personnes qui auront à désigner en cinq à dix minutes deux d'entre eux comme professeurs du sous-groupe et d'un autre comme observateur des activités et comportements.

Seconde phase

Chaque sous-groupe envoie les deux *professeurs* rejoindre le formateur. Celui-ci remet alors à chaque équipe de professeurs, sans explication, la feuille de consignes ci-jointe :

« En tant que professeurs, vous êtes chargés de préparer et de conduire, en coopération, un début de cours sur l'enseignement (du niveau choisi) à partir du matériel suivant :

- arbre
- livres
- lumière
- imagination
- personnalité
- distractions
- éthique
- famille
- ouverture
- tests
- communications
- connaissances
- vision globale
- critique
- judo.

Vous avez vingt ou trente minutes pour préparer et dispenser votre enseignement à votre groupe. »

Troisième phase

Les *professeurs* préparent et construisent leurs enseignements dans les différents sous-groupes, sous le regard de l'observateur.

Quatrième phase

Devant le formateur (ou l'équipe des formateurs), chaque sous-groupe expose ce qui s'est passé :

- méthode proposée par les *professeurs* ;
- contenus acquis ;
- sentiments éprouvés.

Puis les *professeurs* indiquent ce qu'ils ont voulu faire et comment ils ont essayé de coopérer.

Enfin, les observateurs font un compte rendu de ce qu'ils ont observé, tant dans la préparation que dans la conduite de l'enseignement au sein des sous-groupes.

Cinquième phase

Le formateur dirige une étude comparée des méthodes utilisées et des pièges rencontrés.

Variante

« En tant que responsable d'orientation, votre tâche consiste à animer la réflexion d'un groupe, en coopération avec votre collègue, à propos du matériel ci-dessous :

- arbre
- brochure
- lumière
- dossier
- personnalité
- distraction
- affectation
- famille
- test
- conseil.

Vous disposez de vingt ou trente minutes pour analyser votre tâche, élaborer votre stratégie, et faire travailler votre groupe. »

ALTERNANCE DE TÂCHES D'ÉTUDE ET D'OBSERVATION

Dans cet exercice, relativement aisé à construire et à conduire, les participants sont répartis ou se répartissent en plusieurs sous-groupes qui auront à accomplir tour à tour des tâches distinctes, mais associées, alternant un travail avec l'observation du travail des autres sous-groupes, chacun travaillant toujours en présence des autres. Par exemple, il peut y avoir un sous-groupe de choix d'un thème, un sous-groupe d'étude de ce thème, un sous-groupe d'observation et de rédaction de messages, un sous-groupe de traitement des messages, un sous-groupe d'organisation, etc.

OBJECTIFS

1. Proposer une simulation des rapports d'interdépendance et de pouvoir dans un cadre social.

2. Faire apparaître et analyser les conflits de sous-groupes dans les institutions.

3. Donner les possibilités de réfléchir sur les problèmes de la vie en groupe.

4. Offrir l'occasion d'élaborer des règles méthodologiques de travail en réunion.

5. Produire une situation facilitant la présentation d'éléments théoriques de psychologie sociale.

DOCUMENT 165

Étude et observation

1. Présentation et organisation

Le formateur explique rapidement la nature de l'exercice et invite les participants à se répartir en sous-groupes : G1, G2, G3, G4, G5, dont il définit les tâches respectives et les contraintes propres.

– Le sous-groupe G1 composé de trois à cinq personnes aura vingt minutes pour discuter et définir un sujet à travailler et le proposer avec une méthode adéquate d'étude au sous-groupe G2 qui observera sa discussion ainsi que les autres sous-groupes.

– Le sous-groupe G2, réunissant de cinq à huit personnes, disposera de quarante minutes pour étudier le sujet défini par G1, suivant la méthode indiquée, en présence des autres sous-groupes.

– Le sous-groupe G3, comprenant de cinq à cent (ou plus) participants, observera silencieusement les groupes G1 et G2, en adressant des messages écrits au sous-groupe G4.

– Le sous-groupe G4 (composé de trois à huit personnes) reçoit les messages du sous-groupe G3, les classe et observe les réactions du groupe G4.

– Le sous-groupe G5 avec le formateur gère les temps et propose une exploitation collective des messages et des observations, ainsi que des impressions émanant des divers sous-groupes.

2. Phase d'exécution des tâches des sous-groupes G1 et G2

Accompagnés par les activités de G3 et G4 et sous le contrôle effectué par G5.

3. Phase d'exploitation des messages émis par G3

Phase d'exploitation des messages émis par G3 ainsi que des impressions vécues par les divers sous-groupes, les uns par rapport aux autres, sur leurs comportements par rapport aux tâches et au vécu de la situation. G5 interpelle successivement G1 et G2 sur l'accomplissement de leurs missions, puis sur leurs rapports à G3. Il demande à G4 de donner un compte rendu des messages de G3, puis G3 généralise l'échange.

4. Phase de théorisation

Le formateur peut éventuellement, à la fin, faire un exposé d'ordre général sur la vie émotionnelle et le travail des groupes, la conduite des réunions, les différentes formes d'animation, les phénomènes d'autorité (*leadership* ou commandement), les relations entre individus dans un groupe (une classe, un établissement, une organisation, etc.)

5. Commentaires

On observe, en général, les phénomènes suivants au cours de l'exécution des tâches :

G1 :

– se sent en position de *leader* par rapport à G2,

– n'entre guère en rapport avec G2,

– a tendance à masquer ses conflits propres et son malaise d'être observé par G2 et les autres sous-groupes en recherchant un sujet relativement ardu sans se préoccuper de la composition de G2 et des vœux des membres de G2 qui sont pourtant présents (et qui réagissent non verbalement),

– ne tient pas compte de la durée courte limitant le travail de G2.

G2 :

– ressent la pression de directivité défensive exercée par G1 sur lui et tente d'y résister,

– traite avec réticence le sujet en tâchant de le déformer,

– suit et fuit la méthode impartie.

G3 :

– est au début plus à l'aise que G1 et G2,

– cependant il se sent bientôt frustré d'expression directe, verbale, et de la non-influence immédiate de ses messages,

– témoigne de l'intérêt, puis de l'indifférence,

– accomplit, puis traite irrégulièrement ses tâches de rédaction, d'observation, d'exploitation.

G4 et *G5 :*

– sont occupés par leur mission,

– se divertissent des réactions de G1, G2, G3,

– se sentent en position dominante,

– sont prêts à être agressifs à l'égard des autres sous-groupes.

On observe, en général, les phénomènes suivants au cours de la séance d'exploitation :

– la compétition spontanée entre les sous-groupes, conséquence évidente du dispositif qui les liait, fait émerger des sentiments de frustration, des oppositions affectives, des attitudes agressives à l'égard de l'autorité ou de la base, et cela d'autant plus que le formateur facilite leur déferlement par une attitude permissive et neutre. Celui-ci peut et doit toutefois réguler les confrontations, évitant les manipulations, mais regardant comment faire s'équilibrer les prises de position.

Au cours des échanges :

G1 :
– reproche à G2 de ne pas avoir étudié le sujet et d'avoir faussé la méthode qu'il lui avait indiquée.

G2 :
– proteste contre ces critiques et se défend en insistant sur les insuffisances et les conflits de G1 ainsi que sur l'inadéquation du sujet et de la méthode.

G3 :
– critique aussi bien G1 que G2 , en se défoulant,
– favorise l'expression de l'opposition entre G1 et G2.

G4 :
– règle par ailleurs le niveau des agressivités en rectifiant les expressions excessives des uns et des autres,
– dénonce l'agressivité de G2,
– montre sa propre agressivité (jusqu'alors retenue).

G5 :
– équilibre les conflits entre les uns et les autres avec les conseils du formateur.

Variante (par simplification)

1. Phase de présentation et d'organisation de l'exercice

L'animateur donne un sujet de discussion (préalablement déterminé).

Il invite les participants à se répartir en sous-groupes en leur indiquant rapidement ce qu'ils auront à faire.

G1 (six à huit personnes) mènera la discussion pendant une heure.

G2 (de six à cent personnes) interviendra par écrit en envoyant des messages d'observation ou de proposition à G3.

G3 (de 3 à 8 personnes) recevra les messages des groupes et observera G1 et G2.

2. Phase d'étude

G1 doit s'organiser rapidement de façon à désigner un animateur et un rapporteur. Il discute sur le sujet pendant une heure.

G2 doit intervenir par écrit, à n'importe quel moment, en faisant parvenir à G3 ses messages (pour donner ses impressions, émettre des suggestions, apporter des informations complémentaires, manifester son accord ou son désaccord, montrer son intérêt ou le sentiment de frustration qu'il éprouve, etc.).

G3 observe à la fois G1 et G2. Son attention peut porter notamment sur :

– les idées émises
– la méthode de travail suivie
– le climat à l'intérieur des sous-groupes
– la manière dont les rôles sont tenus
– les moments où des rôles non prévus apparaissent
– les moments d'opposition à l'intérieur de G1, puis de G2
– la répartition de la parole, ceux qui parlent et ceux qui ne parlent pas, en G1, et ceux qui envoient ou n'envoient pas de messages en G2
– les luttes de *leadership* possibles, en G1, et non verbalement, en G2.
– etc.

3. Phase d'exploitation

Le formateur demande successivement à G1 et à G2 ou à G2 et à G1, suivant le degré de tension, ce qu'ils ont vécu et ce qu'ils pensent de l'exécution de leurs tâches et de leurs sentiments respectifs vis-à-vis des observateurs. Il donne ensuite la parole à G3 pour rendre compte des messages et des observations faites.

4. Phase de théorisation (cf. plus haut)

Il est possible également de faire mention du dispositif mis en place par Jacques et Maria Van Bockstaele dans les années 60, où le groupe observateur recevait les commentaires d'un animateur les sensibilisant, par microphone et écouteurs, aux phénomènes qui se manifestaient devant eux.

5. Commentaires

On constate en général les phénomènes suivants :
– les sous-groupes ne veulent pas entrer en relation entre eux pendant l'exercice alors qu'aucune censure ne leur interdit de le faire ;
– G2 se montre agressif dans ses messages à l'égard de G1 et G3. Il anticipe souvent dans ses messages des propositions qui sont ensuite émises comme par *induction*, au sein de G1.

DOCUMENT 166

DILEMME

Cet exercice, facile à mettre en œuvre, a été inspiré par un cas d'école, bien connu dans les théories de la décision. On peut le résumer de la façon suivante :

Deux voleurs supposés sont arrêtés après qu'un méfait ait été commis. Le juge les emprisonne dans deux cellules séparées et dit à chacun : *« Si vous dénoncez l'autre sans qu'il vous dénonce, vous aurez aidé la justice, vous ne serez donc condamné qu'à cinq mois de prison et l'autre à quarante-huit mois. Si, ni vous ni l'autre vous n'avouez, vous serez acquittés tous les deux. Mais si vous vous dénoncez réciproquement, vous serez condamnés chacun à trente-six mois de prison. »*

En raison des alternatives analogues qu'il comporte, le nom de *Dilemme du prisonnier* a été donné fréquemment à cet exercice : quelle stratégie peut choisir chaque partie comme chaque prisonnier, compte tenu des hypothèses à faire sur le comportement possible chez l'autre, étant donné un tel barème de risques ou d'avantages.

Remarquons que l'exercice apparaît difficile à faire, à comprendre au départ comme tous les jeux, même les plus simples. Il faut expliquer aux participants qu'il s'éclaircit au fur et à mesure qu'on le joue.

DESCRIPTION BRÈVE

Ce jeu de simulation réunit trois sous-groupes : deux équipes doivent prendre des séries de décisions remises confidentiellement à un sous-groupe de *banquiers*. Ces décisions sont schématiquement représentées mais de nature telle que leurs combinaisons entraînent des conséquences pour les trois sous-groupes à partir d'un même barème. Deux phases de négociations sont prévues et l'exercice se joue en plusieurs phases et périodes de prises de décision. Un quatrième sous-groupe peut assurer des fonctions d'observation.

Nombre de participants : au moins une dizaine, facilement une vingtaine, voire davantage.

Durée : une demi-heure environ à une heure pour l'exercice, une demi-heure à deux heures pour la discussion.

OBJECTIFS

Il s'agit essentiellement, par le vécu de cet exercice et les discussions qu'il soulève, d'étudier les faits de négociation et la prise de décision. D'où les objectifs suivants :

1. faire apparaître les aspects subjectifs et fantasmatiques des prises de décision réputées rationnelles ;

2. étudier les phénomènes de méfiance et de rivalité latente entre les sous-groupes ;

3. approfondir les hypothèses stratégiques des parties dans les négociations ;

4. montrer que la combativité est plus utile que la compétition.

COMMENTAIRES

La stratégie *minimax*, minimum du maximum de risques (solution BY), est une stratégie de prudence méfiante dans laquelle la banque gagne à tous les coups.

La stratégie *maximine*, maximum du minimum de gains (solution AX), est une stratégie dans laquelle on peut gagner beaucoup mais perdre aussi beaucoup. Chaque équipe court le risque que l'autre ne le suive pas, mais le problème est de savoir quel est le problème véritable. Or, cet adversaire c'est la banque, ce que les équipes ont souvent du mal à percevoir, tant est forte l'illusion de gagner contre l'autre équipe.

Dilemme

Le formateur donne quelques brèves indications sur le jeu mais avec précaution pour ne pas entraîner de suggestions ou de tendances. Il peut demander des volontaires pour observer ce qui va se passer.

Le formateur demande aux participants de se répartir en quatre sous-groupes : les *banquiers* (deux à trois), deux équipes de trois à six personnes qui auront un rôle actif de prise de décision, et un sous-groupe d'observateurs. Il demande aux participants des équipes de choisir leurs noms d'équipes. Il peut s'agir de prénoms, de noms de villes, de couleurs, etc. (par exemple, les *bleus*, et les *jaunes*). Mais on peut faire aussi le parallèle avec des situations réelles où les deux parties sont en situation apparente de compétition et ont cependant des buts communs.

Chaque équipe écartée de l'autre, peut être observée par un ou plusieurs observateurs qui notent les phénomènes d'influence, d'apport de réflexion, ou de prises de pouvoir au sein de chaque équipe. Le formateur peut réunir les observateurs, à part, pour les alerter sur les phénomènes à observer dans chaque équipe et entre les divers sous-groupes (nature des relations, des rôles et des communications).

Différentes phases du jeu

Une fois les participants répartis dans les différents sous-groupes (il peut y avoir, pour fixer les idées, les *banquiers*, l'équipe *AB* et l'équipe *XY*), le formateur précise le déroulement.

– Les deux équipes disposent chacune de trois minutes sur *treize* coups pour choisir entre deux décisions représentées par deux lettres obligatoirement inscrites sur des petits papiers, A ou B pour la première, X ou Y pour la seconde. Les choix ne sont pas sans conséquence. Un barème est présenté au tableau ou leur est remis avec la règle des paiements indiquant les gains et les pertes de chaque équipe pour chaque couple de décisions (voir tableau).

Chaque équipe reçoit enfin oralement ou séparément par écrit la consigne suivante : « *Vous devez gagner le maximum de points possible.* »

La partie se déroule en trois périodes : deux périodes de cinq prises de décisions séparées par une phase de négociation de dix minutes, une période finale de trois décisions.

À la fin de chaque phase de négociation, les équipes séparées ont trois minutes avant de remettre aux banquiers leurs décisions.

– Les banquiers veillent au respect rigoureux du temps (ce sont des échéances) inscrivant au tableau les résultats.

– bien entendu, ce jeu est à somme nulle sans qu'il soit utile de la préciser oralement : les banquiers encaissent ce que les autres perdent ; et inversement décaissent ce que les autres gagnent. Les résultats affichés au fur et à mesure du déroulement du jeu sont totalisés par les banquiers à la fin de chaque période. Le total final est la somme algébrique des trois totaux partiels.

Le formateur veille au respect des consignes et soutient les banquiers pour le respect du temps. Il encourage les participants à découvrir progressivement la signification des consignes.

Barème des gains et pertes dans les différents cas possibles de combinaisons des couples de décisions

NB – Il faut, dans ce tableau, remplacer l'équipe *AB* et équipe *XY* par les noms respectifs des équipes (peut-être les *bleus* et les *rouges*, ou les *Byzantins* et les *Vénitiens*, etc.

Les chiffres + 3, ou - 3, ou - 6, se rapportent à autant d'unités de compte (MF, ou milliards, etc.) suivant l'inspiration des groupes.

Ce tableau sera affiché ou distribué pour être vu des deux sous-groupes.

Tableau I : barème

	A	B
X	solution AX : équipe AB : + 3 équipe XY : + 3	solution BX : équipe AB : + 3 équipe XY : - 6
Y	solution AY : équipe AB : - 6 équipe XY : + 3	solution BY : équipe AB : - 3 équipe XY : - 3

On notera que :

– si l'équipe *AB* joue A et l'équipe *XY*, X, les deux équipes gagnent chacune trois et la banque perd 6 (stratégie *maximine* : maximum du minimum des gains pour les équipes) ;

– si l'équipe *AB* joue B et l'équipe *XY*, X, les *AB* gagnent 3, les *XY* perdent 6 et la banque gagne 3 (stratégie du maximum des maxima de risques pour les *XY*) ;

– si l'équipe *AB* joue A et l'équipe *XY*, Y, les *AB* perdent 6, les *XY* gagnent 3 et la banque gagne 3 (stratégie du maximum des maxima de risques pour les *AB*) ;

– si l'équipe *AB* joue B et l'équipe *XY*, Y, les deux équipes perdent trois et la banque gagne 6 (stratégie *minimax* pour chacune des deux équipes, minimum des maxima de risques).

Le jeu se joue donc en treize coups consécutifs séparés par deux négociations de dix minutes, la première après le cinquième coup, la seconde après le dixième coup. Si les équipes n'utilisent pas le temps de négociation (en se boudant ou en s'accordant trop bien), sa durée doit être respectée par les banquiers. De même, ils ne peuvent accepter qu'une seule décision écrite (A ou B ; X ou Y) toutes les trois minutes et ils ne reçoivent donc pas une liasse de décisions remises d'un seul coup.

Discussion

À la fin de la partie, l'animateur discute avec les participants (pendant une demi-heure à une heure environ) en réfléchissant notamment sur la façon dont le jeu a été interprété et sur les phénomènes de négociation. L'analyse de la situation par rapport à la vie réelle de groupe, peut, si elle est faite avec précaution, se révéler très riche. Les observateurs peuvent apporter des informations sur les phénomènes intra-équipes qui ont eu des conséquences sur les rapports entre les deux équipes (par exemple, un participant suggère, de trahir un engagement pris pendant une période de négociation ; ou donne de lui-même un papier comportant une décision autre que celle souhaitée par l'équipe, etc.).

Tableau II : Exemple d'affichage de résultats sur une moitié de jeu

	N° des décisions	Décisions	Équipe AB	Équipe XY	Banque
	1	BX	+ 3	- 6	+ 3
	2	BY	- 3	- 3	+ 6
	3	BY	- 3	- 3	+ 6
	4	BY	- 3	- 3	+ 6
	5	AY	- 6	+ 3	+ 3
Première négociation	T1		- 12	- 12	+ 24
	6	AX	+ 3	+ 3	- 6
	7	AX	+ 3	+ 3	- 6
	8	AY	- 6	+ 3	+ 3
	9				
	10				
Deuxième négociation	T2				
	T1 + T2				
	11				
	12				
	13				
	T3				
	TOTAL : T1+T2+T3				

Souvent avant même que le jeu ne commence, un ou plusieurs participants signalent qu'il suffit de jouer la combinaison AX (maximine) pour que les deux équipes gagnent. Il est très rare que cette suggestion soit appliquée avec persévérance. En général, les deux équipes jouent le moindre risque, c'est-à-dire la combinaison BY (minimax) et perdent toutes les deux.

Car les consignes *« vous devez gagner le maximum de points »*, est invariablement interprétée par les deux équipes comme *« vous devez gagner plus de points que l'autre »*.

Les participants de chaque équipe commencent à prendre le moins de risques possibles de peur de *se faire avoir* par l'autre équipe sans se rendre compte que leurs intérêts sont solidaires et que l'adversaire véritable est la banque.

Lors de la négociation, chaque équipe cherche à persuader l'autre de jouer la confiance, sans lui-même s'engager trop explicitement. Ces engagements sont la plupart du temps rompus.

Lorsqu'une équipe trahit les engagements qu'elle avait pris lors d'une négociation, ses membres justifient leur attitude en la qualifiant de mesures préventives contre la trahison de l'autre. La coopération entre les deux équipes est donc mise en échec par la peur de se faire avoir par l'autre, ou de gagner moins que lui (il s'agit d'une prégnance du *mythe identitaire* : on préfère perdre ensemble que d'avoir des gains qui ne soient pas identiques).

Un des objectifs de chaque groupe est de se trouver en situation de force (donc, d'avoir perdu moins de points que l'autre) au moment des négociations. C'est en général celui qui se trouve en situation de faiblesse qui est tenté de rompre ses engagements. Une situation de coopération a plus de chance de s'établir si, soit par le hasard des choses, soit par la volonté des groupes, les deux équipes ont des gains ou des pertes identiques. La coopération peut alors se décider contre l'ennemi commun, c'est-à-dire le sous-groupe des banquiers.

Il est très difficile de faire l'analyse réelle de la situation et surtout de s'y tenir pour toutes sortes de raisons à caractère émotionnel : phénomènes de méfiance, phénomènes de compétition, phénomènes de monotonie (on préfère perdre plutôt que de vivre la monotonie), phénomènes de bascule (entre majorité-minorité à l'intérieur d'une équipe), etc.

On peut constater un goût contradictoire de ne pas courir de risques et ce faisant, d'en courir davantage. Les gens jouent à leurs dépens. Statistiquement, les deux équipes perdent et la banque gagne.

La solution minimax (BY) fait partie d'une infrastructure culturelle que les participants rajoutent à la consigne. C'est la sélection réductrice du phénomène éducatif, propre à des pratiques culturelles. En réalité, c'est la combativité et non la compétition qui est nécessaire. Le problème n'est pas de se mettre tous au même niveau, mais à des niveaux qui donnent le maximum de possibilités à chacun. Et il importe de conjurer les fantasmes qui déforment les enjeux réels au profit d'une conduite suicidaire entre les équipes.

Les lois de la négociation peuvent être dégagées de cette situation. On voit, sur le vif, l'importance de la subjectivité, des projections méfiantes et des inversions de position, au fur et à mesure des échanges.

DOCUMENT 168

Variantes

Variante 1

Exercice raccourci

On peut réduire la durée en jouant en dix coups comprenant deux phases de quatre décisions (prises au bout de deux minutes), suivies d'une phase finale de deux décisions (prises aussi en deux minutes). Les périodes de négociation entre première et deuxième phase, ou entre deuxième phase et phase finale seront réduites à sept minutes.

Cette forme ramassée provoque aussi des phénomènes intéressants.

Variante 2

Soit parce que les joueurs semblent avoir déjoué le mécanisme de l'exercice (en jouant AX systématiquement, ou en faussant certaines règles) ; soit pour renforcer les incertitudes et les tentations de trahir les engagements (en oubliant de réfléchir aux conséquences émotionnelles qui en résulteront et qui se traduiront ultérieurement en un défaut de coopération entre les deux équipes), il est possible, par exemple, au milieu de la deuxième phase, d'interrompre un instant la partie en annonçant : « *En raison de modifications sur le marché mondial, le barème a changé* ». On affiche alors le nouveau barème. Celui-ci peut être sous les formes précisées dans les tableaux suivants (III, IV, V), plus ou moins équilibrées entre les équipes.

Les équipes sont poussées par le changement de barème à interpréter leurs engagements ou à les trahir, surtout si un barème dissymétrique peut inciter à suivre son intérêt immédiat au lieu de baser ses décisions sur la chance d'une coopération.

Tableau III

	A	B
X	solution AX : équipe AB : + 2 équipe XY : + 2	solution BX : équipe AB : + 4 équipe XY : - 8
Y	solution AY : équipe AB : - 8 équipe XY : + 4	solution BY : équipe AB : - 2 équipe XY : - 2

Le barème du tableau III favorise les solutions BY.

Tableau IV

	A	B
X	solution AX : équipe AB : + 1 équipe XY : + 4	solution BX : équipe AB : + 4 équipe XY : - 1
Y	solution AY : équipe AB : - 4 équipe XY : + 1	solution BY : équipe AB : - 1 équipe XY : - 1

Le barème du tableau IV favorise les solutions BX.

Tableau V

	A	B
X	solution AX : équipe AB : + 2 équipe XY : - 4	solution BX : équipe AB : - 2 équipe XY : - 4
Y	solution AY : équipe AB : + 4 équipe XY : + 12	solution BY : équipe AB : - 2 équipe XY : - 4

Le barème du tableau V favorise les solutions AY.

Variante 3

Exercice avec trois équipes. Au lieu de deux équipes, on peut jouer avec trois équipes (décision : A ou B ; X ou Y ; P ou Q) et la banque. Dans ce cas, on pourra proposer un barème du genre de celui présenté à la page suivante.

Avec trois équipes, des jeux d'alliances vont pouvoir apparaître et compliquer la situation. Il faudra jouer en quatre phases, dont trois de quatre à cinq coups et une finale de trois à deux coups ; entre les phases, il y aura des périodes de négociation de quinze à vingt minutes chacune.

Tableau VI : barême pour trois équipes

	Solution AXP	équipe AB : + 4 équipe XY : + 4 équipe PQ : + 4	Solution BXP	équipe AB : + 4 équipe XY : - 4 équipe PQ : - 4
	Solution AXQ	équipe AB : - 4 équipe XY : - 4 équipe PQ : + 4	Solution BXQ	équipe AB : + 2 équipe XY : - 6 équipe PQ : + 2
	Solution AYP	équipe AB : - 4 équipe XY : + 4 équipe PQ : - 4	Solution BYP	équipe AB : + 2 équipe XY : + 2 équipe PQ : - 6
	Solution AYQ	équipe AB : - 6 équipe XY : + 2 équipe PQ : + 2	Solution BYQ	équipe AB : - 4 équipe XY : - 4 équipe PQ : - 4

Variante

Avec deux ou trois équipes, on peut faire varier le nombre de coups dans chaque phase. Ainsi il peut y avoir une première phase de cinq coups, une deuxième de trois coups, une troisième de cinq à six coups, finale ou non. Ou bien le nombre de coups peut être tiré au sort, au début de chaque phase avec deux dés, en indiquant que le total des décisions doit être, à la fin, de treize à dix (ou de dix-huit à quatorze pour le jeu à trois équipes).

LE VILLAGE

Les participants doivent construire un village[1] satisfaisant à la fois les besoins des villageois et les normes définies par les autorités et les spécialistes.

Nombre de participants : au moins une dizaine (onze participants en principe pour le jeu lui-même ; mais il peut y avoir d'autres participants qui observent).

1. Source : INAS.

OBJECTIFS

1. Étudier à partir d'une tâche concrète les attitudes à l'intérieur d'un groupe et l'influence d'autres groupes sur son mode de fonctionnement.

2. Étudier les relations entre spécialistes et responsables.

3. Étudier les relations entre patrons et collaborateurs.

NB – Selon l'origine des participants, l'animateur transposera l'analyse dans le cadre de l'institution (par exemple : patron, collaborateurs, chef d'équipe et spécialistes dans l'industrie ; professeurs, administration universitaire et étudiants dans l'université ; ou encore directeur, enseignants et élèves, etc.)

DOCUMENT 169

Le village

Matériel

– Constituer un matériel du genre de celui qui est utilisé dans certains tests comme le test du village (centre de Psychologie appliquée) ou le test de Mabille ou encore un matériel que l'on peut construire de toutes pièces. Il est important que le matériel soit suffisamment varié, permettant une animation et qu'il comporte certains éléments non définis.

– La liste des éléments composant le village.

– Le plan du site d'implantation.

Présentation de l'exercice

L'animateur invite onze personnes à jouer les rôles suivants :

– cinq villageois, autour de leur maire, représentant le Conseil municipal du village ;

– trois représentants de l'autorité (par exemple un préfet, un trésorier-payeur, un représentant du ministère de l'Environnement) ;

– deux experts (par exemple, un urbaniste, un architecte) qui pourront être consultés par l'un ou l'autre des groupes précédents.

Il demande aux autres participants de regarder comment se déroule l'exercice en allant dans les différents groupes et charge éventuellement certains d'entre eux de préparer un rapport d'observation pour la discussion en séance plénière.

Il fournit la liste des éléments du village aux autorités, les éléments miniaturisés aux villageois et le plan du site à chaque groupe.

Exercice du village

La durée est d'une heure.
L'animateur donne les consignes suivantes : « La tâche consiste à construire un village qui réponde aux besoins des villageois tout en respectant les normes définies par les autorités et les spécialistes. Vous avez une heure pour le construire. Toutes les communications entre groupes sont autorisées. »
Les participants ayant reçu un rôle jouent le jeu tandis que les autres observent.

Discussion en séance plénière

Après l'exercice, les participants se réunissent en séance plénière.

L'animateur donne la parole aux représentants de chaque groupe et aux observateurs.

Une discussion générale s'engage sur la façon dont s'est déroulé l'exercice et sur l'intérêt qu'il semble présenter.

Commentaires

À l'expérience on a pu faire certaines remarques à propos de cet exercice :

■ Sur la prise de décision

Chaque groupe travaille séparément sans tenir compte du travail des autres.

Les villageois sont ensuite pressés par le temps et construisent le village en fonction de leurs seules idées individuelles. Après quoi, ils essaient de justifier rationnellement leur construction devant les autres groupes.

■ Sur les relations entre groupes

Chaque groupe construit sa cohésion contre l'autre groupe. Ce phénomène est particulièrement frappant au moment des rencontres intergroupes.

■ Sur les relations hiérarchiques

La position du maire est intéressante dans la mesure où il fait partie à la fois du groupe des villageois et du groupe des autorités. Tous les deux essaieront de le séduire tout en s'en méfiant pourtant, car ils le soupçonnent de collusion avec l'autre groupe.

Selon ses positions personnelles, le maire sera donc :

– soit leader du groupe des villageois contre les autorités,

– soit membre du groupe des autorités,

– soit *charnière* entre les deux groupes.

■ Sur les relations spécialistes-responsables

Les experts sont souvent ignorés pendant la première partie de l'exercice. On les consulte d'habitude non pour utiliser leur compétence mais plutôt pour se servir d'eux contre l'autre groupe.

De même que le maire, les experts peuvent donc :

– soit utiliser l'un ou l'autre pour faire aboutir leurs idées ;

– soit aider l'un ou l'autre groupe à utiliser leur compétence en fonction d'objectifs communs.

Variantes

On peut également demander à un groupe de construire un village à l'aide du matériel qui lui a été remis sans donner aux participants de rôles particuliers. Néanmoins, on désignera chaque fois deux ou trois observateurs selon l'importance du groupe.

Le matériel sera disposé en tas au milieu de la table autour de laquelle est réuni le groupe.

Une fois le village *construit*, on tentera de le faire vivre en faisant déterminer :

– les habitudes des habitants

– le lieu où habite chaque participant

– le rôle que tient chaque participant dans le village.

On pourra également poser des questions telles que : « *Un cyclone survient, quelle partie du village affecte-t-il ?* »

Ou encore : « *Comment procéder à une rénovation du village ? Quels sont les conflits qui existent dans ce village ?* »

Les notions de destruction, de conflit, de rénovation pouvant faire mieux appréhender les relations entre les participants (surtout s'ils ont choisi leur lieu de résidence) et permettre de leur faire analyser[1].

1. Pour un travail plus approfondi et dans le même ordre de préoccupations, on pourra utiliser : *l'Immeuble* de Francis Debyser, coll. Créer, animer, raconter, Hachette, Paris.

DOCUMENT 170

LE CONSEIL MUNICIPAL DU VILLAGE

◆

Il s'agit, en filmant un groupe mis en situation de conseil municipal[1], d'observer les conditions de la rédaction rapide d'un projet.

OBJECTIFS

1. Familiariser les participants avec les phénomènes de leadership et les techniques de conduite de réunion.

2. Entraîner à des échanges rapides sans concessions excessives.

Participants : tout participant à un séminaire de *management* ou de conduite de réunion.

DOCUMENT 171

Le conseil municipal

Après avoir annoncé que leurs échanges seront filmés et discutés, le formateur distribue au groupe le texte suivant.

Vous vivez dans un village de trois mille habitants situé au bord de la Loire. Vous avez reçu ce matin la lettre suivante dans votre boîte aux lettres :

« Je soussigné, Walter Morin Chairman, de la Morin Oil Company, déclare faire don de un million de dollars (soit six millions de francs) à votre village, si vous me retournez par télécopie un projet pour votre village (berceau de mon grand-père Auguste Morin), émigré aux USA en 1889).

Ce projet devra me parvenir dans une heure et demie, tenir sur une seule page et répondre à cinq conditions :

1. présenter un intérêt culturel, artistique et contribuer au bien-être et au développement des habitants de la région ;

2. être financièrement rentable, c'est-à-dire procurer des bénéfices qui rentabilisent à long terme son investissement de départ, sur vingt à vingt-cinq ans ;

3. être original ;

4. ne favoriser aucun habitant du village en particulier ;

5. faire l'unanimité du conseil municipal.

Si le conseil municipal arrive à se mettre d'accord avant une heure et demie, chaque habitant recevra, à titre d'avance, le somme de cinquante mille francs dans les quarante-huit heures. »

signé : Walter Morin

La lettre est authentifiée par le notaire de M. Morin et par la Chase Manhattan Bank.

Les habitants du village, lettre à la main, sont rassemblés devant la mairie, le conseil municipal dont vous faites partie est réuni d'urgence, il comprend :

- un architecte
- le médecin
- l'instituteur
- le directeur de l'hypermarché
- le curé
- le commissaire de police
- le président du syndicat des petits commerçants
- le patron du restaurant
- le directeur d'une société de transport
- le châtelain du pays
- un entrepreneur en bâtiment
- Monsieur le Maire, ancien secrétaire d'État au Tourisme, retraité.

La séance du conseil municipal est ouverte et filmée après que le groupe se soit réparti les rôles.

Exploitation

La cassette est ensuite analysée par les participants qui peuvent observer plus particulièrement les phénomènes d'autorité, de *leadership*, de prise ou de perte de pouvoir dans un groupe, la progression vers la solution, les certitudes de chacun, la gestion du temps, etc.

1. Cas extrait de « 52 jeux de rôles » par Dominique, Gilbert et Yves Roze, publication *Images pour la formation*. Cette proposition de simulation accompagne un film intitulé *Au pied du mur*. Son utilisation peut néanmoins être indépendante du film.

LES MOSAÏQUES DE GOMMETTES

Plusieurs équipes en compétition doivent fabriquer et vendre des assemblages de gommettes (mosaïques)[1].

Nombre de participants : variable, plusieurs équipes de six personnes.

Durée : deux heures et demie à trois heures.

OBJECTIFS

1. Sensibiliser les participants aux problèmes de l'organisation et de la répartition du travail en équipe.

2. Sensibiliser les participants à la pratique du commandement.

ORGANISATION MATÉRIELLE

Se procurer :

– un guide du participant par personne (document n° 173),

– huit feuilles de rapport financier par équipe (document n° 174),

– une série de modèles A, B, C, X, Y, Z par équipe (document n° 175),

– par équipe : seize boîtes au moins de gommettes en forme de cercle, de losange ou de triangle, de couleurs différentes,

– argent en papier comme dans certains jeux de société,

– feuilles de brouillon,

– feuilles de production de forme et de contenu différents des feuilles de brouillon.

Les mosaïques de gommettes

DOCUMENT 172

Présentation de l'exercice en séance plénière

Elle durera environ quinze minutes.

L'animateur distribue un guide à tous les participants afin qu'ils puissent en prendre connaissance.

Il apporte les éclaircissements nécessaires au bon déroulement de l'exercice et précise le temps accordé à chaque équipe.

Il invite les participants à se répartir en équipes de six.

Organisation de l'exercice dans chaque équipe

La durée est de quarante minutes.

Après avoir demandé un volontaire par équipe pour :

– vendre les boîtes de gommettes,

– acheter les contrats terminés et en contrôler la qualité,

– faire respecter les limites de temps,

– s'assurer du déroulement correct des opérations, l'animateur réunit ces responsables pour leur donner des précisions supplémentaires (voir notamment les instructions données aux participants dans le document n°175).

Pour le reste, se reporter au déroulement de l'exercice à la fin du guide du participant (document n°175).

Différentes phases de l'exercice

L'ensemble de ces phases dure une heure et demie.

Se reporter également au déroulement de l'exercice à la fin du guide du participant (document n°175).

Exploitation de l'exercice en séance plénière

La durée peut être variable.

Après l'exercice, on compare les résultats obtenus par chaque équipe en séance plénière.

1. Source : INAS.

Les observateurs font part de leurs remarques.

Une discussion s'engage dans les groupes sur les différentes activités qu'ils ont eues et plus particulièrement sur le processus aboutissant à la méthode de travail en équipe. L'animateur participe à cette discussion qu'il peut compléter par un exposé d'ordre général.

Commentaires

Dans la majeure partie des cas, la discussion comme l'exécution peuvent être grandement facilitées par des références à des situations de classe où les jeunes ont fait ensemble des tâches en s'organisant.

DOCUMENT 173

Guide du participant

INSTRUCTIONS

Votre équipe constitue une coopérative dont le rôle est de fabriquer et de vendre un produit. Vous êtes en concurrence avec les autres groupes et le vainqueur sera celui qui aura réalisé le plus grand bénéfice ou la plus petite perte, à la fin de l'exercice.

Le produit

• Les articles à fabriquer et à vendre sont des assemblages de gommettes obtenus en collant du papier de couleur sur une feuille vierge.

Il y a trois modèles : A, B et C qui sont représentés sur les dessins ci-joints. Ces modèles constituent votre production de base. Sous certaines conditions, vous pouvez fabriquer trois autres modèles : X, Y, et Z.

• Vos modèles seront groupés en ensembles de vente appelés contrats. Un contrat se compose obligatoirement de :

– trois modèles A

– deux modèles B

– un modèle C.

Pour chaque contrat exécuté, vous pouvez, si vous le désirez, pour utiliser au mieux les gommettes restantes, fabriquer et vendre un seul des modèles X, Y ou Z à votre choix.

• Les modèles que vous devez fabriquer doivent être identiques aux dessins.

Il est essentiel de respecter la répartition des couleurs dans un même contrat (A, B, C, X, Y et Z) : à savoir, lorsque vous aurez affecté une couleur à chaque signe du dessin (par exemple, gris clair pour les croix ; noires pour les hachures, etc.), votre A, B, C, X, Y, Z devra respecter les indications du dessin.

L'affectation des couleurs pourra être modifiée d'un contrat à l'autre.

• Contrôle de qualité : l'acheteur vérifiera que votre contrat est conforme aux règles de fabrication et que l'assemblage des gommettes a été réalisé avec soin (gommettes jointives).

L'ensemble d'un contrat peut être réalisé à votre choix sur une ou plusieurs feuilles blanches.

Votre coopérative

Votre coopérative doit inclure obligatoirement :

– un directeur

– un directeur de production

– un opérateur de fabrication au moins.

Tout autre membre de votre équipe (en dehors du responsable chargé de vendre les boîtes de gommettes, d'acheter et de contrôler la qualité des contrats terminés, de faire respecter les limites de temps et de s'assurer du déroulement correct des opérations) peut être soit opérateur de fabrication, soit observateur.

Les deux directeurs ne doivent en aucun cas accomplir directement les tâches de production (tri, manipulation, collage...), mais peuvent, par contre, négocier les contrats, acheter les matières premières, etc.

Les observateurs n'étant pas payés, ne doivent intervenir en aucune façon dans l'exercice.

Les matières premières

Elles sont constituées de gommettes vendues en boîtes de cinquante, en forme de cercles, de losanges ou de triangles de couleurs différentes, la répartition dans les boîtes étant aléatoire.

Données économiques

• Votre coopérative est dotée d'un fonds de roulement initial de 3000 F

La boîte de gommettes coûte : 400 F

Les autres fournitures sont gratuites.

- Les salaires mensuels sont les suivants :

– Directeur : 1000 F

– Directeur de production : 600 F

– Opérateur : 400 F

Les salaires sont obligatoirement payés à la fin de chaque mois.

- Prix de vente

– Un contrat : 1000 F

– Un modèle X, Y ou Z : 200 F

Les achats et ventes sont payables comptant. Les résultats seront représentés sur la feuille spéciale « Rapport financier » (document n°176).

DÉROULEMENT DE L'EXERCICE

Organisation

Votre première tâche consiste à choisir un directeur qui restera le même tout au long de l'exercice et sera chargé de répartir les postes et les tâches dans votre équipe.

Pendant cette phase, il vous sera fourni une boîte de gommettes, des feuilles support pour vous permettre d'organiser votre travail. Ces fournitures seront vendues avant le commencement des phases suivantes.

Différentes phases de l'exercice

L'exercice de production lui-même se déroule en trois phases :

- *Première phase*

– vingt minutes : premier mois d'opération

– dix minutes : mise au point.

- *Deuxième phase*

– vingt minutes : deuxième mois d'opération

– dix minutes : mise au point.

- *Troisième phase*

– vingt minutes : troisième mois d'opération

– dix minutes : mise au point.

Pendant les périodes d'interruption de dix minutes prévues entre les phases d'opération :

– vous ferez le bilan du mois écoulé et préparerez le rapport financier ;

– vous prendrez connaissance des rapports financiers des autres équipes qui vous auront été communiqués pour essayer d'en tirer profit ;

– votre directeur pourra effectuer tout changement d'organisation lui paraissant souhaitable pour le mois suivant.

DOCUMENT 174

Rapport financier

Coopérative...

Mois n°...

1. Caisse en début de mois... F

2. Ventes du mois

Nombre de contrats... X 1000 = ... F

Nombre de modèles X, Y et Z... = X 200 =... F

Ventes totales = ... F

3. Coûts

Salaires

Directeur... = 1000 F

Directeur de production... = 600 F

Opérateur... x 40 C = ... F

Total = ... F

Matières premières

Nombre de boîtes... x 400 = ... F

Coût total... =... F

Caisse en fin de mois =... F

DOCUMENT 175

Modèles de mosaïques de gommettes

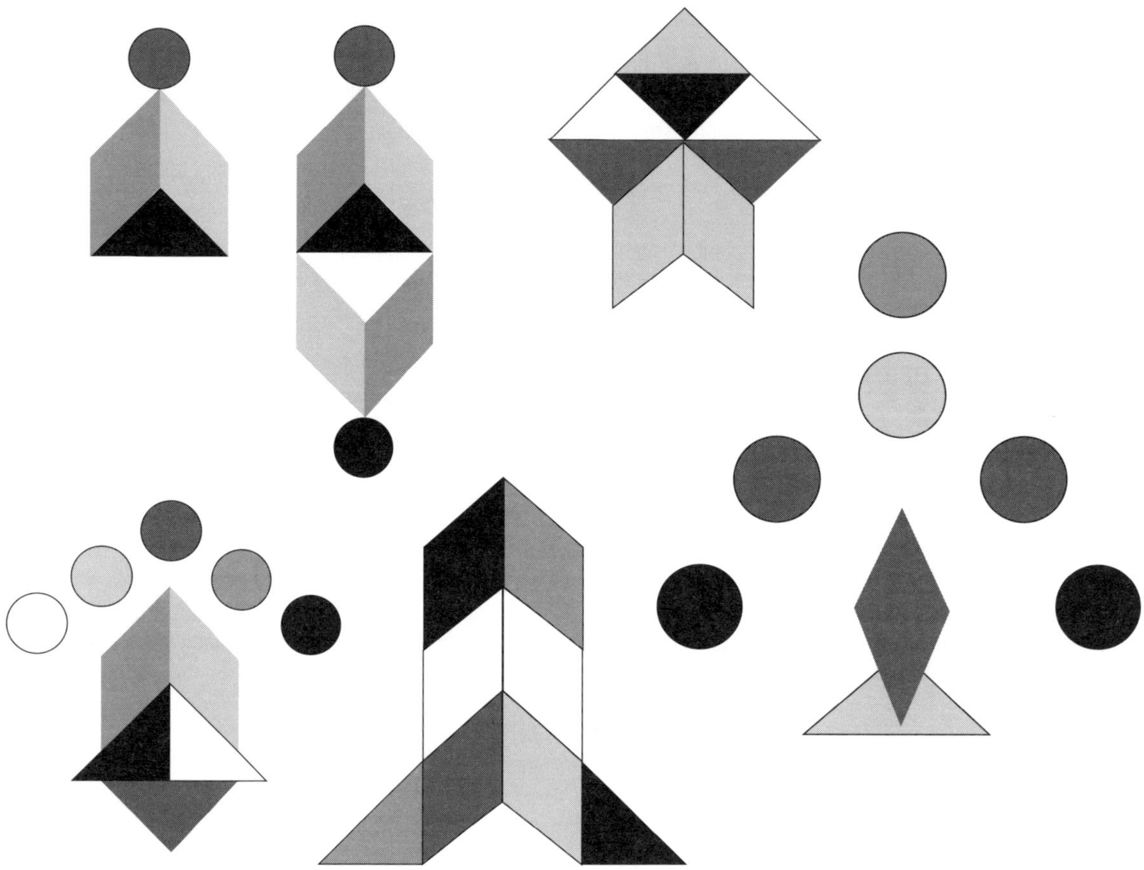

CHAPITRE 3

Jeux de rôles

Parmi les pédagogies de simulation le jeu de rôles a une place particulière, séduisant par son aspect ludique, mais efficace par la profondeur de l'intervention qu'il permet.
Appelé à l'origine *Role Playing*, il constitue une technique inspirée des théories du psychodrame développées par le Docteur Moréno dans une perspective thérapeutique.
Cette technique fait partie des méthodes qui, par une implication importante, incitent les formés à appréhender de l'intérieur les situations qu'ils seront chargés ultérieurement de vivre professionnellement. Cette technique peut être pratiquée en entretien ou en réunion.

LA PRATIQUE DU JEU DE RÔLES

Elle se déroule en quatre parties :
1. description de la situation ;
2. répartition des rôles (y compris celui des observateurs), suivie de la remise à chaque participant d'une fiche lui décrivant, parfois sommairement, la situation, quel est son rôle, quel type de comportement il doit adopter ;
3. jeu de la situation ;
4. analyse de la manière dont s'est déroulé le jeu de rôles. Éventuellement exploitation théorique de ce qui a été vécu.

Sur le plan opérationnel, l'animateur ou l'enseignant a un rôle déterminant à jouer à partir de la deuxième phase Il doit notamment au début de cette phase déterminer le décor dans lequel se déroule l'action, soit en le faisant décrire par les « acteurs », soit encore en le suggérant par des dispositifs qui utilisent des éléments existant déjà dans la salle de formation. Il indique enfin aux observateurs qui assistent au jeu comment observer ce qui va se passer.

Pendant la troisième phase, il doit

veiller à ce que la situation ne dégénère pas, soit par une dérobade des acteurs, soit encore par une excessive implication affective des uns et des autres. Il a à cet effet à sa disposition, un certain nombre de possibilités. Par exemple, il peut brutalement inverser les rôles, ce qui a pour effet de confronter chacun des acteurs à la situation qu'il a lui-même créée. Il peut provoquer une pause au cours de laquelle chacun peut réfléchir à son comportement, voire même avec le concours des observateurs. Il peut faire assister chaque acteur d'un membre du groupe qui le conseille, le supporte, l'encourage. Il peut aussi improviser des incidents perturbateurs au cours du jeu. En somme, il doit animer le jeu de rôles dans la perspective du projet pédagogique dans lequel cette action s'insère.

Le jeu de rôles peut être utilisé dans un cadre précis et préétabli pour conforter ou vérifier des capacités. Il peut aussi être une technique qui permet de faire évoluer une situation de formation ou de groupe.

Par rapport à l'exercice, le jeu de rôles permet enfin de percevoir combien nos stratégies personnelles peuvent être bousculées, remises en cause, par l'autre. Il permet aussi d'aborder la composante affective inhérente à toute activité d'enseignement ou de formation et par là même de mettre en évidence les phénomènes de dérobade, de rationalisation, de soif de pouvoir, etc.

Pour tous les cas que nous présentons, nous avons éliminé dans la présentation les rubriques « Description brève », « Objectifs » et « Déroulement ». En fait ces rubriques sont similaires pour chaque jeu.

OBJECTIFS

1. Faire prendre conscience en le vivant des dispositifs d'inter-action liés au rôle que l'on doit assurer par rapport à l'autre ou aux autres.

2. Déterminer ses propres réactions en face de l'autre et ses propres mécanismes de régulation et de contrôle.

3. Comprendre l'autre, parfois en se mettant à sa place face à nous.

DÉROULEMENT

– Description de la situation par l'animateur.

– Distribution des rôles ; désignation des observateurs et des éventuels comparses.

– Jeu de la situation, après une période d'échauffement : celle-ci permettant des interventions de l'animateur destinées à favoriser les prises de conscience.

– Travail d'analyse de ce qui s'est passé.

C'est en ayant le cheminement présent à l'esprit qu'il faut explorer, voire choisir les jeux de rôles qui suivent.

Les descriptions brèves, la formulation des objectifs et les formes de déroulement s'effectuant dans les formes générales que nous venons de rappeler, on trouvera ci-après seulement les textes des cas, parfois brefs, parfois plus complexes, proposés dans un échantillonnage suffisamment varié pour offrir des choix ou des suggestions créatrices.

Nous avons décidé de ne pas réduire les domaines de cas aux seuls milieux éducatifs car il est souvent intéressant d'utiliser des cas de milieux professionnels variés en vue de s'exercer à distance et avec recul, à une compréhension ultérieure des situations d'enseignement.

DOCUMENT 176

La stagiaire et la directrice

Jeu à deux rôles

Les faits

Ils se déroulent dans un internat d'adolescentes de quatorze à dix-huit ans, débiles (QI de 0,55 à 0,75) et cas sociaux.

Une pré-stagiaire, Nancy, vingt ans, est acceptée depuis trois mois pour un stage de contact en vue de son admission éventuelle dans une école d'éducateurs spécialisés d'une autre région.

Vers la fin de son séjour, Nancy a pris au secrétariat deux rapports de synthèse contenant des détails confidentiels sur deux adolescentes pensionnaires du centre.

Elle les emporte dans sa chambre hors de l'établissement, malgré l'interdiction formelle mentionnée dans les consignes affichées dans les locaux affectés au personnel.

Personne ne l'a vue au moment où elle a pris ces documents. En revanche, la secrétaire est présente quand Nancy les remet à leur place. Elle lui rappelle l'interdiction qu'elle ne pouvait ignorer. Nancy répond par un sourire ironique.

L'entretien

Mise au courant, la directrice convoque la jeune fille pour lui faire observer que ce manquement à la discipline – même involontairement – pouvait entraîner une violation du secret professionnel.

D'autre part, les documents emportés étaient nécessaires à l'assistante sociale qui a perdu beaucoup de temps à les chercher, croyant à une erreur de classement.

Un dialogue de sourds s'engage alors.

Nancy s'estime victime d'une « *grave injustice* » (sic). Elle a considéré ces documents comme « *des instruments de travail* » (sic) pour son mémoire de fin d'études (études qu'elle n'a pas encore entreprises !).

Prenant pour de la faiblesse le ton compréhensif de la directrice, elle passe de la froideur à l'ironie puis à l'agressivité.

Le dialogue prend alors un autre ton...

DOCUMENT 177

Le professeur d'histoire chahuté

Jeu à deux rôles

Il s'agit d'un entretien[1] entre un principal et un parent d'élève.

Les faits

Mme Duflot, cinquante-six ans, licenciée ès lettres ancien régime, enseigne pour la deuxième année scolaire l'histoire dans les trois premières classes du premier cycle du collège A. Les effectifs par classe oscillent entre vingt-cinq et trente-cinq élèves.

Mme Duflot semble venue très tard à des fonctions d'enseignement. Sa situation familiale est ignorée et les contacts qu'elle a avec ses collègues et l'administration sont des plus réduits.

Petite, maigre, nerveuse, volontiers agressive, très volubile dans sa classe, elle s'exprime avec une voix suraiguë. Son comportement paraît souvent bizarre : elle s'endort en salle des professeurs ou durant les réunions, ou va faire la sieste dans sa voiture. Sur le plan professionnel, elle est consciencieuse et intelligente et se montre capable de faire d'excellents exposés.

Un mois après la rentrée scolaire, Mme Duflot connaît des difficultés grandissantes en classe : bavardages, bruits divers, chahuts, moqueries à son adresse (qui se poursuivent parfois jusque dans la rue). Mme Duflot réagit par un silence dédaigneux ponctué de colères brutales. Les notes qu'elle attribue sont anormalement basses, les punitions sont nombreuses et souvent données au hasard et les jugements qu'elle porte sur ses élèves sont généralement très sévères.

Les élèves de ce collège appartiennent dans leur grande majorité à un niveau social moyen et ne posent pas de

1. Mis en forme par M. Gaillat : cas produit au cours d'une session d'études de principaux collèges.

graves problèmes de discipline. Les parents sont d'opinion politique modérée, compréhensifs et peu revendicatifs. Leurs rapports avec l'administration et les enseignants sont de bonne qualité. Une grande cohésion existe à l'intérieur de l'établissement et l'arrivée du nouveau principal, M. Legendre, quarante-huit ans, ayant fait fonction pendant trois ans dans un autre collège et muté sur sa demande à la dernière rentrée scolaire, s'est produite dans de bonnes conditions. Il a été bien accepté et son style souple de direction est généralement apprécié.

En décembre, la situation a empiré. On ne travaille pas dans les classes confiées à Mme Duflot et le plus grand désordre y règne.

Les enfants ne semblent pas fâchés de cette situation dont ils s'amusent d'ailleurs. Ni individuellement, ni en groupe, ils ne sont venus se plaindre.

Les parents, en revanche, commencent à s'impatienter. Plusieurs ont sollicité une intervention du Principal pour faire cesser cet état de choses. L'association des parents d'élèves vient de demander une entrevue au principal pour évoquer ce problème, mais une menace de pétition est pour le moment restée sans suite.

Les professeurs ne semblent guère disposés à secourir Mme Duflot, qui ne le souhaite nullement d'ailleurs, comme elle l'a dit à quelques-uns d'entre eux. Elle prétend « pouvoir s'en tirer seule ».

Jusque-là le principal s'est contenté de jouer « le rôle de tampon et d'étouffoir », espérant que la situation s'améliorerait. Il est intervenu sous forme de sermon, puis de menaces dans deux des classes en cause. « Ne précipitons pas les choses, ils en verront bien d'autres ! », telle est sa propre expression.

Devant les parents d'élèves qui récriminent, il répond en général : « Le problème n'est traitable qu'à un échelon supérieur. »

Sans le dire publiquement, il espère une demande de mutation de Mme Duflot, découragée, à la fin de la présente année scolaire

Jeu de rôles

Un entretien entre le principal et un parent d'élève.

Questions

1. Que pensez-vous de cette situation ?

2. À la place de M. Legendre, qu'auriez-vous fait ?

3. Compte tenu de l'état de crise actuel, que croyez-vous encore possible de faire ?

4. Comment procéderiez-vous pour mettre à exécution la tactique que vous envisagez ?

DOCUMENT 178

L'emprunt

Jeu à deux rôles

Yves

Vous êtes professeur de lycée.

Votre situation est enviable : vous avez de nombreuses relations mondaines où votre femme, magistrat, brille par son esprit et ses toilettes (qui vous coûtent fort cher).

Jean, un ami d'enfance que vous revoyez de loin en loin, vient chez vous, après avoir demandé un rendez-vous par téléphone. Il semblait pressé et agité.

Vous êtes dans votre bureau.

Jean

Vous avez besoin immédiatement de deux cent mille francs pour faire face à des obligations concernant l'avenir de votre famille. Vous ne pouvez pas, dans l'état actuel des choses, vous permettre d'emprunter à intérêt.

Vous décidez de demander à un ami intime ce service délicat.

Vous allez voir Yves, ami d'enfance, que dans le temps votre père avait aidé à poursuivre ses études. Vous ne vous voyez plus souvent depuis des années, mais jamais rien n'a troublé cette ancienne amitié.

Vous avez demandé à Yves, téléphoniquement, un rendez-vous.

Un problème de délinquance juvénile

Jeu à trois rôles

Le jeu consiste en un dialogue à trois personnes.

Les faits

Le collège municipal de X dans la banlieue nord de Paris, a été ouvert en 1970 dans des bâtiments provisoires – une école primaire et des classes préfabriquées – en attendant que soient terminées les locaux neufs qui lui sont destinés. Il comptait alors trois cent cinquante élèves.

À la rentrée scolaire suivante, le collège a pu s'installer dans les nouveaux locaux et a accueilli quatre cents élèves supplémentaires, avec ouverture d'une SES de soixante élèves et de quatre classes de transition.

Les bâtiments neufs sont situés dans un quartier où ont été relogés en HLM voici huit à dix ans, quarante à cinquante familles de huit à dix enfants provenant d'une cité d'urgence. Il s'agit de personnes d'origine nord-africaine, socialement non intégrées. Dès les classes primaires, ces enfants forment un bloc.

La situation devient grave

Dès la rentrée scolaire du 15 septembre 1971, des actes de violence et des phénomènes de racket se produisent. Ils sont surtout exercés contre les élèves de sixième, mais une véritable conspiration du silence, aussi bien des victimes que de leurs parents, semble s'être installée.

Malgré cela, Mme Bouvet, ancien professeur certifié de lettres classiques, nommée principal du collège à la rentrée 1970, a eu connaissance de cette situation vers le 10 octobre, par quelques coups de téléphone anonymes et par les confidences d'un président d'une des deux associations de parents d'élèves représentées dans l'établissement et qui avait déposé une plainte collective, non retenue au commissariat de police, mais suivie de plaintes individuelles de parents.

Mme Bouvet ignorait le dépôt de ces plaintes, mais avait alerté les professeurs devant le nombre anormal d'absences dans les classes de sixième.

Dès le 12 octobre, Mme Bouvet a écrit à M. le Maire de X pour lui demander que la sécurité soit assurée aux abords de l'établissement. Simultanément, elle avisait aussi par lettre le commissaire de police et sollicitait une surveillance discrète de la sortie du collège.

L'inspecteur d'académie et le sous-préfet ont été mis au courant de ces démarches et ont reçu un double des deux lettres précédentes.

À l'initiative de la municipalité, une réunion est prévue pour le 20 octobre à l'intérieur du collège. Ont été invités à s'y rendre, outre des représentants de la municipalité dont le maire, Mme Bouvet assistée de membres du corps enseignant si elle le souhaite, les présidents des deux associations de parents d'élèves accompagnés éventuellement de quelques parents de victimes, l'assistante sociale du secteur, le juge d'enfants et le commissaire de police.

Questions

1. Que pensez-vous des initiatives qui ont été prises ou qui auraient pu l'être ?

2. Si vous aviez été le chef d'établissement de ce collège, qu'auriez-vous répondu à l'invitation du maire ? pourquoi ?

Après avoir discuté sur le contenu du paragraphe : « La situation devient grave », vous pourrez demander à l'animateur communication de ce qui suit.

Le 19 octobre, à 11 h 30, un élève de cinquième, Jacques, est agressé au garage à bicyclettes. Il présente une égratignure au front de trois centimètres, mais très superficielle. Après avoir été sommairement pansé par Mme Bouvet, l'enfant regagne son domicile. Comme c'est la seconde agression de ce genre, les parents portent immédiatement plainte, non sans avoir décidé deux autres parents à faire de même.

À 14 h, un inspecteur de police se présente au bureau du chef d'établissement avec un certain nombre de plaintes (les trois plaintes du 19 octobre et plusieurs autres, antérieures). Il veut interroger aussitôt six enfants dont il donne les noms (un de cinquième, deux de SES, deux de transition, un de quatrième).

Après accord de Mme Bouvet, et en sa présence, les six élèves soupçonnés subissent un bref interrogatoire. En tout, ces opérations ont duré cinquante minutes.

L'inspecteur de police demande alors à emmener quatre des fautifs présumés (un élève de SES, deux de transition, un de quatrième) au commissariat.

Jeu de rôles

La discussion qui va s'engager rassemble :

– *Mme Bouvet*

– *l'inspecteur de police M. Rives*

– *le principal adjoint M. Dumas.*

Trois personnes du groupe tiendront le rôle de chacun des trois protagonistes de cette discussion.

Le principal pourra, si elle le souhaite, demander la présence, durant une partie ou durant la totalité de l'entretien, d'autres personnes.

Le reste du groupe observera, sans intervenir.

Vous aurez un quart d'heure pour réfléchir avant de procéder au jeu de rôles.

Pour la personne qui jouera le rôle de M. Rives, un document complémentaire sera à demander à l'animateur (voir ci-dessous).

Rôle de M. Rives

M. Rives proposera les garanties suivantes au cours de la réunion :

– il ne sera rien fait aux enfants ;

– il n'y aura aucune trace écrite ;

– le séjour au commissariat sera très court.

Il informe ses interlocuteurs que :

– la convocation aux parents est toute prête à être envoyée ;

– un car de police attend au commissariat un appel téléphonique pour venir aussitôt ;

– les enfants seront ramenés en estafette à leur domicile au fur et à mesure qu'ils auront été entendus ;

– en cas de refus, la police ne voit pas comment assurer la sécurité dans des circonstances analogues.

DOCUMENT 180

La vieille boutique

Jeu à deux rôles

M. Gaspard

Vous avez soixante-six ans et depuis trente ans vous tenez la même librairie dans un quartier modeste de Paris. Les affaires sont calmes, la clientèle fidèle mais vieillie. Avec votre femme, vous suffisez largement au peu de demande. Vous aimez vos habitudes et n'appréciez pas les nouvelles formules de la vie moderne.

M. Arnoud

Vous êtes représentant d'une grande maison d'édition. Pour créer des points de vente exclusifs vous prospectez les librairies en perte de vitesse et vous leur proposez un renouvellement total de leur installation avec un crédit à long terme par votre maison pour les transformer en magasins attrayants distribuant des CD-ROM. Vous arrivez dans le vieux magasin de M. Gaspard.

Le professeur d'anglais
Jeu à trois ou quatre rôles

DOCUMENT 181

L'institut Malebranche est un important établissement privé d'enseignement secondaire masculin, qui possède toutes les classes et prépare au baccalauréat. Il est dirigé par **M. Aubert**, homme énergique, compétent, dont on s'accorde à dire qu'il mène parfaitement sa barque. Celui-ci est secondé par M. Bertrand, directeur des études, homme aimable qui a tendance à ménager la chèvre et le chou...

L'enseignement de l'anglais est assuré par deux femmes : **Mme Grangier**, qui répond parfaitement aux conditions voulues par la situation et s'occupe des classes terminales, et **Mlle Denis**, qui n'a assuré jusque-là que les classes du premier cycle. Mlle Denis, comme Mme Grangier, possède une licence. Elle n'est dans l'établissement que depuis un an. En principe, il a été prévu qu'un roulement aurait lieu entre les deux professeurs et qu'à la rentrée, Mlle Denis prendrait les classes supérieures.

Nous sommes à la période de l'année où le planning de l'école doit être révisé. Or, M. Aubert pense que Mlle Denis peut difficilement assumer l'enseignement des grandes classes. Il lui manque, selon lui, l'autorité et les qualités pédagogiques nécessaires. Certains parents d'élèves se sont plaints de son enseignement.

M. Aubert se demande même s'il ne devrait pas se séparer d'elle.

Il a décidé de s'en ouvrir à M. Bertrand et compte faire venir Mlle Denis pour avoir un entretien avec elle.

Savarin : chef de service
Jeu à deux rôles

DOCUMENT 182

Paul Savarin

Vous vous appelez *M. Paul Savarin.* Vous êtes chef d'un service académique dans lequel s'effectuent des travaux de comptabilité et qui comporte un atelier informatique. Vous recevez la visite d'un de vos adjoints, M. Raoul Bertrand, venu vous entretenir du remplacement d'un employé qui, malade, a dû partir à la montagne se soigner. On ne sait quand il reviendra. Il était le responsable de l'atelier informatique composé d'une dizaine d'employés, en majorité des femmes. Faut-il prendre quelqu'un dans le service ? Faut-il prendre quelqu'un ailleurs, dans la maison ou à l'extérieur ?

Bertrand, qui a la réputation de s'énerver assez vite, désire obtenir une solution rapide.

Raoul Bertrand

Vous êtes un des adjoints de Savarin qui est chef du service informatique dans lequel s'effectuent des travaux de comptabilité et qui comporte un atelier informatique composé d'une dizaine d'employés, en majorité des femmes. Le responsable de ce groupe, Didier, est en congé de maladie. On ne sait quand il reviendra. Il faut pourvoir à son remplacement. M. Savarin a la réputation de ne jamais se presser. Vous estimez, vous, qu'une décision doit rapidement intervenir. Le problème est de savoir si l'on désignera quelqu'un pris dans le groupe, dans le service, dans un autre service ou à l'extérieur du rectorat.

Vous venez voir M. Savarin pour lui exposer votre point de vue sur la question.

DOCUMENT 183

Le chantier
Jeu à deux, trois ou quatre rôles

Jules Lenoir

Vous êtes *Jules Lenoir*, âgé de trente-six ans. Vous occupez depuis trois ans un poste de contremaître, chef d'une équipe d'entretien, dans un chantier d'une importante entreprise de travaux publics. Vous avez débuté dans cette entreprise il y a dix-huit ans. Vous aviez vous même dix-huit ans.

Vous y avez rencontré Paul Auber, de trois ans votre cadet, que la mort de son père avait contraint à interrompre ses études et à se faire embaucher comme employé dans votre société. Les circonstances et le goût commun du basket-ball ont fait que vous avez lié d'amicales relations avec Paul.

Au cours d'une ballade sur un chantier, vous lui avez évité de justesse un grave accident, en le retenant au bord d'un remblai qui venait subitement de s'effondrer.

Depuis, il a été nommé au siège de la compagnie et vous vous êtes perdus de vue. Quant à vous, vous vous estimez déçu par la vie. Sentimentalement d'abord, car vous étiez très épris d'une jeune fille de votre pays, mais vous n'avez pu réussir à lui faire partager vos sentiments.

Sur le plan professionnel, vous estimez être un homme actif, techniquement compétent et un bon entraîneur d'hommes.

On vous tient généralement pour un type sûr et capable de rendre service. Vous passez en ce moment par une période difficile. Il y a trois ans vous aviez l'intention de partir et vous ne l'avez pas fait, sans savoir bien pourquoi. Depuis cette époque, votre principale distraction est de vous retrouver avec d'autres dans des cafés. Mais *vous tenez bien* et ce que vous pouvez avoir bu n'apparaît pas. Cependant, il vous arrive, une fois ou deux par semaine, de prendre une « cuite carabinée ».

On vous a reproché de devenir alors violent et de tenir des discours incohérents et très agressifs vis-à-vis de la société en général et de votre chef direct en particulier, l'ingénieur chef de chantier avec lequel vos rapports sont tendus.

Vous venez de retrouver votre ancien camarade, Paul Auber, chargé de mission administrative temporaire sur votre chantier. Cela vous a fait plaisir, bien que vous n'ayez pas retrouvé exactement ensemble la même aisance qu'autrefois.

1. Source : Institut d'Administration des entreprises (IAE) de l'université de Paris.

Paul Auber

Vous êtes *Paul Auber*, âgé de trente-trois ans, et vous occupez depuis peu la fonction d'attaché au chef de service du personnel dans une entreprise de travaux publics.

Vous avez débuté par le bas de l'échelle. La mort de votre père avait interrompu vos études mais, par un effort soutenu en dehors de vos heures de travail, vous avez acquis des diplômes et vous vous êtes qualifié pour des fonctions de cadre administratif. D'abord adjoint au chef d'un petit service, vous avez été promu à un poste plus important et plus riche d'avenir. Vous en êtes fort satisfait.

On vient de vous envoyer en mission administrative de deux mois sur un très important chantier où travaillent, sous la direction d'un ingénieur, plusieurs équipes de contremaîtres et d'ouvriers.

Parmi les contremaîtres, vous avez eu la surprise et le plaisir de retrouver Jules Lenoir que vous aviez perdu de vue depuis quatre ans.

Vous êtes lié à lui par des souvenirs de jeunesse et une dette de reconnaissance. Il était ouvrier et vous employé aux écritures. Vous jouiez le dimanche dans la même équipe de basket-ball et vous étiez d'excellents camarades. En outre c'est lui qui, au cours d'un accident matériel sur un chantier où vous passiez, vous a évité par sa présence d'esprit d'être emporté dans le glissement d'un tas de pierres sur un remblai, accident dans lequel vous risquiez d'être gravement blessé.

Malheureusement, vous vous êtes vite rendu compte que Jules – devenu contremaître entre temps – avait beaucoup changé ; à la suite, semble-t-il, d'une déception sentimentale, il s'est mis à boire de façon excessive. Sans être en général dans un état d'ivresse notoire, il lui arrive cependant une ou deux fois par semaine de prendre une cuite. Il devient alors violent et tient des discours agressifs vis-à-vis de la société en général et de son chef direct en particulier.

Cette situation est très gênante pour vous.

Aujourd'hui, lundi matin, vous apprenez que Jules Lenoir est responsable d'un accident déplorable qui s'est produit le samedi après-midi. Alors que l'ingénieur, chef de chantier, se trouvait dans les environs pour traiter la conclusion d'un petit marché et que vous étiez vous-même au siège de l'entreprise, il avait été demandé à l'équipe de Lenoir de faire des heures supplémentaires pour terminer la pose de canalisations. À midi, Lenoir a très largement arrosé son repas et a encouragé son équipe à en faire autant. Non seulement

Jules Lenoir

Samedi soir, l'ingénieur du chantier vous a fait demander de faire des heures supplémentaires avec votre équipe pour terminer la pose de canalisations nécessaires à la reprise du chantier lundi matin. À midi, avec votre équipe, vous avez largement arrosé le repas. Le résultat a été que l'équipe n'a pas effectué le travail demandé, et que vous vous êtes répandu dans le pays avec vos hommes, vous rendant de café en café, en tenant des propos légers et bruyants aux gens que vous rencontriez. Pour terminer, vous vous êtes disputé avec l'instituteur du pays qui vous reprochait votre tenue, et l'on vous a dit que vous l'auriez bousculé si vos camarades n'étaient pas intervenus. Cet instituteur n'est pas un mauvais homme, mais c'est un tatillon qui ne connait pas la vie et qui doit passer son temps à faire des observations aux autres.

En l'absence de l'ingénieur qui, vous le savez, a été informé de ces événements, Paul Auber vous a convoqué dans son bureau et vous êtes en train de réfléchir à ce que vous allez lui dire.

Paul Auber

l'équipe n'a pas fait le travail demandé, mais les hommes se sont répandus en bande dans le pays, se rendant de café en café, tenant des propos légers lorsqu'ils rencontraient des gens.

Pour terminer, ayant croisé M, l'instituteur du pays qui leur reprochait leur tenue, ils l'ont gravement insulté et Jules était tout près à se battre avec l'instituteur si deux hommes de l'équipe, un peu moins ivres, ne l'avaient retenu.

L'ingénieur, chef du chantier, P, avec qui vous n'avez que des relations strictement professionnelles, d'ailleurs courtoises, vient de vous téléphoner qu'il ne voulait plus entendre parler de Lenoir dans l'équipe et vous chargeait de liquider la situation, comme responsable du personnel.

Vous êtes en train de réfléchir à ce qu'il convient que vous fassiez vis-à-vis de Jules Lenoir que vous allez recevoir dans un instant.

DOCUMENT 184

La Radiomécanique

Jeu de quatre à huit rôles

La société Radiomécanique était spécialisée jusqu'à présent dans la construction d'appareils électriques et radio-électriques. Cette société, en expansion régulière depuis plusieurs années, possède une usine de mille deux cents personnes dans la banlieue sud de Paris.

Le lancement d'une nouvelle activité, la fabrication de relais, a été décidée l'année dernière ; cette fabrication est maintenant au point, mais les installations actuelles ne suffisent pas au développement souhaité.

L'achat d'une nouvelle usine était donc nécessaire.

La Radiomécanique vient d'acheter à Bourges une tannerie appartenant à **M. Montant**.

M. Beauchamp doit prendre la direction de la nouvelle usine.

Il se préoccupe plus particulièrement en ce moment des problèmes de personnel posés par cette implantation.

À la demande de **M. Block**, directeur général de la société, ceux-ci doivent être évoqués au cours d'une prochaine réunion.

M. Beauchamp a chargé l'un de ses jeunes ingénieurs, **M. Roussel**, de lui établir, comme aide-mémoire, la liste des problèmes de personnel qu'il faudra résoudre et des mesures à prendre jusqu'au fonctionnement normal de la nouvelle usine.

L'effectif de cette dernière doit atteindre, en octobre prochain, deux cents personnes, dont cent vingt femmes environ.

80 % des cadres et de la maîtrise viendront de l'usine de la région parisienne.

À la réunion prévue, M. Block et M. Beauchamp ont convié M. Montant et en outre, soucieux de prévenir d'éventuelles tensions, le directeur général, chef du personnel de la société, et de M. Le Guirec, délégué du personnel, représentant la Fédération syndicale des cadres et agents de maîtrise de l'industrie électronique.

Le matin de la réunion, M. Roussel déclare à M. Beauchamp qu'il n'a pas eu le temps d'effectuer le travail demandé. Par ailleurs, ajoute-t-il, en tant qu'électronicien, « *je me sens peu qualifié pour ce genre d'affaires* ».

M. Beauchamp téléphone alors à M. Block pour lui demander de reporter la réunion. « *Pas question !* – s'entend-il répondre – *l'inspecteur du travail vient demain et nous devons préciser nos intentions. Venez donc avec Roussel...* »

DOCUMENT 185

Le refus absolu de la torture

AVERTISSEMENT

L'exercice[1] que nous proposons ci-dessous fait partie des exercices qu'il faut utiliser avec précaution. On devra notamment préserver, entre la phase de préparation et la phase d'action, de même qu'entre la phase d'action et la phase d'évaluation, un temps assez long pour permettre de désaffectiver le climat du groupe.

En fait, il s'agit d'un jeu de rôles qui ne doit pas tourner au psychodrame.

Le thème abordé peut être traumatisant, soit au niveau évoqué, soit encore parce que certains participants peuvent y trouver des résonances familiales ou amicales. On laissera donc l'entière liberté à ces participants de demeurer observateurs.

Enfin, il est préférable que le groupe qui affronte cette expérience n'en soit pas à ses premières réunions.

DESCRIPTION DE LA SITUATION PROPOSÉE

Au cours d'un débat, différentes personnalités échangent sur l'utilisation actuelle de la torture et s'interrogent sur le bien-fondé du refus absolu de l'utilisation de la torture proclamé par les organisations internationales.

MOTIVATION

Dans un contexte confus où certains seraient favorables à l'utilisation de la torture, même de manière exceptionnelle, donner au groupe la possibilité à travers un jeu de s'interroger sur le refus absolu de la torture. Ainsi, chacun sera amené à préciser sa position en s'appuyant sur des arguments solides.

À travers la préparation du débat et le débat lui-même, chacun défendra ou entendra les arguments des différentes positions en présence. Par la suite, dans des échanges réels, chacun sera mieux à même d'écouter, d'argumenter et de défendre une position même minoritaire et contestée.

DÉROULEMENT

Il comporte plusieurs étapes.

Durée : environ trois heures et demie pour l'ensemble.

- Définition des cadres du débat
- Distribution des rôles et préparation du débat
- Pause
- Débat
- Évaluation.

Définition des cadres du débat

Le lieu (par exemple, débat télévisé), les circonstances (à la suite d'un attentat, de la libération d'un prisonnier, d'un film...), la durée de la préparation (une heure et demie maximum), durée du débat (quarante-cinq minutes maximum). Si le groupe le souhaite, il peut prévoir un appareil photographique pour fixer quelques moments du débat.

Si le groupe est constitué d'adolescents, il est indispensable, pour le bon déroulement du jeu, de choisir un adulte qui accompagne cette activité de groupe.

Distribution des rôles et préparation du débat

Chaque participant a un rôle qui est tiré au sort. Le groupe doit compter au maximum quinze personnes.

L'animateur du débat

Son rôle est important. Il doit faire ressortir les différents arguments, donner la parole à chacun, éviter les polémiques stériles, les simplismes, relancer la discussion par des questions, veiller à ne pas dépasser le temps imparti pour le débat, introduire et conclure, présenter les intervenants.

Les intervenants

Le groupe, avant le tirage au sort, établit autant de cartes d'identité qu'il y aura d'intervenants, en veillant à maintenir – pour l'intérêt du débat – partisans et adversaires de la torture. Par exemple :

– la femme d'un prisonnier dans un pays où la torture est pratique courante. Elle explique ce que vit son mari et demande de l'aide (toute entière préoccupée du sort de son mari, elle ne saisit pas les subtilités du débat) ;

– un journaliste faisant écho à un climat de peur en France. Il défend la pratique exceptionnelle de la torture ;

– un médecin qui refuse que la science se mette au service de la torture. En tant que médecin, il est là pour guérir, non pour faire mourir. Il insiste sur les séquelles gardées à vie par les torturés ;

– un membre d'une association de défense des droits de l'homme. Il présente le travail de son association pour lutter contre la torture ; il s'appuie sur l'article 5 de la Déclaration de 1948 (voir ci-dessous) ;

---

1. Source ACAT, extrait de *Que fais-tu de ton frère ? : trente fiches pour s'informer et agir*, Fayard.

– un homme politique. Pour ne mécontenter personne, il s'en tient à des paroles générales condamnant la torture en exigeant des mesures exceptionnelles sans en déterminer la nature ;

– un commissaire de police. Il insiste sur la difficulté de sa tâche, il se refuse à prendre position dans le débat (les règlements sont là, il ne doit pas torturer) ;

– un homme d'affaires appelé à travailler dans des pays où la torture est pratiquée. Selon lui toutes les condamnations de faits de torture sont exagérées. Il souhaite pouvoir travailler dans des conditions normales ; aux autorités des pays de faire en sorte que cela soit possible (les moyens utilisés ne le concernant pas) ;

– une personne qui a vécu plusieurs années dans un quartier particulièrement visé par la répression, dans un pays où la torture est pratiquée. Elle explique le climat de peur continuelle, les difficultés pour les familles de personnes arrêtées ou disparues.

Il est possible d'adjoindre à chaque intervenant, pour le temps de la préparation, un autre membre du groupe pour l'aider. À l'aide de *Que fais-tu de ton frère ?* ou d'autres documents que le groupe se sera procurés au préalable (prévoir un exemplaire pour chaque intervenant), chaque intervenant recherche des faits qui auraient pu être vécus par le personnage qu'il incarne, faits destinés à appuyer son argumentation.

Attention ! chacun des personnages est figé dans une position face à la torture. Dans le cadre du débat, il aura à défendre cette position le plus honnêtement possible, quelle que soit sa position personnelle.

Les spectateurs sont constitués par le reste du groupe. Ils se partagent en deux équipes : l'une recherchant les arguments d'un refus absolu de la torture, l'autre les arguments de la position adverse. Cette recherche se fera pendant le temps de préparation. Chaque argument sera noté de façon précise avant le débat. Ce travail servira au moment de l'évaluation.

Le débat

Prévoir une pause entre la préparation et le débat.

Préparer la salle, en séparant les intervenants des spectateurs.

L'animateur présente, donne la parole, relance le débat, conclut.

Les intervenants vivent leur personnage comme ils l'entendent, mais ils ne doivent pas oublier que le débat est un jeu et que chacun joue un personnage.

Les spectateurs n'interviennent pas dans le débat. Chacun relèvera les arguments avancés au cours du débat.

L'animateur n'intervient pas dans le débat même s'il est confus, mais il doit intervenir si le jeu dégénère et si l'un des intervenants se trouve mis en cause personnellement et non plus pour le personnage qu'il joue.

L'évaluation

Prévoir une pause rapide entre le débat et l'évaluation.

Cette étape est indispensable. Ce jeu n'a pas de sens si on reste sur les impressions de la discussion. L'évaluation permet à chacun et au groupe de prendre une distance vis-à-vis de ce qui se vit et de tirer profit de cette activité.

L'animateur choisi mènera l'échange. Son rôle, on le voit, est difficile.

Voici quelques repères :

– rappeler que ce qui vient d'être vécu était un jeu, que dans l'évaluation qui va suivre chacun sort de son personnage et redevient lui-même. Nuancer si nécessaire une réalité qui a peut-être été caricaturée ;

– donner la parole aux intervenants du débat pour leur permettre d'exprimer les difficultés et l'intérêt d'entrer pour un temps dans la peau d'un personnage, dans un second temps donner la parole aux spectateurs ;

– mettre en valeur ce qui est vécu, faire ressortir l'importance de l'écoute ;

– reprendre les différents arguments avancés dans le débat (de façon complète mais rapide) et compléter si nécessaire (à cette occasion donner la parole aux deux équipes), présenter en quelques mots les aspects de la réalité de la torture qui ont été ignorés ou effleurés dans le débat ;

– terminer en rappelant dans quel but a été fait le jeu de rôles : s'interroger sur le refus absolu de la torture, prendre position, se préparer à défendre cette opinion.

DOCUMENTS

Déclaration universelle des droits de l'homme

Article 5 :

Nul de sera soumis à la torture, ni à des peines ou traitements cruels, inhumains ou dégradants.

Discipline générale dans les armées[1]

Article 7 : Devoirs et responsabilités du chef

1. Extrait du décret n° 75-675 du 28 juillet 1975 modifié par le décret n° 82-578 du 12 juillet 1982 portant règlement de discipline générale dans les armées.

Dans l'exercice de l'autorité, le militaire [...] a le droit et le devoir d'exiger l'obéissance des subordonnés ; il ne peut ordonner d'accomplir des actes contraires aux lois, aux règles de droit constitutionnel applicable dans les conflits armés et aux conventions internationales régulièrement ratifiées ou approuvées...

Article 8 : Devoirs et responsabilités du subordonné

[...] 3 – Le subordonné ne doit pas exécuter un ordre prescrivant d'accomplir un acte manifestement illégal ou contraire aux règles du droit international applicable dans les conflits armés et aux conventions internationales régulièrement ratifiées ou approuvées.

Article 9 bis : Respect des règles du droit international applicable aux conflits armés

Suivant les conventions internationales régulièrement ratifiées ou approuvées :

1 – Il est prescrit aux militaires au combat :
– [...] de traiter avec humanité sans distinction toutes les personnes mises hors de combat ;
– de recueillir, de respecter, de protéger et de soigner les blessés, les malades et les naufragés.

2 – [...] De plus, il leur est interdit :
– de prendre sous leur feu, de blesser ou de tuer un ennemi qui se rend ou qui est capturé ou avec lequel une suspension d'armes a été conclue ;
– de dépouiller les morts et les blessés ;
– de refuser une reddition sans condition ou de déclarer qu'il ne sera pas fait de quartier ;
– de se livrer à toute destruction inutile et à tout pillage ;
– de prendre des otages, de se livrer à des représailles ou à des sanctions collectives ;
– de condamner des individus sans jugement préalable rendu par un tribunal régulièrement constitué et assorti des garanties judiciaires prévues par la loi ;
– d'attaquer ou de retenir prisonnier un parlementaire arborant le drapeau blanc ;
– d'utiliser tous les moyens qui occasionnent des souffrances et des dommages inutiles ;
– de porter atteinte à la vie et à l'intégrité corporelle ou à la dignité de la personne des malades, blessés, naufragés, de celle des prisonniers ainsi que des personnes civiles, notamment par le meurtre, les mutilations, les traitements cruels, la torture sous toutes ses formes et les supplices.

Les Églises et la torture[1]

5. œuvrer en vue de l'élaboration par les Nations unies d'une convention relative à la protection de toutes les personnes contre la torture ;

6. encourager d'autres initiatives visant à établir une stratégie internationale de lutte contre la torture et à mettre en place un dispositif international efficace destiner à l'éliminer ;

7. veiller à ce que les fonctionnaires chargés de faire appliquer la loi, les militaires et les membres des services spéciaux de sécurité, ainsi que les médecins et d'autres personnes soient informés des règles internationales susmentionnées, et de les presser de ne pas participer à la torture et de ne pas se rendre complices de ceux qui la pratiquent ;

8. s'opposer à l'avenir à tout échange international de techniques ou d'équipements de torture ainsi qu'à la mise au point, dans les milieux scientifiques, de techniques encore plus perfectionnées de torture physique ou mentale ;

9. chercher à pénétrer dans les lieux de détention et les centres d'interrogatoire afin de s'assurer que les personnes qui y sont détenues ne sont pas maltraitées. [...]

---

1. Extrait des objectifs de la *Déclaration sur la torture*, du Conseil œcuménique des Églises, juillet-août 1977.

CHAPITRE 4

Études de cas

Le cas est l'exposé d'une situation qui, en milieu professionnel ou privé, va poser des problèmes de gestion, d'organisation, de formation..., bref, de *management*.
Les problèmes exposés sont complexes, parce qu'ils mettent en jeu, parfois en opposition, des problèmes d'ordre technique, administratif et humain. Ils ne comportent pas de bonnes ou de mauvaises solutions. Ils requièrent de la part des responsables des qualités de décision, issues de choix d'arbitrages, basés sur des prévisions d'évolution, et des constats du contexte dans lequel se développe la situation..
L'exploration de ces situations permet d'entraîner les futurs décideurs ou formateurs à la prise de décision, à la définition de politiques dans des conditions de travail à plusieurs. Ils mettent en jeu, dès lors, des facultés de négociation et de proposition.

ÉTUDES DE CAS ET FORMATION

Cette méthode, qui est à la base des enseignements dispensés par la *Graduate School of Business Administration de Harvard* a été signalée en France en 1926 par André Siegfried. L'École des Sciences politiques et la Chambre de commerce de Paris s'en préoccupèrent et, dès 1929, introduisirent ces techniques dans leur formation.

L'apparition de la formation permanente après la fin de la Seconde Guerre mondiale relança l'intérêt pour les études de cas. On y vit longtemps une application réservée à la formation de l'encadrement dans l'industrie. Elle a été largement développée par la suite dans les secteurs de l'enseignement supérieur, puis dans ceux de l'éducation.

La particularité de l'étude de cas est qu'elle présente une situation dans son volume propre. Elle engage le spécialiste dans une réflexion plus globale au niveau de ce qui est vécu. Il ne suffit plus, par exemple, de prévoir une organisation ; encore faut-il envisager si cette organisation sera acceptée par les hommes qui devront la faire vivre. Ce sont des solutions spécifiques qui sont recherchées.

En outre, elle constitue, pour chacun des participants engagés dans une recherche collective, une démarche individuelle, dans laquelle il se découvre, dans ses réactions affectives et, tout en les assumant, tente de retrouver une objectivité dans sa relation avec le groupe et dans les décisions auxquelles il va apporter sa coopération.

L'étude de cas nous introduit, à un moment donné, dans la vie d'une entreprise, d'une administration,d'un groupe social. Elle situe le groupe en formation, extérieur à l'organisation, dans une situation de consultant ou encore l'implique en lui décrivant le problème posé au niveau de tel ou tel membre de l'organisation. Les domaines abordés sont sans limite. Le cas fait exploser les cloisonnements entre les problèmes de gestion, de financement, de gestion sociale, de technique de production...

TROIS TYPES DE CAS

On peut distinguer trois types de cas :

• Le cas descriptif
On décrit une situation en la racontant et la décrivant. On situe et délimite le problème et on laisse le groupe en débattre ;

• Le cas évolutif
Partant d'une description analogue, on prépare un certain nombre de documents de complément qui seront à la disposition du groupe, s'il les demande pour éclairer sa démarche.

L'animateur peut, à certains moments, de son chef, apporter ces informations complémentaires au groupe, lui ouvrant par là -même des voies de réflexion nouvelles.

• Le cas inter-actif
C'est un cas qui évolue en fonction des prises de position des participants, soit sur le plan technique, soit sur le plan humain.

Sur le plan technique, il est possible de soumettre à un ordinateur les décisions (financières, par exemple), prises par le groupe, et de lui demander d'en calculer les conséquences pour l'entreprise considérée. Communiqués au groupe, ces résultats peuvent infléchir, affiner ou modifier ses décisions. On se trouve là confronté, affronté à une certaine réalité.

Sur le plan humain, on peut mettre le groupe face aux réactions possibles de ses décisions, soit à l'aide de documents préparés à l'avance, injectés par l'animateur au moment opportun ; soit encore par l'annonce de développements nouveaux et imprévus (déclenchement d'une grève, par exemple), l'animateur ou encore un observateur non impliqué étant seul juge de l'utilisation ou de la non-utilisation de ces éléments et du moment de leur introduction.

On peut envisager, dans l'un et l'autre cas, au cours de la progression ainsi animée, des exposés ou des réunions-discussions qui, abordant des sujets théoriques précis, apportent au groupe des informations ou des connaissances qu'il est libre d'exploiter ou non dans la résolution du cas. C'est la formule utilisée dans le cas pluridimensionnel.

Dans certains cas, on peut constituer des commissions d'expert ou d'arbitre qui déterminent les informations ou incidents complémentaires, en fonction de la progression du groupe.

Bien sûr, ces différentes formes d'étude de cas conditionnent la durée de leur exploitation. S'il s'agit d'un cas descriptif, on pourra très bien en circonscrire l'étude sur une demi-journée ou une journée. Au contraire, s'il s'agit d'un cas inter-actif, il pourra constituer la trame d'un séminaire de une à plusieurs semaines.

Certaines institutions de formation font durer l'étude d'un cas sur toute une année, comportant des phases de réflexion et des phases de traitement des données proposées dans l'étude, sur ordinateurs.

Dans ces trois formules, les thèmes apportés, tout en étant choisis en fonction de l'objectif de formation, sont fréquemment des transpositions de situations réelles. On peut même, sans transposer, décrire une situation réelle, mais passée, au moyen de documents, tels que tracts, affiches, dossiers presse, etc.

TECHNIQUES ET SUPPORTS DE PRÉSENTATION

Les techniques utilisées pour présenter les données du cas sont variées :

– texte écrit, plus ou moins important, illustré de photos, de schémas, de statistiques, etc.

– texte accompagné de documents audiovisuels, tels que diapositives, bandes magnétiques, transparents, affiches, photographies, films vidéo, banques de données interactives, etc.

– des films cinéma ou vidéo présentant la situation exposée dans une mise en scène analogue aux fictions spectacle.

Des films illustrant des cas projectifs ont été expérimentés (J. Ardoino). Présentant des ambiguïtés dans l'image ou le son, un tel film implique que les participants se mettent d'accord sur certains éléments pour définir le problème qu'ils veulent explorer, projetant par là-même sur ce support certaines de leurs préoccupations profondes.

Ces présentations, quel que soit le support choisi, peuvent être suivies d'un questionnaire focalisant les problèmes que l'on souhaite étudier. On peut aussi laisser au groupe le soin de délimiter lui-même le problème dans le cas présenté. Cela est fonction des objectifs de la formation dans laquelle s'insère le cas.

De même, va être fonction des objectifs et de la maturité du groupe la nature de l'animation de l'étude du cas ; on retrouvera là toutes les dimensions de la pédagogie, des plus fermées aux plus ouvertes.

CHEMINEMENT D'UNE ÉTUDE DE CAS

On peut dire que, dans tous les cas, une étude de cas suit un cheminement qui peut se résumer en cinq phases :

- **Première phase**
Présentation du cas, souvent faite de manière individuelle, dans la prise de connaissance de la situation.

- **Deuxième phase**
Analyse et diagnostic du ou des problèmes à étudier faits en groupe.

- **Troisième phase**
Discussion et propositions d'interventions dans le cas. À ce stade, peuvent être utilisées, pour être plus concret, des techniques, tels que le jeu de rôles, la simulation..., ce choix étant celui du groupe ou une proposition de l'animateur.

- **Quatrième phase**
Recherche des solutions.

- **Cinquième phase**
Proposition de la solution du groupe et critique de cette solution,voire expérimentation.

Une variante peut consister à faire étudier le même cas par plusieurs groupes. Dans une telle éventualité, on peut, soit envisager que la cinquième phase est la phase de rencontre et de confrontation des groupes, soit organiser, tout au long de la démarche, des rencontres d'évaluation, qui ont pour objectif d'organiser un accompagnement mutuel des groupes.

Il est difficile de figer le fonctionnement de ces techniques. Indiquons que, si l'étude de cas est une présentation en *volume* des problèmes, elle est aussi le lieu d'exercice d'une pédagogie d'accompagnement très diversifiée, qui utilise toutes ses ressources pour s'adapter à l'évolution du groupe et lui permettre d'aboutir au traitement du problème proposé et probablement de « ses » problèmes ou de ceux de chacun des participants.

Il est difficile, au risque de les déflorer, de diffuser un certain nombre de cas. Nous donnons ci-après quelques spécimens dont certains *datent*. Ils doivent surtout servir d'exemple. En la matière, il importe d'observer, d'analyser, puis éventuellement de transposer.

En fait, plus les animateurs, les formateurs créeront de cas, plus ils disposeront d'outils proches de leurs préoccupations et de leurs objectifs. Notons que c'est par l'observation de la vie quotidienne que l'on pourra rédiger des cas susceptibles de conforter notre action pédagogique. Il faut donc observer, rédiger en transposant. C'est souvent dans les cas vécus par l'animateur que l'on trouve les meilleures approches pédagogiques.

QUE FAIRE AVEC CES ÉTUDES DE CAS ?

Les études de cas sont d'origines variées.

Elles peuvent ne pas avoir été prévues pour être utilisées en formation. Le formateur les choisit en fonction des objectifs qu'il poursuit et de la variété des modes de résolution qu'elles induisent.

C'est ainsi que des romans ou des extraits de roman, des représentations théâtrales, des articles, des images, des photos, des films de fiction ont été utilisés comme supports pédagogiques.

C'est dire qu'il n'existe pas la *bonne solution* à chaque étude de cas. Il y a la solution du groupe qui peut parfois être rapportée au niveau de l'évaluation de ses conséquences à l'animateur ou encore à un autre groupe.

Dans ce domaine, la phase exploratoire, l'analyse constituent l'essentiel. La recherche de la solution du groupe devient un entraînement à la confrontation, à la prise de décision et comme chacun sait, une décision est rarement unique.

L'alternance

DOCUMENT 186

En décembre 1950, **Henri** avait seize ans et commençait sa deuxième année au Centre d'Apprentissage de l'usine. Il apprenait le métier de fraiseur.

Bien qu'il donnât des signes certains d'intelligence, ses maîtres n'étaient pas contents de lui car il travaillait mal. Ils estimaient que le garçon était paresseux. Sa conduite n'était en général pas mauvaise, mais ses rapports avec les professeurs n'étaient pas vraiment bons. Ceux-ci le trouvaient trop réservé, comme le disait M. Trochu, le directeur du Centre d'Apprentissage : « *Quand vous lui faites une observation, il se pique devant vous, il se redresse, il rougit et ne répond pas : il a l'air de vous narguer.* » Ses rapports avec ses camarades n'étaient guère meilleurs. Il ne parlait pour ainsi dire pas avec eux, ne jouait pas, ne participait pas aux discussions, ni aux bagarres. Ses camarades disaient de lui : « Quel ours celui-là ! » Selon des professeurs, le comportement d'Henri était dû surtout à un tempérament craintif. Malgré tout, ils avaient noté que depuis le début de la deuxième année, il commençait à se « réchauffer », à paraître moins craintif.

À plusieurs reprises, ses maîtres lui avaient fait des observations sur la mauvaise qualité de son travail. Plusieurs fois également, M. Trochu convoqua la mère d'Henri, pour discuter la chose avec elle.

Enfin, récemment, il l'avait fait prévenir officiellement par lettre de la Direction de l'usine que le contrat d'apprentissage d'Henri serait rompu si le travail de celui-ci ne s'améliorait pas. La mère était venue à l'usine et avait menacé Henri devant M. Trochu de le mettre à l'École des Mousses, s'il ne faisait pas de progrès.

Henri vivait avec sa mère et une sœur plus jeune que lui qui allait à l'école. Le père avait abandonné la famille quelques années auparavant. Henri avait encore un frère aîné qui était en traitement en préventorium. La situation financière de la mère était critique. Elle avait longtemps été malade, incapable de travailler et avait quitté Paris pour venir se reposer à la campagne. Récemment, elle avait recommencé à travailler, mais elle marchait encore avec des béquilles. Au sujet de ces béquilles, Henri s'était plaint à l'usine que souvent il « avait droit à la béquille », quand il rentrait le soir chez lui. Le sujet avait été abordé entre M. Trochu et la mère, mais celle-ci avait nié énergiquement qu'elle battît son fils.

C'est quelques semaines après la lettre de la Direction que l'incident se produisit. Le professeur de mathématiques venait de donner un problème lorsque Henri déclara, à haute voix, dans la classe : « Encore un problème à la c... », suscitant évidemment aussitôt le fou rire de ses camarades.

Le professeur le mit à la porte de la classe sans délai et avertit M. Trochu.

L'accident

DOCUMENT 187

Fred Henderson[1] était étudiant en droit, mais il passait le plus clair de ses soirées à boire et à jouer avec des amis plutôt qu'à travailler. Ses parents ayant des moyens modestes, il partageait une petite chambre avec un autre étudiant, dans une maison dépendant de l'université.

Un soir, Fred rentra dans sa chambre en jurant, car il ne lui restait qu'une demi-heure pour se préparer et aller rejoindre des amis au théâtre. Il s'était attardé et avait déjà bu trois ou quatre cocktails avant de revenir chez lui. Il se mit à se raser, après s'être déshabillé. C'est alors que Tim, son camarade de chambre, entra et claqua bruyamment la porte. Fred tressauta et lâcha son rasoir. Celui-ci en tombant lui entama gravement l'orteil. Tim se porta au secours de Fred, et comme son ami n'était pas très adroit, il lui fit avec son mouchoir un pansement assez rudimentaire. Fred termina sa toilette, s'habilla et partit au théâtre.

Le lendemain, Fred partit à ses cours sans refaire le pansement. Quelques jours après, il constata que son pied était enflammé et douloureux. Il consulta un médecin qui lui mit des désinfectants et lui fit un pansement selon les règles de l'art. Malheureusement pour Fred, l'infection gagna la jambe, la fièvre apparut et il mourut.

Différentes personnes exprimèrent un jugement sur les causes de sa mort.

Le médecin qui l'avait soigné diagnostiqua une septicémie généralisée. Le laboratoire d'analyse signala que la cause était une infection par streptocoques. La mère de Fred dit que le pauvre enfant n'avait eu personne

1. Cas rédigé par Guy Serraf.

pour s'occuper attentivement de lui. Tim estima que son camarade n'avait pas eu de chance. La concierge de la maison d'étudiants fit remarquer que Tim avait la mauvaise habitude de toujours claquer les portes. Le père de Fred accusa le médecin d'incompétence. L'oncle de Fred estima que si le jeune homme n'avait pas bu, rien ne serait arrivé.

Les amis du jeune homme rappelèrent qu'il était toujours en retard. Un professeur de Fred nota qu'il lui avait souvent reproché d'être négligent. Un camarade, étudiant en pharmacie, estima qu'on devrait mieux instruire les gens des premiers secours d'infirmerie. Un autre camarade remarqua qu'avec un rasoir électrique on est à l'abri de ces accidents stupides. La grand-mère de Fred dit que si la famille du jeune homme avait été plus riche, il n'aurait pas eu à partager sa chambre avec quelqu'un d'autre et souffrir d'inconfort.

Quelles ont été d'après vous, les trois causes les plus importantes pour expliquer cet accident ?

DOCUMENT 188

L'éducatrice

Mlle X est éducatrice depuis dix ans dans mon établissement. Elle est estimée de ses collègues pour sa conscience professionnelle et sa droiture.

Un jour en passant dans le jardin, elle est surprise et scandalisée de lire sur le mur d'une section donnant sur une allée publique, une inscription injurieuse et grossière, gravée dans la pierre en très grandes lettres, contre Mlle Y, éducatrice estimée et respectée dans la maison. Cet acte la fait vivement réagir.

Elle s'empresse de venir me mettre au courant et me demande d'intervenir personnellement.

Je décide donc d'enquêter moi-même dans chaque section. Je demande à toutes les élèves de s'interroger. Que les coupables se dénoncent, publiquement ou en privé, dans mon bureau, sinon, jusque-là, toutes sorties seraient suspendues.

La réaction ne se fit pas attendre. Les groupes réagissant contre la punition générale ont provoqué des aveux et, une heure après, les trois coupables venaient me trouver.

Cependant, il faut avouer que certaines élèves ont été choquées, et par l'inscription, et par la menace d'une sanction collective.

Cette leçon fut toutefois bénéfique pour la section en cause, chaque élève faisant un effort remarquable sur la politesse.

Qu'aurait-il fallu faire en la circonstance pour que la situation ne soit pas traumatisante, mais éducative, pour l'ensemble des groupes et les coupables en particulier ?

DOCUMENT 189

Carrière

Monsieur N[1], trente-neuf ans, est célibataire. Il vit chez ses parents mais dispose d'un appartement séparé, il exerce le métier d'instituteur.

Après une première année de médecine, il s'est dirigé vers l'enseignement dans l'Éducation nationale. Suppléant en 1972, il a réussi les examens le qualifiant comme instituteur d'abord, puis comme moniteur éducateur ensuite, respectivement en 1975 et 1978. En 1979 il a démissionné de l'Éducation nationale pour passer dans l'enseignement privé. De 1979 à 1984, il a occupé deux postes d'instituteur et un poste d'éducateur-chef dans trois établissements différents. Il a, pour ce dernier poste, une formation limitée (moniteur éducateur).

Depuis 1981, il est instituteur dans l'établissement où il occupait le poste d'éducateur-chef.

En 1982, il a eu un assez grave accident (traumatisme crânien) dont il se dit bien remis actuellement.

Une ou deux fois l'an, il demande un entretien au directeur. Cette fois-ci, il voudrait bénéficier d'améliorations de classement qui lui seraient rendues possibles par les dispositions de la convention collective de l'enfance inadaptée, dont on n'a jusqu'ici pas totalement tenu compte. Il aimerait bien que l'on tienne compte du fait qu'il travaille avec des enfants inadaptés depuis le début de sa carrière, soit depuis 1972, sinon il s'estime lésé par rapport aux éducateurs spécialisés qui obtiennent leur diplôme en trois ans alors qu'il lui a fallu six ans pour arriver au CAEA.

Il est cependant plus que probable qu'il abordera dans la conversation les thèmes qui reviennent invariablement dans tous ses entretiens avec le directeur, en particulier :

– il se demande si les années passées dans l'Éducation nationale ne sont pas perdues pour sa retraite ;

– quand il est revenu dans la région, on n'a pas pris ses compétences en considération, alors qu'il *« pouvait apporter beaucoup »* (mais il ne participe à aucune réunion, aucune conférence extérieure à l'établissement ; et dans le cadre de l'établissement, invité à mettre noir sur blanc ses idées pour les présenter à ses collègues, il s'y refuse parce que ceux-ci étant plus âgés que lui, il ne saurait leur faire la leçon) ;

– très fier de son expérience *(« Je suis dans la rééducation depuis seize ans »)* il se veut spécialiste des caractériels et des questions concernant l'apprentissage professionnel. Il ne voit pas très bien pourquoi, dans l'établissement, on fait appel à d'autres spécialistes, notamment celui de l'orthophonie qui pourtant ne traite que les troubles de l'articulation ;

– d'après lui, dans la région, la rééducation est trop axée sur la psychologie, et pas assez sur la pédagogie ; il mettrait en cause la formation donnée dans la région aux éducateurs spécialisés ;

– à chaque entretien, il demande si on est content de son travail.

La durée moyenne de chacun de ces entretiens est de deux heures.

1. Source : EFPP, École de Formation Psycho-Pédagogique.

DOCUMENT 190

Pierre

Pierre est un élève de troisième classique (latin-langues) dans un établissement secondaire privé, situé aux environs de Paris. Il y est entré voici quatre ans, après une année de sixième effectuée dans un lycée parisien. Au cours de son année de lycée, commencée avec un mois de retard par suite de maladie, son travail n'avait semble-t-il pas donné toute satisfaction tant à ses professeurs qu'à ses parents. Il ne travaillait pas en classe, jouait aux billes sur le boulevard à la sortie des cours et, rentré à la maison, il n'avait jamais rien à faire. En fin d'année, le conseil des professeurs du lycée avait décidé que Pierre devait redoubler son année de sixième, mais ses parents disent avoir été avisés que, pour des raisons administratives (le domicile de Pierre ne relevant pas de la juridiction du lycée), il ne pouvait redoubler dans cet établissement.

Les parents de Pierre décident alors de le mettre interne dans l'établissement privé où il est à ce jour car « il sera tenu ». Une autre raison de cette décision, est que Pierre pose des problèmes au sein même de sa famille (difficultés avec ses frères et sœurs – il y a quatre enfants).

Les trois premières années aucun incident notable n'est à signaler. Pierre rentre dans sa famille tous les quinze jours, selon le système en vigueur, du samedi au lundi matin. Si l'élève est collé, il rentre chez lui seulement le dimanche matin. Il faut noter que les colles le dimanche sont exceptionnelles. Son travail en général n'est pas très bon, ses résultats aux examens lui permettent cependant de poursuivre régulièrement sa scolarité. À la fin de sa quatrième, proposition lui est faite par son père de changer d'établissement s'il le désire. En fait, son père ne lui cache pas qu'un tel changement ne manquerait pas de poser des problèmes : cependant il le laisse libre de décider. Pierre choisit de rester dans l'établissement.

Au cours de cette année de troisième, les choses semblent marcher moins bien. Deux faits sont à relever :

– récemment, Pierre a demandé à son père d'intervenir auprès de la direction pour qu'il puisse changer de seconde langue. En effet, il a commencé en classe de quatrième à étudier l'allemand, mais il ne s'entend pas avec son professeur. Il demande de faire de l'espagnol car les cours en sont assurés par le professeur de lettres, professeur avec lequel il a de meilleurs rapports à la suite de leçons particulières ;

– le second fait relève du système d'internat. Il y a, dans cet établissement qui accueille environ trois cents à trois cent cinquante élèves, deux systèmes d'internat : l'un en dortoir, l'autre en chambre à deux. Ce dernier est réservé aux élèves qui ont le plus d'ancienneté, aux frères, ou bien encore à ceux qui ont eu une bonne conduite pendant un certain temps. Pierre est en dortoir. Il se plaint à son père de ce système car, dit-il, ils sont surveillés par un « pion » très désagréable et très sévère qui ne leur laisse aucune liberté et de plus, inflige des punitions collectives à l'occasion de tout chahut ; or Pierre, à ses dires, ne se solidarise pas avec les chahuteurs. Il demande donc à bénéficier du système d'internat en chambre à deux.

D'une façon plus générale, Pierre se plaint du climat qui règne dans l'établissement : « *On étouffe, on est complètement coupé de l'extérieur.* » De plus, en classe la règle de tricher est implicite parmi les élèves.

Le père de Pierre décide de transmettre les demandes de son fils au directeur de l'établissement. Le directeur refuse l'une et l'autre requêtes en arguant d'une part qu'il ne faut pas donner satisfaction aux élèves, d'autre part que les parents n'ont pas à intervenir dans ces problèmes qui concernent le directeur et ses collaborateurs.

Peu de temps après cette entrevue, le père de Pierre reçoit une lettre du directeur ainsi libellée :

Monsieur,

Depuis la rentrée des vacances, un climat de désordre, d'inattention, de bavardage, de paresse, règne dans la classe de troisième A.

Les mesure disciplinaires qui s'imposent pour y remédier sont prises : retenue chaque jour de 16 h 20 à 17 h et jeudi.

Les élèves qui ne feront pas effort immédiatement seront consignés samedi et dimanche prochain.

Des sanctions individuelles beaucoup plus graves sont malheureusement à craindre si votre fils ne comprend pas le sérieux de cet avertissement. Aussi je vous prie de bien vouloir soutenir notre action en lui expliquant clairement et vite les conséquences graves qui feraient suite à ces sanctions.

Noëlle Perrier

DOCUMENT 191

Introduction

Quand[1] un élève franchit la grille de l'établissement scolaire, l'autorité et la responsabilité du chef d'établissement relaient l'autorité et la responsabilité du chef de famille. Quand il y a faillite de la responsabilité familiale – et c'est de plus en plus fréquent – ce relais s'opère dans des conditions plus complexes et n'est pas sans poser des problèmes. Le cas retenu en est l'illustration.

Le cadre

L'établissement

C'est un collège de six cents élèves avec demi-pension (locaux neufs pré-industrialisés, ouvert en septembre 1968) dans une ville qui compte en tout quatre collèges.

La zone de recrutement

C'est une ZUP en constant développement, habitée par des familles déracinées (originaires des quartiers insalubres détruits, ou de nationalité étrangère récemment implantées et en fluctuation permanente), population d'ouvriers aux revenus modestes, aux longs horaires de travail et donc absence quotidienne prolongée des parents en dehors du domicile ; éclatement fréquent de la cellule familiale sous des formes diverses. Nombreux élèves livrés à eux-mêmes après la fin des cours à dix-sept heures : peu d'organisation de loisirs pour les jeunes, une maison de jeunes de la ZUP, récemment implantée, n'attire qu'une *clientèle* limitée...

Le chef d'établissement

Principal de collège depuis septembre 1968 (date d'ouverture du collège). Entre autres problèmes, sensibilisé au problème des *fugues*. Entendons, non pas fugues à l'encontre du collège (les écoles buissonnières ou l'absentéisme non motivé est un phénomène parallèle mais différent) mais fugues à l'encontre du milieu familial ou du milieu d'hébergement. Cette sensibilisation procède du fait qu'entre septembre 1968 et septembre 1971, huit fugues de ce type ont été enregistrées : certaines se sont terminées en Suisse ou à Marseille, ont touché filles comme garçons, l'une a eu un dénouement tragique.

Les faits : présentation chronologique

Avant l'incident

Début septembre, le principal reçoit une lettre d'une assistante sociale du chef lieu du département voisin, faisant valoir l'affectation, dans son collège, de l'élève **Noëlle Perrier** en classe de cinquième ; cette lettre est accompagnée, pour tout document, de quatre bulletins trimestriels faisant apparaître que Noëlle a été scolarisée pendant deux ans dans une école technique privée d'un département voisin. Il est précisé que Noëlle sera demi-pensionnaire au collège et hébergée dans un établissement privé dirigé par des religieuses. Qui a décidé cette affectation au collège (il n'est pas parmi les quatre les plus proches de l'établissement d'hébergement) ? et en cinquième ? et cet hébergement ?... Le principal pense à une erreur de transmission postale : aucun des trois autres principaux de collège ne connaît cette élève. Il admet l'idée d'une inscription (combien d'autres sont présentées avec aussi peu d'éléments et même lorsqu'elles transitent par les services de l'administration de l'Éducation nationale...), d'autant que le même schéma s'est produit en septembre 1970 pour une autre élève, dans des conditions typiquement analogues et son insertion au collège et dans le même établissement d'hébergement n'a posé aucun problème durant un an. Il se réserve de revoir le cas en profondeur dès après la rentrée. La bousculade de celle-ci ne lui permet de le faire qu'une dizaine de jours après : sur le plan spécifiquement scolaire, il corrige cette orientation aberrante en cinquième et affecte Noëlle qui va avoir seize ans, en troisième pratique où elle s'insère sans problème. La question d'hébergement semble ne poser à l'époque aucun problème.

L'incident

Il se déroule en plusieurs phases successives.

Première phase

À l'issue des cours précédant les congés de Toussaint, Noëlle ne rentre pas à son établissement d'hébergement. Le principal l'apprend, non par la Supérieure, mais par la visite d'une famille angoissée dont la fille, de troisième pratique également, n'a pas non plus rejoint le domicile familial. La fugue dure deux jours et deux nuits. Contacts téléphoniques, provoqués par le principal, avec la Supérieure, la police, enquête personnelle. Noëlle rejoint son hébergement au bout de quarante-huit heures... par lassitude et amertume à l'égard de cette fausse liberté. À la rentrée des congés de Toussaint, Noëlle est convoquée et entendue par le principal : long entretien ; l'élève s'y plaint du sort qu'on

1. Source : INAS.

lui réserve dans l'établissement d'hébergement. Quarantaine systématique et méticuleusement organisée (chambre seule, verrouillée, silence obligatoire au réfectoire, monitrice garde de corps permanent...). Le principal lui demande de patienter, persuadé que l'atmosphère se détendra progressivement. Il n'en sera rien...

Deuxième phase

Le surlendemain, Noëlle ne rejoint pas son hébergement, va réclamer l'hospitalité au domicile de son professeur principal, féminin, de troisième pratique. Celle-ci en réfère au principal. Il a appris lors de l'entretien précité que Noëlle relève de l'autorité du juge pour enfants. Il réussit à le joindre par téléphone malgré l'heure tardive. Le juge refuse l'autorisation sollicitée, et fournit – enfin ! – quelques informations officielles sur le milieu familial. Il n'apparaît pas tellement surpris de la politique de quarantaine, il précise qu'une autre solution ne pourrait intervenir avant plusieurs semaines. La Supérieure, convoquée pour prendre en charge l'enfant, confirme son attitude à l'égard de cette jeune fille dont elle craint que les propos et les actes soient un mauvais exemple pour ses autres pensionnaires. Elle emmène Noëlle qui, trois jours plus tard, fugue à nouveau un mercredi après les cours : le principal n'en est averti par la supérieure que le vendredi à 9 h 15 ! Noëlle est présente normalement aux cours...

À nouveau entendue, elle s'obstine à ne pas vouloir rejoindre son hébergement le soir, puis après un long entretien, en admet peut-être l'idée... Le principal réclame de la Supérieure qu'elle vienne prendre en charge Noëlle le soir à 17 h : la réponse est d'abord un refus, puis devient évasive. Le principal fait intervenir l'assistante sociale de son collège, alertée au lendemain de la première phase. En fait, la Supérieure, de très mauvaise grâce, vient prendre l'élève en charge et le problème reste entier... il est quotidien... sa dramatisation progressive entraîne un risque, chaque jour plus grand, de grosses *sottises* de la part de Noëlle (à chaque fugue, elle a passé ses nuits dans les couloirs des caves des immeubles de la ZUP... quatre nuits au total, et une fois trente-six heures sans aucune alimentation.)

Le problème

Quelle est la nature du rôle du chef d'établissement ? simple exécuteur des règlements (constater les présences normales en cours au collège...), ou éducateur au sens plein, soucieux de tenter d'apporter une solution, même si elle ne relève pas de son autorité, aux problèmes humains des élèves les plus défavorisés ? Si oui, quels sont ses moyens face à l'inertie ou l'action qu'il déjuge de la part de personnes ou d'administrations avec lesquelles il entre en conflit ou en concurrence d'attributions ?

Milieu familial

Père malade, sans emploi ; mère souvent partie avec des amis de rencontre ; un frère et une sœur dont chacun a fait des fugues à l'âge de l'adolescence. Noëlle elle-même, trois mois plus tôt, a fui le milieu familial, d'où l'intervention de l'assistante sociale locale, puis du juge pour enfants et son placement. Informations regroupées par bribes et jamais communiquées officiellement par les responsables extérieurs avant l'incident, ni systématiquement depuis l'incident.

La zone de recrutement

« Peu d'organisation de loisirs pour les jeunes. »

À l'échelon de la ZUP concernée n'existe qu'une Maison de jeunes, installée dans trois classes préfabriquées implantées sur l'aire de l'établissement scolaire. La nature des activités et du comportement des usagers avaient créé une situation tendue entre le collège et la Maison des jeunes (voir ci-joint la motion extraite du procès-verbal de la réunion du conseil d'Administration du collège en date du 5 mai 1969). De plus, à cette époque, ce local était fréquenté assez régulièrement par une douzaine d'élèves de classes pratiques, filles et garçons. À compter de la rentrée de 1969, la Maison des jeunes fur relogée dans une construction pré-industrialisée, neuve, mieux adaptée, à proximité immédiate du collège, mais en dehors de son aire d'implantation. Ce transfert s'est accompagné d'une organisation progressivement structurée et de préoccupations culturelles plus affirmées : parallèlement, il apparaît que les élèves se sentent moins attirés et leur fréquentation semble typiquement épisodique.

Autres détails : les élèves du collège peuvent occuper leurs loisirs dans le cadre des activités de l'association sportive. Deux soirs par semaine et le jeudi sont offerts un entraînement ou des compétitions de handball, d'athlétisme, de natation ; tennis, nautisme, grâce aux installations bien équipées du CREPS (Centre régional d'éducation physique et sportive). Il est curieux de noter que nombre de garçons ou filles de classes pratiques qui pratiquent un absentéisme quasi systématique aux cours réglementaires d'éducation physique, sont au contraire assidus aux séances de l'association sportive : manifestation apparemment contradictoire d'un besoin de s'occuper sainement en dehors des horaires normaux de la classe et de fuir celle-ci par la recherche d'une pseudo-liberté.

Il n'existe pas de foyer socio-éducatif réel au collège, faute d'animateurs parmi les enseignants et faute de moyens matériels (problème de locaux adaptés – un réfectoire transformé en salle de jeux tranquilles pour demi-pensionnaires doit retourner à son usage fonctionnel).

Une coopérative existe, mais se survit péniblement depuis trois ans et ne parvient guère à dépasser le stade de l'organisation d'un voyage de fin d'année scolaire.

Problème de la proximité du local de la Maison des jeunes

Extrait du procès-verbal de la réunion du conseil d'Administration du collège Jean-Moulin en date du 5 mai 1969

Sur requête des représentants du personnel enseignant, et après avoir entendu l'exposé des faits par le chef d'établissement, le conseil d'Administration du collège demande aux services responsables de la Maison des jeunes de bien vouloir prendre d'urgence toutes les dispositions utiles afin que cessent, dans les meilleurs délais, les inconvénients liés à la présence du local des jeunes à proximité immédiate de certaines classes de l'établissement. Il suggère, entre autres solutions, que des consignes impératives soient fournies aux responsables pour que les répétitions de l'orchestre aient désormais lieu en dehors des heures normales de cours, c'est-à-dire après 17 h les jours ouvrables. Il attire de plus l'attention de ces responsables sur le fait qu'il convient désormais d'éviter, à toute heure, l'utilisation trop bruyante des motocyclettes par les jeunes qui fréquentent ce local. Enfin, il rappelle que la proximité d'un établissement scolaire de premier cycle doit amener les jeunes gens et les jeunes filles à veiller, plus encore à conserver à toute heure une attitude toujours décente et ne risquant pas de nuire à la moralité des élèves du collège et à la réputation de ce dernier…

Le chef d'établissement

Ses antécédents

Jean Surroy, né le 18 juillet 1929 dans une petite ville du Nord ; milieu familial modeste : père, mère et sœur aînée travaillent tous trois dans une usine locale de bonneterie.

Études

1940 – 1945 École primaire supérieure locale

1945 – 1948 École normale d'Instituteurs de Lille ; baccalauréat

1948 – 1949 Élève-maître boursier dans un lycée voisin

1949 – 1955 École normale supérieure de Saint-Cloud :

– licence d'histoire, Paris 1951

– DES histoire, Paris 1952 : « La condition ouvrière dans le Nord de la France sous le Second Empire »

– service militaire

– admissibilité à l'agrégation d'histoire, Paris 1954-1955

– CAPES théorique histoire-géographie Paris, 1955

1955 – 1956 CPR et CAPES pratique histoire-géographie.

Carrière

Septembre 1956 – septembre 1968 : professeur d'histoire-géographie, bi-admissible à l'agrégation, dans un lycée technique et moderne à Roubaix – enseigne en premier et second cycles – classes terminales pendant cinq ans.

– Professeur délégué du BUS (Bureau universitaire de statistiques)

– Secrétaire syndical au niveau de l'établissement pendant quatre ans.

– Membre du Conseil intérieur pendant plusieurs années.

– Notation 1967

– note pédagogique : 17

– note administrative : 19.

Septembre 1968 : inscrit sur liste d'aptitude des principaux de collège.

Affecté jusqu'à ce jour comme principal du collège Jean-Moulin, neuvième échelon.

Situation de famille

Marié, épouse professeur de lettres, une fille de dix ans.

L'évolution du cas depuis la fiche de novembre

2 décembre

Noëlle prise en charge par la Supérieure regagne sa ville d'origine sur ordre du juge pour enfant dont elle dépend.

3 décembre

Elle est soumise à un examen devant une commission comprenant psychologue, neuropsychiatre, éducateur dans une métropole régionale.

10 décembre

Appel téléphonique de l'assistante sociale du service de Sauvegarde de l'enfance. Elle demande au principal du collège de vouloir bien excuser le défaut d'informations dont il s'est plaint et manifeste son embarras quant à l'affectation de Noëlle en cinquième.

Le principal en profite pour faire le point. L'assistante

sociale annonce le retour de Noëlle au collège Jean-Moulin, sur décision de la commission précitée et son transfert quant à l'hébergement, au Foyer de l'Enfance le plus près du collège.

12 décembre

Noëlle revient accompagnée par le responsable éducateur de ce foyer qui relève de la tutelle de l'Aide sociale à l'Enfance de la ville. Mise au point à propos des responsabilités respectives et des liaison souhaitables. Noëlle reprend ses cours normalement. Depuis, comportement normal, Noëlle semble heureuse et calme. Un détail : nette amélioration dans l'élégance de sa tenue vestimentaire et le soin apporté à sa personne physique.

Lettre de l'assistante sociale au principal du collège

Sauvegarde de l'Enfance et de l'adolescence
Association départementale

Ce 31 juillet 1971
Monsieur l'Inspecteur d'académie
À l'attention de Monsieur le Principal
Collège Jean-Moulin

Monsieur,

Nous devions vous faire parvenir le dossier scolaire de Mademoiselle Noëlle Perrier, née le 18 janvier 1956 pour qui nous sollicitons une entrée éventuelle en classe de cinquième de transition dans votre établissement.

Cette adolescente fait actuellement l'objet d'une mesure de protection judiciaire et l'internat de la Maison Claire Fontaine l'accueillera à partir de la mi-août.

À ce jour, nous n'avons pas réussi, après maintes démarches, à retrouver le dossier scolaire de cette élève.

En attendant, nous nous permettons de vous communiquer quelques renseignements et appréciations susceptibles de vous intéresser.

Si le dossier de cette jeune fille était retrouvé, nous ne manquerions pas de vous le faire savoir.

Avec tous nos remerciements, nous vous prions d'agréer, Monsieur, nos salutations distinguées.

J. D.
Assistante sociale

Pièces jointes : quelques renseignements scolaires.

Quelques renseignements scolaires concernant Noëlle Perrier

Perrier Noëlle

née le 18 janvier 1956 à R...

Domicile des parents

Monsieur et Madame Joseph Perrier

Cité Neuve à M...

Domicile de Mademoiselle Noëlle Perrier à partir du premier août 1971

Maison Claire Fontaine à R...

Fratrie

– Daniel, né le 7 mars 1948 à R..., marié, deux enfants

– Marie, née le 8 décembre 1954 à R...

Profession des parents

– Père : aide-comptable en congé de maladie

– Mère : secrétaire

Établissements scolaires fréquentés par la mineure

– École communale de D... (1959-1965)

– École communale de J... (1965-1966)

– École privée sainte-Marie de R... en internat (1966-1967)

– École privée La Providence de R... en internat (1967-1969)

– École technique de R... en internat (1969-1971)

Examen médical et psychologique

Il a été pratiqué à la consultation d'Orientation éducative de la Sauvegarde de l'Enfance en juillet 1971.

Sur le plan psychiatrique, l'examen est négatif.

Tests de niveau pratiqué, Wechsler :

– QI verbal : 95

– QI pratique : 90

– QI global : 92

Une orientation en CET avec préparation d'un CAP d'employée de bureau devrait être envisagée.

DOCUMENT 192

Michel

Michel est ingénieur à la Société Électra, importante entreprise spécialisée dans l'étude et la réalisation d'appareils de mesure, « inspecteur qualité », attaché au siège à Lyon. Son travail consiste à effectuer des enquêtes systématiques auprès des chefs de fabrication et des chefs de contrôle des quatre usines de la société, à assurer les liaisons entre le siège et les services de contrôle. Il assure la réception d'une partie de la clientèle.

Michel appartient à un corps de douze inspecteurs qualité, placés sous l'autorité d'un directeur, M. Garras, et une atmosphère joyeuse et détendue semble régner parmi eux. Ceci est sans doute dû en partie à la personnalité de M. Garras, un homme jovial, haut en couleurs, sorti du rang, comme tous ses inspecteurs, qui semble entretenir des rapports étroits et cordiaux avec ses subordonnés, notamment avec Michel.

En décembre 1960, à la suite de la création d'une cinquième usine et devant l'importance des nouvelles commandes, la Direction de la société décide de créer un échelon intermédiaire entre M. Garras et les inspecteurs qualité. Elle crée trois postes de chef de groupe, chacun d'eux prenant en charge trois inspecteurs. Parmi les inspecteurs actuels, quatre paraissent à leurs chefs tout à fait qualifiés pour être nommés chefs de groupe. Michel est du nombre. Mais il n'est pas nommé, quoiqu'on ne puisse citer aucune raison particulière pour laquelle on lui préfère les autres. Ses chefs déclarent : « *La seule raison vraiment, c'est le nombre de postes à pourvoir ; nous aurions aussi bien pu choisir Michel et rejeter un de ses camarades promus.* »

Michel semble avoir été ulcéré par cette décision. Peu de temps après, il déclare à M. Garras, dans un moment d'humeur, qu'il veut quitter la société. Michel a alors trente-deux ans, il est marié, il a deux enfants. Voici dix ans qu'il est entré dans la société.

En juin 1961, soit sept mois après la nomination des chefs de groupe, Michel annonce à M. Garras qu'il va quitter la société. Il a trouvé un emploi d'adjoint au chef du service contrôle, offrant un meilleur salaire, chez Nuclea, qui est un des plus gros fournisseurs de la société actuelle. M. Garras apprend, à ce moment, que Michel avait effectué en janvier plusieurs demandes d'emploi dont une adressée à Nuclea. Elles étaient restées sans réponse à ce moment, mais en juin, Nuclea avait relancé Michel. Celui-ci s'était alors décidé.

Le soir de son dernier jour de travail dans la société, Michel va dans le bureau de M. Garras et passe un très long moment à se lamenter. Il se plaint d'avoir été négligé, il exprime ses regrets de quitter la ville où il avait ses habitudes (car il va travailler à Nîme*s).* « *Il geignait, littéralement* » dit M. Garras. L'entretien se prolonge tellement que M. Garras finit par le mettre à la porte amicalement, pour aller dîner.

En quittant la société, Michel envoie au directeur administratif, M. André, une lettre pour le remercier d'un chèque qui venait de lui être adressé, représentant le montant d'une gratification exceptionnelle versée à l'occasion du cinquantenaire de la société. Dans sa lettre, il parle aussi du bon souvenir qu'il garde de la société.

Le directeur répond par une lettre aimable. M. André nous explique que c'est sa politique de toujours s'efforcer que l'on se quitte bien... En plus, dans le cas de Michel, M. André a essayé dans sa lettre de lui tendre une perche pour son retour éventuel dans la société.

Or, voici que la question se pose. M. André vient de recevoir, en mars 1962, une lettre de *Michel parlant de sa déception chez Nuclea*, faisant des ouvertures très nettes pour sa réintégration dans la Société Électra.

Cette lettre est éclairée par un entretien que M. Garras vient d'avoir avec Michel. Celui-ci lui a raconté ses déboires chez Nuclea : sa rémunération ne correspond pas aux promesses qui lui avaient été faites. Les perspectives de promotion sont plus limitées que celles qui lui avaient été offertes lors de son changement. Surtout, il se plaint de travailler dans l'isolement, de n'avoir guère que des contacts administratifs par circulaires avec ses supérieurs. Il regrette l'équipe qu'il a quittée, ses camarades, ses chefs, sa ville. Il explique qu'il n'a quitté la Société Électra que pour gagner un peu plus d'argent, il ne fait plus mention de sa déception de n'avoir pas été nommé chef de groupe. Rappelant à M. Garras le fameux entretien qu'il avait eu avec lui le soir de son départ, il lui avoue : « *Si vous m'aviez engueulé un bon coup ce soir-là, je serais resté dans la société.* » Il fait comprendre à M. Garras qu'il a grande envie d'être réintégré et qu'il a fait confiance à la société pour lui donner un emploi convenable. Lorsque M. Garras lui explique qu'il pourrait être seulement question d'un poste d'inspecteur, et non de chef de groupe, Michel répond : « *Évidemment, on ne peut tuer personne pour moi.* » M. Garras ne cache pas, en rapportant ces propos, le plaisir qu'il aurait à reprendre Michel dans son équipe.

Pour M. André, le problème est plus complexe. En particulier, la question des rapports avec la société Nuclea le préoccupe. Lors du départ de Michel, M. André avait été très choqué que le directeur de Nuclea lui ait pris Michel sans même le prévenir : on n'agit pas ainsi de fournisseur à client, avait-il dit. À ce moment-là, il avait téléphoné au Directeur général de Nuclea pour lui exprimer très fortement ce point de vue.

Le Directeur général de Nuclea s'était excusé, mais avait répondu qu'il était trop tard pour revenir en arrière car un engagement avait été pris vis-à-vis de Michel. Il ajouta, malgré tout, que celui-ci était seulement à l'essai, et qu'on ne pouvait juger s'il réussirait. M. André se demande d'ailleurs maintenant si son entretien avec le directeur de Nuclea n'a pas eu une incidence sur les rapports entre Michel et son nouvel employeur.

Il se dit que l'on a peut-être cherché chez Nuclea à décourager Michel. Il se promet de tirer la chose au clair, en prenant contact de nouveau avec le directeur de Nuclea. Quoiqu'il en soit, M. André ne veut pas agir vis-à-vis de Nuclea comme Nuclea a agi vis-à-vis de lui. Il ne reprendrait éventuellement Michel qu'avec l'accord de cette société. C'est, à son avis « une question de correction patronale ».

M. André, pesant sa décision, se demande aussi si Michel n'a pas pris un mauvais pli pendant son passage à Nuclea où les conditions de travail n'ont pas l'air d'avoir été bonnes pour lui.

En outre, M. André se demande si, au cas où il reprendrait Michel, il doit le réintégrer dans la société qu'il a quittée. Il existe en effet d'autres sociétés appartenant au même groupe, dont le siège est situé dans d'autres villes que Lyon. La société lyonnaise est la société-mère et semble jouir d'un prestige particulier dans le groupe. M. André met en balance deux raisonnements contraires ; d'une part, il se dit que cela peut être un exemple fâcheux dans la société, que l'on ne réintègre pas si facilement au poste même qu'il a quitté, un employé qui est parti pour chercher une place plus intéressante ; d'autre part, il pense que le retour au bercail d'un Michel repentant, déçu par l'extérieur, peut faire bonne impression sur ses camarades.

En ce qui concerne les postes d'inspecteurs à pourvoir, on peut nommer prochainement un inspecteur à Lyon, mais il n'y a pas urgence. En outre, un jeune ingénieur à qui l'on a promis le premier poste vacant, est prêt à tout. Dans une autre société en revanche, à Grenoble, on a besoin d'urgence d'un inspecteur.

DOCUMENT 193

Monsieur Bertrand et Monsieur Mercadier

Nous sommes dans un établissement de formation[1] aux métiers de l'alimentation et de la restauration dépendant de la chambre de Commerce d'une ville de moyenne importance.

Monsieur Mercadier a été embauché comme employé auxiliaire affecté aux caves. Comme il est travailleur, et d'une façon générale donne satisfaction, à la fin des deux mois d'essai on le garde comme employé titulaire. Le directeur, **M. Bertrand**, qui rapporte le cas, signale avec regret que l'on a omis à ce moment de prendre les renseignements d'usage dans l'entreprise au moment de l'embauche, peut-être parce que la qualité de la relation de M. Mercadier avec les élèves a été un facteur auquel on a donné trop d'importance.

Un peu plus tard, M. Mercadier a un accident. Employé au bouchage des bouteilles, il glisse sur le sol humide et se fait sectionner le pouce par la machine boucheuse de bouteilles. Selon M. Bertrand, la responsabilité de l'établissement est en partie engagée dans cet accident, car il n'y avait pas de clayette de bois sur le sol pour empêcher les gens de glisser. Pendant son congé d'accident, M. Mercadier reçoit son plein salaire de la société d'entraide de la chambre de Commerce ; celle-ci est alimentée par les cotisations patronales et celles du personnel.

Au retour de son congé d'accident, M. Mercadier qui a perdu en partie, et d'une façon permanente, l'usage de son pouce, est inapte aux travaux qu'on lui confiait jusqu'à présent. On l'affecte à la charcuterie.

1. Source : Elf-Aquitaine.

Récemment, le directeur a été averti par « *une personne que j'estime digne de foi,* dit-il, *parce qu'elle est de ma famille* », qu'elle soupçonne cet employé de vol. Cette personne aurait entendu une autre personne, qu'elle estime elle-même digne de foi, et qui aurait vu l'employé donner quatre cœurs de porcs dans un restaurant de la ville. Cette autre personne aurait aussi entendu la mère de l'employé, qui a la réputation d'être alcoolique, dire que son fils se « débrouillait ».

M. Bertrand estime que des témoignages indirects comme ceux-ci ne constituent pas de preuve, mais une forte présomption. Il fait surveiller l'employé discrètement par son encadrement, pendant une dizaine de jours, sans résultat. Il n'avertit pas de cette action le chef de service direct de l'intéressé.

Il n'y a pas de moyen comptable ou administratif de contrôler le vol ; quoiqu'il ait été tenté de faire appel à la police, M. Bertrand écarte cette solution à cause du scandale nuisible au renom de l'établissement. Il écarte aussi la fouille collective craignant qu'elle ne donne rien et inquiète l'atelier tout entier. Il fait prendre des renseignements et apprend que la mère de l'intéressé est décidément « une femme de mauvaise vie et boit » ; il apprend aussi que le père de l'intéressé est un militant d'un parti politique d'extrême-gauche.

Il convoque ensuite l'intéressé dans son bureau avec le sous-directeur des études et le chef du personnel. Il lui dit à peu près : « *Je sais que vous volez ; nous avons des preuves ; nous allons mettre la police à vos trousses.* »

L'employé ne répond pas, ce qui, pour le directeur donne « la certitude qu'il est coupable ». Il le renvoie à son travail et convoque tout le personnel de la charcuterie, y compris le chef de service. Il dit à celui-ci : « *Je sais qu'on vous vole, je fais surveiller la charcuterie.* »

M. Bertrand ne renvoie pas l'employé parce qu'il n'a pas de preuves contre lui et à cause de la responsabilité de l'établissement dans l'accident dont il a été victime. Il cherche un emploi pour lui, et au moment où il nous conte l'histoire, a trouvé un poste de cuisinier dans un chantier de travaux publics. Dès que le poste sera disponible, il se séparera de Mercadier.

Questions

1. Estimez-vous comme M. Bertrand que l'on aurait dû faire prendre des renseignements sur M. Mercadier avant de titulariser celui-ci ?

2. Que pensez-vous des témoignages communiqués à M. Bertrand ?

3. Si de tels témoignages vous étaient rapportés, les négligeriez-vous ou agiriez-vous ? Si vous agissez, comment agiriez-vous ?

4. Pour quelles raisons pensez-vous que M. Bertrand n'a pas prévenu le chef de Mercadier de la surveillance exercée ?

5. Dans ce cas, que pensez-vous de l'opportunité :

– du recours à la police d'État pour enquête et surveillance ?

– du recours à la police privée pour enquête et surveillance ?

– de la fouille collective ?

– de la surveillance telle que l'a fait exercer M. Bertrand ?

– de la surveillance par le chef de service ?

– de la prise de renseignements, sans intervention policière ?

– de l'entretien avec l'intéressé ?

6. Selon vous, les renseignements recueillis sur le père et la mère de M. Mercadier :

– ajoutent-ils à la présomption de vol qui pèse sur Mercadier ?

– permettent-ils de penser que Mercadier est un élément indésirable dans l'entreprise ?

7. Pour quelles raisons approuvez-vous ou n'approuvez-vous pas la tactique utilisée par M. Bertrand, lorsqu'il convoque M. Mercadier dans son bureau ?

8. Si vous n'êtes pas d'accord, qu'auriez-vous fait à sa place ?

9 – Pour quels motifs, à votre avis, M. Bertrand a-t-il pu convoquer le personnel de la charcuterie ? Que pensez-vous de ces motifs ?

10. Que pensez-vous de la décision prise par M. Bertrand :

– de ne pas renvoyer l'employé ?

– de lui trouver un emploi ?

11. Si vous ne l'approuvez pas, qu'auriez-vous fait à sa place ?

Ce cas peut également être utilisé en faisant abstraction du questionnaire ci-dessus.

DOCUMENT 194

Un déménagement

Dans mon service d'intendance, le secrétariat dispose de deux petits bureaux : dans l'un travaille ma secrétaire, Mlle Dorsay, dans l'autre les trois dactylos, Mlle Letailleur et deux jeunes débutantes dont l'une sous contrat Emploi-Solidarité.

Un matin, la direction m'avise que l'on a besoin de mes bureaux pour un autre service. Je propose le bureau de ma secrétaire.

Il est donc décidé que Mlle Dorsay ira rejoindre les dactylos. Je la fais aussitôt venir pour lui annoncer la nouvelle. Elle est bouleversée. Elle dit qu'elle ne pourra pas supporter ce changement. Je lui demande pourquoi. Elle déclare qu'elle déteste Mlle Letailleur et qu'il lui sera impossible de travailler côte à côte avec elle.

– Rien que de la voir assise là, sans rien dire !... c'est plus fort que moi, elle me met les nerfs en boule... Elle a toujours l'air de se ficher du monde !

Mlle Dorsay parle de donner sa démission. Je dois dire que je suis tenté un instant de profiter de la situation, car elle a vraiment un caractère difficile. À côté de cela, c'est une employée de premier ordre. Elle n'oublie jamais rien... c'est un bourreau de travail... et puis, elle est là depuis vingt-trois ans ! Mais quand même, c'est une drôle de personne. Elle est maniaque. On ne sait jamais comment la prendre. Elle est tantôt exubérante, tantôt déprimée ; elle est excessive en tout.

C'est comme cette histoire avec Letailleur ! L'autre l'a prise en grippe, personne ne sait pourquoi ; et c'est tout juste si elles se parlent !

Mlle Letailleur est une bonne employée, avec peut-être une légère tendance à la raillerie. Elle est depuis huit ans dans le service ; elle travaille bien et régulièrement.

Voilà !... Il y avait du pour et du contre. En tous cas, je ne pouvais ignorer que Mlle Dorsay était une très bonne employée. Alors, j'ai essayé de la raisonner, mais sans aucun succès. Elle s'est mise dans un état épouvantable comme si elle allait se jeter dans la Seine !

Que faire ? Conseillez-moi.

Bibliographie

Éléments bibliographiques généraux

En langue française

A

ANCELIN-SCHUTZENBERGER A., *Vocabulaire de techniques de groupes,* Éd. de l'EPI (DDB), 1971 ; *L'observation dans les groupes,* Éd. de l'EPI (DDB), 1972.

ANCELIN-SCHUTZENBERGER A., ANGELI G. et *al., Formation aux relations humaines,* Éd. de l'Entreprise, 1976 à 1982.

AUGÉ H. ET *AL.*, *Jeux pour parler, jeux pour créer,* Clé International, 1981.

B

BAPTISTE A. ET BELISLE C., *Photo-méthodes,* Éd. du Chalet, 1978.

BARLOW M. ET C., *L'expression orale et les techniques de travail en groupe,* Nathan, 1979.

BARTH B.-M., *L'apprentissage de l'abstraction,* Retz, 1991.

C

CARÉ, J. M. ET DEBYSER F., *Jeu, langage et créativité,* Hachette et Larousse, 1978.

COLLECTION FICHES « EO-FORMATION PERMANENTE » Éd. d'Organisation, Adair S., *49 fiches d'expression par le corps,* ; Aznar G. et al., *56 fiches d'animation créative* ; Beau D., *100 fiches de pédagogie des adultes* ; Beville G., 60 *fiches jeux de communication,* 1977 ; Laverrière J. et al., *100 fiches d'expression orale et écrite* ; Laverrière J. et Plailly G., *75 fiches pour organiser le travail de groupe.*

D

DEMORY B., ET CONVERT A., *Le jeu et la création,* Chotard, 1974

DI LORENZO G., *Questions de savoir,* ESF, 1991.

DONNAY J. ET CHARLIER E., *Comprendre des situations de formation,* De Boek, Bruxelles, 1990.

F

FUSTIER M., *Exercices pratiques de créativité,* Éd. SME, Lyon, 1973.

FUSTIER M., *Pratiques de la créativité,* ESF, 3e édition, 1982.

G

GARTNER A. ET AL., préface de Louis Legrand, *Des enfants enseignent aux enfants,* traduit par Rose Grosjean, EPI, 1973.

GORDON T., *Enseignants efficaces,* Le Jour, Montréal, 1981 ; *La méthode Gordon,* Belfond, 1976.

K

KORCZAK, *Comment parler aux enfants aujourd'hui,* Delval, Fribourg, 1989.

L

LACROIX-NEUBERTH R., *Technesthésie, illusion-réalité,* Centre expérimental de recherches de psychologie collective, Montpellier, 1979.

LALOYE G., *La conduite d'entretiens,* Éd. d'Organisation, 1982.

LIMBOS E., *L'animateur et les groupes de jeunes,* préface d'André de Peretti, Éd. de Fleurus, 1973.

LIMBOS E., *Mise en situations et exercices pour les animateurs,* Éd. de Fleurus, 1976.

M

MACCIO C., *Animation de groupes,* Éd. Chronique sociale, Lyon, 1973.

MEIRIEU PH., *Outils pour apprendre en groupe,* Éd. Chronique sociale, Lyon, 1984.

MUCCHIELLI R., *Communications et réseaux de communication,* ESF, 1971.

MUCCHIELLI R., *La conduite de réunion,* ESF, 1970 (voir surtout les parties pratiques qui sont très bien faites).

MUCCHIELLI R., *La dynamique de groupe,* ESF, 1970 ; *La méthode des cas,* ESF, 1969 ; *Les jeux de rôles,* « Que sais-je ? », PUF, 1983.

P

PERETTI A. DE ET AL., « Les techniques de groupe », revue *Les Amis de Sèvres,* n° 12, Décembre 1978 ; Rapport de Recherche sur *Les points d'appui de l'enseignement,* INRP, CNDP, 1982 ; *Recueil d'instruments et de processus d'évaluation formative,* INRP, CNDP, 1981.

PERETTI A. DE, *La formation des personnels de l'Éducation nationale,* La Documentation française, 1982 ; *Organiser des formations,* Hachette Éducation, 1991.

PFEIFFER W. ET JONES J., *Développement personnel. Phénomènes de groupe. Travail en Groupe. Organisations. Formations.* Éd. Actualisation, 1982.

U

UNESCO, *Les techniques de groupe dans la formation,* « Études et documents d'éducation », n° 24 (étude dirigée par J. B. Baffaut, A. de Peretti et R. Villeneuve), Paris, 1977 et *Un enseignement centré sur l'expérience,* id. n° 17.

V

VANOYE F., *Travailler en groupe,* Hatier, 1976. *Expression et communication,* Colin, 1973. *Pratiques de l'oral,* id. 1981.

Également sur des niveaux plus théoriques

A

ABRAHAM A., *Le monde intérieur des enseignants,* Arès, Toulouse, 1980.

AMADO A. ET GUITTET A., *La dynamique des communications dans les groupes,* Colin, 1975.

ANZIEU D. ET MARTIN J.-Y., *La dynamique des groupes restreints,* PUF, 1968.

B

BERBAUM J., *Développer la qualité d'apprendre,* ESF, 1992.

BION B., *Recherche sur les petits groupes,* 3e édition, PUF, 1976.

BOUTINET J.-P., *Anthropologie du projet,* PUF, 1990.

BUBER M., *Je et tu,* Aubier, 1969.

C

CROZIER M. ET FRIEDBERG E., *L'acteur et le système,* Seuil, 1977.

F

FERRY G., *La pratique du travail de groupe,* Dunod, 1970.

FLAMENT C., *Réseaux de communication et structures de groupe,* Dunod, 1965.

H

HEBER-SUFFREN C. ET M., *Appels aux intelligences,* Éd. Matrice, Vigneux-sur-Seine, 1988.

L

LA GARANDERIE A. DE, *Les profils pédagogiques,* Centurion 1982 ; *Le dialogue pédagogique avec l'élève,* Centurion, 1984.

LEFORT G., *Savoir se documenter,* Éd. d'Organisation, 1990.

LERBET G., *Le flou et l'écolier,* Éd. Universitaires, 1990 ; *L'école du dedans,* Hachette Éducation, 1992.

LÉVY A., *Psychologie sociale : textes fondamentaux anglais et américains,* Dunod, 1965.

LEWIN K., *Psychologie dynamique,* PUF, 1959.

M

MAC GREGOR D., *La dimension humaine de l'organisation,* Gauthier-Villars, 1960-1976.

MAIER N., *Principes des relations humaines,* Éd. d'Organisation, 1957.

MAISONNEUVE J., *La dynamique des groupes,* PUF, 1990.

MEIRIEU PH., *Apprendre... oui mais comment,* ESF, 1987 ; *Le choix d'éduquer : éthique et pédagogie,* ESF, 1991 ; *Introduction à la pensée complexe,* ESF, 1990.

P

PAGÈS M., *La vie affective des groupes*, Dunod, 1970.

PERETTI A. DE, *Liberté et relations humaines*, Éd. de l'EPI (DDB), 1e édition, 1966, 7e édition 1974 ; *Pensée et vérité de Carl Rogers*, Éd. Privat, Toulouse, 1974 ; *Du changement à l'inertie*, Dunod, 1981 ; *Controverses en éducation*, Hachette Éducation, 1993.

PONTALIS J.-B., *Après Freud*, Julliard, 1963.

POSTIC O.-M., *La relation éducation*, PUF, 2e édition, 1982 ; *L'imagination dans le relation pédagogique*, PUF, 1989.

PRIGOGINE I. ET STENGERS I., *La nouvelle alliance*, Gallimard, 1986.

PROST A., *Éloge des pédagogues*, Seuil, 1985.

R

ROGERS C., *La relation d'aide et la psychothérapie*, ESF, 1970 ; *Les groupes de rencontre*, Dunod, 1973.

S

SARTRE J.-P., *Critique de la raison dialectique*, NRF, Gallimard, 1958.

T

TROCMÉ H., *J'apprends donc je suis*, Éd. d'Organisation, 1974.

V

VON BERTALLENFFY L., *Théorie générale des systèmes*, Dunod, 1973.

En langue anglaise

A

A HANDBOOK OF STRUCTURED EXPERIENCES FOR HUMAN RELATIONS TRAINING, (vol. 1 : 1969 ; vol. 2 : 1970 ; vol. 3 : 1971), distribué en Europe par Teacos Forlag A/S, Frederiksborgade 9 DK, 1360 Copenhague.

B

BENNIS ET AL., *The Planning of Change*, Holt Reinhert, New York, 1962.

C

CARTWRIGHT AND ZANDER, *Group Dynamics*, Ed. Row Peterson, New York, 1960 (ouvrage théorique fondamental).

H

HOMANS G. C., *The Human Group*, Hartcourt and Brace, New York, 1950.

J

JOHNSON K. G. ET AL., *Nothing Ever Happens*, Glencoe Press, 8701, Wilshire Boulevard, Beverly Hills, California 90211.

K

KOLB D. IRWIN M. AND MC INTYRE J., *Organizational Psychology, an Experimental Approach*, Prentice Hall, New Jersey, 1971 (avec un grand nombre d'exercices).

M

MORENO J.-L. ET AL., *The International Handbook of Group Psychotherapy*, Philosophical Library, New York, 1966.

P

PFEIFFER J. W. AND JONES J. E., *Annual Handbook for Group Facilitators*, University Associates INC., La Jolla, California, 1969, 1970, 1971, 1972, 1973, 1974, 1975, 1976.

PFEIFFER W. AND HESLIN R., *Instrumentation in Human Relations Training*, Universities Associates, Publishers and Consultants, PO box 615, Iowa City, Iowa 52240 (soixante-quinze instruments présentés).

PORTER E. H., *Introduction to Therapeutic Counselling*, Houghton Mifflin Co, Boston, 1950.

Éléments bibliographiques sur la créativité

B

BOTTOM M., *50 fiches de créativité appliquée,* Éd. d'Organisation, 1980.

C

CLARK, *Comment être créatif dans le travail,* Dunod, 1986.

D

DEMORY B., *La créativité en pratique,* Éd. Chotard, 1974.

F

FUSTIER M., *Pratique de la créativité,* ESF, 3e édition, 1982.

G

GAGE, *Pratique de l'analyse des valeurs,* Éd. Hommes et Techniques.

GORDON W. J. J., *Synectics,* Ed. Harper and Row, New York, 1961 ; Collier Mac Millan, Londres ; traduction française, *Stimulation des facultés créatrices par la méthode synectique,* Éd. Hommes et Techniques, 1965.

H

HOSTIE R., *Les séminaires de sensibilisation des relations de groupes,* Éd. de l'EPI, 1972.

J

JAOUI H., *Clefs pour la créativité,* Éd. Seghers, 1975.

L

LIMBOS E., *L'animateur et le groupe de jeunes,* Éd. de Fleurus, 1973.

O

OSBORN A. F., *Applied Imagination,* Scribness and Son, New York, 1963 ; traduction, *L'imagination constructive,* Dunod, 1964.

R

RAPAILLE G. C., *La relation créatrice,* Éd. Universitaires.

ROUQUETTE M.-L., *La créativité,* « Que sais-je ? », PUF, 1973.

S

SOL J.-P., *Techniques et méthodes de créativité,* Éd. Universitaires, 1974.

V

VIDAL F., *La leçon d'imagination,* Robert Laffont, 1980.

Ouvrages théoriques

A

ABELLIO R., *La structure absolue,* Gallimard, 1988.

ANZIEU D. ET AL., *Psychanalyse du génie créateur,* Dunod, 1974.

ASTRUC L., *Créativité et sciences humaines,* Éd. Maloine ; *Test de classification et de sélection des créativités,* Éd. Maloine.

B

BEAUDOT A., *La créativité* (recueil de textes américains), Dunod.

BONO DE, *Lateral Thinking,* Jonathan Cape ; traduction, *La pensée latérale,* EME.

F

FERGUSON M., *La révolution du cerveau,* Calmann Lévy, 1974.

FOUCAULT M., *L'histoire de la folie,* Gallimard, 1976.

K

KAUFMAN, FUSTIER ET DREVET, *L'inventique,* EME.

KOESTLER, *The act of creation,* New York ; Mac Millan, Londres ; Hutchinson, traduction française, *Le cri d'Archimède,* Calmann Lévy, 1980.

KUHN T. S., *La structure des révolutions scientifiques,* Flammarion ; *La révolution copernicienne,* Livre de Poche, 1992.

L

LABORIT H., *L'homme imaginant,* « 10-18 », UGE, 1970.

LUPASCO S., *L'énergie de la matière psychique,* Julliard, 1974.

M

MAC LUHAN, *La galaxie Gutenberg,* Mame, 1967.

MOLES ET CAUDE, *Créativité et méthodes d'innovation,* Fayard.

T

TEILHARD DE CHARDIN P., *L'énergie humaine,* Seuil, 1962.

Index des techniques et exercices

A

B

C

D

E

F

G-H

I

J

L

M

N-O

P

R

S

T

V-Z

Liste des documents

Table des matières

FORMER, ORGANISER POUR ENSEIGNER

Destinée aux personnels d'inspection, de direction et de formation,* Former, organiser pour enseigner, *c'est une bibliothèque de référence et une gamme d'instruments pour vous aider à assurer le pilotage du système éducatif.

- *Organiser des formations*, André de Peretti, 304 pages

Avec les recrutements massifs qui s'opèrent depuis plusieurs années dans l'Éducation nationale, se pose la question de la formation des enseignants : formation initiale, certes, mais aussi formation continue et, surtout, ce qui apparaît comme une nécessité absolue, formation permanente. Un enseignant ne se forme pas comme un élève ; c'est un adulte, qui possède déjà un passé culturel, une pratique professionnelle et qui a besoin d'intervenir de manière responsable dans sa propre formation.

- *Apprentissages et didactiques, où en est-on ?*, coordonné par Gérard Vergnaud, 208 pages

Que savons-nous ajourd'hui des apprentissages à l'école et des didactiques ? Dans quelles directions faut-il aller ? Cet ouvrage propose un bilan et des perspectives. Gérard Vergnaud a fait appel à des chercheurs sur des grands thèmes en débat à l'heure actuelle : lecture, français, mathématiques, physique, mais aussi éducabilité cognitive, influences des interactions sociales sur les apprentissages. L'orientation théorique dominante de cet ouvrage est celle de la psychologie cognitive développementale et de la didactique. Les processus de conceptualisation sont considérés comme les plus décisifs.

- *Décentralisation et autonomie des établissements*, François Louis, 256 pages

Décentralisation, compétences partagées, projet d'établissement, développement du partenariat, dotation horaire globale, statut d'EPLE, mise en place de modules, pédagogie differenciée, etc., autant d'éléments qui caractérisent une mutation profonde de l'enseignement secondaire français et que, dans cet ouvrage, François Louis, s'attache à décrire pour mieux en souligner la portée présente et à venir.

- *Gérer les personnels enseignants*, Pierre Dasté, 288 pages

La gestion des personnels enseignants des lycées et des collèges est-elle compliquée ou complexe ? Elle n'est assurément pas simple, car elle repose et joue sur des contradictions. Ce livre donne aux chefs d'établissements des clefs pour comprendre des politiques, pour agire sur leur mise en œuvre et participer à des décisions de gestion qui leur semblent trop souvent parachutées par une administration jugée trop lointaine et indifférent aux problèmes du terrain.

- *La Crise de l'organisation scolaire*, Jean-Pierre Obin, 352 pages

On l'entend dire constamment : les décalages s'aggravent entre les établissements et la société, entre les établissements et leur environnement, entre l'enseignement et la vie. À la faillite actuelle d'une organisation caractérisée par une administration bureaucratique centralisée ainsi que par l'absence de contrôle et d'évaluation des professeurs, Jean-Pierre Obin propose de substituer le pilotage par objectifs et par projets, seul susceptible de responsabiliser et d'impliquer dans le changement les acteurs de l'institution scolaire.

- *Le Droit de l'éducation*, Claude Durand-Prinborgne, 432 pages

Bon nombre de décisions prises dans les établissemeents scolaires constituant des actes administratifs, elles peuvent provoquer le contentieux. Ce livre présente la somme des connaissances utiles pour faire face aux nouvelles compétences dévolues aux responsables par les lois de la décentralisation et permet de résoudre les problèmes que pose la vie quotidienne dans les établissements scolaires.

PÉDAGOGIES POUR DEMAIN

Lieux d'échanges et de dialogues entre les enseignants, mais aussi avec tous ceux qui s'intéressent à l'école, aux mouvements qui la traversent, à la manière dont on y travaille. Supports de formation, « boîtes-à-outils », que chacun peut utiliser à sa manière, en fonction de ses besoins et du temps dont on dispose.

NOUVELLES APPROCHES

Collection dirigée par Jean-Pierre Obin. Centrée sur l'organisation de la pédagogie, les méthodes de travail et l'environnement de l'acte éducatif, explorant les nouvelles formes d'enseignement et de travail transdisciplinaires, cette série est plus particulièrement axée sur le travail avec des groupes de jeunes difficiles. Il s'agit d'aider enseignants et élèves à résoudre les difficultés quotidiennes d'insertion dans l'éablissement, de travail en équipe et de conduite de classe.

• *Apprendre à raisonner, apprendre à penser*, Marcel Giry, 192 pages

Nouveaux publics, nouveaux besoins, nouvelles pédagogies. Marcel Giry nous aide à y voir clair dans toutes ces pédagogies qui visent un objectif unique : apprendre à apprendre. De l'âge de l'antisèche à celui du micro-ordinateur, il en dresse un panorama complet, soulignant leurs pratiques et les réponses qu'elles apportent. Et l'enseignant dans tout cela ? Il se découvrira, dans cet ouvrage, une nouvelle mission : celle de médiateur au cœur d'un nouveau contrat pédagogique.

• *La Pédagogie de contrat*, Halina Przesmycki, 192 pages

Ils sont non-violents, se taisent, apprennent et réussissent. La carotte et le bâton ? Non, des contrats élèves/enseignants où chacun des partenaires s'engage sur des objectifs négociés. L'auteur de *Pédagogie différenciée* nous guide ici dans la mise en place et la négociation des différents types de contrat, afin que, quelque part, sur cette voie vers l'autonomie, entre parents, élèves et professeurs, on s'y retrouve.

• *Pédagogie différenciée*, Halina Przesmycki, préface d'André de Peretti, 160 pages

L'une des grandes difficultés de l'enseignement est due à l'arrivée massive d'élèves d'origines culturelles, sociologiques et géographiques différentes. Ce livre se présente comme un guide pratique, destiné à aider les enseignants de collèges, de lycées et de lycées professionnels à mettre en place dans leurs classes une pédagogie différenciée. Bien que les exemples qu'il propose s'appliquent au second degré, les enseignants des écoles pourront aussi y nourrir leur réflexion et y puiser des techniques utiles pour la classe.

• *Enseigner en classe hétérogène*, Marie-Claude Grandguillot, 160 pages

Échec scolaire, élèves démotivés, enseignants désenchantés. Une cause à tous ces maux : la classe hétérogène. On peut, la larme à l'œil, évoquer le passé, rêver du bon vieux temps. Il faut se rendre à l'évidence : les classes sont aujourd'hui hétérogènes, et pour longtemps. Marie-Claude Grandguillot prend ainsi le parti de l'analyse en profondeur, de la descente dans la mine, afin de désamorcer une situation explosive et de mettre à jour les richesses qui permettront de l'exploiter au plus grand bénéfice de l'enseignant et de l'élève.

• *Aider les élèves à apprendre*, Gérard de Vecchi, 224 pages

Se demande-t-on suffisamment ce que signifie « apprendre » pour un élève ? S'interroge-t-assez sur les processus qu'il déclenche lorsqu'il apprend une leçon, essaye de faire un devoir, tente de comprendre un cours ? Et si avant toute démarche pédagogique volontariste, on l'aidait à se connaître ? Si on l'aidait à construire des méthodes de travail adaptées à ce qu'il est réellement ? C'est ce que nous propose Gérard de Vecchi dans ce livre destiné autant aux enseignants du premier que du second degré.

• *Le projet d'établissement*, Jean-Pierre Obin et Françoise Cros, préface de Michel Rocard, 176 pages

Que signifie la notion de projet d'établissement ? Si le projet d'établissement est devenu une obligation avec la loi de d'orientation de juillet 1989, c'est parce qu'il semble aujourd'hui le meilleur moyen de fédérer les équipes, de moderniser le fonctionnement de l'institution scolaire et de maîtriser sa complexité grandissante. Ce livre donne aux partenaires de la communauté éducative les moyens d'en maîtriser les techniques et d'en assurer la mise en œuvre.

• *Enseigner en modules*, Françoise Clerc, préface de Christian Forestier, 176 pages

Quels sont les objectifs et les enjeux de l'enseignement modulaire ? En fonction des besoins d'apprentissage des élèves, des ressources présentes dans l'établissement, des orientations de la politique locale d'éducation, quelle mise en œuvre choisir ? Et quels changements cela entraîne-t-il dans le travail quotidien des élèves et des professeurs ? En quoi ce choix modifie-t-il la relation pédagogique et le rôle de l'enseignant ? Autant d'interrogations auxquelles Françoise Clerc répond au travers de cas concrets.

• *Corriger des copies, évaluer pour former*, Odile et Jean Veslin, préface de Jean Cardinet, 192 pages

S'il est pour l'enseignant, une activité banale, quotidienne mais lourde d'implications, c'est bien la correction des copies. Comment donner une nouvelle signification à cet échange entre enseignants et élèves ? Et si la correction de copie devenait médiatrice de la communication pédagogique ? Quelles modifications cela implique-t-il dans la pratique de l'enseignant ? Quelle place laisse-t-on à la notation ? Expliciter les critères d'évaluation, installer une relation d'aide et de formation, telle est la nouvelle approche que les auteurs proposent à partir d'exemples concrets.

• *Le projet personnel de l'élève*, Richard Étienne, Anne et René Baldy, Pierre Benedetto, 208 pages

Le plus souvent l'élève ne sait ni ce qu'il veut, ni ce qu'il peut « faire plus tard ». Pour ces problèmes d'orientation, les enseignants et le lycée jouent un rôle promordial. Mais, avant même de proposer à l'élève un projet professionnel ou un véritable projet d'orientation, ne faut-il pas l'aider à se doter d'un projet personnel : le projet d'apprendre ? Quels sont les critères de réussite de sa vie scolaire ? Quelles sont les possibilités dont il dispose au niveau de son établissement ?

• *Travailler en équipe*, Pierre Mahieu, préface d'Albert Moyne, 160 pages

Alors que le travail en équipe s'impose dans le monde actuel, qu'offre le système éducatif comme outils et structures pour travailler ensemble ? Quelles sont les facilités et les difficultés que l'on rencontre pour mettre en place un groupe de travail ? Comment le conduire et procéder à son évaluation ? En s'appuyant sur son expérience d'enseignant et de formateur, Pierre Mahieu donne aux enseignants de tous niveaux, les techniques de base nécessaires.

• *Des méthodes pour mieux s'organiser*, Roger Monti, 128 pages

Comment travailler autrement tout en essayant de préserver une certaine qualité de vie ? Ce n'est certainement pas un paradoxe pour le chef d'établissement ou pour l'enseignant qui, submergés par des tâches de plus en plus lourdes, se voient obligés de faire face à un réseau de relations de plus en plus complexe. Comment répondre à ces contraintes nouvelles ? Comment organiser son temps, son travail, gérer ses réunions et ses rendez-vous ? Bref, comment être disponible sans être à disposition ? Roger Monti livre les réponses qu'il a lui-même expérimentées comme chef d'établissement et formateur d'enseignants.

• *Pour une pédagogie du projet*, Isabelle Bordalo, Jean-Pierre Ginestet, 192 pages

La demande de projet est aujourd'hui incontournable, dans le domaine scolaire, tout autant que dans l'ordre du social, parce qu'elle permet aux individus de s'impliquer activement dans le tâches qu'ils ont à effectuer. C'est pourquoi, Isabelle Bordalo et Jean-Pierre Ginestet sont allés puiser dans l'enseignement technologique où cette méthode a été mise en œuvre systématiquement. Ils démontrent que cette forme particulière de pédagogie a contribué à faire rentrer à l'école un peu du monde de l'entreprise et que le transfert des méthodes et des outils utilisés en technologie est possible dans les autres champs disciplinaires.

• *Organiser des échanges éducatifs*, Association européenne des enseignants (AEDE), 112 pages

L'un des meilleurs moyens de donner aux jeunes la possibilité d'appréhender leur rôle dans une Europe où les frontières sont en train de s'abolir est certainement de favoriser les échanges entre les établissements scolaire ; rien ne peut rivaliser avec la richesse de l'expérience personnelle qui permet de voir comment les gens vivent et travaillent dans leur pays. L'Association Européenne des Enseignants a décidé de réaliser ce guide des échanges, parrainé par la CEE et publié déjà aux Pays-Bas et en Grande-Bretagne, pour faciliter la tâche des enseignants qui souhaitent développer leurs liens et ceux de leurs élèves avec nos partenaires des autres pays d'Europe.

• *Action culturelle et pratiques artistiques*, Raymond Citterio, 144 pages

Quelle différence y-a-t-il entre un atelier de pratique artistique « Théatre et expression dramatique » et un club théatre dans un collège ? Entre un cours qui fait appel à l'histoire de l'art et une expérience de « rencontre autour d'une œuvre d'art » ? Entre un enseignement de sciences physiques et un projet d'action éducative portant sur la lumière ou sur l'énergie ? Entre la rédaction et un travail d'écriture de nouvelles ? La différence ne porte pas sur les contenus d'enseignement, mais plutôt sur les méthodes. L'action culturelle, c'est ce qui permet de sortir du cadre scolaire, de tester des méthodes différents avec la collaboration de partenaires extérieurs, de travailler aux marges du système pour donner à ceux qui ont le plus de difficultés, de plus grandes chances d'y trouver leur place et de la voir reconnue.

RÉFÉRENCES

Des ouvrages de réflexion, qui adaptent les savoirs savants et la culture universitaire à ce que l'enseignant a besoin d'acquérir pour sa pratique.

• *Controverses en éducation*, André de Peretti, 384 pages

Controverses en éducation… ou les « points chauds » de notre enseignement. A-t-il changé ? Y a-t-il une véritable qualité de l'enseignement ? Ont-ils raison ceux qui dénoncent une « baisse de niveau » ? L'explosion scolaire et universitaire ne menace-t-elle pas le système dans son ensemble ? La taille des classes permet-elle toujours d'enseigner ? Quelle pédagogie élire entre toutes ces formes parfois radicalement opposées ? Où allons-nous ? Et peut-on organiser réellement l'enseignement ? Autant d'interrogations que traite avec verve André de Peretti dans un ouvrage reflétant sa grande passion pour l'enseignement et ses réalités.

• *Histoire de l'enseignement technique*, Vincent Troger, Patrice Pelpel, 320 pages

• *Les Cahiers pédagogiques, une idée positive de l'école*, textes présentés par J. Georges et J.M. Zakhartchouk, postface de Philippe Meirieu, 224 pages

• *Communiquer pour enseigner*, Bruno Ollivier, 288 pages

• Les *Manuels scolaires : histoire et actualité*, Alain Choppin, 256 pages

• *Agir pour la réussite scolaire*, Daniel Pasquier, 192 pages

• *La Conversation enfantine*, Jean-François Simonpoli, 114 pages

• *Le Métier d'élève*, René La Borderie, préface d'Albert Jacquard, 160 pages

• *L'École du dedans*, Georges Lerbet, préface d'André de Peretti, 192 pages

DIDACTIQUES

Centrés sur le premier et le second degré, ces ouvrages constituent pour les enseignants et les parents autant de repères pour comprendre l'enseignement. Ils fournissent des instruments de diagnostic, de régulation et d'orientation. Aides à la pratique quotidienne de la classe, ils donnent les éléments de réflexion permettant de dominer les contenus d'enseignement.

Premier degré

• *Enseigner les mathématiques à la maternelle*, Françoise Cerquetti-Aberkane, Catherine Berdonneau, 256 pages

Ils s'enfoncent dans un labyrinthe : ils font des mathématiques. Ils jouent avec des bagues, des tiges, des boules : encore des maths. Ils découvrent un trésor : toujours des maths. Faire des mathématiques en maternelle, c'est tout simplement amener l'enfant à agir dans une situation quotidienne, puis l'inciter à structurer ses connaissances. Dans l'esprit d'*Enseigner les mathématiques à l'école*, Françoise Cerquetti-Aberkane et Catherine Berdonneau mettent à disposition de l'enseignant des éléments théoriques, des rappels historiques et, surtout, une étonnante variété d'activités de la Petite à la Grande Section.

• *À l'école à deux ans, pourquoi pas ?*, Nicole Pradel, 160 pages

Bébé est-il bien propre ? Le voilà propulsé sur le chemin de l'école. Mais pour l'enseignant qui doit en accueillir plus de vingt-cinq la tâche est autrement plus complexe : rien de moins qu'assurer la médiation entre la famille et l'école, voire le monde. Nicole Pradel, institutrice à Lyon, nous raconte les temps forts d'une année scolaire vécue parmi une trentaine de bébés-écoliers. Elle nous fait partager quelques mois d'apprentissage, de trucs et de tatônnements d'une aventure pleine de risques… et de bonheurs.

• *La Littérature de jeunesse à l'école*, Renée Léon, 240 pages
• *Ces héros qui font lire*, Laurence Decréau, 144 pages
• *Savoir orthographier*, INRP, 144 pages
• *La Télévision pour lire et pour écrire*, Maguy Chailley, Marie-Claude Charlès, 160 pages
• *Évaluer les écrits à l'école primaire*, Groupe EVA/INRP, préface d'Hélène Romian, 240 pages
• *Didactiques de l'orthographe*, Jean-Pierre Jaffré/INRP, préface de Nina Catach, 176 pages
• *Comprendre des énoncés mathématiques, résoudre des problèmes*, Alain Descaves, 192 pages
• *Enseigner les mathématiques à l'école*, Françoise Cerquetti-Aberkane, 256 pages
• *Enseigner le français à l'école*, Carole Tisset, Renée Léon, préface de Michel Migeon, 244 pages
• *Enseigner la géographie à l'école*, Pierre Giolitto, 256 pages
• *Enseigner l'éducation civique à l'école*, coordonné par Pierre Giolitto, 112 pages
• *Apprendre à lire comme on apprend à parler*, Marie-Joëlle Bouchard, préface d'Alain Bouvier, 174 pages
• *Apprendre à communiquer*, Jean-François Simonpoli, 144 pages

Deuxième degré

• *La Proportionnalité et ses problèmes*, Danièle Boisnard, Jean Houdebine, Jean Julo, Marie-Paule Kerbœuf, Maryvonne Merri, 192 pages

Ce n'est un mystère pour personne, la proportionnalité est pour bien des élèves une notion qui pose problème. Or sa maîtrise est indispendable non seulement pour les mathématiques, mais aussi pour la plupart des disciplines scolaires et formations professionnelles. Une équipe de chercheurs fait le point sur cet apprentissage et apporte des réponses pédagogiques et des pratiques centrées sur la résolution de problèmes. C'est un véritable boîte-à-outils à la disposition de tous les enseignants et formateurs pour bâtir leurs stratégies d'enseignement.

• *Construire des concepts en physique*, Gérard Lemeignan, Annick Weil-Barais, 224 pages

• *Fabriquer des exercices de français*, Pierre Lamailloux, Marie-Hélène Arnaud, Robert Jeannard, 224 pages
• *Des méthodes pour le lycée*, Violaine Houdart-Merlot, 144 pages
• *Enseigner le français. Pour qui ? Comment ?*, Gilberte Niquet, 224 pages
• *Enseigner l'anglais*, Kathleen Julié, 256 pages

CENTRES DE RESSOURCES

Série dirigée par Jacqueline Bayard-Pierlot. Des ouvrages destinés aux documentalistes, directement reliés aux nouvelles formes de leur profession impliquées par le CAPES de documentation ; ils les aideront à exercer leurs nouvelles fonctions pédagogiques. Recherche documentaire, formation, utilisation des CDI, initiation des élèves aux méthodes de travail autonome.

• *Clés pour le CDI*, Jacqueline Bayard-Pierlot, Marie-Jo Birglin, 208 pages
• *Utiliser dictionnaires et encyclopédies*, Alexandre Le Roy des Barres, préface de Jacqueline Bayard-Pierlot, 224 pages
• *Le CDI au cœur de projet pédagogique*, Jacqueline Bayard-Pierlot, Marie-Jo Birglin, 160 pages

QUESTIONS D'ÉDUCATION

• *Ils ne sauront pas tous lire en même temps*, Pascal Bouchard, Marie Petaut, 96 pages
• *Le Lycée, une cité à construire*, Robert Ballion, 240 pages
• *Propositions pour l'éducation*, Dominique Bihoreau, 96 pages
• *Le Conseil de classe, « Peut mieux faire ! »*, François Baluteau, 192 pages
• *Les Professeurs*, Yves Dutercq, préface de Viviane Isambert-Jamati, 192 pages
• *Enseigner ou le plaisir du risque*, Georges Jean, 160 pages
• *Pour que notre enfant devienne une personne*, Marcel Postic, 114 pages
• *Seconde, mode d'emploi*, Patrick Rayou, préface de François Dubet, 128 pages

GUIDES DE L'ÉDUCATION

• *Guide du lycéen*, Claude Coulon, préface de Claude Durand-Prinborgne, 160 pages
• *Guide du système éducatif*, Nazé, Lugimbuhl, Marty, Pellegrini, Monti, 192 pages
• *Guide des métiers de l'enseignement*, Onisep, René Dang, préface de Pierre Dasté, 160 pages
• *Guide du chef d'établissement*, André Six, 160 pages

PROFESSION ENSEIGNANT

Destinée aux enseignants en formation initiale, cette collection offre des méthodes et des outils de travail à tous ceux qui préparent les concours ainsi qu'à ceux qui souhaitent parfaire l'exercice de leur métier.

• *Le Système éducatif*, Jean-Louis Auduc, 272 pages
• *La Géographie en collège et en lycée*, coordonné par Pierre Desplanques, 400 pages
• *Construire l'Europe à l'école*, coordonné par Pierre Giolitto, 352 pages
• *Lire pour enseigner*, Françoise Cros, 112 pages
• *Rechercher et traiter l'information*, Hubert Fondin, 240 pages
• *Devenir professeur des écoles*, coordonné par Claire Calderon, 240 pages

Achevé d'imprimer par Rotolito Lombarda (Italie)
Dépôt Légal 2925-08/94
Collection 11 - Edition 01
17/0352/9